मध्यकालीन भारत में राजनीति

राज्य और विशेषाधिकार-प्राप्त वर्ग

मध्यकालीन भारत में राजनीति

राज्य और विशेषाधिकार-प्राप्त वर्ग

हेरम्ब चतुर्वेदी

लोकभारती प्रकाशन

लोकभारती प्रकाशन
पहली मंजिल, दरबारी बिल्डिंग, महात्मा गांधी मार्ग
प्रयागराज-211 001
वेबसाइट : *www.lokbhartiprakashan.com*
ईमेल : *info@lokbhartiprakashan.com*

शाखाएँ : 1-बी, नेताजी सुभाष मार्ग, दरियागंज
नई दिल्ली-110 002
अशोक राजपथ, साइंस कॉलेज के सामने
पटना-800 006

पहला संस्करण : 2023

सुपर माधव ग्राफिक
प्रयागराज द्वारा मुद्रित

MADHYAKALIN BHARAT ME RAJNITI
Rajya aur Vishesadhikar-prapt Varg
by Heramb Chaturvedi

ISBN : 978-93-93603-81-4

मूल्य : ₹ 995

अपनी श्रद्धेय माँ
श्रीमती शकुन्तला चतुर्वेदी
के
चरण-कमलों में

अनुक्रमणिका

भूमिका

इतिहास की जिस आम धारणा को तमाम पेशेवर इतिहासकारों द्वारा स्वीकृति अथवा मान्यता मिली है, उसे हम कुछ इस तरह से परिभाषित कर सकते हैं कि 'मानव के विकास का क्रम-बद्ध अध्ययन ही इतिहास है।' अतः इतिहास में हम उन तमाम चरणों का विश्लेषणात्मक वर्णन करते हैं, जिनसे गुजरते हुए, इंसान वर्तमान स्तर को प्राप्त करने में सफल हुआ है। मगर, पाषाण काल से प्रारम्भिक पत्थर के औजारों के प्रयोग से लेकर आज तक की प्रोद्योगिकी विकास की व्याख्या से लेकर, मानव ने आज तक जो अर्जित, उपलब्ध और आविष्कार किया वो तो इतिहास की विषय-वस्तु बनती ही है, उसने जो कुछ भी सोचा-विधारा, अर्थात्, प्रयास तो किया, किन्तु उपलब्धि नहीं हो पाई, वह भी इतिहास के अन्तर्गत आता है।

किन्तु, यह भी सत्य है कि इतिहास सिर्फ मानव-विकास का वृत्तान्त ही नहीं है अपितु जैसे-जैसे मानव विकास होता गया, उसके प्रत्येक चरण में अपने पूर्ववर्ती समय की समझ का दृष्टिकोण भी कुछ-न-कुछ बदलता गया और यही समय की माँग भी थी! इसीलिए हम पाते हैं कि इतिहास के प्रति दृष्टिकोण भी मानव-विकास के प्रत्येक चरण के साथ ही परिवर्तित होता गया अतः इतिहास-लेखन, उसके दर्शन और शिल्प में भी अनेकानेक परिवर्तन हुए। इन परिवर्तनों ने चूँकि, इतिहास को समझने की अन्तर्दृष्टि बदली अतः इतिहास विषय की अन्तर्वस्तु भी कुछ-न-कुछ परिवर्तित होनी ही थी। अन्ततः इतिहास को समझने के लिए एक समावेशी दृष्टिकोण को ही तार्किक और उचित माना गया। इतिहास की इसी विषय-वस्तु एवं मानव के विकास-क्रम को समझने में उसके लेखन का शिल्प, शब्दावली, भाव, दर्शन, कलाएँ आदि सूचकांक की भूमिका निभाने लगीं इसीलिए यह कहावत भी मान्य हुई, 'हम खत का मजमूँ भाँप लेते हैं लिफाफा देखकर' आप जैसे ही मूर्ति या भवन देखते हैं वैसे ही सहज भाव से बता लेते हैं कि यह किस काल-खंड की मूर्ति या स्थापत्य कला का प्रतिनिधित्व करता है।

ठीक इसी प्रकार से साहित्य से लेकर प्रशासनिक संस्थाएँ भी इसी मानव विकास-क्रम और उसके विभिन्न चरणों की द्योतक होती हैं और हम सहज बता सकते हैं कि अमुक संस्था किस काल की हैं। जैसे-जैसे मानव-जीवन और उसकी प्रक्रियाएँ विकास के चलते जटिल होती चली गई या जैसे-जैसे उसके कार्य, गतिविधियाँ बढ़ती चली गईं, वैसे-वैसे प्रशासनिक संस्थाएँ भी विकसित होती गईं और राजनीतिक के साथ समाजार्थिक विकास क्रम में भी ये संस्थाएँ अपनी उपयोगिता के अनुरूप बनती-बदलती रही हैं। इस दृष्टिकोण से प्रशासनिक संस्थाओं का अध्ययन भी मानव विकास क्रम को उसके उक्त चरण में सामाजिक, आर्थिक, राजनीतिक एवं न्यायिक संस्थाओं के माध्यम से समझने में उपयोगी साबित होता है। साथ ही इन संस्थाओं में अपनी भूमिका अथवा भागीदारी से ही मानवीय अन्तक्रिया को समझने में सफल होते हैं। मानव की इन्हीं अन्तर्क्रियाओं और विभिन्न संस्थाओं में निभाई गई उसकी भूमिका इतिहास की विषय-वस्तु की निर्मिति करती है। इसीलिए राज्य के स्वरूप के आधार पर हम राजनीतिक गतिविधियों और मानवीय भूमिका का मूल्यांकन कर सकते हैं।

भारतीय समाज कैसे कबीलाई संस्कृति के दौर से जनपद-काल होते हुए साम्राज्य के दौर में पहुँचता है और कैसे हर्षोत्तर काल में सामन्तवादी व्यवस्था में परिवर्तित होता है उसको इन प्रशासनिक संस्थाओं के विकास से लेकर उनके पतन और पुनर्जीवित होने के क्रम से सहज ही समझा जा सकता है। हमें ज्ञात है कि कैसे पूर्व-मध्यकाल में ग्रामीण जीवन की ओर लौटते आभिजात्य ने एक बार फिर से कृषि उत्पादन को गतिशीलता प्रदान की, उसी के चलते 'कृषक अतिरेक, हुआ और इसी ने व्यापार के साथ ही नगरीकरण को प्रोत्साहित किया। इसी से एक बार पुनः वृहद राज्यों का निर्माण सम्भव हुआ और इन राज्यों/साम्राज्यों की अनेक प्रशासनिक संस्थाओं को पुनर्जीवन मिला और नई संस्थाओं की भी आवश्यकता महसूस होने पर वे स्थापित या गठित हुई, इतना ही नहीं, चूँकि, तुर्कों के आगमन के पश्चात मध्यकाल में उनकी राजनीतिक एवं प्रशासनिक सत्ता स्थापित हो गई तो उनके विचारों, राजनीतिक सिद्धान्तों और प्रशासनिक आवश्यकताओं ने भी नवीन संस्थाओं की उत्पत्ति की पृष्ठभूमि तैयार की!

इन प्रशासनिक संस्थाओं के फलस्वरूप कैसे इस काल में राज्य का स्वरूप निर्धारित हुआ और कैसे राजनीति ने इन पर नियन्त्रण करने के चलते अपने राजनीतिक दांव-पेंच दिखाए यह अपने आप में एक दिलचस्प तथा महत्वपूर्ण विषय है। इसी के साथ हम इस कोण से भी मध्यकालीन इतिहास को उसके व्यवहृत रूप के चलते समग्रता में समझ सकते हैं। पूरे इतिहास को देखने और

विश्लेषित करने का यह भी एक वैज्ञानिक उपाय या स्वीकृत प्राविधि है अतः यह अध्ययन आवश्यक होने के साथ ही अपरिहार्य हो जाता है। इस दृष्टिकोण से पूरे मध्यकालीन भारत अर्थात् 1206 से 1761 यानी तुर्की सत्ता की स्थापना से लेकर पानीपत के तृतीय युद्ध और पतनशील मुगल साम्राज्य के अन्त की पृष्ठभूमि की पूर्ण निर्मिति तक के इतिहास की जानकारी मिल जाती है, इसी से शासकों, उनके राज्यों और फिर राज्यों के साम्राज्यों में तब्दील होने की प्रक्रियाएँ समझ में आती हैं। हम इस विवरण से सहज ही परिवर्तन, पतन और केन्द्रीयकरण के पश्चात विकेन्द्रीकरण और विभाजन के साथ पतन और अन्त की प्रक्रिया को व्याख्यायित कर सकते हैं!

1
पृष्ठभूमि

दिल्ली के सुल्तानों के अधीन राज्य का स्वरूप

मध्यकालीन भारतवर्ष में तुर्कों द्वारा राज्य की स्थापना से एक नवीन युग का सूत्रपात होता है। एक पूर्णतया नवीन धर्म व संस्कृति का प्रवेश भारत में होता है। सैन्य विजयों के फलस्वरूप तुर्कों की राजनीतिक सत्ता स्थापित होती है। उनके द्वारा स्थापित मध्यकालीन राज्य का स्वरूप अथवा उसकी प्रकृति को लेकर इतिहासकारों के दो स्पष्टत: पृथक् गुट अथवा वर्ग हैं। एक वर्ग की मान्यता है कि यह राज्य इस्लाम की आस्थाओं, आदर्शों एवं सिद्धान्तों पर (अर्थात् कुरान शरीफ़ एवं हदीस पर) आधारित होने के कारण 'धार्मिक' राज्य था; दूसरे वर्ग के इतिहासकारों की मान्यता के अनुसार, पैग़म्बर को दिए गए खुदा के आदेश (कुरान शरीफ़) में यह पैगम्बर के आचरण (हदीस) से कहीं असमानता का भान नहीं होता है और जिस प्रकार का राज्य प्रारम्भिक (चार) खलीफ़ाओं के बाद स्थापित हुआ, वह समानता पर आधारित न होकर राजतन्त्रीय (असमानता के सिद्धान्त) पर आधारित था। अत: कुरान व हदीस की मान्यताओं एवं आदर्शों के विपरीत जिस राज्य का पोषण मुस्लिम जगत् में हुआ, उसे 'धार्मिक' नहीं माना जा सकता है। वैसे, एक तृतीय विचारधारा भी है कि भले ही यह राज्य धार्मिक न हो, फिर भी शरीयत अथवा शरा (मुस्लिम विधि) द्वारा संचालित होने के कारण तथा उलमा (धर्माधिकारी वर्ग) के प्रभाव के चलते, यह एक धर्म केन्द्रित राज्य तो अवश्य ही था।

मध्यकालीन भारत में तुर्क विजय के साथ न केवल इस्लाम जैसे एक नवीन धर्म का प्रवेश हुआ, जिसके निश्चित ही दूरगामी परिणाम और प्रभाव पड़े, उसने सामाजिक, सांकृतिक एवं प्रशासनिक स्तर पर भी अनेक परिवर्तनों को जन्म दिया। वस्तुतः, इस्लाम का अभ्युदय जिस परिवेश में हुआ, उसका भी अध्ययन आवश्यक ही नहीं अपरिहार्य हो जाता है, ताकि, हम उन नवीन

विचारों से सुपरिचित हो सकें, जिन्होंने, भारत में अपने विशिष्ट तत्त्वों के साथ भारतीय स्थानीय विशेषताओं के सम्मिश्रण के साथ ही उस पूर्ववर्ती प्रवाह क्रम को प्रवाहित रखा, जिसका आधार ही 'सातत्य के साथ परिवर्तन' था। इसीलिए, जब पाश्चात्य विश्व में मध्यकाल को 'अन्धकार युग' के रूप में सम्बोधित किया जा रहा था, हमारे यहाँ दर्शन में शंकर के अद्वैतवाद से लेकर विशिष्ट अद्वैत, शुद्ध-अद्वैत, द्वैताद्वैत से लेकर द्वैतवाद, सूफी और भक्ति आन्दोलन, विचारों के युग में एक क्रान्ति सी पैदा कर रही थी। साहित्यिक क्षेत्र में संस्कृत से लेकर स्थानीय बोलियों और हिन्दी के साथ, भारत में तुर्की, अरबी और फ़ारसी साहित्य का विकास अप्रतिम था। चित्रकला का विकास 'कैलीग्राफी' से लेकर फूल-पत्तियों तक ही सीमित नहीं रह सका, मुग़ल-काल आते-आते, मानव आकृतियों का चित्रांकन भी शुरू होकर उत्कर्ष पर पहुँचा था, स्थापत्य में बस इतना कह देना पर्याप्त होगा, की, जिस दौर में कुतुबमीनार से लेकर ताजमहल तक निर्मित हुआ हो, उस काल को निश्चित ही अन्धकार का युग नहीं कहा जा सकता अपितु सही मायने में यह काल सम्मिश्रित संस्कृति का आधार पुष्ट कर रहा था। इसी पृष्ठभूमि में हम भारत को पुनः मध्य तथा पश्चिम एशिया से सम्बद्ध होता हुआ पाते हैं! इन विचारों के आदान-प्रदान ने संस्कृति और मानव सभ्यता के विकास क्रम को एक निश्चित ही नया मोड़ प्रदान किया।

राज्य, राजनीति एवं प्रशासन का अध्ययन मानव के विचारों की दिशा और स्तर ही निर्धारित करते हैं। क्योंकि यह स्पष्ट संकेत देती हैं, कि, मानव के मस्तिष्क में क्या विचार आ रहे थे, यह विचार उस काल और उक्त काल तक मानव प्रगति के द्योतक होते हैं। भारत में इस्लाम के आगमन से स्थापित पूर्ववर्ती परम्पराओं और इन तुर्की परम्पराओं में विशेष अन्तर नहीं था, क्योंकि, दोनों का उद्गम स्थल या बिन्दु, वही फ़ारस या ईरान था ! इस्लाम ने फ़ारस पर सैन्य एवं राजनीतिक विजय तो प्राप्त कर ली। किन्तु उसके सांस्कृतिक प्रभाव से नहीं बच पाया। इस सांस्कृतिक प्रभाव की बात करें तो हम सबसे पहले राजनीतिक संस्कृति के प्रभाव को रेखांकित कर सकते हैं! राजत्व के दैवी सिद्धान्त से लेकर दरबार के कायदे-कानून, अनुष्ठान, तौर-तरीके से लेकर 'नौरोज़' जैसे फ़ारसी उत्सव सब भारत के तुर्की राज्य द्वारा आत्मसात कर लिए गए।

इसी प्रकार, जब हम प्राचीन भारतीय इतिहास की बात करते हुए, किसी प्रसंग में फँसते हैं, तब हमें वैदिक वांग्मय के अर्थ तलाशने हेतु फ़ारस की ही 'ज़ेन एवेस्ता' की और घूमना पड़ला है। वही हमारा एकमात्र सहारा या अवलम्ब होता है, अतः हम कह सकते हैं, कि, जो इस्लाम के अनुयायियों

द्वारा राज्य भारत में स्थापित हुआ, उसकी परम्पराएँ तथा भारत की अपनी प्राचीन परम्पराओं में यह फ़ारसी तत्त्व समान था। जिसके कारण, इन तुर्क शासकों को न तो प्रशासनिक संरचना में और न ही प्रक्रियागत परिवर्तन करने पड़े! इसमें एक सामान्य बात और जोड़ी जा सकती है। मानव अपनी विकास-यात्रा में एक ही प्रकार से सब जगह बढ़ा था, अतः 'शेयर्ड ह्यूमन एक्सपीरियंस' या 'मानव द्वारा प्राप्त अनुभूतियों के साम्य' से ही विकास-क्रम बढ़ा है, तो स्पष्ट ही है, कि कुछ स्थानीय परिवेश और विशेषताओं के चलते भले ही अन्तर हो, प्रशासनिक सोच में कोई मौलिक अन्तर नहीं हो सकता। अतः इस कारण भी वे यहाँ राज्य स्थापित करने के उपरान्त मौलिक प्रशासनिक परिवर्तन करते नहीं दिखते हैं, अपितु, थोड़े बहुत संशोधनों के साथ वही व्यवस्था बनी रहती है! वे मध्यकालीन भारत में एक ऐसे राज्य की स्थापना करते हैं, जो सामन्तवादी व्यवस्था के ऊपर आरोपित एक साम्राज्य की शक्ल ग्रहण करती है। अर्थात्, तुर्क-अफ़ग़ान मुग़ल राज्य भी मौर्य एवं/अथवा गुप्त राज्यों की पुनरावृत्ति जैसे ही दृष्टिगोचर होते हैं।

जब १२०६ में तुर्क विजय के पश्चात भारत वर्ष में तुर्की सुल्तनत की नींव पड़ी और इसी के साथ प्रारम्भिक तुर्की वंश की स्थापना हुई, वस्तुतः इस वंश के नामकरण से ही विवाद की शुरुआत होती है और इसीलिए एक विमर्श की आवश्यकता महसूस होती है। प्रायः औपनिवेशिक इतिहास-लेखन के प्रभाव स्वरूप इसे पाठ्य-पुस्तकों ने 'दास वंश' ही लिखा किन्तु जैसे ही हम परिवर्तित काल में विकसित होती 'इस्लामी सम्प्रभुता के सिद्धान्त' की विकास यात्रा पर नजर डालते हैं तब समझ आता है कि इसके अनुसार दास तो सुल्तान हो ही नहीं सकता था, अतः इस वंश को 'प्रारम्भिक तुर्की वंश' कहना ही उचित, तार्किक और न्यायसंगत होगा, इसकी चर्चा हम विस्तार से आगे करेंगे ही। इसी १२०६ से भारतवर्ष के उत्तर, पश्चिम और पूर्वी क्षेत्रों में एक नए राज्यवंश की नींव पड़ी जो कभी सिमटता सिकुड़ता और फिर कभी प्रसार के साथ साम्राज्य का रूप ग्रहण करते हुए दक्कन और दक्षिण भारत में अधिकार करता है। किन्तु दक्कन और दक्षिण में स्तिथियाँ कुछ भिन्न थीं। यहाँ ईसाई मत तो पहले से ही आ ही चुका था और अरब व्यापारियों के माध्यम से इस्लाम भी प्रविष्ट हो चुका था। किन्तु उत्तर भारत में इस धर्म के अनुयायियों ने राज्य की स्थापना करने में सफलता प्राप्त की थी।

उत्तर भारत में स्थापित इस राज्य के साथ एक विशेषता और थी यह एक नवीन धर्म के साथ ही देश में एक बिलकुल ही नई संस्कृति का भी प्रवेश हुआ,

जिसका सामाजिक आधार स्थानीय आधार से बहुत भिन्न था। सर शा'फात अहमद खान ने १९३५ में 'इंडियन हिस्ट्री कांग्रेस' के पुणे में आयोजित प्रथम अधिवेशन में अपने अध्यक्षीय भाषण में इस बात को अनुरेखित किया था कि जब भी कोई नवीन संस्कृति कहीं दूसरे क्षेत्र में राज्य सत्ता के साथ सैन्य शक्ति से लैस होकर आती है तब दोनों में संघर्ष अपरिहार्य है किन्तु शनैः शनैः वे सह-अस्तित्व के भाव में आ ही जाने को खुद को मजबूर पाते हैं! हमको इसी प्रस्थापना के साथ इस विषय को पढ़ना-समझना चाहिए तभी हम तार्किक निष्कर्षों तक पहुँचने में कामयाब हो सकेंगे!

चूँकि, भारत में तुर्कों की यह सत्ता सैन्य विजयों के साथ स्थापित हो रही थी और जैसे-जैसे उनके आधिपत्य के क्षेत्र में वृद्धि हो रही थी वैसे-वैसे उनकी प्रशासनिक संस्थाएं जड़ें जमा रही थीं और परोक्ष रूप से सूफी सन्तों का प्रवेश और फिर धीरे-धीरे उनके प्रत्यक्ष प्रभाव से सामाजिक-सांस्कृतिक जीवन को एक नितान्त नया आयाम मिलने लगा था जिसने दोनों सम्प्रदायों के लिए एक पुल का निर्माण किया था और फिर सामाजिक-सांस्कृतिक मिलन या सद्भाव और सह-अस्तित्व की पृष्ठभूमि बनाई थीं।

इस आलोक में भी अनेकानेक कारणों से स्थानीय (इस्लाम-पूर्व भारतीय) एवं इस्लामी संस्कृतियों के मध्य के अन्तर को अनुरेखित करते हुए राज्य के स्वरूप पर भी प्रश्न चिन्ह अंकित किए गए हैं। इस प्रकरण में औपनिवेशिक काल के साम्प्रदायिकता को आधार बनाकर इतिहास-लेखन की बड़ी भूमिका रही है। इसीलिए जे.एस. मिल ने अपने भारतीय इतिहास के काल-विभाजन में 'प्राचीन', 'मध्यकाल' तथा 'आधुनिक' को 'हिन्दू', 'मुस्लिम' और 'ब्रिटिश' सम्बोधनों से प्रयुक्त किया है। अगर 'ब्रिटिश' शब्द राज्य का द्योतक है तो उनकी नियत एवं नीति स्पष्ट हो जाती है वे 'हिन्दू' तथा 'मुस्लिम' सम्बोधनों के माध्यम से वे द्विराष्ट्र सिद्धान्त से देश को साम्प्रदायिक आधार पर विभक्त कर रहे थे। इसी क्रम में मध्यकाल में स्थापित तुर्की राज्य को 'धार्मिक' या 'धर्मसत्तात्मक' (Theocratic) घोषित किया गया? टाइटस से लेकर के.एस. लाल जैसे इतिहासकारों की मान्यता है कि यह राज्य इस्लाम की मौलिक आस्थाओं, आदर्शों तथा सिद्धान्तों पर आधारित होने एवं कुरान शरीफ़, हदीस तथा शरीयत के दिशा-निर्देशों से संचालित होने के कारण से 'धार्मिक' राज्य था!

किन्तु, यदि हम इस पूरे मुद्दे को गहराई से विश्लेषित करें तब हम पाते हैं कि खुदा के जिस आदेश को पैगम्बर मुहम्मद ने लोगों तक सम्प्रेषित किया वह तीन मौलिक सिद्धान्तों को प्रतिपादित करता था—'समता, समानता तथा बन्धुत्व'

और इसी ने देव्चिन्हों पर आधारित जनजातीय (कबीलाई) विभाजन को एक सूत्र में बाँधने का काम किया था। अतः यह व्यवस्था तो पूर्णतया जनतान्त्रिक ही थी और कैसा विरोधाभास कि मध्यकाल में भारत में जिस राज्य की स्थापना हुई वह राजतान्त्रिक था। पैगाम्बर तथा चारों पवित्र खलीफ़ाओं, यथा अबू बक्र, उमर, उस्मान और अली के काल में जो राज्य था वह जम्हूरियत पर आधारित रहा और इसमें राजतान्त्रिक 'जमशेदी' की जगह साधारण जीवन या 'दरवेशी' पर ही जोर रहा। अतः अली के शासन के तुरन्त बाद के शासन में आया परिवर्तन पैगम्बर द्वारा घोषित मूल सिद्धान्तों के अनुरूप नहीं था। अतः यह प्रारम्भिक सिद्धान्तों से बिलकुल ही परिवर्तित था। इस दृष्टिकोण से अनेक इतिहासकार मानते हैं कि कुरान शरीफ़ और हदीस (पैगम्बर साहब के व्यवहार के उद्धरण) की मान्यताओं तथा आदर्शो के विपरीत सिद्धान्तों पर आधारित राज्य को 'धार्मिक' हरगिज़ नहीं माना जा सकता? उनकी मान्यता के अनुसार कोई सांगठनिक आभि्रजात्य वर्ग हो ही नहीं सकता था क्योकि सब बराबर थे।

वहीं इन दोनों वैचारिक ध्रुवों के बीच में भी एक विचार है कि यह राज्य भले ही धार्मिक न हो किन्तु धर्म-केन्द्रित (Theocentric) तो निश्चित ही था इसमें अन्ततः इस्लाम को प्रश्रय और वरीयता प्रदान की थी? इसीलिए इनके मतानुसार राज्य का सञ्चालन 'शरीयत' (इस्लामी या मुस्लिम विधि) के आधार पर किया जाता था। न्याय का कार्य काज़ियों के अधीन था जो उलेमा (आलिम या पढ़े-लिखे लोगों के वर्ग का बहुवचन) या धर्माधिकारी वर्ग के सदस्य थे। इस वर्ग की उपस्थिति स्वतः ही मूल भावना के विरुद्ध थी क्योंकि यह एक सांगठनिक वर्ग के रूप में जन्मा और विकसित हुआ था। इतना ही नहीं, इस्लामी जगत में चूँकि यही पढ़े-लिखे थे अतः यही धार्मिक एवं बौद्धिक वृत्तियों, भू-अनुदानों की संस्तुति भी करते थे और यही इतिहास लिखते थे और साहित्य की रचना करते थे। अतः इस वर्ग का न्याय, धार्मिक एवं साहित्यिक क्षेत्रों में प्रभाव था अतः वे चाहे-अनचाहे राज्य में योगदान देते थे और राज्य की दैनन्दिनी में उनके इस योगदान या हस्तक्षेप से इनकार नहीं किया जा सकता? दूसरी ओर, इनके अपने कार्यक्षेत्र थे और उन्हें वृत्तियों एवं अनुदानों के मामलों में सिर्फ संस्तुति करने का अधिकार था अन्तिम निर्णय शासक का ही होता था इसी प्रकार, न्याय के क्षेत्र में भी अन्तिम अपीलीय न्यायालय शासक ही था। इस दृष्टिकोण से यदि देखा जाए तब भी उनका अधिकार सीमित ही था अतः एक सीमित अर्थ में यह 'धर्म-केन्द्रित' हो सकता था किन्तु शासक अपने अधिकार क्षेत्र यथा शासन-प्रशासन में हस्तक्षेप या अतिक्रमण स्वीकार करके अपने अधिकार क्षेत्र को

स्वत: ही क्यों कर सीमित करते? अत: ये बात इल्तुतमिश के काल के प्रारम्भ की ही एक घटना से समझ आ जाती है जिसमें उलेमा ने उसके सिंहासनारोहण को यह कहते हुए अवरुद्ध किया था कि वह दास है और सिर्फ स्वतन्त्र नागरिक शासक हो सकता है? जब तक उसने उलेमा को १२०६ ई में ही ऐबक से प्राप्त दासता का मुक्ति-पत्र नहीं दिखाया वे सन्तुष्ट नहीं हुए? इसीलिए इल्तुतमिश ने उनके अधिकार ही सीमित करके निरंकुश सत्ता की राह प्रशस्त करके सुल्तनत काल में राजसत्ता को मजबूत किया था इसकी विस्तार से चर्चा हमने उलेमा की भूमिकावाले अध्याय में की ही है.

अपने इस अध्ययन के इस मोड़ पर एक तथ्य की और ध्यानाकर्षण करना समीचीन होगा—जब प्रारम्भिक तुर्की का राज्य उत्तर भारत में स्थापित हो गया, तब मूल समस्या राजस्व की ही थी। चूँकि, औद्योगिक क्रान्ति से पूर्व पूरे विश्व में ही कृषक अर्थ-व्यवस्था ही एकमात्र प्रचलित व्यवस्था थी अत: राज्य की आय का मूलाधार 'भू-राजस्व' ही था। चूँकि, स्थानीय लोग ही भारत के भू-राजस्व प्रबन्धन से सम्बद्ध था। अत: उन्हीं पूर्ववर्ती सामन्तों को ही बनाये रखना विवशता भी थी और अपरिहार्यता भी। अत: इन सामन्तों को बस नए सम्बोधन दे दिए गए जैसे 'खूत', 'मुकद्दम' एवं 'चौधरी' और ये अपने वंशीय अधिकारों से भी वंचित नहीं किए गए। अत: पूरे मध्यकाल में स्थानीय शासन पूर्ववत बना ही रहा तथा भू-राजस्व में मौलिक परिवर्तन आंग्ल औपनिवेशिक सत्ता की स्थापना के पश्चात ही हुए थे। चूँकि, स्थानीय शासन 'भारतीय' या देशज रहा, वहीं केन्द्रीय शासन-प्रशासन इरानी या फ़ारसी था तथा सैन्य प्रबन्धन तुर्क-मंगोल और देशज का सम्मिश्रण रहा। इस तरह से शासन-प्रशासन के स्वरूप में देशी-विदेशी तत्त्वों का मिश्रण एक विशिष्ट विशेषता के रूप में दिखती है अत: राज्य के किसी निश्चित नामकरण के अभाव में इसको 'मिश्रित राज्य कहना कहीं बेहतर होगा.

किन्तु राज्य की अवधारणा के मूल प्रश्न को समझने के लिए हमें इस्लाम के प्रारम्भिक काल से लेकर उसके भारत में प्रवेश के समय तक के परिवर्तनों को समझने के लिए उसके प्रारम्भिक क इतिहास की ओर लौटते हुए उसपर प्रकाश डालकर उसका कुछ विश्लेषण करने की कोशिश करनी चाहिए तभी हम राज्य के असली स्वरूप को समझेंगे और इसीलिए विभिन्न विद्वानों के मतों को बारीक ढंग से उद्धृत करते हुए आगे बढ़ने की प्रक्रिया या प्राविधि को अपनाना जरूरी है। आईए इसी क्रम को बढ़ाते हैं। वस्तुत: इस जटिल प्रश्न को समझने के लिए सबसे उपयुक्त तरीका होगा कि इस मुस्लिम राज्य की पृष्ठभूमि एवं भारत आगमन से पूर्व की पृष्ठभूमि को समझने का

प्रयास करें। पैग़म्बर के पश्चात पवित्र खिलाफ़त के काल (633-661 ई.) तक मुस्लिम साम्राज्य का एक एकीकृत स्वरूप रहा। हालाँकि, मुवाइया (सीरिया के शासक) ने अली को खलीफ़ा के रूप में मान्यता देने से इनकार कर दिया था। अली की हत्या के पश्चात् मुवाइया ने सत्ता हासिल कर ली। प्रोफ़ेसर मोहम्मद हबीब के विचारानुसार अरबों की 'कुरैश जनजाति' में ही सबसे योग्य व्यक्ति को शासन करने का अधिकार पवित्र खिलाफ़त की आधारशिला थी, भले ही उनके चयन की चाहे जो विधि रही हो। जब यह अधिकार अन्तिम खलीफ़ा द्वारा अपने निकटतम कुटुम्बी को दे दिया गया उसी समय पवित्र खिलाफ़त अवश्यसम्भावी रूप से समाप्त हो गई।[1]

इस प्रकार 662 ई. में मुवाइया ने उमैय्या खिलाफ़त की नींव डाली और खिलाफ़त को लगभग बादशाहत का रूप प्रदान कर दिया खलीफ़ा, जो अब तक खलीफ़ा एवं इमाम के संयुक्त रूप में देखे व स्वीकार किए जाते थे, मात्र राजनीतिक नेतृत्ववाले हो गए एवं उनका धार्मिक नेतृत्व क्षीण होने लगा। उमैय्या वंश के खलीफ़ाओं के काल में (661-750 ई.) इस्लाम की राजधानी मदीना के स्थान पर दमिश्क हो गई। इसी काल में इस्लाम पूर्व में अफ़गानिस्तान, बलोचिस्तान और मध्येशिया के अधिकांश भागों से स्थापित हो गया था। इसी काल में अरबों ने सिन्ध पर विजय प्राप्त की थी।

आठवीं शताब्दी के मध्य में खुरासान में आन्दोलन शुरू हुआ, जिससे उमय्या वंश का पतन प्रारम्भ हो गया तथा, अब्बाशी वंश की स्थापना हुई। मोहम्मद साहब के चाचा अब्बास के वंशजों ने बड़ी चतुराई के साथ ईरानियों तथा शियाओं के सहयोग से खलीफ़ा का पद प्राप्त करने में सफलता प्राप्त कर ली।

प्रो. मोहम्मद हबीब के मतानुसार, 'जिस सिद्धान्त पर पवित्र खिलाफत तथा उमय्या साम्राज्य आधारित थे वह यह था कि भाषा, जाति और संस्कृति के भेद-भाव के बिना समस्त मुसलमानों को एक ही राज्य का नागरिक होना चाहिए और इस्लाम धर्म की प्रथम शताब्दी में यह केवल अरबों के अभिजात वर्ग का हो सकता था।'[2]

जहाँ तक अब्बासी खलीफ़ाओं के काल (750-1258 ई.) का प्रश्न है तो यह अनेक मायने में महत्त्वपूर्ण रहा। इस्लाम की राजधानी जो मदीना से दमिश्क हो गई थी, इनके काल में बगदाद पहुँच गई। इस वंशीय काल में उच्च पदों पर अरबों का एकाधिकार समाप्त करके समानता और बन्धुत्व के मूल्यों अथवा भावनाओं को एक बार पुन: समृद्ध किया।

नवीं शताब्दी के अन्त में अब्बासी खलीफ़ाओं का पतन आरम्भ हो गया। दसवीं शताब्दी में अजम (मध्येशिया) में कई वंश शक्तिशाली हो गए, जिनमें प्रमुख थे—ताहिरिद (Tahirids, 820-872 ई.); सफ़ाविद (Saffavids, 863-908 ई.); समाविद (Sammavids, 874-999 ई.) एवं बुवैयाईद (Buwaiyids, 945-1055 ई.) थे। औपचारिक रूप से इन वंशों के शासकों ने खलीफ़ा की सत्ता को स्वीकार तो किया, किन्तु वास्तविक राजनीतिक रूप में वे स्वतन्त्र राज्य थे अर्थात् इस्लाम, कुरान एवं हदीस के प्रतिकूल राज्यों की स्थापना, विस्तृत होते इस्लामी साम्राज्य की एक राजनीतिक विवशता थी।

जो तुर्क भारत में अपनी सत्ता तेरहवीं शताब्दी में स्थापित करने में सफल रहे, उनके दृष्टिकोण को उपर्युक्त पृष्ठभूमि में समझा जा सकता है। स्पष्टत: यह समझा जा सकता है कि इस्लाम के विस्तार के साथ-साथ इस्लामी राज्य में स्थानीय परिस्थितियों के अनुसार जहाँ एक ओर समन्वयकारी दृष्टिकोण पनप रहा था, वहीं, दूसरी ओर, नवीन राजनीतिक परीक्षण एवं राजनीतिक संस्थाओं का विकास हो रहा था।

यह बात अथवा सत्य तो मध्यकालीन सुल्तनत एवं मुगल साम्राज्य को धार्मिक राज्य माननेवाले **डॉ. यू. एन. डे** भी स्वीकार करते हैं कि, ''पैगम्बर के पश्चात् वास्तविक व्यवहार में, मुस्लिम राज्य ने पैगम्बरी सिद्धान्तों को शायद ही मान्यता दी हो। समय के अन्तराल के पश्चात् तो इन मान्यताओं (राजनीतिक धरातल पर) में इतनी विकृति आ गई थी कि इन्हें 'इस्लामी' स्वरूप में स्वीकार भी नहीं किया जा सकता है। राजतन्त्रीय व्यवस्था के प्रकट एवं प्रतिष्ठित होते ही यह अन्तर और अधिंक हो गया।''[3]

इस्लाम में संगठित धर्माधिकारी वर्ग की कत्तई गुंजाइश नहीं है, किन्तु, चूँकि, प्रारम्भिक खलीफ़ाओं के पश्चात् उमय्या एवं अब्बासी खलीफ़ाओं ने बादशाहत या राजतन्त्रीय व्यवस्था अपना ली थी, अत: उन्हें इस व्यवस्था के औचित्य की तलाश थी, जिसके लिए वे धर्माधिकारी वर्ग की ओर देखने को विवश थे। इन धर्माधिकारियों ने उनके राजतन्त्र के औचित्य एवं आधार को पुष्ट किया, वहीं, उमय्या एवं अब्बासी खलीफ़ाओं के काल से उन्हें सामाजिक मान्यता एवं सामाजिक-राजनीतिक महत्त्व भी प्राप्त होने लगा। उलमा (धर्माधिकारी वर्ग) भी अन्तत: इस्लाम में स्वीकार्य एवं स्थापित हो गया। उलमा ने यह कहकर राजतन्त्र का औचित्य स्थापित कराया कि राज्य का उद्देश्य ही धर्म का संरक्षण है। राज्य चूँकि विस्तृत हो गया था— इस्लामी साम्राज्य को नित नई चुनौतियों का सामना करना पड़ रहा था, जिससे क्रान्ति एवं पृथकीकरण की प्रवृत्तियाँ ही सशक्त हो

रही थीं—ऐसे में उस राज्य को स्वीकृत रूप में, एक ठोस शक्तिशाली केन्द्रीकृत शासन-व्यवस्था ही रख सकती है। इस प्रकार की व्यवस्था राजतन्त्र में ही सम्भव थी, अतः राजतन्त्र को राजनीतिक अराजकता का बेहतरीन विकल्प प्रमाणित कर दिया गया और इसी तर्क के आधार पर वह जनसामान्य में स्वीकृत एवं इस्लामी साम्राज्य में स्थापित हो गया।

डॉ. यू.एन. डे भी लगभग इसी उपर्युक्त मत से सहमत प्रतीत होते हैं। उनके विचारानुसार, पैगम्बर एवं उनके तुरन्त पश्चात् के चार उत्तराधिकारियों के पश्चात् के राजनीतिक नेतृत्व को एहसास होने लगा था कि उनकी जीवन-शैली का अनुकरण करके अर्थात् 'जमशेदी' (प्रभुत्व या नेतृत्व) एवं 'दरवेशी' (साधारण जीवन शैली) के समन्वय से कानून एवं व्यवस्था नहीं बनाई रखी जा सकती है। यहाँ यह भी ध्यातव्य है कि इन चार में से तीन खलीफ़ाओं को अनुयायियों द्वारा ही शहादत प्रदान की गई थी।[4]

अतः सुरक्षा एवं कानून-व्यवस्था के नाम पर राजनीतिक शक्ति का केन्द्रीकरण अपरिहार्य प्रतीत हो रहा था। अतः जैसा ऊपर कहा गया है, परिस्थितियों ने शनैः-शनैः मध्यकाल में इस्लामी राज्य का स्वरूप निश्चित ही परिवर्तित कर डाला। जो इस्लाम समता, समानता, बन्धुत्व के आधार पर योग्यतम को नेतृत्व के लिए उपयुक्त एवं अर्ह मानता था, वह विषमता एवं भेद-भावपूर्ण राजतन्त्रीय व्यवस्था को स्वीकार कर रहा था। अपने प्रसार के काल में जब इस्लाम फ़ारस में पहुँचा तो प्राचीनतम राजतन्त्रीय व्यवस्था ने उलमा के कथन व तर्क को और अधिक बल प्रदान किया तथा अब राजतन्त्र इस्लाम में पूर्णतया प्रतिष्ठित हो गया (विशेषतः अब्बासी काल में जब कि फ़ारसियों को प्रशासन में भी महत्त्व प्राप्त हो गया था)।

चूँकि, जैसा कि ऊपर वर्णित किया गया है, प्रारम्भिक चार खलीफ़ाओं में से तीन यथा उमर, उस्मान एवं अली की राजनीतिक हत्याओं ने भी सुस्पष्ट कर दिया कि राज्य अथवा सरकार सिर्फ ईरान या फ्रांस के सम्राटों की नीतियों के अनुसरण से ही सफलतापूर्वक चलाई जा सकती हैं, क्योंकि उसी से कानून-व्यवस्था व सुरक्षा सुनिश्चित हो सकती है तथा जनता को आज्ञाकारी, अनुशासन-प्रिय एवं कर्तव्यनिष्ठ बनाने में भी सफलता मिल सकती है। हालाँकि, ईरानी परम्पराएँ पैगम्बर के आदर्शों-व्यवहारों से पूर्णतः भिन्न एवं धुर विपरीत थीं फिर भी, राज्य एवं सत्ता के कारण, स्वीकार्य ही नहीं प्रतिष्ठित हो गईं। अतः **डॉ. यू.एन.डे.** के मतानुसार, 'पैगम्बर के आदर्शों के प्रतिकूल राजतन्त्र इस्लामी व्यवस्था में प्रविष्ट हो गया।''[5]

अत: इसी काल में उलमा (धर्माधिकारी वर्ग) भी एक संगठित वर्ग के रूप में राजनीतिक-सामाजिक परिदृश्य में उपस्थित हुआ जिसने कि राजतन्त्र के औचित्य को प्रमाणित किया (जैसा कि ऊपर वर्णित भी किया गया है)। अत: इस्लाम के इतिहास में वह एक क्रान्तिकारी कदम था और जैसा कि स्पष्ट होगा आगामी इतिहास में इस वर्ग ने एक महत्त्वपूर्ण भूमिका भी निभाई। उसे अपनी सामाजिक प्रतिष्ठा के चलते मुस्लिम समुदाय अथवा 'उम्माह' का समर्थन भी प्राप्त हो गया, क्योंकि वे ही धर्म के संरक्षक के रूप में स्वीकार किए जाने लगे थे।

यहाँ एक महत्त्वपूर्ण बात और ध्यातव्य है—इस्लाम में राजतन्त्रीय प्रावधान के अभाव में, जब नवीं-दसवीं शताब्दियों में नए राजवंशों की स्थापना हो रही थी तब स्पष्ट ही ये शासक राजकुल/राजघराने अथवा कुलीन परिवारों या पृष्ठभूमिवाले नहीं थे, अत: वंशीय अधिकार के अभाव में इनकी राजसत्ता उलमा के औचित्य पर ही अधिक निर्भर थी—उलमा उनके शासन (वैयक्तिक) एवं वंशीय सत्ता को तार्किक आधार प्रदान करके फलस्वरूप राजकीय प्रश्रय एवं अनुदान का आकांक्षी रहता था।

इस प्रकार के परिवर्तनों के फलस्वरूप जब इस्लाम भारत आया था तब तक खलीफ़ा की प्रतिष्ठा एवं अधिकार क्षेत्र घटकर मात्र प्रतीक स्वरूप रह गया था; मध्येशिया के उपवर्णित स्वतन्त्र शासकों के उद्‌भव ने नवीन राजवंशों की नींव डाली थी; उमय्या व अब्बासी खलीफ़ाओं से होता हुआ, इन स्वतन्त्र राजवंशों के अधीन स्वेच्छाचारी राजतन्त्र का विकास गति पकड़ चुका था। पूर्ववर्ती काल की मान्यता प्राप्त अथवा स्वीकृत शासन/प्रशासन व्यवस्था में स्थानीय आवश्यकतानुसार परिवर्तन करते रहना, इन शासकों के लिए एक विवशता थी। अत: ऐसी परिवर्तनकारी अथवा परिवर्तनशील परम्परा से समृद्ध इस्लामी अनुयायी भारतवर्ष में साम्राज्य स्थापना में सफल रहे थे।

यहाँ एक अन्य महत्त्वपूर्ण बात की ओर भी ध्यान देना होगा कि भारतीय भूमि पर शिहाबुद्दीन मोहम्मद गोरी की पहली मुठभेड़ किसी हिन्दू शासक से न होकर अपने सहधर्मी से हुई थी—इस लड़ाई में भी वह दृढ़-संकल्प एवं शक्ति प्रदर्शन दिखाई दिया जैसा कि बाद में उत्तर भारत के अन्य हिन्दू शासकों के विरुद्ध लड़े युद्धों में दिखाई दिया था। शिहाबुद्दीन भारत में अपने साम्राज्य विस्तार की नियत से आया था, अत: वह अपने आचरण द्वारा यहाँ की जनता द्वारा स्वीकार्य का आकांक्षी था। इसी कारणवश उसके युद्धों एवं युद्धोपरान्त के विजयोल्लास में धार्मिक उत्साह एवं धर्मान्धता कहीं भी दिखाई नहीं देती।[6]

यही नहीं उसने राजनीतिक सूझ-बूझ को दर्शाते हुए स्थानीय शासकों के साथ समझौते की नीति भी अपनायी। वह जानता था कि इतने बड़े देश में सामरिक श्रेष्ठता के आधार पर विजय प्राप्त करना तो तुलनात्मक रूप से सरल हो सकता है, किन्तु प्रशासकीय नियन्त्रण एक नितान्त कठिन ही नहीं दुष्कर कार्य है, अत: व्यावहारिक पक्ष को समझते हुए, उसने स्थानीय लोगों को अपने पक्ष में करने का दूरगामी प्रभाववाला निर्णय लिया। इसी निर्णय के क्रियान्वयन में उसने अजमेर विजय के पश्चात् वहाँ पर पृथ्वीराज के पुत्र को, तुर्की अधीनता स्वीकार करने की शर्त पर, मित्र शासक का दर्जा प्रदान कर दिया। इसी प्रकार दिल्ली विजयोपरान्त खंडीराव के उत्तराधिकारियों को इस प्रदेश पर शासन करने का इसी शर्त पर आदेश दिया गया कि वे गोरी की सम्प्रभुता स्वीकार करेंगे।

कुछ इतिहासकार इस राज्य को सैनिक राज्य के रूप में भी देखते हैं—कम-से-कम प्रारम्भिक काल में। **डॉ. सतीशचन्द्र** के विचारानुसार, ''तुर्कों के आगमन के साथ, उत्तर भारत में एक नए प्रकार के स्वरूपवाले राज्य का उद्‌भव हुआ। इसके प्रारम्भिक चरण में, सैन्य नेतृत्व को विभिन्न क्षेत्रों को विजित करने की सर्वाधिक छूट प्रदान की गई थी, जबकि सुल्तान के पास अथवा केन्द्र में एक स्थायी सैन्य दल सदैव नियुक्त रहता था, किन्तु बलबन ने इस लचीले विकेन्द्रीकृत निरंकुशता को एक पूर्णतया केन्द्रीकृत राज्य का स्वरूप प्रदान कर दिया।[7]

कम-से-कम तेरहवीं शताब्दी में 'विदेश विजय' के संस्थागत रूप में इस राज्य को **प्रो. सतीशचन्द्र** भी देखते हैं। उनके विचारानुसार, इस काल का प्रशासनिक वर्ग शहर के अपने सैन्य शिविरों से ग्रामीण क्षेत्रों पर नियन्त्रण रखते थे अथवा ग्रामीण अंचलों में जो दुर्ग इत्यादि थे, वहाँ से ये अपने प्रभाव/प्रभुत्ववाले क्षेत्रों पर नियन्त्रण करते थे। तेरहवीं शताब्दी के अन्त में खलजी क्रान्ति के फलस्वरूप एक 'समन्वित हिन्दू-मुस्लिम राज्य' का उदय होता है, जब उनके विचारानुसार, सरकारी पदों पर नियुक्तियाँ सिर्फ तुर्कों के लिए नहीं, अपितु, सभी के लिए, योग्यता के एकमात्र आधार पर खोल दी जाती हैं, किन्तु, **प्रो. सतीशचन्द्र** के मतानुसार जिस शासक ने एक वास्तविक 'समन्वित हिन्दू-मुस्लिम' शासक वर्ग को जन्म दिया, वह मोहम्मद तुगलक था, जिसकी इस उदार नीति का इतना जबर्दस्त विरोध हुआ कि विद्रोहों ने थमने का नाम नहीं लिया और इनकी प्रतिक्रियास्वरूप फ़िरोज़ तुगलक के राज्य का स्वरूप स्पष्टत: दृष्टिगोचर होता ही है।[8] अत: वे भी निष्कर्षत: इसे एक 'समन्वित हिन्दू-मुस्लिम राज्य' के रूप में व्याख्यायित नहीं करते हैं।

वैसे भी यह मानना कि यह राज्य जो तुर्कों ने दिल्ली में स्थापित किया था, वह सैनिक प्रकृति का ही था इसलिए भी उचित नहीं प्रतीत होता है, क्योंकि, सैन्य राज्य भी आम जनता को स्वीकार्य नहीं हो सकता है। कोई भी शासन सिर्फ़ सैन्य बल पर आधारित होकर इतने बड़े देश में चल नहीं सकता, जब तक उसे जनता का विश्वास, स्वीकृति एवं अन्ततः सहयोग प्राप्त नहीं होता। यह सत्य है कि पूरे मध्यकाल में हमें सैन्य अभियानों के निरन्तर उल्लेख प्राप्त होते हैं और यह भी सत्य है कि इस मध्ययुगीन साम्राज्य का अस्तित्व भी सैन्य-शक्ति पर निर्भर था, किन्तु यह भी स्वीकार करना होगा कि अत्यावश्यक होते हुए भी सैन्य-व्यवस्था, राज्य-व्यवस्था का एकमात्र अंग नहीं था। सैन्य-बल की आवश्यकता तो अपदस्थ शासक-वर्ग के आक्रोश एवं पुनः सत्ता-प्राप्ति के प्रयासों को निष्फल करने के लिए एवं उनके साथ-साथ अपने दूरस्थ प्रदेशों के गवर्नरों को नियन्त्रित करने एवं मंगोल आक्रमणों का सफलतापूर्वक प्रतिरोध करने के लिए ही थी।

इस प्रकार, मध्यकालीन भारत में सेना बाह्य आक्रमणों से सुरक्षा व संरक्षण हेतु, कानून-व्यवस्था बनाए रखने एवं राजस्व-वसूली के लिए भी आवश्यक थी किन्तु, वह एकमात्र प्रशासनिक अंग तो बाद में अकबर द्वारा स्थापित मनसबदारी प्रथा के अन्तर्गत अधिक प्रतीत होती है, न कि इस प्रारम्भिक काल में! इस काल की यदि समस्त संस्थाओं का विश्लेषणात्मक अध्ययन किया जाए तो स्पष्ट ही हो जाएगा कि जहाँ तक केन्द्रीय शासन-व्यवस्था का प्रश्न है तो वह फ़ारसी अथवा ईरानी थी; सैन्य-व्यवस्था तुर्क और बाद में तुर्क-मंगोल का सम्मिश्रित रूप था, वहीं स्थानीय प्रशासन का स्वरूप पूर्ववर्ती प्राचीन भारतीय काल को यथावत बने रहने दिया गया, अतः कोई एक निश्चित प्रकृति या स्वरूप इसे प्रदान नहीं किया जा सकता। अतः यह आवश्यकतानुरूप किए गए संशोधनों व परिवर्तनों के चलते एक मिश्रित राज्य व्यवस्था पर आधारित एक 'समन्वित' राज्य था, जिसमें प्रारम्भिक इस्लाम से लेकर खलीफ़ाओं के काल एवं परवर्तीकालों की राजतन्त्रीय व्यवस्था से लेकर फ़ारस की निरंकुश प्रणाली से लेकर राजपूत युग के चिह्न सहज ही दृष्टिगोचर होते हैं। अतः समय और परिस्थितियों के आधार पर स्थापित राज्य में समयानुकूल परिवर्तनों के कारण, हम इसे एक सम्मिश्रित राज्य ही मानें तो मध्यकालीन राज्य के इस स्वरूप के निर्धारण के साथ न्याय कर सकेंगे। फिर, सुल्तनत काल के परीक्षण के पश्चात् मुगल शासन की स्थापना एवं पुनर्स्थापना भी इसी तथ्य की ओर इंगित करती है।

मुगलों ने भी दिल्ली के तुर्क सुल्तानों के ही राजत्व-सिद्धान्त को अपनाया, सैन्य अभियानों के क्रम की निरन्तरता उसी प्रकार बनी रही, स्थानीय शासकों का

सहयोग (राजपूत अफ़गान, मराठे अन्य) समयानुसार लिया जाता रहा; मनसबदारी व्यवस्था के अन्तर्गत सभी को जात एवं सवार पद प्राप्त रहे। शरीयत (या शरा) एवं 'उलमा' का भी अपना महत्त्व रहा, जागीरदारी प्रथा द्वारा मनसबदारों को वेतन-भत्ते इत्यादि प्राप्त होते रहे। मूल रूप से व्यवस्था वैसी ही थी, किन्तु कोई भी इतिहासकार इस परवर्ती मुगल राज्य की प्रकृति एवं स्वरूप को लेकर इतना विवादित नहीं दिखाई देता।

वस्तुत: संक्रमण या परीक्षण काल में अनेक प्रकार की विशेषताएँ, विभिन्न प्रकार की शक्तियों का प्रतिनिधित्व करती हुई दिखाई देती हैं। अत: 'इस' और 'उस' प्रकार की प्रवृत्तियों को देखकर इतिहासकार का विचलित होना स्वाभाविक है। इतिहासकारों का विश्लेषण तथ्यों से परे भी नहीं है, अपितु वे उस कहावत की भाँति उतना ही सच बोल रहे हैं, जिसके अनुसार पाँच दृष्टि-बाधित व्यक्ति हाथी को उस अंग के अनुसार वर्णित कर रहे थे, जो उनके प्रत्यक्ष स्पर्श में था, अत: उन सबके वर्णन तथ्यात्मक या तथ्यपरक थे व हैं। परवर्ती शोधार्थियों एवं विद्यार्थियों से यह अपेक्षा है कि वे इन सब अवधारणों को एक परिपूर्ण रूप में देख लें।

यहाँ एक बात और स्पष्ट करने की आवश्यकता प्रतीत हो रही है। वह है शरीयत अथवा शरा पर आधारित होनेवाले राज्य के रूप में मध्यकालीन राज्य को 'धर्म-केन्द्रित राज्य' या 'धर्म-आधारित राज्य' की अवधारणा पर थोड़ा प्रकाश डालने की। जैसा कि ऊपर वर्णित किया ही जा चुका है, कोई भी शासक, राज्य में असन्तोष व रोष को जन्म देकर राज्य को अविरल रूप से चला नहीं सकता। ऐसा करके, सैन्य बल के आधार पर नगरों-मन्दिरों को विध्वंस करके धन-लूट ले जाना महमूद गज़नवी के लिए तो सम्भव था, जिसे यहाँ राज्य नहीं करना था, किन्तु उनके लिए यह सम्भव नहीं था, जिन्हें यहाँ राज्य स्थापित या राज्य करना था। इन सुल्तानों एवं परवर्ती बादशाहों को अपनी सैन्य-शक्ति एवं अपनी वैयक्तिक/वंशीय सत्ता एवं समृद्धि पर हिन्दुओं अथवा स्थानीय लोगों के सहयोग पर निर्भर करना पड़ता था, अत: वे सोने के अंडे देनेवाली मुर्गी को क्यों मारते? वे स्थानीय लोगों के विरुद्ध विध्वंसकारी नीति का अनुसरण कत्तई नहीं कर सकते थे।

फिर भी, जब 'सफ़ई' (या कट्टरपन्थी धर्माधिकारी समूह) का प्रतिनिधिमंडल प्रथम वास्तविक शासक इल्तुतमिश के समक्ष उपस्थित हुआ एवं 'दारुल हर्ब' को 'दारुल इस्लाम' में परिवर्तित करने की प्रक्रिया में सर्वप्रथम शरा के कानूनों को दृढ़ता से लागू करने का आवेदन किया, तो इल्तुतमिश ने स्पष्ट कर दिया

कि यह भारत है अरब नहीं। इस्लाम के अनुयायी यहाँ अल्पसंख्यक हैं न कि बहुसंख्यक । अत: इस प्रकार का कोई क्रियान्वयन व्यावहारिक न होगा। दूसरी ओर, अपने प्रसिद्ध मन्त्री जुनैदी के माध्यम से उसने यह भी सुस्पष्ट कर दिया कि इस राज्य के संचालन/प्रशासन में जितना महत्त्व शरा या शरीयत नियमों का होगा उतना ही 'ज़वाबित' अथवा राजकीय नियमों का होगा। अत: मध्ययुगीन साम्राज्य के प्रारम्भ से 'ज़वाबित' का महत्त्व इस राज्य में स्थापित व प्रतिष्ठित हो गया। 'ज़वाबित' के माध्यम से सुल्तानों एवं परवर्ती बादशाहों को भी उलमा की शक्ति को नियन्त्रित करने में एवं अपनी निरंकुशता अक्षुण्ण बनाए रखने में सहायता मिली। शरा के नियमों के व्याख्याकार तो उलमा के सदस्य थे, किन्तु 'ज़वाबित' की व्याख्या शासकों पर निर्भर शासक वर्ग भी करने के उत्तरदायी थे। इस प्रकार, प्रारम्भ से दिल्ली के मध्ययुगीन शासकों (तुर्क-अफ़गान सुल्तान एवं मुगल बादशाह सम्मिलित थे) ने अपनी निरंकुशता को ही वरीयता देते हुए, फ़ारस के शासकों के स्वेच्छाचारी शासन-व्यवस्था का अनुसरण किया। अत: यह राज्य, जो निरंकुश राजतन्त्रीय प्रणाली पर आधारित था, वह धार्मिक अथवा धर्माधारित नहीं हो सकता था, क्योंकि इससे शासक का प्रभुत्व व अधिकार क्षेत्र सीमित होता था व उस पर अंकुश लगता था। किसी भी शासक को भला यह कैसे स्वीकार हो सकता था? अत: इन्होंने 'उलमा' (धर्माधिकारी वर्ग) एवं 'उमरा' (अमीर या आभिजात्य वर्ग) दोनों को ही नियन्त्रित करके, अपनी असीमित शक्तियों को संरक्षित बनाए रखने के लिए एक 'मिश्रित' प्रकृति के राज्य को ही बनाए रखा, जिसकी स्पष्ट परिभाषा न तो सम्भव है और न ही तब आवश्यक थी।

मुगल बादशाहों के अधीन राज्य का स्वरूप

डॉ. आर.पी. त्रिपाठी ने मुस्लिम एवं विशेष रूप से मुगल राजसत्ता का प्रथम गम्भीर अध्ययन किया। उन्होंने मुगल राज्य के स्वरूप को 'तुर्क-मंगोल सिद्धान्त' अर्थात् इन दोनों का मिश्रण कहकर परिभाषित किया। उनके विचारानुसार ये दोनों परम्पराएँ मिलकर अधिक केन्द्रीकरण वाली राजनीतिक व्यवस्था की ओर उन्मुख हुई। वास्तव में मंगोल राजतन्त्र (पॉलिटी) का कबीलाई स्वरूप और शक्तिशाली अमीर वर्ग ये दोनों ही मुगलों के एक शक्तिशाली केन्द्रीकृत ढाँचे के आधार थे।

अकबर के काल में राज्य का स्वरूप एक निश्चित आकार ग्रहण कर लेता है। 1579 ई. में 'महज़र' (फ़तेहपुर सीकरी के जामा मस्जिद से उद्घोषित) के पाठ के साथ अकबर को खिलाफ़त और बादशाहत का हक़दार बताया जाता है।

अर्थात् उसे 'सुल्तनते-हक़ीकी व मजूज़ी' दोनों ही जन्मसिद्ध अधिकार तथा वंश परम्परा के साथ-साथ योग्यता के आधार पर मिली थीं। वास्तव में, अबुल फ़ज़ल द्वारा प्रतिपादित राजत्व के सिद्धान्त ने अकबर को एक ऐसा आधार प्रदान कर दिया, जिस पर उसने एक 'व्यापक सम्प्रदाय-निरपेक्ष साम्राज्य, पितृ-व्यवहार प्रधान निरंकुश शासन तथा सामाजिक संस्कृति स्थापित की।'

मुगल बादशाह की महान शक्ति को देखकर कार्ल वित्फ़ोगल (Karl Withfogal) उसे प्राच्य निरंकुश शासन का एक अपूर्व उदाहरण मानते हैं।[9] वास्तव में, अबुल फ़ज़ल के सिद्धान्त के अनुसार तो मुगल शासन एकतन्त्रीय स्वेच्छाचारी व्यवहार के रूप में ही अभिव्यक्त हुआ। मुगल सम्राट, सरकार की समस्त शाखाओं का मुखिया था और उसके प्राधिकार पर किसी का नियन्त्रण नहीं था। वह न केवल राज्याध्यक्ष था, अपितु धर्माध्यक्ष भी था।

अनेक विद्वानों एवं प्रतिष्ठित इतिहासकारों यथा विलियम इर्विन, इब्न हसन, आई. एच. कुरैशी, परमात्मा सरन आदि ने अकबर के अधीन मुगल राज्य को केन्द्रीय राज्य का ही एक उदाहरण माना है। मनसबदारी व्यवस्था पर संगठित आभिजात्य के चलते, मुगल राज्य को एक व्यापक अफसरशाही, प्रशासनिक व्यवस्था के रूप में चित्रित किया है। वैसे तो वित्फ़ोगल एवं आइसेन्स्ताद (Eisenstad) इस 'शक्तिशाली केन्द्रीकृत अफसरशाही' को स्वीकार करते हुए भी इसे एक केन्द्रीकृत स्वरूप प्रदान करते हैं, किन्तु वेबर से प्रभावित स्टीफन पी. ब्लैक (Stephen P. Blake)) उसे 'पैतृक अधिकारतन्त्र' (Patrimonial-bureaucratic) ढाँचे में रखने का प्रयास करते हैं, अर्थात् उसके विचारानुसार, मुगल राज्य शासक के घर-परिवार या बन्धु-बान्धवों का ही विस्तार माना जाएगा। किन्तु गैर-पैतृक अधिकारियों, मनसबदारों, कर्मचारियों की संख्या अकबर एवं परवर्ती कालों में अधिक थी, जैसा कि मुगल उमरा के संगठन/संरचना के अध्ययन से स्वत: स्पष्ट हो जाता है। अत: मुगल राज्य को एक निश्चित 'पैतृक-अधिकारतन्त्र' के स्वरूप में देखना न तो तार्किक और न ही न्यायोचित होगा।[10]

मुगल राज्य के स्वरूप को लेकर एक अवधारणा पर थोड़ी बहुत चर्चा आवश्यक हो जाती है और यह है 'खंडीय राज्य' (Segmentary State) की अवधारणा जो डी. ई. स्त्रेसॉ (D. E. Stressand) ने प्रस्तुत किया। बर्टन स्टाईन (Burton Stein) ने दक्षिण भारतीय राज्यों के अध्ययन में एडन साऊथॉल (Aden Southall) की इस अवधारणा का उपयोग किया था। खंडीय राज्य में 'रस्मी प्रभुसत्ता' (Ceremonial State) पर केन्द्र का एकाधिकार था, किन्तु

उसके हाथ में वास्तविक राजनीतिक नियन्त्रण नहीं था। केन्द्र में रस्मी बादशाह ही वास्तविक शासक था, किन्तु ज्यों-ज्यों केन्द्र से भौगोलिक दूरी बढ़ती जाती थी, शासक की शक्ति क्रमशः कम होती जाती थी। खंडीय राज्य में जहाँ राजनीतिक नियन्त्रण अनेक लोगों में बँटा रहता है वहाँ भी 'रस्मी प्रभुसत्ता' तो विधिक रूप से केवल केन्द्र में ही सीमित होती है। मुगल मनसबदारों, जागीरदारों के स्थानान्तरित होनेवाले स्वरूप को नहीं नकारा जा सकता है अतः ऐसा प्रतीत होता है कि मुगल राज्य शुद्ध रूप से खंडीय राज्य की श्रृंखला में सम्मिलित नहीं किया जा सकता है।[11]

मनसबदारी एवं जागीरदारी प्रथाओं के कारण भी कुछ इतिहासकार भ्रमित होकर मुगल राज्य को सामन्ती राज्य का दर्जा प्रदान करते हैं। सामन्तवाद के दो प्रमुख लक्षण होते हैं—आनुवांशिकता (hereditary succession) एवं उपसामन्तता (sub-infeudation)। वास्तव में, जागीरें तो मनसबदारों को वेतन स्वरूप प्रदान की जाती थीं—उसे उनसे सिर्फ राजस्व-वसूली का ही अधिकार। उसके मृत्यूपरान्त, राजगामिता के सिद्धान्त के चलते, उसकी समस्त सम्पत्ति राज्य को चली जाती थी, न कि वंशजों को, अतः आनुवांशिकता का तो निश्चित अभाव हम स्वीकार कर सकते हैं। रही बात आनुवांशिकता की तो जब मात्र राजस्व-वसूली का ही अधिकार किसी जागीरदार को प्रदान किया जाता था और एक निश्चित अवधि के उपरान्त उसे स्थानान्तरित भी कर दिया जाता था, तब यह सुस्पष्ट है उसके पास उक्त जागीर का भू-स्वामित्व नहीं होता था। अतः उपसामन्तता सम्भव ही नहीं थी। स्थानान्तरण के कारण ही इसका स्वभाव अफसरशाही था न कि सामन्तवादी।

जैसा कि तुर्क सुल्तानों के समय राज्य की स्वरूप की चर्चा के दौरान कहा गया है, मध्ययुगीन राज्य का एक प्रमुख आधार उसकी सेना/सैन्य व्यवस्था थी— बाह्य आक्रमण से सुरक्षा (कान्धार के सन्दर्भ में), पश्चिमोत्तर, पूर्वोत्तर व दक्षिण भारतीय अभियान के साथ मध्येशियाई नीति/अभियान; दूरस्थ प्रदेशों पर नियन्त्रण, विद्रोहों का उन्मूलन एवं सर्वोपरि पूर्ण मुगल अफसरशाही तन्त्र का सैन्य स्वरूप (मनसबदारी के रूप में), इतिहासकारों के एक वर्ग की मान्यता को बल प्रदान करते हैं कि यह राज्य सैन्य राज्य था। किन्तु, वास्तव में, आधुनिक शोध ने स्थापित कर दिया है कि मुगल राज्य सैन्य राज्य नहीं माना जा सकता है, क्योंकि लोक-कल्याणकारी भावना; बृहद् स्तर पर राष्ट्रीयकरण की नीति के साथ-साथ सर्वधर्म सम्भाव की नीतियों का अनुपालन आदि ऐसे प्रमुख तत्त्व इस स्वभाव/स्वरूप को लगभग नकार देते हैं।

अकबर के शासन-काल में गैर-कट्टरपन्थी आधार पर जिस मुगल साम्राज्य की स्थापना हुई थी, उसने भारत में मिली-जुली संस्कृति के विकास के लिए उद्दीपक शक्ति का कार्य किया। उसके द्वारा गठित एक मिश्रित शासक-वर्ग ने इस सांस्कृतिक संश्लेषण की प्रवृत्तियों को प्रचलित किया। अत: इस काल की सांस्कृतिक उपलब्धियों के चलते, कुछ इतिहासकार इसे 'सांस्कृतिक राज्य' का दर्जा देने से भी नहीं हिचकते हैं।

ऊपर वर्णित विवरण व विश्लेषण से यह स्पष्ट हो जाता है कि इतिहासकारों ने राज्य के जिस पक्ष (आर्थिक, प्रशासनिक, सामाजिक, सांस्कृतिक, धार्मिक या सैनिक) का अध्ययन/ विश्लेषण किया, उसे ही आधार बनाकर, स्वाभाविक रूप से मुगल साम्राज्य को धर्माधारित, सैन्य, सांस्कृतिक, निरंकुश, तुर्की-फ़ारसी-मंगोल एवं खंडीय राज्य तक घोषित किया है। किन्तु उपर्युक्त वर्णन/विश्लेषण से यह तो सुस्पष्ट है कि भारत में स्थापित मुगल साम्राज्य के स्वरूप में इन सभी के गुण/लक्षण या तत्त्व विद्यमान थे। यह वास्तव में परिस्थितियों के अनुरूप ढलता हुआ एक 'मिश्रित' राज्य था, जिसमें इन सभी तत्त्वों का सम्मिश्रण स्पष्टत: दृष्टिगोचर होता है।

सन्दर्भ

1. 'दिल्ली सुल्तनत' सम्पादित मोहम्मद हबीब एवं खलिफ अहमद निज़ामी, पृ. 191.
2. वही, पृ. स . 25.
3. यू. एन. डे, 'गवर्नमेंट ऑफ़ द सुल्तनत' पृ. 34-35.
4. वही, पृ. स. 35.
5. वही, पृ. स. 35.
6. घनश्यामदास शर्मा, 'मध्यकालीन भारतीय सामाजिक, आर्थिक एवं राजनीतिक संस्थाएँ, पृ. सं. 5.
7. सतीशचन्द्र, 'मेडियवल इंडिया फ्राम सुल्तनत टू द मुगल्स', पृ. सं. 265.
8. वही, पृ. सं. 267-269.
9. हरिश्चन्द्र वर्मा सं. 'मध्यकालीन भारत', 2, पृ. सं. 44.
10. देखें, हरिश्चन्द्र वर्मा, वही, पृ. सं. 45-46.
11. हरिश्चन्द्र वर्मा, पृ. सं. 45-47 ।

2

मध्ययुगीन भारत के शासकों का खलीफ़ा के साथ सम्बन्ध

खलीफ़ा का प्रारम्भिक इतिहास

(खिलाफ़त का विकास)

'इस्लाम' के रूप में पैगम्बर ने युद्धरत अरबों एवं अव्यवस्थित अरब कबीलों को एक धार्मिक-सामाजिक-राजनीतिक एवं सांस्कृतिक एकीकृत संगठन का रूप प्रदान किया। वे अल्लाह के आदेशों को मानने के लिए सहर्ष तत्पर थे। इसी के फलस्वरूप, वे एक संगठित बन्धुत्व में आबद्ध भी हो गए थे। इस्लाम का यही सिद्धान्त व आदर्श भविष्य में अविभाजित इस्लामी विश्व की अवधारणा का आधार भी बना।[1] पैग़म्बर की शिक्षाओं व निर्देशों पर आधारित इस्लामी जगत् की एकता का प्रथम परीक्षण का अवसर, पैगम्बर के देहावसान पर ही उत्पन्न हुआ; क्योंकि पैगम्बर ने उत्तराधिकार आदि के विषय में कुछ भी नहीं कहा था। जो कुछ भी हुआ उसने वस्तुत: इस्लामी जगत् में उत्तराधिकार की समस्या का एक सहज स्वीकार्य हल तो प्रस्तुत कर ही दिया। विभिन्न जनजातियों के नेता अपनी सामान्य सभा में उपस्थित हुए एवं अपने चरित्र एवं प्रतिष्ठा के अनुसार सर्वाधिक योग्य अबु बक्र का खलीफ़ा के रूप में चुनाव कर दिया। अन्सार की यह इच्छा कि पैगम्बर के पश्चात् दो पृथक् इमाम हों—एक उनके तथा दूसरे कुरैशी जनजातियों के लिए सिरे से खारिज कर दिया गया।[2] इस प्रकार, सर्वयोग्य का चुनाव एवं इस्लामी जगत् की अखंडता दोनों ही मान्य हो गए।

अत: पैगम्बर के उत्तराधिकारी के रूप में खलीफ़ा स्थापित हुए, जो आस्था अथवा धर्म (इस्लाम) के रक्षक एवं संरक्षक थे, वे इस्लाम के राजनीतिक प्रभुत्व के क्षेत्र के भी रक्षक-संरक्षक थे अर्थात् धर्म एवं राजनीति दोनों के नेतृत्व का अधिकार उन्हें प्राप्त था। वे ही राज्य के सर्वोच्च न्यायाधीश, प्रमुख संगठनकर्ता

एवं इस्लामी राष्ट्रकुल के प्रशासक थे। वे मुस्लिम विधि के व्याख्याकार थे एवं मुस्लिम विधि को क्रियान्वित करना उनका कर्तव्य था। प्रारम्भिक खलीफ़ाओं के कार्य-वृत्त पर एक दृष्टि डालने से हमें महत्त्वपूर्ण बातें ज्ञात हो सकती हैं; अत: आइए इसका थोड़ा अध्ययन कर लिया जाए।

पैगम्बर ने अपने सक्रिय जीवन-काल (570-632 ई.) में मदीना में जिस राजनीतिक संगठन को जन्म दिया था, वह धार्मिक आदर्शवाद पर निर्भर था। उनके द्वारा स्थापित राजनीतिक संस्था में राजनीतिक प्राधिकार ईश्वरीय कानून या 'शरीयत' में निहित था। ये दैवी कानून 'कुरान' में स्पष्ट किए गए हैं एवं इनका समर्थन सुन्नी अर्थात् पैगम्बर द्वारा बनाए गए सिद्धान्त में किया गया है, जो कि पैग़म्बर के उपदेश हैं।

जैसा कि ऊपर वर्णन किया गया है, अबू बक्र (632-634 ई.) को आसानी से एवं आम राय से खलीफ़ा चुन लिया गया था। उसने पैग़म्बर की इच्छानुसार बाइजेंटाइन राज्य विजित किया एवं ससानिद राज्य भी विजित किया। अबू बक्र ने उमर (634-664 ई.) को अपना उत्तराधिकारी स्वयं चुना। इन्हीं उमर ने खलीफ़ा के साथ-साथ, 'अमीर-उल मुमीनीन' (विश्वस्त या आस्थावान लोगों का नेतृत्व प्रदान करनेवाला) की उपाधि भी धारण की। सीरिया एवं ससानिद की पूर्ण विजय तथा मिस्र विजय उसके काल में सम्पन्न हुई। इस विस्तार ने प्रशासनिक समस्याओं को जन्म दिया, जिनके समाधान में नई प्रशासनिक संस्थाओं का जन्म हुआ।

उस्मान (644-656 ई.) इस्लाम के तीसरे खलीफ़ा हुए। इनके तथा चौथे खलीफ़ा अली (656-661 ई.) के काल में ईर्ष्या एवं पक्षपात भी उतने ही प्रबल हुए, जितना कि मुस्लिम विश्व का विस्तार हुआ। पवित्र खलीफ़ाओं का राज्य जनमत (इजमा-ए-उम्मत) के ऊपर ही निर्भर रहा।

जैसा कि पूर्व पाठ में पढ़ा ही है, 661 ई. में 'उम्मैया खिलाफ़त' का काल प्रारम्भ होता है, जो 759 ई. तक चलता है। इसी काल में न केवल इस्लामी राष्ट्रकुल की सीमाओं का विस्तार हुआ अपितु, राज्य द्वारा ग्क्ति के केन्द्रीकरण की प्रक्रिया भी प्रारम्भ हुई। इस काल में सीरिया (दमिश्क) इस्लामी राष्ट्रकुल का केन्द्र था, जो 750 ई. में अब्बासी वंश की स्थापना के साथ इराक़ (बगदाद) पहुँच गया है। इसी काल में राजत्व के दैवीय स्वरूप की स्थापना हुई।

दसवीं शताब्दी के प्रारम्भ होते-होते, अब्बासी खिलाफ़त के विघटन के लिए वे उत्तरदायी तत्त्व सशक्त हो गए थे, जिनसे इस्लामी राष्ट्रकुल की एकता/ एकीकृत स्वरूप को धक्का लगा, जिनसे छोटे-छोटे मुस्लिम राज्य अस्तित्व

में आए। जैसा कि, पूर्व पाठ में लिखा जा चुका है, ताहिरिद (820-872 ई.) सफ़ाविद (863-903 ई.), समानिद (874-999 ई.) तथा बुवैयाइद (945-1055 ई.) के नाम उल्लेखनीय हैं। प्रारम्भ में तो इन राज्यों ने इस्लामी जगत् की एकता को बनाए रखने के लिए खलीफ़ा को प्रतीक रूप में मान्यता प्रदान करना जारी रखा, किन्तु कालान्तर में यह प्रथा समाप्त हो गई। क्योंकि, व्यवहार में, इन राज्यों के शासक सर्वशक्तिमान थे। इन राज्यों के पतन के बाद तुर्की-फ़ारसी साम्राज्यों का उदय हुआ। जिनमें गज़नी (999-1040 ई.), सैल्जुक (1037 1157 ई.) तथा ख्वारिज़्म साम्राज्य (1157-1231 ई.) के नाम उल्लेखनीय हैं, जिन्होंने मध्यकालीन भारतीय संस्थाओं एवं प्रशासनिक परम्पराओं को प्रत्यक्षत: अथवा परोक्षत: प्रभावित किया। सैल्जुक एवं गज़नी साम्राज्यों के विघटन के बाद पनपे गौर राज्य के शासक शिहाबुद्दीन के छोटे भाई गज़नी के शासक मुईज़ुद्दीन ने भारत में तुर्की साम्राज्य की स्थापना की नींव डाली थी।

किस प्रकार, इन उपर्युक्त वर्णित वंशों के शासकों ने प्रतीक रूप से खलीफ़ाओं को मान्यता प्रदान की, इसके दो महत्त्वपूर्ण उदाहरण, हम **डॉ. आई.एच. कुरैशी** से दे सकते हैं। एक, **बुवैयाइद** शासक अदूद-उद-दौला का है, जो अत्यन्त शक्तिशाली होकर भी कठपुतली सदृश अब्बासी खलीफ़ा ता 'आइ को अपना खलीफ़ा या सर्वोच्च सम्प्रभु सत्ताधिकारी के रूप में मान्यता एवं प्रतिष्ठा प्रदान करता था। दूसरे, महमूद गज़नी, जिसने खलीफ़ा को धमकी तक दे डाली थी, उसी से मान्यता प्राप्त करता है।[3] वास्तव में, उस काल के इन तमाम वंशों एवं शासकों को अपनी विधिक मान्यता पर तब तक सन्देह रहता था, जब तक कि आस्थावानों के सर्वोच्च सेनापति से मान्यता न मिल जाए। निज़ामी-ए आरूदी के आधार पर, कुरैशी स्पष्ट करते हैं, कि ये शासक, वस्तुत: खलीफ़ा के सहायक थे, जो इस्लामी राष्ट्रकुल के उन राज्यों को स्वतन्त्र रूप से प्रशासित करते थे, जो केन्द्र (इस्लामी केन्द्र या खलीफ़ा की राजधानी) से दूरस्थ स्थित थे। जिस प्रकार पैगम्बर ईश्वर या अल्लाह का प्रतिनिधि था, उसी प्रकार, शासक खलीफ़ा का प्रतिनिधि माना जाता था। खिलाफ़त के इतिहासकार, **आरनॉल्ड** के मतानुसार तो पूर्व में या पश्चिम में कोई शासक विधिक रूप से मान्यता प्राप्त नहीं करता था, जब तक उसे खलीफ़ा का मान्यभिषेक न प्राप्त हो जाए।[4]

वास्तव में, तो यह एक समझौता था, जिसके माध्यम से 'दारुल इस्लाम की एकता को एक राजनीतिक वास्तविकता' का रूप प्रदान किया गया। क्योंकि, इन क्षेत्रों पर न तो खलीफ़ा का नियन्त्रण था और न ही हो सकता था। अत: इन स्वतन्त्र शक्तिशाली शासकों के साथ शक्तिहीन खिलाफ़त ने यह व्यावहारिक

समझौता करके, 'इस्लामी राष्ट्रकुल' में अपनी इज्जत बचाए रखने के साथ-साथ उक्त राष्ट्रकुल की एकता को भी बनाए रखने का प्रयास मात्र किया।

भारत से खलीफ़ा का सम्बन्ध उस काल में सर्वप्रथम स्थापित हुआ, जब शक्तिशाली खिलाफ़त काल में, खलीफ़ा की सेनाओं ने खलीफ़ा के अधीनस्थ गवर्नर हज्जाज के आदेश का पालन करते हुए, मोहम्मद बिन कासिम के नेतृत्व में सिन्ध विजय की थी। इसी प्रकार, इसके पश्चात् के काल में, महमूद गज़नी द्वारा पंजाब विजित करने पर यह खिलाफ़त के वृहद् साम्राज्य की अविभाज्य अंग बन गया था। क्योंकि, महमूद ने खलीफ़ा से मान्यता प्राप्त की एवं वह अपने आप को खलीफ़ा का सहायक या 'लेफ्टिनेंट' ही मानता था।

दिल्ली के सुल्तानों के खलीफ़ा के साथ सम्बन्ध

ऊपर के वर्णन से स्वत: स्पष्ट हो जाता है, कि दिल्ली में तुर्की सुल्तनत की स्थापना के साथ धार्मिक आस्था एवं परम्परा दोनों ने खलीफ़ा के प्रति निष्ठा व्यक्त करना एक अपरिहार्य कार्य बना दिया था। राज्यों की संख्या में अत्यधिक वृद्धि के कारण अब इस्लामी राष्ट्रकुल के समस्त राज्यों के लिए यह सम्भव नहीं था कि वे खलीफ़ा से आधिकारिक मान्यता प्राप्त कर लेते, वहीं दूसरी ओर, खलीफ़ा के लिए भी ऐसा कर पाना, अर्थात् समस्त शासकों को स्वीकृति प्रदान करना सम्भव नहीं था। अत: कुछ इस्लामी धर्मशास्त्री भी यह तर्क प्रस्तुत करते हैं कि स्वीकृति या मान्यता का खलीफ़ा द्वारा इनकार न करना अथवा किसी स्वतन्त्र शासक को अस्वीकार न करना भी अप्रत्यक्ष मान्यता ही है।[5] अत: यदि स्वीकृति अथवा खलीफ़ा का मान्याभिषेक प्राप्त हो जाए तो श्रेयस्कर है, किन्तु यदि ऐसा नहीं है तो वह अपरिहार्य भी नहीं है।

जहाँ तक विद्वानों एवं इतिहासकारों का प्रश्न है, उनमें इस सन्दर्भ में मतैक्य है कि दिल्ली सुल्तनत सिद्धान्तत: खिलाफ़त का एक अविभाज्य अंग है। उनके मत के अनेक पुष्ट आधार एवं/ अथवा प्रमाण हैं। प्रथम, ऐसे मुद्राशास्त्रीय प्रमाण उपस्थित हैं, जिनमें सुल्तान को खलीफ़ा के सहायक अथवा प्रतिनिधि के रूप में वर्णित किया गया है। दूसरे प्रमाण के रूप में वे दिल्ली के सुल्तानों द्वारा खलीफ़ा के मान्याभिषेक एवं स्वीकृति की प्राप्ति के प्रमाण प्रस्तुत करते हैं, जिनको प्राप्त करने का अनुरोध भी कभी-कभी सम्मिलित होता था। अत: सैद्धान्तिक रूप से सुल्तनत की सम्बद्धता खिलाफ़त के साथ थी ऐसा माना जा सकता है।

जहाँ तक इस सम्बद्धता अथवा/एवं सम्बन्ध का प्रश्न है, तो व्यवहार में स्थिति काफी भिन्न दिखाई देती है। यहाँ भी पश्चिम तथा मध्येशिया के नवीं-

दसवीं शताब्दियों के राज्यों की ही भाँति खलीफ़ा के प्रति निष्ठा व आदर भाव एक प्रतीकात्मक रूप में ही सीमित था। दिल्ली का प्रथम सुल्तान, जिसे खलीफ़ा से सुस्पष्ट मान्यता-पत्र एवं स्वीकृति प्राप्त हुई वह शम्सुद्दीन इल्तुतमिश था, जिसे बगदाद के खलीफ़ा ने 28 फ़रवरी, 1229 ई. को मान्यता-पत्र-प्रेषित किया था। इस दिन बगदाद के खलीफ़ा अबु ज़फ़र मंसूर 'अल मुस्तन्सिर बिल्लाह' के दूत दिल्ली पहुँचे, जिनका बड़ा भव्य स्वागत-समारोह का आयोजन किया गया। खलीफ़ा ने सुल्तान, उसके पुत्रों एवं प्रमुख अमीरों के लिए विशिष्ट परिधान भी प्रेषित किए थे। दिल्ली के भव्य आयोजन, भोजादि हुए तथा दिल्ली को उक्त महत्त्वपूर्ण अवसर के लिए पूर्ण भव्यता से सजाया गया था। दिल्ली में नव-स्थापित सुल्तनत को आस्थावानों (मुस्लिमों) के मुख्य सेनापति द्वारा प्रेषित यह एक औपचारिक मान्यता या स्वीकृति थी।

यहाँ दो बातें बड़ी महत्त्वपूर्ण हैं और विशेष ध्यान देने योग्य हैं। जैसा कि ऊपर वर्णित ही किया गया है, इल्तुतमिश को 1229 ई. में खलीफ़ा का मान्याभिषेक प्राप्त हुआ था, किन्तु, उसके सिक्कों पर 1225 ई. से यह वाक्य उत्कीर्ण प्राप्त होता है कि वह खलीफ़ा का सहायक है। खलीफ़ा का नाम स्पष्टत: 1225 ई. से ही उसके सिक्कों में प्राप्त होने लगता है[6] दूसरा महत्त्वपूर्ण मुद्दा जो इस सन्दर्भ में ध्यातव्य है, वह है कि खलीफ़ा की सर्वोच्च सत्ता स्वीकार करनेवाले इल्तुतमिश ने स्वयं उसकी शक्ति को नकारा भी। जब वह बंगाल के शासक गयासुद्दीन (हुसामुद्दीन ऐवज़ खलजी, जिसने दिल्ली की अधीनता अस्वीकार करके, गयासुद्दीन का विरुद धारण करके अपने आप को स्वतन्त्र शासक घोषित कर दिया था) के विरुद्ध अभियान (1225 ई.) का नेतृत्व करने से नहीं हिचका जबकि यह एक ऐतिहासिक तथ्य था कि गयासुद्दीन को इल्तुतमिश के पूर्व ही खलीफ़ा का मान्याभिषेक प्राप्त हो गया था। अत: यह स्पष्ट है कि इल्तुतमिश भी पूर्ववर्ती सशक्त शासकों की भाँति खलीफ़ा के प्रति निष्ठा व्यक्त कर रहा था, क्योंकि इसका अर्थ यदि गहराई से लिया जाता तो बंगाल के गयासुद्दीन के विरुद्ध युद्ध करके उसे पराजित करने के औचित्य अथवा तर्क का नितान्त अभाव है। यदि इल्तुतमिश सचमुच खलीफ़ा को आदर की दृष्टि से देखता तो उसे बंगाल पर आक्रमण नहीं करना चाहिए था। अत: प्रारम्भ से ही, "जब से सुल्तनत, खिलाफ़त के साथ सैद्धान्तिक रूप से सम्बद्ध हुआ, तभी से इसका महत्त्व नगण्य एवं अर्थहीन हो गया था।"[7] अत: स्पष्ट है कि इल्तुतमिश ने अपने नवजात राज्य को मुस्लिम (इस्लामी) राष्ट्रकुल में सम्मिलित एवं प्रतिष्ठित करने के लिए खलीफ़ा के मान्याभिषेक का प्रयोग किया

था। इससे उसका पद भी गौरवान्वित हो गया था, किन्तु इसका मात्र प्रतीकात्मक रूप ही था। वह वास्तव में खलीफ़ा की अधीनता कतई स्वीकार न करके, अपनी स्वतन्त्र स्थिति अक्षुण्ण बनाए रखना चाहता था।

इल्तुतमिश के उत्तराधिकारियों यथा रूक्नुद्दीन, रज़िया, **मुईज़ुद्दीन** बहराम शाह एवं अलाउद्दीन मासूद शाह के प्रारम्भिक वर्षों तक बगदाद के खलीफ़ा अल मुस्तान्सिर बिल्लाह का नाम टंकित होता रहा। मासूद शाह के काल में अल मुस्तान्सिर के उत्तराधिकारी मुस्तासिम नए खलीफ़ा हुए तब उनका नाम यहाँ कि सिक्कों में टंकित होने लगा। हालाँकि, हमें कुछ ऐसे सिक्के मासूद शाह के परवर्ती शासक नासिरुद्दीन महमूद शाह के काल के भी प्राप्त हुए जिन पर मुस्तान्सिर का ही नाम खुदा हुआ मिलता है। सम्भवत: ये दूरस्थ स्थित टकसालों के सिक्के रहे होंगे।[8] 1258 ई. में मंगोल नेता हलाकू ने खलीफ़ा मुस्तासिम को युद्ध में पराजित करके उसकी नृशंस हत्या कर दी। पूर्वी खिलाफ़त का समस्त क्षेत्र अब मंगोलों के नियन्त्रण में आ गया था। अत: इस्लामी विधिवेत्ताओं एवं दार्शनिकों के लिए एक विचित्र समस्या उत्पन्न हो गई थी। खिलाफ़त नष्टप्राय हो चुकी थी एवं खलीफ़ा का पद रिक्त पड़ा था। दिल्ली के सुल्तानों ने उसकी नृशंस हत्या के बावजूद भी खलीफ़ा मुस्तासिम का नाम अपने सिक्कों से नहीं हटाया। मृत खलीफ़ा मुस्तासिम का नाम दिल्ली के सिक्कों पर हमें जलालुद्दीन खलजी के काल तक प्राप्त होता है। अर्थात् 1296 ई. तक यानी उसकी हत्या के चालीस साल बाद तक दिल्ली के सुल्तान प्रतीक रूप में उसी के सहायक के रूप में कार्य करते रहे। इस तथ्य से भी वही कारण पुष्ट होता है कि दिल्ली सुल्तनत की सम्बद्धता खिलाफ़त के साथ मात्र सैद्धान्तिक ही थी, व्यावहारिक नहीं।

जिस प्रकार से मंगोल नेता हलाकू ने 1258 ई. में न केवल खिलाफ़त नष्ट कर दी अपितु खलीफ़ा मुस्तासिम को भी नहीं बख्शा, उसे इस्लामी राष्ट्रकुल में और विशेष रूप से भारत में एक शत्रु का दर्जा प्रदान कर दिया जाना चाहिए था, किन्तु समकालीन इतिहासकार मिनहाज-उस-सिराज़ के वर्णनों से स्पष्ट है कि बगदाद को विनष्ट करने के दो वर्ष बाद ही जब हलाकू के दूत भारत आए तो दिल्ली में उनका मैत्रीपूर्ण ढंग से भव्य स्वागत किया गया।[9] इस पूरे आयोजन में कहीं शहीद खलीफ़ा की हत्या का साया प्रतिकूल प्रभाव नहीं डाल सका था। अत: स्पष्ट है कि दिल्ली के सुल्तान राजनीतिक एवं कूटनीतिक कारणों से अधिक संचालित थे, न कि सैद्धान्तिक इस्लामी राष्ट्रकुल की अवधारणा से, जिसके अनुसार इस राष्ट्रकुल का सर्वोच्चाधिकारी खलीफ़ा है। ये बातें मात्र परम्पराओं एवं प्रतीकों तक ही सीमित रहीं। वास्तविक आचरण, व्यवहार-

कुशलता या व्यावहारिकता से ही उत्प्रेरित रही। उन्होंने मंगोल नेता को प्रसन्न व सन्तुष्ट रखकर अपनी सीमाओं को सुरक्षित एवं संरक्षित रखना ही अधिक श्रेयस्कर समझा—यही उनकी वरीयता थी।

सुल्तान जलालुद्दीन फ़िरोज़ के ही काल में सीदी मौला का प्रकरण प्रकाश में आया। जिसका एक बड़ा संगठन था, जिससे सुल्तान का ज्येष्ठ पुत्र खान-ए-खाना भी सम्बद्ध था। इन षड्यन्त्रकारियों ने सीदी मौला को खलीफ़ा घोषित करने की कोशिश की थी। अर्थात् सामान्य लोग, किसी को खलीफ़ा घोषित करने का प्रयास भी कर सकते थे—स्पष्ट करता है, कि, आम लोगों में खलीफ़ा और खिलाफ़त संस्था के मध्य कोई विशेष अन्तर नहीं था। वे उसकी पवित्रता की विशेष परवाह नहीं करते थे।[10]

जब जलालुद्दीन फ़िरोज़ की हत्या उसके भतीजे अलाउद्दीन द्वारा कड़ा में कर दी गई थी, तब उसे दिल्ली आकर सत्ता सम्हालने में छह माह लग गए थे। इस बीच मृत सुल्तान के अवयस्क पुत्र रुक्नुद्दीन इब्राहीम को सुल्तान बना दिया गया था। इस अन्तराल में रुक्नुद्दीन ने सिर्फ 'नासिर-ए-अमीर-उल-मुमीनीन' का ही विरुद धारण किया था। जब छह माह पश्चात् अलाउद्दीन खलजी ने दिल्ली के सुल्तान का पद ग्रहण किया, तब उसने ही रुक्नुद्दीन का अनुसरण करके 'नासिर-ए-अमीर-उल-मुमीनीन' के साथ बस 'यामीन-उल-खिलाफ़त' वाक्यांश और जोड़ दिया। उसका विरुद हो गया 'नासिर-ए-अमीर-उल-मुमीनीन-यामीन-उल-खिलाफ़त' अमीर खुसरो एवं अमीर हसन के मतानुसार तो अलाउद्दीन जैसे शक्तिशाली शासक ने अपने आप को खलीफ़ा घोषित कर दिया था, किन्तु इन दोनों समकालीन साहित्यकारों के कथनों की पुष्टि समकालीन शिलालेखों एवं मुद्राओं से नहीं होती है।'[11]

यहीं नहीं, अलाउद्दीन ने खलीफ़ा के हत्यारे हलाकू के वंशज इल्खानों के साथ कूटनीतिक अथवा राजनयिक सम्बन्धों को बनाए रखा। इससे स्पष्ट है कि दिल्ली के सुल्तानों को खलीफ़ा से कोई भावनात्मक सम्बन्ध नहीं रहा। अत: **डॉ. रामप्रसाद त्रिपाठी** के मतानुसार, ''यह स्पष्ट है कि खलीफ़ा नहीं, अपितु खिलाफ़त की अवधारणा ही बलबन एवं अलाउद्दीन का आदर प्राप्त करती रही।[12]

जो कार्य अलाउद्दीन के दरबारी कवियों ने अलाउद्दीन को खलीफ़ा सम्बोधित करके किया था, उसने एक आधार निर्मित कर दिया, जिसका पूर्ण लाभ उसके पुत्र एवं उत्तराधिकारी कुतुबुद्दीन मुबारक खलजी ने उठाया एवं अपने आप को खलीफ़ा घोषित कर ही दिया। सुल्तान के इस कृत्य की निन्दा न

तो समकालीन और न ही बाद के लेखकों, बुद्धिजीवियों एवं उलमा के सदस्यों ने की। यह पुन: इस बात की पुष्टि करता है कि खलीफ़ा अथवा खिलाफ़त का कोई वास्तविक नियन्त्रण दिल्ली सुल्तनत पर कभी नहीं रहा।[13] सन् 1317 ई. में अपने आप को इमाम एवं खलीफ़ा घोषित करते समय उसने, 'अबुल मुज़फ्फ़र मुबारक शाह' का विरुद धारण किया, जैसा कि उसके सिक्कों से भी स्पष्ट होता है। उसके पश्चात् जब नासिरुद्दीन खुसरो शाह ने सत्ता हस्तगत कर ली तो उसने अपने आप को 'खलीफ़ा का मित्र, या समर्थक' ही घोषित किया। स्पष्ट था उसकी अपनी स्थिति काफी कमजोर थी, अत: वह इससे अधिक कुछ और कर भी नहीं सकता था।

जब गयासुद्दीन तुगलक ने खुसरो शाह के शासन को समाप्त किया, तब उसने पुन: पुराना विरुद धारण करना ही उचित समझा। एक बार पुन: दिल्ली के सुल्तान के सिक्कों पर 'नासिर-ए-अमीर-उल-मुमीनीन' उत्कीर्ण होने लगा। भारत में विधिवेत्ताओं एवं न्यायशास्त्रियों में इस विषय पर विवाद एवं विमर्श ने जोर पकड़ा कि क्या दिल्ली का सुल्तान एक ऐसे पद के प्रति अपनी निष्ठा व्यक्त करे, जो रिक्त है, जो अस्तित्व-विहीन है? अन्तत: वास्तविक तर्क प्रस्तुत करनेवालों की ही विजय हुई एवं मोहम्मद तुगलक के सिंहासनारोहण के साथ विधिक या औपचारिक रूप से भी एक स्वतन्त्र सुल्तनत अस्तित्व में आ गई।[14]

मोहम्मद तुगलक ने खलीफ़ा का कोई भी सन्दर्भ अपने सिक्कों पर उत्कीर्ण नहीं करवाया, लेकिन इस्लाम के विरुद्ध आचरण करने के अभियोग से बचने के लिए उसने दो बेहतर विकल्प निकाले। एक, उसने कुरान की आयतों, प्रसिद्ध कहावतों आदि को इन सिक्कों पर उत्कीर्ण किया। इसी प्रकार, कुछ सिक्कों पर उसने प्रथम चार पवित्र खलीफ़ाओं के नाम उत्कीर्ण करवाए।[15] जैसा कि ऊपर वर्णन ही किया गया है, यह विवाद बहुत महत्त्वपूर्ण था। अन्तत: सुल्तान के शिक्षक कुत्लुग खाँ ने अपना विचार प्रकट करते हुए कहा कि खलीफ़ा की मान्यता के बिना तो कोई भी राज्य या सुल्तनत विधिक मान्यता प्राप्त नहीं कर सकता है। उसके शिक्षक के मतानुसार मोहम्मद तुगलक की असफलता इसी तथ्य के कारण थी कि वह खलीफ़ा से मान्यता के अभाव में विधिक (विधि-सम्मत) शासक नहीं हो सकता था। चूँकि, मोहम्मद तुगलक से अधिकांश प्रजा असन्तुष्ट थी एवं उसकी महत्त्वाकांक्षी योजनाएँ पूर्णता असफल हो गई थीं, अत: उसे ऐसा स्वयं को प्रतीत होने लगा कि अपने शिक्षक के मतानुसार यदि वह खलीफ़ा से मान्यता प्राप्त कर ले तो सम्भवत: कुछ असन्तुष्ट एवं अवज्ञाकारी तत्त्व पुन: अनुशासित हो जाएँ। अत: 1340 ई. से पूर्व उसने मिस्र में पुनर्स्थापित

अब्बासी ख़िलाफ़त के विषय में जानकारी एकत्र की। 1261 ई. में वस्तुत: अब्बासी शरणार्थी अल-मुस्तक्फ़ी-बिल्लाह को खलीफ़ा के पद पर स्थापित कर दिया गया था।

मोहम्मद तुगलक ने तो यहाँ तक माना कि खलीफ़ा की मान्यता के अभाव में जुम्मे की नमाज़ एवं दोनों ईदों का आयोजन अर्थात् संगठित सामाजिक व धार्मिक जीवन विधि-सम्मत नहीं है। अन्तत: सुल्तान एवं उसके अमीरों ने मिस्र के खलीफ़ा के प्रति निष्ठा की शपथ ली तथा खलीफ़ा की मान्यता हेतु अपने दूतों के हाथ आवेदन प्रेषित किया। इसी प्रयास के परिणामस्वरूप 1344 ई. में खलीफ़ा अल-मुस्तक्फ़ी-बिल्लाह के दूत हाज़ी फ़सात्द सरसरी मिस्र से शाही वस्त्र, मान्याभिषेक एवं दंड आदि सुल्तान के लिए लेकर दिल्ली पहुँचे, जिनको पूर्ण आदर से मोहम्मद तुगलक ने स्वीकार किया। अब जुम्मे एवं ईद की सार्वजनिक प्रार्थनाएँ पुन: प्रारम्भ हो गईं और जब खुत्बे में खलीफ़ा का नाम सर्वप्रथम लिया गया तब गरीबों में स्वर्ण एवं चाँदी मुक्त हाथों से वितरित किया गया। यही नहीं, अनेकों बार कायरो से खलीफ़ा के दूतों ने मोहम्मद तुगलक को प्रेषित मान्यता-पत्र की पुष्टि हेतु पत्र भी प्रेषित किए और हर बार मोहम्मद तुगलक ने पूर्ण आदर-भाव से उन्हें स्वीकारा तथा प्रत्येक अवसर पर बढ़-चढ़कर खलीफ़ा को भेंट प्रेषित की।

मोहम्मद तुगलक का उत्तराधिकारी फ़िरोज़ प्रारम्भ से ही धर्म भीरू स्वभाव का व्यक्ति था, अत: उसकी तो यह दृढ़ आस्था थी कि अब्बासी खलीफ़ा की मान्यता के अभाव में तो शासन सम्भव ही नहीं है, जैसा कि उसके संस्मरणों 'फ़ुतुहात-ए-फ़िरोज़शाही' के विवरणों से सुस्पष्ट है। जब 1353-54 ई. में फ़िरोज़ को खलीफ़ा मुस्तासिद बिल्लाह से मान्यता-पत्र प्राप्त हुआ तो उसने उस दिशा में जहाँ मिस्र की राजधानी कायरो स्थित थी—साष्टांग लेटकर अपनी कृतज्ञता ज्ञापित की थी।[16] एक महत्त्वपूर्ण तथ्य यहाँ भी ध्यान देने योग्य है कि सुल्तान फ़िरोज़ ने अपने खुत्बे में उन सुल्तानों के नाम भी सम्मिलित किए. जिन्हें किसी खलीफ़ा से मान्यता-पत्र प्राप्त नहीं हुए थे तथा उसमें स्वयं को खलीफ़ा घोषित करनेवाले मुबारक का भी नाम सम्मिलित करने में उसे कोई संकोच नहीं हुआ, अत: यहाँ भी खलीफ़ा की मान्यता मात्र प्रतीकात्मक स्वरूप में ही दृष्टिगोचर होती है।

फ़िरोज़ तुगलक के सिक्कों में जिन खलीफ़ाओं के नाम क्रमश: उत्कीर्ण हुए, वे थे—अबुल अब्बास अहमद एवं अबुल-फ़तेह-अल-मुत्सिद बिल्लाह (ये दोनों पूर्व खलीफ़ा मुस्तक्फ़ी बिल्लाह के पुत्र थे)। इसी प्रकार इनके परवर्ती

खलीफ़ा अल-मुत्वक्किलआलाल्लाह अबु-अब्दुल्लाह मुहम्मद का भी नाम कुछ सिक्कों पर उत्कीर्ण मिलता है।

फ़िरोज़ तुगलक के खलीफ़ा के साथ सम्बन्धों में एक महत्त्वपूर्ण बात यह भी है कि फ़िरोज़ को खलीफ़ा का मान्यता-पत्र दो बार प्राप्त हुआ था। इससे भी अधिक दिलचस्प तथ्य यह है कि उसके मान्यता-पत्र में यह लिखा मिलता है कि सैय्यद-ए-सलातीन फ़िरोज़ शाह को भारत का साम्राज्य एवं सहायक/सम्बद्ध क्षेत्र सौंपे जाते हैं, जिनमें सरनद्वीप, जावा, माबार, सीलोन, कोलम, साऊलियान, हुनोर, बाँकेपुर, बंगाल, लखनौती, तैलंग, देवगीर, मालवा, गुजरात, दिल्ली, कराचिल पर्वत श्रृंखला, सिन्ध, तुर्किस्तान एवं ट्रान्सॉक्सियाना के सीमावर्ती क्षेत्र सम्मिलित हैं।[17] वास्तव में, स्पष्ट रूप से यह मान्याभिषेक पत्र निरर्थक है, क्योंकि इसमें भारत के ही ऐसे क्षेत्र वर्णित थे, जो न तो खलीफ़ा और न ही फ़िरोज़ के नियन्त्रण अथवा अधिकार-क्षेत्र में थे। इसी प्रकार भारत के बाहर के क्षेत्र पर तो न ही खलीफ़ा और न ही फ़िरोज़ का अप्रत्यक्ष शासन तक ही था। अत: ऐसे क्षेत्र 'साधिकार प्रदान' करने का कोई अधिकार खलीफ़ा को नहीं था। फिर भी, उसने ऐसा किया अर्थात् यह मान्याभिषेक प्रदान करना एक प्रतीकात्मक औपचारिकता मात्र रह गई थी, जिसका, क्रियान्वयन किया गया।[18]

अत: अब तो ऐसा प्रतीत होता है कि खिलाफ़त का विशेष अर्थ अथवा महत्त्व चाहे सैद्धान्तिक हो अथवा व्यावहारिक इस काल तक कोई शेष नहीं रह गया था। सुल्तान खलीफ़ा के प्रति आदर प्रकट करते थे तो मात्र अपने पद व विरुद अथवा मुस्लिमों को सन्तुष्ट व आकृष्ट करने के लिए।[19]

तैमूर के आक्रमण की विभीषिका के बाद सैय्यद ख़िज्र ख़ाँ ने एक नवीन वंश की नींव डाली थी, किन्तु उसने राजसी विरुद या खिताब धारण नहीं किया, किन्तु उसके पुत्र मुबारक शाह एवं उसके उत्तराधिकारियों ने पुन: पूर्ववर्ती विरुद से मिलता-जुलता-सा विरुद धारण किया 'नायब-ए-अमीर-उल-मुमीनीन' जो उनके सिक्कों पर उत्कीर्ण मिलता है। वे खलीफ़ा के प्रति निष्ठावान रहे एवं खिलाफ़त के दीर्घ जीवन की कामना करते थे। लोदी सुल्तानों ने भी सैय्यद सुल्तानों की इसी परम्परा का अनुसरण किया। वास्तव में, **डॉ. कुरैशी** का मत तार्किक प्रतीत होता है, जो कहते हैं कि इन परवर्ती सुल्तानों ने ऐसा इसलिए किया ताकि वे मोहम्मद तुगलक की भाँति खिलाफ़त से अनुरोध करने हेतु भेंट सहित दूत आदि दूरस्थ स्थित कायरो भेजने की प्रक्रिया से बच सकें।[20] अर्थात् वे आदर व भेंट से भी बचने का उपाय ढूँढ़ने में सफल रहे। वास्तव में, उनका खिलाफ़त के प्रति यह भाव मात्र प्रतीकात्मक ही था।

इब्राहीम लोदी के सिंहासनारोहण के वर्ष अर्थात् 1517 ई. में उठमान्ली तुर्कों ने अब्बासी खिलाफ़त का अन्त कर दिया। इब्राहीम को अपने अल्पावधि के शासन (1517-1526 ई.) में आन्तरिक समस्याओं से ही इस कदर जूझना पड़ा, कि, वह खिलाफ़त के मामलों पर कोई ध्यान ही नहीं दे सका।

मुगल बादशाहों के खलीफ़ा के साथ सम्बन्ध

(उनका खिलाफ़त के प्रति दृष्टिकोण)

जैसा कि पूर्व में वर्णित ही किया गया था कि मंगोल नेता ने एक प्रकार से खिलाफ़त का अन्त ही कर दिया था, अत: मुस्लिम विचारकों में एक मत शीघ्र ही पनपने लगा, जो खिलाफ़त की अवधारणा में विश्वास नहीं रखता था। यह भी नहीं कि ऐसा विचार रखनेवाले सिर्फ शिया मत के ही हों। दिल्ली तथा अन्य दरबारों में भी शासक की पूर्ण स्वतन्त्रता का विचार अधिक दृढ़ हो चुका था। ऐसे में विजयी मंगोलों के वंशजों द्वारा इस्लाम स्वीकार कर लेने के बाद यही सिद्धान्त सर्वोपरि हो गया तथा उन्होंने एक नई परम्परा का सूत्रपात किया, जिसके अनुसार शासक ही खलीफ़ा था। वो ही सर्वोच्च सैन्याधिकारी, मुख्य न्यायाधीश, इमाम के रूप में सामूहिक प्रार्थना के नेतृत्व का अधिकारी भी था। बाबर के परिवार में या तैमूर के वंशजों में तो यह परम्परा स्थापित भी हो चुकी थी, अत: बाबर के भारत आगमन के समय यह परम्परा भी भारत में स्थापित हो गई। वैसे भी, जैसा कि ऊपर वर्णित किया जा चुका है, इब्राहीम लोदी के सिंहासनारोहण के वर्ष ही खिलाफ़त समाप्त भी हो चुका था। अत: बाबर के वंशज मुगल बादशाहों के काल में यह अवधारणा, कि, भारतीय साम्राज्य भी अविभाज्य इस्लामी राष्ट्रकुल का अंग है, क्षीण होते-होते मृतप्राय हो गई।

हुमायूँ के पलायन के पश्चात् सूर सुल्तानों ने एक बार पुन: पुरानी परम्पराओं को पुनर्जीवित करने का प्रयास किया। अपने छोटे मूल्य के सिक्कों पर (ध्यान देने योग्य बात है कि बड़े मूल्य के सिक्कों पर नहीं) अपने आप को खलीफ़ा का सहायक अथवा सर्वोच्च सेनानायक (अर्थात् खलीफ़ा) का समर्थक उद्घोषित किया। किन्तु खिलाफ़त के प्रति आस्था के पुनर्जीवन अथवा खलीफ़ा से मान्यता का कोई साक्ष्य हमें प्राप्त नहीं होता।[21] इब्राहीम शाह सूर ने, हालाँकि बगदाद के खलीफ़ा के नाम का खुत्बा भी पढ़ा था, किन्तु हुमायूँ के पुन: सत्ता ग्रहण करने से खिलाफ़त के प्रति अधीनता का भाव (भले ही प्रतीकात्मक क्यों न हो) पूर्णतया समाप्त हो गया।

हुमायूँ को यह विचार काफी हास्यास्पद लगा, जब सीदी अली रईस ने उसके समक्ष यह विचार रखा कि कोई भी शासक खलीफ़ा की अनुज्ञा अथवा

आज्ञा के बिना शासन ही नहीं कर सकता। वास्तव में, इस विचार का कोई प्रभाव हुमायूँ पर नहीं पड़ा। उसने कोई प्रतिक्रिया व्यक्त करना उचित भी नहीं समझा। उसके लिए यह महत्त्वहीन बात या मृत मुद्दा था, जिसे जीवित नहीं किया जा सकता था।

मुगल बादशाहों का राजत्व स्पष्ट करता था, कि शासक ईश्वर का खलीफ़ा है। वह दैवी सिद्धान्त के कारण राज्य/ शासन करता है। सम्प्रभुता एक भेंट है तथा शासक ईश्वर का चयनित व्यक्ति है। वह अपने कार्य/अधिकार-क्षेत्र में सर्वोच्च है।[22] अत: शासक के पास शासन, सेनापति के साथ-साथ खलीफ़ा के भी अधिकार थे। वह सम्प्रभु शासक था अत: किसी के भी अधीन नहीं था।

मुगलों की परम्परागत शत्रुता अथवा प्रतिद्वन्द्विता आटोमन तुर्कों से थी, अत: वे कैसे तुर्की शासक को खलीफ़ा स्वीकार करके उनके समक्ष अपनी अधीनता स्वीकार कर सकते थे, अत: उन्होंने स्वयं को अल्लाह या ईश्वर का खलीफ़ा घोषित किया न कि पैगम्बर का। अबुल फ़ज़ल ने मुगल बादशाहों के अपने आप को खलीफ़ा कहने के औचित्य तलाशने में गहन अध्ययन एवं विश्लेषण किया। वस्तुत: इसका औचित्य सुन्नी न्यायशास्त्र में उपलब्ध हो सकता था, किन्तु अबुल फ़ज़ल उदार दृष्टिकोण के चलते उसका उपयोग नहीं करना चाहता था। अत: उसने एक ऐसा राजत्व-सिद्धान्त प्रतिपादित एवं अग्रसारित किया, जो सभी वर्गों एवं लोगों को सन्तुष्ट कर सके। उसके विचारानुसार, ''ईश्वरीय प्रकाश प्रत्यक्षत: शासकों को सम्प्रेषित होता है, बिना किसी की सहायता एवं मध्यस्थता के।'' अत: उसके अनुसार, "राजसी पद से श्रेष्ठ कोई गरिमा ईश्वर की दृष्टि में नहीं है।

डॉ. कुरैशी के विचारानुसार तो यह सिद्धान्त अबुल फ़ज़ल ने शिया सिद्धान्त की प्रेरणा से विकसित किया था, किन्तु शिया मत, वंशीय इमामों की श्रृंखला में विश्वास रखता था। चूँकि, इस आधार पर अकबर को इमाम घोषित करने का औचित्य नहीं ढूँढ़ा जा सकता था अत: अबुल फ़ज़ल ने आवश्यक परिवर्तन/ संशोधन करके प्राचीन भारतीय राजत्व के दैवीय सिद्धान्तों के साथ ईरानी राजतन्त्रीय परम्पराओं का समन्वय किया।[24] यहाँ एक महत्त्वपूर्ण परिवर्तन पर विशेष ध्यान देने की आवश्यकता है। समय के अन्तराल के साथ भारत में खिलाफ़त की प्रासंगिकता एवं प्रारम्भिक अर्थ पूर्णत: समाप्त हो गया। उत्तर मुगलकालीन इतिहासकार सुजान राय भंडारी तो खलीफ़ा शब्द का प्रयोग दिल्ली के सुल्तानों के सम्बोधन के लिए भी करता है। इसी प्रकार 'राजावली' का लेखक युधिष्ठिर एवं विक्रमादित्य जैसे हिन्दू शासकों के लिए 'खलीफ़ा'

शब्द का प्रयोग करने से नहीं चूकता।[25] वास्तव में, क्रान्तिकारी परिवर्तन का यह प्रतिफल था। अब शासक इस्लामी राष्ट्रकुल या मुस्लिम विश्व के सर्वोच्च सम्प्रभु (अथवा खलीफ़ा) का प्रतिनिधि न होकर अपने राज्य का एक स्वतन्त्र शासक था। अपनी राजनीतिक क्षीणता के चलते, खिलाफ़त वैसे भी संस्था के रूप में मृतप्राय था तथा विधि-सम्मत विचार इसे राजनीतिक शक्ति के अभाव में जीवित नहीं रख सकते थे। वास्तव में, सम्प्रभुता की कोई भी विधिक अथवा संवैधानिक अवधारणा (खलीफ़ा के सन्दर्भ में) जीवित नहीं रह सकती थी, जब वह प्रत्यक्षत: वास्तविक शक्ति/बल/सत्ता के साथ संघर्षरत हो जाती है।[26] अत: शक्तिहीन एवं श्रीहीन होने के कारण, शक्तिशाली राज्यों के साथ प्रतिद्वन्द्विता करने पर खिलाफ़त को तार्किक एवं स्वाभाविक रूप से समाप्त होना था और वह इस परिणति पर मुगल काल में तो निश्चित ही पहुँच गया था, जहाँ खलीफ़ा के प्रति प्रतीकात्मक आस्था भी पूर्णत: व सदैव के लिए समाप्त हो गई।

इस प्रकार, कहा जा सकता है कि अकबर के शासनकाल में पादशाहत की संकल्पना न केवल विस्तार पाकर सम्पूर्णता पर पहुँची अर्थात् दैवी उत्पत्ति के सिद्धान्त के द्वारा अकबर ने उसे एक विशिष्ट महत्त्व भी प्रदान किया। वह इस बात को भी मान्यता देता था कि पादशाहत मुस्लिम समुदाय या अमीर वर्ग की ओर से उसको की गई भेंट नहीं है। उसके अनुसार : 'खिलाफ़त' (आध्यात्मिक प्रभुसत्ता) एवं 'पादशाहत' (पार्थिव या राजनीतिक प्रभुसत्ता) अथवा दूसरे शब्दों में, 'सुल्तनत-हकीकी व मजूज़ी' दोनों ही अकबर को जन्मसिद्ध अधिकार तथा वंश-परम्परा के साथ-साथ योग्यता के आधार पर मिली थी। इस पर बदायूँनी ने यह टिप्पणी की थी, कि, अकबर अपने व्यक्तित्व में आध्यात्मिक और धर्म निरपेक्ष दोनों प्रकार का मुखियापन समाहित करने का अभिलाषी था।[27]

अत: दैवी सिद्धान्त जब खिलाफ़त की मान्यता के साथ सम्बद्ध था तब तक तो वह मान्य रहा और जब खिलाफ़त को नकार कर इसे अबुल फ़ज़ल ने प्रतिपादित किया तब इस विषय पर विवाद अपरिहार्य था। सन् 1579 में फ़तेहपुर सीकरी की जामा मस्जिद से पढ़े गए ('महज़र' की बदौलत अकबर के धर्म और राज्य दोनों के मुखिया बन जाने के बाद उलमा (धर्माधिकारी वर्ग) की शक्ति ही काफी कम नहीं हुई, अपितु, इसी महज़र के आधार पर अकबर द्वारा 'इमाम' और 'अमीर-उल-मुमीनीन' की उपाधियाँ धारण कर लेने के बाद भारतीय साम्राज्य पर खलीफ़ा की सर्वोच्चता का दावा भी आखिरकार खारिज हो गया। सिक्कों की इबारत और खुत्बा में उसे खलीफ़ा सम्बोधित किया गया है। बाद के मुगल बादशाहों ने भी अकबर का ही अनुसरण किया।

औरंगज़ेब ने भी राजत्व के साथ कोई समझौता कभी नहीं किया। उसने भी खलीफ़ा या अन्य किसी शासक/ शक्ति की अधीनता नहीं स्वीकार की। व्यक्तिगत जीवन में इस्लाम के नियमों का पालन करते हुए भी उसने मुगल साम्राज्य की राजशक्ति की सार्वभौमिकता को अक्षुण्ण एवं सर्वोपरि रखा।[28]

सन्दर्भ

1. इश्तियाक हुसैन कुरैशी : 'द एडमिनिस्ट्रेशन ऑफ़ द सल्तनल ऑफ़ देहली' पृ. 22.
2. वही.
3. वही, पृ. 24.
4. आरनॉल्ड, 'द कैलिफ्फेट', पृ. 101-2.
5. कुरैशी, पृ. 26.
6. कुरैशी, पृ. 27.
7. यू. एन. डे. पृ. 51.
8. कुरैशी, पृ. 28.
9. 'तबकाते नासिरी', ईलियड एंड डाउसन, खंड-2, पृ. 382-383.
10. यू.एन.डे. पृ. 52.
11. कुरैशी, पृ. 30.
12. डॉ. आर. पी. त्रिपाठी, 'सम एस्पैक्ट्स ऑफ़ मुस्लिम एडमिनिस्ट्रेशन' पृ.।
13. यू. एन. डे., पृ 51.
14. कुरैशी, पृ. 33.
15. कुरैशी, पृ. 33.
16. यही, पृ. 36.
17. देखें, के. ए. निजीमी, 'स्टडीज इन मेडियवल इंडियन हिस्ट्री', पृ. 81.
18. विस्तार टिप्पणी के लिए देखें, यू. एन. डे., पृ. 53-54.
19. यू. एन. डे, पृ. 54.
20. कुरैशी, पृ. 37.
21. कुरैशी, पृ. 38.
22. इब्न हसन, 'द सेंट्रल इंस्ट्रक्चर ऑफ़ द मुगल एम्पायर', पृ. 66.
23. देखें 'आइन-ए-अकबरी' का अंग्रेजी अनुवाद ब्लॉकमैन, खंड 1, पृ. 2-3.
24. कुरैशी, 'द एडमिनिस्ट्रेशन ऑफ़ द मुगल एम्पायर', पृ. 36-37.
25. देखिए, कुरैशी, 'एडमिनिस्ट्रेशन ऑफ़ द 'सुल्तनत ऑफ़ दिल्ली', पृ. 38-39.
26. कुरैशी, सल्तनत, पृ. 39.
27. हरिश्चन्द्र वर्मा सं. 'मध्यकालीन भारत', 2, पृ. 41-42.
28. हरिश्चन्द्र श्रीवास्तव, 'मुगल शासन प्रणाली', पृ. 22.

3

मध्ययुगीन शासकों का राजत्व-सिद्धान्त

दिल्ली के तुर्क सुल्तानों का राजत्व-सिद्धान्त

जैसा कि हम पूर्व में चर्चा कर ही चुके हैं, भारत में स्थापित तुर्की साम्राज्य का स्वरूप मिश्रित था एवं राजतन्त्रीय व्यवस्था पर आधारित राज्य की आवश्यकता ही नहीं, अनिवार्यता थी राजत्व या राजनय या सम्प्रभुता सिद्धान्त को स्पष्टत: परिभाषित करना। इस तुर्क साम्राज्य के प्रथम शासक या सुल्तान कुतुबुद्दीन ऐबक के राजत्व-सम्बन्धी विचार उसकी कार्य-शैली से ही स्पष्ट हो पाते हैं। जिन परिस्थितियों में उसने भारत के प्रशासनिक दायित्व का निर्वहन करना प्रारम्भ किया था, वे नितान्त प्रतिकूल थीं। मोहम्मद गोरी की आकस्मिक मृत्यु ने गज़नी-गौर से लेकर लखनौती तक में लगभग राजनीतिक अराजकता की-सी स्थिति थी। ताजुद्दीन यल्दौज़ एवं नासिरुद्दीन कुबाचा, जो ऐबक के ही समान मोहम्मद गोरी के दास थे, दिल्ली या उत्तर भारत के राज्य पर अपना दावा प्रस्तुत कर रहे थे। ख्वारिज़्म के शासक की नजर भी इधर ही लगी हुई थी। वह मोहम्मद गोरी की मृत्यु से उत्पन्न राजनीतिक शून्य को स्वत: भरने के लिए प्रयासरत था। इन सब समस्याओं का ऐबक ने जो हल अथवा समाधान निकाले, वे प्रशंसनीय थे। दोनों प्रमुख दावेदारों—यल्दौज़ एवं कुबाचा के साथ उसने वैवाहिक (कूटनीतिक) सम्बन्ध स्थापित करके, तात्कालिक समाधान खोजा, वहीं, ख्वारिज़्म शाह को भारत पर आक्रमण से निरुसाहित करने के लिए, उसने लाहौर के सामरिक महत्त्व को समझते हुए, वहीं से प्रशासन चलाने का विवेकपूर्ण निर्णय लिया। बंगाल के अली मर्दान को सैन्य सहायता प्रदान करके, उसे दिल्ली के सुल्तान की अधीनता स्वीकार करने के लिए विवश कर दिया। इस प्रकार, वह शासक के लगभग उन्हीं आदर्शों का अनुपालन कर रहा था, जो तुर्कों को ईरानी परम्परा से प्राप्त हुए थे।

डॉ. ए. बी. एम. हबीबुल्ला अपनी प्रसिद्ध पुस्तक में उसका मूल्यांकन करते हुए लिखते हैं, ''उसमें तुर्कों की निर्भीकता एवं फ़ारसियों की परिष्कृत अभिरुचि एवं शालीनता पाई जाती थी।''[1] अर्थात् सैन्य बल द्वारा विजित एवं स्थापित राज्य में वह सैन्य गुणों के चलते, सफलतापूर्वक शासन करने में बाह्य आक्रमणों को निरुत्साहित करने में, आन्तरिक विद्रोहों का दमन करने में एवं राजस्व आदि की नियमित वसूली करने में सफल रहा था। किन्तु 1192 ई. से भारत में प्रारम्भ हुई उसकी सैन्य गतिविधियों के बावजूद वह जनसामान्य में अपनी एक सन्तुलित, उदार एवं न्यायप्रिय छवि बनाने में सफल रहा था। महमूद गज़नवी की भाँति उसकी छवि विनाशी एवं विध्वंसक की नहीं थी अत: वह एक शासक के दायित्वों को भली-भाँति समझता था। अत: संरक्षण व न्यायप्रिय शासन देने में वह सफल रहा।

जैसा कि आगे हम देखेंगे (या पढ़ेंगे) बलबन के राजत्व-सिद्धान्त के अनुसार सुल्तान या शासक का यह प्रथम एवं पुनीत कर्तव्य था कि वह न्याय करे, वही भाव हमें ऐबक के शासन-काल में मिलता है। समकालीन इतिहासकार फ़ख्रे मुदब्बिर एक स्थान पर लिखता है कि, 'यद्यपि उसके सैनिकों में विभिन्न जातियों, जनजातियों, क्षेत्रों के लोग थे; यथा तुर्क, गोरी, खुरासानी, खलजी, अफ़गान व हिन्दुस्तानी, फिर भी किसी सैनिक को यह साहस न था कि वह किसी किसान के घास का एक तिनका, रोटी का टुकड़ा, बकरी या पक्षी लेता या उसके घर-जमीन पर बलात् अधिकार कर लेता।'

अत: उसने न्याय एवं उदारता के साथ शासन किया और अपनी उदारता के लिए तो वह शताब्दियों तक प्रसिद्ध रहा। अत: समकालीन साहित्य में उसे 'लख बख्श' (लाखों दान करनेवाले) के सम्बोधन से पुकारा जाता है। अत: सैन्य गुणों के साथ-साथ दानवीरता, न्यायप्रियता एवं प्रजा के प्रति पितृ-तुल्य चिन्ता सहज ही उसका राजत्व-सिद्धान्त स्थापित कर देते हैं। हम उसके कार्यों के मूल्यांकन के आधार पर उसे एक 'प्रबुद्ध' शासक मान सकते हैं।

यहाँ एक बात विशेष महत्त्वपूर्ण है, जिसका उल्लेख आवश्यक है। 1206 ई. में मोहम्मद गोरी की आकस्मिक मृत्यु के पश्चात् उसने प्रशासनिक दायित्व तो ग्रहण कर लिया था, किन्तु, मात्र 'मलिक' एवं 'सिपहसालार' के विरुद ही धारण किए। उसने कभी अपने आप को 'सुल्तान' नहीं सम्बोधित किया और न ही सुल्तान का विरुद्ध धारण किया। उसे राजत्व के सिद्धान्त की पूर्ण जानकारी थी, जिसके अनुसार 'एक दास, सुल्तान नहीं बन सकता।' अत: जब उसे दासता से मुक्ति मिल गई तब 1208-9 ई. में उसने सुल्तान का विरुद्ध धारण किया। यही

नहीं, जब वह यल्दौज़ एवं कुबाचा के साथ वैवाहिक (या कूटनीतिक) सम्बन्ध स्थापित कर रहा था, तब उसने इल्तुतमिश के साथ भी वैवाहिक सम्बन्ध स्थापित किए तथा अपनी एक पुत्री का विवाह इल्तुतमिश से कर दिया। वह भली-भाँति जानता था कि संवैधानिक दृष्टि से इल्तुतमिश की स्थिति उससे कहीं बेहतर थी, क्योंकि उसे तो 1206 ई. में ही दासता से मुक्ति मिल गई थी, जब मोहम्मद गोरी के निर्देश पर उसे (ऐबक को) इस्तुतमिश को दासता से मुक्त करना पड़ा था। खोखरो के दमन के लिए जब मोहम्मद गोरी अपने अन्तिम भारतीय अभियान पर आया था, तब वह इल्तुतमिश की सैन्य-कुशलता, निपुणता, चातुर्य एवं सामरिक सूझबूझ का कायल हो गया था। हालाँकि उसने अपने प्रथम श्रेणी के दासों—यल्दौज़, कुबाचा, ऐबक एवं बख्तियार खलजी को भी दासता से मुक्त नहीं किया था, किन्तु, इल्तुतमिश की मुक्ति का आदेश ऐबक को देने से नहीं चूका था।

ऐबक के उत्तराधिकारी इल्तुतमिश के विषय में तो **डॉ. रामप्रसाद त्रिपाठी** का सुस्पष्ट अभिमत है कि, 'भारतवर्ष में मुस्लिम प्रभुसत्ता का वास्तविक श्रीगणेश उसी से होता है'[2] वस्तुत: जब उसने राजसत्ता सँभाली तब न तो कोई स्पष्ट पूर्व परम्पराएँ थीं। (ऐबक की अन्यत्र व्यस्तता एवं अल्पावधि के शासन के कारण वह निश्चित ही स्पष्ट विरासत नहीं छोड़ पाया था) और न ही स्थापित व्यवस्था। किन्तु, जब उसने अपनी आँखें मूँदी, तब न केवल एक राजवंश की दृढ़ स्थापना हो चुकी थी, अपितु वंशानुगत उत्तराधिकार का सिद्धान्त स्वीकार्य हो चुका था, कि, शासन के लगभग चार दशक तक सिंहासन पर उसी के वंशज का अधिकार माना जाता रहा था।

प्रोफेसर के. ए. निज़ामी के विचारानुसार, इल्तुतमिश की आस्था एक राजवंशीय राजतन्त्र में थी एवं उसने 'आदाबुस्सलातीन' तथा 'मआसिरूस्सलातीन' नामक पुस्तकें इसी उद्देश्य से बगदाद से मँगवाई थीं, कि, उसके पुत्रों को ईरानी राजतन्त्रीय परम्पराओं एवं राजनय के सिद्धान्तों का ज्ञान प्रदान किया जा सके। उसने स्वयं इनका अध्ययन किया तथा भारतीय वातावरण में इन्हें समन्वित भी किया। उसके राजतन्त्र के आधार—सैन्य एवं उमरा (उमरा)—थे। उमरा में भी तुर्क, अफ़गानों के अतिरिक्त बड़ी संख्या में ताजिकों को भी उसने सहर्ष सम्मिलित किया था तथा उनके पूर्व प्रशासनिक अनुभव का लाभ, उसके उदार संरक्षण में दिल्ली के शैशव राज्य को प्राप्त हो सका था। यही नहीं, 'मुस्लिम प्रभुसत्ता' की नींव रखनेवाले इस सुल्तान ने हिन्दू शासकों को भी संरक्षण प्रदान करके एक 'भारतीय' प्रशासनिक स्वरूप का आधार भी रखा था, जिसकी तार्किक परिणति हमें अकबर तथा महान मुगलों के काल तक देखने में मिलती

है। प्रो. निज़ामी के मतानुसार यह शासन इसलिए भी 'भारतीय' था, क्योंकि उसने दिल्ली सुल्तनत का सम्बन्ध, जो गौर-गज़नी राज्यों या मध्येशिया से सम्बद्ध था, उसका पूर्णतया सम्बन्ध-विच्छेद करके एक पृथक् एवं स्वतन्त्र राजनीतिक व्यक्तित्व विकसित किया। यही नहीं, सम्पूर्ण मुस्लिम विश्व में अपने तथा अपने राज्य को स्थापित एवं प्रतिष्ठित करने में, उसने खलीफ़ा से मान्यता-पत्र भी प्राप्त कर लिया।

इससे पूर्व कि हम मुस्लिम राजत्व-सिद्धान्त की चर्चा को आगे बढ़ाएँ, हमें इल्तुतमिश के शासन-काल के दो महत्त्वपूर्ण निर्णयों का विश्लेषण अवश्य करना चाहिए। एक, उसने उत्तराधिकार की समस्या का सहज समाधान कर दिया था, जब अपनी योग्यतम सन्तान नासिरुद्दीन महमूद को उसने अपना उत्तराधिकारी नियुक्त किया था, किन्तु उसकी मृत्यूपरान्त जब रज़िया को अपना उत्तराधिकारी नियुक्त करने को वह परिस्थितिवश बाध्य हुआ था, तब भी ग्वालियर के अभियान के दौरान, उसने राज्य का प्रशासनिक दायित्व रज़िया को सौंपकर, वास्तव में, उसका परीक्षण किया था। उसकी प्रशासनिक निपुणता के मूल्यांकन के बाद ही उसने रज़िया को अपना उत्तराधिकारी घोषित किया था। उमरा व उलमा के विरोध को शान्त करने के लिए उसने स्पष्ट कर दिया था कि, ''उसके पुत्र भोग-विलास में ग्रस्त/व्यस्त हैं और कोई भी शासन करने योग्य नहीं हैं, मेरी मृत्यु के उपरान्त तुम्हें ज्ञात हो जाएगा कि उसके (रज़िया के) समान शासन कोई अन्य नहीं कर सकेगा।' (मिनहाज-उस-सिराज़)। यही नहीं, इस अवसर पर एक संस्मारक मुद्रा भी विशेष रूप से प्रचलित की गई थी और उस पर इल्तुतमिश के नाम के साथ रज़िया का नाम भी अंकित किया गया था। अत: स्पष्ट ही है, कि, वह सुल्तनत पर सुल्तान का एकाधिकार मानता था। प्रारम्भिक खलीफ़ा अबू बक्र की भाँति, वह भी अपना उत्तराधिकारी चुनने के अधिकार को अपना स्वाभाविक, अन्तर्निहित अधिकार मानता था। वह एक निरंकुश शासक था, जिसने बंगाल के उस गयासुद्दीन के विरुद्ध सैन्य अभियान भेजने एवं उसके विद्रोह के उन्मूलन में कोई गुरेज नहीं किया। हालाँकि, वह उससे इल्तुतमिश से पूर्व ही खलीफ़ा का मान्याभिषेक प्राप्त कर चुका था।

दूसरी घटना चंगेज़ खाँ के नेतृत्व में हुए मंगोल आक्रमण की है। उसने 'अभूतपूर्व तटस्था' (Splendid Isolation) की जो नीति अपनायी तथा अपने राज्य को सुरक्षित एवं संरक्षित रखने के जो कूटनीतिक कदम उठाए, उससे एक बड़ी विभीषिका सफलतापूर्वक टल गई। इसी प्रकार यल्दौज़ एवं कुबाचा के प्रति नीति व व्यवहार से भी उसका राजत्व स्वत: परिभाषित हो जाता है। वह शासक

के दैवी सिद्धान्त में पूर्ण विश्वास रखता था एवं ऐसा आचरण करता था, जिससे स्पष्ट ही वह अपने अधीनों को सफलतापूर्वक नियन्त्रित रख सका (जैसा कि हम आगे उमरा एवं उलमा के पृथक् अध्ययन में पढ़ेंगे)।

ऐबक एवं इल्तुतमिश की चर्चा करने के पश्चात् ही कुछ बातें स्पष्टत: परिभाषित हो जाती हैं। अत: 'मुस्लिम राजत्व-सिद्धान्त' की एक संक्षिप्त चर्चा अब हम कर सकने की स्थिति में हैं। जैसा कि राज्य के स्वरूप की विस्तृत चर्चा करते समय हमने पाया था कि कैसे उम्मैय्यद काल में पैगम्बरी ने राजत्व-का स्वरूप धारण कर लिया था। अत: उलमा के लिए यह आवश्यक ही नहीं, अपरिहार्य था, कि, इस राजत्व को वे अराजकता के एकमात्र विकल्प के रूप में स्थापित करने के लिए परिभाषित भी करें। अत: हमें 'मुस्लिम राजत्व-सिद्धान्त' की एक अवधारणा दिखाई देती है।

उक्त अवधारणा के अनुसार मुस्लिम सम्प्रभुता या राजत्व-सिद्धान्त के दो पहलू थे—एक, व्यावहारिक (De Facto) एवं दूसरा संवैधानिक (De Jure)। व्यावहारिक दृष्टिकोण से तो जो शासक, राज्य में कानून-व्यवस्था बनाए रखें; बाह्य आक्रमणों से देश को सुरक्षित व संरक्षित रखे, एवं निश्चित अवधि में निर्धारित मात्रा में राजकीय करों की वसूली सफलतापूर्वक करें, तो वह एक व्यावहारिक शासक है। किन्तु, संवैधानिक रूप से उसे ही शासक स्वीकार किया जा सकता था, जो न्यूनतम संवैधानिक अर्हताओं की पूर्ति करता हो। इस दृष्टिकोण से तो इल्तुतमिश ही इन अर्हताओं की पूर्ति करनेवाला प्रथम सुल्तान था। अत: वह प्रथम संवैधानिक सुल्तान माना जाता है।

संवैधानिक अर्हताओं में सर्वप्रथम था 'सिक्का।' प्रत्येक सुल्तान को अपने नाम की मुद्रा प्रचलित करनी पड़ती थी। द्वितीय 'खुत्बा' अर्थात् सिंहासनारोहण के पश्चात् की विशेष नमाज़, जो शुक्रवार की दोपहर (प्राय: एक बजे के लगभग) सुल्तान के नाम से अदा की जाती थी; तृतीय बैय्यद या बैय्यत थी यह अमीरों द्वारा सुल्तान के प्रति ली जाने वाली निष्ठा, की शपथ थी, जिसके माध्यम से अप्रत्यक्ष चुनाव का बोध होता था; चतुर्थ अर्हता थी, 'दासता से मुक्ति।' इल्तुतमिश को तो यह मुक्ति-पत्र 1206 ई. में प्राप्त हो गया था। पंचम अर्हता थी, खलीफ़ा का मान्यता-पत्र। इल्तुतमिश दिल्ली का प्रथम सुल्तान था, जिसे 18 फरवरी, 1229 ई. को बगदाद के खलीफ़ा अत्त् मुस्तनिसर बिल्लाह से मान्याभिषेक प्राप्त हुआ था। अत: वह राजत्व के प्रचलित सिद्धान्तों से पूर्णतया परिचित एवं उसका पालन/क्रियान्वयन करनेवाला सुल्तान था।

इल्तुतमिश के उत्तराधिकारियों के काल में राजत्व-सिद्धान्त तो ज्यों-का-त्यों रहा किन्तु, रज़िया के अपवाद के अतिरिक्त कोई भी उत्तराधिकारी, इल्तुतमिश की भाँति उस राजत्व के अनुपालन/क्रियान्वयन करने में सक्षम न था, अत: सत्तासीन होने के पश्चात् बलबन के लिए राजत्व को विधिवत् परिभाषित एवं रेखांकित करना आवश्यक ही नहीं। अपरिहार्य हो गया। वह राजत्व को दैवी संस्था घोषित करके, सुल्तानों एवं अमीरों के 'पारस्परिक संघर्ष को ही नहीं, अपितु अपने उत्तराधिकारियों एवं सामन्तों के मध्य संघर्ष या प्रतिद्वन्द्विता की सम्भावना को भी समाप्त करने का इच्छुक था। वस्तुत: राजत्व को दैवी स्वरूप प्रदान करके वह उन मार्गों को अवरुद्ध कर देना चाहता था, जिनसे गुजरकर उसके समान कोई और भी सुल्तान के पद तक न पहुँच सके।

बलबन स्वयं उस तुर्क-ए-चहलगानी का सदस्य रहा था, जिसने इल्तुतमिश के उत्तराधिकारियों की निर्मम हत्या करने में भी संकोच नहीं किया। इन्हीं गतिविधियों के चलते ही, सुल्तान के पद-प्रतिष्ठा पर प्रतिकूल प्रभाव पड़ा था एवं उसकी छवि पूर्णतया धूमिल हो गई थी। बलबन समझ चुका था कि बिना दैवी संस्था का रंग दिए वह सुल्तान के पद को पुनर्प्रतिष्ठित न कर सकेगा। अत: उसके लिए राजत्व परिभाषित करना आवश्यक था।

मिनहाज-उस-सिराज़ जैसा समकालीन इतिहासकार बलबन की दासता के सन्दर्भ में मौन है, अत: यह एक ऐसी कमी थी—एक संवैधानिक अर्हता की पूर्ति का अभाव कि, उसे छुपाने के लिए ही वह राजत्व को दैवी संस्था के रूप में स्थापित करने के लिए दृढ़-प्रतिज्ञ था। यही नहीं, कुछ इतिहासकार इस बात को भी रेखांकित करते हैं, कि, बलबन एक राजहन्ता था। उसने अपने सुल्तान व आश्रयदाता (जो उसका दामाद भी था इल्तुतमिश के पौत्र) नासिरुद्दीन महमूद की हत्या की थी। अत: अपने ऊपर लगा हत्या का यह कलंक वह इसी माध्यम से धो देने का इच्छुक था। अत: यह सुस्पष्ट है, कि, उपर्युक्त कारणों के चलते ही बलबन के लिए राजत्व परिभाषित करना अपरिहार्य हो गया था। वह दिल्ली का एकमात्र सुल्तान है, जिसके राजत्व-सिद्धान्त, राजनीतिक आदर्श एवं प्रशासनिक आचरण का संकलन अथवा 'वसैय्या' हमें प्राप्त है। उसने हर सम्भव अवसर का लाभ उठाकर राजत्व को परिभाषित करके उसके दैवी स्वरूप को प्रतिष्ठित करने का प्रयास किया।

उसके राजत्व-सिद्धान्त का सार व तत्त्व सस्सानी फ़ारस से लिया गया था। राजत्व का यह दैवी सिद्धान्त प्राचीन भारतीय परम्पराओं के अनुकूल होने के कारण शीघ्र ही स्वीकार्य हो गया।

उसके राजत्व के सिद्धान्त के अनुसार राजत्व, वस्तुत: पृथ्वी पर ईश्वर का प्रतिनिधित्व करनेवाली संस्था अथवा 'नियाबत-ए-खुदाई' है तथा मान-मर्यादा के दृष्टिकोण से वह मात्र पैगम्बरी के बाद है। राजा या सुल्तान पृथ्वी पर ईश्वर या अल्लाह का प्रतिबिम्ब है, अर्थात् 'ज़िल्ले-अल्लाह' है। वह अपने दायित्वों/कर्तव्यों को सम्पन्न करने में निरन्तर ईश्वर से प्रत्यक्ष निर्देश एवं प्रेरणा प्राप्त करता है। इसका व्यावहारिक अभिप्राय यह था कि सुल्तान, चूँकि, समस्त कार्य ईश्वर के निर्देश/प्रेरणा से करता है, अत: वह सार्वजनिक जाँच के अन्तर्गत नहीं आता है। उमरा (आभिजात्य) एवं उलमा (धर्माधिकारी) दोनों को ही सुल्तान के कार्यों पर प्रश्नचिह्न अंकित करने का अधिकार नहीं था। वास्तव में, वह अपने क्षेत्राधिकार को सुरक्षित एवं अक्षुण्ण बनाए रखना चाहता था। वह इस युक्ति के माध्यम से अपनी निरंकुशता को पवित्रता का जामा पहनाने के लिए प्रयासरत था।

बलबन के लिए दिखावटी मान-मर्यादा एवं प्रतिष्ठा राजत्व का एक अविभाज्य अंग बन गई। वह जनसाधारण से एक लम्बी दूरी बनाए रखना चाहता था। वह जनसाधारण से मिलने के लिए भी उत्सुक नहीं रहता था, अपितु, फ़ख्र बावनी जैसे नव-धनाढय व्यक्ति से मिलने से न केवल उसने स्पष्ट इनकार किया, बल्कि अपने अधिकारियों को, जो उससे रिश्वत लेकर सुल्तान से उसकी भेंट कराने के लिए प्रयासरत थे—बहुत फटकार लगाई।

राजत्व के सिद्धान्त के क्रियान्वयन एवं फ़ारस के शाहों के अनुसरण में वह अनुशासन एवं शिष्टाचार का बहुत आग्रही हो गया था। वह दरबार में पूरी राजसी पोशाक एवं उपकरणों के साथ ही उपस्थित होता था। उसके निजी सेवकों ने भी कभी उसे राजसी पोशाक के बिना नहीं पाया या देखा था।

वह सदैव कुलीन एवं अकुलीन के अन्तर पर बल देता था। वह अकुलीन परिवार के व्यक्तियों से सम्पर्क रखना, राजसी मर्यादा के प्रतिकूल मानता था। उसने वंशावली विशेषज्ञों को दिल्ली में एकत्र किया एवं समस्त राज्याधिकारियों की वंशावली की जाँच करवाई, जो अकुलीन वंश के थे, उन्हें तत्काल अपदस्थ किया गया। कमाल महियार नामक नवीन मुसलमान को अमरोहा के 'मुतस्सर्रिफ़' पद पर नियुक्त करने को लेकर अपने दरबारियों एवं अधिकारियों को बहुत फटकारा एवं कमाल महियार को तुरन्त अपदस्थ कर दिया। वह स्वयं गर्व से कहता था, 'जब मैं किसी तुच्छ परिवारवाले व्यक्ति को देख लेता हूँ, तो मेरे शरीर की प्रत्येक नस क्रोध से काँपने लगती है।" अत: वंशावली बलबन के लिए एक सनक बन गई थी। वह स्वयं अपनी वंशावली, प्रसिद्ध साहित्यकार

फ़िरदौसी कृत पौराणिक 'शाहनामा' के चरितनायक अफ़रासियाब से जोड़ता था एवं गौरवान्वित होता था।

बलबन के उक्त राजत्व-सिद्धान्त के अनुसार, फ़ारस के पूर्व शासकों के रहन-सहन व राज्य-कार्यों के सम्पादन का अनुसरण किए बिना राजत्व सम्भव नहीं है। उसके निजी जीवन में भी फ़ारस के शासकों की झलक स्पष्टत: देखी जा सकती है। राज्यारोहण के पूर्व उसके जितने पुत्र हुए, उनके साधारण से नाम थे जैसे महमूद व मोहम्मद आदि, किन्तु राज्यारोहण के पश्चात् हुए पौत्रों के नाम, फ़ारस के शासकों के नाम पर रखे यथा, कैकुबाद, कैकोस, कैखुसरो कैऊमर्स आदि।

यही नहीं, बलबन ने अपने दरबार की संरचना, गठन एवं प्रक्रिया में भी सस्सानी फ़ारस के शासकों का अनुसरण किया। वह सस्सानी शासकों की भाँति अपने सिंहासन पर बैठता था, जिसके चारों तरफ 'हाजिब', 'जानदार', 'सलाहदार' आदि लोग मौन खड़े रहते थे। जो भी उसके दरबार में उपस्थित होता था, उसे सर्वप्रथम 'सिज़दा' (घुटनों पर बैठकर शीश नवाना) करना पड़ता था तथा निकट आने पर 'पायबोस' या 'पैबोस' (चरण चूमना) करना पड़ता था—स्पष्ट है, उमरा एवं सुल्तान के मध्य का अन्तर इनके पश्चात्, और बढ़ ही जाना था। सिंहासन के पीछे कुछ नितान्त विश्वासपात्र ही आसन प्राप्त करते थे, शेष लोग अपने पद के अनुसार दरबार में सिंहासन के समक्ष खड़े ही रहते थे। वह सदैव गम्भीर मुद्रा में बैठता था, किसी ने उसे कभी मजाक आदि करते नहीं देखा। उसकी उपस्थिति में कोई अनावश्यक बात या मजाक तक की अनुमति नहीं थी। उसे अपने प्रिय ज्येष्ठ पुत्र मोहम्मद की मृत्यु का समाचार वहीं दरबार में मिला था—उसके चेहरे पर कोई भाव नहीं आया। नित्य की भाँति दरबार का कार्य निबटाया। लेकिन रात को एकान्त में पुत्र की याद में वह इतना भयंकर विलाप करता था, कि, लोगों को उसके रोने की आवाज़ दूर तक सुनाई देती थी। व्यक्तिगत क्षति एवं वियोग का प्रभाव कभी सार्वजनिक नहीं हो पाया।

वह समारोहों में ऐसा तड़क-भड़क कर देता था, कि, लोगों की स्मृति में अविस्मरणीय छवि अंकित हो जाए। विदेशों के राजदूतों के आगमन पर, नौरोज़ एवं सिंहासनारोहण की वर्षगाँठ आदि पर वह इतना भव्य समारोह कर देता था कि लोग आश्चर्यचकित रह जाते थे। जब सुल्तान बाहर निकलता था, तब एक जुलूस में निकलता था—उसके अंगरक्षक नंगी तलवार लिए उसके इर्द-गिर्द 'बिस्मिल्लाह, बिस्मिल्लाह' के नारों के साथ चलते थे। वह पूर्ण परिवेश ही ऐसा निर्मित कर देता था कि प्रतीत होने लगे कि वास्तव में सुल्तान दैवी सत्ता

का प्रतीक है। पूर्ण परिवेश अवज्ञाकारियों को आज्ञाकारी एवं जनसाधारण को आतंकित करनेवाला था।

न्याय उसके राजत्व का अविभाज्य अंग था। वह न्याय को शासक का सर्वोच्च दायित्व समझता था। उसके शासन-काल में जनसाधारण को भी निष्पक्ष न्याय प्राप्त होता था। उसके 'बरीद' अथवा गुप्तचर अधिकारी उसे न्याय-अन्याय की भी सूचना देतें थे। जब भी वह अन्याय की जानकारी पाता था, तब अन्याय करनेवाले को उचित दंड देता था बदायूँ एवं अवध के इक्ताकारों को अपनी निजी सेवकों या नौकरों की हत्या के कारण से क्रमश: मृत्युदंड एवं अर्थदंड दिया गया था। यही नहीं, बदायूँ के 'बरीद' को भी मृत्युदंड इसीलिए प्रदान किया गया था, क्योंकि उसने इस कुकृत्य की सूचना बलबन को नहीं दी थी।

बलबन के राजत्व-सिद्धान्त का व्यवहृत रूप अथवा क्रियान्वयन हमें लखनौती के विद्रोह एवं उसके उन्मूलन में स्पष्ट रूप से दिखाई देता है। लखनौती में उसके दास व गवर्नर तुगरिल खाँ ने शासन के आठवें वर्ष (1275 ई.) में विद्रोह कर दिया था। इस विद्रोह के दमन के लिए अवध के राज्यपाल मलिक ऐतिगिन मुएदराज या अमीन खाँ को भेजा। उसके असफल होने पर उसे मृत्यु दण्ड दिया गया। सुल्तान की आज्ञा का अक्षरश: पालन न कर पाना अवज्ञाकारिता मानी गई। उसका शव अवध के मुख्य द्वार पर लटका दिया गया, ताकि भविष्य में सुल्तान के आदेशों के परिपालन में गम्भीरता एवं पूर्ण निष्ठा दिखाई जाए। उसके पश्चात् जब बहादुर भी नियुक्त होकर असफल हुआ, तब बलबन ने उसे भी मृत्युदंड के लिए उपयुक्त माना, किन्तु बीच-बचाव करने पर अन्तत: उसे दरबार से निर्वासित कर दिया। तत्पश्चात् जब स्वयं एक विशाल सेना व पुत्र बुगरा के साथ बंगाल में तुगरिल का उन्मूलन कर दिया, तब तुगरिल के वध से ही वह सन्तुष्ट नहीं हुआ। उसने उसका कटा सिर तो बरछी की नोक पर पूरे राज्य में घुमवाया ही—धड़ लखनौती के मुख्य द्वार पर लटका दिया। इतना ही नहीं, लखनौती के मुख्य बाजार में दोनों तरफ फाँसी के तख्ते लगवाए गए और तुगरिल के अनुयायियों, सैनिकों एवं समर्थकों को सार्वजनिक रूप से मृत्युदंड दिया गया। इतिहासकार ज़ियाउद्दीन बरनी के वर्णनानुसार, बलबन ने इल्तुतमिश की ही बंगाल नीति का अनुसरण करते हुए, उसके राजनीतिक व सामरिक (दिल्ली से बंगाल की दूरी के कारण) महत्त्व को समझते हुए, अपने पुत्र बुगरा खाँ को वहाँ का गवर्नर नियुक्त किया। इतना ही नहीं, उसने बुगरा खाँ को सम्बोधित करते हुए तीन बार पूछा कि क्या उसने लखनौती का यह वीभत्स दृश्य देखा? फिर उसे समझाया कि यदि उसे भी 'धूर्त, षड्यन्त्रकारियों ने दिल्ली

के विरुद्ध विद्रोह के लिए भड़काया, तो उसका एवं उसके सहयोगियों का भी यही हश्र होगा। बलबन ने इस प्रकार अपना राजत्व का सिद्धान्त सुस्पष्ट कर दिया कि, "राजत्व, बन्धुत्व नहीं जानता।"

वस्तुत: बलबन के राजत्व सिद्धान्त के क्रियान्वयन का प्रभाव हमें खलजी वंश के संस्थापक जलालुद्दीन फ़िरोज़ खलजी के काल तक दिखाई देता है। मलिक सुर्खा एवं मलिक कच्छन को पराजित करने के बाद भी, फ़िरोज़ अपने सिंहासनारोहण के लिए तैयार न था, वह तो मलिक छज्जू को कैयूमर्स का संरक्षक बनाना चाहता था। फिर, जब वह सुल्तान बन गया तो बलबन के सिंहासन के समक्ष रोने लगा—उसने बलबन के सिंहासन बैठने से स्पष्ट इनकार कर दिया। यही नहीं, कड़ा के गवर्नर के रूप में जब मलिक छज्जू को विद्रोहोपरान्त बन्दी बनाया गया, तब भी उसने बलबन के रिश्तेदार होने के कारण ही उसे तत्काल रिहा करवाया एवं सादर पुनर्स्थापित भी किया।

राजत्व की इस अवधारणा एवं सुदृढ़ शासन की आदी हो चुकी जनता को निश्चित ही खुशी भी मिली थी—बलबन के न्याय एवं कठोर प्रशासन के आग्रह ने लोगों को निष्पक्ष न्याय के साथ-साथ कानून-व्यवस्था का वह राज्य दिया था, जिसमें सुरक्षा सुनिश्चित हो सकी। यदि शुद्ध तुर्क प्रभावशाली हो भी गए थे एवं राजाश्रय प्राप्त कर अधिक शक्तिशाली हो गए थे, तो इसका निराकरण 'खलजी क्रान्ति' के परिणामस्वरूप हो गया, जब राज्य में पदों पर नियुक्तियों का एकमात्र आधार नस्लीय या जनजातीय न होकर का योग्यता हो गया था, किन्तु शासन में अनिर्णय की स्थिति में युवा खलजियों को सहज व स्वाभाविक रूप से कड़ा के इक्तादार अलाउद्दीन खलजी की ओर आकर्षित किया। जलालुद्दीन खलजी के राजत्व एवं राजनीतिक सिद्धान्त की चर्चा करते समय बरनी कहता है, कि सुल्तान की नीति तो 'एक चींटी को भी क्षति पहुँचाने की नहीं थी।' वह आत्माभिमान एवं अत्याचार को राजत्व का अविभाज्य अंग निश्चित ही नहीं मानता था। डॉ. सतीशचन्द्र के मतानुसार तो जलालुद्दीन ने राजत्व को एक नए रूप में प्रस्तुत किया, जिसमें जनता की सदिच्छा सद्भावना एवं समर्थन अन्तर्निहित थी अथवा ये ही उसके राजत्व के आधार बन गए थे।

अत: जब अपने चाचा, श्वसुर, प्रश्रयदाता सुल्तान की हत्या के पश्चात् अलाउद्दीन खलजी सिंहासनारूढ़ हुआ, तब उसने बलबन के राजत्व को ही अंगीकार किया। वह भी अपने (सुल्तान के) अधिकारों को निरंकुश बनाए रखने का इच्छुक था। वह भी राजत्व को 'नियाबत-ए-खुदाई' एवं सुल्तान को 'ज़िल्ल-हू-अल्लाह' मानता था। उसके राजत्व के मुख्य तत्त्वों को समझने

के लिए हमें सबसे पहले उसके शासन के प्रारम्भिक काल की घटनाओं का विश्लेषणात्मक अध्ययन करना चाहिए। सर्वप्रथम, उसके भतीजे अकत खाँ ने; फिर बहनों के दो पुत्रों (भान्जों) क्रमश: मलिक उमर एवं मंगू खाँ ने विद्रोह कर दिया और फिर सीदी (हाजी) मौला का विद्रोह हुआ। हालाँकि, अलाउद्दीन की सेनाएँ इन विद्रोहों का सरलतापूर्वक दमन करने में सफल रहीं, किन्तु सुल्तान इतने से सन्तुष्ट नहीं हुआ। वह विद्रोहों के कारणों/कारकों को समूल नष्ट करने का इच्छुक था। अत: रणथम्भौर की घेरेबन्दी के दौरान (1300-01 ई.) उसने निरन्तर 'मजलिस-ए खास' (गोपनीय परिषद् अथवा परामर्शदात्री समिति) की निरन्तर बैठकें कीं, ताकि उन कारणों का निश्चित निर्धारण हो सके। तत्पश्चात् उसी के अनुकूल उपर्युक्त आवश्यक कार्यवाही भी हो सके।

उपर्युक्त प्रकरण इस बात का द्योतक है कि निरंकुश शासक होकर भी वह अपनी परामर्शदात्री समिति की आवश्यकता को समझता है एवं विधिक कार्यवाही करता है। वह वस्तुत: गुप्तचर प्रणाली की स्थापना; अमीरों की अन्तर्क्रिया एवं वैवाहिक गठबन्धनों पर प्रतिबन्ध लगाना; मद्यपान की गोष्ठियों पर प्रतिबन्ध लगाना एवं उत्पीड़क कर प्रणाली एवं ज़ब्ती आदि कदम उठाता है। वह विद्रोहों को समूल रूप से नष्ट करने हेतु उक्त समिति के द्वारा सुझाए गए उपाय हैं। अत: जहाँ तथा जिस परिवेश में बरनी व अमीर खुसरो जैसे लोग विद्यमान थे, वहाँ शासक (वो भी निरंकुश) के मस्तिष्क में कारणों की जाँच गहराई से करवाना एवं उसके लिए सलाहकार समिति की बैठकें करवाना और फिर उसके प्रस्तावों का क्रियान्वयन—ये वस्तुत: इसी ओर इंगित करती हैं, कि, अलाउद्दीन खलजी अपने प्रबुद्ध काल का ही उत्पाद था। वह भी अपने काल के प्रबुद्ध विकास से प्रभावित व्यक्तित्व था।

इसी प्रकार, उसका एक क्रान्तिकारी परिवर्तन के स्वभाववाली बाजार-व्यवस्था का अध्ययन भी राजत्व के स्वरूप को चिह्नित करने में सहायक होगा। अब तो ज़ियाउद्दीन बरनी द्वारा अपने ग्रन्थ 'तारीख-ए-फ़िरोज़शाही' में प्रस्तावित 'बाजार व्यवस्था के सैन्य आधार' को लगभग नकार ही दिया गया है। स्वयं बरनी 'फ़तवा-ए-जहाँदारी' में लिखता है कि, भाव नियन्त्रण जनता की भलाई के लिए एक उपाय है, जो जनहित के लिए सदैव आवश्यक है। 'खैरूल मजालिस' में हमीद कलन्दर एक वार्तालाप का उल्लेख करता है, जिससे भी यह सुस्पष्ट है कि सुल्तान ने जनता की प्रत्यक्ष भलाई करने के भाव से प्रेरित होकर बाजार-नियन्त्रण का विचार बनाया था। इसी प्रकार, स्वतन्त्र इतिहासकार, साहित्यकार, संगीतज्ञ व विद्वान अमीर खुसरो भी अपने प्रसिद्ध ग्रन्थ 'खज़ायनुल फ़ुतूह' में

(जिसमें वह सुल्तानों की विजयों का वर्णन करता है) भी बाजार-नियन्त्रण का उल्लेख सैन्य हित में न करके जन कल्याण की भावना से प्रेरित मानता है। इस प्रकार, समस्त समकालीन स्त्रोतों से जन कल्याण का भाव सुस्थापित हो जाता है। क्या अलाउद्दीन खलजी अपने समकालीन प्रबुद्ध वातावरण से प्रभावित हुए बिना रह सकता था?

यही नहीं, जब 1299 ई. में ट्रान्सॉक्सियाना के शासक दावा खाँ के पुत्र क़ुत्लुग ख्वाजा दिल्ली विजय के अभियान का नेतृत्व करते हुए आता है, तब अलाउद्दीन के प्रमुख अमीरों ने भी किले के दुर्ग के भीतर से ही घेरेबन्दी के प्रतिरोध की सलाह दी, तब उसने अपना दृढ़ निश्चय सुनाया था कि वह अपनी जनता के मध्य एक दुर्बल शासक की भाँति नहीं जीना चाहेगा अर्थात् उसके विचारानुसार शासक को न केवल बहादुर अपितु दृढ़ निश्चयी भी होना चाहिए। यही नहीं, उसने दिल्ली के कोतवाल अलाउलमुल्क को दुर्ग की कुंजी सौंपते हुए कहा था कि, 'कल के युद्ध में जो भी विजयी हो ये कुंजी उसे सौंप देना।' स्पष्ट था, वह दिल्ली की निर्दोष जनता का व्यर्थ में रक्तपात नहीं चाहता था, अत: उसने अपना मन्तव्य सुस्पष्ट ही कर दिया। क्या उपर्युक्त से उसके प्रबुद्ध निरंकुश सुल्तान होने का आभास नहीं होता है? अत: हमें अलाउद्दीन खलजी के राजत्व का मूल्यांकन उसके कार्यो, उपलब्धियों एवं समकालीन साक्ष्यों के आधार पर करना चाहिए, जिसमें वह बलबन के राजत्व के निरंकुश भाव का अग्रिम तार्किक चरण साबित /प्रमाणित होता है।

वह एक निरंकुश शासक था एवं उलमा तथा उमरा दोनों वर्गों को नियन्त्रित रखने की बलबन की नीति का उसने पूर्णतया अनुसरण किया। उसने गुप्तचर व्यवस्था को त्रिस्तरीय करके सुनिश्चित किया कि उसे अपने राज्य के समस्त क्रियाकलापों की पूर्ण सूचनाएँ प्राप्त हो सकें, ज़फ़र खाँ को मंगोल अभियान (1299 ई.) में बलि की वेदी पर चढ़ जाने दिया; क्योंकि उसकी बढ़ती हुई प्रतिष्ठा सुल्तान के लिए चिन्ता का विषय थी, उसने अमीरों की सामान्य अन्त: क्रिया एवं पारस्परिक वैवाहिक सम्बन्धों पर भी पूर्वानुमति के बिना निषेधाज्ञा जारी कर दी। इसी प्रकार, ग्रामीण उमरा को नियन्त्रित करने के दृष्टिकोण से भी उसने खूतों, 'मुकदमों एवं चौधरियों के अधिकारों को सीमित करने के साथ, धन-संचय की प्रवृत्ति को नियन्त्रित करके, उनके सामाजिक स्तर को निश्चित रूप से कम कर दिया।

उलमा के साथ सम्बन्धों में हम यह कह सकते हैं, कि अलाउद्दीन खलजी की यदि काज़ी मुगीस की वार्ता न भी हुई हो तो भी बरनी के वर्णनों/विवरणों से

इतना तो स्पष्ट ही है कि सुल्तान सुपरिभाषित ढंग से कहता है कि, ''मैं जनता को ऐसे आदेश देता हूँ जो राज्य और उनके हित के लिए उचित होते हैं।'' अर्थात् जनहित की भावना अलाउद्दीन के राजनीतिक-दर्शन व राजत्व को निश्चित रूप से प्रभावित करके उसे एक प्रबुद्ध निरंकुश शासक के रूप में स्थापित करती है।

इसी प्रकार, यदि हम उसकी दक्कन, दक्षिणी तथा पश्चिमोत्तर सीमा नीतियों का अध्ययन करें, तब भी यही स्थापित होता है, कि वह एक दूरदर्शी सुल्तान था, जिसे समकालीन परिस्थितियों से निबटने का व्यावहारिक ज्ञान था। उसने दक्कन व दक्षिण की विजयों में राज्य का विस्तार, आय में वृद्धि के साथ-साथ उनकी अधीनता भी प्राप्त कर ली, किन्तु उन राज्यों का विलय करके प्रत्यक्ष प्रशासन का बोझ निश्चित ही नहीं बढ़ाया। इसी प्रकार, उसकी अप्रत्यक्ष सत्ता का विस्तार मंगोल क्षेत्रों (काबुल, कान्धार, गज़नी, गर्मशीर) में भी हो गया था, किन्तु उसने एक परिपक्व मानसिकता एवं गम्भीर व्यक्तित्व का परिचय देते हुए एक व्यावहारिक नीति नियोजित एवं कार्यान्वित की।

उसके पुत्र एवं उत्तराधिकारी कुतुबुद्दीन मुबारक शाह खलजी के काल में एक बार पुन: 'प्रबुद्धवाद' का लोप होता है और वह मात्र निरंकुश सिद्धान्त के तहत शासन करता है। राजत्व के दैवी स्वरूप को ही रेखांकित करने हेतु वह स्वयं को 'खलीफ़ा' भी घोषित करने से भी नहीं चूकता।

तुगलक वंश के संस्थापक गयासुद्दीन तुगलक के विषय में तो सर्वविदित ही है कि कैसे वह अलाउद्दीन खलजी के अधीन दीपालपुर का गवर्नर नियुक्त हुआ था एवं उसकी मंगोल विजय का नायक था। वह स्वयं स्वीकारोक्ति करता है कि वह जिस सर्वोच्च पद पर पहुँचा वह अलाउद्दीन खलजी की कृपा पर ही सम्भव था। उसने राजत्व के महत्त्व को बलबन की भाँति ही समझा एवं अपनाया। मोहम्मद तुगलक ने वस्तुत: अलाउद्दीन खलजी व बलबन की भाँति सुल्तान को 'ज़िल्ले अल्लाह' ही माना तथा अपनी शक्ति अक्षुण्ण रखने हेतु उलमा व उमरा दोनों वर्गों पर दृढ़ नियन्त्रण रखा। मोहम्मद तुगलक के साथ एक गड़बड़ी थी—वह स्वयं बहुत शिक्षित था—कुरान शरीफ़, हदीस व शरीयत—सबका अध्ययन, विश्लेषण एवं व्याख्या में वह अद्वितीय था, अत: सन्त निज़ामुद्दीन औलिया के इस शिष्य ने उलमा की वास्तविकता को भली-भाँति समझ लिया था और बलबन की भाँति 'उलमा-ए-दुनिया' के लिए सद्भावना का निश्चित अभाव हमें दिखता है। इसी कारण उसके काल में विद्रोह भी हुए और राजत्व के दैवी सिद्धान्त पर विश्वास करनेवाले सुल्तान ने उनका उन्मूलन भी बलबन के समान दृढ़ता के साथ ही किया।

उसके दृष्टिकोण में शासक भी ईश्वर की भाँति है, अत: प्रजापालक व संरक्षक है। उसने अपने सिंहासनारोहण के उपरान्त जनता को यह विश्वास दिलाया था कि वह अपने पिता के पदचिह्नों पर चलेगा और घोषणा की, कि, ''मेरी स्नेहपूर्ण दृष्टि से मेरे साम्राज्य का प्रत्येक वृद्ध पुरुष मेरे पिता के समान है और प्रत्येक युवक बहराम खाँ के समान मेरा भाई है।'' अत: प्रारम्भ से ही प्रजा के प्रति एक पितृ-तुल्य व्यवहार का आभास मोहम्मद शाह ने करवाया था।

मोहम्मद बिन तुगलक ने राजत्व को एक नवीन स्वरूप ही प्रदान कर दिया, इसलिए बरनी धार्मिक तथा अन्य विषयों के प्रति उसकी अनोखी मनोवृत्ति का उल्लेख करता है। इस मनोवृत्ति का कारण था सुल्तान की विद्वत्ता, प्रचंड बुद्धि, वाक्पटुता, अध्ययनशीलता एवं उदार मानसिकता तथा व्यापक आधार। उसके राजत्व को सही अर्थों में समझने के लिए आवश्यक है, कि उसका मन्तव्य भी समझा जाए। वह विदेशों के साथ भी सांस्कृतिक सम्बन्धों की आवश्यकता को समझता था। वह भारत की राजनीतिक एवं सांस्कृतिक पृथकता से विचलित था। उसके राजनीतिक क्षितिज के विस्तार में एक ओर, मिस्त्र तक के देश थे तो दूसरी ओर, चीन तथा खुरासान सम्मिलित थे। उसके काल में विश्व के अनेक देशों के साथ भारतीय राजनयिक सम्बन्धों की स्थापना हुई। खुरासान, इराक़, ईरान, सीस्तान, हिरात, मिस्त्र, ट्रान्साक्सियाना, तांजीर आदि से राजनयिक व कूटनीतिक विनिमय हुए एवं सम्बन्ध स्थापित हुए। इन सम्पर्कों ने एवं दूतों के आवागमन ने उसका राजनीतिक दृष्टिकोण विस्तृत, गतिशील एवं उदार किया।

इन्हीं अनुभवों एवं सम्पर्कों के परिणामस्वरूप उसके राजत्व का एक अखिल भारतीय स्वरूप दिखाई देता है। हिमालय की तराई से द्वारसमुद्र और थट्टा से लखनौती तक समस्त प्रदेश उसके अधीन थे। राजनीतिक दृष्टि से सुल्तान के विचारों का सार भारत की राजनीतिक तथा प्रशासनिक एकता स्थापित करने का था। यही नहीं, यह भी उसका विश्वास था, कि प्रशासन को विस्तृत आधार देकर ही वह अपनी सत्ता की नींव दृढ़ कर सकेगा, अत: उसने राजकीय सेवाओं को योग्यता के आधार पर भरने का विश्वास व्यक्त किया था। बरनी (जो स्वयं अकुलीनों से घृणा करता था) लिखता है कि अकुलीन व्यक्तियों को भी प्रशासन के उच्चतम पदों पर उसके काल में नियुक्त किया गया। यही नहीं, हिन्दुओं की भी उच्च पदों पर नियुक्ति एक सुनियोजित प्रशासनिक नीति का परिणाम थी।

उसके अध्ययन, शिक्षा एवं विदेशी सम्पर्कों का निश्चित प्रभाव उसके व्यक्तित्व एवं धार्मिक दृष्टिकोण में पड़ा। भारत जैसे विभिन्न धर्मों के देश में उसने सभी धर्मों एवं धर्मावलम्बियों के प्रति समान रूप से उदार भाव रखा। उसने हिन्दुओं की होली

में भागीदारी की; तो शत्रुंजय (जैन) मन्दिर में भी कुछ अनुष्ठान सम्पन्न किए। वह गिरनार के मन्दिर में भी गया। इसामी तथा इब्नबतूता दोनों ही विवरण देते हैं, कि वह योगियों से भी व्यक्तिगत संवाद करता था, जबकि नमाज़ पढ़ने तथा इस्लाम धर्म द्वारा आदेशित अन्य धार्मिक अनुष्ठानों का पालन करने में वह बेहद औपचारिक था। उसने एक बौद्धिक स्वतन्त्रता का वातावरण अपने साम्राज्य में निर्मित करने में सफलता प्राप्त की। उसने प्रसिद्ध सूफी सन्तों का सदैव नमन किया। जौना खाँ के रूप में वह शेख निज़ामुद्दीन औलिया के कन्खाह में नियमित जाने लगा था, जबकि वह चिश्तिया सन्त शेख फ़रीदउद्दीन गंज शकर के पौत्र शेख अलाउद्दीन का शिष्य था। उसने अनेक सूफ़ी सन्तों के मज़ारों पर बदायूँ (मीरान मुलहिम), दिल्ली (शेख निज़ामुद्दीन, औलिया), मुल्तान (शेख रुक्नुद्दीन अबुलफ़तह) तथा अजोधन (शेख अलाउद्दीन) में मकबरे भी निर्मित करवाए। अत: उसका धार्मिक-सांस्कृतिक-सामाजिक दृष्टिकोण बेहद उदार, मानवीय एवं परिपक्व था। ऐसे सुल्तान का राजत्व वस्तुत: 'प्रबुद्ध निरंकुशवाद' की पराकाष्ठा थी, जहाँ एक 'सांस्कृतिक राज्य' की स्थापना की योजना स्पष्टत: दृष्टिगोचर होती है।

मोहम्मद की मृत्यु 20 मार्च, 1351 ई. को हुई थी एवं उत्तराधिकारी का चयन/सिंहासनारोहण 24 मार्च, 1351 ई. को ही हो सका। यदि चार दिन तक थट्टा के निकट, सिन्धु नदी के तट पर मोहम्मद की सेनाएँ उसके हरम एवं कोष की तीन मंगोल आक्रमणों से रक्षा कर सकीं, तो ये वस्तुत: उसके राजत्व के दैवी स्वरूप, सत्ता के व्यापक आधार एवं उसकी उदारता से जनमानस में उपजी उसके प्रति आस्था का ही परिणाम था। यही नहीं अपने राजत्व के दैवी स्वरूप एवं प्रबुद्ध निरंकुशता के चलते ही वह सर्वाधिक संख्या में सुसंगठित विद्रोहों का उन्मूलन करने में सफल रहा था, जहाँ उसका उत्तराधिकारी पूर्णतया असफल रहा और दिल्ली सुल्तनत को विकेन्द्रीकरण एवं विभाजन के कगार पर पहुँचा दिया। फ़िरोज़ ने उलमा एवं उमरा दोनों को सन्तुष्ट रखने की जो नीति बना ली थी, उससे राजत्व का दैवी एवं निरंकुश स्वरूप—दोनों ही प्रभावहीन हो लुप्त हो गए। उसके अयोग्य उत्तराधिकारियों एवं सैय्यद काल के स्थिति में कोई सकारात्मक प्रभाव नहीं हुआ। अपितु, राजत्व एवं राज्य की दृढ़ता के अभाव में दिल्ली सुल्तनत पतनशील होता चला गया।

लोदी सुल्तानों का राजत्व-सिद्धान्त

(अफ़गान सम्प्रभुता का सिद्धान्त)

19 अप्रैल, 1451 ई. को जब बहलोल लोदी का सिंहासनारोहण हुआ, तब दिल्ली सुल्तनत में एक शान्त क्रान्तिकारी परिवर्तन हो गया। तुर्कों के हाथ से

सत्ता पहली बार उसके अधीन रहे सैनिक (नासिरुद्दीन महमूद एवं बलबन के काल) व बाद के कालों में (विशेषतया तुगलक काल में) सेनापति व प्रान्तपति रहे अफ़गानों के हाथ में चली गई। क्रान्ति का कारण तो अफ़गानों के रहन-सहन, राजनीतिक संरचना में तलाशी जानी चाहिए। वे प्रारम्भ से कबीलों में विभक्त रहे हैं। इनमें प्रमुख थे लोदी, लोहानी, यूसुफ़खेल, सरवानी, मेवाती, जिलवानी, तुर्क बच्चा, फ़रमूली, करमूली, सूरी आदि। अपनी जनजातीय अथवा कबीली परम्पराओं के चलते, वे कबीलाई राजनीतिक परम्पराओं से ही अभिज्ञ थे, जहाँ, कबीले के सभी सदस्य समान होते थे और जो उनमें से सर्वाधिक योग्य होता था, वही सर्वसम्मति से सरदार के रूप में चुना जाता था।

अतः जब एक अफ़गान बहलोल लोदी सत्ता के शीर्ष पर पहुँचा, तब इस कबीलाई परम्परा के नए राजनीतिक परिवेश, आवश्यकताओं एवं राजत्व की स्थापित परम्पराओं की ओर संक्रमण की प्रक्रिया प्रारम्भ हुई। यह वस्तुतः बहलोल की एक महान उपलब्धि थी, कि वह अफ़गानों के स्वतन्त्र, निर्भीक जनतान्त्रिक विचारों/आस्थाओं को राजतन्त्रीय आवश्यकताओं के अनुरूप दिशा प्रदान करने में सफल रहा था। अफ़गान कबीलाई राजनीतिक व्यवस्था, परिष्कृत, सहज भाव से शनैः-शनैः राजतन्त्रीय अर्हताओं के अनुरूप ढलने लगी। हालाँकि, जैसा कि ऊपर देखा ही, अफ़गान, दिल्ली सुल्तनत की सेवा में, राजतन्त्रीय परम्पराओं आवश्यकताओं को समझने लगे थे एवं आज्ञाकारी हो गए थे, किन्तु सत्ता-प्राप्ति के अति उत्साह एवं राजनीतिक प्रभुत्व के चलते, उनका स्वातन्त्र्य विचार पुनः सक्रिय रूप से अभिव्यक्त होने लगा। मूलतः अफ़गान राजनीतिक परम्पराएँ सत्ता के प्रसार के साथ-साथ विकेन्द्रीकरण की ओर झुकती थीं, जबकि देश की आवश्यकता (विशेष रूप से सैय्यदों के पूर्ववर्ती काल में उत्तर भारत के सन्दर्भ में—शर्की सत्ता को नियन्त्रित करने की विवशता थी), परम्परा एवं राजनीतिक वातावरण की माँग थी।

डॉ. अब्दुल हलीम के शोध के अनुसार, लोदी शासन/सरकार कुलीनतन्त्रीय थी, जिसमें कुल अफ़गान परिवारों का राजनीतिक प्रभुत्व सुस्थापित था, उदाहरणार्थ—लोदी, नूहानी, फ़र्मूली एवं शेखानी, जो अपनी स्वार्थ सिद्धि में ही लिप्त थे। वे देश के वास्तविक शासक थे, सुल्तान तो उनकी परम्परानुसार एक निर्वाचित कबीलाई सरदार था।[3] अतः, अफ़गानों के राजत्व की यह अवधारणा, जहाँ शासक पृथ्वी पर ईश्वर की प्रतिच्छाया ((प्रतिबिम्ब) न होकर एक कबीलाई सरदार मात्र था। भारत के लिए बिलकुल नवीन थी—यह भारतीय-तुर्की अवधारणा के पूर्णतया प्रतिकूल थी, किन्तु प्रारम्भिक एवं मौलिक इस्लामी

अवधारणा के अधिक निकट थी। जैसा कि प्रारम्भिक अध्यायों में देख ही चुके हैं, इस्लाम के समता, समानता एवं बन्धुत्व के मौलिक सिद्धान्तों के जनतान्त्रिक राज्य ही अधिक अनुकूल एवं उपयुक्त था, फिर भी उमय्या एवं अब्बासी कालों के 'जमशेदी' स्वरूप ने राजत्व के फ़ारसी (ईरानी) परिकल्पना का मार्ग प्रशस्त कर दिया। अत: बहलोल लोदी ने अपने राजत्व को 'बन्धुत्व' का आवरण उसी प्रकार से पहना दिया, जैसे बलबन ने राजत्व को 'दैवी' आवरण पहनाया था। यह सत्य है, बहलोल का राजत्व, अफ़गानों की जनजातीय समानता एवं बन्धुत्व से प्रेरित, निर्देशित एवं नियन्त्रित था।

अफ़गान सरदारों (या सुल्तानों) का समकालीन इतिहासकार अब्दुल्ला अपने ग्रन्थ 'तारीख-ए-दाउदी' में बहलोल के राजत्व पर विस्तार से लिखता है। उसी के विवरणों के आधार पर हम उसके राजत्व का विस्तृत एवं विश्लेषणात्मक अध्ययन कर सकते हैं। उसके विचारानुसार, बहलोल एक सरल एवं आडम्बररहित सुल्तान था। वह कभी अपने दरबार में अन्य सुल्तानों की भाँति सिंहासनारूढ़ नहीं हुआ तथा अपने अमीरों को कभी अपने समक्ष खड़े नहीं रहने दिया। अपितु, सिंहासन के स्थान पर उसने कालीन का उपयोग किया, जिसमें प्रमुख अमीरों के साथ वह बैठता था। निश्चय ही सिंहासन पर आसन न ग्रहण करके वह अपने और अपने अमीरों/अधिकारियों के मध्य के अन्तर को कम या समाप्त करता प्रतीत होता था। अमीरों के लिए एक सुखद सन्तोष था कि सुल्तान, तुर्क सुल्तान की भाँति व्यवहार न करके एक कबीलाई सरदार की भाँति व्यवहार कर रहा है, जो उनकी परम्परा' एवं इच्छानुसार आचरण था। उसने स्वयं कभी सुल्तान सम्बोधन का प्रयोग अपने लिए नहीं किया, अपितु 'मसनद-ए-आला' के विरुद पद/पदवी से ही सन्तुष्ट रहा। वह अपने फ़रमानों में अपने अमीरों को इसी प्रकार, 'मसनद-ए-आली' सम्बोधित करता है। यही नहीं, उसका भोजन उसके महल में नहीं बनता था, अपितु बारी-बारी से अमीरों द्वारा भेजा जाता था। इसके दो निश्चित उद्‌देश्य थे—एक, अमीरों के अन्दर विश्वसनीयता का भाव विकसित करना, ताकि वे भली-भाँति समझ जाएँ, कि शासक उन पर कितना विश्वास करता है (जबकि, पूरे मध्यकाल में कटार और विष प्रयोग अमीरों द्वारा सत्ता परिवर्तित करने के सामान्य तरीके थे— एक ऐसे सुल्तान की परिकल्पना ही नहीं की जा सकती थी कि वह अपने अमीरों के यहाँ से आया भोजन प्रत्यक्षत: ग्रहण करे)। इससे एक पारस्परिक विश्वास की भावना विकसित हुई, जिसने यह सम्भव कर दिया कि अड़तीस वर्ष से अधिक के शासन-काल (दिल्ली के समस्त सुल्तानों में सबसे लम्बा शासन बहलोल का ही था) में अमीरों का एक भी संगठित/सुनियोजित विद्रोह नहीं हुआ।

दूसरे, इस प्रकार क्रमबद्ध तरीके से अपने अमीरों के यहाँ से भोजन मँगवाकर वह शासन में उनकी परोक्ष भागीदारी का आभास कराना चाहता था। यदि वे प्रत्यक्ष रूप से प्रशासनिक अधिकारी नहीं हैं, तो कम-से-कम अप्रत्यक्ष रूप से वे भी शासन/प्रशासन में सम्मिलित थे। सुल्तान उन्हीं का अन्न नमक आदि का सेवन कर रहा था। यही नहीं, जब उसका भोजन दस्तरखान पर परोस दिया जाता था, तब द्वार से दरबानों को हटा लिया जाता था ताकि कोई भी अमीर, जो उस समय सुल्तान से मिलने आया हो वह सुल्तान का 'हम नेवाला' हो सके। वह उपर्युक्त प्रकार से अमीरों में यह विश्वास जगाने में पूर्णत: सफल रहा, कि, सुल्तान उन्हीं के बीच का एवं उन्हीं में से एक व्यक्ति था। वह समता, समानता एवं बन्धुत्व प्रदर्शित करने में सफल रहा।

यही नहीं, जब कोई अमीर किसी बात पर उससे असन्तुष्ट अथवा रुष्ट प्रतीत होता था, तब वह उसे शान्ति एवं प्रसन्न करने/ मनाने का भरसक प्रयास करता था। वह उक्त अमीर के घर जाता एवं अपनी तलवार उसके सामने समर्पित करके क्षमा-याचना के भाव में कहता था कि यदि वह उसे (बहलोल को) राजपद के योग्य नहीं समझते तो वे स्वतन्त्र थे, कि वह उसे कोई और प्रशासनिक दायित्व (जिसके योग्य वह बहलोल को समझता हो) सौंप दें और जिस किसी व्यक्ति को सुल्तान के पद के उपयुक्त/योग्य समझे, वह पद उसे प्रदान कर दिया जाए। उसके ऐसे आचरण के पीछे उसकी दो अवस्थाएँ काम करती थीं।

प्रथम, तो वह प्रदर्शित करने में सफल रहा, कि अफ़गान सत्ता/शासन के दायित्वों के निर्वहन के माध्यम से राज्य कार्य नहीं कर रहे हैं, अपितु बिरादरी (अफ़गान बिरादरी) के सदस्य होने के नाते अपने ही शासन में बिरादरी का हक़ या 'हक़्क़-ए-बिरादरी' अदा कर रहे हैं। यदि सभी लोग 'हक़्क़-ए-बिरादरी' अदा कर रहे हैं, तो कोई भी कार्य अथवा पद छोटा या बड़ा महत्त्वपूर्ण या गौण नहीं है, अपितु प्रत्येक कार्य/दायित्व एक समान हैं। समता, समानता, बन्धुत्व के भाव यहाँ भी अन्तर्निहित थे।

दूसरे, कहीं गहरे उसे विश्वास था, कि अफ़गान सरदारों को भी यह भली-भाँति ज्ञात था, कि अस्सी वर्षीय सुल्तान से अधिक योग्य एवं अनुभवी सेनापति तथा प्रशासनिक अधिकारी उनके पास (बिरादरी में सर्वमान्य) कोई और नहीं था। अत: उपर्युक्त उक्ति से साँप भी मर जाता था और लाठी टूटने का प्रश्न भी नहीं। अत: निरुत्तर अमीर स्वत: तलवार अपने सुल्तान को सौंपकर एक बार फिर सुल्तान में अपनी निष्ठा ही अभिव्यक्त करता था।

इस प्रकार हम पाते हैं कि बहलोल लोदी एक ऐसा राजत्व परिभाषित करने में सफल रहा जिसका आदर्श था, 'राजत्व ही बन्धुत्व है और बन्धुत्व ही राजत्व है' (Kingship is Kinship and Kinship is Kingship)। यह तुर्कों के राजत्व के दैवीय स्वरूप से कितना विरोधाभासी था, जो मानता था कि 'राजत्व बन्धुत्व नहीं मानता' (Kingship knows no Kinship)। वहाँ एक शासक या सुल्तान था शेष प्रजा। यहाँ सुल्तान भी बन्धुत्व के रंग में रँगा हुआ प्रतीत होता था।

रिज़्कुल्लाह मुश्ताकी हमें अपने ग्रन्थ 'वाक्यात-ए-मुश्ताक़ी' के माध्यम से सूचित करता है कि बहलोल ने कोई व्यक्तिगत अंगरक्षक नहीं रखे। वस्तुत: यह अफ़गान परम्पराओं के तो अनुकूल हो सकता है, किन्तु यह दिल्ली सुल्तानों की स्थापित परम्पराओं के साथ समयानुकूल नहीं प्रतीत होता। फिर भी, यह मानना पड़ेगा कि यह कदम सुल्तान बहलोल के आत्मविश्वास एवं लोकप्रियता को ही दिखाता है। उसके सद्‌व्यवहार, दृढ़ शासन एवं अनुभवी प्रशासन से किसी को विरोध नहीं था। उस संक्रमण काल में, जब भारतीय राजनीति में सत्ता के शीर्ष पर पहुँचकर, अफ़गान कबीलाई परम्पराओं से राजतन्त्रीय राजत्व में संक्रमण की प्रक्रिया से गुजर रहे थे, तब सहज परिवर्तन के पथ-प्रदर्शक के रूप में बहलोल से बेहतर विकल्प कोई नहीं प्रतीत होता है।

फ़िरोज़ तुगलक उसके उत्तराधिकारियों एवं सैय्यदों के कालों में जो विकेन्द्रीकरण की प्रवृत्ति सशक्त हुई थी उसमें अकेले शर्की राज्य की ही स्थापना नहीं हुई थी (दक्षिण में बहमनी एवं विजयनगर के अतिरिक्त), अपितु प्रान्तीय राज्यपालों से लेकर स्थानीय ज़मींदारों तक सब में सत्ता हथियाने, तुर्की सत्ता को उखाड़ फेंकने एवं केन्द्र के प्रति अवज्ञाकारिता की होड़ लगी हुई थी। बहलोल ने बड़ी होशियारी एवं सुनियोजित ढंग से कार्य किया। इन विरोधियों से निबटने के लिए उसने अफ़गान आक्रामकता एवं सैन्य शक्ति व गुण का भरसक प्रयोग किया। इससे अफ़गान सैन्य व लड़ाकू प्रवृत्ति की तृप्ति भी हुई। इसी कार्य के कुशल व पूर्ण सम्पादन के लिए उसने अपने राज्य को फ़िरोज़ तुगलक की भाँति विभिन्न जागीरों में विभक्त करके अपने पुत्रों एवं प्रमुख अफ़गान जनजातीय वर्गों में बाँट दिया।

उपर्युक्त विभाजन में अपने पुत्र बारबक को जौनपुर प्रदान किया। कड़ा-मानिकपुर मुबारक खाँ नुहानी; शेख मोहम्मद कुर्बान फ़र्मूली (काला पहाड़) को बहराइच, आज़म हुमायूँ को लखनऊ व कालपी, खान-ए-जहाँ लोदी को बदायूँ एवं निज़ाम खाँ को पंजाब व दोआब के कुछ भाग प्रदान किए गए। जहाँ, एक

ओर, इस विभाजन से प्रमुख अफ़गान सरदारों को अपनी कबीलाई परम्पराओं के परिपालन का आभास कराया, वहीं दूसरी ओर, उनके ऊपर केन्द्र का नियन्त्रण भी बनाए रखा। यह विभाजन मूलत: बहलोल लोदी की आयु एवं परिपक्वता की अभिव्यक्ति थी, जो छोटी-छोटी इकाइयों में शक्ति सुदृढ़ करके, पूर्ववर्ती विकेन्द्रीकरण की प्रवृत्ति को नियन्त्रित करने की सुनियोजित नीति में क्रियान्वित होती थी। अत: उपर्युक्त विश्लेषण से सुस्पष्ट है कि उसने अफ़गान सरदारों को सैन्य व प्रशासनिक दक्षता प्रमाणित/अभिव्यक्त करने के लिए क्षेत्र प्रदान करके भी अपनी शाही सत्ता उन्हें समर्पित नहीं कीं। अपितु, उसने अपना राजत्व अक्षुण्ण रखने की नियत से ही अफ़गान भावनाओं/संवेदनाओं के प्रति गहरे सम्मान का प्रदर्शन किया। उसने राजत्व के दैवीय स्वरूप को अफ़गान बन्धुत्व परम्परा के साथ सहज ही समन्वित कर दिया।

बहलोल का पुत्र सिकन्दर जब शासक बना तो उसे नए सिरे से न केवल राजत्व परिभाषित करना पड़ा, अपितु बड़ी संख्या में अफ़गान सरदारों व अपने भाइयों के ही विरुद्ध शक्ति प्रदर्शन करके अपनी योग्यता व श्रेष्ठता प्रदर्शित करनी पड़ी। उदाहरण के लिए आलम खाँ एवं आज़म हुमायूँ को उसने पराजित किया फिर बन्धुत्व के प्रदर्शन के साथ-साथ सुल्तान की श्रेष्ठता व उदारता के भाव के चलते क्षमा करके उनके क्षेत्र उन्हें वापस लौटा दिए। अपने एक अन्य भाई बारबक को अधीनता स्वीकार करने का प्रस्ताव भेजा। सन्देश सुस्पष्ट था, 'दिल्ली का सुल्तान वह है, बारबक उसके अधीन जौनपुर के शासक के ही रूप में रह सकता था। किन्तु बारबक की अफ़गान प्रवृत्तियों को यह स्वीकार नहीं था, किन्तु युद्धों में पराजित होकर उसे आत्मसमर्पण के लिए बाध्य किया गया। किन्तु, बन्धुत्व के भाव का प्रदर्शन करते हुए सुल्तान ने इस भाई को क्षमा दान के साथ-साथ जौनपुर के गवर्नर के रूप में वहाँ उसे पुनर्स्थापित भी किया। यही नहीं, जोगा के नेतृत्व में बचगोती राजपूतों के विद्रोह के समय (1491 ई.) भी उसने बारबक को खतरे से उबारा, किन्तु उसकी अयोग्यता एवं विद्रोहों के दमन में असफलता के चलते सुशासन को बनाए रखने के लिए अन्तत: हटाने को बाध्य होना पड़ा। अर्थात् सिकन्दर की मान्यता थी, कि, राज्य को सुदृढ़ बनाए रखने के लिए बन्धुत्व के त्याग से परहेज नहीं करना चाहिए। राजत्व और बन्धुत्व में चुनाव का प्रश्न हो तो स्पष्टत: उसने प्रथम का चुनाव वैयक्तिक एवं राज्य के अस्तित्व (एक बार पुन: व्यक्तिगत लाभ से ही प्रेरित) के लिए अपरिहार्य माना।

बहलोल ने तो राजत्व को बन्धुत्व का एक आवरण प्रदान किया था, किन्तु सिकन्दर ने बन्धुत्व की अफ़गान भावनाओं को एक सीमा तक तुष्ट करने के

उपकरण के ही रूप में प्रयोग किया, ताकि राज्य की स्थिरता पर प्रतिकूल प्रभाव न पड़े। शेष उसने कभी बन्धुत्व को राजत्व के दैवीय स्वरूप को सीमित नहीं करने दिया। उसके पिता व पूर्ववर्ती शासक के काल में अड़तीस वर्षीय शान्ति से राज्य सुदृढ़, स्थायित्वपूर्ण एवं अनुशासित हो चुका था। अत: उसके लिए अब अग्रिम कार्यवाही स्वाभाविक थी। उसका अगला चरण वास्तविक स्थितियों का परिचायक मात्र प्रमाणित हुआ। अन्तत: उसने सुल्तान के पद की महिमा एवं प्रतिष्ठा का स्तर बढ़ाने के लिए अफ़गान अमीरों को सुल्तान की श्रेष्ठ स्थिति स्वीकार करने के लिए बाध्य कर दिया। हालाँकि, वह अफ़गानी जनतान्त्रिक परम्पराओं में आसक्त होने की अभिव्यक्ति ही करता रहा।

सिकन्दर लोदी ने अपने पिता का अनुसरण न करते हुए सिंहासन पर बैठना शुरू किया। अत: उसने सुस्पष्ट किया कि वह सुल्तान है न कि समान कबीलाई सदस्यों में योग्यता के आधार पर निर्वाचित सरदार अथवा जनजातीय नेता। अत: आसन या सिंहासन पर उसका एकाधिकार था, उसमें किसी का भी कोई भागीदारी का भी अधिकार नहीं। यही नहीं, दिल्ली के तुर्क सुल्तानों की भाँति उसने अपने अमीरों, प्रान्तपतियों व अन्य राज्याधिकारियों के लिए एक सामान्य नियम बना दिया कि राजकीय फ़रमानों को कैसे स्वागत के साथ स्वीकार किया जाए। प्रत्येक अमीर को, जिसको फ़रमान प्रेषित किया गया है—अपने नियत नियुक्ति स्थान से छह मील आगे चलकर पूरी श्रद्धा व सम्मान के साथ फ़रमान माथे पर लगाकर स्वीकार करना अनिवार्य था।

यही नहीं, अमीरों को प्रशासन की कड़ाई से यह आभास कराया जाता था कि वे सुल्तान के सेवक हैं न कि समान अधिकारोंवाले अमीर, जिनके पद व अधिकार, नियुक्ति, स्थानान्तरण एवं अपदस्थ किया जाना पूर्णतया सुल्तान की इच्छा पर निर्भर था। जागीरदारों एवं विभागाध्यक्षों को नियमित 'दिवाने विज़ारत' में लेखा-विवरण प्रेषित करना पड़ता था। भ्रष्टाचार, कुप्रबन्धन, दुर्व्यवहार व रिश्वतखोरी आदि के प्रकरणों में कोई उदारता नहीं प्रदर्शित की जाती थी। कठोर अनुशासनबद्धता शासन का आदर्श वाक्य हो गया था।

उमरा या अमीर वर्ग को नियन्त्रित करने की निश्चित नियत से उसने बलबन की भाँति गुप्तचर व्यवस्था स्थापित की एवं राज्य की समस्त सूचनाओं को एकत्रित करने पर बल दिया। अपनी सूचनाओं के आधार पर वह अमीरों को आश्चर्यचकित करके बलबन की भाँति यही प्रमाणित करना चाहता था कि सुल्तान के पास अल्लाह की छाया व प्रतिनिधि होने के कारण असीम अलौकिक शक्तियाँ होती हैं। अत: राजत्व के दैवीय स्वरूप को, वह भी बलबन की गुप्तचरी

का अनुसरण करके पुनर्स्थापित करना चाहता था। बलबन की ही भाँति उसने निष्पक्ष न्याय प्रदान करना सुल्तान का पुनीत कर्तव्य माना। वह बलबन के समान ही सैन्य बल का महत्त्व समझता था। उसने भी केन्द्रीय सेना गठित की एवं उनके कल्याण के प्रति सजग रहा। वह जनता को न्याय व व्यवस्था, सुरक्षा एवं संरक्षण देने में सफल रहा। वह प्रजापालक सुल्तान के रूप में प्रतिष्ठित होकर यही साबित करने का इच्छुक रहता था, कि, जिस प्रकार ईश्वर जीवों को संरक्षण प्रदान करता है, उसी प्रकार राजा को भी उसके प्रतिनिधि के रूप में इन्हीं दायित्वों का निर्वहन करना पड़ता है।

सिकन्दर के परीक्षण से अमीरों का असन्तुष्ट होना स्वाभाविक ही था। अत: उन्होंने उसकी मृत्यूपरान्त राजनीतिक सत्ता एक व्यक्ति के हाथों में केन्द्रित करना पसन्द नहीं किया। उन्होंने साम्राज्य विभाजन की योजना बनाई व क्रियान्वित करते हुए इब्राहीम को दिल्ली एवं उसके छोटे भाई जलाल खाँ को जौनपुर का राज्य सौंप दिया। किन्तु, शीघ्र ही, इब्राहीम ने उक्त सन्धि का उल्लंघन करते हुए जलाल के विरुद्ध युद्ध करने का निर्णय ले लिया। अन्तत: जलाल को हाँसी में बन्दी बनाया गया एवं अन्तत: मौत के घाट उतार दिया गया। इससे पूर्व ही वह् अपने अन्य भाइयों यथा इस्माईल खाँ, हुसैन खाँ तथा शेख दौलत खाँ को पहले ही हाँसी के दुर्ग में बन्दी बना चुका था। हालाँकि, उन्हें बन्दीगृह में सामान्य सुविधाएँ उपलब्ध करवाई थीं। अत: शासन के प्रारम्भ में भाई के सन्दर्भ में सन्धि का उल्लंघन एवं अन्य भाइयों को भी बन्दीगृह में डालना, ये सभी उसके राजत्व की अवधारणा के निश्चित संकेत थे। वह राजत्व को अविभाज्य मानता था, तभी राजनीतिक सन्धि का उल्लंघन करते हुए जलाल के विरुद्ध सैन्य कार्यवाही की। शासन के प्रारम्भिक वर्षों के उसके ये कृत्य, इस बात के प्रमाण थे कि वह राजस्व के तुर्की सिद्धान्त के अधिक निकट था।

इब्राहीम अपनी वंशीय परम्पराओं में विश्वास न रखने के कारण, राजत्व के दैवीय स्वरूप को ही अधिक रेखांकित करने लगा तथा अमीरों के साथ उसका उद्दंड एवं अमानवीय व्यवहार उनको विमुख करने के लिए पर्याप्त था। वे सुल्तान के प्रति सशंकित रहने लगे। मिया बुवां, आज़म हुमायूँ सरवानी जैसे अमीरों को शक एवं उद्दंडता के चलते बन्दी गृह में डाल दिया गया। वह उनके पारस्परिक सम्बन्धों एवं घनिष्ठता (रिश्तेदारी) से भयाक्रान्त रहता था। उसे एक समानान्तर सत्ता केन्द्र की स्थापना का शक था, अत: उसने उनको कभी भी विश्वास में न लेने का व्यवहार किया, जिससे अपनी आत्मरक्षा में वे केन्द्रीय सत्ता के विरुद्ध विद्रोह करने के लिए विवश हुए।

सीमान्त प्रदेश पंजाब का गवर्नर भी सुल्तान के सम्भावित व्यवहार से निराश, बाबर को आमन्त्रित करने को बाध्य हुआ था। इसी प्रकार, पूर्व सुल्तान सिकन्दर लोदी के पुत्र आलम खाँ ने तो बाबर को आमन्त्रित करने के लिए काबुल तक की यात्रा ही कर डाली। अमीरों की सुल्तान से विमुखता का प्रमुख कारण था, उसका राजत्व-सिद्धान्त एवं दैवीय स्वरूप के अनुरूप तुर्क सुल्तानों की ही तरह उसका आचरण। उसने सिकन्दर द्वारा अपनायी गई राजत्व के दैवीय सिद्धान्त की नीति के क्रियान्वयन को उसकी तार्किक परिणति तक पहुँचाने का प्रयास किया एवं बलबन के समस्त उपाय एवं उपकरणों को अक्षरश: अपनाने का प्रयास किया। सिकन्दर और इब्राहीम में एक अन्तर था—सिकन्दर के पूरे व्यवहार में एक उदारता एवं परिष्कृत रंग था, वह कभी प्रतिशोधात्मक एवं उद्दंड व्यवहार नहीं करता था। वह केवल राजाज्ञा के उल्लंघन के दोषी अमीरों के विरुद्ध कार्यवाही करता था, न कि शक के आधार पर। यदि वह अनुशासनप्रिय था, तब भी वह बुजुर्ग अफ़गानों को यथेष्ट पर्याप्त सम्मान देता था। जबकि, इब्राहीम बुजुर्ग अफ़गानों को व्यर्थ हीन समझता था। वह अमीरों को बलबन की भाँति ही सेवक मात्र ही मानता था तथा उसी की भाँति सिंहासन पर आसीन होकर उनसे सिंहासन के समक्ष व नीचे हाथ बाँधे खड़े रखता या वस्तुत: उसके राजत्व का यह सिद्धान्त एवं उसके चलते अमीरों के साथ दुर्व्यवहार एवं अपनी निरंकुश शक्ति का प्रदर्शन, उसके एवं उसके वंश के पतन के लिए उत्तरदायी था। स्वतन्त्र, आक्रामक, कबीलाई अफ़गान इस तुर्क राजत्व-सिद्धान्त के पालन करने को कदापि तत्पर नहीं थे। अत: उन्होंने-इब्राहीम एवं उसके शासन व सत्ता का जमकर विरोध किया। यही लोदी वंश के पतन का कारण भी बना।

सूर वंश का राजत्व-सिद्धान्त

अफ़गानों के राजत्व-सिद्धान्त का विवरण मात्र लोदियों तक ही सीमित नहीं है, अपितु, उनका तो प्रथम अफ़गान साम्राज्य मात्र था—मात्र सर्वसत्ताधीश होने का प्रथम अफ़गान प्रयास। वस्तुत: यह एक परीक्षण काल था। हालाँकि, नासिरुद्दीन महमूद (इल्तुतमिश का पौत्र एवं उसका अन्तिम उत्तराधिकारी) के काल से विभिन्न सैन्य-पदों पर नियुक्त हुए अफ़गान खलजी काल में महत्त्वपूर्ण सैन्य-पदों के दायित्व का निर्वहन करने में सफल रहे तथा तुगलक-काल' में सेनापति एवं प्रान्तपति भी बने। इससे स्पष्ट है कि इस पूरे अन्तराल में वे तुर्क राजत्व-सिद्धान्त, के अन्तर्गत पूर्ण स्वामिनिष्ठा से अपने कर्तव्यों का निर्वहन

करते समय आज्ञाकारिता एवं सुल्तान की सर्वोच्चता के सिद्धान्त के अभ्यस्त हो रहे थे। अचानक सत्ता-प्राप्ति के पश्चात् अपने राज्य में अपने कबीलाई परम्पराओं की स्थापना को लेकर उत्साहित एवं आशावान हो गए। किन्तु, इब्राहीम के साथ सत्ता संघर्ष व स्वातन्त्र्य-भाव की अभिव्यक्ति से जनित राज्य की हानि ने उन्हें यह पाठ सदैव के लिए पढ़ा दिया, कि, अवज्ञाकारिता मात्र राजनीतिक अस्थिरता एवं अराजकता का मार्ग प्रशस्त करता है। मध्ययुगीन भारत में राज्य के निर्माण एवं उसके नैरन्तर्य हेतु पूर्ण अनुशासनबद्धता एवं आज्ञाकारिता के साथ केन्द्रीय सत्ता के प्रति समर्पण भाव आवश्यक ही नहीं अपरिहार्य है—यह तथ्य वे साम्राज्य खो देने के बाद ही समझ पाए। अत: जब हुमायूँ के काल में समानता (तोप एवं तुलुग्मा दोनों से परिचित होकर जब मुगलों की सैन्य श्रेष्ठता शेष नहीं रह गई थी) के स्तर पर सत्ता पुनर्प्राप्ति का जब संघर्ष प्रारम्भ हुआ, तब अफ़गानों को मुगलों पर विजय प्राप्त हुई एवं द्वितीय अफ़गान साम्राज्य स्थापित करने का सुअवसर शीघ्र ही मिल गया।[4]

अफ़गानों ने इब्राहीम लोदी के काल में अनुभव से ज्ञान प्राप्त करते हुए, शेरशाह सूरी के पाँच वर्षीय शासन में 'हक्क-ए-बिरादरी' के पक्ष में स्वतन्त्रता, समानता एवं बन्धुत्व के विचारों का परित्याग कर दिया। शेरशाह ने भी द्वितीय अफ़गान साम्राज्य को प्रथम की राह से बचाने हेतु एक सुदृढ़ केन्द्रीय प्रशासन प्रदान करना श्रेयस्कर समझा एवं एक पूर्णतया केन्द्रीकृत साम्राज्य एवं शासन-व्यवस्था स्थापित की। इस शासन-व्यवस्था में पाँचों मन्त्रियों तक को नीति-नियोजन के अधिकार नहीं प्रदान किए गए थे। नीति सुल्तान शेरशाह-नियोजित करता था एवं मन्त्रीगण मात्र आधुनिक सचिवों की भाँति उनके क्रियान्वयन के लिए दिन ही उत्तरदायी थे। अत: मन्त्रियों को सचिवों के स्तर पर लाकर उसने केन्द्रीकरण की प्रक्रिया को उसकी उत्कटता तक पहुँचा दिया था। अफ़गान मात्र द्वितीय साम्राज्य स्थापना से प्रसन्न चित्त व सन्तुष्ट रहे व्यक्तिगत स्वतन्त्रता से बड़ी उपलब्धि थी 'स्वराज्य'/ वे वैयक्तिक स्वतन्त्रता त्यागकर सुल्तान के हाथों में पूर्ण शक्ति देने में अफ़गानों की भलाई देखने समझने लगे थे।

शेरशाह के पुत्र एवं उत्तराधिकारी इस्लाम शाह ने भी राज्य को शक्तिशाली बनाने की प्रक्रिया को ही आगे बढ़ाया। उसने अपने काल में किसी अमीर को हाथी रखने एवं लाल खेमे (तम्बू) (ये दोनों राजसी प्रतीक थे) के प्रयोग को अनुमति कभी नहीं दी। उसने तुर्कों के राजत्व के दैवीय सिद्धान्त का पूर्णतया अनुसरण किया तथा एक नितान्त कठोर नियम बना दिया कि प्रत्येक शुक्रवार को सरकार के समस्त अधिकारीगण केन्द्रालय में एक चन्दवा अथवा छतरी के

नीचे सुल्तान के व्यक्तिगत जूतों एवं तरकश तक का अभिवादन करेंगे।[5] अर्थात इस्लाम शाह का राजत्व-सिद्धान्त तुर्कों के राजत्व-सिद्धान्त से अधिक मेल खाता था न कि अफ़गानों के राजत्व-सिद्धान्त के, जो सुल्तान को समान अमीरों में प्रथम अमीर के रूप में मानता था।

मुगल राजत्व-सिद्धान्त

भारत में मुगलों के आगमन से राज्य के स्वरूप एवं राजत्व की अवधारणा में कोई मौलिक अन्तर नहीं आया। इस काल में भी राजत्व उसी दैवीय एवं निरंकुश रूप में ही दृष्टिगोचर होता है। मध्ययुगीन भारतीय परिस्थितियाँ एवं पूर्ण परिवेश एक केन्द्रीकृत, सशक्त व क्रियाशील राजतन्त्र की ओर ही इंगित करते हैं, क्योंकि, इसी में विकेन्द्रीकरण, अस्थायित्व एवं राजनीतिक अराजकता का एकमात्र विकल्प था। फिर मुगलों को दिल्ली के सुल्तानों से राज्य व राजत्व के सिद्धान्त विरासत में मिले थे। तीन शताब्दियों से कुछ अधिक के तुर्क-अफ़गान परीक्षण ने भी राजत्व के उसी रूप को स्वीकृत ही नहीं प्रतिष्ठित व प्रमाणित भी किया था। अत: मुगलों ने विरासत एवं स्थापित परम्पराओं से विमुख न होने का एक व्यावहारिक समाधान ही निकाला। विरासत व परम्परा का नैरन्तर्य यदि उनको शक्ति प्रदान करके नवीन विजित देश पर सहज शासन व प्रशासन का अवसर प्रदान कर रहा था तो भला मुगल बादशाहों को क्या आपत्ति हो सकती थी। डॉ. रामप्रसाद खोसला अपनी कृति में उचित ही विश्लेषित करते हैं कि, ''मुगलों का प्रथम कार्य विजित लोगों में अपने प्रति सम्मान एवं प्रशासनिक भय दोनों ही जागृत/स्थापित करना था और इस कार्य हेतु शासक की सर्वशक्तिशाली मान्यता आवश्यक थी।''

काबुल पर आधिपत्य स्थापित होने के बाद बाबर ने 1508 ई. में 'पादशाह' (बादशाह) की उपाधि धारण की थी। वह अपनी आत्मकथा में लिखता है, ''उस काल तक (ऐसी प्रथा थी कि) तैमूर बेग के उत्तराधिकारियों को भले ही वे राज्य करते हों, मिर्ज़ा सम्बोधित करते थे, किन्तु इस समय मैंने यह आदेश दिया कि मुझे लोग पादशाह सम्बोधित करेंगे।'[7] बाबर की विदुषी पुत्री गुलबदन बेगम अपनी कृति में एक दूसरे आयाम पर प्रकाश डालते हुए लिखती हैं, ''हुमायूँ (सम्राट) का पवित्र जन्म 1508 में हुआ। उसी वर्ष महामहिम (हिज़ मैजेस्टी) ने प्रसन्नतापूर्वक अमीरों व अन्य को उसे (स्वयं को) पादशाह सम्बोधित करने का आदेश दिया। सम्राट हुमायूँ के जन्म से पूर्व वह मिर्ज़ा बाबर ही सम्बोधित होता था।'[8]

वस्तुत: तैमूर के वंशज होने के नाते भी मुगल बादशाह राजत्व के दैवीय सिद्धान्त को परम्परानुसार भी मानने के अधिकारी थे। तैमूर स्वयं अपने संस्मरणों में लिखता है, ''जब, भी सार्वभौम ईश्वर किसी व्यक्ति को सम्प्रभुता प्रदान करता है, वह उसे विशेष प्रतिष्ठा एवं विवेक भी प्रदान करता है, ताकि इस माध्यम से मानव उसके आज्ञाकारी बने रहें। यह सद्गुण ईश्वरीय प्रताप की एक किरण है, जो सम्राट पर आलोकित (चमकती) होती है... एक न्यायप्रिय ईश्वर की प्रतिच्छाया मात्र है।[9]

वैसे भी बाबर द्वारा पादशाह की उपाधि धारण करना अनेकानेक कारणों से महत्त्वपूर्ण है। जैसा कि सबको विदित ही है, बाबर फ़रगना जैसी एक छोटी-सी राजनीतिक इकाई का शासक था, तथा फ़रगना से पराजित होने के बाद वह कभी उसे पुनर्विजित नहीं कर सका। अत: कहीं-कहीं वह अपनी हीनग्रन्थि से उबरने के प्रयास में राजत्व के दैवीय स्वरूप के साथ मुगल शासक को सर्वश्रेष्ठ व सर्वोत्तम प्रमाणित करने का प्रयास कर रहा था। दूसरे, वह समस्त तैमूरवंशियों में भी अपनी प्रमुखता घोषित करना चाह रहा था। तीसरे, वह अपने समकालीन शासकों से अपनी श्रेष्ठता साबित करना चाह रहा था, यथा—ईरान के शाह (जिसकी सहायता से ही वह काबुल पुनर्विजित कर पाया था), तुर्की के सुल्तान तथा उज़्बेक शासक (शैबानी खाँ)। अत: हम कह सकते हैं कि यह पद ग्रहण, मुस्लिम राज्यों में अपनी सर्वोच्चता घोषित करने का बाबर का एक प्रयास था। इसी कारण उसने खलीफ़ा की भी अधीनता/ सर्वसत्ता अपने ऊपर स्वीकार नहीं की, क्योंकि खलीफ़ा तो स्वयं मिस्त्र के शासक का बन्दी था। अत: खलीफ़ा की सर्वप्रमुखता स्वीकार करना मिस्त्र के शासक की अधीनता स्वीकार करना न होता?

भारत में मुगल वंश का संस्थापक बाबर, सम्राट के वंशानुगत अधिकार में विश्वास रखता था। बदख्शाँ के उत्तराधिकार के सम्बन्ध में अबुसईद को लिखे गए पत्र में वह वंशानुगत अधिकारों की चर्चा करता है।[10] 1529 ई. में अपने पुत्र को सुझाव देनेवाले पत्र से दोनों बातें साफ़ हो जाती हैं। प्रथम, वह हुमायूँ को उत्तराधिकारी के रूप में देख रहा था, अत: इसी उद्देश्य से परामर्श दे रहा था। द्वितीय, इस पत्र से बाबर के राजत्व पर पर्याप्त प्रकाश पड़ता है। वह लिखता है, ''पादशाही से बढ़कर कोई बन्धन नहीं है... (तुम्हें) योग्य, अनुभवी अमीरों एवं अपने हितैषियों से परामर्श करके राजकार्य करना चाहिए। अपने अमीरों को आदेश देना चाहिए कि वे राज्यकार्य हेतु उसके सम्मुख (दिन में) दो बार उपस्थित हुआ करें।'[11]

वह हुमायूँ एवं कामरान के मध्य राज्य विभाजन का जो 6:5 का अनुपात निर्धारित करता है, वह कोई फ़रगना के राज्य विभाजन की परम्परा के अनुकूल नहीं था, अपितु वह मात्र प्रशासकीय सुलभता एवं सुदृढ़ता हेतु एक व्यावहारिक प्रशासकीय विभाजन था। यदि राज्य विभाजन का ही निर्णय होता तो मिर्ज़ा अस्करी व मिर्ज़ा हिन्दाल का भी निश्चित अधिकार था, अत: बाबर उसे नहीं नकारता। अत: शासक की सर्वोच्चता एवं आनुवांशिक अधिकार, साम्राज्य की अखंडता, उमरा तथा हितैषियों की सलाह (परामर्श पर राज्य करना उसके राजत्व सम्बन्धी प्रमुख विशेषताएँ थीं।

हुमायूँ भी राजत्व के दैवी सिद्धान्त व स्वरूप में विश्वास करता था। वह सम्राट या बादशाह को पृथ्वी पर ईश्वर का प्रतिनिधि मानता था। उसकी यह दृढ़ मान्यता थी कि सम्राट अपनी प्रजा का उसी प्रकार संरक्षक है, जैसे ईश्वर समस्त प्राणियों का। वह मानता था, कि, अपने प्रत्येक कार्य व निर्णय में उसे ईश्वर से प्रेरणा व निर्देश प्राप्त होते हैं, अत: उसका प्रत्येक कार्य उसी के द्वारा निर्देशित होता है (अत: बलबन की ही भाँति) किसी को भी उसके कार्य/आचरण पर प्रश्नचिह्न अंकित करने का कोई अधिकार नहीं था। मंगोलों एवं ईरानियों (फ़ारसियों) की भाँति प्रकाश के प्रति हुमायूँ का भी आकर्षण था। बंगाल प्रवास के दौरान वह राजत्व के प्रतीक अपने राजमुकुट पर परदा (आवरण) डाले रहता था। जनता/उमरा के समक्ष उपस्थित होने के पश्चात् ही वह मुकुट पर से आवरण हटाता था एवं उपस्थित लोग 'प्रकाश प्रकट हो गया' कहकर उसके प्रदर्शन का अभिवादन करते थे।

हुमायूँ को विश्वास था कि जिस प्रकार सूर्य विश्व या ब्रह्मांड का केन्द्र है, उसी प्रकार बादशाह भी अपने साम्राज्य के केन्द्रीय स्थिति में है। समकालीन शाही इतिहासकार ख्वान्दामीर (कानून-ए-हुमायूँनी में) बताता है कि वह एक कनात पर राशिचक्र का निर्माण करके अपने सिंहासन के पीछे ऐसे रखता था, ताकि सूर्य-वाला स्थान उसके सिंहासन के ठीक पीछे हो। ख्वान्दामीर उसे ईश्वर का प्रतिरूप 'हज़रत पादशाह ज़िल्लइल्लाह' कहता है तथा उसे साम्राज्य की सर्वोच्च धार्मिक एवं लौकिक सत्ता का साकार रूप मानता था।

हुमायूँ के आचरण, जिसमें ईश्वरीय आस्था एवं प्रजा के प्रति पितृ-तुल्य चिन्ता स्पष्टत: अभिव्यक्त होती है, के कारण ही, अबुल फ़ज़ल उसे 'इनसान-ए-कामिल' या पूर्ण मानव कहकर सम्बोधित करता है।[12] फ्रांसीसी सम्राट लुई चतुर्दश एवं हुमायूँ के राजत्व में भी एक समानता देखी जा सकती है—लुई की भाँति वह भी स्वयं को राज्य मानता था अर्थात् राज्य अथवा साम्राज्य बादशाह

की व्यक्तिगत सम्पत्ति है, अतः वह जैसा उचित समझे उसके साथ कर सकता था। यह सिद्धान्त निज़ाम (या चिश्ती) प्रकरण से सुस्पष्ट हो जाता है। जिस निज़ाम ने चौसा की पराजय के पश्चात् हुमायूँ को नदी पार कराने में सहायता की थी, उसे हुमायूँ ने मुँह माँगा इनाम देने में कोई हिचक नहीं दिखाई व उसे आधे दिन की बादशाहत प्रदान कर दी।

हुमायूँ के निर्वसन के पश्चात् सूर वंश का शासन रहा और तत्पश्चात् अकबर के अधीन मुगल सत्ता के पुनर्निर्माण का काल प्रारम्भ होता है। साथ ही इस काल का आधिकारिक इतिहास लिखनेवाले अबुल फ़ज़ल की उपस्थिति अकबर के अधीन मुगल राजत्व परिभाषित करने में भी सहयोगी है तथा वह उसका पूर्ण विवरण भी देता है। वास्तव में, अकबरकालीन मुगल राजत्व की सुस्पष्ट एवं विस्तृत व्याख्या अबुल फ़ज़ल ने 'आईन-ए-अकबरी' एवं 'अकबरनामा' (अपने दोनों) ग्रन्थों में की है।

अबुल फ़ज़ल के ही अनुसार पादशाह, 'पाद' अर्थात् स्थायित्व एवं 'शाह' अर्थात् स्वामी से बना है। इसका अभिप्राय स्थायित्व का स्वामी अथवा अधिपति है। राजपद को सर्वाधिक महत्त्व का पद माना गया है, "परमात्मा की दृष्टि में राजसी पद से बढ़कर और कोई पद नहीं है।" अबुल फ़ज़ल के शब्दों में राजत्व का दैवी स्वरूप वस्तुतः राजनीतिक अराजकता का विकल्प था, "अगर राजसत्ता न होती तो अशान्ति का तूफ़ान कभी शान्त न होता, न स्वार्थी महत्त्वाकांक्षा ही समाप्त होती, अराजकता और इन्द्रियलोलुपता से बोझिल मानव जाति पतन की खाईं में डूब जाती। विश्व के इस बड़े बाजार की सम्पन्नता नष्ट हो जाती एवं सम्पूर्ण दुनिया बंजर हो जाती।' (आईन में अबुल फ़ज़ल की प्रस्तावना) अर्थात् व्यापार, व्यवसाय एवं कृषि आदि समृद्धि के कार्यों हेतु राजनीतिक स्थायित्व नितान्त आवश्यक है, जो राजत्व के दैवी स्वरूप के बिना असम्भव है— ऐसी मान्यता अकबर की थी। वह राज्य के दैवी उत्पत्ति के सिद्धान्त में पूर्ण आस्था रखता था। 1574 ई. में बंगाल के दाउद के विद्रोह के उन्मूलन के समय उसने अपने को 'ईश्वर की प्रतिच्छाया' घोषित किया था।

अबुल फ़ज़ल के विचारानुसार 'राजसत्ता परमात्मा से फूटनेवाला तेज और विश्व प्रकाशक सूर्य की किरण है।' वह इसे 'फ़र्रे-इज़ीदरी' या दिव्य ज्योति कहकर सम्बोधित करता है। यह 'दिव्य ज्योति' प्रत्यक्षतः ईश्वर द्वारा सम्राटों को प्रेषित होती थी। बादशाहों के अन्दर विद्यमान होने के कारण ही लोग अधीनतापूर्वक एवं पूर्ण श्रद्धा से उसके प्रति समर्पित रहते हैं। अबुल फ़ज़ल की व्याख्या के अनुसार, राजत्व परमात्मा का उपहार है और वह किसी भी व्यक्ति

(मनुष्य) को तब तक प्रदान नहीं करता, जब तक कि उक्त व्यक्ति में सहस्त्र महान गुण अन्तर्निहित न हों। अत: उक्त व्याख्या के अनुसार सम्राट का पद, किसी वंश-विशेष से सम्बन्धित होने या धन के बाहुल्य से प्राप्त नहीं होता, अपितु, योग्य एवं गुणवान व्यक्ति के ईश्वर द्वारा चयन ही परिणाम है। उदाहरण के लिए वह धनाढ्य व्यापारियों का भी उल्लेख करते हुए कहता (पूछता) है कि उन्हें धनाढय होने के कारण सत्ता क्यों नहीं प्राप्त हो जाती है?

शासक के उन महान गुणों, जिनके कारण ईश्वर उनको चयनित करता है, की भी वह व्याख्या करता है। अबुल फ़ज़ल के अनुसार बादशाह को अपनी प्रजा के प्रति पितृ-तुल्य स्नेह, विशाल हृदय, परमात्मा के निरन्तर बढ़ती आस्था, उपासना एवं भक्ति होनी चाहिए। इसके अतिरिक्त अन्य महत्त्वपूर्ण गुणों, जिनका समावेश पादशाह के व्यक्तित्व में अबुल फ़ज़ल आवश्यक मानते थे। वे थे—निर्मल बुद्धि, निष्पक्ष न्याय का दृष्टिकोण, सम्बन्धियों एवं अपरिचितों से भी समान व्यवहार, ईश्वर प्रदत्त साहस (प्रतिकूल-से-प्रतिकूल परिस्थितियों का सामना करने में), कठोर परिश्रमशीलता, उदारता एवं सहनशीलता, सभी धर्मावलम्बियों के प्रति समान व्यवहार, विवेकपूर्ण निर्णय, अनुचित इच्छाओं व आवेगों का दमन, चरित्रवान एवं उदार व्यक्तियों की संगति करना एवं उनसे विचार-विमर्श व परामर्श करना, दूसरों से शीघ्र प्रभावित न होना एवं प्रजा के प्रति पितृ-तुल्य चिन्ता रखना।

उपर्युक्त गुणों के कारण ही अबुल फ़ज़ल अकबर को आदर्श सम्राट मानता था। अकबर भी अपने पिता एवं पूर्ववर्ती मुगल बादशाह हुमायूँ की भाँति परम्परागत ईरानी सिद्धान्त के अनुसार पादशाह को प्रकाश (नूर) से सम्बद्ध मानता था। वह कहता था, कि, ''सूर्य से सम्राटों के लिए विशेष कृपा प्रवाहित होती रहती है।' वह सूर्य एवं अग्नि दोनों के प्रति सम्मान प्रदर्शित करता था।

इस प्रकार हम कह सकते हैं, कि, अकबरकालीन मुगल राजतन्त्र अपने उत्कर्ष पर पहुँच गया। उसे निरंकुश, असीमित, परम पवित्र और दैवी आदि विशेषणों से विभूषित किया गया है। वह सभी वर्गों से ऊपर एवं ऊँचा था एवं उस पर किसी प्रकार का बाहरी या विदेशी (खलीफ़ा की मान्यता के अभाव में) दबाव भी नहीं रहा। 1579 ई. में 'महज़र' पढ़े जाने के बाद अकबर ने अपने आप को धर्म एवं राज्य दोनों का मुखिया होना स्वीकार किया था। इससे बादशाह की तुलना में उलमा की शक्ति गौण हो गई थी। साथ ही, 'महज़र' के साथ 'इमाम' एवं 'अमी-उल मुमीनीन' की उपाधियों के धारण करने से उसकी सर्वसत्ता स्थापित हो गई थी। सम्भवत: इसीलिए इब्न हसन एवं डॉ. रामप्रसाद

त्रिपाठी इस निष्कर्ष पर पहुँचते हैं कि मुगल बादशाह धार्मिक नियमों के भी ऊपर था। वस्तुत: 'महज़र' में कोई नवीन अवधारणा नहीं है।

यह तो मुस्लिम विधि के प्रावधानों के अनुसार ही था, जिनके अनुसार शासक को न्याय करते समय यह अधिकार होता था, कि वह दो व्याख्याओं में से कोई एक चुन सकता था, किन्तु यदि वह इन दोनों को ही अमान्य कर रहा है, तब वह एक नवीन व्याख्या भी प्रस्तुत कर सकता था, बशर्ते वह शरीरयत की मूलभावना के प्रतिकूल न हो। ऐसा ही भाव सुल्तान अलाउद्दीन खलजी एवं काज़ी मुगीसुद्दीन के वार्ता से भी स्पष्ट होता है। अत: अकबर कोई नवीन उद्घोषणा न करके, पहले से ही परिभाषित प्रावधानों को प्रकाट्य करके अपनी स्थिति एवं राजत्व के दैवी स्वरूप को ही रेखांकित कर रहा था।

जहाँगीर भी अपने पिता की भाँति राजत्व को ईश्वर की देन मानता था। उसके विचारानुसार, ''न्याय सृष्टिकर्ता जिस व्यक्ति को राजा के भव्य एवं प्रतिष्ठापूर्ण पद के लिए योग्य मानता है, उसे प्रभुतासम्पन्न कार्य तथा दुनिया का राज प्रदान करता है'' (तुज़ुक-ए-जहाँगीरी)। इसीलिए अपने ज्येष्ठ पुत्र खुसरो के विद्रोह के सम्बन्ध में वह तुज़ुक में लिखता है कि, ''(विद्रोही) इस बात को कदाचित् भूल गए हैं, कि राजत्व एवं विश्व शासन कुछ विद्रोहियों द्वारा किसी को प्रदान नहीं किया जा सकता है। खुद। यह महत्त्वपूर्ण पद उस व्यक्ति को प्रदान करता है, जिसे वह योग्य समझता है।'[13]

इसी प्रकार सूर्य अथवा प्रकाश के प्रति भी उसकी आस्था पूर्ववर्ती बादशाहों की ही भाँति थी। उसने तो राज्यारोहण के समय 'नूरुद्दीन जहाँगीर' नाम ही धारण कर लिया। प्रकाश के प्रति उसका लगाव इस बात से प्रकट होता है, कि, उसने अपनी समस्त प्रिय वस्तुओं के साथ नूर शब्द सम्बद्ध कर दिया। अपना नाम 'नूरुद्दीन', अपनी पटरानी का नाम पहले 'नूरमहल' फिर 'नूरजहाँ', अपने प्रिय घोड़े का नाम 'नूर-ए-अस्प' तथा प्रिय हाथी का नाम 'नूर-ए-फ़िल' तथा नाप की इकाई का नामकरण 'नूर-ए-गज़' रखा।

जहाँगीर के काल के दोनों महत्त्वपूर्ण विद्रोहों के सन्दर्भ में भी कहा जा सकता है, कि, 'ये दोनों ही विद्रोह बादशाह का ध्यानाकर्षण अथवा अपनी बात मनवाने के प्रयास के रूप में ही देखे जाने चाहिए। वे वस्तुत: दरबारी राजनीति के माध्यम से उत्पीड़ित शोषित होने के विकल्प स्वरूप ही विद्रोह करते हैं न कि बादशाह को मृत्यु के घाट उतारकर सत्ता/प्राप्ति की लालसा में। तीन वर्ष चला शाहजहाँ का विद्रोह जब राजकीय घोषणा के साथ मार्च, 1626. ई. में समाप्त हुआ, तब शाहजहाँ ने स्वयं आगे बढ़कर शाही सन्देशवाहक का स्वागत

किया था। अपने आप को सशर्त क्षमा प्रदान करनेवाले शाही फ़रमान के समक्ष उसने सिज़दा किया एवं उक्त फ़रमान को अपने सिर पर श्रद्धा से लगाया। मुगल राजत्व के सिद्धान्त के अनुसार उनके फ़रमानों का भी दैवी स्वरूप होता था। अत: उसका अभिवादन भी शाही या ईश्वरीय आदेश के अभिवादन के समान ही होना चाहिए।

चतुर्थ सिक्ख गुरु अर्जुन की हत्या भी उसके दृष्टिकोण से बादशाह द्वारा दिया गया, मृत्युदंड था। सिक्ख गुरु ने विद्रोही खुसरो का साथ दिया था। राजत्व के दैवी स्वरूप एवं न्याय के दृष्टिकोण से मुगल शासक के कार्यों का मूल्यांकन आज के परिवर्तित सन्दर्भों में नहीं किया जा सकता है और न ही किया जाना चाहिए। खुसरो के ही समर्थक रहे श्वेताम्बर जैन गुरु मानसिंह के अनुयायियों को गुजरात में भी विद्रोही राजकुमार के समर्थन के लिए ही उसने दंडित किया था। यदि वह राजत्व की इस दैवी अवधारणा का अनुयायी न होता तो अपने सिंहासनारोहण को मुस्लिम राज्य या इस्लाम की पुनर्स्थापना घोषित करनेवाले शेख अहमद सरहिन्दी को ग्वालियर एवं इसी प्रकार, शेख इब्राहीम बाबा को चुनार में बन्दी के रूप में क्यों रखता?

इसी प्रकार, दक्षिण अभियान पर भेजते समय दक्षिण के शासकों यथा अहमदनगर के निज़ाम शाह, बीजापुर के आदिल शाह एवं गोलकुंडा के कुत्ब शाह के समान उसने अभियान दल के नेता, मुगल राजकुमार खुर्रम को भी शाह की पदवी से आभूषित किया। वह दक्षिण जा रहे मुगल अभियान का नेतृत्व एक ऐसे मुगल राजकुमार के हाथ में सौंप रहा था, जो उन्हीं के समकक्ष था, अत: शाह खुर्रम दक्षिणी अभियान पर निकला एवं दक्षिण के राज्यों के साथ सन्धि स्थापित करने के लिए विवश करके लौटे शाह खुर्रम को शाहजहाँ का विरुद प्रदान किया गया। ये सब इस बात की ओर अप्रत्यक्ष रूप से इंगित करती हैं, कि, मुगल पादशाह का पद/स्तर इन दक्षिण के शासकों की तुलना में क्या था, उनसे श्रेष्ठ तो मुगल राजकुमार ही था!

शाहजहाँ भी अपने आप को पृथ्वी पर अल्लाह की प्रतिच्छाया ही मानता था।[14] अत: वह एक पूर्ण निरंकुश शासक की भाँति राज्य करता था। वह अपने राज्याधिकारियों एवं प्रजा से पूर्ण आज्ञाकारिता चाहता था। मनुची[15] एक घटना का वर्णन करते हुए लिखता है कि जब खाने-जहाँ फ़ारस (ईरान) गया तो उसने अपने सम्राट (मुगल बादशाह शाहजहाँ) को पृथ्वी पर ईश्वर कहकर सम्बोधित किया था। शाहजहाँ के काल में भी मुगल बादशाह समस्त प्रशासनिक विधि का स्रोत था तथा धार्मिक विवादों में भी उसका निर्णय अन्तिम होता था यदि वह शरा

की मूल भावना के विरुद्ध अथवा प्रतिकूल न हो तो। अत: सैद्धान्तिक रूप से राजत्व के दैवी स्वरूप के चलते बादशाह के अधिकार असीमित ही रहे।

यदि अकबरोत्तर काल के यूरोपीय यात्रियों के विवरणों पर विश्वास करें, तो स्पष्ट है कि मुगल बादशाह की इच्छाएँ ही सर्वोपरि थीं एवं वह उसका असीमित/अनियन्त्रित तरीके से उपयोग/प्रयोग भी करता था।[16] पहला तर्क तो प्रो. सक्सेना स्वयं देते हैं, यदि ''अतार्किक ढंग से मुगल बादशाह अपनी असीमित राजत्व शक्ति का उपयोग करते थे, तो उनकी वंशीय सत्ता इतनी दीर्घ अवधि तक न चलती।'' दूसरे, यह कि शाहजहाँ का शासनकाल 1658 ई. में समाप्त होता है एवं इंग्लैंड में 1688 ई. में 'गौरवमयी क्रान्ति' होती है, अत: यह सुस्पष्ट है कि वहाँ की जनता की चेतना की तुलना भारतीय जनता एवं वहाँ के राजत्व की तुलना मुगल राजत्व से निश्चित ही नहीं की जा सकती। फिर, यह भी ध्यातव्य रहे, कि, शाहजहाँ के काल को कुछ इतिहासकार 'स्वर्ण युग' भी कहते हैं। 'स्वर्ण युग' की सांस्कृतिक गतिविधियाँ, अशान्त, अस्थिर वातावरण में असम्भव होती हैं। अत: यदि शाहजहाँकालीन राजत्व अनियन्त्रित शासकीय आदेशों को जन्म दे रहा था, तो अस्थिरता एवं विद्रोहों के चलते, राजनीतिक अराजकता का परिवेश निर्मित होता, जो सांस्कृतिक उपलब्धियों के चलते उस युग की द्योतक नहीं प्रतीत होती हैं। डॉ. बेनी प्रसाद[17] स्पष्ट कहते हैं कि, ''मुगल सरकार (अथवा शासन) मूलत: सांस्कृतिक थी तथा सदैव जनमानस का ख्याल रखती थी।" समकालीन यात्री ट्रैवर्नियर तो स्पष्ट लिखते हैं कि 'शाहजहाँ ने ऐसे शासन किया जैसे एक पिता अपने परिवार के साथ व्यवहार करता है न कि एक राजा के समान जो प्रजा पर शासन करता है।'[18] शाहजहाँकालीन निष्पक्ष न्याय के अनेकों उद्धरण हमें मनूची के विवरणों से प्राप्त होते हैं।[19] एवं शाहजहाँ के न्यायपूर्ण प्रशासन की पुष्टि ट्रैवर्नियर के वर्णन से भी हो जाती है।[20]

शाहजहाँ के ही काल के अन्तिम चरण में मुगल राजत्व के दैवी स्वरूप पर प्रतिकूल प्रभाव स्पष्ट दिखाई देता है। वैसे तो प्रारम्भ से ही प्रश्नचिन्ह अंकित होते रहे थे, किन्तु, इस काल में इसने विकराल 'खुले विद्रोह' का रूप धारण कर लिया इस्लाम में राज्य के राजतन्त्रीय स्वरूप की मान्यता का अभाव तथा तैमूरी-चंगेज़ी परम्पराओं के चलते राजतन्त्र का आनुवंशिकी स्वरूप स्थापित तो हुआ, किन्तु, सहज स्वीकार्य नहीं हो पाया। प्रारम्भ से ही, बाबर के पश्चात् उत्तराधिकार के प्रश्न पर निश्चिन्तता कभी नहीं रही। यदि कामरान, अस्करी एवं हिन्दल ने अपने आप को भी दावेदार माना तो बाबर के भतीजे, मिर्ज़ा बन्धु भी पीछे नहीं थे। मीर खलीफ़ा के षड्यन्त्र की असफलता के चलते ही हुमायूँ

का सिंहासनारोहण सम्भव हो पाया था। हुमायूँ ने तो अकबर को उत्तराधिकारी घोषित भी कर दिया, किन्तु, मिर्ज़ा हाक़िम ने अकबर की सम्प्रभुता कभी स्वीकार नहीं की। अकबर के बाद जहाँगीर के सिंहासनारोहण पर खुसरो का विद्रोह भी सर्वविदित है। किन्तु, शाहजहाँ के काल के अन्त में यदि उसकी अस्वस्थता के चलते दारा का उत्तराधिकार सुनिश्चित था, वहीं महत्त्वपूर्ण प्रान्तों के सूबेदार होने के नाते, मुगल राजकुमार अपने आप को दारा के षड्यन्त्र से अधिकारों, से वंचित महसूस कर रहे थे। उन्हें ऐसा प्रतीत ही नहीं हो रहा था, बल्कि विश्वास था, कि, अस्वस्थ शाहजहाँ के हाथों से निकलकर सत्ता दाराशिकोह के हाथों में अवैध ढंग से स्थानान्तरित हो गई है। अत: वे भी कोई भी कार्यवाही करने को स्वतन्त्र थे।

शाहजहाँ का द्वितीय पुत्र शाहशुजा बंगाल का सूबेदार था; तो तीसरा औरंगज़ेब दक्कन का; एवं चतुर्थ मुराद, मालवा एवं गुजरात का। बादशाह शाहजहाँ के ज़ीवित रहते तो मुगल राजत्व के जलाल के चलते वे समर्पित सूबेदार रहे। किन्तु, ऐसी वैयक्तिक, केन्द्रीकृत राजतन्त्रीय व्यवस्था में सम्राट की अस्वस्थता का समाचार अनिश्चितता ही पैदा कर पाया। उसके पुत्रों को ऐसा लगा कि दारा इस समाचार का सुनियोजित ढंग से दबाकर अपनी स्थिति सुदृढ़ करके अपने भाइयों को वंचित करने में लगा है। अत: औरंगज़ेब अपने भाइयों के साथ पत्राचार करता रहा एवं जब बादशाह के जीवित होने की पुष्टि हो गई तब उसने दोनों भाइयों को अभियान न रोकने के लिए यही कारण समझाया, कि, उन्हें अपने पिता बादशाह शाहजहाँ को दारा की कैद से मुक्त कराना है।

औरंगज़ेब का पत्र-व्यवहार इस पूरे प्रकरण पर पूर्ण प्रकाश डालता है, अत: इसकी चर्चा एक बार फिर करते हैं। उसे ऐसा प्रतीत हो रहा था कि अस्वस्थता के चलते सम्प्रभुता शाहजहाँ के हाथों से शनै:-शनै: फिसलती जा रही थी एवं दारा उस पर अनाधिकृत (षड्यन्त्रों द्वारा) नियन्त्रण करने के लिए प्रयासरत था और, चूँकि, मात्र मुराद व शुजा ने अपने आप को सम्राट घोषित किया था, फिर भी, जब प्रतिशोधात्मक एवं प्रतिरोधात्मक कार्यवाहियाँ प्रारम्भ हुईं, तो सबसे पहले उसी के विरुद्ध प्रारम्भ हुईं। वह 'धरमत के युद्ध' में प्रतिरोध करनेवाले जसवन्त सिंह को पराजित कर चुका था एवं सामूगढ़ में ऐसी पराजय दारा की भी दिख रही थी। किन्तु 'धरमत के युद्ध' के पश्चात् जब मुराद को विश्वास हो गया कि बादशाह जीवित हैं, तब उसने एक आज्ञाकारी पुत्र की भाँति राजत्व के दैवी स्वरूप को स्वीकारते हुए एक पत्र शाहजहाँ को लिखा था। उसने क्षमायाचना हेतु एक अन्य पत्र भी बादशाह को लिखा। इसी प्रकार, शाहशुजा ने भी उपर्युक्त

वर्णित दोनों युद्धों के पश्चात् एवं द्वारा के पंजाब-प्रवास के चलते अपने पिता की औरंगज़ेब के विरुद्ध सहायता करने का ही प्रयास किया। उसके इस अभियान को बादशाह शाहजहाँ की स्वीकृति एवं आशीर्वाद भी प्राप्त हुआ तो, किन्तु, 'खजुहा के युद्ध' में वह भी औरंगज़ेब के हाथों पराजित हुआ।

औरंगज़ेब के राजत्व सम्बन्धी विचारों की चर्चा, उसी पत्र-व्यवहार की शृंखला में करते हैं। जब शाहजहाँ ने अपने कोष पर उसके नियन्त्रण को अवैध घोषित किया, तो वह मुगल राजत्व के सिद्धान्त को ही रेखांकित करके उसे 'राजद्रोही' घोषित कर रहा था। किन्तु, औरंगज़ेब ने अपने उत्तर में अपने राजत्व सम्बन्धी सिद्धान्त निश्चित ही सुपरिभाषित कर दिए। उसने लिखा 'राजसी सम्पत्ति एवं कोष समुदाय के लाभ के लिए ही होते हैं। वह अपने आप को समुदाय का 'ट्रस्टी' या संरक्षक के रूप में कोष पर नियन्त्रण करने का अधिकारी घोषित कर रहा था।[21] वह पुन: अपने पिता को लिखता है, ''आपने लिखा है कि दूसरे की सम्पत्ति पर अधिकार करना मुस्लिम आस्था/मान्यता के विरुद्ध आचरण है। आप को विदित होगा (उसी मान्यता के आधार पर) कि, राजसी सम्पत्ति एवं कोष लोगों (प्रजा) की भलाई के लिए ही होते हैं... राज्य (अथवा साम्राज्य) कोई आनुवंशिक व्यक्तिगत सम्पत्ति नहीं होती है।[22]

अत: सुस्पष्ट है कि औरंगज़ेब भी पूर्ववर्ती शासकों (मुगल बादशाहों) की भाँति प्रजा के प्रति पितृ-तुल्य चिन्ता रखने का विश्वास रखता था। वह भी राजत्व के दैवी सिद्धान्त को मानता था। जैसे परमपिता समस्त मानव जगत् का संरक्षक है, वैसे ही शासक भी उसके प्रतिनिधि के रूप में मात्र संरक्षक (ट्रस्टी) के रूप में 'प्रजापालक' ही है। लेकिन उसने शाहजहाँ को लिखी दूसरी बात पर कितना विश्वास किया, सह सन्दिग्ध है। वंशीय सत्ता 'मुगल बादशाहों के ही निश्चित प्रयासों से कितनी सुदृढ़ हो गई थी, कि, वह जाहाँगीर के काल में महाबत खाँ के विद्रोह की विफलता से ही प्रमाणित होती है। औरंगज़ेब की सफलता भी यही प्रमाणित करती है कि मनसबदार या उमरा का इतना साहस नहीं था कि वह बादशाह (मुगल वंश) को विस्थापित करके स्वयं सिंहासन पर बैठ जाए। औरंगज़ेब के पश्चात् जब 'मुगल राजत्व' की श्री पतनोन्मुख थी और उमरा शक्तिशाली हो गए थे, राजत्व मुगलवंश के ही किसी व्यक्ति के चारों तरफ घूमता रहा है।[23]

'औरंगज़ेब के धार्मिक विश्वासों पर कुछ भी कहा-लिखा जाता रहे, किन्तु, यह सत्य है, कि, औरंगज़ेब ने जितना महत्त्व शरीयत या मुस्लिम विधि को दिया, उतना ही ज़वाबित को भी दिया। उसने उलमा को नियन्त्रत रखा एवं राजत्व की शक्ति एवं

अक्षुण्णता से कभी कोई समझौता नहीं किया। धार्मिक कारणों से ही सही, किन्तु, खलीफ़ा की अधीनता को स्वीकार न करने की मुगल परम्परा का ही पालन किया। राजनीतिक (एवं आपराधिक) कारणों से उसके राज्य में उसके सहधर्मी भी दंडित हुए। वह भी शेष मुगल बादशाहों की भाँति निष्पक्ष न्याय का आग्रही था। (जो दैवी राजत्व की प्रमुख विशेषता एवं प्रथम दायित्व माना जाता था।)

औरंगज़ेब अपनी शक्ति के प्रति ईर्ष्यालु था एवं किसी के साथ इसे बाँटने के लिए भी कदापि तैयार नहीं था। उसने सभी के साथ एक निश्चित दूरी बनाई, क्योंकि, वह भी बलबन की भाँति जानता था, कि, 'राजत्व बन्धुत्व नहीं मानता।' उसने तो इस सिद्धान्त को शत प्रतिशत प्रमाणित करके ही सत्ता हथियाई थी। उसने कभी किसी पर भी विश्वास नहीं किया और अन्ततः अपने पुत्रों तक को अविश्वसनीय माना और उसका दुष्परिणाम भी भोगा, क्योंकि, वह भी अपने पुत्रों की निगाहों में एक अविश्वसनीय पिता, बादशाह एवं व्यक्ति रहा। स्व केन्द्रीय मुगल राज्य, औरंगज़ेब के काल में और केन्द्रीकृत हो गया, अपितु, राम प्रसाद खोसला के शब्दों में तो 'केन्द्रीकृत मुगल राज्य केन्द्रीयकरण की उत्कटता पर (औरंगज़ेब के काल में) पहुँच गया।[24] इस अति केन्द्रीयकरण का ही दुष्परिणाम था कि इस महान बादशाह के अन्तिम दिनों में उसका राज्य पतनशील हो गया था एवं उसके उत्तराधिकारी, जो उसके जैसे योग्य नहीं थे इस पतनशील प्रवृत्ति को नियन्त्रित करने में पूर्णतया असफल रहे।

औरंगज़ेब, हालाँकि, अपने आप को पैगम्बर साहब का सेवक कहता रहा, किन्तु, वह अपने आप को ईश्वरीय उपकरण (प्रतिनिधि) ही मानता रहा, जिसे ईश्वर में ही बादशाह के रूप में चयनित किया था। चूँकि, मुगल बादशाहत एक दैवी संस्था के रूप ने मान्य थी, अतः बादशाह के प्रति आज्ञाकारिता एक राजनीतिक एवं धार्मिक अनुष्ठान ही मानी जाने लगी थी। अतः औरंगज़ेब सहित समस्त मुगल बादशाह अपने आप को ईश्वर का चयनित प्रतिनिधि ही मानते रहे, जिसमें परामानव गुण विद्यमान थे एवं जो दैवी कृपा से नेतृत्व प्राप्त करने में सफल रहे थे। उनकी यह दृढ़ मान्यता थी, कि, अपनी प्रजा की सुनिश्चित एवं पूर्ण निष्ठा उन्हें ईश्वरीय देन है, न कि उलमा, अथवा उमरा की देन अथवा किसी चुनाव का आधार इसके लिए उत्तरदायी नहीं है।

ऐसा माना जा सकता है, कि, मुगल राजत्व के स्वीकार्य की सफलता भी कुछ अंशों तक इस तथ्य पर भी निर्भर थी, कि, हुमायूँ सहित प्रथम छहों सम्राटों का व्यक्तित्व विशाल एवं भव्य था।[25] वे अपने व्यक्तित्व से ही दैवी प्रतीत होते थे। वास्तव में, बादशाहों के व्यक्तित्वों ने ही इस दैवी राजत्व सिद्धान्त को

सम्पुष्ट व सुदृढ़ किया। साथ ही शासन में भी चार चाँद लगा दिए उसे मान्यता प्रदान कर दी। वस्तुतः सैद्धान्तिक रूप से वह (मुगलशाह) समस्त प्रशासकीय अधिकारों का स्रोत था तथा उसका शासन पूर्णतया व्यक्तिगत था। शासन के समस्त अधिकारियों की नियुक्ति वही करता था, अतः वह समूचे प्रशासनिक तन्त्र को नियन्त्रित करता था। अधिकारियों के नियन्त्रण के लिए उनके नियमित स्थानान्तरण की एक नीति बना ली गई थी, ताकि, वे स्थानीय प्रभाव बढ़ाकर अपना आधार सशक्त करके समानान्तर सत्ता के केन्द्र विकसित न कर दें।

समस्त साम्राज्य ही मुगल बादशाह का क्षेत्राधिकार था एवं इस तथ्य ने उसकी शक्ति व उसके राजत्व को और भी सुदृढ़ किया। औपचारिक कार्यों में अधिकारियों या मन्त्रियों का जितना भी अधिकार रहा हो, वह मुगल बादशाह द्वारा ही प्रदत्त था राजकीय अधिनियमों का प्रतिरोध अथवा विरोध सम्भव नहीं था, अतः उसका प्रभाव समस्त राजकीय विभागों पर था। वह ही 'मनसब' प्रदान करता था, विरुद (खिताब) देता था, अपने नाम के सिक्के ढलवाता एवं खुतबा पढ़वाता था। संक्षेप में, मुगल बादशाह स्वतन्त्र सम्प्रभुता की विशेषताओं का पूर्ण उपभोग करता था। उसकी उपस्थिति में कोई भी बिना उसकी अनुमति के बैठ नहीं सकता था।

भारत में मुगल शासकों को एक बात का श्रेय तो निर्विवाद रूप से दिया जा सकता है, कि, उन्होंने अपनी असीमित शक्तियों का दुरुपयोग कभी नहीं किया। उन्होंने अपनी निरंकुशता को जनहित के आवरण से सदैव ढककर रखा। मुगल शासन-व्यवस्था में शासक मात्र नामधारी न होकर समस्त कार्यों को वैयक्तिक रूप से सम्पन्न करनेवाला था। वह योजनाएँ नियोजित करता; वही उसके क्रियान्वयन के लिए भी उत्तरदायी था। वह राज्य के शासन, प्रशासन के साथ ही पत्राचार के लिए भी उत्तरदायी था। कोई फ़रमान उसकी मुहर के बिना नहीं प्रेषित होता था। यही नहीं, मुगलकालीन भारत में बादशाह के विरुद्ध विद्रोह अथवा राजाज्ञा का उल्लंघन 'राजद्रोह' माना जाता था। वह अपने सुदृढ़ सैन्य बल से अवज्ञाकारिता अथवा विद्रोह का उन्मूलन करके, न केवल 'न्याय व व्यवस्था' स्थापित करता था तथा शान्ति पुनर्स्थापित करता था, अपितु, अपने अधिकारों के प्रतिरोध/विरोध करनेवालों को दंडित अधिक करता था। गोस्वामी तुलसीदास के 'भय बिन होइ न प्रीति' मुगल राजत्व में चरितार्थ होती है।

1658 ई. में 'खुले विद्रोह' के पश्चात् जब औरंगज़ेब का सिंहासनारोहण हुआ तो निश्चित ही एक विचित्र, विवादास्पद एवं 'जटिल स्थिति थी, साम्राज्य के प्रमुख सद्र के इस आधार पर इनकार करने से कि, बादशाह के जीवित रहते

वह कैसे किसी अन्य का सिंहासनारोहण कर सकता है, औरंगज़ेब ने बादशाह की निरंकुश शक्तियों व सत्ता का प्रयोग करते हुए उसे अपदस्थ करते हुए दूसरा सद्र नियुंक्त करके यह कार्य सहज ही सम्पन्न करा दिया। सम्राट के राजत्वकाल में भी पुत्रों द्वारा विद्रोह तथा मुगल सम्राट की मृत्यु के पश्चात् जीवित भाइयों में राजत्व के लिए संघर्ष, मुगल काल के उत्तराधिकार की एक परम्परा निश्चित हो गई, जो औरंगज़ेब एवं उसके उत्तराधिकारियों के काल में भी प्रचलित रही।

सन्दर्भ

1. 'फाउंडेशन ऑफ़ मुस्लिम रूल इन इंडिया, पृ. 86.
3. अब्दुल हलीम, 'हिस्ट्री ऑफ़ द लोदीज़', दिल्ली, पृ. 212
2. 'सम ऐस्पैक्ट्स ऑफ़ मुस्लिम एडमिनिस्ट्रेशन, इलाहाबाद, पृ. 24.
3. अब्दुल हलीम, 'हिस्ट्री ऑफ़ द लोदीज़', दिल्ली, पृ. 212.
4. 'तुज़ुक', अनु. बेवरिज; पृ. 344.
5. मुगल किंगशिप ऐंड नोबिल्टी' पृ. 6.
6. हरिशंकर श्रीवास्तव, 'मुगल शासन प्रणाली', पृ. 10, 11.
7. 'तुज़ुक-ए-बाबरी', अनु. बेवरिज, पृ. 344.
8. 'हुमायूँनामा', अनु. बेवरिज : पृ. 90.
9. 'तैमूर्स मैमौयर्स', अनु, स्टीवर्ट, पृ. 6-7.
10. हरिशंकर श्रीवास्तव, 'मुगल शासन प्रणाली', पृ. 81.
11. 'तुज़ुक', वही, पृ. 625-627. ख़िज्र.
12. 'अकबरनामा', अनु. बेवरिज 1, पृ. 273.
13. 'तुज़ुक-ए-जहाँगीरी', अनु. रौजर्स, पृ. 51.
14. लाहौरी कृत 'बादशाहनामा', 1, पृ. 7.
15. 'ट्रैवर्नियर', खंड 2, पृ. 461
16. बी. पी. सक्सेना, 'हिस्ट्री ऑफ़ शाहजहाँ', पृ. 270.
17. 'हिस्ट्री ऑफ़ जहाँगीर', पृ. 94.
18. 'ट्रैवर्नियर', खंड 1, पृ. 325.
19. मनूची, 1, पृ. 198-204.
20. ट्रैवर्नियर, वही, पृ. 325.
21. सर जदुनाथ सरकार, 'औरंगज़ेब', 3, पृ. 146.
22. रामप्रसाद खोसला, 'मुगल किंग्शिप एंड नोबिल्टी', पृ. 20.
23. हरिशंकर श्रीवास्तव, 'मुगल शासन प्रणाली', पृ. 16.
24. रामप्रसाद खोसला, वही, पृ. 21.
25. खोसला, पृ. 23.

4

राज्य एवं उलमा के पारस्परिक सम्बन्ध

दिल्ली के सुल्तानों एवं मुगल बादशाहों के उलमा के साथ सम्बन्धों को ठीक प्रकार से समझने के लिए यह समझना आवश्यक है, कि, इस्लाम एवं इस्लाम में उलमा की संरचना की तुलना किसी प्रकार से भी ईसाई जगत् एवं ईसाई जगत् में उसके धर्माधिकारियों की स्थिति से नहीं की जा सकती है। इस्लाम में, ईसाई (प्रारम्भिक कैथलिक मत) विश्व, की भाँति उलमा की नियुक्तियाँ खलीफ़ा द्वारा नहीं होती थीं। ईसाई जगत् में तो पोप सर्वोच्च अधिकारी था—वो ही निम्न व उच्च पादरियों (कार्डिनेल, बिशप व आर्कबिशप) की नियुक्ति करता था। अत: उसकी सत्ता, राजसत्ता के समानान्तर तथा धार्मिक मामलों में सर्वोच्च सत्ता के रूप में राजसत्ता पर भी आरूढ़ दृष्टिगोचर होती थी। उसके धार्मिक आदेश यदि राजाज्ञाओं के विपरीत हैं, तो भी धर्मादेशों की मान्यता सर्वोपरि थी। इस्लाम में ऐसा कदापि नहीं था। न तो खलीफ़ा का विश्व (मुस्लिम विश्व) पर वास्तविक नियन्त्रण था। (वह मात्र सैद्धान्तिक था, ताकि, मुस्लिम विश्व की एकता बनी रह सके) और न ही वह विभिन्न राजनीतिक इकाइयों में उलमा या धर्माधिकारियों की नियुक्तियों के लिए अधिकारी।

राज्य-प्रशासन के काज़ी, सद्र, मुफ़्ती इत्यादि पदों के साथ पुस्तकालयाध्याओं एवं प्रधानाचार्यों के पदों पर नियुक्ति शासक ही करता था एवं वह ही उन्हें मदद-ए-माश (सयूरघल) जैसे भू-अनुदान एवं वज़ीफे जैसे आर्थिक अनुदान प्रदान करता था, अर्थात् उलमा को लाभ के पद या आर्थिक-लाभ शासक की इच्छा या आदेश पर प्राप्त होता था।) विभिन्न पदों पर नियुक्ति एवं पदमुक्त करना दोनों शासकों पर निर्भर था। ये तमाम मध्यकालीन शासक राजत्व के दैवी सिद्धान्त को माननेवाले निरंकुश शासक थे। अत: वे अपने अधिकार क्षेत्रों में कोई हस्तक्षेप अथवा अतिक्रमण स्वीकार नहीं कर पाते थे। फिर चाहे वह उमरा का हो अथवा उलमा का। दोनों को पूर्णतया नियन्त्रित करना ही इनकी नीति व मन्तव्य

रहता था, किन्तु, वे शरीयत (मुस्लिम विधि) के व्याख्याकारों के रूप में उनके अध्ययन को स्वीकारते हुए उन्हें न्यायिक व धार्मिक पदों पर निश्चित ही नियुक्त करते थे। इन नियुक्तियों के चलते ही शासकों के चाहने या न चाहने के बावजूद समाज में उनकी प्रतिष्ठा थी और इसी कारणवश, उनका प्रभाव समकालीन समाज पर रहता ही था।

मध्यकालीन भारत में धर्माधिकारी (उलमा) वर्ग

(सुल्तनतकालीन 'उलमा' : प्रकृति एवं भूमिका)

मध्यकालीन भारत के विश्लेषणात्मक अध्ययन से ऐसा प्रतीत होता है, कि, समकालीन प्रशासनिक संरचना में उलमा की महत्त्वपूर्ण स्थिति थी। हालाँकि, निश्चित रूप से वे उमरा (अमीर वर्ग) के समानस्तरीय तो नही थे। धर्माधिकारी वर्ग के होने के कारण शरीयत, हदीस व क़ुरान शरीफ़ के वे आधिकारिक व्याख्याकार थे। अत: न्याय प्रशासन में तो उनका एकाधिकार इस कारण से था ही। वे यथासम्भव प्रयासरत रहते थे, कि, धार्मिक मामलों में हस्तक्षेप के माध्यम से वे राज्य की नीतियों को भी प्रभावित कर सकें, किन्तु ऐसा सदैव सम्भव न हो सका।

वस्तुत: इस्लाम के प्रसार के परिणामस्वरूप नित नवीन समस्याएँ एवं जटिलताएँ उपस्थित/प्रकट होती थीं, जिन पर शरीयत पूर्णतया शान्त थी। अनेक प्रकरणों में तो उसका व्यावहारिक प्रयोग या क्रियान्वयन सम्भव भी न था और न ही श्रेयस्कर। अत: राज्य के हितों के रक्षार्थ प्राय: ही उन्हें नजरअन्दाज कर दिया गया।[1] अत: ऐसी प्रतिकूल परिस्थितियों में बुद्धिमान शासकों ने सन्तुलन एवं समझौते की नीति ही अपनायी। उन्होंने शरा के प्रावधानों के क्रियान्वयन न कर पाने के अपने 'पाप' को स्वीकारा, किन्तु अपनी निरंकुशता को बनाए रखने के लिए राज्य नियन्त्रित मुल्ला वर्ग को अनुशासित एवं सन्तुष्ट रखा एवं जिन विषयों पर शरा मौन थी, उन्होंने अपने विवेक से नियमों का निर्माण किया। अत: 'ज़वाबित' अथवा राज्य के नियमों का क्रमिक विकास राजतन्त्र के अन्तर्गत सुल्तान के संरक्षण में सम्भव हो सका। यदि 'ज़वाबित' के ये नियम 'शरा के प्रावधानों के विरुद्ध थे, तब भी 'इश्तेहसन' (जनहित) के सिद्धान्त की आवश्यकता की बात कहकर इनके प्रभाव को स्थापित किया जाता था। वस्तुत: 'शरा के उल्लंघन का एक कारण यह भी था, कि, उसमें अपने विकास का सिद्धान्त अन्तर्निहित नहीं था।[2]

शरा के नकारे जाने का प्रभाव उलमा अथवा धर्माधिकारी वर्ग पर बहुत नहीं पड़ा, क्योंकि एक वर्ग के रूप में उनकी उपस्थिति तथा न्याय एवं धार्मिक मामलों

में उनकी सक्रिय भूमिका के चलते, प्रशासन एवं समाज पर उनका एक निश्चित (भले ही सीमित) प्रभुत्व था ही। नियमों या शरा के प्रावधानों के उल्लंघन में तो उन्हें भी साधारण-जन की भाँति दंड दिया जाता था, फिर भी, वे (अन्यथा) तो प्रभावशाली रहे ही।[3] वे समय-समय पर, अमीरों एवं सुल्तानों को भी प्रभावित करने के अवसरों से नहीं चूकते थे।

भारत में इस्लाम के प्रवेश (राज्य-स्थापना के दृष्टिकोण से अर्थात् मुईज़ुद्दीन मोहम्मद गोरो के काल से) के प्रथम दो दशक तो सैन्य कार्यवाहियों का काल था। अत: उनकी भूमिका लगभग नगण्य थी, किन्तु, 1210 ई. में कुतुबुद्दीन ऐबक के मृत्यूपरान्त उलमा ने समकालीन राजनीति में सक्रिय भूमिका एवं हस्तक्षेप का प्रयास प्रारम्भ किया। जैसा कि हमें विदित ही है, कि, इल्तुतमिश को 1206 ई. में मोहम्मद गोरी के अन्तिम भारतीय अभियान अर्थात् खोखरों के दमन के दौरान, साहस, बुद्धिमत्ता एवं सैन्य संचालन के चलते, दासता से मुक्ति मिल गई थी, तथा ऐबक के मृत्यूपरान्त बदायूँ के इस सैन्य गवर्नर को दिल्ली के अमीरों ने आमन्त्रित करके अपना सुल्तान घोषित किया था। उसके सिंहासनारोहण के अवसर पर मुख्य काज़ी वज़ीहउद्दीन काशानी के नेतृत्व में उलमा के प्रतिनिधिमंडल ने एक प्रश्नचिह्न अंकित कर दिया था और जब तक इल्तुतमिश ने 1206 ई. में मो. गोरी के निर्देश पर ऐबक द्वारा प्रदत्त 'दासता से मुक्ति-पत्र' दिखा नहीं दिया, तब तक सिंहासनारोहण की कार्यवाही सम्पन्न नहीं हो सकी। इस घटना ने समकालीन राजनीति में एवं सम्प्रभु सुल्तान के चयन में उनकी भूमिका के महत्त्व को रेखांकित कर दिया।

इल्तुतमिश के शासन की सर्वप्रथम घटना का यह प्रभाव पड़ा, कि, उलमा को प्रतीत हुआ, यदि सुल्तान के सिंहासनारोहण की प्रक्रिया को बीच में रुकवा सकते हैं, तो निश्चित ही उनकी सक्रिय भूमिका स्वीकार्य हो गई है, अत: उन्होंने अगला प्रयास, राज्य की नीति को भी प्रभावित करके सुल्तान को उलमा से परामर्श लेने के लिए बाध्य करने का किया। शासन-व्यवस्था स्थापित हो जाने के पश्चात् 'सफ़ई' अथवा पुरातन-पन्थियों एवं संकीर्ण मान्यतावाले कट्टरपन्थी मुस्लिम समुदाय का एक प्रतिनिधिमंडल शेख नूरुद्दीन मुबारक गज़नी के नेतृत्व में सुल्तान इल्तुतमिश के सम्मुख पहुँचा। इस प्रतिनिधि-मंडल ने माँग की, कि, अब जब राज्य स्थापित हो गया है तब 'दारुल हरम' को शीघ्र 'दारुल इस्लाम' में परिवर्तित किए जाने का प्रयास करना चाहिए। इल्तुतमिश ने अपने वज़ीर जुनैदी के माध्यम से उन्हें ऐसा करने से स्पष्ट इनकार, इस आधार पर कर दिया कि, भारत अरब नहीं है, यहाँ गैर-मुस्लिम बहुसंख्यक हैं। अत: यह व्यावहारिक रूप

से सम्भव नहीं है। उसकी नीति स्पष्ट थी, कि, वह सुल्तान अपनी समस्त प्रजा का है और यदि गैर-मुस्लिमों के विरुद्ध उसने कोई कार्यवाही की तो उनके विरोध से राजनीतिक-सामाजिक अराजकता का बोलबाला हो जाएगा, तब राज्य के अस्तित्व पर ही संकट के बादल मँडराने लगेंगे। अत: उसने उन्हें ऐसे समय की प्रतीक्षा करने की सलाह देकर सन्तुष्ट करके वापस भेज दिया, जब परिवेश एवं परिस्थितियाँ ऐसी राज्य नीति के अधिक उपयुक्त हो। किन्तु दूसरी ओर, उलमा के एक व्यवधान से क्षुब्ध सुल्तान (सिंहासनारोहण की घटना) उन्हें पूर्णतया नियन्त्रित करके उन्हें दुबारा ऐसा अवसर नहीं देना चाहता था। अत: उसने उन्हें राज्य की नीतियों को प्रभावित करने का कोई अवसर ही नहीं दिया।

ज़ियाउद्दीन बरनी के वर्णनों के अनुसार, सुल्तान इल्तुतमिश एवं समकालीन उलमा के सम्बन्ध इस घटना के पश्चात् कभी बहुत मधुर नहीं रहे सुल्तान ने 'ज़वाबित' पर दृढ़ मान्यता से भी उन्हें नियन्त्रित किया और अपने राजत्व व निरंकुश शासन-प्रणाली से भी। निष्पक्ष न्याय के आग्रही इस्तुतमिश ने काज़ी सईद, काज़ी ईमाद, काज़ी हुसाम एवं काज़ी शिज़ाम को मौत के घाट उतरवा दिया, जबकि वे साम्राज्य के प्रमुख काज़ी शम्स-उल-उलमा गर्दे जी के भान्जे थे।

इल्तुतमिश जिस प्रकार से उमरा को नियन्त्रित करने में सफल रहा था, उसी प्रकार वह धर्माधिकारी वर्ग अथवा उलमा को भी पूर्णतया नियन्त्रित कर सका। उसी ने भारतवर्ष में मुस्लिम शासकों को उनसे निपटने का दृष्टिकोण एवं आधार प्रस्तुत करके, एक स्वस्थ राजतन्त्रीय परम्परा की सुदृढ़ नींव डाली। उसका नियन्त्रण उलमा पर कितना प्रभावी था, यह इस बात से भी स्थापित हो जाता है, कि, जब इल्तुतमिश ने रज़िया को अपना उत्तराधिकारी नामित किया, तब उलमा ने उसका विरोध तो किया, किन्तु, अन्ततोगत्वा वे इस विषय पर अपनी सहमति देने को बाध्य थे, क्योंकि सुल्तान की ऐसी इच्छा थी। साथ ही, वे यह ही तो समझ रहे थे कि, सुल्तान का पद या राजतन्त्र की व्यवस्था ही इस्लाम के मौलिक सिद्धान्तों के ही प्रतिकूल है, अत: वे विरोध भी किस आधार पर करते? वे कितने नियन्त्रित व अनुशासित हो चुके थे, कि, रुक्नुद्दीन फ़िरोज़ के शासन-काल में जब वास्तविक सत्ता का प्रयोग उसकी माता खुदा बन्दे जहाँशाह तुर्कान द्वारा किया जा रहा था एवं अनेक अवैधानिक कार्य हो रहे थे, वे उनका विरोध न कर सके। दूसरे, खुदा बन्दे जहाँशाह तुर्कान ने जिस आधार पर अमीरों को पुरस्कृत करके अपना पक्षधर बना लिया था, सम्भवत: उसी कारण से उलमा के सदस्य भी नए सुल्तान के पक्षधर हो गए हों। वस्तुत: इल्तुतमिश के उत्तराधिकारियों का

काल, बलबन के उदय का काल है, अतः बलबन (जैसा कि इसका अध्ययन करेंगे) जो इनके चरित्र एवं गतिविधियों का अध्ययन करके, इनका जो वर्गीकरण करता है, उसी से यह बात भी सुस्पष्ट हो जाती है।

सुल्तान रज़िया ने भी इल्तुतमिश की भाँति शासन किया तथा उलमा व उमरा सभी की सत्ता/शक्ति पूर्णतया नियन्त्रित रखी। जब उसके शासन से असन्तुष्ट वज़ीर निज़ामुल मुल्क जुनैदी एवं मलिक इज़्ज़ुद्दीन सलारी एवं उसके मध्य समझौते की बात आई, तो समकालीन उलमा ने मध्यस्थता करके सक्रिय राजनीतिक हस्तक्षेप का एक प्रमाण दिया। रज़िया के कठोर शासन-प्रबन्ध के विरुद्ध जब उमरा ने एक संगठित प्रयास किया, तब उलमा ने अपने सामाजिक प्रभाव का प्रयोग करते हुए उसके चरित्र हनन द्वारा उसके विरुद्ध एक वातावरण निर्मित किया। उनकी यह भूमिका रज़िया के उपरान्त अन्य उत्तराधिकारियों के काल में भी कमोबेश ऐसी ही दिखती है।

अगले शासक, मुईज़ुद्दीन बहराम शाह के शासन-काल (1240-42 ई.) में उन्होंने महत्त्वपूर्ण भूमिका निभानी शुरू कर दी। वस्तुतः रज़िया के पतन में अपनी भूमिका से उत्साहित होकर, वे अब खुलकर उमरा के साथ हितों का साम्य स्थापित करने लगे। किन्तु, इस काल में संगठित होने व सक्रिय भूमिका अदा करने के चलते ही व्यक्तिगत स्वार्थों एवं निहितार्थों के चलते, उनमें भी उपवर्ग विकसित होने लगे। प्रत्येक वर्ग या गुट अपने हितों को ही आगे बढ़ाने के ध्येय से कार्य करते थे। जब मुईज़ुद्दीन बहराम शाह ने धार्मिक संगोष्ठी के आयोजन के बहाने नायब ऐतिगीन की हत्या करवा दी थी, तब बद्रुद्दीन शंकर, सुल्तान का नया विश्वासपात्र हो गया था। उसने काज़ी जलालुद्दीन काशानी, काज़ी कबीरुद्दीन एवं शेख मोहम्मद बिस्तामी' (ये तीनों उलमा के प्रतिष्ठित सदस्य थे) के साथ मिलकर, सुल्तान को अपदस्थ करने का षड्यन्त्र किया था। षड्यन्त्र की जानकारी होते ही बहराम शाह ने काशानी को अपदस्थ कर दिया तथा कबीरुद्दीन एवं बिस्तामी जान बचाकर राजधानी से भाग निकले। सुल्तान एवं उलमा के मध्य मात्र अविश्वास ही शेष रह गया था।

नवम्बर, 1241 ई. को बहरामशाह ने मिनहाजुस सिराज़ को राज्य का मुख्य काज़ी नियुक्त कर दिया, जिससे शेख-उल-इस्लाम सैय्यद कुतुबुद्दीन सुल्तान से ईर्ष्या करने लगा। अतः जब पंजाब के विद्रोही अमीरों से राज्य की ओर से वार्ता का दायित्व शेखुल इस्लाम को सौंपा गया (फरवरी, 1242 ई.) तब काज़ी ने वहाँ पहुँचकर लोगों को सुल्तान के विरुद्ध भड़काने में अग्नि में घृत का कार्य ही किया। अतः सुल्तान मुईज़ुद्दीन बहराम शाह के पतन के साथ मिनहाज़ के

गुट का भी पतन हुआ तथा वह सपरिवार लखनौती चला गया। लगभग तीन वर्ष पश्चात् जब उलुग खाँ बलबन पुनः शक्तिशाली हुआ तब 11 जुलाई, 1245 ई. को वह वापस दिल्ली लौटा एवं उसे बलबन की संस्तुति पर नासीरिया कॉलेज का प्रधानाचार्य का महत्त्वपूर्ण पद प्राप्त हुआ।

अगले शासक नासिरुद्दीन महमूद के शासन-काल में जलालुद्दीन काशानी के मृत्यूपरान्त वह 10 फरवरी, 1250 ई. में एक बार पुनः प्रमुख काज़ी के पद पर आसीन हुआ, किन्तु 'रेहान प्रकरण' में उसे पुनः अपदस्थ करके, बहराइच के काज़ी शम्सुद्दीन को यह पद प्रदान कर दिया गया। जैसे ही बलबन को रेहान के अपदस्थ किए जाने के पश्चात् अपने पूर्व अधिकार व नायब का पद प्राप्त हुआ तब मिनहाज एक बार पुनः मुख्य काज़ी कल नियुक्त हुआ एवं काज़ी जलालुद्दीन-बिस्तामी को शेखुल इस्लाम का पद प्राप्त हुआ। अतः उपर्युक्त विश्लेषण से यह स्पष्ट है कि, उलमा अपने स्वार्थ पूर्ति के लिए उमरा का दामन थामे रहे तथा दोनों ही वर्ग, समकालीन राजनीति में अपना प्रभाव बनाए रखने के लिए संयुक्त रूप से सुल्तानों का विरोध एवं उनके विरुद्ध षड्यन्त्र करते रहे। इसी सुल्तान के काल में हमें काज़ी कुतुबुद्दीन (जो शेखुल इस्लाम के पद से अपदस्थ हुआ था) एवं काज़ी शम्सुद्दीन बहराइची (जो प्रमुख काज़ी के पद से हटाया गया था) की साँठ-गाँठ का साक्ष्य मिलता है। वे मई, 1255 ई. में अवध के विद्रोहियों का साथ देने की वज़ह से दिल्ली छोड़ने की राजाज्ञा पालन करने को बाध्य हुए थे एवं दिल्ली बच गई। वे तो दिल्ली के द्वार खोलकर विद्रोहियों को प्रविष्ट कराने का षड्यन्त्र रच चुके थे।

बलबन ने 1236 ई. से लेकर 1266 ई. तक के तीन दशकों में उलमा का नग्न स्वार्थपरक, सत्ता-लोलुप रूप देखा था, अतः जब वह सत्ता के शीर्ष पर पहुँचा, तब उसने उलमा को दो प्रमुख वर्गों में विभक्त करके, राज्य की उनके प्रति नीति निर्धारित करके, उसे व्यवहृत किया। उसने उलमा को दो वर्गों यथा 'उलमा-ए-दुनिया' एवं 'उलमा-ए-अखीरत' अथवा 'उलमा-ए-कलम' से विभक्त किया। अतः जब वह सुल्तान बना तो उसने इन्हीं 'उलमा-ए-अखीरत' के सदस्यों को सम्मान व प्रश्रय प्रदान किया। सम्भवतः अपने प्रारम्भिक जीवन में सूफ़ी सन्तों की शिक्षाओं का उस पर पर्याप्त प्रभाव पड़ा था। बरनी अपनी प्रसिद्ध कृति 'तारीख-ए-फ़िरोज़शाही' में जब बुगरा खाँ को दिए गए निर्देशों का उल्लेख करता है, तब वह अपने प्रारम्भिक जीवन में बगदाद के काज़ी जलाल-उर-रूस की उस शिक्षा का भी हवाला देते हुए कहता है, कि, सुल्तान अथवा शासक को उलमा के साथ सम्मानजनक व्यवहार अपने शासन-काल में विशेष रूप से

मौलाना बुरहानुद्दीन बल्खी, काज़ी सफ़ुद्दीन वल्वल्जी, मौलाना सिराजुद्दीन संजरी एवं मौलाना नज़्मुद्दीन दमिश्की को प्रश्रय प्रदान किया। वह सन्तों, शेखों को कितना सम्मान प्रदान करता था, वह इसी तथ्य से स्पष्ट हो जाता है कि प्रत्येक जुम्मे की नमाज़ के बाद वह स्वयं मौलाना बुरहानुद्दीन के निवास पर विभिन्न लौकिक विषयों पर उनसे परामर्श हेतु जाता था।

जिस निर्दयता से सुल्तान बलबन अपने उमरा के प्रति व्यवहार करता था, उससे भयाक्रान्त होकर उलमा ने उसके काल में कभी शक्ति परीक्षण का विचार भी नहीं किया, अपितु, वे सुल्तान की इच्छानुसार राज्य अथवा राजनीति से पृथक् ही रहे। बरनी, जिस स्थान पर कैक़ुबाद व उसके पिता बुगरा खाँ की वार्ता का विवरण देता है, वहाँ वह उलमा के प्रति बलबन के विचार का भी उल्लेख करता है। बुगरा खाँ अपने पिता बलबन के विषय में अपने पुत्र व सुल्तान कैक़ुबाद को बताते हुए, राज्य करने के निर्देश देते हुए कहता है, कि, 'मेरे पिता उलमा-ए-अखीरत' की कद्र करते थे, क्योंकि, वे सांसारिक सुखोपभोग से दूर रहते थे। उलमा-ए-दुनिया के सदस्य अपने लोभ एवं स्वार्थ के चलते कुत्तों की भाँति सत्ता के पीछे-पीछे चलते हैं। अलग-अलग प्रकरणों में मात्र सुल्तान की प्रसन्नता या लाभ से प्रेरित पृथक्-पृथक् निर्णय देते थे। उनके इन कुकृत्यों के चलते, विद्वान सुल्तान 'उलमा-ए-दुनिया' के निर्णयों या परामर्शों पर नहीं चलते।' अगले सुल्तान कैक़ुबाद के शासन-काल में उनके स्वार्थी स्वभाव का नग्न नृत्य होने लगा, जब ये स्वार्थ के चलते, सुल्तानों व अमीरों को प्रसन्न रखने के हर सम्भव प्रयास करते थे। वे ऐसे तरीके अपनाने लगे थे, जो उनके सम्मानजनक स्तर के पूर्णतया प्रतिकूल थे।

1290 ई. की 'खलजी क्रान्ति' के फलस्वरूप उलमा के हितों पर कोई प्रतिकूल प्रभाव नहीं पड़ा, क्योंकि, नया शासक सुल्तान जलालुद्दीन खलजी एक ईश्वर भक्त व धर्म-भीरु शासक था। इस शासक ने काज़ी जलालुद्दीन काशानी के स्थान पर काज़ी ज़ियाउद्दीन सभी को नया 'सद्र-ए-जहाँ' नियुक्त किया था। शेष जितने भी उलमा के सदस्य पूर्ववर्ती शासन काल में जिन पदों पर नियुक्त थे, उसने उन्हें उन्हीं पदों पर बने रहने दिया। जब अलाउद्दीन खलजी ने सुल्तान जलालुद्दीन की नृशंस हत्या के बाद, सुल्तान का पद सम्हाला तो सम्भवत: उलमा के (राजहन्ता होने के कारण) विरोध को शान्त करने के दृष्टिकोण से उलमा के सदस्यों को पूर्ववर्ती पदों पर स्थायी कर दिया। जलालुद्दीन के जीवित पुत्रों ने जब शेख रुक्नुद्दीन के माध्यम से इस सुल्तान के साथ समझौते का प्रयास किया, तो अलाउद्दीन के सेनापतियों ने विश्वासघात करके उनकी हत्या

करके, यह प्रमाणित कर दिया कि नए सुल्तान व उनके सेनापति उलमा के प्रति कोई सम्मान का भाव नहीं रखते थे।

वास्तव में, सुल्तान अलाउद्दीन का शासन-काल उलमा के लिए काफी बुरा समय प्रमाणित हुआ। निरक्षर एवं अपरिष्कृत सुल्तान अपनी सैन्य सफलताओं के चलते इतना अधिक अभिमानी हो गया था, कि वह नवीन धर्म के प्रवर्तक होने तक की बात करता था। चूँकि, पैगम्बर साहब के चार सहायक थे और उसके भी चार सैन्य सहायक थे, यथा—उलुग खाँ, ज़फ़र खाँ (उसके पश्चात् मलिक काफ़ूर), नुसरत खाँ एवं अल्प खाँ। अत: वह नवीन धर्म की स्थापना की बात करता था। उलमा इस बात से भयाक्रान्त तो थे, किन्तु, उनके अन्दर सुल्तान के समक्ष नए धर्म की स्थापना के विचार त्यागने की बात करना सम्भव नहीं था। सुल्तान को ऐसा न करने की सलाह अन्तत: सुल्तान के विश्वासपात्र दिल्ली के कोतवाल अला-उल-मुल्क ने दी और सुल्तान ने यह विचार त्याग भी दिया। किन्तु, इतिहासकार ज़ियाउद्दीन बरनी के अनुसार, वह शेख निज़ामुद्दीन औलिया के प्रति बहुत सम्मान रखता था। हर बार संकट में वह उसे याद करता था एवं उससे भेंट करके उसके, विश्वास (कि चिश्ती सूफ़ी सन्तों को सांसारिकता से दूर रहना चाहिए) को आहत न करने की नियत से कभी व्यक्तिगत भेंट का प्रयास भी नहीं किया।

यही नहीं, सुल्तान अलाउद्दीन ने बयाना के प्रसिद्ध मुघीसुद्दीन, मौलाना ज़ाहिर लंग एवं मौलाना मुशीद कोहरामी का बहुत आदर किया एवं उन्हें सदैव अपने साथ ही रखा। सुल्तान द्वारा प्रस्तावित नए सुधारों एवं करों पर काज़ी मुघीसुद्दीन ने 'शरा के आधार पर सुल्तान का विरोध भी किया। जैसा कि सभी को ज्ञात है, सुल्तान ने काज़ी को उत्तर देते हुए कहा, कि, "मैं नहीं जानता कि मेरे आदेश 'शरा के अनुकूल हैं अथवा प्रतिकूल, मैं वही करूँगा/करता हूँ जो राज्य हित में है तथा मैं यह भी नहीं जानता कि ऐसा कार्य करने पर निर्णय (कयामत पर) के दिन मेरा क्या परिणाम होगा।" अत: उसने उलमा से प्रभावित होते हुए राज्य की नीति परिवर्तित करने की बात पूरी तरह अस्वीकार कर दी। वह एक निरंकुश शासक की भाँति अपने अधिकार-क्षेत्र में किसी का भी अतिक्रमण स्वीकार करने को कदापि तैयार नहीं था।

स्पष्टत: उलमा के मध्य सुल्तान की लोकप्रियता तो क्या उसके कार्यों एवं नीतियों की स्वीकारोक्ति भी नहीं थी। वह उलमा को कितना महत्त्व देता था या उनके द्वारा ग्रहण किए गए पदों का कितना सम्मान करता था, वह उसके द्वारा अपने निजी सेवक, मलिकुत तुज्जार हमीद मुल्तानी को सद्र-ए-जहाँ नियुक्त किए

जाने से सुस्पष्ट हो जाता है। हालाँकि, इस काल के मध्येशिया में मंगोल संकट से बचने के लिए भारत आनेवाले धर्माधिकारियों की संख्या बहुत थी, फिर भी वे सुल्तान की सुनियोजित नीति के परिणामस्वरूप, एक सुव्यवस्थित राजनीतिक शक्ति के रूप में संगठित नहीं हो सके। उसके विरुद्ध तो उसके अमीरों का साहस नहीं था तो उलमा से क्या अपेक्षा की जा सकती थी? किन्तु फिर भी, इतना तो अवश्य मानना होगा कि, मोहम्मद (तुगलक) के काल से तुलना करने पर अलाउद्दीन के काल में उलमा की स्थिति निश्चित ही बेहतर थी। वह यदि उनको प्रशासनिक मामलों में हस्तक्षेप की अनुमति नहीं देता था, तो वह स्वयं भी कभी उनके धार्मिक मामलों में कदापि हस्तक्षेप नहीं करता था। 'पारस्परिक रूप से दोनों एक-दूसरे के मध्य एक हाथ का (एक निश्चित) फासला बनाए रखे रहे।'[4]

अलाउद्दीन के पुत्र व उत्तराधिकारी के काल में पूर्ववर्ती सुल्तान की निरंकुश नीतियों को स्पष्ट परिणाम दिखाई देता है क्योंकि, जब सुल्तान स्वयं 'खलीफ़ा' का विरुद धारण कर लेता है, तो उलमा के अन्दर विरोध या प्रतिरोध करने का साहस नहीं होता है। शेख निज़ामुद्दीन औलिया जैसे प्रसिद्ध सूफ़ी सन्त के प्रति वह अपशब्दों का प्रयोग मात्र इस कारण से करता था, क्योंकि शेख उसके सौतले भाई खिज्र खाँ का पीर या गुरु था एवं खिज्र खाँ प्राय: शेख के क़ानख्वाह में जाता था। बरनी तो यहाँ तक लिखता है, कि, शेख को नीचा दिखाने के लिए ही सुल्तान ने उसके प्रतिद्वन्द्वी शेखज़ादा जाम को प्रश्रय प्रदान किया एवं दरबार में एक प्रमुख विश्वासी का दर्जा भी।

कुतुबुद्दीन खलजी के काल में उलमा की भूमिका व महत्त्वहीनता पर तब भी प्रकाश पड़ता है, जब खुसरो खाँ उसके विरुद्ध षड्यन्त्र करता है एवं किसी के अन्दर सुल्तान को सूचित करने का साहस नहीं होता है। सद्र-ए-जहाँ काज़ी ज़ियाउद्दीन बाल्यकाल में सुल्तान को लेखनी सिखानेवाला गुरु रहा था, अत: उसने सुल्तान को पूर्ण-सूचना एवं चेतावनी दी, किन्तु, सुल्तान के कान पर कोई जूं नहीं रेंगी, तब खुसरो ने अपनी वफ़ादारी की कसमें खाईं। इसी के बाद खुसरो ने बिना अधिक विलम्ब किए, सुल्तान एवं काज़ी दोनों को मौत के घाट उतार दिया।

अपने षड्यन्त्र में सफल होकर जब खुसरो खाँ सुल्तान बना, तो उसने उलमा को सन्तुष्ट करने एवं उनका समर्थन प्राप्त करने के लिए उन्हें उपहार बाँटे और बहुत धन वितरित किया। वह भी शेख निज़ामुद्दीन औलिया का भक्त था एवं प्राय: उसके खानकाह को धन दिया करता था। हालाँकि, उलमा उसका पतन चाहते थे, किन्तु, उसके विरोध का साहस नहीं करते थे। यही नहीं, जब

सुल्तान का विवाह मृत सुल्तान की विधवा से एक काज़ी ने सम्पन्न कराया, तब भी उलमा के किसी सदस्य ने भी विरोध अथवा प्रतिरोध नहीं किया। अपने सिंहासनारोहण के पश्चात् गयासुद्दीन तुगलक ने शरा के प्रावधानों के घोर उल्लंघन में विवाह सम्पन्न करानेवाले काज़ी को दंडित किया।

गयासुद्दीन तुगलक के शासक बनने पर, काज़ी कमालुद्दीन को सद्र-ए-जहाँ एवं शम्सुद्दीन को राजधानी का काज़ी नियुक्त किया गया। किन्तु, वह उलमा के मामलों में हस्तक्षेप नहीं करता था और न ही वह उन्हें राजनीतिक व राज्य के मामलों में हस्तक्षेप करने देता था। सुल्तान एवं शेख निज़ामुद्दीन औलिया के मध्य एक कटु विवाद उसके काल की एक महत्त्वपूर्ण घटना मानी जाती है। जब खुसरो खाँ अपने शासन की संस्तुति व स्वीकृति के लिए धन वितरित कर रहा था, तब उसने अपने पूज्य शेख (निज़ामुद्दीन औलिया) को भी पाँच लाख टंके भेंट किए, जिसे चिश्ती सिलसिले के सूफ़ी गुल शेख ने तत्काल फ़कीरों एवं गरीबों में बँटवा दिया, अत: स्वाभाविक ही है, कि, गाज़ी तुगलक ने जब उलमा के सदस्यों से उसके अवैध शासन-काल में वितरित अवैध धन को वापस करने का आदेश दिया, तो शेख निज़ामुद्दीन औलिया धन नहीं लौटा सके, जिसके फलस्वरूप, सुल्तान शेख से नाराज़ हो गया। अत: उसने एक 'महज़र' आयोजित करने की सलाह मान ली कि विद्वान एवं विधि-विशेषज्ञ यह निर्णय करें, कि, शेख के खानकाह में होनेवाली संगीत गोष्ठियाँ (समाँ) शरीयत विरुद्ध आचरण है, किन्तु, शेख ने 'हदीस' के उदाहरण से कार्य को शरा के अनुकूल प्रमाणित कर दिया। कुछ इतिहासकारों (समकालीन नहीं—बाद के) ने यह विश्लेषित करने का प्रयास किया है, कि, सुल्तान और शेख में कटुता की दरार और गहरी हो गई, किन्तु, ऐसा किसी ऐतिहासिक साक्ष्य से प्रमाणित नहीं होता है।

वे ही इतिहासकार इस तथ्य को बढ़ा-चढ़ाकर प्रस्तुत करते हैं, कि, सुल्तान व शेख के मध्य दो बार हुए विवाद के चलते वैमनस्यता बढ़ गई थी और जब सुल्तान का पुत्र जौना खाँ शेख की खानक़ाह प्राय: जाने लगा, तो सुल्तान को पूर्वी अभियान के दौरान इसकी सूचना मिली। सुल्तान ने क्रुद्ध होकर कहा था कि, ''दिल्ली पहुँचकर सबसे पहले शेख से निबटेंगे।" शेख के शिष्यों ने यह सूचना शेख तक पहुँचाई, तो शेख ने बड़े शान्त भाव से कहा कि, सुल्तान तो अभी अभियान पर है, अत: 'हनूज़ दिल्ली दूर अस्त।' दिल्ली से पूर्व, परम्परानुसार अफ़गानपुर में लकड़ी के निर्मित निवास-स्थल के गिर जाने से सुल्तान की आकस्मिक मृत्यु हो गई तथा, वह दिल्ली नहीं पहुँच सका। किन्तु, यह विस्तृत विवरण समकालीन इतिहासकारों का न होकर बाद के इतिहासकारों

का है, जो वास्तविक समकालीन तथ्यों से अनभिज्ञ प्रतीत होते हैं। वस्तुत: सुल्तान के बंगाल-अभियान के दौरान शेख बहुत बीमार पड़ गए थे अत: मृत्यु शय्या पर पड़े थे। इस वृत्तान्त में कोई ऐतिहासिक सत्यता नहीं है।[5]

जहाँ तक गयासुद्दीन के पुत्र एवं उत्तराधिकारी जौना खाँ का प्रश्न है, वह मोहम्मद के नाम से अधिक प्रसिद्ध हुआ, एवं उलमा के मध्य बहुत ही अलोकप्रिय प्रमाणित हुआ। वह अपने सुव्यवस्थित तार्किक सोच (विचारों) एवं राज्य प्रशासन में धार्मिक प्रभाव को न्यूनतम रखने के कारण उलमा द्वारा नापसन्द किया गया। ज़ियाउद्दीन बरनी एवं इब्नबतूता दोनों ही उसके द्वारा मुस्लिमों को प्रदान किए गए मृत्युदंडों की भर्त्सना करते हैं, जबकि सुल्तान निष्पक्ष न्याय में सहधर्मावलम्बियों को भी क्षमा प्रदान करने का पक्षधर नहीं था। इब्नबतूता तो आगे बढ़कर सुल्तान मोहम्मद पर उलमा पर उत्पीड़न एवं अत्याचार और यहाँ तक कि मृत्युदंड प्रदान करने के आरोप लगाता है, किन्तु समकालीन साक्ष्यों से यह प्रमाणित हो जाता है कि सुल्तान द्वारा उलमा के सदस्यों को दिए गए दंड उनके द्वारा किए गए निश्चित अपराधों के परिणाम थे। जबकि दूसरी ओर, वही इब्नबतूता सुल्तान के निष्पक्ष न्याय की प्रशंसा करने से नहीं चूकता है।[6] वह चूँकि न्याय के सन्दर्भ में निष्पक्ष था, अत: वह उलमा एवं साधारण जन में कोई भेद नहीं करता था, अत: उसे कुछ इतिहासकारों ने 'सुल्तान-ए-आदिल' एवं कुछ ने 'सुल्तान-ए-कातिल' उपनाम दिया है।

हालाँकि, सुल्तान मोहम्मद, उलमा के जीवन एवं व्यवहार का बड़ा आलोचक था, किन्तु, विद्वानों का वह सदैव आदर करता था। जब इब्नबतूता की प्रतिष्ठा से अभिज्ञ होकर उसे दिल्ली का काज़ी बनाया, तो न केवल उसे सम्मान ही प्रदान किया, अपितु अनेकों बार पुरस्कार सम्मानस्वरूप धन भी प्रदान किया, जिसका उल्लेख स्वयं इब्नबतूता करता है। यही नहीं, सुल्तान से इस प्रकार धन प्राप्त करनेवालों की सूची में वह मिस्र के अब्बासी खलीफ़ा के यहाँ से सुल्तान के लिए मान्याभिषेक लानेवाले शेख रुक्नुद्दीन का उल्लेख करता है। साथ ही काज़ी मुज़्दुद्दीन, हाजी काउन तथा इब्न-उल, खलीफ़ा अमीर गयासुद्दीन मोहम्मद तथा ख्वाजा ज़ियाउद्दीन बरनी का भी उल्लेख करता है, जिन पर सुल्तान की कृपा की वर्षा हुई थी।

यदि उलमा का सदस्य योग्य हो, तो न्याय एवं सद्र ही नहीं, वह उन्हें उच्च-प्रशासनिक पदों पर नियुक्ति देने से भी परहेज़ नहीं करता था, अत: अजोधन के शेख अलाउद्दीन के पुत्र शेख मुईज़ुद्दीन को गुजरात के वज़ीर पद पर नियुक्त करने से कतई संकोच नहीं किया। इसी प्रकार, किशली खाँ (मुल्तान) के विद्रोह

के दमन के उपरान्त उसने वहाँ नर-संहार के आदेश पर शेख रुक्नुद्दीन के हस्तक्षेप पर रोक लगा दी थी। वह शेख का बहुत आदर करता था एवं किशली खाँ के विरुद्ध अभियान से पूर्व शेख का आशीर्वाद भी प्राप्त किया था। जैसा कि ऊपर वर्णित ही किया गया है, राजकुमार जौना खाँ के रूप में वह शेख निज़ामुद्दीन औलिया का पक्का अनुयायी रहा था, किन्तु शेख के मृत्यूपरान्त उसके उत्तराधिकारियों से उसकी नहीं पटी।

शेख निज़ामुद्दीन औलिया के एक खलीफ़ा हाँसी के शेख कुतुबुद्दीन मुन्नवर को दो बार 'सुल्तान ने इनाम एवं दो गाँव (मदद-ए-माश) प्रदान करनेवाला एक फ़रमान भी भेजा। किन्तु, शेख ने भेंट स्वीकार करने से इनकार कर दिया। बाद में बरनी एवं मलिक फ़िरोज़ न बरबक के हस्तक्षेप पर उसने सुल्तान से दो हजार टंके प्राप्त करके अपने गुरु शेख निज़ामुद्दीन औलिया की भाँति तुरन्त गरीबों में वितरित कर दिए। इसी प्रकार, राजधानी स्थानान्तरण के समय शेख फ़ख़रुद्दीन ज़र्राद से आशीर्वाद मांगा था। तत्पश्चात् उसने शेख को खिलअत एवं धन भेंट किया, जिसे लेने से शेख ने इनकार कर दिया।

सुल्तान मोहम्मद सूफ़ी विचारधारा का अनुयायी था एवं वह उनका (सूफ़ी सन्तों का) समर्थन प्राप्त करने का इच्छुक था, किन्तु, वह इसमें सफल न हो सका, जैसा कि ऊपर के वर्णन से स्पष्ट ही है। वह ज्ञानी सुल्तान था, जिसे शरीयत, कुरान शरीफ़ एवं हदीस का पर्याप्त ज्ञान था—वह अपनी प्रार्थनाओं (नमाज़) में कोई ढील नहीं करता था और ऐसी ही अपेक्षा जनसाधारण से भी करता था। उल्लंघन-कर्त्ताओं को दंडित करने से भी वह नहीं चूकता था। ज़ियाउद्दीन बरनी के वर्णनानुसार तो उलमा अपने जीवन के भय से तथा सुल्तान से लाभ व पद की आशा में, सुल्तान की किसी आज्ञा व नियम का विरोध नहीं करते थे तथा अवास्तविक परम्पराओं एवं पूर्व प्रचलन का हवाला देकर उसके नियमों व इच्छाओं के अनुकूल राय प्रकट कर देते थे।

सुल्तान मोहम्मद का उत्तराधिकारी फ़िरोज़ अपने स्वभाव एवं विश्वास (आस्था) में पूर्ववर्ती सुल्तान का ठीक विपरीत प्रतीत होता है। थट्टा अभियान के दौरान हुई मोहम्मद की मृत्यु के उपरान्त जिस तरह उलमा के सक्रिय सहयोग से उसे सत्ता प्राप्त हुई थी, वह सदैव अपने आप को उनका ऋणी मानता एवं उऋण होने की तत्परता रखता था। वह अपनी आत्मकथा में स्वीकार करता है, कि, वह इसी कारण उलमा, सूफ़ी सन्तों एवं फ़कीरों का बहुत सम्मान करता था। वह खलीफ़ा का भी अनुयायी था एवं उसका वास्तविक आदर करनेवाला था। उसने राज्य में उलमा के प्रभाव को स्वीकार किया तथा करों को समाप्त कर दिया।

इतिहासकार अफ़ीफ़ वर्णन देता है, कि, कैसे शरा द्वारा गैर मान्यता प्राप्त करों की सूची काज़ी नस्र- उल्लाह द्वारा पढ़ी गई थी। यही नहीं, दिल्ली सुल्तान द्वारा लगाया गया जज़िया-कर, ब्राह्मणों से नहीं वसूला जाता था। फ़िरोज़ ने उलमा से विचार-विमर्श के पश्चात् ब्राह्मणों से भी इसकी वसूली प्रारम्भ कर दी।

सुल्तान फ़िरोज़ ने उच्च प्रशासनिक पदों पर उनकी नियुक्ति की नीति नियोजित व क्रियान्वित करके, उनकी स्थिति अपने साम्राज्य में बहुत सुदृढ़ कर दी। उसने काज़ी जलालुद्दीन किरमानी को प्रमुख काज़ी व प्रमुख सद्र नियुक्त किया। यह पद तो उलमा का था ही। इसके अतिरिक्त, खुदाबन्दज़ादा किवामुद्दीन तिर्मिज़ी को दूरबाश एवं अन्य राजकीय चिह्न प्रदान किए; उसके भतीजे, मालिक सैफ़ुल-मुल्क को अमीर-ए-शिकार का महत्त्वपूर्ण पद प्रदान किया। इसी प्रकार, अशरफ़ुल-मुल्क (जो कुलीन वर्ग का था), जिसे सुल्तान बहुत सम्मान करता था—नायब वकील-ए-दार नियुक्त किया गया। एक अन्य प्रमुख दरबारी था। अलाउद्दीन सैय्यद रसूल-ए-दाद, यह भी उलमा का ही सदस्य था एवं सुल्तान इसका बहुत आदर करता था अत: यह कतई आश्चर्य की बात नहीं है, कि, सुल्तान फ़िरोज़ के शासन-काल में उलमा उसका कट्टर समर्थक बना रहा।[7] अत: इतिहासकार अफ़ीफ़ के समक्ष शेख कुतुबुद्दीन मुन्नवर की यह टिप्पणी बहुत महत्त्वपूर्ण है, कि, सुल्तान फ़िरोज़ तो स्वयं एक शेख है, जिसके सिर पर ताज रखा हुआ है।

लोदी शासकों के विषय में समकालीन इतिहासकारों ने विशेष सूचना उपलब्ध निश्चित ही नहीं की हैं, किन्तु, फिर भी, उलमा के प्रति उनके व्यवहार के साथ-साथ समकालीन समाज में उलमा के प्रभाव से सम्बन्धित कुछ जानकारी तो हमें प्राप्त ही होती है। लोदी वंश का संस्थापक बहलोल 'राजत्व ही बन्धुत्व' का अनुयायी होने के कारण अमीरों के साथ-साथ उलमा के साथ भी समानता का व्यवहार करता था। सिकन्दर लोदी, चूँकि, एक सीमा तक तुर्क सुल्तानों की नीतियों से प्रभावित था, अत: उसने उलमा से परामर्श तो लिया तथा अपने पिता की भाँति न्याय एवं सद्र विभागों में उन्हें नियुक्त भी किया, किन्तु, राजकीय कार्यों में उनके हस्तक्षेप को निरुत्साहित ही किया। उपर्युक्त तथ्य इस बात से भी प्रमाणित हो जाता है, कि, प्रत्येक रात्रि उलमा उसके साथ ही बैठते थे। दिनभर के कार्यों के पश्चात् सत्तर विधिवेत्ता (या उलमा के सदस्य) रात्रि-गोष्ठी में सम्मिलित होते थे। जब सुल्तान का भोजन (मध्यरात्रि को) परोसा जाता था, तब उलमा का भाग भी पृथक् कर दिया जाता था— उलमा के सदस्य अपने भाग (हिस्से) का भोजन अपने घर ले जाकर खाते थे। वे सुल्तान के साथ बैठकर

भोजन नहीं कर सकते थे। सिकन्दर का पुत्र व उत्तराधिकारी पूर्णतया निरंकुश सुल्तान था, अत: उसके काल में उलमा की प्रतिष्ठा पूर्णत: समाप्तप्राय थी। हालाँकि, शेरशाह भी एक निरंकुश शासक था, फिर भी उसने उलमा को मुक्त हाथों से भू-अनुदान प्रदान किए।

मुगल बादशाहों के उलमा के साथ सम्बन्ध

बाबर एवं हुमायूँ के शासन-कालों में उलमा का प्रभाव साधारण ही रहा। न तो इन दोनों प्रारम्भिक मुगल शासकों को युद्धों से विराम मिला, कि, वे नीतिगत निर्णय लेते और न ही मुगल प्रशासनिक संरचना एक निश्चित रूप ग्रहण ही कर सका। मुगल वंश का संस्थापक बाबर तो दूध का जला छाछ भी फूँक-फूँककर पीता था। काबुल में प्रशासनिक पुनर्गठन के परिणामस्वरूप उसका शासन इतना अलोकप्रिय हुआ था, कि, वह वहाँ से पलायन तक करने को बाध्य हुआ था। अत: उसने भारत-विजय के पश्चात् यहाँ कोई मौलिक परिवर्तन नहीं किया, अत: उलमा के प्रति साधारण भाव उनके सदस्यों का पूर्ववत् नियत पदों पर नियुक्ति का क्रम यथावत चलता रहा। शेरशाह के काल में जैसा पहले ही 'उल्लेख किया जा चुका है, उलमा के सदस्यों को उदार भाव से भू-अनुदान प्रदान किए गए। यही नीति उसके उत्तराधिकारियों के काल में भी दृष्टिगोचर होती है।

उलमा के पृथक् संगठन एवं सांगठनिक स्वरूप ने मुगल बादशाहों को चेता दिया कि 'राज्य के अन्तर्गत राज्य' न विकसित हो जाए, अत: उन्होंने उलमा पर कठोर नियन्त्रण रखा। हालाँकि, उलमा आदर के योग्य तो थे, किन्तु, न तो उनके पास प्रशासनिक ज्ञान अथवा अनुभव था, जो शासन/प्रशासन के लिए अपरिहार्य होता है, क्योंकि उनका ज्ञान एवं अनुभव दोनों धार्मिक न्यायिक क्षेत्रों तक ही सीमित था। अत: उनके परामर्श भी एक सीमा तक पूर्वाग्रह से प्रभावित होते थे एवं उनका क्षितिज सीमित होता था।[8]

मुगल शासकों जैसे अकबर एवं जहाँगीर ने उलमा के धार्मिक प्रभाव को राज्य की नीतियों के लिए घातक माना एवं उनकी शक्ति व संगठन पर निरन्तर प्रहार किए, ताकि वे सुदृढ़ न हो सकें। इन्हीं कारणों से उलमा की स्थिति व स्तर, उमरा से निम्न ही माना जाने लगा था। वास्तव में, उनका पद व धनलोलुप स्वभाव ही उनके उत्कर्ष में बाधक प्रमाणित हुआ। उनके आपस की प्रतिद्वन्द्विता एवं एक-दूसरे से श्रेष्ठ प्रमाणित करने के प्रयासों ने अकबर द्वारा स्थापित इबादतखाने में ऐसा भौंडा प्रदर्शन करवाया, कि, बादशाह एवं जनता सभी उनके छिछले/सतही चरित्र, ज्ञान व आचरण से स्तब्ध रह गए। जब उसने आसफ़ खाँ

से इनके निम्नस्तरीय आचरण की जाँच के लिए कहा तो उसने उत्तर में यही कहा, कि, यदि, उनके आचरण की जाँच की जाएगी तो कोई भी इबादतखाने में नहीं रह जाएगा, अपितु, बादशाह को उनके व्यवहार के कारण, सभी को बाहर का मार्ग दिखाना पड़ेगा।

उलमा ने अकबर की राजस्व एवं धार्मिक नीतियों के विरोधस्वरूप ऐसा परिवेश निर्मित किया, कि, जौनपुर के काज़ी मुल्ला याज़दी ने उसके विरुद्ध 'फ़तवा' जारी कर दिया ताकि, लोग धर्म अथवा आस्था के नाम पर बादशाह के धर्म-विरोधी आचरण के विरुद्ध मोर्चा सम्हालें व राजद्रोह करें। अत: मोहम्मद मासूम काबुली, मो. मासूम खाँ फ़रवन्दी, मीर मुइज़-उल-मुल्क, नयाबत खाँ, अरब बहादुर एवं अन्य ने बादशाह के विरुद्ध तलवार खींच ली। हालाँकि, शाही सेना से वे शीघ्र पराजित हुए। इमामों ने बादशाह के ऊपर ईश्वर एवं धर्म की भूमि का अधिग्रहण करने का आरोप लगाया। मुल्ला मोहम्मद याज़दी को नाव से गहरे पानी में धकेलकर मृत्युदंड प्रदान किया गया। लाहौर के उलमा को देश निकाला दे दिया गया। एक-एक करके समस्त विद्रोही एवं विरोधी तत्त्वों का समूल नाश कर दिया गया है। लोगों को भी सुस्पष्ट हो गया कि, उलमा सांसारिक लाभ व धनलोलुपता की लड़ाई लड़ रहे थे न कि कोई धार्मिक या सैद्धान्तिक लड़ाई। अत: उनको व्यापक जन समर्थन कदापि नहीं मिला। यह सम्भव है कि यदि अकबर ने पूर्व में प्रदत्त भू-अनुदानों या सयूरघल जमीनों की जाँच का आदेश न दिया होता तो उसके विरुद्ध कोई विद्रोह भी नहीं होता।[9]

बादशाह ने आदेश दिया कि उलमा के जिन सदस्यों के पास पाँच सौ बीघा से भी अधिक भूमि है, वे स्वयं बादशाह के समक्ष सघन जाँच के लिए अपने-अपने फ़रमान प्रस्तुत करेंगे। जो ऐसा नहीं करेंगे उनके भू-अनुदान स्वत: ही अधिगृहीत कर लिए जाएँगे। वस्तुत: एक निर्णय लिया गया था, कि, सौ बीघे से अधिक प्रदत्त भू-अनुदान में से 2/5वाँ भाग ही अनुदान प्राप्त उलमा के पास रहने दिया जाए। शेष 3/5 वाँ भाग राज्य द्वारा अधिगृहीत कर लिया जाए। स्वाभाविक ही था, कि, उलमा को अपने स्वार्थ में विरोध के अतिरिक्त कोई विकल्प ही नहीं था।

मुगल काल से पूर्व में स्थापित सद्र की असीम शक्तियों को अकबर ने विनष्ट कर दिया। वस्तुत: सद्र के पास धार्मिक अनुदान एवं सयूरघल प्रदान करने की स्वतन्त्र शक्ति थी, जिसके परिणामस्वरूप, वह अपने लोगों को समृद्ध करता था। अकबर के काल में भी वरीयता की दृष्टि से वह चतुर्थ स्थान पर था। वास्तव में, सद्र द्वारा की गई संस्तुति पर राज्य द्वारा प्रदत्त भू-अनुदानों में सघन जाँच की

आवश्यकता थी, क्योंकि, प्रमुख सद्र का कार्यालय भ्रष्टाचार (रिश्वतखोरी) से अछूता नहीं था। फ़रमान में प्रदत्त भू-आकार से कहीं अधिक ज़मीन पर अनुदान प्राप्तकर्ताओं का अधिकार हो गया था। अत: अकबर ने जाँच के आदेश दिए थे। कुछ सन्दिग्ध फ़रमान उसे समाप्त करने पड़े, अत: जिनकी क्षति हुई थी, उनका विरोध स्वाभाविक था। फिर, उलमा के ये सदस्य उसके उदार विचारों के भी विरोधी थे, अत: वह संकीर्ण दृष्टिकोणवालों को गलत ढंग से अर्जित भूमियों पर कैसे बना रहने दे सकता था?

वह महत्त्वपूर्ण पदों पर स्वामिभक्त व निष्ठावान व्यक्तियों को नियुक्त करना चाहता था, ताकि, निष्ठापूर्वक राज्य-कार्य संचालित हो सके तथा उसे उलमा के निरर्थक विरोध का भी सामना न करना पड़े। अत: अब्दुनबी के पश्चात् मुख्य सद्र का पद उसने दीन-ए-इलाही के एक अनुयायी सुल्तान ख्वाज़ा को प्रदान किया। उसके काल में भू-अनुदान नियन्त्रित किया जा सका एवं भ्रष्टाचार उन्मूलित हो सका। इसी प्रकार, मख्दूम-उल-मुल्क मौलाना अब्दुल्ला सुल्तानपुरी को भी अकबर ने उसके आचरण के चलते अपदस्थ कर दिया। वह उलमा के छुद्र आचरण एवं संकुचित मानसिकता को उजागर करना चाहता था। अकबर 'तकलीद' या धर्मान्धता के स्थान पर तार्किक सर्वधर्म समभाव की भावना को महत्त्व देता था, जिसकी दृष्टि व्यापक व उदार होती है।

अकबर के काल में मुगल बादशाह-उलमा पारस्परिक सम्बन्धों पर प्रकाश एक महत्त्वपूर्ण घटना से और पड़ता है और वह है अकबर के विवाह पर विधिक परामर्श। वास्तव में विवाहों के सन्दर्भ में, विधि एवं उसके व्याख्याकारों (उलमा के सदस्यों) को जिस प्रकार उसने नकारा, उससे सुस्पष्ट हो जाता है, कि, वह इनको कितना महत्त्वहीन मानता था।[10] वह विधिवेत्ताओं/ विशेषज्ञों से यह जानने को उत्सुक था, कि, एक आदमी कितने विवाह कर सकता है। उनका उत्तर स्पष्ट था, इस्लाम के पैगम्बर ने पत्नियों की संख्या चार निर्धारित की थीं। बादशाह यह संख्या पारकर चुका था तथा यह भी चाहता था कि यह विवाह अवैध न हों। उसने मुज्ताहिद का उदाहरण देते हुए, अपनी स्थिति सुदृढ़ करने का प्रयास किया, क्योंकि (इब्न अबी लेला) मुज्ताहिद की नौ पत्नियाँ थीं। उलमा ने बादशाह को खुश करने की नियत से कुरान शरीफ़ से करते हुए कहा कि आदमी दो-दो, तीन-तीन, चार-चार (यहाँ प्रत्येक संख्या का दो बार प्रयोग उस संख्या पर बल देकर संख्या स्पष्ट करना था) विवाह कर सकता है अर्थात् दो और दो का योग चार, तीन और तीन का योग छह, चार और चार का योग आठ, अत: कोई व्यक्ति इस आधार पर कुल अट्ठारह विवाह कर सकता था,

क्योंकि, उपर्युक्त संख्याओं का कुल योग अट्ठारह होता था ऐसा था उलमा का, चरित्र एवं मानसिकता। किन्तु, शेख अबदुन्नवी ने ऐसा मानने से स्पष्ट इनकार किया। उलमा ने व्याख्या दी कि चार विवाह तो 'निकाह' से विधिक है, 'मुत्ताह' विवाह से पत्नियों की कोई सीमा/संख्या निर्धारित नहीं है, अत: बादशाह जितने चाहें विवाह (मुत्ताह) कर सकता था। यही नहीं, राज्य के प्रमुख काज़ी, काज़ी याकूब ने, चूँकि, 'मुत्ताह' विवाह को ही विधिक मानने से इनकार कर दिया था, अत: उसे अपदस्थ करके गौर (बंगाल) का काज़ी बना दिया था, जो स्वाभाविक रूप से एक अधीनस्थ पद था। मुल्तान के काज़ी मौलाना जलालुद्दी न को साम्राज्य का मुख्य काज़ी नियुक्त किया गया। नए काज़ी ने तत्काल अपने ऊपर किए उपकार के परिणामस्वरूप मुत्ताह विवाह को वैध (विधिसम्मत) घोषित कर दिया। मख्दूब-उल-मुल्क को भी याकूब का पक्षधर होने के कारण, उसी की भाँति, दंडित किया गया। मुगल बादशाह ने उलमा को स्पष्ट संकेत दे दिया था, कि, बादशाह के कार्यों पर प्रश्नचिह्न अंकित करने का अधिकार वे नहीं रखते थे, भले ही ये कार्य स्वीकृत मान्यताओं एवं धार्मिक परम्पराओं के कितने भी प्रतिकूल क्यों न हों।[11]

अकबरकालीन 'उलमा' का सत्ता के समक्ष समर्पण तो पूर्ण हो ही रहा था, पूर्णाहुति दी शेख मुबारक (फ़ैज़ी व अबुल फ़ज़ल के पिता) के हस्तलिखित 'महज़र' ने, जो सितम्बर, 1579 ई. में फ़तेहपुर सीकरी के जामा मस्जिद से पढ़ा गया था। इस घोषणा पत्र में स्पष्ट था कि जो 'सुल्तान-ए-आलि' (बादशाह अकबर) के विरुद्ध विद्रोह करेगा वह अल्लाह का विद्रोही है; एवं 'सुल्तान-ए-आलि' का पद एवं महत्त्व तो मुज्ताहिद से भी उच्च है। अत: यदि उलमा या विधि-विशेषज्ञों में किसी प्रश्न पर विवाद थे या विभिन्न व्याख्याएँ हों, तो बादशाह का निर्णय अन्तिम माना जाएगा।

अत: इस 'महज़र' की उद्घोषणा के साथ ही मुगल बादशाह के निरंकुश क्षेत्राधिकार पर से जो एकमात्र अंकुश की सम्भावना थी, वह भी समाप्त हो गई। बादशाह राजनीतिक एवं धार्मिक दोनों ही क्षेत्रों का सर्वोच्च अधिकारी हो गया, वह 'खिलाफ़त' (सांसारिक सर्वोच्चता) एवं 'इमामत' (आध्यात्मिक श्रेष्ठता) का समन्वय हो गया। अकबर ने इस प्रकार उलमा को राज्य व राजनीति के पृष्ठभूमि में धकेल दिया एवं राज्य को पूरी तरह से उलमा से एवं धर्म से मुक्त करा दिया। अकबर के अपमानपूर्वक व्यवहार के चलते उलमा पूर्णतया प्रभावहीन हो गया। इबादतखाने में अपने अवांछित व्यवहार के चलते वे न केवल बादशाह एवं शासक वर्ग की दृष्टि में गिरे, अपितु, जन-साधारण में भी वे पूज्य नहीं रह गए।

अकबर जैसा सशक्त, किन्तु उदार शासक ही उलमा के आर्थिक घोटालों को नियन्त्रित कर सका एवं एक ऐसी नींव रख सका, जिसने मुगल राजत्व के साथ-साथ उलमा के प्रति नीति को निश्चित स्वरूप प्रदान कर दिया। उधर उलमा को भी लगा कि इस्लाम की कट्टरता को नकारनेवाले बादशाह के बढ़ते प्रभाव एवं प्रभा क्षेत्र को निर्देशित करके मुगल काल में अपने महत्त्व को रेखांकित किया जाए। अत: उन्होंने साधारण प्रतिरोध से लेकर 'फ़तवा' घोषित करके, सशस्त्र विद्रोह तक का मार्ग अपनाया, किन्तु, बादशाह के नैतिक बल के समक्ष एवं अपने अनैतिक, अवैध एवं निम्नस्तरीय आचरण के चलते वे पूर्णत: असफल रहे। मुगल बादशाह के सशक्त मन्तव्य एवं प्रशासनिक उपायों का उनके पास कोई प्रत्युत्तर न था।

उलमा के चरित्र को देखते हुए एवं अपने राजत्व के दैवी सिद्धान्त को अक्षुण्ण बनाए रखने के लिए उसके पुत्र जहाँगीर एवं पौत्र शाहजहाँ ने भी अकबर की उलमा के प्रति नीति का ही अनुसरण किया। उसकी महत्त्वपूर्ण राज्य नीति को उन्होंने 'अपरिहार्य व्यवस्था' की ही मान्यता प्रदान की। निश्चित ही कट्टरपन्थी विचारधारा तथा उलमा का समकालीन प्रभाव पुनर्स्थापित करने का प्रयास इन बादशाहों ने भी दबाए रखा। ईसाई मिशनरी फ़ादर कात्रो के वृत्तान्त को हम अतिशयोक्तिपूर्ण भी मान लें कि जहाँगीर भरे दरबार में निषिद्ध शराब का सेवन करने के साथ दस्तरखान पर प्रतिबन्धित माँस व अत्यधिक मदिरापान करता था और इमाम तथा काज़ी के प्रतिरोध एवं मनाही का कोई प्रभाव उस पर नहीं पड़ता था, फिर भी, यह इस विषय की ओर पर्याप्त संकेत था, कि, जहाँगीर भी उलमा के प्रभाव में आनेवाला व्यक्तित्व कदापि नहीं था।

जहाँगीर के सिंहासनारोहण के समय शेख फ़रीद अर्थात् नवाब मुतर्ज़ा ने एक महत्त्वपूर्ण भूमिका निभाते हुए नवीन बादशाह से शरीयत के प्रावधानों के कट्टर अनुपालन का वादा करवा लिया था तथा, शेख अहमद सरहिन्दी ने नवाब मुर्तज़ा को लिखे अपने पत्र में इस्लाम के शत्रु की मृत्यु एवं इस्लाम के अनुपालक बादशाह के सिंहासनारोहण पर बधाई भी प्रेषित की। इसी वर्ष उसने आम मुसलमान को उद्बोधित करते हुए कहा कि वे शरीयत के कानूनों के क्रियान्वयन में नए बादशाह की यथासम्भव सहायता करें, ताकि, भारत में इस्लाम सुदृढ़ हो सके। सम्भवत: खुसरो के विद्रोह के चलते जहाँगीर धर्माधिकारियों के विरुद्ध एक अन्य मोर्चा तुरन्त खोलने के पक्ष में नहीं रहा होगा। अत: उसने कोई तात्कालिक प्रतिक्रिया व्यक्त नहीं की, किन्तु, दूसरी ओर, उसने ऐसे कोई संकेत भी नहीं दिए कि वह भारत का बादशाह न होकर इस्लाम का बादशाह था। अत: शेख

अहमद सरहिन्दी ने खान-ए-आज़म को लिखे एक अन्य पत्र में संकेत से यह सन्देह भी व्यक्त किया है। उक्त पत्र में शेख लिखता है, कि, क्षोभ का विषय है कि गैर-इस्लामी प्रवृत्तियाँ सशक्त हो रही हैं। हालाँकि, अभी तो बादशह इस्लाम के प्रति आक्रामक दृष्टिकोण नहीं अपना रहा है। किन्तु, वह भी अकबर का पुत्र होने के कारण उसी मार्ग का अनुसरण न करने लगे।

वास्तव में, शेख अहमद सरहिन्दी की आशाएँ एवं शंकाएँ दोनों उन प्रवृत्तियों को अभिव्यक्त कर रही थीं, जो जहाँगीर के सिंहासनारोहण के समय साथ-साथ प्रवाहित हो रही थीं। जहाँगीर के सिंहासनारोहण के साथ-साथ, एत्मातुद्दौला आसफ़ खाँ व नूरजहाँ के प्रभाव से शियाओं का प्रतिशत भी शासन-प्रशासन में निश्चित बढ़ा। अत: उलमा को दोहरी लड़ाई लड़नी थी—एक, अपने अस्तित्व या प्रभावशाली स्थान या प्रभाव-क्षेत्र की तो दूसरे शिया एवं उदारवादी प्रवृत्तियों के स्थान पर कट्टर सुन्नी प्रवृत्तियों के वशीकरण की और, दोनों में पराजय का खतरा आसन्न था। नए बादशाह के काल में वे एक बार फिर अपने संगठन के खोए हुए प्रभाव व प्रभुत्व की पुनर्स्थापना के लिए प्रयासरत हुए थे। किन्तु, जहाँगीर ने सत्ता पर नियन्त्रण करके, अपने पिता के ही मार्ग के अनुसरण का निर्णय लिया। अत: शेख अहमद सरहिन्दी का भय सत्य प्रमाणित हो गया। जहाँगीर ने उलमा के प्रभाव से राज्य व राजनीति दोनों को ही अछूता रखने में सफलता प्राप्त की।

इस बीच, शेख अहमद का प्रभाव तेजी से बढ़ा और उसने अपने आप को 'महदी' या नवीन पैगम्बर तक घोषित कर दिया। अपने पिता की भाँति अपने आप को 'इनसान-ए-आदिल' (एवं 'सुल्तान-ए-आदिल') माननेवाले जहाँगीर के लिए यह असह्य था। जहाँगीर ने उसकी रचित पुस्तक 'मक़्तूबात' में अवज्ञाकारिता प्रसारित करनेवाली सामग्री का संकलन ही पाया। अत: 1619 ई. में दरबार में उपस्थित किए गए शेख अहमद सरहिन्दी को ग्वालियर के किले में बन्दी बना दिया गया। दो वर्ष के कारावास के पश्चात् क्षमायाचना करने तथा स्वामिभक्त या निष्ठावान बने रहने के आश्वासन के पश्चात् ही शेख को मुक्त किया जा सका। हालाँकि, जहाँगीर ने न केवल शेख को मुक्ति ही प्रदान की, अपितु उसे सम्मानसूचक शाहीवस्त्र एवं धनराशि भी प्रदान की।

शेख अहमद ही अकेले उलमा के प्रतिनिधि नहीं थे, जिन्हें जहाँगीर के शासन-काल में बन्दीगृह का जीवन भी व्यतीत करना पड़ा, अपितु, लाहौर के निकट अफ़गानों के मध्य ही प्रभावशाली हो गए (अफ़गान) शेख इब्राहीम बाबा को एक नवीन धार्मिक आन्दोलन प्रारम्भ करने के लिए 1606 ई. में चुनार

के किले में बन्दी बनाया गया था। वैसे कुछ इतिहासकारों का मानना है, कि, इन दोनों को दंडित करवाने के लिए प्रतिद्वन्द्वी उलमा वर्ग के ईर्ष्यालु सदस्य उत्तरदायी थे।

शाहजहाँ के काल को भले ही उसके आधुनिक इतिहासकार, डॉ. बनारसी प्रसाद सक्सेना 'इस्लामी परम्पराओं के पुनरुत्थान' के रूप में देखते हों, किन्तु, हमें यह स्मरण रखना चाहिए कि उसकी अपनी शिक्षा-दीक्षा उदार एवं सूफ़ी मतावलम्बियों के अधीन हुई थी तथा उसके शासन-काल में उसी के राजप्रासाद में उसका ज्येष्ठ पुत्र उपनिषदों का गम्भीर/गहन अध्ययन कर सका था तथा उस पुत्र को वह अपना उत्तराधिकारी बनाने का संकल्प कर चुका था तथा सत्ता स्थानान्तरण की प्रक्रिया दारा के शेष भाइयों के खुले विद्रोह के कारण अस्त-व्यस्त हो गई थी। यह भी सच है कि उस काल में मुजदिद अल्फ़-ए-सानी तथा अब्दुल हक़्क़ देहलवी के लेखों ने समाज को निश्चित ही कटटरपन्थ की ओर प्रभावित करने का प्रयास किया था। सम्भवत: उनके बढ़ते सामाजिक प्रभाव को सन्तुलित करने के लिए उसने भी कुछ ऐसे कदम उठाए ताकि वे सन्तुष्ट रह सकें। उदाहरण के लिए उसने व्यक्तिगत जीवन में अपने आप को एक आस्थावान मुस्लिम व्यक्ति के रूप में पेश किया तथा अपने सिंहासनारोहण से लेकर 1651 ई. तक मक्का के पवित्र तीर्थस्थल को लगभग दस लाख रुपये प्रेषित किए थे। यही कारण है कि कज़विनी एवं लाहौरी जैसे समकालीन इतिहासकार उसे एक आदर्श मुस्लिम शासक घोषित करते थे। वे उसे शरीयत का स्तम्भ, धर्मरक्षक एवं इस्लाम का उद्धारक घोषित करते हैं।

किन्तु, जैसा कि राजत्व-सिद्धान्त के अन्तर्गत हमने पढ़ा है, शाहजहाँ के काल में भी राजत्व की वही अवधारणा एवं स्वरूप रहा, अत: राज्य एवं राजनीति का एक सर्वोच्च सत्ताधीश हो सकता था, वह निरंकुश शक्तियों का स्वामी मुगल बादशाह था। अत: वह कैसे किसी भी वर्ग विशेष को अपने कार्यों को प्रेरित अथवा निर्देशित करने का अधिकार दे सकता था? वह तो प्रत्यक्ष अल्लाह से ही प्रेरित व निर्देशित होता था। उसने इसी कारणवश, राजकीय कार्यों, यहाँ तक कि धार्मिक नीति में भी उलमा को हस्तक्षेप करने का अवसर नहीं दिया। अन्यथा न तो उपर्युक्त वर्णित मुगल राजकुमार हिन्दू धार्मिक ग्रन्थों का अध्ययन कर पाता और न ही ताजमहल में हिन्दू प्रतीक अमलक का प्रयोग सम्भव था।

उलमा का समर्पण बादशाह के समक्ष पूर्ण ही रहा, क्योंकि साठ वर्ष की आयु में बादशाह को व्रत अर्थात् रोज़े से मुक्त करने में कोई झिझक नहीं दिखाई। विधिवेत्ता, मुफ़्ती व काज़ी एकमत थे, कि, दान करके रोज़े का परित्याग

न्यायसंगत है। यही नहीं, जब औरंगज़ेब विजय प्राप्त करके, अपने सिंहासनारोहण की तैयारी कर रहा था, शाहजहाँ के द्वारा नियुक्त साम्राज्य के मुख्य काज़ी का यह साहस ही नहीं हुआ, कि, वह उक्त विजयी पुत्र का सिंहासनारोहण कर दे, जबकि शाहजहाँ जीवित है। अत: शाहजहाँ द्वारा नियुक्त मुख्य काज़ी भी शेष उलमा की भाँति उसके प्रति पूर्णतया समर्पित एवं निष्ठावान बना रहा।

औरंगज़ेब के शासन-काल में पहली ही घटना उलमा की स्थिति और राज्य की उसके प्रति नीति का सम्पूर्ण चित्रण करती है। जैसा कि ऊपर हम चर्चा कर ही रहे थे, औरंगज़ेब के सिंहासनारोहण में विधिक (संवैधानिक) समस्या थी। बादशाह शाहजहाँ जीवित था तथा वली-अहद दाराशिकोह पराजित, किन्तु जीवित था। औरंगज़ेब ने अपनी कार्य पद्धति एवं प्रशासनिक निर्णय से उलमा के प्रति अपनी नीति सुस्पष्ट कर दी। उसने मुख्य काज़ी को अपदस्थ कर दिया, जो मुगल बादशाह का अधिकार था ही (अकबर के बाद ऐसा करनेवाला वह दूसरा मुगल बादशाह था) एवं एक साधारण परिवार के सदस्य अब्दुल वहाब को अपना मुख्य काज़ी (व सद्र) नियुक्त कर दिया, जिसने औरंगज़ेब के सिंहासनारोहण को सरल बना दिया। अब्दुल वहाब के नेतृत्व वाले उलमा के सदस्यों का यह मत था कि शाहजहाँ ने तो सत्ता वली-अहद (दाराशिकोह) के हाथों में स्थानान्तरित अन्ततः कर दी थी। अत: दारा की पराजय के बाद तो सैद्धान्तिक रूप से सिंहासन रिक्त ही है अत: औरंगज़ेब का सिंहासनारोहण विधिसम्मत एवं न्यायिक है। विद्रोह के काल में (जिसे प्राय: इतिहासकार 'उत्तराधिकार का युद्ध' कहते हैं) अपने भाइयों की नृशंस हत्या से लेकर शाहजहाँ को बन्दी बनाए जाने तक एवं सिंहासनारोहण के लिए मुख्य काज़ी को अपदस्थ करके नए की नियुक्ति ने उसका उलमा की ओर ध्यानाकर्षण अवश्य किया। अत: अपना तथा अपने कुकृत्यों की निन्दा से बचने के उपायस्वरूप उसने उलमा को सन्तुष्ट रखने का ढोंग किया। वह स्वयं जानता था और प्रमाणित भी कर चुका था (येन-केन-प्रकारेण अपना सिंहासनारोहण करवाकर) कि बादशाह की तुलना में उलमा की कितनी दयनीय स्थिति है। अत: उसने उलमा से दारा के गैर-इस्लामी आचरण का दोषी होने का फ़तवा भी घोषित करवा दिया, ताकि, वह अपने किए को न्यायोचित साबित कर सके। उलमा ने सहर्ष एवं समर्पित भाव से नए बादशाह की आज्ञा का पालन करने में कोई कोताही नहीं की।

उपर्युक्त वर्णन व विश्लेषण से स्पष्ट हो जाता है, कि, औरंगज़ेब भी अपने पूर्ववर्ती शासकों व बादशाहों की भाँति, राज्य के अन्तर्गत राज्य के रूप में उलमा को स्वीकार करने के लिए कदापि तत्पर नहीं था। वह न तो उलमा को अपनी

लौकिक निरंकुश शक्ति में नियन्त्रण लगाने के प्रयास को बर्दाश्त कर सकता था और न ही अपनी राजनीतिक महत्त्वाकांक्षा की पूर्ति के पथ में उलमा का अवरोध सहन कर सकता था। जब कभी उलमा से उसकी राजनीतिक सत्ता को खतरा प्रतीत हुआ, उसने उनकी सीमाएँ ध्यान दिलाने में कोई कसर नहीं रखीं एवं उनसे सख्ती से निबटने में भी संकोच नहीं किया। अब्दुल वहाब (1659-1675 ई.) मुख्य काज़ी के पद पर आसीन था, तो उसने बादशाह औरंगज़ेब को बीजापुर एवं गोलकुंडा के 'सहधर्मी शासकों के विरुद्ध युद्ध न करने का परामर्श दिया, औरंगज़ेब ने न तो यह सलाह ध्यान से सुनी और न ही उस पर क्रियान्वयन किया गया। अपितु, ऐसी प्रतिकूल परिस्थितियाँ उत्पन्न कर दीं कि तत्कालीन मुख्य काज़ी के पास त्यागपत्र देने के अतिरिक्त कोई विकल्प ही नहीं रहा (अथवा बादशाह ने उससे त्यागपत्र देने का आदेश दे डाला)।

जब औरंगज़ेब का शासन प्रारम्भ हुआ था, तो उलमा को औरंगज़ेब से विशेष कृपा की आशा रही होगी। वे उसके सादे व आदर्शपूर्ण जीवन से बहुत प्रभावित थे। किन्तु उन्हें शीघ्र समझ में आ गया था, कि, बादशाह की कृपा उन पर तब तक ही रहेगी, जब तक वे बादशाह की सांसारिक सत्ता पर अंकुश लगाने का प्रयास नहीं करेंगे।[12] औरंगज़ेब के पश्चात् जब बादशाह की सत्ता कमजोर होने लगी, तब उलमा ने मुगल निरंकुश सत्ता पर अंकुश लगाना प्रारम्भ कर दिया। बहादुरशाह ने अपने शासन-काल में खुत्बा परिवर्तन के आदेश दिए थे। किन्तु यह उलमा द्वारा स्वीकार्य नहीं हुआ एवं, शासन के विरुद्ध वे सशस्त्र विद्रोह भड़काने में भी सफल रहे, जिसके परिणामस्वरूप बहादुरशाह ने अन्तत: अपना आदेश वापस लेना ही श्रेयस्कर समझा तथा खुत्बे की विषय-वस्तु एवं भाषा पूर्ववत् ही बनी रही। वैसे बहादुरशाह के काल में उलमा की विजय का कारण यही था, कि, जिस प्रकरण पर विवाद उत्पन्न हुआ था, वह पूर्णतया धार्मिक था न कि सांसारिक, प्रशासनिक अथवा आर्थिक। वे धर्म के वास्तविक व्याख्याकार थे। अत: धार्मिक प्रकरण में उन्हीं का निर्णय अन्तिम होता था!

सन्दर्भ

1. एस. बी. पी. निगम, 'नोबिल्टी अंडर द सुल्तान्स ऑफ़ देहली', पृ. 119.
2. प्रो. मोहम्मद हबीब, 'द पॉलिटिकल फ़िलोस्फ़ी ऑफ़ द दिल्ली सुल्तनत, पृ. 136-137.
3. के. एम. अशरफ, 'द लाइफ़ एंड कंडीशन्स आफ द पीपुल ऑफ़ हिन्दुस्तान', पृ. 172-176
4. एस. बी. पी. निगम वही, पृ. 132.

5. हबीब व निज़ामी (सं.) 'दिल्ली सुल्तनत', पृ. 416.
6. एस. बी. पी. निगम, वही, पृ. 135.
7. निगम, पूर्व, पृ. 140.
8. रामप्रसाद खोसला, 'मुगल किंग्शिप एंड नोबिल्टी', 162.
9. खोसला, पृ. 172
10. खोसला, पूर्व, पृ. 178-179.
11. खोसला, पूर्व, पृ. 179.
12. खोसला, वही, पृ. 198-199.

5

मध्यकालीन भारत में उमरा या अमीर वर्ग (आभिजात्य)

सुल्तनतकालीन उमरा : संरचना, स्वभाव व भूमिका

सुल्तनतकाल में उमरा की संरचना (संगठन)–मध्यकालीन भारतीय इतिहास क्रम में उमरा या अमीर वर्ग का विशेष योगदान रहा है। जैसा कि मुईनुद्दीन मोहम्मद गोरी के आक्रमणों, सैन्य-अभियानों एवं उनसे प्राप्त विजयों के परिणामस्वरूप स्थापित राजनीतिक व्यवस्था से सुस्पष्ट ही हो जाता है, इस पूर्ण प्रक्रिया एवं प्रशासनिक व्यवस्था का आधार ही अमीर वर्ग या उमरा के सहयोग एवं सहभागीदारी पर टिका था। वे ही सुल्तानों की शक्ति एवं सत्ता के आधार थे। जब भी मोहम्मद गोरी से उसके वृहद साम्राज्य के विषय में प्रश्न किया जाता था कि उसके मृत्यूपरान्त क्या व्यवस्था रहेगी, तब वह अपने दास-अमीरों की ओर इशारा करके प्रश्नकर्ता को निरुत्तर कर देता था। उसका अपने दासों एवं उनके योगदानों पर विश्वास जो था—जिसे उन्होंने असत्य भी साबित नहीं होने दिया।

सुल्तनतकालीन उमरा की भूमिका, उसका स्वभाव एवं उसकी संरचना, वास्तव में, मोहम्मद गोरी के काल में ही निर्धारित हो गई और इसी ने दिल्ली सुल्तनत में साथ-साथ सातत्य (नैरन्तर्य) एवं परिवर्तन की शक्तियों के रूप में काम किया, जिससे सुल्तनतकालीन राजनीति को जटिलता भी प्राप्त हुई। भारतीय शासकों एवं सामन्तों ने पराजय के उपरान्त तुर्की प्रभुत्व को स्वीकार कर लिया था, उन्हें स्थानीय प्रशासन का दायित्व प्रदान करने में भी तुर्क विजेताओं ने विलम्ब नहीं किया। अत: स्थानीय तत्त्व भी तुर्क-अफ़गान कालों में उमरा का एक महत्त्वपूर्ण एवं अविभाज्य अंग बना रहा।

वस्तुत: जैसा डॉ. एस. बी. पी. निगम ने अपने शोध से प्रमाणित ही किया है, तुर्की उमरा का उद्‌भव मात्र एक संयोग, ही था, अत: हमें उसकी उत्पत्ति

की तलाश में उन परिस्थितियों का विश्लेषणात्मक उध्ययन करना आवश्यक हो जाता है, जिसमें तुर्क साम्राज्य की स्थापना भारत में सम्भव हुई।[1] वे ठीक ही कहते हैं, कि, मुगल साम्राज्य की तो स्थापना बाबर के विजय क्रम के कारण सम्भव हो सकी थी, किन्तु, इसके ठीक विपरीत भारत में तुर्की सुल्तनत की स्थापना में अनेक व्यक्तियों/व्यक्तित्वों का सम्मिलित योगदान था। उसके दास-अमीरों ने उसके साम्राज्य विस्तार के क्रम में उत्तरी भारत के विजय-अभियानों के फलस्वरूप एक पृथक् तुर्की सुल्तनत की स्थापना ही कर डाली थी! चूँकि, वे मुईज़ुद्दीन मोहम्मद गोरी के द्वारा नियुक्त अमीर थे, अत: सरलता की दृष्टि से इन्हें 'मुइज़्ज़ी' अमीर सम्बोधित किया गया है।[2]

उत्तर भारत एवं गुजरात में, कुतुबुद्दीन ऐबक ने मेरठ, बनारस, थान्जीर एवं नहरवाला विजित करके अपना महत्त्वपूर्ण योगदान दिया, सिन्ध, उच्च एवं मुल्तान मलिक नासिरुद्दीन कुबाचा ने विजित किए, बयाना एवं ग्वालियर जैसे मध्य भारत के महत्त्वपूर्ण क्षेत्र मलिक बहउद्दीन तुगरिल ने जीते, पंजाब विजित करने में ताजुद्दीन यल्दौज़ की सक्रिय भूमिका थी, तो बिहार एवं बंगाल जैसे दुष्कर एवं कम-उपजाऊ क्षेत्र खलजी अमीर मोहम्मद बख्तियार खलजी के लिए छोड़ दिया गया। उसके बिहार विजित करते ही खलजी अमीर वहीं एकत्रित हो गए।

प्रारम्भिक काल में तुर्की उमरा एक संगठित सैन्य कैम्प के अतिरिक्त और कुछ नहीं था, जहाँ नेता का निर्देश एकमात्र कानून एवं आदेश के प्रति पूर्ण समर्पण एकमात्र अनुशासन था। अमीरों का एक ही निहितार्थ था कि कैसे अधिक-से-अधिक भू-भाग पर उनका राजनीतिक प्रभुत्व स्थापित हो सके। वे स्वतन्त्रता के कदापि इच्छुक नहीं थे।[3] उनकी महत्त्वाकांक्षा तुर्की साम्राज्य में कोई महत्त्वपूर्ण पद प्राप्त करने तक ही सीमित थी। कमोबेश यही स्थिति मुईज़ुद्दीन तथा कुतुबुद्दीन (ऐबक) के कालों में रही। मोहम्मद गोरी के काल में नियुक्त अमीर जहाँ 'मुईज़्ज़ी' अमीर कहलाए, वहीं ऐबक के द्वारा नियुक्त अमीर 'कुत्बी।' ऐबक के काल में हमें इन दोनों ही अमीरों के उल्लेख मिलते हैं।

इल्तुतमिश के काल से जैसे ही सब कुछ व्यवस्थित एवं स्थायी होने लगा, यह महत्त्वाकांक्षी उमरा भी परिवर्तित होने लगा। जो लोग राजनीतिक प्रभाव-क्षेत्र की वृद्धि से सन्तुष्ट थे, वे सुल्तनतकालीन राजनीति पर प्रभुत्व स्थापित करने अथवा उसको नियन्त्रित करने की महत्त्वाकांक्षा पालने लगे। इस मानसिकता ने ही दिल्ली सुल्तनत के इतिहास में सत्ता-परिवर्तन तथा शक्ति-प्रवाह एवं

समीकरणों को निरन्तर प्रभावित किया। इसी के परिणामस्वरूप सुल्तनत की राजनीति में स्थायित्व का अभाव दिखाई देता है।

मुईज़्ज़ुद्दीन मोहम्मद गोरी की मृत्यु के लगभग साथ ही, मलिक बहाउद्दीन तुगरिल 'एवं मलिक बख्तियार खलजी, दोनों की मृत्यु हो गई थी, शेष दो ताजुद्दीन यल्दौज़ एवं नासिरुद्दीन कुबाचा दोनों ही महत्त्वाकांक्षी होने के बावजूद ऐबक के सम्बन्धी (रिश्तेदार) थे, अत: उनसे ऐबक को कोई विशेष खतरा नहीं था। ऐसा प्रतीत होता है, कि इन तीनों के मध्य पारस्परिक समझौता था, कि वे एक-दूसरे की क्षेत्रीय सम्प्रभुता को आदर प्रदान करेंगे।[4]

कुतुबुद्दीन का देहावसान आकस्मिक एवं एक दुर्घटना का परिणाम था, अत: अमीरों को राजनीति करने का सुअवसर मिल गया। एक ओर, तो यल्दौज़ एवं कुबाचा, सम्बन्धी होने के कारण, भारतीय सुल्तनत पर अपना दावा मान ही रहे थे, दूसरी ओर, उत्तर भारत के अमीर भी दो गुटों में विभक्त पाए गए। एक दल यदि ऐबक की राजधानी लाहौर स्थित अमीरों का था, तो दूसरा दिल्ली स्थित अमीरों (जैसे दिल्ली शहर के अमीर-ए-दाद, सिपहसालार अली इस्माईल) का था, जो बदायूँ के इक्तादार इल्तुतमिश की योग्यता के आधार पर अपना नया सुल्तान बनाने का निमन्त्रण दे चुके थे। इल्तुतमिश ने उनके आमन्त्रण पर दिल्ली में सिंहासन ग्रहण किया।[5] इल्तुतमिश ने आरामशाह को पराजित करके, दिल्ली के अमीरों की पसन्द का औचित्य स्थापित कर दिया। किन्तु, सिंहासनारोहण एवं आरामशाह की पराजय के पश्चात् भी जब शाही अंगरक्षकों के सरदार (सर-ए-जाँदार तुर्की) के नेतृत्व में आरामशाह के शेष बचे समर्थकों ने विद्रोह कर दिया, तब इल्तुतमिश ने पुन: विजय प्राप्त करके, अपनी श्रेष्ठता एवं दिल्ली स्थित अमीरों के चयन को न्यायिक एवं तार्किक सिद्ध कर दिया।[6]

सुल्तनतकालीन उमरा का वास्तविक जनक, इल्तुतमिश को ही माना जाता है। पहली बार इससे उमरा का अपने नेता के चयन का अधिकार स्थापित हो गया। लाहौर के अमीरों ने आरामशाह को एवं दिल्ली स्थित अमीरों ने इल्तुतमिश को क्रमश: अपना-अपना नेता चुना। दूसरी ओर दिल्ली स्थित अमीरों की वरीयता भी स्थापित हो गई, कि लाहौर नहीं वरन् दिल्ली के अमीरों को अपना नेता अर्थात् सुल्तान चयन करने का अधिकार निश्चित है। इसका एक अन्य परिणाम भी निकला, कि उत्तराधिकारियों के मनोनयन एवं आनुवंशिकी का अधिकार क्षीण हो गया।[7]

इल्तुतमिश को दिल्ली का वास्तविक संस्थापक एवं सम्प्रभु शासक माना जाता है। उसी के काल में उमरा भी पूर्ण रूप से संरचित या संगठित हुआ था।

उसने स्थानान्तरण की नीति के द्वारा अमीरों को नियन्त्रण में रखा ही उनके मध्य मतभेद पैदा करने तथा प्रतिद्वन्द्विता को बढ़ावा देने का कोई अवसर नहीं चूका। उसका एक ही उद्देश्य था, कि कहीं ये अमीर उसके विरुद्ध न संगठित हो जाएँ अत: उसने उमरा को 'फूट' डालो राज्य करो' की नीति का अनुसरण करके, सदैव विभक्त ही रखा। अमीरों के प्रतिद्वन्द्वी गुटों के निर्माण से सुल्तनत में अस्वस्थ परम्पराएँ विकसित होने लगीं।[8]

आइए, इस विकास-क्रम के पश्चात्, उमरा के उन उपवर्गों के अध्ययन का प्रयास करें, जिनमें वे इल्तुतमिश के काल में विभक्त हो गए थे। अत: 'मुइज़्ज़ु' 'कुत्बी' एवं 'शम्सी' मलिक एवं अमीर अपने नए वर्गीकरण के आधार पर सम्बोधित होने लगे।

तुर्क- मुईज़्ज़ुद्दीन मोहम्मद गोरी की सेनाओं में तुर्की दास अधिकारियों का ही बाहुल्य एवं नेतृत्व था। अत: भारत में तुर्की सुल्तनत की स्थापना के साथ ही ये उमरा के एक महत्त्वपूर्ण उपवर्ग के रूप में विद्यमान थे। प्रो. मोहम्मद हबीब के विचारानुसार, सुल्तनत काल के प्रारम्भिक चरण में 'इंडो-तुर्की' (भारतीय-तुर्की?) दास आभिजात्य वर्ग एक सामुदायिक परिवार के रूप में था। हालाँकि, आभिजात्य में कुछ खलजी एवं ताज़िक अमीर भी सम्मिलित थे, किन्तु सुल्तान मुईज़्ज़ुद्दीन मोहम्मद गोरी द्वारा तुर्क प्रश्रय प्राप्त होने के कारण, उन्हें भारत के सर्वाधिक उर्वर क्षेत्र प्राप्त हुए, जबकि खलजियों को आसाम, बिहार एवं बंगाल के दूरस्थ प्रान्त ही प्राप्त हो सके। अमीरों की यह नस्लीय संरचना, तुर्की आभिजात्य की विशेषता थी एवं सुल्तान मुईज़्ज़ुद्दीन कैक़ुबाद के काल तक ऐसी ही बनी रही। मध्यकालीन भारत में स्थापित तुर्की, सुल्तनत उन्हीं (तुर्कों) के परिश्रम का परिणाम थी, अत: वे ही एक दीर्घ अवधि तक इस सत्ता के आधार बने रहे।

ताज़िक—वास्तव में, सर्वाधिक महत्त्वपूर्ण एवं तुर्कों के उपवर्ग के बाद द्वितीय स्थान पर आते थे ताज़िक। ये गैर-तुर्क आभिजात्य के सदस्य, मध्येशिया में मंगोल आक्रमण से उत्पन्न अराजक स्थिति के फलस्वरूप रोजगार एवं स्थायित्व की तलाश में भारत आने लगे थे, जहाँ इल्तुतमिश के शासन में राजनीतिक स्थायित्व एवं इन्हें प्रश्रय दोनों ही सहज प्राप्त होने लगा। चूँकि, इन्हें प्रशासनिक अनुभव था और इल्तुतमिश को अनुभवी प्रशासनिक अधिकारियों की कमी थी, अत: इन्हें उच्च प्रशासनिक पद प्रदान किए गए। यह स्थिति इल्तुतमिश के अन्तिम उत्तराधिकारी नासिरुद्दीन महमूद के काल तक चलती रही। इल्तुतमिश का प्रसिद्ध वज़ीर निज़ामुल-मुल्क कमालुद्दीन जुनैदी एवं उसका नायब (सहायक/ उप-वज़ीर) ख्वाजा मुहज़्ज़ुबुद्दीन प्रसिद्ध ताज़िक अमीर थे।

हिन्दू—हिन्दू शासक, सामन्त व क्षेत्रीय सरदार, जिन्होंने अन्ततः तुर्की अधीनता स्वीकार कर ली थी, इस काल में महत्त्वपूर्ण पदों पर नियुक्त होते रहे, किन्तु तारीख-ए-फ़िरोज़शाही के आधार पर डॉ. निगम यह मानते हैं, कि दरबार में इनका प्रभाव नगण्य ही रहा।[10] चूँकि, भू-राजस्व प्रबन्धन एवं स्थानीय प्रशासन तुर्क सुल्तानों के काल में पूर्णतया इन्हीं के हाथों में रहा, अतः ये शासन के महत्वपूर्ण अंग थे। वे राज्य की नीति एवं राजनीति दोनों को ही प्रभावित करते रहे। बलबन जैसे शुद्ध तुर्क के आग्रही के काल में भी तुगरिल (बंगाल का विद्रोही प्रशासक/शासक) को पकड़वाने में सक्रिय भूमिका निभानेवाले हिन्दू अमीर राय दनुज की भूमिका को स्वीकारते हुए, दरबार में सुल्तान द्वारा सम्मानित होना, उनके महत्त्व का प्रमाण है कैक़ुबाद के काल में भी अनेक हिन्दू राजाओं/रायों का उल्लेख मिलता है, जो शासन के सम्मानित सदस्य थे। खलजी काल में तो उनका महत्त्व और बढ़ा था।

अफ्रीकी—अफ्रीकी मूल के दासों की संख्या भी तुर्क सेनाओं में पर्याप्त होती थी। मध्ययुगीन दास-व्यवस्था के चलते, ये शनैः-शनै पदोन्नत होते हुए, अमीर के पदों पर शीघ्र जा पहुँचते थे, जैसे ऐबक के अधीन मलिक काम्याज़ रूमी, जो अवध का मुक्ति या एवं सिनानुद्दीन छतीसार (जो 'हब्श' कहलाता था') ने अपने स्वामी कुबाचा की पराजय के पश्चात् इल्तुतमिश की अधीनता स्वीकार कर ली थी। रज़िया के काल में तुर्क गुट को सन्तुलित करने हेतु इन्हें प्रश्रय प्रदान किया गया था। जलालुद्दीन याकूत का प्रकरण स्पष्टतः प्रमाणित करता है, कि तुर्क किसी बाहरी व्यक्ति (गैर-तुर्क) का वर्चस्व बर्दाश्त नहीं कर सकते थे। सुल्तान अलाउद्दीन मसूद शाह के काल में भी एक लघु अवधि के लिए ही सही, वे पुनः महत्त्वपूर्ण हो गए थे।

नवीन मुसलमान—मंगोलों ने धर्म परिवर्तन के उपरान्त दिल्ली सुल्तनत में बसना प्रारम्भ किया तो उनको भी पदोन्नतियाँ प्राप्त हुई। बलबन के काल में भी वे महत्त्वपूर्ण पदों पर नियुक्त हुए तथा, कैक़ुबाद के काल में इनकी संख्या में काफी वृद्धि हुई—हालाँकि, ईर्ष्यालु तुर्कों ने उनमें से अनेकों की नृशंस हत्याएँ भी करवाईं, ताकि, इनका महत्त्व कम हो जाए।

अफ़गान– प्रारम्भिक तुर्की सुल्तानों के अधीन अफ़गान भी एक पृथक् उमरा उपवर्ग के रूप में उभरने लगे थे। वे मुईज़्ज़ुद्दीन मोहम्मद गोरी की सेना के एक महत्त्वपूर्ण अंग थे। मोहम्मद गोरी ने जब पृथ्वीराज चौहान के विरुद्ध निर्णायक युद्ध किया था, तब मलिक महमूद लोदी के नेतृत्व में बारह हजार (12,000) अफ़गान (घुड़) सवार सैनिकों का दस्ता भी उसमें सम्मिलित

था। ऐबक ने भी अनेक अफ़गानों को उनकी निष्ठा एवं योग्यता तथा सेवाओं के फलस्वरूप अमीर के पद प्रदान किए। हालाँकि, इल्तुतमिश एवं उसके उत्तराधिकारियों के काल में इनका महत्त्व कुछ घटा, किन्तु बलबन ने उन्हें पुनः प्रतिष्ठित किया। वे उसकी सुरक्षा एवं सेना के अविभाज्य अंग थे। जलाली जैसे नवीन एवं महत्त्वपूर्ण दुर्ग भी उसने अफ़गानों के ही दायित्व में सौंपा।

भारतीय मुस्लिम–अनेकानेक कारणों से धर्म परिवर्तन कर लोगों की संख्या में निरन्तर वृद्धि हुई तथा ये साधारण पदों पर ही नियुक्त हुए, किन्तु परिश्रम, योग्यता एवं निष्ठा के बल पर पदोन्नत होने में सफल रहे। नस्ली आधार पर तुर्क एवं ताज़िक इन्हें अपने से हेय व निम्न मानते रहे, जैसा कि नासिरुद्दीन महमूद के काल में 'रेहान प्रकरण' से स्पष्ट भी होता है।

खलजी–अफ़गानिस्तान में हेलमन्द नदी के दोनों ओर का क्षेत्र खल्ज कहलाता है, अतः वहाँ के निवासी खलजी कहलाते हैं। दसवीं शताब्दी का अरब भूगोलज्ञ इब्न हॉकल इन्हें तुर्क उत्पत्ति का मानता है। इस्ताखारी तथा हुद्द-उल-आलम एवं दीवान-ए-लुघातुल तुर्क के लेखक भी खलजियों को तुर्क नस्ल का ही मानते हैं, जो काफी समय से अफ़गानिस्तान में बस गए थे। आधुनिक इतिहासकार रैवर्टी (Raverty) के अनुसार वे तुर्क थे, जो अफ़गानिस्तान में बसने के कारण अफ़गान समझे जाते थे, क्योंकि, उनका वैसा ही रहन-सहन, खाना-पीना हो गया था। मध्येशिया का आधुनिक विद्वान एवं विशेषज्ञ इतिहासकार भी इन्हें तुर्क मानता है, जो चतुर्थ शताब्दी ईसवी में दक्षिण अफ़गानिस्तान में बस गए। अफ़गानिस्तान में बस जाने के कारण वहीं के लोगों की रीति-रिवाज़ अपना लेने के कारण, तुर्क इन्हें खलजी पुकारते थे एवं अपने से हेय समझते थे।[12]

खलजीकालीन उमरा की संरचना

अपनी निरंकुशता बनाए रखने के लिए बलबन ने उमरा को क्षीण एवं शक्तिहीन करने के लिए उस पर निरन्तर आक्रमण किए। इसी के परिणामस्वरूप तुर्क उमरा असंगठित एवं श्रीहीन हो गया, अतः जब निर्णय की घड़ी आई, तब वे खलजी अमीरों से सहज ही पराजित होकर सत्ता गँवा बैठे। वैसे तो खलजियों द्वारा सत्ता प्राप्ति को बलबन की शुद्ध (तुर्क) रक्त नीति' का पटाक्षेप माना जाता है, किन्तु डॉ. निगम के मतानुसार खलजी काल' में भी नस्लवादी व्यवस्था चलती रही। जलालुद्दीन फ़िरोज़ खलजी ने पदों के वितरण में सर्वाधिक पदों पर खलजी अमीरों को ही नियुक्त किया।[13]

नवीन मुसलमान—जलालुद्दीन फ़िरोज़ खलजी के काल में बहुत अधिक प्रश्रय नवीन मुसलमानों को प्रदान किया गया। पूर्व नियुक्त नवीन मुसलमान उपवर्गों के सदस्यों की उनके पदों पर पुष्टि कर दी गई। अनेक नवीन सदस्यों को सुल्तान के शासन के द्वितीय वर्ष में नियुक्तियाँ प्रदान की गईं। अनेक मंगोल नेताओं ने भी इस्लाम स्वीकार किया तथा दिल्ली में बसने का निर्णय लिया। इन्हें सुल्तान का प्रश्रय एवं निर्धारित वेतन भी प्राप्त हुआ। बरनी के अनुसार वे इन्द्रप्रस्थ (त), किलोखाड़ी एवं ग्यासपुर के मुहल्लों में बस गए। मलिक छज्जू के विद्रोह को दबाने में इन अमीरों ने सक्रिय भूमिका निभाई थी।

भारतीय मुसलमान—सुल्तान अलाउद्दीन खलजी ने बलबन की नीति का अनुसरण करते हुए, अपनी निरंकुशता अक्षुण्ण बनाए रखने के लिए, उमरा के सदस्यों की नृशंस हत्या करने में कदापि संकोच नहीं किया। उसका ध्यान शक्तिशाली 'नवीन मुसलमान' की ओर सहज ही गया एवं बलबन की भाँति कटार एवं विष के मुक्त प्रयोग द्वारा उसने उन्हें शक्तिहीन करके ही दम लिया। इसी प्रकार उसने तुर्क अमीरों के गुट को भी शक्तिहीन कर दिया, जिन्हें जलालुद्दीन फ़िरोज़ खल्जी ने महत्त्व दे रखा था।

सुल्तान अलाउद्दीन खलजी के काल में भारतीय मूल के मुसलमानों का उदय एक महत्त्वपूर्ण घटना थी। वे उसके काल में उमरा के एक महत्त्वपूर्ण एवं शक्तिशाली घटक के रूप में स्थापित हो गए थे। वे सुल्तान की सेवा में दास रूप में भर्ती पाकर अपनी योग्यता, सेवा एवं निष्ठा के आधार पर पदोन्नति पाते गए, जैसा कि मलिक नायक काफ़ूर (हज़ार दिनारी), खुसरो खाँ, मलिक शाहीन (नायब बरबक), मलिक यकलखी एवं मलिक अहमद के उदाहरणों से सुस्पष्ट है। अलाउद्दीन खलजी, वस्तुतः इस उपवर्ग को सशक्त करके, खलजी अमीरों की शक्ति को सन्तुलित रखना चाहता था।

अफ़गान—खलजी शासकों के अधीन अफ़गानों ने और प्रगति की। अलाउद्दीन खलजी ने तो बड़ी संख्या में अफ़गान अमीरों को नियुक्त किया, जिनमें मलिक इख़्तियारुद्दीन यल अफ़गान एवं मौलाना अब्दुल करीम शेरवानी प्रमुख थे।

विदेशी—ज़ियाउद्दीन बरनी ने फ़िरोज़शाह खलजी के काल में अनेक विदेशी तत्त्वों का उल्लेख किया है, जो पश्चिम से आकर भारत में बस गए थे। इनमें मलिक मुईद जाजर्मी एवं मलिक सादुद्दीन अमीर-ए-बहर प्रमुख थे। किन्तु स्थापित आभिजात्य के चलते, ये उतने प्रभावशाली नहीं हो सके। इसी प्रकार,

अलाउद्दीन खलजी के काल में भी वज़ीर शराफ़ कैसी का उल्लेख किया जा सकता है। इस काल में सुल्तान की निरंकुश नीति के परिणामस्वरूप ये निष्ठावान अमीर तो हो सके, शक्तिशाली या लोकप्रिय नहीं अन्यथा ज़फ़र खाँ की नियति को प्राप्त हो जाते।

तुगलक़कालीन उमरा की संरचना

आधुनिक शोध ने स्थापित कर दिया है, कि तुगलकों के आगमन तक, नस्लवाद के सिद्धान्त का पूर्ण परित्याग हो गया था, वस्तुत: ऐसी शक्तियाँ प्रवाहित हो रही थीं जो किसी एक उपवर्ग के उदय को हतोत्साहित कर रही थीं।[15] फिर, मोहम्मद तुगलक ने भी ऐसी प्रवृत्तियों को जड़ नहीं पकड़ने दी या सुदृढ़ नहीं होने दिया, जो उमरा को उपवर्गों में विभक्त करके उन्हें उस रूप में संगठित होने का अवसर प्रदान करतीं। यदि वे इस प्रकार संगठित होते तो सुल्तान के विरुद्ध जाने की सम्भावना थी। एक दूसरा कारण, जिसके फलस्वरूप उमरा उसके विरुद्ध कोई महत्त्वपूर्ण विकल्प नहीं निर्मित कर पाया, वह था सुल्तान मोहम्मद बिन तुगलक द्वारा नवीन विदेशी अमीरों का प्रश्रय प्रदान करना। इसी नीति के परिणामस्वरूप उमरा में मंगोलों, खुरासानियों एवं अरबों की संख्या में अभूतपूर्व वृद्धि हुई। इससे एक ओर तो पूर्ववर्ती उमरा की शक्ति सन्तुलित हो गई वहीं, दूसरी ओर, एक मिश्रित उमरा कोई सांगठनिक विरोध नहीं खड़ा कर सका। अत: उलमा के सुनिश्चित विरोध एवं घृणा के बावजूद, यह अपने निर्णय लेने एवं उन्हें क्रियान्वित करने, दोनों में ही सफल रहा।[16] इसी मिश्रित उमरा ने फ़िरोज़ के सिंहासनारोहण की सहमति भी व्यक्त की थी।

जब गयासुद्दीन तुगलक सिंहासनारूढ़ हुआ था, तब अधिकांश अमीर वे ही थे, जो अलाउद्दीन खलजी एवं उसके पुत्र कुतुबुद्दीन मुबारक खलजी के काल के थे। अत: सुल्तान गयासुद्दीन तुगलक ने न केवल अपने सहकर्मी खलजी अमीरों को ही प्रश्रय दिया, अपितु पूर्ववर्ती प्रारम्भिक तुर्ककालीन जो अमीर बचे थे, उनके प्रति वह सारा सम्मान प्रकट करता रहा।

विदेशी अमीर—मोहम्मद बिन तुलगक ने सत्ता में आने के पश्चात् सर्वाधिक प्रश्रय विदेशी अमीरों को प्रदान किया, जिनमें खुरासानी एवं अरब प्रमुख थे। इब्नबतूता के विवरणों से ज्ञात होता है, कि वह इन अमीरों को 'अजीज़' (प्रिय) कहकर सम्बोधित करता था।[15] प्रमुख खुरासानी अमीरों में मलिक उलाउल मुल्क फ़सीहुद्दीन खुरासानी का नाम अग्रणी था! अन्य विदेशी अमीर जो महत्त्वपूर्ण थे, वे अज़्द्रुद्दीन शवनकरी शेखज़ादा इस्फाहानी शेखज़ादा, दमिश्की, शेखज़ादा

निहावन्दी, शेखज़ादा बिस्तामी एवं मलिक सजर बदख्शानी थे। ये सब भी मध्येशियाई थे, जैसा कि इनके नामों से स्वत: ही स्पष्ट है।

अफ़गान—मोहम्मद बिन तुलगक के शासन-काल में अफ़गानों की प्रगति भी प्रभावशाली रहीं पूर्ववर्ती शासन-कालों में नियुक्त मलिक इख़्तियारउद्दीन यल अफ़गान एवं उसके कनिष्ठ भाई मलिक मख अफ़गान के अतिरिक्त उसके काल में मलिक कट्टाह अफ़गान, झल्हू अफ़गान, तुघान-अल-अफ़गान, बहराम अफ़गान, मंडी अफ़गान तथा मलिक शाहू लोदी आदि अनेक अफ़गान अमीर महत्त्वपूर्ण पदों पर नियुक्त हुए थे।

उसके उत्तराधिकारी सुल्तान फ़िरोज़ शाह के काल में भी अफ़गानों को यथावत् महत्त्व प्राप्त होता रहा, जिनमें प्रमुख मलिक अफ़गान, मलिक दाऊद खाँ अफ़गान (बिहार का मुक्ति), मलिक मोइम्मद शाह अफ़गान (तुगलकपुर का मुक्ति) तथा मलिक शाह का पुत्र यासीन एवं मलिक बलि खाँ थे।

हिन्दू— तुगलकों के काल में और विशेषतया मोहम्मद बिन तुगलक के काल में प्रशासन में हिन्दुओं की सक्रिय भागीदारी बहुत बढ़ गई थी। बरनी अनेक हिन्दू अमीरों का उल्लेख करता है, जो सुल्तान मोहम्मद के अधीन महत्त्वपूर्ण पदों पर नियुक्त थे। रतन को सुल्तान ने अजीमुससिन्ध की पदवी प्रदान की थी, गुलचन्द, गयासुद्दीन का पक्षधर था एवं खुसरो खाँ के विरुद्ध गयासुद्दीन की ओर से लड़ा था, धारा को सुल्तान मोहम्मद ने देवागिरी का नायब वज़ीर नियुक्त किया था, भरण गुलबर्ग का मुक्ति (गवर्नर) था, जिसे उसके ईर्ष्यालु मुस्लिम अधिकारियों ने मार डाला था। हिन्दू अमीरों की यह स्थिति एवं महत्त्व फ़िरोज़शाह के शासन-काल में न रह सकी। हिन्दू माँ की सन्तान, इस सुल्तान के दरबार में एक ही हिन्दू अमीर था और वह था सुल्तान का मामा राय भिरहू भट्टी।

मंगोल—मंगोलों का उपवर्ग भी तुगलककालीन उमरा का एक महत्त्वपूर्ण उपवर्ग था एवं मोहम्मद बिन तुगलक ने उन्हें पद एवं पुरस्कार प्रदान किए। वे सेना के उच्च पद पर भी नियुक्त हुए जैसे कल्घी। इसी प्रकार, सुल्तान फ़िरोज़शाह ने भी उन्हें प्रश्रय प्रदान किया था। उसके काल में मलिक कत्तघा अमीर मेहमान एवं मलिक मुअज़्ज़म अमीर अहमद इक़बाल को दरबार में उच्च पद एवं सम्मान प्राप्त हुआ था। फ़िरोज़शाह के काल में तो दासों को सेवा एवं निष्ठा के आधार पर उच्च पद प्रदान किए गए थे। उसके काल में उमरा में आनुवंशिकी का सिद्धान्त अपना लिया गया था और इसका दुष्परिणाम भी तुगलकों को एवं सुल्तान को भुगतना पड़ा। निष्ठा एवं सेवा के साथ, योग्यता को सदैव महत्त्व दिया जाना चाहिए था वंशीय उत्तराधिकार के साथ यदि योग्यता

को भी उतना ही महत्त्व दिया जाता तो न तो उमरा शक्तिहीन होता और न ही सुल्तान की सत्ता का आधार कमजोर होता, किन्तु, दुर्भाग्यवश ऐसा हो न सका, इल्तुतमिश ने 'इक्ता व्यवस्था' एवं इक्तादारों के स्थानान्तरण की नीति से जिस सामन्तवाद को नियन्त्रित करके, अफसरशाही को सुदृढ़ किया था, वही अफसरशाही समाप्त करके फ़िरोज़ ने अपने अमीरों को भू-स्वामित्व प्रदान करके 'जागीरदारी व्यवस्था' के रूप में सामन्तवाद का पुनरुत्थान कर दिया, जिससे पृथक्करण एवं विभाजन की शक्तियाँ संशक्त हुईं एवं केन्द्रीय शक्ति का निश्चित ह्रास हुआ।

मध्यकालीन भारत में उमरा की भूमिका

इल्तुतमिश के उत्तराधिकारियों के काल में उमरा की भूमिका— तुर्की सुल्तनत में उमरा की संरचना के विकास के उध्ययन के अन्तर्गत हमने इल्तुतमिश के काल में उमरा की भूमिका की विवेचना पूर्व में ही कर दी है। यहाँ यह दोहराना प्रासंगिक होगा कि, इल्तुतमिश ने किस प्रकार 'इक्ता व्यवस्था' एवं 'इक्तादारों के स्थानान्तरण की नीति के द्वारा अपने उमरा को नियन्त्रित किया था। बरनी का इशारा कि, इल्तुतमिश ने अपने सिंहासन की सुरक्षा के लिए अनेक मुईज़्ज़ी अमीरों की नृशंस हत्या की थी, तश्यपरक अथवा सत्यपरक नहीं प्रतीत होता है।[21] वास्तविकता इसके ठीक विपरीत है अपने से कनिष्ठ ढेरों समकालीन मुईज़्ज़ी अमीरों को उसने प्रश्रय प्रदान किया था एवं वे महत्त्वपूर्ण पदों पर आसीन रहे।[22]

डॉ. आर. पी. त्रिपाठी के विचारानुसार तो अपनी शक्ति के बावजूद भी इल्तुतमिश सिंहासन पर बैठने में शर्माता था एवं अपने तुर्की सेनापतियों पर आदेश देने में संकोच करता था, क्योंकि, वह उनको अपने समान एवं समकक्ष मानता था। वे जोर देकर जोड़ते हैं, कि, इल्तुतमिश का यह मात्र दिखावा या कृत्रिम कदापि नहीं था, क्योंकि उस समय सम्प्रभु शासक की स्थिति एक स्तरीय अमीर से अधिक कुछ नहीं थी।[23] वास्तव में, सुल्तनत अपनी शैशव-अवस्था में ही था तथा, इल्तुतमिश ने लाहौर एवं दिल्ली के पृथक् अमीरों एवं फिर दिल्ली में शाही अंगरक्षकों के सरदार के नेतृत्व में अपने विरुद्ध विद्रोह का सफलतापूर्वक सामना एवं उन्मूलन किया था। अत: वह उनके महत्त्व को नकार नहीं सकता था, किन्तु, उसने उनके मध्य प्रतिस्पर्धा को जन्म देकर, ईर्ष्या, द्वेष एवं विभाजन को भी जन्म दिया, अन्तत: अस्वस्थ परम्पराओं को भी जन्म दिया ताकि, उसका ताज-व्यक्तिगत एवं वंशीय दोनों स्वरूपों में सुरक्षित रह सके! अत: वह अपने व

अपने वंश के निहितार्थों के लिए ऐसा करने को बाध्य था। ग्वालियर जैसे राज्य को पुनर्विजित (जिसमें लगभग एक वर्ष से अधिक समय लग गया था) करने के कारण भी वह इन असुरक्षित परिस्थितियों में उमरा को नाराज़/असन्तुष्ट न तो कर सकता था और न ही उसने ऐसा किया। किन्तु वंशीय सत्ता के अधिकार ने उमरा की शक्ति एवं क्षमताओं को क्षीण कर दिया उसने एक ऐसी व्यवस्था निर्मित कर दी जिसमें सम्प्रभु शासक का नेतृत्व, उसके शासन करने की योग्यता से अधिक महत्त्वपूर्ण हो गया।[24] प्रतिकूल परिस्थितियों के लिए स्वस्थ प्रतियोगिता आवश्यक थी, ताकि आवश्यकता पड़ने पर उमरा में से योग्य नेतृत्व की उत्पत्ति सम्भव हो सके, किन्तु उक्त स्थापित व्यवस्था में ऐसा हो पाना सम्भव ही नहीं था, अत: इल्तुतमिश के उपरान्त सुल्तनत का आधार तक बुरी तरह हिलने लगा! लेकिन उसे अपना उत्कर्ष ज्ञात था, अत: अपने-अपने दासों एवं अधीनस्थ अधिकारियों की व्यक्तिगत योग्यता को सदैव ध्यान में रखा।

यह भी स्थापित सत्य है, कि इल्तुतमिश के मरणोपरान्त उमरा एक एकीकृत संस्था के रूप में था। यह उस सहजता से समझा जा सकता है, जिससे रुक्नुद्दीन फ़िरोज़ का सिंहासनारोहण सम्भव हो सका था। ऐसा प्रतीत होता है कि, कि वह सभी अमीरों की पसन्द था, हालाँकि, मिनहाज-उस-सिराज़ के मतानुसार ग्वालियर अभियान के उपरान्त 1232 ई. में इल्तुतमिश ने मुशरिफ़-ए-मुमालिक ताजुल-मुल्क महमूद को आदेश दिया था कि, वह उसकी पुत्री को उत्तराधिकारी घोषित करने की उद्घोषणा कर दे। अत: अमीरों ने रुक्नुद्दीन को क्यों स्वीकार कर लिया? वास्तव में रुक्नुद्दीन फ़िरोज़ की माँ खुश बन्दे जहाँ तुर्कान, जो स्वयं एक तुर्क दासी रही थी ने अमीरों को पुरस्कृत करते रहने की नीति अपनायी थी, जिससे वे उसके पुत्र के पक्षधर हो गए।

विभिन्न अमीरों को पद प्रदान किए गए। वे अपनी-अपनी इक्ताओं को कार्यभार ग्रहण करने चले गए, तब फ़िरोज़ इन्द्रिय लोलुप व्यसनों में व्यस्त हो गया एवं उसकी माँ ने सत्ता सँभालकर राज्य के कार्य में हस्तक्षेप करना शुरू कर दिया। उसी के नाम से आदेश, फ़रमान व अध्यादेश प्रेषित होने लगे थे। उसने इल्तुतमिश की प्रिय स्त्रियों को भी मौत के घाट उतारना शुरू कर दिया, जिससे उमरा खिन्न हो गया एवं जब इल्तुतमिश के अन्य पुत्र राजकुमार कुतुबुद्दीन का वध करवा दिया तो उमरा पूर्णतया उग्र हो गया। वज़ीर ख्वाजा निज़ामुद्दीन जुनैदी भी सुल्तान के विरुद्ध हो गया था, अत: वह भी विद्रोही उमरा से मिल गया। सुल्तान फ़िरोज़ ने विद्रोही उमरा के उन्मूलन हेतु अपनी सेना के साथ पंजाब की ओर जब कूच किया तब रज़िया ने फरियादी के वस्त्र धारण कर, लोगों से

हस्तक्षेप करके, न्याय की गुहार की—लोगों को उस षड्यन्त्र की सूचना मिल चुकी थी, कि शाह तुर्कान रज़िया को भी मौत के घाट उतरवाना चाह रही थी। अत: उन्होंने कार्यवाही करते हुए उसे बन्दी बनाकर, रज़िया को राज्य सौंप दिया। उधर, पंजाब में, फ़िरोज़ द्वारा ताज़िकों को दिए जा रहे महत्त्व से नाराज़ तुर्क उमरा ने विद्रोह कर दिया एवं राज्य के दबीर, ताजुलमुल्क महमूद, बहाउद्दीन हुसैन अशरी, करीमुद्दीन ज़ाहिद, निज़ामुल मुल्क जुनैदी के पुत्र जियाउल मुल्क, निज़ामुद्दीन शफ़ुरखानी, ख्वाजा राशिदुद्दीन मल्कानी, दबीर फ़ख्र-उद्दीन तथा कुछ अन्य प्रमुख ताज़िक अमीरों को मार डाला। अत: विवश होकर सुल्तान दिल्ली की ओर लौटा जहाँ काफी अमीर व सैनिक रज़िया के पक्षधर हो गए।

डॉ. एस. बी. पी. निगम ने अपने शोधपूर्ण विवेचन से यह मत स्थापित किया है, कि यह एक प्रकार से तुर्क अमीर उपवर्ग का ही विरोध था। उनके विचारानुसार तुर्क अमीर मुख्यत: इक्तादारों के रूप में रहे, जबकि ताज़िक अमीर दरबार में ही रहे एवं उनका पूर्ण प्रभाव सुल्तान पर था (या उसकी माता पर था?)। अत: इसी कारणवश तुर्क गुट ने उनके प्रभाव को समाप्त करने के लिए ऐसा करना अपरिहार्य माना।[25] इसी कारणवश, हम कह सकते हैं, कि फ़िरोज़ के काल की सबसे महत्त्वपूर्ण घटना तुर्क अमीर गुट का शक्तिशाली एवं महत्त्वाकांक्षी होकर उभरना था। तुर्की सुल्तनत में तो उनका महत्त्व एवं प्रभाव स्वाभाविक रूप से होना ही चाहिए। बरनी तो यहाँ तक कहता है, कि, इल्तुतमिश के प्रभावशाली व्यक्तित्व के कारण, तुर्क-ताज़िक प्रतिद्वन्द्विता दबी रही थी और इसी शीतयुद्ध का परिणाम था—फ़िरोज़ के काल में हुई ताज़िकों की बड़ी संख्या में हत्या।[26]

इल्तुतमिश के उत्तराधिकारियों के काल का इतिहास इसी कारणवश महत्त्वपूर्ण भी है व दिलचस्प भी, क्योंकि, लगभग तीन दशकों के काल में उमरा के विभिन्न गुटों अथवा उपवर्गों का उत्थान एवं पतन देखने को मिलता है। एक तरफ तो अमीरों की महत्त्वाकांक्षा राजनीति पर वास्तविक एवं पूर्ण नियन्त्रण हेतु सुल्तान के साथ प्रतिद्वन्द्विता में अभिव्यक्त हो रही थी, वहीं दूसरी ओर, आपसी प्रतिस्पर्धा भी कम नहीं थी। अत: इस काल में ताज़िकों, अबीसिनियायियों एवं भारतीय मूल के मुसलमानों के उपवर्गों (भले ही ये बाद के दोनों उपवर्ग अल्पसंख्यकों के क्यों न रहे हों) का उत्थान एवं पतन ही इस पूरे काल की विशेषता है।[27]

किन्तु रज़िया के सिंहासनारोहण को सभी अमीरों ने मन से नहीं स्वीकारा। वज़ीर निज़ामुल मुल्क जुनैदी, मलिक अलाउद्दीन जानी, मलिक सैफ़ुद्दीन कूची, मलिक इज़्ज़ुद्दीन मोहम्मद सालारी आदि ने संयुक्त रूप से दिल्ली शहर

को काफी दिनों तक घेरे रखा था। उनसे रज़िया के सिंहासनारोहण हेतु परामर्श नहीं किया गया, अत: उनके अन्दर रोष स्वाभाविक था। मध्यकालीन भारत में जिस तुर्की सुल्तनत की स्थापना हुई थी, उसने भी खलीफ़ाओं के अप्रत्यक्ष चुनाव प्रणाली के रूप में बैय्यद् (त) को अपना लिया था। अत: अमीरों को सुल्तान के प्रति निष्ठा व्यक्त करना आवश्यक माना जाता था। रज़िया के समर्थक अमीरों में अवध का मुक्ति मलिक नुसरत-उद्दीन तायसी था, जो सहायतार्थ आया भी, किन्तु उसका मार्ग अवरुद्ध कर दिया गया एवं उसकी मृत्यु हो गई। इसी प्रकार, मलिक इज़्ज़ुद्दीन बलबन किशली खाँ को, जो रज़िया की ओर से लड़ रहा था, बन्दी बना लिया गया, किन्तु रज़िया उसे मुक्त कराने एवं सम्मानित करने में सफल रही।

रज़िया ने कूटनीति का सहारा लेकर अमीरों में मतभेद उत्पन्न कर दिए। उसने समर्थन प्राप्त करने हेतु उच्च पदों के आश्वसन तक कर डाले, जिसके फलस्वरूप मलिक इज़्ज़ुद्दीन मोहम्मद एवं मलिक इज़्ज़ुद्दीन कबीर खाँ-ए-अयाज़ ने जानी, कूची और जुनैदी को रज़िया दरबार में आमन्त्रित करके बन्दी बनवाने का षड्यन्त्र रचा, किन्तु यह बात, गुप्त न रह सकी तथा, इन दोनों षड्यन्त्रकारी अमीरों को अपनी जान बचाकर भागना पड़ा। किन्तु, रज़िया के घुड़सवारों ने मलिक कूची एवं फ़ख़रुद्दीन को गिरफ्तार करके, मौत के घाट उतार दिया। मलिक जानी भी पायल के निकट मारा गया। अब निज़ामुल मुल्क जुनैदी भी सिरमौर की पहाड़ियों की तरफ़ शरण लेने चला गया, जहाँ शीघ्र उसकी मृत्यु हो गई।[28]

अब रज़िया ने विभिन्न पदों पर नियुक्तियाँ कीं, जिसमें ताज़िकों को पुन: महत्त्वपूर्ण पद प्राप्त हो गए। ख्वाजा मुहज़्ज़ुबुद्दीन (जो नायब वज़ीर था) को वज़ीर बनाया गया। मलिक सैफ़ुद्दीन ऐबक, जो विद्रोही अमीरों के रज़िया-विरोधी संगठन को तोड़ने में सर्वाधिक सक्रिय था, को कुत्लुघ खाँ की पदवी एवं आरिज़-ए-मुमालिक (प्रतिरक्षा मन्त्री) का पद प्रदान किया गया। उसकी शीघ्र मृत्यु हो गई, तब उसका पद इल्तुतमिश के प्रभावशाली अमीर अली गोरी के पुत्र मलिक कुतुबुद्दीन हुसैन गोरी को प्रदान किया गया। सैफ़ुद्दीन के साथ रज़िया के पक्षधर हुए मलिक इज़्ज़ुद्दीन कबीर खाँ-ए-अयाज़ को लाहौर का महत्त्वपूर्ण इक्ता प्रदान किया गया एवं मलिक किशलू खाँ को शाही अंगरक्षकों का उप-सरदार या 'नायब सर-ए-जाँदार' नियुक्त किया गया।

उमरा के व्यवहार से स्पष्ट था, कि वे रज़िया को समर्थन यह मानकर दे रहे थे, कि चूँकि, रज़िया एक स्त्री है, अत: वह उमरा के हाथों में एक कठपुतली

की भाँति ही रहेगी। किन्तु रज़िया का आचरण जैसे पर्दा का परित्याग, प्रत्यक्ष दरबार एवं घुड़सवारी करना, उनकी नज़र में स्तरीय नहीं था। इसी समय उसने मलिक कबीर इख़्तियार-उद्दीन ऐतिगिन को अमीर-ए-हाजिब एवं अबीसीनियाई (हब्शी) मलिक जमाल-उद्दीन याकूत को अमीर-ए-आखुर नियुक्त किया। किन्तु, इन दोनों नियुक्तियों से उमरा अप्रसन्न ही हुआ। अनेक नस्लीय पूर्वाग्रहों के प्रतिकूल हुई इन नियुक्तियों ने रज़िया के प्रति उनका और अधिक मोह भंग कर दिया क्योंकि, 'वे महत्त्वपूर्ण हो रहे थे एवं दरबार की नीतियों तक को प्रभावित कर रहे थे।'

रज़िया को मात्र एक नामधारी शासक के रूप में परिवर्तित करने की अपनी योजना में असफल इन अमीरों में राजधानी में भी असन्तोष पनपने लगा। आश्चर्यजनक था, कि प्रथम अमीर, जिसने प्रत्यक्ष रूप से रज़िया की राजाज्ञाओं का उल्लंघन करते हुए, विद्रोह किया, वह लाहौर का इक्तादार मलिक इज़्ज़ुद्दीन कबीर खाँ-ए-अयाज़ था। (1239-40 ई.)। रज़िया ने स्वयं सेना का नेतृत्व करते हुए दिल्ली से कूच किया एवं विद्रोह का उन्मूलन कर दिया। अमीरों को अब स्पष्ट समझ में आ गया था, कि रज़िया को पृथक्-पृथक् विद्रोहों के माध्यम से परेशान तो किया जा सकता है किन्तु सत्ताच्युत नहीं, क्योंकि, विद्रोहों के उन्मूलन की अद्भुत योग्यता उसमें थी। दूसरे, उसे दिल्ली में तख्ता-पलट भी सम्भव नहीं था। अत: उसे अपदस्थ करने के लिए एक वृहद एवं विस्तृत सुनियोजित षड्यन्त्र की आवश्यकता थी। इस योजना को क्रियान्वित करते हुए, अमीरों ने तबरहिन्दा के मुक्ति मलिक इख़्तियार उद्दीन अल्तूनिया को विद्रोह के लिए भड़काया। रज़िया ने पुन: एक बार विद्रोह के उन्मूलन के लिए कूच किया, किन्तु तबरहिन्दा पहुँचने पर तुर्क अमीरों ने अपनी योजनानुसार मलिक जमालुद्दीन याकूत की नृशंस हत्या कर दी एवं रज़िया को तबरहिन्दा के दुर्ग में बन्दी बनाकर दिल्ली लौटकर, रज़िया के भाई मुईज़्ज़ुद्दीन बहरामशाह को नया सुल्तान बना दिया।

इल्तुतमिश ने रज़िया को अपना उत्तराधिकारी नियुक्त करते समय, अमीरों के विरोध निष्प्रभावी करने के लिए अमीरों को यही समझाया था, कि वे सुल्तान के मृत्यूपरान्त समझ जाएँगे, कि प्रशासन की योग्यता तो मात्र रज़िया में है। उसकी तुलना में उसके पुत्र अयोग्य हैं। रज़िया ने अपने पिता के मूल्यांकन को सही प्रमाणित करते हुए, एक बार पुन: प्रतिकूल परिस्थितियों में भी अपना सन्तुलन, विवेक एवं धैर्य न खोते हुए, अपने बन्दीगृह के स्वामी अल्तूनिया से विवाह करके एक कूटनीतिक सफलता अर्जित की। उसे मुक्ति, संघर्ष करने को

तबरहिन्दा का आधार एवं अल्तूनिया की सेना के रूप में आवश्यक संसाधन प्राप्त हुए। उसने अपने खोए राज्य को पुन: प्राप्त करने का असफल प्रयास किया एवं अन्ततः मारी गई। किन्तु दिल्ली की सेनाओं के साथ युद्ध से पूर्व, मलिक इज़्ज़ुद्दीन मोहम्मद सालारी एवं मलिक कराकुश अपनी सैन्य टुकड़ियों के साथ रज़िया से जा मिले थे।

रज़िया के शासन-काल ने यह प्रमाणित कर दिया था, कि कैसे कूटनीति एवं योग्य शासन से अमीरों को पूर्णतया नियन्त्रित किया जा सकता है। साथ ही, इससे तुर्कों की नस्लीय संवेदनाओं का भी आभास होता है, यदि रज़िया ने ताज़िकों एवं अबीसीनियायियों को प्रश्रय प्रदान किया होता तो सम्भवत: तुर्क अमीर सन्तुष्ट रहते एवं उसका महत्त्व व प्रभुत्व शनैः-शनैः बढ़ता जाता एवं वास्तविक शक्ति रज़िया के हाथों से जाती रहती। यह स्थिति अमीरों के अनुकूल, किन्तु, शासक के प्रतिकूल थी। रज़िया के अन्य उत्तराधिकारियों यथा, मुईज़्ज़ुद्दीन बहराम शाह एवं अलाउद्दीन मसूद शाह ने भी अमीरों को नियन्त्रित करने के प्रयास किए, किन्तु इस वंश के अन्तिम शासक नासिरुद्दीन महमूद ने समकालीन परिस्थितियों के अनुसार समझौता करते हुए, अन्ततः समस्त शक्ति तुर्क अमीरों के हाथों में स्थानान्तरित करके, उनके प्रभुत्व को स्वीकारा एवं नामधारी शासक बनना स्वीकार कर लिया।

मुईज़्ज़ुद्दीन बहराम शाह का चयन नए सुल्तान के रूप में एक सोची-समझी रणनीति के अन्तर्गत किया गया था। वह रज़िया का सगा भाई था,[29] अतः रज़िया के समर्थकों एवं विरोधियों दोनों को सन्तुष्ट करने के लिए[30] अमीरों के मध्य एक मतैक्य स्थापित हुआ था। जिस प्रकार पदों का वितरण अमीरों ने अपने मध्य किया, उससे स्पष्ट था, कि वे दिल्ली के सुल्तान को मात्र नामधारी शासक के ही रूप में स्वीकार कर सकते थे अन्यथा नहीं। अतः मलिक इख़्तियार उद्दीन ऐतिगिन को नायब-ए-ममलिकात या उप-सुल्तान या प्रतिनिधि नियुक्त किया गया। यह एक सैद्धान्तिक पद था, जो सुल्तान के अवयस्क, घायल एवं अतिवृद्ध होने की अवस्था में ही व्यवहृत होता था। किन्तु नया सुल्तान न तो बच्चा था, न तो वृद्ध, न ही गम्भीर रूप से घायल अथवा बीमार था, अतः उसे ये प्रतिबन्ध सहज स्वीकार्य नहीं थे। इतना ही नहीं, नए सुल्तान के सिंहासनारोहण के अवसर पर बैय्यद् (त) उपसुल्तान के प्रति भी सम्पन्न हुई, अर्थात् अमीरों ने बहराम के साथ-साथ ऐतिगिन के प्रति निष्ठावान रहने की शपथ ली।

ऐतिगिन को नायब-ए-ममलिकात बनाए जाने के साथ, ख्वाजा निज़ामुल मुल्क मुहज़्ज़ुबुद्दीन को वज़ीर बने रहने दिया गया। इसी प्रकार, मुस्तौफ़-ए-ममालिक (साम्राज्य का लेखा सम्परीक्षक) के पद पर मोहम्मद इवाज़ बना

रहा। इस त्रिमूर्ति ने शासक के वैध प्रतिनिधि के रूप में कार्य करना शुरू कर दिया। अपनी स्थिति को और सुदृढ़ करने हेतु, ऐतिगिन ने इल्तुतमिश की एक तलाकशुदा पुत्री से विवाह भी कर लिया एवं अपने घर के दरवाज़े पर राजसी चिह्न या प्रतीकों का प्रयोग प्रारम्भ करते हुए, हाथी बँधवाना एवं 'नौबत' बजवाना प्रारम्भ कर दिया। बहराम शाह था तो इल्तुतमिश का ही पुत्र एवं रज़िया का ही भाई, अत: उसकी धमनियों में भी वही रक्त प्रवाहित हो रहा था। वह अपनी इस स्थिति से समझौता नहीं कर पाया। वह सुन्दर आकृति का, सरल स्वभाव का हृष्ट-पुष्ट राजकुमार था, अमीरों ने उसे सत्ताविहीन राजकुमार के ही रूप में ही जाना था एवं नए सुल्तान के रूप में स्वीकार किया था। वे सोच भी नहीं सकते थे, कि सत्ता में आने के बाद वह इतना परिवर्तित हो जाएगा। वह नामधारी शासक बनने को कदापि तैयार नहीं था, अपितु महत्त्वाकांक्षी राजकुमार ने अपने आचरण से प्रमाणित कर दिया, कि षड्यन्त्रकारी अमीरों के लिए वह भी एक षड्यन्त्रकारी सुल्तान था एवं हत्यारों के मध्य एक नृशंस हत्यारा।

सुल्तान बहराम शाह ने सिंहासनारोहण के दो माह के भीतर ही अमीरों के बढ़ते प्रभाव से घुटन महसूस की एवं अपने विश्वासी व कृपा पात्र अमीर मलिक बद्रुद्दीन सुन्कर व सूफ़ी रूमी के साथ मिलकर एक षड्यन्त्र रच डाला ताकि रणनीति पर नियन्त्रण करनेवाले तीनों उच्चाधिकारियों को मार्ग से ही हटा दिया जाए। एक धार्मिक गोष्ठी का आयोजन करके अचानक वार करवाकर इख़्तियारुद्दीन ऐतिगिन की हत्या कर दी गई, आक्रमण तो वज़ीर मुहज़्ज़बुद्दीन पर भी हुआ, किन्तु उसे साधारण चोटे-खरोचें ही आईं, वह बच गया।[31] इसके पश्चात् सुल्तान एवं उमरा के मध्य एक दरार पड़ गई। सुल्तान ने अब सुन्कर को अमीर-ए-हाजिब नियुक्त किया। मुहज़्ज़बुद्दीन वज़ीर के पद पर नियुक्त रहा तथा निष्ठावान बने रहने का सफल दिखावे करता रहा। वास्तव में प्रत्येक क्षण वह सुल्तान के पतन के विषय में चिन्तित रहता था। इसी क्रम में वह सुल्तान को बद्रुद्दीन सुन्कर के विरुद्ध करने में सफल रहा। हुआ यह कि 27 अगस्त, 1242 ई. को बद्रुद्दीन ने मुशरिफ़-ए-ममालिक सद्रुल मुल्क सैय्यद ताजुद्दीन मूसवी के घर पर सुल्तान के विरुद्ध षडयन्त्र की एक बैठक रखी, जिसमें साम्राज्य के उलमा के अनेक सदस्य सम्मिलित थे, जैसे प्रमुख काज़ी जलालुद्दीन काशानी, काज़ी कबीरूद्दीन, शेख मोहम्मद शमी एवं कुछ प्रतिष्ठित अमीर भी आमन्त्रित थे। उन्होंने इस षड्यन्त्र की बैठक में वज़ीर को आमन्त्रित करने की भूल कर दी, उसने नमाज़ पढ़कर आने की बात कहकर तत्काल सुल्तान को सूचित किया। सुन्कर को हटवाने का इतना सुन्दर अवसर वह क्यों गँवाता।[32]

मुईज़्ज़ुद्दीन बहराम शाह ने तुरन्त कार्यवाही करके, काज़ी काशानी को अपदस्थ कर दिया, काज़ी कबीरूद्दीन एवं शेख मोहम्मद शमी भयाक्रान्त शहर से पलायन कर गए। बद्रुद्दीन सुन्कर को अमीर-ए-हाजिब के महत्त्वपूर्ण पद से हटाकर, बदायूँ का इक्तादार बनाकर भेजा गया। सम्भवत: सुल्तान इन षड्यन्त्रकारियों को कठोर दंड देने की स्थिति में नहीं था अत: अपदस्थ एवं स्थानान्तरण से ही सन्तोष करना पड़ा। बद्रुद्दीन सुन्कर एक अज्ञात व्यक्ति के रूप में बदायूँ में रहने को उत्सुक नहीं था, अत: वहाँ जाकर कार्य-भार ग्रहण करने में आनाकानी करता रहा अन्तत: उसे बदायूँ जाना पड़ा, किन्तु, चार मास बाद ही बिना सुल्तान की आज्ञा अथवा पूर्व सूचना के वह दिल्ली वापस चला आया-सम्भवत: सुल्तान से सम्बन्ध सुधारने की मंशा से,[34] किन्तु, उसे अवज्ञाकारिता के चलते तत्काल बन्दीगृह में डाल दिया गया। तदुपरान्त उसको व प्रमुख सद् (सद्र-उल-मुल्क) सैय्यद ताजुद्दीन अली मूसदी दोनों को मृत्युदंड दे दिया गया। सुल्तान एवं अमीरों के मध्य जो दरार ऐतिगिन की हत्या के समय निर्मित हुई थी, वह इस हत्या के पश्चात् एक न पट सकनेवाली खाईं में परिवर्तित हो गई थी। वज़ीर ने इस अवसर का लाभ उठाकर सुल्तान के विरुद्ध असन्तोष फैलाने का सफल प्रयास किया।

इधर 1241-42 ई. में मंगोल आक्रमण के कारण, 22 दिसम्बर, 1241 ई. को इख़्तियारुद्दीन ने सुरक्षा असम्भव मानते हुए लाहौर से पलायन करना उचित समझा और दूसरे दिन घेरे बन्दी किए मंगोलों ने लाहौर को लूटा, प्रत्येक मोहल्ले में नर-संहार किया तथा लाहौर विनष्ट करके वे लौट गए! अब पुन: इख़्तियारुद्दीन ने वहाँ का प्रशासन सँभाला। इसी समय मुल्तान के इक्तादार कबीर खाँ अयाज़ ने स्वतन्त्र घोषित कर दी, किन्तु लाहौर विनाश के बाद उसकी मृत्यु ही हो गई।

सुल्तान को मंगोलों के प्रतिरोध हेतु एक सेना मलिक कुतुबुद्दीन हसन गोरी एवं ख्वाजा मुहज़्ज़ुबुद्दीन वज़ीर एवं अन्य अमीरों के साथ भेजनी पड़ी। जब शाही सेनाओं का शिविर व्यास नदी के तट पर लगा था, तब वज़ीर को सुल्तान विरोधी अपने मन्सूबों अथवा मन्तव्यों को साकार रूप प्रदान करने का अवसर प्राप्त हो गया। उसने सुल्तान को इस आशय से गुप्त सन्देश भेजा, कि, 'ये तुर्क एवं अमीर कभी निष्ठावान नहीं हो सकते'[35] यहाँ दिल्ली से इतनी दूर बैठकर भी आपके विरुद्ध षड्यन्त्रों का जाल बुन रहे हैं—सुल्तान वस्तुत: इस सन्देश का वास्तविक स्वरूप भाँप ही नहीं सका। वस्तुत: तुर्क अमीरों को सुल्तान के पूर्णतया विरोधी बनाने की वज़ीर की यह एक उत्तम चाल थी, जिससे वह

सुल्तान से अपना हिसाब चुकाना चाहता था। वह सुल्तान को वज़ीर अत्यन्त निष्ठावान लगा, क्योंकि काज़ी जलालुद्दीन काशानी एवं बद्रुद्दीन सुन्करवाले प्रकरण में भी वज़ीर स्वामिनिष्ठ-प्रमाणित हुआ था। अत: वह सुल्तान का विश्वास जीत ही चुका था। अब सुल्तान के पास सन्देह करने का कोई कारण भी नहीं था। अत: इस विषय पर बिना बहुत विचार किए हुए ही, सुल्तान ने इस आशय का एक शाही फ़रमान शिविर में भेज दिया, जिसमें ऐसे विद्रोहियों एवं/अथवा विरोधियों को तत्काल मौत के घाट उतार देना था। वज़ीर अपनी चाल में शत-प्रतिशत सफल रहा। उसने तत्काल वह शाही फ़रमान तुर्क अमीरों को दिखा दिया, जिन्होंने विरोधस्वरूप इस हत्यारे सुल्तान को सिंहासन से अपदस्थ करने का परस्पर वचन दिया। सुल्तान ने सूचना पाकर सेना व अमीरों को शान्त करने की नियत से शेखुल इस्लाम सैय्यद कुतुबुद्दीन को भेजा, किन्तु, उसने भी विचार बदलकर उन्हीं अमीरों का साथ देना श्रेयस्कर समझा और विद्रोही सेना के साथ वापस दिल्ली लौटा। मिनहाज सिराज़ व अन्य उलमा के सदस्यों को भी मध्यस्थता हेतु भेजा गया, किन्तु, वे भी असफल रहे। मिनहाज पर आक्रमण कराया गया, किन्तु वह बच गया। 10 मई, 1242 ई. को तुर्क अमीरों ने अपनी सेनाओं के साथ, दिल्ली पर अधिकार कर लिया एवं बहराम शाह को बन्दी बना लिया। 13 मई को उसका वध कर दिया गया।[36] तुर्क अमीर अपने शत्रु को पराजित करने में सफल हुए!

मुइज़्ज़ुद्दीन बहराम शाह के पतन के साथ-साथ एक अन्य क्रान्ति भी सम्पन्न हुई,[37] जब इल्तुतमिश के दामाद मलिक इज़्ज़ुद्दीन बलबन किशलू खाँ ने अव्यवस्था का लाभ उठाते हुए सम्प्रभुता ग्रहण करली एवं अपने को नया सुल्तान घोषित कर दिया। तुर्क दास अधिकारियों अथवा तुर्क अमीरों ने इल्तुतमिश के दो उत्तराधिकारियों की हत्या की थी एवं तीसरे की शीघ्र करनेवाले थे, किन्तु वे राजवंश में परिवर्तन के कदापि इच्छुक नहीं थे। ख्वाजा मुहज़्ज़बुद्दीन वज़ीर को यह पसन्द नहीं आया। उसके तथा कुहराम के राज्यपाल इख़्तियारुद्दीन एवं अन्य अमीरों जैसे ताजुद्दीन संजर कुत्लुग, नुसरतुद्दीन ऐतिमुर के चलते किशलू खाँ की विधिक घोषणा को रुकवा दिया। किशलू भी अपनी स्थिति का मूल्यांकन करके, एक हाथी (राजसी प्रतीक) तथा नागैर के इक्तादार के पद के बदले में राजपद छोड़ने को तैयार हो गया।

तुर्क अमीरों ने अब रुक्नुद्दीन फ़िरोज़ के पुत्र अलाउद्दीन मसूद को सुल्तान घोषित किया एवं उसे स्वीकारने की अपील जनता से भी की। तत्पश्चात् उन्होंने पदों एवं इक्ताओं का वितरण कार्य किया। मलिक कुतुबुद्दीन हसन गोरी को

'नायब-ए-ममलिकात' एवं ख्वाजा मुहज़्ज़बुद्दीन निज़ामुलमुल्क वज़ीर के पद पर पुनः नियुक्त हुआ। मलिक इख़्तियारुद्दीन कराकुश को अमीर-ए-हाजिब का पद प्राप्त हुआ। काज़ी इमामुद्दीन शफ़ुरकान को मिनहाज-उस-सिराज़ के स्थान पर मुख्य काज़ी नियुक्त किया गया। जैसा कि ऊपर वर्णित ही है, नागौर, मंडोर एवं अजमेर, मलिक इज़्ज़ुद्दीन बलबन किशलू खाँ को प्रदान किए गए एवं बदायूँ का इक्ता मालिक ताजुद्दीन संजर कुत्लुग को प्रदान किया गया।

ख्वाजा मुहज़्ज़बुद्दीन अत्यन्त महत्त्वाकांक्षी था इसलिए उसने समस्त अधिकार अपने हाथों में केन्द्रित कर लिया। मध्यकाल के दो प्रमुख राजसी प्रतीक यथा अपने निवास के द्वार पर 'नौबत' बजवाना एवं हाथी बँधवाना—दोनों अपहृत कर लिए तथा, कोईल की इक्ता भी अपनी इक्ता में मिला ली। तुर्क अमीरों में अब तक के संघर्ष के परिणामस्वरूप एक बन्धुत्व उभरकर आ चुका, जैसा कि किशलू खाँ के उदाहरण से स्पष्ट भी है, किन्तु, वे किसी ताज़िक का दुर्व्यवहार सहन नहीं कर सकते थे, अतः उसके अधिनायकवादी व्यवहार से नाराज अमीरों ने 28 अक्टूबर, 1242 ई. को उसकी हत्या कर दी एवं वज़ीर का पद सद्र-उल-मुल्क नज़्मुद्दीन अबु बक्र को दिया गया।

मुइज़्ज़ुद्दीन बहराम शाह के पतन के पश्चात् बहाउद्दीन बलबन को हाँसी की इक्का प्रदान की गई थी, उसे इस फेरबदल में अमीर-ए-हाज़िब का पद प्राप्त हुआ एवं निवर्तमान अमीर-ए-हाजिब, मलिक क़राक़ुश को बयाना का इक्तादार बनाया गया।[39]

मुहज़्ज़ुबुद्दीन के पतन के साथ ही, दरबार में ताज़िक उमरा उपवर्ग की रीढ़ टूट गई एवं तुर्क उपवर्ग बलबन के नेतृत्व में स्थापित हो गया।[40] इस पूरे घटनाक्रम का सुल्तान मात्र एक मूक दर्शक बना रहा। वास्तविकता से समझौता किए हुए सुल्तान ने अपने लिए समर्थन अपने परिवार एवं निम्न उमरा से जुटाने का प्रयास किया। उसने अपने दो चचेरे भाइयों यथा नासिरुद्दीन एवं जलालुद्दीन को अमीरों से परामर्श करके, बहराइच एवं कन्नौज की इक्ताएँ क्रमशः प्रदान कर दीं। डॉ. निगम के विचारानुसार यह एक नवीन एवं स्वस्थ परम्परा थी, जब सुल्तान अपने रिश्तेदारों को महत्त्वपूर्ण पद प्रदान कर रहा था अन्यथा कूटनीति एवं परम्परा के अनुसार तो उन्हें सिंहासन के लिए सम्भावित खतरा मानते हुए, मौत के घाट उतार दिया जाता था। अतः यह एक नवीन प्रयोग था, जिसमें वे चुनौती प्रदान करने की भूमिका में न होकर सुल्तान के समर्थक की भूमिका में दृष्टिगोचर हो रहे थे। वस्तुतः अमीरों के प्रभाव एवं शक्ति को जानते हुए, उसने अल्पावधि के लिए ही सही, उमरा की शक्ति को नियन्त्रित करने का सफल

प्रयास किया था, ताकि स्थायी रूप से सुल्तान का पद उसके परिवार में ही निहित रह सके।[41]

इसी प्रकार, अन्य अमीरों को भी अपना समर्थक बनाने के प्रयास के क्रम में लखनौती (बंगाल) के लगभग स्वतन्त्र हो चुके इक्तादार मलिक इज़्ज़ुद्दीन तुघरिल तुगान खाँ को भी पुरस्कृत किया गया। बड़ी चतुराई से तुर्क अमीरों की शक्ति को सन्तुलित करने के क्रम में उसने अबीसिनियाई अमीरों को प्रश्रय प्रदान करना शुरू किया। वे हालाँकि शक्तिहीन थे, फिर भी, सुल्तान द्वारा नियुक्त होने पर उसके प्रति स्वामिभक्ति में तो कोई सन्देह था ही नहीं। मिनहाज उस सिराज़ के अनुसार तो कुछ अनुभवहीन सैनिक के परामर्श पर सुल्तान गुप्त रूप से कुछ अमीरों की हत्या करवाने का भी षड्यन्त्र रच रहा था किन्तु, सफल नहीं रहा।[42] किन्तु, समकालीन इतिहासकार इस सुल्तान के काल में मुख्य काज़ी के पद से हटाए जाने के कारण पूर्वाग्रह से प्रभावित था, अत: उसकी बातों पर कितना विश्वास किया जा सकता इसमें निश्चित सन्देह है। अत: अमीरों ने बहराइच के इक्तादार, इल्तुतमिश के एक अन्य—(जो इल्तुतमिश के पुत्र ज्येष्ठतम नासिरुद्दीन का ही इसी नाम का पुत्र था) नासिरुद्दीन को आमन्त्रित करके, उसका सिंहासनारोहण कर मसूद शाह को अपदस्थ कर दिया। जिस गुप्त ढंग से उक्त राजकुमार को बहराइच से निमन्त्रित किया गया था, वह स्पष्ट करता है, कि अमीरों ने कितना गहरा षड्यन्त्र रचा था।[43] यहाँ यह भी ध्यातव्य है, कि, अमीरों ने सुल्तान की गतिविधियों पर पूर्ण नज़र रखी एवं सेना के पूर्ण समर्थन के सन्देह में उन्होंने प्रत्यक्ष विरोध व विद्रोह नहीं किया। किन्तु, सुल्तान द्वारा उनकी शक्ति को सन्तुलित किए जानेवाले प्रयासों के वे मूक दर्शक भी नहीं बने रहे सकते थे अन्यथा उन्हीं का अस्तित्व खतरे में पड़ जाता, अत: उन्होंने निर्णय लेकर नासिरुद्दीन महमूद को अपना नया सुल्तान घोषित कर दिया।

वस्तुत: नासिरुद्दीन महमूद के राज्यारोहण के पश्चात् दरबार एवं उमरा की राजनीति में एक मौलिक अन्तर दृष्टिगोचर होता है। पारस्परिक शत्रुता एवं प्रतिद्वन्द्विता के चलते, अब तुर्क अमीर उपवर्ग, तुर्की सुल्तनत की भाँति ही स्थायित्व प्राप्त कर चुका था। ताज़िक एवं अबीसीनियायियों जैसे उमरा उपवर्ग महत्त्वहीन होकर अन्य गुटों से सम्बद्ध हो गए। किन्तु, फिर भी, प्रत्येक राजनीतिक परिवर्तन के चलते प्रमुख अमीरों व सुल्तानों का रक्तपात भी होता था, अत: रक्तहीन क्रान्ति द्वारा सत्ता का हस्तानातरण सम्भव हो सका, ताकि, व्यर्थ का रक्तपात रोका जा सके। इसी के परिणामस्वरूप गुप्त तरीके से नासिरुद्दीन का राज्यारोहण किया गया। इसी प्रकरण से तुर्क उमरा की सांगठनिक एकता पर भी प्रकाश पड़ता है,

तथा इसके स्पष्ट संकेत मिलते हैं कि कैसे बहाउद्दीन बलबन इस उपवर्ग का सर्वोच्च व सर्वमान्य नेता बन गया था। इसी कारणवश, सहजता से रक्तहीन क्रान्ति सम्भव भी हो सकी ! इसी से स्पष्ट हो जाता है, कि 'रेहान प्रकरण' में कैसे गृह-युद्ध दोनों बार टालकर समझौते से निराकरण किया गया था।[45]

सुल्तान नासिरुद्दीन महमूद को सिंहासन बलबन के ही कारण मिला था, अत: बलबन के प्रति वह ऋणी था। बलबन ने अपनी पुत्री का विवाह युवा सुल्तान से कराके अपनी स्थिति और भी सुदृढ़ कर ली। सुल्तान के रूप में उसे जब निमन्त्रण मिला था, तब नासिरुद्दीन की आयु लगभग सोलह वर्ष थी। उसकी माता उसे बहराइच से दिल्ली यह कहकर लाई थीं, कि उसका पुत्र अस्वस्थ है एवं उपचार हेतु दिल्ली जा रहा है।[46] अत: दिल्ली के सिंहासन पर अपने सोलह वर्षीय पुत्र को बैठाने का श्रेय उसकी माता को भी जाता है। उसकी माता ने विधवा (इल्तुतमिश के ज्येष्ठ पुत्र नासिरुद्दीन महमूद के मृत्यूपरान्त) होने पर कुत्लुघ खाँ से विवाह कर लिया था। अत: स्वाभाविक था, कि नासिरुद्दीन महमूद के सुल्तान बनते ही उसको माता एवं सौतेले पिता कुत्लुघ खाँ का प्रभाव पहले से तो बढ़ ही गया। अत: डॉ. निगम के विचारानुसार रूक्नुद्दीन फ़िरोज़ की माता खुदाबन्दे जहाँ शाह तुर्कान की भाँति नासिरुद्दीन महमूद की माँ भी सक्रिय भूमिका निभाने लगी, अत: उमरा का एक पृथक् गुट का निर्माण स्वत: हो गया, जिसका नेता, स्वाभाविक रूप से कुत्लुघ खाँ था— इसे उसकी पत्नी के चलते 'हरम दल' भी कहा जा सकता है।[47]

वास्तव में, खुदाबन्दे जहाँ शाह तुर्कान से तुलना निरर्थक है, क्योंकि, नासिरुद्दीन महमूद एक विवेकशील सुल्तान था। उसने समकालीन परिस्थितियों को समझते हुए, अपनी स्थिति से समझौता कर लिया तथा अमीरों का पूर्ण नियन्त्रण स्वीकार कर लिया। वह मात्र एक नामधारी शासक था न कि प्रशासक—सुल्तान! शासन के चतुर्थ वर्ष में (16 अक्टूबर, 1249 ई. को) उसने अन्तत: बलबन को अपना संरक्षक या 'नायब-ए-ममलिकात' का पद प्रदान कर दिया एवं उसे 'सेना तथा प्रशासन' पर पूर्ण अधिकार प्राप्त हो गया। उसका पूर्व पद अमीर-ए-हाजिब उसके भाई सैफ़ुद्दीन ऐबक को प्रदान किया गया, जो इससे पूर्व अमीर-ए-आखुर था! इख़्तियारुद्दीन ऐबक नया अमीर-ए-आख़ुर नियुक्त हुआ। इसी क्रम में बलबन को उलुग खाँ की एवं उसके भाई को किश्ली खाँ की उपाधियाँ भी प्रदान की गईं। अन्य अमीरों को भी पद प्राप्त हुए। मालिक ताजुद्दीन तबर खाँ नायब-ए-अमीर-ए-हाजिब, अलाउद्दीन एय्याज़ रेहानी (इतिहासकार मिनहाज-उस सिराज़ का पुत्र) नायब-ए-वकीलदार नियुक्त हुए।[48]

इसके पश्चात् अनेक वर्षों तक दरबार एवं दरबारी राजनीति यथावत् बनी रही। किन्तु 1253-53 ई. में जब सुल्तान ने मुल्तान एवं उच्च विजित करने के मन्तव्य से लाहौर की ओर कूच किया, तब इमादुद्दीन रेहान दरबार से उलुग खाँ बलबन का निष्कासन करने में सफल रहा। रेहान का समर्थन अनेक तुर्क अमीरों ने किया, जिनमें बयाना का इक्तादार (मुक्ति) कुत्लुघ खाँ प्रमुख था। वस्तुत: मिनहाज के विवरणों से ज्ञात होता है कि, 1249 ई. के पदों के वितरण ने बलबन को सर्वसत्ताधारी बना दिया था, जिसके फलस्वरूप तुर्क मालिक उसके प्रति ईर्ष्यालु हो गए और ईर्ष्या के काँटे उनका हृदय कुरेदने लगे।[49] अत: बलबन एवं उसके सहयोगी, समर्थकों एवं अनुयायियों को अपदस्थ करके वे पद कुत्लुघ खाँ एवं रेहान के समर्थकों, साथियों एवं अनुयायियों को प्रदान किए गए। बलबन के समर्थकों के ने उस समय तो खून का घूँट पी लिया, किन्तु भारतीय मूल के मुसलमान का प्रभुत्व अस्वीकार करवाने के लिए उसने तुर्क-ताज़िकों की नस्लीय श्रेष्ठता के भाव/संवेदना को भड़काया एवं 1254 ई. के मध्य में, सुल्तनत में गृह-युद्ध की-सी परिस्थिति बनने लगी। बलबन, मलिक इर्सालान खाँ (जो ताबरहिन्दा का मुक्ति था), मालिक जलालुद्दीन मसूद (सुल्तान का भाई) के समर्थक अन्य अमीरों ने भी ताबरहिन्दा में अपना शिविर लगाया। सुल्तान ने विद्रोहियों के उन्मूलन के लिए कूच भी किया, किन्तु, गृह-युद्ध की विभीषिका को टालने हेतु वार्ता प्रारम्भ कर दी एवं बलबन तथा उसके सहयोगियों को पुनर्स्थापित करके, रेहान व उसके समर्थकों को अपदस्थ कर दिया। उसको इस फेरबदल में बदायूँ की इक्ता प्रदान की गई तत्पश्चात् बहराइच की!

1255 ई. के प्रारम्भ में कुत्लुघ खाँ ने अपनी राजनीतिक स्थिति (जो रेहान प्रकरण से प्रतिकूल हो गई थी) सुधारने की नियत से सुल्तान की माँ से विवाह कर लिया, जो सुल्तान के लिए एक विचित्र-सी स्थिति थी। सुल्तान ने कुत्लुघ खाँ को बंगाल स्थानान्तरित करके अपनी दुविधा की स्थिति सुधारने की कोशिश की। कुत्लुघ खाँ ने अवध से अपने प्रभुत्व के विस्तार के निरन्तर प्रयास किए, जिसके लिए उसे चेतावनी भी दी गई। बहराइच में नियुक्त ईमादुद्दीन रेहान उसे समर्थन देता था। कन्नौज के इक्तादार (मुक्ति) मलिक इर्सालान खाँ संजर चश्त ने शीघ्र ही रेहान को पराजित करके बहराइच में ही मौत के घाट उतार दिया। अत: कुत्लुघ खाँ अब कमज़ोर पड़ गया, उसे अब बहराइच का दायित्व निभाने का आदेश दिया गया, जिसका पालन उसने नहीं किया, अपितु, वह कड़ा मानिकपुर की ओर, आक्रमण करने को बढ़ा, किन्तु मालिक बेग तिमूर द्वारा पराजित

होने के उपरान्त पंजाब की ओर पलायन कर गया, जहाँ उसका दामाद मलिक इज़्ज़ुद्दीन बलबन उच्च एवं मुल्तान का मुक्ति था।[50]

बलबन ने नासिरुद्दीन महमूद के भाई जलालुद्दीन को एक मोहरे की तरह प्रयोग करके छोड़ दिया था, अत: वह असन्तुष्ट कुत्लुघ खाँ ने उमरा एवं उलमा के अनेक सदस्यों को जलालुद्दीन के पक्ष में कर दिया, किन्तु इससे पूर्व ये अपनी योजना कार्यान्वित कर पाते, उलुग खाँ बलबन ने फुर्ती दिखाते हुए उन्हें दिल्ली से निर्वासित कर दिया। अन्तत: असफल होने पर मलिक इर्सालान खाँ एवं कुत्लुघ खाँ ने समर्पण करके, क्षमा-याचना की। उन्हें क्षमा करते हुए क्रमश: कड़ा-मानिकपुर एवं लखनौती की इक्ताएँ प्रदान की गईं। वास्तव में इन विद्रोहियों एवं विरोधियों के साथ बलबन ने बहुत उदारता का प्रदर्शन किया।[51] सम्भवत: बलबन एवं उसकी राजनीतिक स्थिति को उनसे कोई वास्तविक खतरा नहीं था, अन्यथा जैसा कि, बाद में विदित ही होता है बलबन का स्वभाव इतने उदार-व्यवहारवाला निश्चित ही नहीं था। सम्भवत: बलबन अपनी सुरुढ़ स्थिति में उभरने के फलस्वरूप अमीरों की उपजी ईर्ष्यों को शान्त करने का इच्छुक था, क्योंकि, इस घटना चक्र के पश्चात् वह और अधिक शक्तिशाली हो गया था। उसकी स्थिति को अब कोई वास्तविक खतरा नहीं था एवं अमीरों के साधारण षड्यन्त्र उसके लिए निरर्थक थे। जैसा कि, कुत्लुघ खाँ के प्रकरण से स्थापित भी हो जाता है।

रुक्नुद्दीन फ़िरोज़ से लेकर नासिरुद्दीन महमूद (1236-1265 ई.) तक के काल का विश्लेषण करते हुए, ज़ियाउद्दीन बरनी, ठीक ही लिखता है, कि सुल्तान शम्सुद्दीन इल्तुतमिश के मृत्यूपरान्त उसके 'चहलगानी' दास सशक्त हो गए थे, किन्तु उनमें प्रशासन की योग्यता नहीं थी।'[52] वास्तव में सशक्त दासों, अयोग्य प्रशासकों एवं दुर्बल शासकों के चलते, राजनीति का स्तर काफी गिर गया था। इल्तुतमिश जैसे शासक के नियन्त्रण के अभाव में एवं जहाँ तुर्कान जैसे व्यक्तित्वों के चलते, वो अमीर महत्त्वाकांक्षी भी हो गए थे एवं राजनीतिक हस्तक्षेप का अवसर भी पा गए। फिर, पारस्परिक ईर्ष्या, प्रतिस्पर्धा एवं महत्त्वाकांक्षाओं की पूर्ति के लिए जो उमरा के विभिन्न उपवर्गों में संघर्ष छिड़ा तथा दूसरी ओर, राजनीति पर वास्तविक नियन्त्रण हेतु यह उमरा शासकों के साथ प्रतिद्वन्द्विता भी कर रहा था। अत: इल्तुतमिश के उत्तराधिकारियों के काल में यदि उक्त पारस्परिक प्रतिद्वन्द्विता के चलते राजनीतिक स्थिरता का स्पष्ट अभाव दिखाई देता है तो दूसरी ओर/एवं सुल्तानों की अयोग्यता के चलते, सुल्तान के पद के स्तर में गिरावट एवं सुल्तान की पद-प्रतिष्ठा अथवा छवि धूमिल हो जाती है।

सुल्तान के पद को पुनर्प्रतिष्ठित करने के लिए बलबन उमरा के विरुद्ध कड़े कदम उठाता है एवं येन-केन उनको इतना भयाक्रान्त कर देना चाहता है, कि, वे उसके विरुद्ध चुनौती तो दूर, एक उँगली भी न उठा सकें।[53] शेर खाँ सुन्कर के सन्दर्भ में तो ज़ियाउद्दीन बरनी अपनी तारीखे-फ़िरोज़शाही में स्पष्ट लिखता है, कि, सुन्कर इसी भय से दिल्ली नहीं आ रहा था कि, कहीं अन्य तुर्क अमीरों जैसा हश्र उसका भी न हो और उसे भी गुप्त ढंग से मौत के घाट न उतार दिया जाए। किन्तु बलबन का क्रोध भड़काने हेतु शेर खाँ सुन्कर का दिल्ली न आना पर्याप्त था। बरनी आगे लिखता है, कि वह अमीरों के खुले विद्रोह के भय के कारण ही, षड्यन्त्र करके अमीरों की गुप्त हत्याएँ करवा रहा था, क्योंकि, स्पष्टत: नृशंस हत्या का आदेश, उन्हें विद्रोह के लिए बाध्य ही कर देता। अत: उसने 'तुर्कान-ए-चिहलगानी', के दल पर जिसका वह स्वयं सदस्य था, सुनियोजित घातक प्रहार किए एवं उसके प्रमुख सदस्यों की हत्या कर उसके सामूहिक जीवन का अन्त कर दिया जो पारस्परिक विरोध और वैमनस्य होते हुए भी गैर-तुर्क तत्त्वों के संघर्ष के समय सफलतापूर्वक उपयोग में लाया जा सकता था।[56] अत: मात्र अपनी स्थिति सुदृढ़ रखने के लिए, वह तुर्की राज्य के प्रमुख अमीरों के रूप में शनै:-शनै: एक-एक स्तम्भ गिराता चला गया (ये ही अमीर राज्य की निष्ठापूर्वक सेवा करने के कारण समकालीन राज्य की शक्ति के मूल आधार-स्तम्भ थे!) स्वाभाविक रूप से इसने राज्य की शक्ति को ही क्षीण किया। आधार-स्तम्भ के ढहने से राज्य की संरचना का शक्तिहीन होना अपरिहार्य ही था। अत: अपनी सत्ता के सातत्य के लिए, बलबन ने तुर्की उमरा को श्रीहीन एवं शक्तिहीन कर दिया, जो भारत में तुर्की सुल्तनत का मुख्य आधार एवं शक्ति का स्रोत था।[57] उमरा के प्रति बलबन की प्रकार की नृशंस हत्याओं की नीति को एस. बी. पी. निगम आत्मघाती मानते हैं। उनके विचारानुसार, प्रारम्भिक तुर्की सुल्तनत की मृत्यु/अन्त, इस आत्महत्या के परिणामस्वरूप हो गया।[58]

समकालीन इतिहासकारों मिनहाजुस सिराज़ एवं ज़ियाउद्दीन बरनी के विवरणों से ऐसा प्रतीत होता है, कि बलबन शुद्ध रक्त तुर्क नीति का विशेष आग्रही था एवं तुर्की नस्लवाद को प्रश्रय प्रदान करनेवाला था।[59] किन्तु वह भी नवीन-मुसलमानों को अनदेखा नहीं कर सका। उसने भी अपने वंश के लिए निष्ठावान अधिकारियों की प्रत्याशा में एवं तुर्क सामन्त वर्ग की शक्ति को सन्तुलित करने की नीति के तहत नवीन मुसलमानों के उप वर्ग को प्रश्रय एवं उच्च पद प्रदान करना प्रारम्भ किया।[60] उमरा के नवीन मुस्लिम उपवर्ग के अन्तर्गत वे मंगोल भी आते थे, जो इस्लाम स्वीकार कर रहे थे एवं बड़ी संख्या में भारतीय मूल

के मुसलमान भी थे। चूँकि, तुर्क अमीर इन दोनों तत्त्वों को हेय दृष्टि से देखते थे अत: प्रतिक्रियास्वरूप ये शक्तिशाली होने लगे एवं 1290 ई. की क्रान्ति को सम्भव बनाने में इनकी सक्रियता ने सर्वाधिक महत्त्वपूर्ण योगदान दिया। बलबन के काल में नवीन मुसलमानों को दिए गए प्रश्रय की पुष्टि कैक़ुबाद के काल में निज़ामुद्दीन द्वारा इनकी नृशंस हत्या की घटना से भी हो जाती है।

वास्तव में, बलबन के शासन-काल में सबसे बड़ा जो परिवर्तन दृष्टिगोचर होता है, वह ताज एवं उमरा के पद के परम्परागत सम्बन्धों में है। यह पारस्परिक सम्बन्ध ऐबक एवं इल्तुतमिश के शासन-कालों की विशेषता थी। वे अपने अमीरों के प्रति बन्धुत्ववाला व्यवहार करते थे, किन्तु, ऊपर वर्णित कारणों एवं विवशताओं के चलते, बलबन के सुल्तान की अमीरों से एक गरिमामयी दूरी निर्धारित कर दी। वह उन्हें भयाक्रान्त करके सुल्तान के समक्ष, उमरा का पूर्ण समर्पण चाहता था। वास्तव में, वह स्वयं सत्ता के शीर्ष पर जिन मार्गों से गुजरा था, वह उन्हें अवरुद्ध करना चाहता था, ताकि, कोई अन्य अमीर उसके तरीकों एवं उपकरणों के प्रयोग का अनुसरण करते हुए, उसे अपदस्थ करके, सत्ता के शीर्ष पर न पहुँच जाए। उसकी निरंकुशता की नीति का ही प्रतिफल था—उसके राजत्व का दैवीय सिद्धान्त। वह सुल्तान के पद को दैवी संस्था घोषित करके उलमा एवं उमरा द्वारा सुल्तान के कार्यों पर प्रश्नचिह्न लगाने का अवसर तक छीन लेना चाहता था। वही नहीं चाहता था, कि, कोई भी उसके अधिकार-क्षेत्र में अतिक्रमण कर सके या अंकुश लगा सके। 'सिज़दा', 'पायबोस' भी सुल्तान एवं अमीरों के मध्य अन्तर स्थापित करनेवाले ईरानी रिवाज़ थे। इसी प्रकार, प्रमुख उच्चाधिकारियों के अतिरिक्त उसके दरबार में समस्त अमीरों का सिंहासन के नीचे हाथ बाँधे, अनुशासित ढंग से खड़े रहना अथवा न्याय के मामलों में उमरा के सदस्यों यथा बदायूँ के इक्तादार मालिक बकबक एवं अवध के इक्तादार मालिक फ़िरान के पिता हैबत खाँ को दिए गए कठोर दंड से सुस्थापित है, कि, वह किस सीमा तक उनको नियन्त्रित करता था। वह सुनियोजित ढंग से अमीरों की शक्ति एवं सांगठनिक आधार पर निरन्तर प्रहार कर रहा था, ताकि, उसकी निरंकुशता अक्षुण्ण बनी रह सके।[61]

अपनी मृत्यु से मात्र कुछ दिनों पूर्व, जब वह गम्भीर रूप से बीमार था, उसने कोतवाल फ़ख़रुद्दीन, वज़ीर ख्वाजा हसन बसरी आदि अनेक निष्ठावान अमीरों व अधिकारियों को अपने पौत्र (ज्येष्ठ मृत पुत्र मोहम्मद के पुत्र) कैखुसरो को अपने बाद सुल्तान बनाने का आदेश दिया था। इधर कब्र में बलबन के शव के उतारा जा रहा था, उधर फ़ख़रुद्दीन आदि न कैखुसरो के स्थान पर बुगरा खाँ

के पुत्र मुईज़्ज़ुद्दीन कैक़ुबाद का सिंहासनारोहण कर दिया।[62] हालाँकि, सुल्तान के आदेश की अवमानना के लिए वज़ीर ख्वाजा हसन बसरी, मालिक किवामुद्दीन आला दबीर तथा मालिक बेग सादिक कदापि तैयार नहीं थे, अत: उन्हें दिल्ली के बाहर भेजकर, जीवन भर जिसकी आज्ञा मानने को बाध्य थे उसी बलबन की इच्छा का अनादर करने में प्रतिक्रियास्वरूप अमीरों ने पूरी तत्परता दिखाई।

इसी सुल्तान मुईज़्ज़ुद्दीन क़ैकुबाद के शासन-काल में उमरा में इतने मतभेद प्रकट हुए, जिससे अन्ततः प्रारम्भिक तुर्की वंश का पतन हो गया था। इन परिस्थितियों का विश्लेषण करते हुए बरनी लिखता है, कि, पारस्परिक समापन एवं एक दूसरे के विध्वंस की ऐसी प्रक्रिया अमीरों ने प्रारम्भ की, कि सिंहासन के अनेकानेक निष्ठावान सेवक मृत हो गए।'[63] दूसरी ओर, सुल्तान की अनुभवहीनता एवं राज्यकार्य में निष्क्रियता के चलते, अमीरों का राजनीतिक व प्रशासनिक वर्चस्व स्थापित हो गया, अत: स्वाभाविक रूप से उनकी राजनीतिक महत्त्वाकांक्षा एक बार पुन: आसमान छूने लगी एवं वे सक्रिय राजनीति में हस्तक्षेप करने लगे।

बलबन के कठोर नियन्त्रण से मुक्त होकर, कैक़ुबाद सुल्तान बनने के बाद अपनी इच्छाओं एवं सुल्तनत दोनों का निरंकुश स्वामी था, किन्तु, उसने अधिकारों, स्वतन्त्रता एवं निरंकुश शक्ति का दुरुपयोग ही किया तथा आमोद-प्रमोद में व्यस्त रहने लगा। ज़ियाउद्दीन बरनी तो स्पष्ट लिखता है, कि, 'मैने काज़ी शरफ़ुद्दीन सरपाई से सुना है कि कैक़ुबाद का शासन एक सप्ताह भी न चल पाता यदि मालिक निज़ामुद्दीन और मालिक क़वामुद्दीन इलाक़ा दबीर उसके राज्य के आधार न होते। वे शम्सी एवं बलबनी मालिकों में बचे व्यक्ति थे और बुद्धिमानी, विवेक एवं शासन प्रबन्ध में अद्धितीय क्षमतावाले थे।'[64] क़वामुद्दीन की राजनीति में कोई दिलचस्पी नहीं थी, अत: निज़ामुद्दीन (जो कोतवाल फ़खरूद्दीन का भतीजा एवं दामाद था) जो 'दादबक' के साधारण प्रशासनिक पद पर नियुक्त था, वह 'नायबे ममालिकात' बन बैठा एवं शासन-सत्ता की समस्त शक्तियाँ अपने हाथों में केन्द्रित कर लीं। वह सुल्तान का विश्वासपात्र बन गया एवं इस घनिष्ठता का लाभ उसने अपनी राजनीतिक स्थिति सुदृढ़ करने में लगाई। उसने 'नायबे वकीलेदार', 'अमीरे 'हाजिब' एवं' 'सरे-जाँदार' जैसे पदों पर अपने समर्थकों को नियुक्त करवा के अपने प्रति समर्थनवाले अमीरों का नवीन उपवर्ग तक तैयार कर लिया तथा सिंहासन पर अधिकार करने की योजना बनाने लगा। वह शासन सम्हालता एवं उसकी पत्नी राजमहल पर पूर्ण नियन्त्रण रखती थी। वह सुल्तान की खाला कहलाती थी।

निज़ामुद्दीन ने सिंहासन के निकटतम प्रतिद्वन्द्वी कैखुसरो की हत्या का आदेश भी सुल्तान मुईज़्ज़ुद्दीन से प्राप्त कर लिया एवं रोहतक में उसकी हत्या करवा दी। वास्तव में, उसकी तो फ़खरूद्दीन के कारण ही सिंहासन से वंचित रहना पड़ा था अन्यथा बलबन की इच्छा एवं मनोनयन से तो वही उचित उत्तराधिकारी था। अन्तत: वह उन मंगोलों से सम्पर्क करके उनसे सहायता प्राप्त करके दिल्ली का सिंहासन हस्तगत करने की योजना बना रहा था, जिनके कारण ही उसके पिता की मृत्यु हुई थी।[65] इसी प्रकार, वज़ीर ख्वाजा खतीर को भी गधे पर बिठाने का शर्मनाक दंड दिया गया, जिससे दरबारी एवं अमीर पूर्णतया घबड़ा गए तथा निज़ामुद्दीन से भयभीत रहने लगे कि, वह कब किसका सार्वजनिक अपमान करवा दे अथवा मृत्यु दंड दिलवा दे। इसी प्रकार, मंगोलों पर एक विजय की उद्घोषणा के बहाने से उसने समस्त पुराने अमीरों को दरबार में एकत्रित करने का षड्यन्त्र किया उसमें कुछ की हत्या कर दी गई तथा अन्य निर्वासित कर दिए गए। रिक्त पदों पर नियुक्तियों का क्रम चला तथा इन तमाम पदों पर निज़ामुद्दीन ने अपने विश्वासपात्रों की नियुक्ति की कुछ को निर्वासित कर दिया एवं कुछ को दंडित, यथा, मुल्तान के मुक्ति मालिक अलाउद्दीन शेख तथा बरन के मुक्ति मालिक नासिरुद्दीन तूजकी की भी हत्या कर दी। ये दोनों भी बलबन के विशिष्ट अमीर थे। अब तो अमीरों का विश्वास निज़ामुद्दीन से पूरी तरह उठ गया।[66]

इसी समय, मंगोल नेता तमर ख़ाँ ने भारतवर्ष पर आक्रमण करके, लाहौर से सुल्तान तक का प्रदेश विध्वंस कर दिया, किन्तु, दिल्ली की सेनाओं के आगमन की सूचना पाकर, वे वापस लौट गए। इस आक्रमण का लाभ उठाते हुए, निज़ामुद्दीन ने छल-कपट द्वारा सुल्तान से पूर्व में बसे मंगोलों (नव-मुसलमानों) के वध का आदेश प्राप्त कर लिया। ये नव-मुस्लिम वस्तुत: वे ही थे, जिन्हें बलबन ने तुर्क अमीरों की शक्ति सन्तुलित करने के लिए संरक्षण प्रदान किया था (जिसका विवरण विस्तार से बलबन के अन्तर्गत दिया गया है) और तो और, निज़ामुद्दीन का चाचा व ससुर कोतवाल फ़खरुद्दीन भी चिन्तित हो उठा। उसने निज़ामुद्दीन को चेतावनी भी दी, कि, इस प्रकार की नृशंस हत्या की प्रतिक्रिया नृशंस हत्या ही होती हैं, किन्तु, वह अपनी महत्त्वाकांक्षाओं एवं राजनीतिक षड्यन्त्रों को नियन्त्रित नहीं रख सका एवं अमीरों की शक्ति को नष्ट करने की बलबनी नीति पर वह आगे ही बढ़ता रहा।[67]

सुल्तान मुईज़्ज़ुद्दीन कैक़ुबाद का पिता बुगरा खाँ, जो बलबन के समय बंगाल का गवर्नर था उसने बलबन के मृत्यूपरान्त नासिरुद्दीन की पदवी धारण

करके, बंगाल में अपनी स्वतन्त्रता घोषित कर दी थी, किन्तु दो वर्षों के घटनाक्रम ने उसे इतना उद्वेलित कर दिया, कि, अन्ततः उसने दिल्ली आने का निर्णय लिया। जिन परिस्थितियों में पिता-पुत्र की भेंट सम्भव हो सकी, उसके विषय में अमीर खुसरो एवं बरनी ने पृथक्-पृथक् विवरण दिए हैं। अमीर खुसरो (कैरान-उस-सैदान) के मतानुसार बुगरा खाँ ने दिल्ली पर विजय प्राप्त करने के उद्देश्य से लखनौती से कूच किया था, जबकि, ज़ियाउद्दीन बरनी के अनुसार, कैक़ुबाद ने स्वयं अपनी सेना एवं अमीरों के साथ पिता से भेंट करने हेतु पहल करते हुए कूच किया था। कुछ भी कारण हो, अन्ततः पिता-पुत्र की भेंट हुई, जिसका सविस्तार वर्णन अमीर खुसरो ने दिया है। इस वर्णन के अनुसार निज़ामुद्दीन अन्त तक प्रयासरत रहा, कि, दोनों (पिता-पुत्र) में युद्ध छिड़ जाए और उसने बुगरा खाँ को बलबनी 'सिज़दा' एवं 'पायबोस' तक के लिए बाध्य किया, क्योंकि, कैक़ुबाद, बुगरा खाँ का पुत्र नहीं, अपितु दिल्ली का सुल्तान था और बलबनी संस्कारों एवं परम्पराओं का उसके उत्तराधिकारी के रूप में पालन कर रहा था, जिसके अनुसार 'राजत्व बन्धुत्व नहीं स्वीकारता है।' बुगरा खाँ ने धैर्य का परिचय देते हुए शिष्टाचार की समस्त औपचारिकताएँ पूर्ण की एवं निज़ामुद्दीन की योजना निष्फल कर दी। इसका परिणाम भी अच्छा रहा, जैसे ही बुगरा ने पायबोस किया, सुल्तान का भी नियन्त्रण टूट गया और वह अपने पिता के चरणों से लिपटकर रो उठा। उसके पिता ने राज्य के विषय में अनेक निर्देश दिए, जो कभी बलबन ने तुगरिल विद्रोह के उपरान्त बंगाल का वली नियुक्त करते समय उसे दिए थे। साथ ही, निज़ामुद्दीन से मुक्ति पाने एवं विषय-भोग में भी नियन्त्रण की सलाह देकर वह पुनः लखनौती लौट गया।

थोड़े दिन तो कैक़ुबाद के ऊपर पिता के निर्देशों का प्रभाव रहा, किन्तु, वह पुनः पुराने रंग-ढंग में बहने लगा। अत्यधिक विषय-भोग एवं दुराचार से उसका स्वास्थ्य भी खराब रहने लगा। किन्तु, पिता की दूसरी सलाह मानते हुए उसने निज़ामुद्दीन को मुल्तान जाने का आदेश कर दिया। निज़ामुद्दीन को भय था, कि, कहीं मार्ग में ही तुर्की अमीर उसकी हत्या न करवा दें, क्योंकि वह अपने आचरण से सबको रुष्ट, असन्तुष्ट एवं क्षुब्ध कर चुका था, अतः वह जाने में विलम्ब करता रहा, जिसके परिणामस्वरूप, अमीरों को मनचाहा मौका मिल गया एवं उन्होंने प्रतिशोध लेने के लिए, राजाज्ञा की अवहेलना के आधार पर निज़ामुद्दीन की मृत्यु का आदेश प्राप्त कर लिया तथा विष पिलाकर उसे मौत के घाट उतार दिया।[68]

ज़ियाउद्दीन बरनी ने निज़ामुद्दीन के महत्त्वाकांक्षी स्वभाव एवं उसके अनैतिक व्यवहारों की भर्त्सना की है, किन्तु वह उसकी प्रशासनिक योग्यता की

भूरि-भूरि प्रशंसा भी करता है, क्योंकि, उसके मृत्यूपरान्त शासन अस्त-व्यस्त हो गया यद्यपि बलबनी दरबार के अनेक पूर्व सामन्त क़ैकुबाद की सेवा करने वापस आ गए थे। वस्तुत: निज़ामुद्दीन की ईर्ष्या से प्रारम्भिक तुर्की वंश के पतन की प्रक्रिया अधिक गतिशील हो गई।[69] प्रशासन की सहायता के लिए, सुल्तान ने सामाना से मलिक फ़िरोज़ खलजी को बुलाया एवं उसे बरन का मुक्ति एवं राज्य का 'आरिज़े-मुमालिक नियुक्त करके, शाइस्ता खाँ की पदवी से विभूषित भी किया। साथ ही, मलिक एतुमर कच्छन को बरबक का पद प्रदान किया तथा, मलिक एतुमर सुर्खा को वकीले-दर नियुक्त किया। अन्य अमीरों को भी, जिन्होंने निज़ामुद्दीन के विरुद्ध षड्यन्त्र एवं उसके पतन में भूमिका निभाई थी, महत्त्वपूर्ण पदोन्नतियाँ पद एवं प्रदान की गईं। दुर्भाग्यवश, इस परिवर्तन के तुरन्त बाद ही सुल्तान गम्भीर रूप बीमार पड़ गया। अत: राजनीतिक शून्य के जन्म के कारण, अमीरों की महत्त्वकांक्षा पढ़ना स्वभाविक भी, अन्तत: अमीर प्रतिद्वन्द्वी दलों में बँट गए। एक का नेता मलिक फ़िरोज़ खलजी और दूसरे अमीर एतमुर सुर्खा था। प्रथम दल में परिवर्तनकारी तत्त्वों का तुर्क का प्रभुत्व था एवं द्वितीय दल में सांतत्यवादी तत्त्वों को बाहुल्य था, जो बलबनी वंश में ही सत्ता रखने के पक्षधर थे। सुल्तान की बीमारी लाईलाज जानकर अमीरों ने उसके स्थान पर उसी के पाँच वर्षीय पुत्री कैक़ौस को शम्सुद्दीन के खिताब (विरुद) के साथ सिंहासनारूढ़ कर दिया।

इन अस्थिर राजनीतिक परिस्थितियों में मलिक फ़िरोज़ खलजी ने अपने 'आरीज़े मुमालिक' होने की स्थिति का लाभ उठाते हुए निकट भविष्य में लाभ अर्जित करने को नियत से सैन्य भर्ती तीव्र गति से प्रारम्भ कर दी। उधर मलिक कच्छन एवं मलिक सुर्खा ने भी तुर्क सत्ता में अवरोधक अमीरों की सूची निर्मित करनी प्रारम्भ की, जिसमें सर्वप्रथम खलजी मलिक का ही नाम था। वे शाही महल में आमन्त्रित करके, जलालुद्दीन खलजी की हत्या करने की योजना बना रहे थे, अत: उसे आमन्त्रित करने के लिए, उसके निवास भारपुर के लिए मलिक कच्छन को भेजा गया। भारपुर दिल्ली से कुछ मील दूर स्थित था। इसी बीच उसे एक तुर्क अमीर मलिक अहमद चप से, जो 'नायब-ए-अमीरे हाजिब' था, इस षड्यन्त्र की सूचना मिल चुकी थी। मंगोलों के भारी आक्रमण से निपटने के बहाने उसने अपने रिश्तेदारों को भी अपनी इक्ता बरन से बुलवा लिया। अनेक गैर-तुर्क अधिकारी, जो खलजियों के सफाए के इस षड्यन्त्र में सम्मिलित थे, वे अब खलजियों से ही आ मिले। मलिक कच्छन के आगमन के पश्चात् भी खलजी अमीर ने धैर्य से कार्य लेते हुए, उसे यह आभास हीं नहीं होने दिया, कि,

उसे उनके षड्यन्त्र के विषय में कोई सूचना भी है। उसने कच्छन से निवेदन किया, कि, कन्नौज से आई सेना का निरीक्षण खत्म करके वह तत्काल आ रहा है तब तक मलिक कच्छन एक शिविर में प्रतीक्षा कर ले। जैसे ही कच्छन ने शिविर में स्थान ग्रहण किया था, वैसे ही उसका सिर काट डाला गया एवं धड़ यमुना में फेंक दिया गया। तत्पश्चात दोनों गुटों में खुला संघर्ष प्रारम्भ हो गया। अब खलजी गुट के अमीर राजमहल में घुस गए एवं कैयुमर्स को बन्दी बनाकर अपने शिविर में ले गए। मलिक सुर्खा ने सुल्तान को बचाने/छुड़ाने के प्रयास में युद्ध किया और मारा गया।[70]

इस समय दिल्ली में दंगा भड़क गया, जिसमें खलजियों के विरुद्ध दिल्ली की जनता का विद्रोह भड़क गया। बलबनी अमीरों के नेतृत्व में वे सुल्तान को बन्दी से मुक्त कराने के लिए भारपुर की ओर कूच करने लगे। इस संघर्ष में दिल्ली के कोतवाल फ़ख़रुद्दीन ने दिल्ली की जनता को शान्त करने का प्रयास किया। दिल्ली की जनता पुराने कोतवाल की बहुत इज्जत करती थी, अत: वह काफी सीमा तक उन्हें नियन्त्रित करने में सफल रहा। वास्तव में, फ़ख़रुद्दीन ने किन्हीं आत्महित के कारणों के चलते जलालुद्दीन फ़िरोज़ खलजी का समर्थक हो जाने के विषय में निर्णय लिया था। उसके पुत्रों को जलालुद्दीन खलजी के पुत्रों ने बन्दी बना लिया था, अत: अपनी सेवाओं के बदले में उनकी मुक्ति के लिए आशान्वित था। अन्तत: वह दिल्ली की आम जनता के इस दंगे को नियन्त्रित करने में सफल रहा।

सम्भवत: जनता के इस विद्रोह के कारण ही, जलालुद्दीन फ़िरोज़ खलजी ने सिंहासन पर तत्काल अधिकार नहीं किया। यह मानना कि वे शाही सत्ता ग्रहण करने के लिए तैयार नहीं थे भ्रामक होगा। अत: उन्होंने जो कुछ भी किया था वह विशेष रूप से सुरक्षात्मक था। उसने कैयुमर्स को कैलूगढ़ी में पुनर्स्थापित किया एवं मलिक छज्जू, जो बलबन का भतीजा था— को उसका संरक्षक बनने का निमन्त्रण दिया, किन्तु मलिक छज्जू के इनकार करने के बाद संरक्षक का पद फ़ख़रुद्दीन कोतवाल को प्रस्तावित किया, किन्तु उसके भी इनकार करने के उपरान्त वह स्वयं संरक्षक बनने को बाध्य हुआ। मलिक छज्जू को कर्ड़ामानिकपुर का मुक्ति बना दिया गया। कैयुमर्स को इस प्रकरण के पश्चात् लगभग तीन माह तक सिंहासन पर रखा गया अन्तत: फ़िरोज़ खलजी ने अन्तिम निर्णय लेकर 13 जून, 1290 ई. को अपना सिंहासनारोहण कराया। एक तुर्की मलिक, जिसके पिता की हत्या कैक़ुबाद के आदेश से हुई थी, उसी के हाथों कैक़ुबाद की प्रतिशोधात्मक हत्या करवा दी गई।[71]

डॉ. निगम के शोध से यह स्थापित होता है, कि तुर्क अमीरों की नस्लीय श्रेष्ठता की भावना, जो बलबन के काल में और अधिक प्रबल हो गई थी, वही उसके पतन के लिए उत्तरदायी थी। वे ये तो स्वीकार करते हैं, कि बलबन की अमीरों को शक्तिहीन करने की नीति भी आत्मघाती थी, लेकिन तुर्कों का संकीर्ण नस्लीय दृष्टिकोण भी इसके लिए बराबर का दोषी था। बलबन के शासन के उत्तरार्द्ध में 'नवीन मुस्लिम' चाहे वे भारत के स्थानीय लोग हों अथवा मंगोल जो स्वेच्छा से धर्मान्तरण कर रहे थे एवं इन्हें ही 'नवीन-मुस्लिम' कहा जाता था अपनी योग्यता एवं निष्ठा व सेवा से—शासन के उच्च पदों पर आसीन हो गए थे। तुर्क अमीर नस्लवाद से प्रभावित होने के कारण उन्हें एवं उनकी प्रतिष्ठा को सहन नहीं कर पाते थे। जबकि शुद्ध रक्त तुर्क अब कुल अमीरों की तुलना में अल्पसंख्यक हो गए थे. अत: उन्हें परिवर्तित परिस्थितियों के पुनर्मूल्यांकन की आवश्यकता थी, ताकि वे शक्ति व प्रशासनिक पदों के वितरण के तर्क को समझ सकते। चूँकि वे ऐसा नहीं कर सके। अत: वे सत्ताच्युत हुए।[72]

सन्दर्भ

1. एस. बी. पी. निगम, 'नोबल्स अंडर द सुल्तान्स ऑफ़ दिल्ली'; मुन्शी राम मनोहरलाल, नई दिल्ली: 1968; पृ. 21.
2. वही, पृ. 22.
3. वही, पृ. 23.
4. वही, पृ. 24.
5. वही, पृ. 25.
6. वही, पृ. 25.
7. देखिए, निगम, पूर्वोक्त, पृ. 25.
8. वही, पृ. 27.
9. के. ए. निज़ामी, 'पॉलिटिक्स ऐंड सोसाइटी ड्यूरिंग द अर्ली मेडियवल पीरियड', खंड। कलेक्टेड वर्क्स ऑफ़ प्रो. मोहम्मद हबीब, पृ. 105 106.
10. निगम, पूर्वोक्त, पृ. 108.
11. तारीख़-ए-मुबारकशाही' (याहिया बिन अहमद सरहिन्दी कृत) उद्धृत निगम, पृ. 108.
12. के. एस. लाल, 'हिस्ट्री द खलजीज़', एशिया पब्लिशिंग हाउस, नई दिल्ली, 1967. पृ. 12-13
13. निगम, पूर्वोक्त पृ. 110.
14. वही, पृ. 112.
15. वही, पृ. 113
16. वही, पृ. 113
17. इब्न बतूता, ट्रैवेल्स, पृ. 18,273-283,367-368.

18. वही, पृ. 109, 254, 301, 55.
19. इक्तिदार हुसैन सिद्दीकी, 'द राइज़ ऑफ़ द अफ़गान नोबिल्टी अंडर द लोदी सुल्तान्स' मेडियवल इंडियन क्वार्टरली, खंड 4 (1961), पृ. 115-117.
20. निगम, पूर्व; 115
21. वही, पृ. 26.
22. देखें, निगम, वही, एपैंडिक्स बी, पृ. 194.
23. आर. पी. त्रिपाठी, 'सम ऐस्पैक्ट्स ऑफ़ मुस्लिम एडमिनिस्ट्रेशन', इलाहाबाद, पृ. 27-28
24. निगम, पूर्व, पृ. 27
25. निगम, पूर्व; पृ. 29
26. वही, पृ. 30
27. वही,
28. वही, पृ. 30-31
29. इब्नबतूता, ट्रैवल्स, पृ. 166
30. निगम, पूर्व, पृ. 32 की पाद टिप्पणी संख्या 21
31. हबीब एवं निज़ामी सम्पादित 'दिल्ली सुल्तनत', मैकमिलन, नई दिल्ली, 1978, पृ. 208.
32. निगम, पूर्व, पृ. 34.
33. हबीब एवं निज़ामी, पृ. 208.
34. निगम, पूर्व, पृ.34.
35. देखें, हबीब एवं निज़ामी, पूर्व; पृ. 211.
36. वही, पृ. 212.
37. निगम, पूर्व, पृ. 35.
38. वही।
39. हबीब एवं निज़ामी, पूर्व पृ. 212-213.
40. निगम, पूर्व, पृ. 35.
41. वही, पृ. 36.
42. 'तबकाते नासिरी', पृ. 198-201। उद्धृत निगम, वही, पृ. 36-37
43. एस.के. बैनर्जी, 'सम एस्पैक्ट्स ऑफ़ मुस्लिम पॉलिटी इन अर्ली मेडियवल इंडिया' (1236-46), जर्नल ऑफ़ इंडियन हिस्ट्री, खंड (1939-40), पृ. 295-3041.
44. निगम, वही, पृ. 37.
45. वही.
46. हबीब एवं निज़ामी, पूर्व, पृ. 217.
47. निगम, पूर्व 3, पृ. 38.
48. हबीब एवं निज़ामी, पूर्व, पृ. 219.
49. वही.
50. निगम, पूर्व, पृ. 40-41.
51. वही.

52. वही, पृ. 42.
53. वही, पृ. 43.
54. तारीख-ए-फ़िरोज़शाही, पृ. 40-41 एवं 65.
55. वही, पृ. 45-47.
56. हबीब एवं निज़ामी, पूर्व; पृ. 238-239.
57. निगम, पूर्व, पृ. 42.
58. वही, पृ. 43.
59. देखिए हबीब एवं निज़ामी, पृ. 252.
60. निगम, पूर्व, पृ. 43.
61. वही हबीब एवं निज़ामी, पूर्व, पृ. 252.
62. निगम पूर्व, पृ. 44-45
63. बरनी निगम, पूर्व, पृ. 45.
64. हबीब एवं निज़ामी, पृ. 254.
65. देखें इसामी का दृष्टिकोण, हबीब एवं निज़ामी, पृ. 254.
66. हबीब व निज़ामी, पूर्व पृ. 254-255.
67. वही.
68. निगम, पूर्व, पृ. 47.
69. निगम, पूर्व, पृ. 48.
70. हबीब व निज़ामी, पूर्व, पृ. 257-258; एवं निगम पूर्व, 48-49.
71. हबीब एवं निज़ामी ने यही मत व्यक्त किया है, देखें पृ. 258.
72. निगम, पूर्व 50.

6
खलजीकालीन उमरा

खलजी अमीरों की उत्पत्ति के विषय में पहले ही प्रकाश डाला जा चुका है। जैसा कि पूर्वोक्त विवरणों से सुस्पष्ट है, वे मात्र बंगाल में ही महत्त्वपूर्ण स्थिति में थे। जून, 1290 ई. में कैलूगढ़ी के राजमहल में शाइस्ता खाँ जलालुद्दीन फ़िरोज़ खलजी का सिंहासनारोहण मात्र एक वंशीय परिवर्तन ही नहीं था। इसे विद्वानों ने यथा, डॉ. किशोरी शरण लाल ने तो 'क्रान्ति' की संज्ञा तक से विभूषित किया है।[1] उनके मतानुसार तो बलबन के काल की 'शुद्ध रक्त नीति' ने ही तुर्क अमीरों में श्रेष्ठता का भाव प्रबल कर दिया था। महत्त्वपूर्ण पदों पर तुर्कों या ताज़िकों को ही) नियुक्त किया जाता था—शेष खलजी, अफ़गान, अफ़्रीकी एवं नवीन मुस्लिमों (दोनों इस्लाम स्वीकार करनेवाले मंगोल एवं भारतीय मूल के मुसलमान) को हेय दृष्टि से ही देखा गया। इन्हीं में से खलजियों ने सत्ता प्राप्त कर ली थी, अत: तुर्कों के लिए यह क्रान्ति से कम नहीं थी। इस क्रान्ति के ही परिणामस्वरूप खलजी काल में नियुक्तियाँ जनजातीय आधार पर नहीं, अपितु योग्यता के आधार पर होने लगी थीं। अत: यह तो निश्चित ही एक क्रान्तिकारी क़दम था।

वस्तुत: ऐसा प्रतीत होता है कि क्रान्ति का अभिप्राय समझने के लिए हमें समकालीन इतिहासकार ज़ियाउद्दीन बरनी की संकीर्ण मानसिकतावाले पूर्ण परिवेश को भी समझना पड़ेगा। ज़ियाउद्दीन बरनी तो स्वयं तुर्क था, अत: वह कहता है कि अन्तत: सत्ता तुर्कों से निकलकर खलजी वंश में स्थानान्तरित हो गई। अत: नस्लीय भेद-भाव की भावना से ही क्रान्ति का अर्थ मध्यकालीन इतिहासकारों ने देखा था। हालाँकि, आधुनिक इतिहासकारों ने नस्लवाद के आधार पर नियुक्तियों के अन्त होने एवं अलाउद्दीन खलजी के छोटे से काल में बड़े-बड़े महत्त्वपूर्ण एवं मौलिक परिवर्तनों के कारण 'क्रान्ति' माना है।[2]

वास्तव में, तुर्क विजय के उपरान्त राज्य के प्रशासनिक गठन एवं प्रारम्भिक पुनर्गठन में (बलबन के काल में) नस्लवाद अथवा जनजातीय भावनाओं पर अधिक बल दिया था। सर्वमान्य खिलाफ़त भी दिल्ली सुल्तान का तुर्की स्वरूप परिवर्तित/संशोधित करने में असफल रही थी। मंगोलों के आक्रमणों, तुर्क सरदारों एवं प्रादेशिक गवर्नरों (मुक्तियों, वलियों या इक्तादारों) के विद्रोहों एवं स्थानीय सरदारों (पूर्ण शासकों/सामन्तों एवं उनके वंशजों) के तुर्की सत्ता के उखाड़ फेंकने के निरन्तर प्रयासों के परिणामस्वरूप तुर्क सुल्तानों/शासकों को यह स्पष्ट आभास होने लगा था, कि वे 'तुर्क सम्पत्ति' के रूप में दिल्ली सुल्तान को बहुत दिनों तक सुरक्षित नहीं रख पाएँगे। यह सुल्तनत भले ही तुर्कों के खून व पसीने से निर्मित हुई हो, किन्तु, वे इस पर तुर्कों को एकाधिकार सुरक्षित एवं संरक्षित नहीं रख पाएँगे। जैसा कि, हमने 'प्रारम्भिक तुर्की कालीन उमरा' के अध्ययन के अन्तर्गत पढ़ा है, इल्तुतमिश के उत्तराधिकारियों) के काल में उमरा एव सुल्तानों की प्रतिस्पर्धा के चलते एवं फिर बलबन के निरंकुशता को अक्षुण्ण बनाए रखने के प्रयासों के परिणामस्वरूप विरोधी तत्त्वों के हिंसात्मक दमन की नृशंस नीति के प्रतिकूल प्रभाव हुए एवं तुर्क उमरा ही संगठनहीन व शक्तिहीन होते गए। कथित अतुर्क (क्योंकि, वास्तव में तो वे तुर्क ही थे) खलजी दल की तुर्कों के ऊपर सरल विजय ने पूर्वसिद्ध इस तथ्य का रहस्य रेखांकित कर दिया कि जनजातीय निरंकुशता और अधिक समय तक राज्य धारण नहीं कर सकती। वस्तुत: दिल्ली सुल्तनत बलबन का काल आते-आते ऐसी स्थिति में पहुँच गया था, जहाँ नई शक्तियाँ, अनियमितताएँ एवं आकांक्षाएँ निरन्तर समायोजन की माँग कर रही थीं। वास्तव में, साम्राज्य के सुदृढ़ीकरण एवं विस्तार से कहीं अधिक नियोजित प्रशासन के लिए नए दृष्टिकोण एवं नए समाज की आवश्यकता थी, जो नवीन आकांक्षाओं एवं शक्तियों के समायोजन में सक्षम व सफल हो।

जलालुद्दीन खलजी एवं उसके भाई सिहाबुद्दीन ने बलबन के अधीन सेवा प्रारम्भ की। सिहाबुद्दीन की मृत्यु बलबन के राज्यकाल में हो गई, किन्तु जलालुद्दीन का जलाल मंगोल आक्रमणों को निष्फल करने के कारण बढ़ता गया। बलबन की मृत्यु के पश्चात् वह 'आरिज़-ए-मुकालिक' नियुक्त हुआ था। सुल्तान का पद भी मलिक छज्जू एवं फ़ख़रुद्दीन कोतवाल के सहयोग के बिना प्राप्त करना सम्भव नहीं था। बावजूद सत्ता में आने के खलजी उमरा उपवर्ग अभी भी अल्पसंख्यक था एवं कैक़ुबाद के पतन की घटनाक्रम स्पष्ट करती है, कि दिल्ली की जनता के हृदय में सुल्तान एवं खलजी अमीरों के प्रति कितना

विरोध था, कि फ़ख़रुद्दीन कोतवाल के हस्तक्षेप के बाद ही दिल्ली में भड़का दंगा किसी प्रकार शान्त हो सका था।

दरबारी राजनीति में भी, मलिक छज्जू (बलबन के भतीजे) के सहयोग के चलते ही, जलालुद्दीन का सत्तोत्कर्ष सम्भव हो पाया था। अत: जलालुद्दीन के मन में कोई सन्देह नहीं रह गया, कि, पदों के वितरण में तुर्कों को भेद-भाव का सामना नहीं करना पड़ा। ख्वाजा खतीर को वज़ीर का पद मिला जबकि, फ़ख़रुद्दीन को कोतवाल के पद पर बनाए रखना निकट अतीत के अनुभवों के आधार पर अपरिहार्य था। उसने तो 'खलजी क्रान्ति' की सफलता में एक महत्त्वपूर्ण एवं सक्रिय भूमिका निभाई थी। अवध की सत्ता पर पूर्व मुक्ति तुर्क अमीर अली सरजाँदार हातिम खाँ की ही नियुक्ति स्थायी कर दी गई, जबकि, कड़ा मानिकपुर का इक्ता बलबन के भतीजे मलिक छज्जू को प्रदान किया गया। इसी प्रकार अनेक पूर्व बलबनी अमीरों को भी महत्त्वपूर्ण प्रशासनिक पद प्राप्त हुए। कैक़ुबाद के काल के चालीस के करीब अमीरों में से तेरह को जलालुद्दीन फ़िरोज़ खलजी ने भी प्रशासनिक पदों पर रखा,[3] क्योंकि उनके पास इन पदों के उपयुक्त पर्याप्त प्रशासनिक अनुभव था। वास्तव में, यह संख्या एक अन्य महत्त्वपूर्ण चारित्रिक परिवर्तन की द्योतक है। आगे भी जब दरबार के दो शक्तिशाली गुटों से शक्ति/ सत्ता-संघर्ष हुआ, तो विवेकवान अमीरों ने तटस्थता की नीति ही अपनायी तथा अपने उपवर्ग के हित व संगठन के स्थान पर व्यक्तिगत स्वार्थ सिद्धि को ही वरीयता दी।

जलालुद्दीन फ़िरोज़ खलजी ने तुर्क अमीरों की संख्या एवं उनके प्रशासनिक अनुभवों को देखते हुए उनको सन्तुष्ट रखने की ही नीति अपनायी और यह व्यावहारिक भी था। किन्तु, उसने खलजी अमीरों को भी महत्त्वपूर्ण पद प्रदान करना प्रारम्भ किया। अपने चाचा मलिक हसन को ताजुल मलिक का विरुद प्रदान किया। अपने भाई खामूश को युगरूश खाँ का विरुद एवं आरिज़-ए-मुमालिक (रक्षा मन्त्री) का महत्त्वपूर्ण पद भी प्रदान किया। अपने एक भतीजे, मलिक अलाउद्दीन गुर्शस्प को अखुरबेग-ए-मैंमना तथा अमीर-ए-तुज़ुक के पद, तीसरे भतीजे अल्मास बेग को अमीर-ए-आखुर का पद, अपने भान्जे मलिक अहमद चप, जिसकी पदवी किश्ली खाँ थी को बारबक़ एवं सरजाँदार-ए-मैमना का पद प्रदान कि या। इसी प्रकार अपने तीनों पुत्रों को पुरस्कार एवं महत्त्वपूर्ण पद भी प्रदान किया।

वास्तव में, यदि विश्लेषणात्मक अध्ययन किया जाए तो एक बात सुस्पष्ट होती है। यदि युवा खलजी अमीरों ने समय पर कार्यवाही न की होती तो तुर्क

अमीरों कच्छन एवं सुर्खा के हाथों फ़िरोज़ खलजी की मृत्यु ही हो जाती। ये सत्य है, कि, उन्होंने न केवल उसकी सम्भावित हत्या से उसकी सुरक्षा की, अपितु, प्रतिक्रियास्वरूप हुए संघर्ष में सत्ता जलालुद्दीन के हाथों में सौंप दी। उसके सिंहासनारोहण के पश्चात् भी खलजी युवा वर्ग ही सक्रिय एवं सुल्तान को कार्य करने के लिए विवश करता दिखा। उसके सिंहासनारोहण के बाद उसके द्वितीय पुत्र अर्कली खाँ ने मलिक छज्जू एवं सीदी मौला के विद्रोहों का सफलतापूर्वक दमन किया था। सुल्तान का भानजा, बारबक के पद पर नियुक्त अहमद चप तो सुल्तान को बलबनी अमीरों के विरुद्ध कठोर कार्यवाही के लिए निरन्तर ज्ञान देता रहा। सुल्तान ने विवेक व सन्तुलन का परिचय दिया, क्योंकि, उसे ज्ञात था, कि ऐसी नीति तो अन्ततः हिंसात्मक प्रतिक्रिया को ही जन्म देती। समकालीन इतिहासकार ज़ियाउद्दीन बरनी के विवरणों से दो कारक तत्त्व और स्पष्ट होते हैं। प्रथम, पुराने बलबनी अमीरों का सहयोग व समर्थन खलजी सुल्तान को प्राप्त था और वे यथावत स्थिति बनाए रखने के पक्षधर थे। द्वितीय, प्रमुख जलाली अमीर, सुल्तान की भाँति बुद्धिजीवी व साहित्यानुरागी थे, अतः स्वभावतः ही वे शान्तिप्रिय थे, अतः उन्होंने युवा खलजी अमीरों की महत्त्वाकांक्षी योजनाओं एवं भावनाओं को काफी नियन्त्रित रखा।[4]

सुल्तान जलालुद्दीन की तुष्टिकरण की नीति को सुल्तान की कमजोरी के रूप में देखा गया एवं तुर्क अमीरों में खलजियों से सत्ता पुनः प्राप्ति के प्रयास किए। प्रथम स्वीकृत प्रयास था मलिक छज्जू का विद्रोह। इस विद्रोह को अवध के मुक्ति मलिक अमीर अली सरजाँदार हातिम खाँ का भी पूर्ण समर्थन प्राप्त था एवं अनेक कम महत्त्वपूर्ण बलबनी अमीर भी इसमें सम्मिलित थे, जिनमें मलिक तार्घी का पुत्र मलिक ताजुदार एवं मलिक अहज़न प्रमुख थे। मिफ़्ताह-उल-फुतह के अनुसार दोआब के हिन्दू राजाओं एवं सरदारों ने भी पूर्ण समर्थन किया था।[5] सुल्तान फ़िरोज़ खलजी के द्वितीय पुत्र अर्कली खाँ ने सक्षम सेनापतित्व का परिचय देते हुए इस विद्रोह का दमन किया एवं मलिक छज्जू को बन्दी बनाने में भी सफल रहा। सुल्तान ने उदार दृष्टिकोण अपनाते हुए दंडस्वरूप मलिक छज्जू को मुल्तान की इक्ता का दायित्व देकर मात्र स्थानान्तरण ही किया। उसने इन तमाम विद्रोहियों को जीवन-दान दे दिया।

सुल्तान की सहिष्णुता ने युवा खलजी अमीरों में रोष व असन्तोष को जन्म दिया, क्योंकि, प्रारम्भिक संघर्ष एवं इन विद्रोहों के दमन का भार उन्हीं ने उठाया था। अहमद चप ने कठोर कार्यवाही की सलाह फिर दी, किन्तु, यह निष्प्रभावी रही। इसी प्रकार की नीति ने अमीरों की महत्त्वाकांक्षा को ही प्रोत्साहित किया।

मलिक ताजुद्दीन कूच के निवास पर सम्पन्न एक मदिरा-गोष्ठी के दौरान कुछ अमीरों ने ताजुद्दीन को ही ताज के सर्वाधिक उपयुक्त बताया एवं उसके प्रति आस्था का शपथ तक ले डाली। सुल्तान ने षड्यन्त्र करने पर मृत्युदंड न देते हुए उन्हें उनकी इक्ता को स्थानान्तरित करके उनके दिल्ली लौटने पर प्रतिबन्ध लगा दिया एवं उनके उक्त आचरण पर फटकार लगाई। सुल्तान की इस सहृदयता को सुल्तान की कमजोरी ही माना गया।

अगला प्रकरण भी पुराने बलबनी अमीरों से सम्बन्धित है, वे जो बेरोज़गारी के कारण अब भुखमरी के कगार पर थे, उन्होंने सुल्तान फ़िरोज़ खलजी को अपनी वर्तमान स्थिति के लिए दोषी मानते हुए, उसे अपदस्थ करने का असफल प्रयास किया।[6] सीदी मौला एक प्रसिद्ध मुस्लिम सन्त, जो अपने दान व धर्मपरायण व्यवहार से दिल्ली में प्रभावशाली हो गया था। दिल्ली का एक अन्य महत्त्वपूर्ण नागरिक काज़ी जलाल काशानी सीदी मौला का घनिष्ठ मित्र बन गया व उसी के साथ सदैव रहने लगा। पूर्व बलबनी अमीर अब बेरोज़गार होने के कारण, उसी के यहाँ एकत्र होने लगे थे व उसके समर्थक हो गए थे तथा इनमें से अनेक तो सीदी मौला के क़ानख्वाह में भी रहने लगे थे। विद्रोही अमीरों में कोतवाल वीरंजतान व हतियापायक जैसे लोग सम्मिलित थे। इतिहासकार फ़रिश्ता के अनुसार तो कोतवाल फ़ख़रुद्दीन के बेटे भी सीदी मौला से जा मिले थे। उन्होंने सुल्तान फ़िरोज़ खलजी की हत्या एवं उसके उपरान्त महत्त्वपूर्ण पदों व इक्ताओं को वितरण तक की षड्यन्त्रकारी योजना बना डाली। किन्तु, दुर्भाग्यवश, उचित संगठन एवं तात्कालिक क्रियान्वयन के अभाव से षड्यन्त्र की भनक सुल्तान को लग गई एवं उसके द्वितीय पुत्र अर्कली खाँ ने तुरन्त कार्यवाही करते हुए सीदी मौला को मौत के घाट उतार दिया।

डॉ. एस. बी. पी. निगम के विचारानुसार तो असन्तुष्ट अमीर, चूँकि, सीदी मौला के क़ानख्वाह जाते थे अत: वह अकारण ही शिकार हो गया। वस्तुत: खलजी अमीर तो अर्से से तुर्क अमीरों को विनष्ट करने की योजना ही बना रहे थे, विशेषरूप से अहमद चप, अर्कली खाँ आदि, अत: उन्होंने इस अवसर का लाभ उठाते हुए अपने ध्येय की प्राप्ति कर ली। सीदी मौला के ऊपर सन्देह नहीं किया जा सकता वे तो 'गेहूँ के साथ घुन' की भाँति पिस गए![7]

प्रोफ़ेसर होदीवाला के विचारानुसार तो खलजी अमीर ही सुल्तान के दो पुत्रों के समर्थक के रूप में दो गुटों में विभक्त हो गए थे। एक, शाइस्ता खाँ के समर्थक तो दूसरे अर्कली खाँ के। वे वृद्ध सुल्तान के मृत्यूपरान्त सम्भावित सत्ता-संघर्ष की तैयारी करने में लग गए थे।[8] अर्कली खाँ की प्रतिष्ठा विद्रोहों के दमन

व सैन्य कार्यवाहियों के चलते बढ़ रही थी और बलबनी अमीर उससे इसलिए घृणा करने लगे तथा वे शाइस्ता खाँ के समर्थक हो गए। प्रोफेसर होदीवाला के विचारानुसार तो सीदी मौला के क़ानख्वाह में जो आम लोगों को सदैव भोजन वितरित होता था, इसका खर्चा शाइस्ता खाँ इसलिए वहन करता था, ताकि, सीदी मौला के इस परोपकार के माध्यम से वह दिल्ली की जनता की भी सहानुभूति अर्जित करने में सफल हो सके। इस पूरे षड्यन्त्र में काज़ी जलाल काशानी की एक महत्त्वपूर्ण भूमिका थी। सीदी मौला तो स्वयं एक कुशल कूटनीतिज्ञ माना जाता था, अत: उसके प्रसिद्ध गुरु व चिश्ती सन्त शेख फ़रीदुद्दीन गंज शकर ने उसे दरबारी अमीरों एवं मालिकों से दूरी बनाए रखने का परामर्श भी दिया था। किन्तु शाइस्ता खाँ की असमय मृत्यु ने षड्यन्त्रकारी अमीरों को विवश कर दिया, कि, वे सीदी मौला को ही अपने नेता के रूप में स्वीकार करें।[9]

डॉ. निगम ने अपने शोध व साक्ष्यों के आधार पर यह स्थापित किया है, कि, उक्त क़ानख्वाह में तो खलजी अमीर भी जाते थे और उन्हीं ने तुर्क अमीरों के विरुद्ध कार्यवाही के लिए यह जाल बिछाया था, क्योंकि, सीदी मौला के गलत (राज्य विरोधी) मन्तव्य के विषय में सोचना ही गलत होगा।[10] सम्भवत: ऐसा हो सकता है, कि, चूँकि, खलजी अमीर उक्त क़ानख्वाह में आते ही थे, उन्हें सूचना मिल गई हो और उन्होंने सीदी मौला को स्थान उपलब्ध कराने का दोषी माना हो, अत: उसका अन्त भी वे पूर्ण प्रतिशोध के रूप में चाहते रहे होंगे, कि, भविष्य की सम्भावनाएँ व ऐसे षड्यन्त्रों की पुनरावृद्धि सम्भव न हो सके। 'वास्तव में जब सीदी मौला से प्रश्न किया गया तब उसने निर्दोष लोगों की जान बचाने की गरज से उक्त षड्यन्त्र के विषय में अनभिज्ञता व्यक्त की हो और इसी कारणवश खलजी अमीरों का क्रोध बढ़ गया हो एवं एक भले इनसान की नृशंस हत्या कर दी गई।[11]

तुर्कों पर इस विजय ने युवा खलजी वर्ग को इतना सन्तोष अवश्य प्रदान किया होगा कि, वर्तमान वृद्ध सुल्तान (लगभग अस्सी वर्षीय) के मृत्यूपरान्त तो कम-से-कम उनके अपने युवा नेता अर्कली खाँ के नेतृत्व में वे खलजी महत्त्वाकांक्षाओं का क्रियान्वयन देख सकेंगे। किन्तु, ऐसा किसी और की वजह से नहीं, उनके ही अपने रिश्तेदार के कारण हो न सका। यह व्यक्ति कोई और नहीं, अपितु, सुल्तान का भतीजा एवं दामाद था, जिसे मलिक छज्जू के विद्रोहोपरान्त कड़ा का मुक्ति नियुक्त किया गया था। इतिहासकार ज़ियाउद्दीन बरनी सम्भवत: अलाउद्दीन खलजी के अपराध को कम करने के प्रयास में लिखता है, कि, पुराने उमरा के सदस्यगण, जो छज्जू के विद्रोह के लिए

उत्तरदायी थे, अब अलाउद्दीन खलजी को सुल्तान पद की महत्त्वाकांक्षा की घुट्टी पिलाने लगे थे।[12] मालिक छज्जू के विद्रोह के दमन में भी अलाउद्दीन खलजी ने सैन्य अभियान के अन्तर्गत महत्त्वपूर्ण भूमिका अदा की एवं भील्सा (मालवा) अभियान के पश्चात् कड़ा के साथ-साथ अवध के मुक्ति के पद के साथ आरिज़-ए-मुमालिक का भी महत्त्वपूर्ण पद, किसी की भी महत्त्वाकांक्षा में अग्नि में घृत का कार्य कर सकता था। फिर, 1290 ई. की खलजी क्रान्ति ने आनुवांशिकता को नकारने के साथ-साथ उलमा एवं उमरा की सहमति को भी नकार दिया था, अत: अब 'बल' ही सत्ता के निर्धारण एवं सांतन्य का एकमात्र आधार रह गया था। यह उसके जीवन का एक महत्त्वपूर्ण मोड़ माना जा सकता है। फ़िरोज़ खलजी ने भी इसी पद के उपरान्त सुल्तान का पद प्राप्त किया था, अत: अलाउद्दीन खलजी भी अपनी पदोन्नति को उसकी तार्किक परिणति तक पहुँचाने का अभिलाषी हो गया, तो आश्चर्य क्या? पुराने अमीर तो जलालुद्दीन फ़िरोज़ का पतन चाहते थे ही, अत: वे ही सहायक उपकरण बने तथा अलाउद्दीन के प्रति पूर्णतया निष्ठावान बने रहे एवं उसे हर समय सम्पूर्ण समर्थन प्रदान किया। अलाउद्दीन के कुकृत्य के अनन्य समर्थकों में सर्वप्रमुख था अला-उल-मुल्क, जो एक श्रेष्ठ प्रशासक एवं दूरदर्शी आभिजात्य था। अन्य थे मलिक अश्घरी 'सरदावतदार'; मलिक जूना दद्बाक एवं इख़्तियारुद्दीन हूद तथा, अलाउद्दीन का सगा भाई अल्मास बेग।[13]

अल्मास बेग ने परिस्थितियों के अनुसार कार्य करते हुए प्रत्यक्ष प्रतिद्वन्द्विता एवं युद्ध की सलाह नहीं दी, अपितु, निर्मम हत्या के षड्यन्त्र को क्रियान्वित करने का मार्ग प्रशस्त किया। वास्तव में, आरिज़ के रूप में नई भर्तियों के बावजूद सुल्तान के प्रति पुराने सेनापतियों एवं अधिसंख्य सैनिकों का समर्पण पूर्व जैसा ही था, अत: संशय था, कि, अलाउद्दीन को कितना समर्थन मिलेगा? इस नृशंस हत्या ने खलजी शिविर को तो अस्त-व्यस्त कर ही दिया, वहीं दरबारी अमीर भी हतप्रभ रह गए। जलालुद्दीन फ़िरोज़ के अमीरों की स्तब्धता, निष्क्रियता एवं कमजोरी का लाभ अलाउद्दीन खलजी को अपनी दृढ़ता के चलते भी मिला, अत: उसने चाचा व सुल्तान के भी अनेकों अमीरों को अपनी ओर कर लिया। किन्तु, ताबूत में अन्तिम कील मलिका-ए-जहाँ (मृत सुल्तान की पत्नी) ने ठोक दी जब उसने अपने कनिष्ठतम पुत्र का सिंहासनारोहण करवाकर, बचे हुए जलाली (फ़िरोज़ी) अमीरों को भी पृथक्कृत कर दिया। जैसा कि, पहले ही देखा (लिखा) जा चुका है, सत्ता, परिवर्तन के दौरान सुल्तनतकालीन उमरा तटस्थ बने रहते थे, ताकि, सत्ता-परिवर्तन से अधिकाधिक लाभ अर्जित कर सकें, अत:

उन्होंने इस संकटपूर्ण घड़ी में भी निर्णय लेकर अपनी स्वामिभक्ति अलाउद्दीन के प्रति अभिव्यक्त कर दी। वे आश्वस्त थे अर्काली खाँ के उत्कर्ष के लिए, किन्तु, ऐसा न होते देख, वे उस व्यक्ति के साथ सम्बद्ध होने से नहीं चूके, जो उनकी महत्त्वाकांक्षा एवं खलजी क्रान्ति के मूलाधार के अधिक निकट प्रमाणित हुआ था।

वास्तव में, जैसा कि, पूर्व में विश्लेषण किया जा चुका है, खलजी पुत्रों ने पहल कर के क्रान्ति का सूत्रपात किया था एवं परिस्थितियों ने जलालुद्दीन को सुल्तान बना दिया था, अत: वह मध्यकालीन उमरा के संगठन में भी कोई मौलिक परिवर्तन नहीं कर सका था, जिसके कारण ही 'खलजी क्रान्ति' हुई थी! अलाउद्दीन खलजी ने अपने आप को 'खलजी क्रान्ति की उत्पत्ति' या पुत्र प्रमाणित किया, जब उसने अपने विजय अभियानों के परिणामस्वरूप दिल्ली सुल्तनत को एक विशाल साम्राज्य में परिवर्तित ही नहीं कर दिया, अपितु, प्रशासनिक सिद्धान्तों एवं राजनीति व राज्य की नीतियों, आदर्शों एवं व्यवहार में मूलभूत सुधार करके उसे एक नवीन सांगठनिक आधार भी प्रदान किया। राजतन्त्र के संगठन एवं व्यवहार में परिवर्तन के चलते ही, वह उमरा में भी युवा एवं नवीन तत्त्वों को स्थान दे सका, जिसके फलस्वरूप वे अपनी महत्त्वाकांक्षा को एक सीमा तक तृप्त कर सके।

इस दृष्टिकोण से हम अलाउद्दीन खलजी के शासन-काल को दो भागों में विभक्त न कर सकते हैं, क्योंकि, स्पष्ट रूप से दो विभिन्न प्रवृत्तियाँ द्रष्टव्य हैं। प्रथम काल में वह पुराने जलाली अमीरों को समाप्त करने में उद्धत हैं एवं नवीन उमरा का निर्माण कर रहा है, जो खलजी हैं अथवा व्यक्तिगत सेवा से उसे प्रभावित कर सके हैं।[14] हालाँकि, इस निष्कर्ष पर इतने शीघ्र पहुँचना कुछ जल्दबाजी होगी एवं न्यायोचित भी नहीं, क्योंकि, प्रथमचरण तो वैसे भी सहज रूप से संक्रमण-काल होता है एवं हर संक्रमण काल में नए एवं पुरातन का सम्मिश्रण चाहे सीमित अनुपात में ही सही, दृष्टिगोचर होता है। यहाँ भी अर्काली खाँ को नए सुल्तान के रूप में स्थापित देखनेवाले सक्रिय खलजी अमीरों के पास अलाउद्दीन के अतिरिक्त विकल्प क्या था? पुराने जलाली एवं इल्बारी अमीरों के प्रशासनिक अनुभवों का अवसर वह क्यों खोता? अत: इन तमाम तत्त्वों की उपस्थिति हमें उसके उमरा में दिखाई देती है।

सुल्तनत-काल में मन्त्री-पद न होते हुए भी, अमीर-ए-हाजिब (अस्तबल अधीक्षक) का पद बहुत महत्त्वपूर्ण माना जाता था, जैसा कि, इस काल के घुड़सवारों पर आधारित सैन्य स्वरूप से विदित होता है तथा, बलबन के उत्कर्ष

से भी प्रमाणित होता है। अत: नए सुल्तान के सर्वाधिक निकट व्यक्ति, उसके भाई अल्मास बेग, जिसकी भूमिका अलाउद्दीन के उत्कर्ष में प्रशंसनीय एवं अपरिहार्य थी, को अमीर-ए-हाजिब का पद व उलुग खाँ का विरुद प्रदान किया गया। उसके चचेरे भाई मलिक अज़ीज़ुद्दीन को दीवान-ए-इंशा का मन्त्री-पद; अपने भान्जे (बहन के पुत्र) यूसुफ़ को आरिज़-ए-मुमालिक का महत्त्वपूर्ण मन्त्री-पद एवं ज़फ़र खाँ का विरुद; अपने भतीजे सुलेमान शाह को इकित खाँ का विरुन्द तथा, दूसरे भतीजे को कुत्लुग (घ) खाँ का विरुद। इसी प्रकार, अपने एक चाचा मलिक खामूश को युथरुश खाँ एवं दूसरे मलिक नुसरुत को नुसरत खाँ का विरुद प्रदान किया। अलाउलमुल्क के पश्चात् ही नुसरत को दिल्ली के कोतवाल का महत्त्वपूर्ण दायित्ववाला पद प्रदान किया गया था।

पुराने अमीरों में उला-उल-मुल्क को दिल्ली के कोतवाल का पद प्राप्त हुआ था। इसी प्रकार, आला दबीर, ख्वाजा उम्दात-उल-मुल्क इल्बारी (बलबनी) अमीर का एवं उसके दोनों पुत्रों को भी महत्त्वपूर्ण पद प्राप्त हुए थे—कमालुद्दीन को दबीर का पद एवं मलिक हमीदुद्दीन को नायब वकील-ए-दार का पद क्रमश: प्राप्त हुए थे। ज़ियाउद्दीन बरनी तो कैकुबाद द्वारा नियुक्त अनेक अमीरों की चर्चा करता है, जिन्हें अलाउद्दीन ने अपदस्थ नहीं किया था।[15] साम्राज्य की विस्तृत होते सीमा-क्षेत्र के चलते, साम्राज्य के नवीन क्षेत्रों से भी लोग उमरा में प्रविष्टि पा सके—सर्वप्रमुख उदाहरण मलिक काफ़ूर का है। इन अमीरों को अधिकार प्रदान करने के बावजूद उन पर नज़र रखना भी आवश्यक समझा गया। इसी प्रकार, उसके शासन के प्रारम्भ में ही नवीन मुसलमानों (निवासी मंगोलों) द्वारा खुम्स के वितरण को लेकर हुए असन्तोष ने जब विद्रोह का रूप धारण किया, तो सुल्तान ने निर्ममता से उसे कुचलकर, अपने प्रशासनिक दृष्टिकोण को सुस्पष्ट कर दिया, कि, वह उमरा के नवीन तत्त्वों को पूर्णतया नियन्त्रित एवं आज्ञाकारी बनाए रखना चाहता है। अपने निरंकुश राजत्व के चलते भी वह अमीरों को नियन्त्रित करने के लिए बाध्य था। उसने जलाली एवं नव-मुस्लिम अमीरों के साथ नृशंस व्यवहार इसीलिए किया, क्योंकि, उनका व्यवहार सन्दिग्ध था।[16]

सुल्तान के राजत्व-सिद्धान्त या मध्यकालीन राज्य का स्वरूप या असुरक्षा का भाव कहिए, वह अपने प्रिय ज़फ़र खाँ को भी मार्ग का काँटा या अवरोध मानने लगा था। मंगोल आक्रमणों को निष्फल करने के फलस्वरूप उसकी बढ़ती प्रतिष्ठा से सुल्तान एवं अमीरों को ईर्ष्या होने लगी थी और वे उसे हटाने के लिए षड्यन्त्र भी कर रहे थे। कुत्लुग ख्वाजा के नेतृत्व में हुए मंगोल आक्रमण (1299

ई.) में कीली के मैदान में, दिल्ली की सेनाओं के दाहिने भाग का नेतृत्व कर रहे ज़फ़र खाँ ने आक्रमण करके, मंगोल सेना में हड़कम्प मचा दिया और वे पलायन करने लगे, ज़फ़र खाँ अपनी सैन्य टुकड़ी के साथ उनका पीछा करता बड़ी दूर निकल गया। मंगोलों ने पुनः सक्रिय होते हुए उसे घेरकर मार डाला, किन्तु न तो सुल्तान ही कीली के मैदान से हिला और न ही अपने सेनापतियों व सैनिकों को ज़फ़र खाँ के सहयोग हेतु जाने का आदेश दिया, क्योंकि, इस मोड़ पर दिल्ली की शाही सेना का समन्वित आक्रमण निश्चित ही मंगोलों को पूर्णतया पराजित कर देता। वह मंगोल-अभियान की वेदी पर ज़फ़र खाँ की बलि से सन्तुष्ट था, क्योंकि, वह तो उसकी बढ़ती लोकप्रियता से शंकालु था ही।[17]

मध्यकालीन इतिहासकार ईसामी अपनी कृति फ़ुतूह-उस-सलातीन में लिखता है, कि, युद्ध के मध्य में ही अलाउद्दीन खलजी ने ज़फ़र खाँ की सहायता के लिए उलुघ खाँ को, तुरन्त भेजा था, किन्तु, ईसामी के अनुसार, उलुघ खाँ ने जान-बूझकर विलम्ब किया—जब तक ज़फ़र खाँ शहीद हो चुका था। वह तो यहाँ तक लिखता है, कि, ज़फ़र खाँ जैसे सेनापति की मृत्यु से सुल्तान काफी क्षुब्ध था।[18]

प्राथमिक स्रोतों के विश्लेषणात्मक अध्ययन पर आधारित हबीब व निज़ामी सम्पादित 'दिल्ली सुल्तनत' में **डॉ. बनारसी प्रसाद सक्सेना** ने तो यह सुस्पष्ट किया है, 'अलाउद्दीन खलजी दिल्ली के भाग्य को केवल एक युद्ध पर निर्भर नहीं रखना चाहता था। इसीलिए उसने यह आदेश दिया—"कोई अधिकारी सुल्तान की आज्ञा बिना अपने स्थान से न हिले और यदि उसने ऐसा किया तो उसका सिर काट लिया जाएगा। अधिकारी यह भली-भाँति जानते थे कि यह कोरी धमकी नहीं है।"

ऐसा प्रतीत होता है, कि, बाद के आधुनिक इतिहासकार भी शासकों के व्यक्तिगत इतिहास से अपने आप को मुक्त न रख सके। वे भी बरनी की भाँति शासकों के गलत कार्यों के भी औचित्य प्रमाणित करने की प्रक्रिया से प्रभावित होते रहे। जैसा हम सबको विदित है, बरनी का यह ग्रन्थ तो फ़िरोज़ तुगलक के काल में लिखा गया था और वह निश्चित रूप से एक प्रतिबद्ध दरबारी इतिहासकार था, अतः सुल्तान की प्रतिष्ठा के प्रतिकूल जानेवाले तथ्यों को उसने विकृत करके प्रस्तुत किया है।

डॉ. एस. बी. पी. निगम के मतानुसार खलजी राजनीति में एक ऐसी विशेषता दृष्टिगोचर होती है। जो विचित्र है। अलाउद्दीन खलजी द्वारा सत्ता स्थापित करने की प्रक्रिया को वैधानिक स्वीकार कर लिया जाता है एवं उसके

अपने परिवार के सदस्यों द्वारा वही मार्ग एवं उपकरण अपनाने का प्रयास किया जाता है (भले ही असफल रूप से!) जिसके माध्यम से स्वयं अलाउद्दीन खलजी ने अपने चाचा अथवा श्वसुर अथवा आश्रयदाता सुल्तान की हत्या करके सत्ता या आधिपत्य स्थापित किया था। अत: 1301 ई. में जब वह रणथम्भौर अभियान पर रास्ते में था, तब तिलपत में शिकार खेलते समय उसके भतीजे (उसके बड़े भाई स्व. मुहम्मद के पुत्र) शुलेमानशाह अकत खाँ (जो वकीले-दर के पद पर नियुक्त था) सुल्तान पर आक्रमण कर दिया तथा उसे मृत समझकर अपने को शिविर में सुल्तान घोषित करके दिल्ली के लिए प्रस्थान कर दिया, ताकि, उसका सिंहासनारोहण हो सके। किन्तु, अलाउद्दीन खलजी (जिसे उसके पायकों अथवा व्यक्तिगत अंगरक्षकों ने सुरक्षित कर लिया था) शीघ्र उपस्थित हुआ, एवं अकत खाँ अफ़गानपुर भाग गया, किन्तु, दो शाही सेनापतियों ने अपनी-अपनी टुकड़ियों के साथ उसका पीछा किया और वे अकत खाँ को मृत्युदंड देकर उसका सिर सुल्तान के सामने ले आए। अकत खाँ जो वकीले-दर के पद पर नियुक्त था, ज़फ़र खाँ के मृत्यूपरान्त जब उसका स्थान अर्थात् शाही सेना की दाहिनी वाहिनी का सेनापतित्व प्राप्त हो गया तब उसकी महत्त्वाकांक्षाएँ बहुत बढ़ गईं। उसके छोटे भाई कुत्लुघ खाँ ने उसे इस षड्यन्त्र के लिए उकसाया था, अत: शाही आदेश पर उसकी भी हत्या कर दी गई। साथ ही, शेष सभी व्यक्तियों को जो षड्यन्त्रकारी थे एवं इस खेल में सम्मिलित थे—सबको कठोर दंड दिया गया।

यही नहीं, उसकी बहन के दो पुत्रों—बदायूँ के सैन्य गवर्नर मलिक उमर एवं उसके भाई अवध के सैन्य गवर्नर मंगू खाँ (जो वहाँ नुसरत खाँ के पश्चात् नियुक्त हुआ था) ने अलाउद्दीन को रणथम्भौर की घेरेबन्दी में व्यस्त देखकर विद्रोह कर दिया। अलाउद्दीन द्वारा प्रेषित सेनापति एवं सैन्य टुकड़ियाँ उन्हें बन्धक बनाने में सफल रहे। वे उन दोनों को रणथम्भौर ले आए, जहाँ सुल्तान ने पहले उनकी आँखें निकलवाईं तत्पश्चात् वध करवा दिया, जिसे **डॉ. एस. बी. पी. निगम** ने प्राचीन क्रूरता की पुनरावृत्ति ही माना है।

वास्तव में, इन प्रारम्भिक विद्रोहों एवं उनके सफलतापूर्वक दमन से कोई अन्य शासक अथवा सुल्तान सन्तुष्ट हो गया होता एवं बात समाप्त हो जाती, किन्तु, अलाउद्दीन का विशिष्ट स्थान मध्यकालीन भारतीय इतिहास में इसीलिए बना, कि, वह एक साधारण रूप से कुशल एवं सफल शासक ही नहीं, अपितु, एक परिकल्पनावाला, दूरदृष्टिपूर्ण राजपुरुष ('स्टेट्समैन') था! अत: रणथम्भौर की घेरेबन्दी के दौरान रात्रि विश्राम के समय वह मजलिस-ए-खास की निरन्तर बैठकें करवाकर इस विषय पर निरन्तर विचार-विमर्श करवाता, कि, अन्तत: इन

निरन्तर विद्रोहों के क्या कारण थे? क्योंकि, यदि, एक बार कारण निर्धारित हो जाएँ तो निराकरण सम्भव एवं सरल तथा सुव्यवस्थित हो सकेगा।

मजलिस-ए-खास की बैठकों के परिणामस्वरूप, इन विद्रोहों के चार प्रमुख कारण चिह्नित हुए थे—प्रथम, कि, प्रजा के कार्यों के विषय में सुल्तान की अज्ञानता, द्वितीय मद्यपान। उमरा के सदस्य मद्यपान की दावतों का आयोजन करके, उसके पश्चात् बडी निर्भीकता से बातें करते हुए, सुल्तान के कार्यों एवं राज्यों की नीतियों की भर्त्सना करते हैं एवं पारस्परिक समझौता करके षड्यन्त्रों एवं विद्रोहों की योजना बनाते हैं। तृतीय, मलिकों तथा अमीरों की पारस्परिक एकता, सहानुभूति एवं रिश्तेदारियाँ। इसके फलस्वरूप एक अमीर को दंडित करने पर अन्य अमीरों की सहानुभूति एवं रिश्तेदारी के कारण उसकी ओर मिल जाते हैं। चतुर्थ, धन का बाहुल्य एवं संचय। यदि लोगों के पास धन न हो तो वे उसे कमाने में (ताकि, परिवार का जीवन-यापन कर सकें) लगे रहते हैं (क्योंकि, मात्र खाली दिमाग ही शैतान का घर होता है) और धनाभाव में, उन्हें वे साधन व उपकरण नहीं हासिल हो सकते, जिनसे षड्यन्त्र क्रियान्वित किया जा सके।

अतः इनके विश्लेषण के पश्चात् निराकरण की प्रक्रिया प्रारम्भ करते हुए, सुल्तान अलाउद्दीन खलजी ने जब्ती अध्यादेश जारी किया। इसके अनुसार, अपने सिंहासनारोहण के समय उसने जो धर्मार्थ निधियाँ एवं सरकारी अनुदानों को पुष्ट करने के अलावा उन्हें बढ़ा दिया था, किन्तु, अब जब्ती अध्यादेश द्वारा 'मिल्क' (राजकीय अनुदान) 'ईनाम' (पुरस्कार) 'वक़्फ़' (धर्मार्थ निधि) के भू-अनुदान खालसा' में सम्मिलित कर लिए गए! हालाँकि, उसने इस आदेश में अनेक अपवादों को अनुमति प्रदान की थी—यह भी सत्य है।

चूँकि उपर्युक्त विश्लेषण से यह सुस्पष्ट था, कि, विद्रोहों का एक कारण सुल्तान की साम्राज्य की गतिविधियों के विषय में अज्ञानता है, अतः अलाउद्दीन खलजी ने बलबन की गुप्तचर व्यवस्था में आवश्यक परिवर्तन करते हुए उसे एक त्रिस्तरीय अत्यधिक कार्यकुशल प्रणाली में परिवर्तित कर दिया। सुल्तान को अब प्रत्येक विभाग की सूचना प्रतिदिन तीन स्वतन्त्र एवं पृथक् स्रोतों से प्राप्त होती थी एक, तो विभागाध्यक्ष या विभाग का कार्यकारी, द्वितीय, प्रत्येक विभाग में नियुक्त गुप्तचर अधिकारी या 'बरीद' एवं साधारण गुप्तचर अथवा मुनहीस तृतीय स्रोत थे। अतः अब सुल्तान को अपनी पत्नी एवं पुत्र खिज्र खाँ तक की पूर्ण सूचनाएँ प्राप्त होने लगीं।

राजनीतिक कारणों के चलते, उसने स्वयं मद्यपान त्याग दिया था एवं मद्यनिषेध लागू कर दिया था। हालाँकि, अकबरकालीन इतिहासकार बदायूँनी

(अब्दुल कादिर बदायूँनी) लिखता है, कि, मद्यनिषेध का एक कारण यह भी था, कि, सुल्तान ने मद्यपान के पूर्ण प्रभाव में काज़ी बहाउद्दीन की हत्या करवा दी थी, अत: उसने इसके दुष्प्रभाव को समझते हुए ऐसा किया।[20]

पिछले शासकों द्वारा नियुक्त अधिकारियों का समूल नाश कर चुके अलाउद्दीन के लिए अब अपने काल में नियुक्त अधिकारियों या अमीरों से ही निपटना शेष था। बरनी के वर्णनानुसार उसने मलिकों, अमीरों, दरबारियों, अधिकारियों एवं आभिजात्य के पारस्परिक सामाजिक अन्तर्किया पर रोक लगा दी। न वे एक-दूसरे के घर आ-जा सकते थे और न ही गोष्ठियों का आयोजन कर सकते थे। वे लोग सुल्तान की पूर्वानुमति के बिना वैवाहिक गठबन्धन भी नहीं स्थापित कर सकते थे— सुल्तान को भय था—पारस्परिक रिश्तेदारी के बन्धन एक समानान्तर सत्ता के केन्द्र के निर्माण की सम्भावना लिए होते हैं, अत: ऐसा होने देना निरंकुशता के प्रतिकूल है!

अत: इस प्रकार, अलाउद्दीन खलजी ने शहरी आभिजात्य को पूर्णतया नियन्त्रित एवं आज्ञाकारी बना दिया, अब उसका ध्यान स्वाभाविक रूप से ग्रामीण आभिजात्य की तरफ घूमा। ये प्राय: हिन्दू खूत, मुकद्दम चौधरी थे, जिनकी मध्यस्थता से ही केन्द्र किसानों से भू-राजस्व की वसूली करता था। साथ ही, बड़ी सफाई से स्वयं के देय कर भी वे कृषकों के कन्धों पर स्थानान्तरित करके, सदैव अपनी जेब (ऐश्वर्य अथवा विलास) के लिए निर्धारित करों से अधिक की वसूली करता था।

अत: उसने निश्चित कर लिया, कि, न स्थानीय सरदारों के पास धन बचेगा, न उनकी शक्ति बढ़ेगी और न विद्रोह होगा।[21] अत: उसने सरदारों से भी प्रचलित दर (अर्थात् फसल का आधा भाग) से भू-राजस्व की वसूली करी। यही नहीं 'चरी' या चरागाह कर भी लगाया गया ताकि, सरदार लोग उससे भी कुछ अतिरिक्त आय न कर सकें। मोरलैंड के अनुसार तो अब स्थानीय सरदार लोग भी साधारण कृषकों के स्तर पर आ गए— धनहीन एवं शक्तिहीन, वे विद्रोह के विषय में सोचने का समय भी अब नहीं पाते थे![22]

प्राय: ही अलाउद्दीन खलजी के लिए यह सन्देह व्यक्त किया गया है, कि उसने भी बलबनी निरंकुशता की नीति का अन्धानुकरण करते हुए, अपने प्रमुख अमीरों की ईर्ष्यावश हत्या करवा दी थी। ज़फ़र खाँ का प्रकरण भी सन्देह तो उत्पन्न करता ही है। इसी प्रकार, उलुघ खाँ की हत्या के विषय में बरनी तो स्वाभाविक रूप से मौन है, किन्तु, ईसामी कहता है, कि, अलाउद्दीन ने उसे विष देकर मार्ग से हटा दिया, क्योंकि, उसे असत्यापित सूचना मिली थी, कि,

सुल्तान की मृत्यु हो गई है, अत: वह तख्त पर आधिपत्य स्थापित करने की योजना बनाने लगा था।[23] अत: करीबी एवं विश्वास्त पुरानें अमीरों के जाने से उसके पास नए अमीरों पर विश्वास करमा एक विवशता भी थी। अकत खाँ जब सुल्तान की हत्या का प्रयास सफल जानकर शाही हरम से प्रविष्ट होना चाह रहा तो मलिक कफ़ूर हज़ार दिनारी ने स्पष्टत: इनकार कर दिया था एवं सुल्तान का क़लम किया हुआ सिर देखे बिना अलाउद्दीन की हत्या पर विश्वास न करना, उसके प्रति अपनी निष्ठा व्यक्त करते हुए, अकत खाँ का विरोध करना—ये एक ऐसा कृत्य था, जिसने उसे सुल्तान का अति विश्वासपात्र बना दिया था।

पुराने अमीरों में अब मात्र अलप खाँ ही शेष था अत: दोनों गुटों में संघर्ष अपरिहार्य ही था। मलिक कफ़ूर, अलप खाँ को ही अपने मार्ग का काँटा मानता था। इसका एक और भी कारण था। अलप खाँ, उत्तराधिकारी राजकुमार खिज्र खाँ का मामा एवं श्वसुर भी था। जैसे ही मलिक कफ़ूर को 'मलिक नायब' का विरुद एवं वज़ारत प्राप्त हुई—अलप खाँ समेत शेष खलजी अमीरों ने उसका विरोध प्रारम्भ कर दिया। अत: उसकी हत्या अपरिहार्य थी। इस हत्या से दोनों बातें स्थापित होती हैं, एक, कि, मलिक कफ़ूर ऊपर से सुल्तान के प्रति निष्ठावान था, किन्तु भीतर-ही-भीतर खलजी अमीरों को मार्ग से हटाने की नीति पर कार्य कर रहा था एवं, दूसरे, उसे न सिर्फ सुल्तान का पूर्ण विश्वास व समर्थन प्राप्त था, अपितु, अब वह निर्विरोध रूप से सर्वशक्तिसम्पन्न 'मलिक नायब' था वह अपने प्रश्रयदाता के चलते ही अपनी स्थिति सुदृढ़ कर सका था। उसने मलिक क़िवाम-उल-मुल्क आला दबीर के दोनों पुत्रों एवं शरफ कैनी को भी पदच्युत कर दिया।[24]

उसने ऐसे सभी तुर्क अमीरों को मार्ग से हटाने की प्रक्रिया जारी रखते हुए, उन्हें नए पदों पर नियुक्त भी नहीं होने दिया ताकि, तुर्क उमरा के अवशेष भी न बचें—क्योंकि, वह यह भली-भाँति जानता था, कि उसके कृत्यों (कुकृत्यों) ने तुर्क (तुर्क के अन्तर्गत ही खलजी अमीर भी सम्मिलित हैं) अमीरों को क्रुब्ध एवं क्षुब्ध कर रखा है। अत: अलाउद्दीन खलजी की आँख बन्द होते ही उसका पतन अपरिहार्य होगा वह सोचता था, कि, ऐसी विषम परिस्थितियों में उसका अस्तित्व तभी सुरक्षित रहेगा जब उसके प्रति निष्ठावान गैर-तुर्क अमीरों का एक समूह निर्मित हो जाएगा! अत: इसी नीति के तहत अलप खाँ से प्रारम्भ करके उसने शेष खलजी अमीरों को मार्ग से हटाने की प्रक्रिया को पुष्ट ही किया।[25]

किन्तु, अलाउद्दीन की मृत्यु (जनवरी 4/5, 1316 ई.) के उपरान्त सबसे आश्चर्यजनक घटना यही थी, कि, मलिक नायब ने स्वयं तख्त पर आधिपत्य

स्थापित न करके, एक कठपुतली राजकुमार छह वर्षीय शिहाबुद्दीन (अलाउद्दीन एवं राजा रामदेव की पुत्री झिताई का पुत्र) को इस आधार पर सिंहासनारूढ़ कर दिया, कि, सुल्तान अलाउद्दीन खलजी ने पुरानी वसीयत (जिसके अनुसार खिज्र खाँ उत्तराधिकारी था!) रद्द कर दी थी।[26] लेकिन आश्चर्यजनक है, कि, समकालीन इतिहासकार बरनी एवं अमीर खुसरो दोनों उक्त वसीयत के विषय में मौन हैं। या तो मलिक नायब ने अपने राजनीतिक अस्तित्व के लिए इसे मरते हुए सुल्तान से प्राप्त कर लिया था या नकली बनवा ली यह निश्चित नहीं कहा जा सकता है, किन्तु, यह सत्य है, कि, इसी वसीयत के आधार पर उसने शिहाबुद्दीन को नया सुल्तान बना दिया एवं वास्तविक सत्ता उसके हाथों में केन्द्रित हो गई। खिज्र खाँ एवं शादी खाँ को ग्वालियर दुर्ग में बन्दी बनाया गया एवं उनकी दृष्टि बाधित कर दी गई तथा उनकी माँ मलिका जहाँ का व्यक्तिगत धन संग्रह एवं जेवरात हड़प कर लिए गए। उसने एक सम्मेलन में सभी अलाई (अलाउद्दीन खलजी द्वारा नियुक्त) अमीरों को नियन्त्रित करके उनकी सामूहिक हत्या की योजना बना ली थी, किन्तु, वह स्वयं उनके संयुक्त षड्यन्त्र को शिकार हो गया।[27] हालाँकि, उसने सुल्तान की विधवा झत्यपाली से विवाह इसीलिए कर लिया, कि, सुल्तान के सौतेले पिता के नाते उसकी स्थिति सुदृढ़ हो सके।

मलिक नायब की हत्या की गई एवं कुतुबुद्दीन मुबारक को उमर का नायब बनाया गया। किन्तु, वह इस पद के लिए तत्पर नहीं था, अन्ततः उसने सुल्तान की माँ इत्यपाली पर उसके विरुद्ध षड्यन्त्र करने (विष द्वारा मारने) का आरोप लगाकर शिहाबुद्दीन उमर को अन्धा करके ग्वालियर दुर्ग में बन्दी बना दिया (हालाँकि, तथाकथित षड्यन्त्रकारी, झत्यपाली के विरुद्ध कोई कार्यवाही नहीं हुई—अतः यह बेबुनियाद आरोप लगाने का कारण सत्ता प्राप्त करना ही था!) कुतुबुद्दीन मुबारक ने 18 अप्रैल, 1316 ई. में धूमधाम से अपना सिंहासनारोहण किया। वस्तुतः इससे खलजी परिवार के प्रति आस्थावान दरबारी अमीरों को शान्ति मिली। साथ ही, साधारण जन को भी सन्तोष व सुख की प्राप्ति हुई। उसने उसी दिन 18 अप्रैल को राजाज्ञा द्वारा सत्रह या अट्ठारह हजार बन्दियों को मुक्त कर दिया। अपने शासन-काल में (चार वर्ष चार माह के) उसने 'उमरा' एवं 'उलमा' की वृत्तियाँ बढ़ा दीं। जिन लोगों के भू-अनुदान जब्त कर लिए गए थे—उन्हें पुनः प्राप्त हुए।[28] पुराने अमीरों को अपने पद भी पुनः प्राप्त हो गए, तो कुछ शासन बदलने की स्वाभाविक प्रक्रियास्वरूप नए पदों पर नियुक्त हुए एवं उन्हें विरुद भी प्राप्त हुए।

मलिक दीनार जो 'शहना-ए-पील अलाई' के पद पर कार्यरत था, उसे ज़फ़र खाँ का विरुद प्रदान किया गया एवं सुल्तान ने उसकी पुत्री से विवाह भी

कर लिया। इसी प्रकार, सुल्तान ने अपने मामा मुहम्मद मौलाना को शेर खाँ की उपाधि दी, किन्तु, उसे कौन-सा पद प्राप्त हुआ यह समकालीन इतिहासकारों के वृत्तान्तों से सुस्पष्ट नहीं हो सकता है। नए सुल्तान ने अपने सुलेख-शिक्षक मौलाना बहाउद्दीन खत्तत् के पुत्र मौलाना ज़ियाउद्दीन को काज़ी खाँ का विरुद एवं सद्र-ए-जहाँ का पद प्रदान किया। इसी प्रकार, मलिक कर्राबेग को एक साथ अनेकों पदों पर नियुक्त कर दिया। उसके तीनों पुत्रों को भी महत्त्वपूर्ण पद प्रदान किए गए। गाज़ी मलिक (तुगलक) के पुत्र मलिक फ़ख़रुद्दीन जुना (जो बाद में मोहम्मद बिन तुगलक के नाम से प्रसिद्ध हुआ था) को 'आखुर-बेग' को पद प्रदान किया गया! मलिक कत्र को 'खास हाजिब' ('अमीर-ए-हाजिब') तथा, बशीर मुइज़्ज़ी को उसका सहायक अर्थात नायब खास हाजिब' नियुक्त किया गया। इसी तरह, मलिक अस्बाह को 'कुर्बेग 'मैसरा' मलिक लक्खी महो को 'कुर्बेग मेमना', बेग रोज़मानी को 'सरेजाँदार (शाही अंगरक्षकों का सरदार) मैमना' एवं हसन बेग का 'सरेजाँदार मैसरा, नियुक्त करने के साथ ही, ख्वाजा हाजी शब नवीस को 'नायब-ए-आरिज़े मुमालिक' (अर्थात् उप सैन्य मन्त्री) नियुक्त किया गया।[29]

हालाँकि उदारपूर्ण शासन का श्रीगणेश तो उसने किया, किन्तु, ईसामी के विचारानुसार, अमीरों ने सन्देह की दृष्टि से ही राजनीतिक परिवर्तन को देखा।[30] अपने सिंहासनारोहण के साथ ही उलुघ खाँ (बाद में मोहम्मद बिन तुगलक) को मलिक ऐनुलमुल्क मुल्तानी के पास चित्तौड़ (वह घेरेबन्दी कर रहा था) भेजा, ताकि, वह गुजरात में फैली अव्यवस्था का लाभ उठाकर वहाँ आधिपत्य स्थापित करे, किन्तु, ऐनुलमुल्क मुल्तानी ने इस आदेश को विशेष ध्यान नहीं दिया। तब उलुघ खाँ ने उसे बाध्य किया कि समस्त अमीरों को जो पूरे साम्राज्य में फैले हुए थे उन्हें प्रत्यक्ष खल्लतें प्रदान की जाएँ एवं व्यक्तिगत रूप से फ़रमान प्रेषित किए जाएँ। जैसा कि, ऊपर वर्णित है उसने इन नियुक्तियों के साथ-साथ, पुराने अमीरों को उनके पदों पर नियुक्तियों की पुष्टि करके, पूरे साम्राज्य एवं प्रशासन पर पूर्ण नियन्त्रण कर लिया एवं एक बार पुनः अलाई अमीरों का राजनीतिक प्रभुत्व अथवा आधिपत्य स्थापित हो गया!

उसने मलिक वाहिदुद्दीन को गुजरात की स्थिति नियन्त्रित करने को भेजा एवं उसकी सफलता से प्रभावित होकर उसे वज़ीर के पद पर नियुक्त कर दिया—यह पद अलाउद्दीन खलजी के अन्तिम दिनों में समाप्तप्राय: था। वास्तव में, खलजी क्रान्ति ने मध्यकालीन भारतीय राजनीति को अत्यधिक प्रभावित कर दिया, क्योंकि इसने उत्तराधिकार में वैधता के सिद्धान्त को दरकिनार कर

दिया था।[31] इसी के परिणामस्वरूप, सत्ता निर्धारण का एकमात्र आधार बल या शक्ति हो गई थी तदनुसार, उलमा-उमरा आदि कोई भी प्रभावी नहीं रह गए थे, अत: अलाउद्दीन खलजी ने बल व षड्यन्त्र के नग्न प्रदर्शन से खलजी वंश के संस्थापक से सत्ता छीन ली एवं उसके भतीजे व भानजों ने भी उसको सत्ताच्युत करने के असफल प्रयास किए! कुतुबुद्दीन मुबारक शाह के शासन के प्रथम वर्ष में ही उसे अपदस्थ करने का असफल प्रयास मलिक असदुद्दीन द्वारा किया गया।

डॉ. किशोरी शरण लाल के मतानुसार, सितम्बर, 1318 ई. में सुल्तान ने अपने 'नायब बरीद-ए-मुमालिक (जो अलाउद्दीन खलजी के काल में इस पद पर लम्बे समय से रहा था) सलिक यक़लखी को देवगिरी का नया गवर्नर नियुक्त किया तथा, खुसरो खाँ को तेलंगाना अभियान पर भेजने के बाद दिल्ली की ओर घूमा तभी पुराने अमीरों ने नवीन नियुक्तियों से असन्तुष्ट होते हुए उसके विरुद्ध एक षड्यन्त्र रचा। इस षड्यन्त्र का केन्द्र मलिक खामोश योग्रेश खाँ का पुत्र (एवं अलाउद्दीन खलजी का चचेरा भाई) असदुद्दीन था।[32] समकालीन इतिहासकार ज़ियाउद्दीन बरनी कहता है, कि, वह सिंहासनारूढ़ होने का आकांक्षी था—वह बहादुर, षड्यन्त्रकारी एवं प्रभावशाली अमीर था।[33] इब्नबतूता के मतानुसार वह खिज्र खाँ के दसवर्षीय पुत्र, जो उस समय कुतुबुद्दीन के शाही शिविर में ही उपस्थित था उसी का सिंहासनारोहण करवाकर स्वयं सत्ता अपने हाथ में रखकर परोक्ष शासन का इच्छुक था।

जब सुल्तान कुतुबुद्दीन सकून की घाटी (दक्खन) पहुँचा, जहाँ उसकी हत्या की जाने का षड्यन्त्र रचा गया था, तभी, जलालुद्दीन फ़िरोज़ खलजी के काल से 'वकीले-दार' (के पद पर नियुक्त खुर्रम खज़ूरी के पुत्र आराम शाह ने उसे इसकी सूचना दे दी। सुल्तान ने तत्काल असदुद्दीन एवं उसके सहयोगियों तथा रिश्तेदारों को बन्दी बनवा लिया एवं उन्हें मृत्युदंड दिया गया—उस नादान बच्चे की भी क्रूर हत्या कर दी गई।[34] यही नहीं, अपने पिता (अलाउद्दीन) का अनुसरण करते हुए उसने दिल्ली आदेश भेजकर योग्रेश के परिवार के उनतीसों पुत्रों बच्चों को मरवा दिया, जिनमें से अधिकांश को तो षड्यन्त्र की कोई सूचना तक नहीं थी। योग्रेश की सम्पत्ति भी जब्त कर ली गई।[35] किन्तु, सुल्तान इतने से भी सन्तुष्ट हुआ उसने निर्णय लिया, कि, उसके पिता के परिवार के जीवित सभी सदस्यों को मौत के घाट उतरवाकर ही उसका सिंहासन सुरक्षित रह सकता है। झायन के निकट पहुँचकर, उसने शादी खत्ता को ग्वालियर इस आदेश से भेजा, कि, वहाँ बन्दी के रूप में रह रहे ख़िज्र खाँ सहित अन्य राजकुमारों (शादी खाँ

एवं शिहाबुद्दीन—ये तीनों अलाउद्दीन के पुत्र थे, जिन्हें बन्दी गृह में डालते ही अन्धा कर दिया गया था।) की हत्या करवाकर अपना भविष्य निर्विघ्न रखा जा सके। यही नहीं, दिल्ली लौटकर उसने अपने श्वसुर ज़फ़र खाँ की भी हत्या करवा दी। उसका रोष यहाँ भी नहीं थमा और उसने दक्खन-दक्षिण प्रयाण के समय, अपने द्वारा नियुक्त दिल्ली में अपने प्रतिनिधि वफ़ा मलिक शाहीन (यह भी सुल्तान का एक और श्वसुर था) को भी मृत्युदंड दे दिया।[36] **डॉ. किशोरी शरण लाल** के मतानुसार, सुल्तान ने क्रूर प्रतिशोध लिया, किन्तु, 718 हिजरी (1318 ई.) का शम्सुद्दीन महमूद शाह के नाम का सिक्का स्वत: स्पष्ट करता है, कि, यह षड्यन्त्र एक गम्भीर प्रकृति का था! इसमें असदुद्दीन के साथ-साथ दिल्ली में स्थित/नियुक्त अमीरों की साँठगाँठ सुप्रमाणित थी।[37] किन्तु, सभी समकालीन कृतियों के विश्लेषण के पश्चात वे यह नहीं मानते हैं, कि, ख़िज्र खाँ का कोई दस-वर्षीय पुत्र हो सकता है—गवर्नर क्योंकि उनके अनुसार ख़िज्र खाँ का विवाह देवल रानी के साथ 1313-14 ई. में हुआ था, अत: 1318 ई. में दस-वर्षीय पुत्र की सम्भावना ही नहीं है? अत: सिक्के पर अंकित नाम असदुद्दीन अथवा वफ़ा खाँ का विरुद रहा होगा, जो वह सिंहासनारोहण के समय धारण करता (यहाँ तो सिंहासनारोहण के पूर्व ही षड्यन्त्र का पटाक्षेप हो गया!) चूँकि, यह सिक्का दिल्ली का है, और सुल्तान ने दिल्ली—पहुँचकर मलिक शाहीन को भी मौत के घाट उतारा था, अत: सर्वाधिक सम्भावना है, कि, यह सिक्का उसी का होगा।[38]

सुल्तान के क्रूर, अविवेकपूर्ण प्रतिशोध अथवा अन्धक्रोध के चलते, अब अमीरों ने सुल्तान को परामर्श देने का भी साहस नहीं किया, वे अलाउद्दीन खलजी की भाँति, उसके पुत्र से भी थर्राने लगे थे एवं सुल्तान भी सबको सन्दिग्ध निगाहों से देखने लगा था—एक षड्यन्त्र बहुत था—सुल्तान और अमीरों के बीच के अन्तर को बढ़ाने के लिए। सुल्तान कुतुबुद्दीन भी बलबन एवं अलाउद्दीन खजली की भाँति व्यवहार करने लगा था। अपने पारिवारिक सदस्यों एवं अमीरों के प्रति सन्देह के परिणामस्वरूप, पुराने अमीर तो उससे दूर होते गए तथा, उसके अपने व्यक्तिगत दास, पद एवं प्रतिष्ठा प्राप्त करके उसके सर्वाधिक विश्वसनीय हो गए। बलबन एवं अलाउद्दीन की भाँति उसने भी तुर्क अमीरों की शक्ति एवं संगठन को पुन: पूर्णतया नष्ट कर दिया।

इसी बीच जिस व्यक्तिगत दास खुसरो खाँ को उसने तेलंगाना अभियान पर भेजा था वह मा'बार में पूर्णत: सफल रहा, जिससे उसके आत्मविश्वास एवं प्रतिष्ठा दोनों में वृद्धि के चलते वह उसके और निकट पहुँचने में सफल

रहा। खलजी अमीरों ने उसे ईर्ष्यावश सुल्तान के विरुद्ध एक षड्यन्त्र में फँसाना भी चाहा, किन्तु, वे सफल न हो सके। अब खुसरो खाँ ने प्रतिशोधात्मक कार्यवाही करते हुए, सुल्तान से इन तमाम विरोधी तत्त्वों को केन्द्र से दूर इक्ताओं में नियुक्ति/स्थानान्तरण करवाने में सफलता प्राप्त की तथा, अपनी जनजातिय के व्यक्तियों को इनके स्थान पर नियुक्त करवा लिया।[39] अलाउद्दीन के द्वारा नियुक्त एवं प्रश्रय प्राप्त अलाई अमीरों ने सुल्तान को समझाने के जितने भी प्रयास किए सभी निष्प्रभावी रहे—जब वह स्वयं विवेकपूर्ण दृष्टि से कुछ नहीं देखना चाह रहा व तो विवश अमीर क्या करते? मरता क्या न करता ? सुल्तान खुसरो खाँ के विरुद्ध कुछ भी सुनना पसन्द नहीं करता था, अत: वे अपने प्राणों के भय के चलते खुसरो खाँ के ही पाले में जा बैठे, ताकि, उसी के माध्यम से लाभ न भी पाएँ तो कम-से-कम, अस्तित्व तो सुरक्षित अथवा संरक्षित रहे।[40]

वास्तव में, यदि विश्लेषित करें, तो स्पष्टत: यही तथ्य उभरेगा, कि, अलाई आभिजात्य निष्ठावान एवं योग्य दोनों ही था, किन्तु, बलबन काल की सुनियोजित नीति, जिसका अक्षरश: अनुसरण अलाउद्दीन खलजी ने भी किया—अर्थात् उमरा को येन-केन-प्रकारेण शक्तिहीन एवं श्रीहीन कर देना ताकि, वह समकालीन सुल्तान एवं उसके वंशजों के विरुद्ध कोई विद्रोह न कर सके व ताज सुरक्षित रह सके—इसी नीति का पालन जब अलाउद्दीन के उत्तराधिकारी कुतुबुद्दीन मुबारक खलजी ने भी किया तो उमरा ने पूर्णतया समर्पण में ही अपनी भलाई समझी (या इसे आप उनकी विवशता मान सकते हैं)। अत: अलाउद्दीन के शासन-काल में वे पूर्णतया विवश, एकतारहित एवं आर्थिक रूप से भी पंगु बने रहे-जैसा 1318 ई. एवं उसके बाद की घटनाओं से सुस्पष्ट है, कुतुबुद्दीन ने भी उनके साथ ऐसा ही व्यवहार किया तथा उसी स्तर पर पहुँचा दिया। उसने एक नवीन गुट को प्रश्रय प्रदान करके पुराने अलाई अमीरों की शक्ति को सन्तुलित करने का तो प्रयास किया, किन्तु, इस दूसरे बावरिया या बरादू गुट, जिसका नेता खुसरो खाँ था— को सन्तुलित अथवा नियन्त्रित करने का कोई भी उपाय नहीं किया, अत: पूर्ण शक्तिशाली होते ही उन्होंने वही किया—प्रश्रयदाता की हत्या कर सत्ता पर अपना आधिपत्य स्थापित कर लिया।

ज़ियाउद्दीन बरनी, जो हमारी सूचनाओं का मुख्य स्रोत है, काफी अतिशयोक्तिपूर्ण भाषा का प्रयोग करता है—ऐसा वह कुतुबुद्दीन मुबारक एवं खुसरो खाँ के समलिंगी सम्बन्धों के सन्दर्भ में भी करता है। साथ ही, बलबन के शुद्ध रक्त नीति का भी वह समर्थक था अत: चाहे इमादुद्दीन रेहान हो या खुसरो खाँ के साथ वासनामय सम्बन्धों की अतिशयोक्तिपूर्ण भाषा की निन्दा करता है

और इसी को कारण मानता है कुतुबुद्दीन मुबारक के पतन के लिए।[41] सुल्तान के साथ खुसरो देर रात तक महल में रहता था, अब वह अपने सहयोगियों व सम्बन्धियों से नहीं मिल पाता था—इसी वज़ह से उसने सुल्तान से आज्ञा प्राप्त कर ली थी, कि, बरादू लोग उससे मिलने 'हजार सतून' (राजमहल) में रात्रि में आने लगे थे। 7 मई, 1320 ई. को सुल्तान के गुरु रहे काज़ी ज़ियाउद्दीन ने (रात के राजमहल के सुरक्षाधिकारी के रूप में) इस विषय के जाँच का सुझाव दिया, कि, ये एकत्रित होते है—तो क्या योजना पक रही है? किन्तु, सुल्तान के रुष्ट होने के फलस्वरूप वह शान्त हो गया— सुल्तान खुसरो खाँ के विरुद्ध कुछ भी सुनना नापसन्द करता था—इसीलिए सिर्फ़ शेर काज़ी ने हिम्मत जुटाकर कहा भी—शेष सभी अमीरों के मन सन्देहग्रस्त थे, किन्तु, वे सुल्तान के समक्ष यह कह सकने का साहस ही नहीं जुटा पाए। यही नहीं, काज़ी ने जो कुछ सुल्तान से कहा था, वह भी सुल्तान ने खुसरो खाँ को बता डाला। अन्तत: पूर्ण विश्वास प्राप्त कर चुके खुसरो खाँ और उसके सहयोगियों ने 9 जुलाई, 1320 ई. की रात्रि के प्रथम प्रहर के बाद प्रहार करके, सुल्तान को मौत के घाट उतार दिया।

खुसरो खाँ ने सत्ता सम्हालते ही कोई वृहद स्तर पर मौलिक परिवर्तन नहीं किए। विभिन्न इक्ताओं एवं केन्द्र में पूर्व नियुक्त अधिकारियों की पूर्व नियुक्तियों को ही पुष्ट किया गया। वह पहले अपनी स्थिति सुदृढ़ करना चाहता था। उसे इस बात का भी ज्ञान था, कि, जितने अनुभवी अलाई अमीर हैं उतना प्रशासनिक अनुभव एवं क्षमता दोनों ही बरादुओं में नहीं है। अत: वह इन परिस्थितियों के चलते अलाई अमीरों के समर्थन की भी प्रत्याशा कर रहा था—उसे शायद यह भली-भाँति ज्ञात था, कि, ये अमीर भी तो कुतुबुद्दीन मुबारक के व्यवहार से क्षुब्ध थे, अत: वे उस सुल्तान की हत्या से बहुत अप्रसन्न नहीं होंगे। लेकिन, वह शायद इस तथ्य को समझने में असफल रहा, कि, ये तुर्क (या खलजी) अमीर बरादुओं के सत्तोत्कर्ष को वैसे ही (उसी आधार पर) स्वीकार नहीं कर पाएँगे जैसे प्रारम्भिक तुर्कों ने इमादुद्दीन रेहान के राजनीतिक प्रभुत्व को अस्वीकार किया था?

अत: पूर्व सुल्तान के अमीरों का विश्वास एवं निष्ठा जीतने के लिए उसने मलिक ऐनुलमुल्क मुल्तानी को अलीम खाँ का विरुद प्रदान किया; मलिक ताजुलमुल्क दीवान-ए-वज़ारत में पूर्ववत् नियुक्त रहा; इसी प्रकार, मलिक वहीदुद्दीन गुजरात के वज़ीर के रूप में नियुक्त रहा; तथा, कर्राबेग के पुत्रों को भी पूर्ववर्ती पदों पर नियुक्त रखा गया, ताकि, किसी को सत्ता-परिवर्तन से

कोई हानि एवं असन्तोष न हो! मलिक इख़्तियारुद्दीन सम्बल को हातिम ख़ाँ का विरुद एवं कमालुद्दीन सूफ़ी को 'वकील-ए-दार' का पद प्रदान किए गए, 'गाज़ी मलिक के पुत्र मलिक फ़ख़्रुद्दीन जुना (जौना—जो बाद में मोहम्मद बिन तुगलक के नाम से विख्यात हुआ), जो आखुर बेग के पद पर था उसे 'अमीर-ए-आखुर' के पद पर नियुक्ति दी गई! किन्तु, अनेक अमीर एवं मलिक, जो उसके प्रति निष्ठावान नहीं थे, उन्हें बन्दीगृह में डाला गया एवं उनकी हत्या करवा दी गई।[42]

नए सुल्तान को लोकप्रियता या जन-समर्थन का महत्त्व ज्ञात था, अत: अलाउद्दीन के तरीकों के लाभ को समझते हुए (किसी पुराने अमीर के परामर्श पर सम्भवत: उसने ऐसा किया हो— क्योंकि, बरनी प्राय: उसके परामर्शदाताओं को अव्यावहारिक एवं विवेकरहित कहता है) उसने राजकोष से लोगों के मध्य मुक्त हाथों से धन लुटाया। अलाई अमीरों का एक बड़ा वर्ग उसके इर्द-गिर्द एकत्रित होने लगा, क्योंकि, उन्हें पूर्ववर्ती शासकों की तुलना में नया शासक एवं शासन अधिक सुविधाजनक एवं सम्मानजनक लगा। हम यह कह सकते हैं, कि, सुल्तान को अमीरों की एवं अमीरों को ऐसे ही सुल्तान की आवश्यकता थी, अत: दोनों ने परिस्थितिजन्य समझौता कर लिया।

कुतुबुद्दीन मुबारक खलजी के अन्तिम समय से ही तुर्क गुट गाज़ी मलिक (तुगलक) के नेतृत्व में एकत्रित अथवा ध्रुवीकृत होने लगे थे, किन्तु, फिर भी, वे इस काल में (खुसरो खाँ के शासन-काल में) खुलकर गाज़ी मलिक का साथ देने का साहस नहीं जुटा पा रहे क्योंकि, वे अपने पद से एवं अस्तित्व के लिए अधिक जागरूक एवं प्रयासरत थे। अन्तत: गाज़ी तुगलक को खुसरो की शाही सेना के साथ दो भयानक युद्ध लड़ने पड़े, जिनमें पराजित करके, ही वह दिल्ली के तख्त पर आसीन हो सका। द्वितीय निर्णायक युद्ध में (जो दिल्ली में हौज़-खास के निकट लड़ा गया था) उसकी विजय का कारण ऐनुलमुल्क मुल्तानी की तटस्थता थी, जो उज्जैन और धार की ओर अपनी सैन्य टुकड़ी के साथ चला गया, ताकि, इस युद्ध के परिणाम से उसे कोई विशेष हानि न हो!

वैसे **डॉ. निगम** के विश्लेषण के अनुसार तो जिस प्रकार गाज़ी मलिक (तुगलक) ने समस्त इक्तादारों तथा अमीरों से खुसरो खाँ के विरुद्ध सहायता माँगी (हॉलाकि, उनमें से अधिकांश ने असहयोग किया अथवा तटस्थता व्यक्त की) तथा उसके प्रयास की सफलता ने दिल्ली सुल्तनत में एक प्रशासनिक-राजनीतिक संस्था के रूप में उमरा के विकास में अभूतपूर्व योगदान दिया।[43]

सन्दर्भ

1. डॉ. किशोरी शरण लाल 'हिस्ट्री ऑफ़ द खलजीज़'; एशिया पब्लिशिंग हाउस, नई दिल्ली, 1967, पृ. 1-14
2. वही एवं डॉ. ए. बी. एम. हबीबुल्ला कृत 'जलालुद्दीन फ़ीरोज़ ख़लजी', हवीब एवं निज़ामी, पूर्व में, पृ. 272.
3. देखें पाद टिप्पणी सं. 11, निगम, पूर्व पृ. 53.
4. निगम, पूर्व, पृ. 54-55.
5. निगम, पूर्व, पृ. 56 पाद टिप्पणी 16
6. वही, पृ. 57.
7. वही, पृ. 57-58
8. एस. एच. होदीवाला, 'स्टडीज़ इन इंडो- मुस्लिम हिस्ट्री, पृ. 267-268.
9. वही
10. निगम, पूर्व, पृ. 58.
11. निगम, पूर्व, पृ. 58-59.
12. 'तारीखे-फ़िरोज़शाही', पृ. 222.
13. वही, पृ. 237.
14. एस. बी. पी. निगम, पूर्वोक्त, पृ. 62.
15. 'तारीखे फ़िरोज़शाही, पृ. 240-1.
16. निगम, पूर्व, पृ. 63.
17. के. एस. लाल., 'हिस्ट्री ऑफ़ द खल्ज़ीज़'
18. 'फ़ुतूह-उस-सलातीन', पृ. 254-269 साथ ही देखें हबीब व निज़ामी सम्पादित दिल्ली सुल्तनत, पृ. 382, पाद टिप्पणी 60.
19. हबीब एवं निज़ामी, पूर्व, पृ. 293-294.
20. 'मुन्तखाबउत् तवारीख' 186-187.
21. डेल्यू. एल. मोरलैंड, 'मुस्लिम भारत की ग्रामीण-व्यवस्था', (हिन्दी अनुवाद) इलाहाबाद, 1963; पृ. 43 एवं पृ. 48
22. वही, पृ. 49.
23. 'फ़ुतूह-उस-सलातीन, पृ. 280-282
24. 'तारीखें- फ़िरोज़शाही', पृ. 368
25. निगम, पूर्व, पृ. 65-66
26. फ़रिश्ता एक गुजराती इतिहासकार सद्-ए-जहाँ गुजराती के आधार पर कहता है, कि, मलिक नायब ने अमीरों को नई वसीयत दिखाई थी। देखें फ़रिश्ता, पृ. 123, निगम, पृ. 66
27. निगम, पूर्व, पृ. 66-67.
28. 'तारीखे फ़िरोज़शाही, पृ. 382
29. तारीखे फ़िरोज़शाही, पृ. 381 व निगम, पृ. 67-68, पाद-टिप्पणी 44.
30. निगम, पृ. 67.

31. निगम, पूर्व, पृ. 681.
32. के. एस. लाल, 'हिस्ट्री ऑफ़ द खलजीज़', पृ. 294-295.
33. तारीखे फ़िरोज़शाही, पृ. 392-393.
34. रेहला, ट्रैवेल्स ऑफ़ इब्नबतूता, पृ. 192.
35. के. एस. लाल, पूर्व, पृ. 295.
36. वही
37. वही
38. वही, पृ. 296.
39. निगम, पूर्व, पृ. 69.
40. 'तारीखे फ़िरोज़शाही, पृ. 402-409.
41. वही, पृ. 389-393
42. निगम, पृ. 72-73, पाद-टिप्पणी 52
43. वही, पृ. 73

7

तुगलककालीन उमरा

अलाई अमीरों के एक संकुचित वर्ग के प्रयास से हुई क्रान्ति ने भले ही तुगलक वंश[1] की नींव डाल दी, किन्तु, इसने राज्य के संरचनात्मक स्तर पर कोई परिवर्तन नहीं किया। वास्तव में सुल्तान गयासुद्दीन तुगलक शाह अमीरों के मतैक्य के फलस्वरूप सिंहासनारुढ़ हुआ था। वस्तुत: गयासुद्दीन स्वयं एक पुराना व अनुभवी अलाई अमीर था, जिसने राज्य की उत्कृष्ट एवं निष्ठापूर्वक सेवा की थी। वह ही अलाउद्दीन खलजी की आक्रमक मंगोल नीति का वाहक व सेनापति था। दूसरे, उसने ही अन्तत: निर्णय लेकर खुसरो खाँ विरोधी एक संघ का निर्माण किया—खुसरो खाँ ने ही अन्तिम खलजी शासक कुतुबुद्दीन मुबारक की हत्या कर सत्ता हस्तगत की थी, अत: वह तो खलजी वंशीय सत्ता समाप्त करनेवाले के विरुद्ध प्रतिशोधात्मक कार्यवाही कर रहा था। यह खलजियों के विरुद्ध नहीं, अपितु, उनसे अवैध रूप से सत्ता छीननेवालों से लड़ रहा था! यह अलग बात तब होती जब तुगलक शाह, खलजियों से सत्ता छीनता। तृतीय, यह भी सत्य है, कि, यदि खुसरो का अन्त हुआ तो वह गयासुद्दीन की सैन्य प्रवीणता एवं अनुभव का ही परिणाम था। अत: वंशीय परिवर्तन ने उमरा की संरचना में उसके स्वभाव एवं भूमिका में कोई मौलिक परिवर्तन नहीं किया।

सुल्तान बनने पर गाज़ी मलिक ने गयासुद्दीन तुगलक का विरुद धारण किया। परम्परानुसार उसने अपने सहयोगियों, मित्रों तथा समर्थनों को प्रशासनिक संरचना में सम्मिलित करके उसका पुनर्गठन किया। खुसरो खाँ के विरुद्ध युद्धों में सम्मिलित बहराम ऐबा को मुल्तान व सिन्ध के प्रान्तों की गवर्नरी के साथ, किशलू खाँ का विरुद दिया गया। उसे सुल्तान के भाई का सम्मान प्रदान किया गया। अपने दत्तक पुत्र तातर खाँ को तातर मलिक का विरुद एवं ज़फ़राबाद का इक्ता प्रदान किया गया। अपने भतीजे मलिक असदुद्दीन को 'नायब बारबक',

दूसरे भतीजे मलिक बहाउद्दीन को 'अर्ज़-ममालिक' (प्रतिरक्षा मन्त्री के पदों पर नियुक्त किया। मलिक ज़ाफ़र को 'नायब अर्ज़' अथवा उपरक्षामन्त्री एवं गुजरात का गवर्नर नियुक्त किया गया। उसने अपने दामाद मलिक शादी को दीवान-ए-वज़ारत में सर्वेक्षक नियुक्त किया। मलिक बुरहानुद्दीन को 'आलिमुल-मुल्क' का विरुद प्रदान किया गया एवं उसे दिल्ली का कोतवाल नियुक्त किया गया; बुरहानुद्दीन के पुत्र कुत्लुग खाँ को देवगिरी का 'नायब वज़ीर' के पद पर नियुक्त किया गया। काज़ी कमालुद्दीन को 'काज़ी 'उल-कुज्जत' (मुख्य काज़ी) का पद एवं 'सद्रेजहाँ' का विरुद प्रदान किया गया, तथा, काज़ी समाउद्दीन को दिल्ली का काज़ी नियुक्त किया! उसने अपने पुत्रों को भी विरुदों से अलंकृत किया, भले ही उन्हें कोई प्रशासनिक दायित्व व पद न प्रदान किए हों यथा, ज्येष्ठतम मलिक फ़ख्रुद्दीन जौना को उत्तराधिकारी घोषित कर दिया, उसे राजसी छत्र के साथ उलुघ खाँ का विरुद प्रदान किया गया; शेष चार पुत्रों को बहराम खाँ, ज़फ़र खाँ, महमूद खाँ एवं नुसरत खाँ के विरुद प्रदान किए![2]

इस प्रकार हम देखते हैं, कि पूर्ववर्ती अलाई अमीरों को ही प्रमुख नियुक्तियाँ प्रदान की गईं। वह सभी अमीरों को 'ख्वाजा ताश' (सह-दास) ही मानता था क्योंकि उन सभी ने (गयास की भाँति) सुल्तान अलाउद्दीन के अधीन कार्य किया था।[3] अत: खुसरो खाँ के राज्य में असन्तुष्ट अलाई अमीरों ने राहत की साँस ली। सुल्तान ने भी अलाई अमीरों की पुनर्स्थापना, पुनर्प्रतिष्ठा एवं महत्त्वपूर्ण पदों पर नियुक्ति के सुनियोजित प्रयास किए। सभी पुराने अमीरों को पद, विरुद्ध अथवा इक्ता प्रदान किए गए एवं उनके साथ ही समता व बन्धुत्व का व्यवहार किया गया। यही नहीं, ऐसे अमीर जैसे सिविस्तान के मुक्ति मलिक मुहम्मद शाह लुर एवं जालौर के मुक्ति मलिक होशंग के विरुद्ध दंडात्मक कार्यवाही नहीं की गई यद्यपि, उन्होंने गयासुद्दीन को खुसरो खाँ के विरुद्ध सहायता देने से स्पष्टत: इनकार कर दिया था। मलिक मुहम्मद ने तो मदद के लिए भेजा गया गाज़ी मलिक का पत्र ही खुसरो खाँ को भेजकर उसे सतर्क कर दिया था![4] यही नहीं, उसने प्रारम्भिक तुर्कों के अधीन वज़ीर रह चुके (जो अभी भी जीवित थे) ख्वाजा खतीर एवं ख्वाजा मुहज़्ज़ुबद्दीन को भी सम्मानित किया। अत: अमीरों के प्रति उसने सहृदयता एवं सम्मान की नीति निर्धारित की।

उसकी इस व्यापक आधारवाली उदार नीति के परिणामस्वरूप अमीरों एवं सुल्तान के मध्य एक पूर्ण सामंजस्य एवं पारस्परिक समझ स्थापित हो गई। अत: उसके चार वर्ष चार माह के शासन-काल में कोई महत्त्वपूर्ण विरोध व विद्रोह का प्रकरण सामने नहीं आया मात्र एक साधारण-सी घटना, जो सूचनाओं के आदान-

प्रदान या सम्प्रेषण के अभाव में जौना खाँ के दक्खन-अभियान के दौरान, उबैद कवि एवं शेखज़ादा दमिश्की की शरारत के कारण घटी। इसका शीघ्र दमन-कर दिया गया एवं विद्रोहियों को कड़ा दंड प्रदान किया गया।[5]

यदि सुल्तान गयासुद्दीन तुगलक के राजत्व सिद्धान्त एवं अमीरों के प्रति सुनिश्चित व सुनियोजित नीति का विश्लेषणात्मक अध्ययन करें, तो हमें स्पष्टत: ज्ञात होगा, कि, उसने राजनीतिक सिद्धान्तों एवं शक्तियों का उदारीकरण करके, मध्ययुगीन राजनीतिक जीवन अथवा परिवेश को एक नई दिशा व ऊर्जा प्रदान कर दी। उसके शासन का उद्देश्य अमीरों एवं जनसाधारण का कल्याण व सन्तोष था। उसके इस विकासशील व उदार दृष्टिकोण ने बलबनी एवं अलाई आदर्शों का परित्याग करके, एक सन्तुलित राजनीतिक व्यवहार का आधार पुष्ट किया। वस्तुत: शासक एवं आभिजात्य-सुल्तान एवं उमरा दोनों वर्गों में गैर-तार्किक एवं गैर-दायित्वपूर्ण व्यवहार ने तार्किक एवं दायित्व-बोध को स्थान दिया—अब राज्य के दायित्वों के प्रति सजगता एवं कर्तव्यबोध स्पष्टत: दृष्टिगोचर होते हैं।[6]

अन्तत: 1325 ई. में मोहम्मद बिन तुगलक का सिंहासनारोहण हुआ, क्योंकि, सुल्तान गयासुद्दीन तुगलक शाह की विवादास्पद दुर्घटना में मृत्यु हो गई थी। उसके सत्ता में आने के पश्चात् अलाई आदर्शों (जिनका परित्याग पूर्ववर्ती सुल्तान के काल में पूर्णतया कर दिया गया था) की राख में से चिनगारियाँ पुन: दहक उठीं। उसके व्यक्तित्व में अलाईयुगीन भावना चमक उठीं। वह, वास्तव में, मानवीय गयासुद्दीन एवं वृहद् अलाउद्दीन का मिश्रण-स्वरूप एवं भाव में था।[7]

मोहम्मद ने सिंहासनारोहण के पश्चात् अपने पिता व पूर्ववर्ती शासक (सुल्तान) के काल की राजनीतिक व्यवस्था एवं नियुक्तियों में कोई मौलिक परिवर्तन नहीं किया। मलिक फ़िरोज़, जो उसका (सुल्तान का) चचेरा भाई था—को नायब बारबक; मलिक अहमद अयाज़ को 'शहना-इमारत' (भवन-अधीक्षक) को वज़ीर का पद एवं ख्वाजा जहाँ का विरुद, मलिक कबूल को मलिक कबीर का विरुद मलिक सरतेज को इमादुल मुल्क का पद; मलिक मकबूल को किवामुल मुल्क, मलिक खुर्रम मुनीर को जाहिर-उल-जुयूश का विरुद (सेनापति); हामिद कोमली को राज़ी-उल-मुल्क (मुख्यलेखा अक्षीक्षक) मलिक पिन्दर खलजी[8] को कद्र खाँ का विरूद एवं लखनौती की इक्तादारी, मलिक हुसामुद्दीन अबु रिज़ा को लखनौती का वज़ीर; मलिक इज़्ज़ुद्दीन याहिया बन्दत को सतगाँव का मुक्ति, 'आज़म मलिक' के विरुद के साथ; मौलाना किवामुद्दीन को कुत्लुग खाँ का विरुद एवं 'वकीलेदार' का पद; मौलाना किवामुद्दीन के पुत्र को अलप

खाँ का विरुद एवं गुजरात का इक्ता; मौलाना के भाई को ऐनुलमुल्क का विरुद्ध; निज़ामुद्दीन कमाल सुर्ख को 'मुखलिसुमुल्क', सिहाबे सुल्तानी को ताजुल-मुल्क, मौलाना यूसुफ़ को दावरूल-मुल्क, तथा एक राजकुमारी से उसका विवाह भी कर दिया गया। मलिक क़िरान को सफ़दरूल-मुल्क, मलिक बेगी को 'सरदावतदार' का पद, मौलाना शाहबुद्दीन अबु रिज़ा को 'मलिकुल तुज्जर' का विरुद एवं नासौरी का इक्ता प्रदान किए गए!

किन्तु नए सुल्तान ने अपने भाइयों को कोई विशेष सम्मान दिया हो, ऐसा उल्लेख किसी समकालीन ऐतिहासिक ग्रन्थ में उल्लिखित नहीं है। 'रेहला' के आधार पर आगा मेंहदी हुसैन सूचना देते हैं, कि, उसने अपने एक भाई मुबारक खाँ को न्याय विभाग में महत्त्वपूर्ण पद प्रदान किया जबकि, एक अन्य बहराम खाँ को (बाद में) लखनौती का गवर्नर भी नियुक्त किया, जबकि मसूद खाँ को विद्रोह के दंडस्वरूप मौत के घाट उतारा गया था, उसे भी पर्याप्त प्रतिष्ठा प्राप्त थी। वह काज़ी-उल-कुज्जत या मुख्य काज़ी के दाहिनी ओर बैठता था—उसी के न्यायालय का कार्यकारी अधिकारी था। उसे एक सैन्य टुकड़ी भी प्राप्त थी, जिससे वह उच्चपदस्थ लोगों को भी न्याय के उल्लंघन में पकड़वा सकता था—उच्चवर्गीय लोगों की अवैध गतिविधियों पर अंकुश लगाने का इससे अच्छा क्या तरीका हो सकता था एवं सुल्तान के भाई के अतिरिक्त इसके लिए कौन उपयुक्त व्यक्ति हो सकता था?[9] एक अन्य भाई बहराम खाँ को (बाद में) लखनौती का गवर्नर बनाया गया था सुल्तान के भाई मसूद खाँ के भी विद्रोह के उपरान्त मृत्यदंड से पूर्व प्रतिष्ठा का पद प्राप्त था— इसको मृत्युदंड दिसम्बर, 1333-जनवरी, 1333 ई. और जुलाई, 1342 ई. के मध्य दिया गया होगा—क्योंकि, इब्नबतूता कोई निश्चित तिथि नहीं बताता!

जहाँ तक ज़फ़र खाँ (सुल्तान के अन्य भाई) का प्रश्न है, उसे ज़फ़राबाद का इक्ता प्राप्त था—वह लखनौती तक का क्षेत्र विजित करने के दायित्व का भी निर्वहन कर चुका था एवं उसके आगे अभियान में शहीद हो गया था (सम्भवत: 1330 ई. के आसपास) नुसरत खाँ एवं महमूद खाँ की भी मृत्यु शीघ्र हो गई थी— ये भी सुल्तान के भाई थे।[10] नुसरत खाँ की मृत्यु तो सुल्तान के शासन-काल में ही हुई थी, क्योंकि उसके मृत्यूपरान्त यह विरुद शिहाब सुल्तानी नामक अमीर को प्रदान किया गया था एवं महमूद खाँ की मृत्यु सम्भवत: अपने पिता के साथ अफ़गानपुर के भवन-प्रकरण में हो गई थी।[11]

उपर्युक्त नियुक्तियों के पश्चात् सुल्तान ने सुनियोजित तरीके से कुछ महत्त्वाकांक्षी योजनाएँ एवं मौलिक सुधार-प्रस्तावित किए, जो इतिहासकारों,

राजनीतिशास्त्रियों एवं विद्वानों के मध्य विवाद के आधार बने। एक महत्त्वपूर्ण मतैक्य हमें विद्वानों में दिखाई देता है, जब वे सुल्तान मुहम्मद के विशिष्ट चरित्र को साम्राज्य के व्यापक असन्तोष का कारण मानते हैं। (उनके विचारानुसार, इसी कारणवश उमरा (आभिजात्य) ने सुल्तान द्वारा थोपे गए अव्यावहारिक, असन्तोषजनक एवं मध्यकालीन निरंकुश शासक (बलबन एवं अलाउद्दीन खलजी) की भाँति व्यवहार कर रहा था और उमरा सुल्तान गयासुद्दीन के काल के विस्तार के रूप में ही मुहम्मद के शासन-काल को देखना चाहते थे— जहाँ सुल्तान भी उमरा के समान है—दोनों के मध्य समता, समानता व बन्धुत्व का भाव स्थापित करने के वे इच्छुक थे!

वास्तव में समकालीन एवं बाद के तमाम इतिहासकार उलमा के सदस्य होने के कारण, संकीर्ण मानसिकता के पोषक थे एवं उन्हें सुल्तान के व्यक्तित्व एवं व्यवहार में ही कमियाँ व त्रुटियाँ दिखाई दी हैं, जिसने उमरा को उसके विरुद्ध कर दिया एवं अन्ततः तुगलक साम्राज्य के विघटन के लिए भी उत्तरदायी भूमिका निभाई! किन्तु उसके गतिशील व विकासशील व्यक्तित्व का विश्लेषणात्मक अध्ययन यह स्थापित करता है, कि, मध्ययुगीन इतिहासकारों द्वारा किया गया मूल्यांकन कितना एकपक्षीय व असन्तुलित है।[12]

वस्तुतः सुल्तान मुहम्मद एक नितान्त बौद्धिक एवं साहित्यिक परिवेश में जन्मा था। उसने अमीर खुसरो एवं अमीर हसन जैसे विद्वानों को देखा था व उनके द्वारा निर्मित परिवेश में रहा था। अलाई काल के ऐसे तमाम साहित्यकारों व बुद्धिजीवियों ने जो एक उदार परिवेश निर्मित किया उसका वह साक्षी एवं 'उत्पाद' रहा था! उसने 'तकलीद' विचारधारा का परित्याग करके, सम्भवतः 'मुताज़िला' विचारधारा को अपना लिया—वह नितान्त तर्कवादी हो गया था। उस काल के सर्वश्रेष्ठ तर्कशास्त्री सा'द मन्तकी (जिसे अधार्मिक माना जाता था); उबैद कवि (जिसे संकीर्ण मतावलम्बी 'काफ़िर', मानते थे) उस काल के प्रसिद्ध दर्शनशास्त्री नजमा इन्तिशार एवं अलीमुद्दीन का प्रभाव उसके व्यक्तित्व (विचार एवं व्यवहार) पर सुस्पष्ट था। इन विचारकों व विद्वानों ने उसे मुस्लिम विश्व का स्वतन्त्र चिन्तक (फ्री थिंकर, Free Thinker) बना दिया था[13] इन तमाम लोगों के विचारनुसार जो भी नियम या विचार, चाहे जितना भी पवित्र घोषित हो, यदि तार्किक नहीं है तो अस्वीकार्य होना चाहिए, अर्थात सभी चीजों व विचारों को तर्क की कसौटी पर खरे उतरना चाहिए ताकि, वह स्वीकार्य हो सके अन्यथा उसका परित्याग अपरिहार्य है!

वस्तुतः यह भारतीय इस्लाम में ग्रहणशीलता (विभिन्न दर्शनग्राहिता) का श्रीगणेश था तथा, सुल्तान अपने विचारों एवं विश्वासों में आस्थावान होने के

कारण समकालीन उमरा को भी बौद्धिक रूप से प्रगतिशील देखना चाहता था किन्तु, वह सफल न हो सका, क्योंकि, उमरा उसके समान न तो बुद्धिजीवी या सुसंकृत अभिरुचियोंवाले पठनशील विद्यानुरागी थे। वे अभी भी संकीर्णता से ग्रस्त थे अतः सुल्तान और उमरा में मतैक्य की कोई सम्भावना नहीं थी।[14]

अतः वह अपने प्रशासनिक सुधारों एवं महत्त्वाकांक्षी योजनाओं के क्रियान्वयन में उमरा से सहयोग की अकांक्षा व आशा रखे हुए था। किन्तु उसके अमीर उसके विश्वास के योग्य नहीं प्रमाणित हुए, अतः चाहे वह दोआब में कर-वृद्धि हो, द्वितीय राजधानी की स्थापना; सांकेतिक मुद्रा का प्रचलन आदि, सभी व्यावहारिक था; किन्तु, उमरा के प्रगतिहीन दृष्टिकोण के चलते सभी असफल रहीं। इन्हीं असफलताओं ने सुल्तान को असन्तुष्ट एवं क्षुब्ध कर दिया। वह सही सन्दर्भ में चीजों को नहीं देख सका। उसकी मान्यता थी, कि विश्व में असम्भव कुछ भी नहीं है अतः जनसाधारण व उमरा सभी समान रूप से दंडित हुए।

वास्तव में, उसके शासन-काल में निरन्तर विद्रोहों ने उसके एवं उसके उमरा के मध्य के वैचारिक अन्तर्विरोधों को प्रमाणित ही किया। वे अभी भी सुल्तान से समता एवं समानता-मूलक व्यवहार की आशा कर रहे थे, जबकि, सुल्तान दैवीय सिद्धान्तवाले निरंकुश शासक के रूप में व्यवहार कर रहा था। ऐसा नहीं, कि, इन अमीरों ने प्रारम्भिक तुर्कों एवं खलजियों के शासन-कालों में मुहम्मद के सिद्धान्तोंवाले राज्य का अनुभव न किया हो, किन्तु, उन्हें लगता था, कि, उनके सक्रिय (अथवा निष्क्रिय) राजनीतिक योगदान के बिना तुगलक सत्ता में नहीं आ सकते थे, अतः वे ताज की अधीनता सहज रूप से स्वीकार नहीं कर पा रहे! वास्तव में वास्तविक शक्ति एवं सम्प्रभुता में भागीदारी की आकांक्षा ने उमरा व सुल्तान न के मध्य अन्तर को अधिक सुदृढ़ व रेखांकित किया। अतः मलिक बहाउद्दीन गुर्शस्प अथवा सुल्तान के मुक्ति मलिक बहराम ऐबा अथवा ऐनुलमुल्क मुल्तानी के विद्रोहों से यह प्रमाणित भी हो जाता है, क्योंकि, ये तीनों ही उसके पिता एवं पूर्ववर्ती सुल्तान के अधीन कार्य कर चुके थे, अतः मुहम्मद के विरुद्ध विद्रोह अथवा असन्तोष की अभिव्यक्ति (सुगबुगाहट) पुराने अमीरों से प्रारम्भ हुई थी! उन्हें विश्वास व आशा थी, कि, पूर्व सुल्तान के पुत्र के शासन में उन्हें प्रतिष्ठा के साथ-साथ समानता का व्यवहार मिलेगा। सुल्तान ने न तो उनके साथ समानता का व्यवहार किया और न ही उनके दीर्घकालीन अनुभव के अनुरूप जो सम्मान की उनके भीतर आकांक्षा थी, वही पूरी हो सकी अतः वे रुष्ट व असन्तुष्ट हो गए।[15]

सम्भवत: मध्ययुगीन भारत में कोई ऐसा सुल्तान नहीं था, जिसके शासन-काल में इतने (कुल बाईस) विद्रोह हुए हों। इनमें मील का पत्थर है 1335 ई. का मा'बार का विद्रोह छह विद्रोह 1335 ई. के मा बार विद्रोह के पूर्व एवं 15 इसके पश्चात् हुए थे। प्रथम वर्ग के विद्रोहों को हम पृथक् व्यक्तिगत विद्रोहों की श्रेणी में रख सकते हैं, जिनका उन्मूलन सुल्तान अथवा उसके प्रतिनिधियों द्वारा कर दिया गया; जबकि 1335 से 1351 ई. के विद्रोह क्षेत्रीय विद्रोह की श्रेणी में आते हैं, जो 'विदेशी' दिल्ली के सुल्तान के विरुद्ध क्षेत्रीय अस्मिता की रक्षा के परिणामस्वरूप हुए थे। दूसरे, इन द्वितीय वर्ग के विद्रोहों के उपरान्त दिल्ली सुल्तनत विभाजित हो गया एवं स्वतन्त्र क्षेत्रीय राज्यों की स्थापना होती चली गई।[16]

आगे बढ़ने से पूर्व आइए इनका क्रमबद्ध लिपिकरण कर लें—(1) बाहाउद्दीन गुर्शस्प का विद्रोह; (2) क़िशलू खाँ का विद्रोह; (3) कमालपुर के काज़ी व क़ातिब का विद्रोह, (4) गयासुद्दीन बहादुर का विद्रोह: (5) वूना'र एवं कैसर-ए-रूमी का विद्रोह; (6) दोआब का विद्रोह: (7) मा' सूद खाँ का विद्रोह; (8) हुलाजूँ का विद्रोह; (9) मलिक होशंग का विद्रोह; (10) कम्पिला एवं वारंगल का विद्रोह, (11) हाँसी एवं सिरसा के गवर्नर सैय्यद इब्राहिम का विद्रोह (12) फ़ाख्रा का विद्रोह; (13) सुनम, सामाना, कैथल एवं कुहराम के हिन्दुओं एवं मुस्लिमों के विद्रोह (14) कर्ड़ा के निज़ाम मैन् का विद्रोह; (15) बीदर के शिहाबुद्दीन मुल्तानी का विद्रोह; (16) गुलबर्ग के अलीशाह का विद्रोह; (17) ऐनुलमुल्क का विद्रोह; (18) शाहू अफ़गान का विद्रोह; (19) काज़ी जलाल का विद्रोह; (20) दौलताबाद के अमीरान-ए-सादाब का विद्रोह; (21) ताघी का विद्रोह; (22) सैय्यद अब्बास शाह जलालुद्दीन का विद्रोह।[17]

वस्तुत: आगा मेंहदी हुसैन इसलिए भी 1335 ई. को सुल्तान मुहम्मद के काल का मील का पत्थर एवं महत्त्वपूर्ण मोड़ मानते हैं, क्योंकि, इस वर्ष उसने अपने राजधानी (द्वितीय अथवा समानान्तर) निर्माण के परीक्षण की असफलता को स्वीकार करते हुए तथा दक्षिण में उपस्थित रहने एवं उत्तर भारत से अनुपस्थित रहने के कारण दोआब के विद्रोह ने विवश किया, कि, दक्षिण भारत अपने अधिकारियों के दायित्व/ प्रशासन में छोड़कर स्वयं उत्तर भारत में रहें। उसने अन्तिम निर्णय ले लिया था।[18] अत: दक्खन एवं दक्षिण भारत में द्वितीय राजधानी बनाने का औचित्य ही दक्षिण में प्रत्यक्ष प्रशासन एवं पूर्ण नियन्त्रण रखना था। किन्तु, उसके वहाँ से अनुपस्थित होते ही दक्षिण में विद्रोहों का सिलसिला जब प्रारम्भ हुआ तब उसने स्वतन्त्रता के साथ ही थमने का नाम लिया। उसका

कठोर नियन्त्रण ही इन महत्त्वाकांक्षाओं को दबाए रखने में सफल था और, जैसा कि नेपोलियन के विशाल साम्राज्य के साथ हुआ, जो नेपोलियन की व्यक्तिगत सतर्कता पर निर्भर था, वैसे ही मुहम्मद का साम्राज्य भी उसकी व्यक्तिगत सतर्कता के क्षीण होते ही ताश के पत्तों के महल की भाँति धराशायी हो गया!

आइए, सुल्तान मुहम्मद के शासन-काल के प्रारम्भिक विद्रोहों का सविस्तार अध्ययन इसलिए किया जाए, ताकि, इससे सुल्तान एवं उमरा के पारस्परिक दृष्टिकोणों को सही परिप्रेक्ष्य एवं पूर्ण परिवेश में देखा व समझा जा सके। प्रथम विद्रोह बहाउद्दीन का था— फ़रिश्ता उसे मुहम्मद का चचेरा भाई एवं इब्नबतूता उसे गयासुद्दीन तुगलक की बहन का पुत्र बताता है। बहाउद्दीन गुर्शस्प सागर (गुलबर्ग के निकट-दक्खन में शोलापुर से लगभग दस मील उत्तर में यह स्थित था) ने मुहम्मद के सिंहासनारोहण के समय उसकी अधीनता स्वीकार नहीं की थी अत: मलिक मजीर एवं ख्वाजा जहाँ के सेनापतित्व में एक सेना भेजी गई— देवगिरी के निकट दोनों सेनाएँ आमने-सामने हुई, किन्तु उसके एक सेनापति खिज्र बहराम के शाही सेना से मिल जाने के कारण वह पराजित होकर सागर पहुँचा, फिर वह विवश होकर तुंगभद्रा नदी पर स्थित कम्पिला के राजा के यहाँ शरणागत हुआ, जिसके परिणामस्वरूप, कम्पिला का राजा भी पराजित हुआ, तब वह वीर बल्लाल देव की शरण में पहुँचा, जिसने अन्तत: उसे ख्वाजा जहाँ के हवाले कर दिया। बहाउद्दीन गुर्शस्प को दिल्ली भेजा गया, जहाँ उसे मृत्युदंड दे दिया गया![19]

1328 ई. में दूसरा विद्रोह मुल्तान के गवर्नर बहराम ऐबा किशलू खाँ का था। यहाँ स्मरण रहना चाहिए, कि, यह वही व्यक्ति था, जो गाज़ी मलिक के साथ खुसरो के विरुद्ध अभियान पर आया था, अत: तुगलक वंश की स्थापना में उसकी भूमिका निस्सन्देह बहुत महत्त्वपूर्ण थी। उसे मुहम्मद ने यह आदेश दिया था, कि, वह विद्रोही बहाउद्दीन गुर्शस्प के मृत शरीर को मुल्तान में घुमाए, ताकि, कोई सुल्तान के विरुद्ध विद्रोह का दुस्साहस न कर सके! किन्तु, किशलू खाँ ने ऐसा करना अनुचित मानते हुए, उसके शव को दफना दिया, जिसे सुल्तान ने राजाज्ञा का उल्लंघन मानते हुए, उसे व्यक्तिगत रूप से उपस्थित होकर क्षमा-याचना का आदेश दिया, जो निश्चित रूप से ऐबा के स्वाभिमान को ठेस पहुँचाने के लिए पर्याप्त था। ज़ियाउद्दीन बरनी ने ऐबा के विद्रोह को दौलताबाद-प्रयाण से जोड़ा है,[20] जो उचित, तार्किक एवं तथ्यपरक नहीं है। इसामी के अनुसार यह विद्रोह दोनों के मध्य गलतफ़हमी का परिणाम था।[21] वास्तव में, यह सही प्रतीत होता है। ऐबा परोक्ष रूप से समर्पण की बात कर रहा था, किन्तु, सुल्तान

व्यक्तिगत उपस्थिति (देखिए ऊपर) पर जोर दे रहा था, जिसके परिणामस्वरूप ऐबा ने भयभीत होकर, विकल्पविहीनता की विवशता में, विद्रोह कर दिया (1328 ई.)।[22] सुल्तान इस विद्रोह के उन्मूलन हेतु दौलताबाद से दिल्ली आया एवं तब सैन्य पुनर्गठन के पश्चात् अबोहर की ओर कूच किया। युद्ध के पूर्व दोनों के पत्र-व्यवहार से ही सुलतान का निरंकुश एवं कठोर (गैर-लचीला) दृष्टिकोण स्वत: स्पष्ट हो जाता है, जिसमें ऐबा ने दूतों द्वारा गलतफहमी की बात लिखी है। वह यह स्पष्ट लिखता है, कि, यदि सुल्तान सेना लेकर वापस चला जाए, तो वह स्वामिभक्त बना रहेगा एवं दायित्वों व राजाज्ञाओं का अनुपालन भी एक आज्ञाकारी अधीनस्थ अधिकारी के रूप में करता रहेगा। किन्तु, यदि वह आक्रमण करने पर अमादा है तो वह भी पीछे नहीं हटेगा। भले ही ऐबा ने कूटनीतिक अपरिपक्वता प्रदर्शित की, किन्तु, सुल्तान से भी ऐसी आशा नहीं थी। सुल्तान ने ऐबा को उत्तर में लिखा था, कि, उसे ईश्वर ने ये उच्चतम स्थान (सुल्तान का पद) प्रदान किया है अत: किसी को भी उसका विरोध नहीं करना चाहिए। ''मैं जब भी किसी वृक्ष को असीमित बढ़ते देखता हूँ तो कुल्हाड़ी से उसका सिर (सिरा) काट डालता हूँ और उसके स्थान पर नया पौधा लगाता हूँ। यदि तुम्हारा सौभाग्य तुम्हें सही पथ प्रदर्शित करे, तो तुम मेरे शिविर में (समर्पण हेतु) आ जाओ, अन्यथा मुझसे जो युद्ध करता है वह बचकर नहीं भाग सकता—यदि तुम समर्पण कर दो तो प्राण दान कर दें अन्यथा अपने लोगों के साथ अपना जीवन एवं सम्पत्ति सभी खो दोगे।''[23] इब्नबतूता हमें बताता है कि, किस प्रकार सामरिक ढंग (छल-छद्म) से सुल्तान ने यह युद्ध विजित किया। उसने अपने हमशक्ल इमादुद्दीन को राजसी-छत्र के नीचे से सुल्तान की तरह ही सैन्य संचालन के लिए नियुक्त कर दिया। ऐबा के सैनिकों ने उसकी टुकड़ी को पराजित करके, उसे मारकर जैसे ही विजयोन्माद में प्रस्थान किया, सुल्तान ने आक्रमण करके उन्हें पूर्णतया पराजित कर दिया।[24]

अत: सुल्तान मुहम्मद का दृष्टिकोण पूर्ववर्ती शासक से पूर्णत: भिन्न एवं पृथक् था। इसके साथ ही सन्देह के आधार पर भी अमीरों को कठोर दंड प्रदान करने की नीति ने उसके एवं उसके अमीरों के मध्य एक खाईं का निर्माण कर दिया, जिसको भर सकने की न तो सुल्तान में सहृदयता थी और न ही विवेक! वास्तव में, डॉ. एस. बी. पी. निगम सही प्रश्न उठाते हैं, कि, विद्रोहों से निपटने हेतु ठोस, व्यवहारिक, सुधारमूलक व सकारात्मक कदम जैसे अलाउद्दीन खलजी ने उठाए, क्या चिन्तित होने के पश्चात् भी उनका अनुसरण मुहम्मद नहीं कर सकता था? ऐसा कुछ न करते हुए उसने अपनी निरंकुशता में एक ऐसा

कदम उठा लिया, जिसने उदारता की सम्भावना भी समाप्त कर दी—सुल्तान मुहम्मद ने 'दीवान-ए-सियासत' का निर्माण करके, विद्रोही एवं सन्देहजनक गतिविधियों में संलग्न अमीरों (इसमें वे भी सम्मिलित जो किसी भी कारण से सुल्तान की नीति की आलोचना करते थे) को दंडित करना शुरू किया, जिससे सुल्तान व उमरा के मध्य के संघर्ष ने उग्र रूप धारण कर लिया—अमीरों ने सुल्तान के कोप से बचने के लिए खुला विद्रोह करना शुरू कर दिया।

1335 ई. के पश्चात् हुए अमीरों के विद्रोहों के कारणों का विश्लेषण डॉ. ईश्वरी प्रसाद ने 'हिस्ट्री आफ़ द करौनाह टर्क्स' में सविस्तार किया है[25] उनके विचारानुसार, प्राकृतिक आपदा के बाद शासकीय दंड देने की उसकी नीति ने उसके प्रति अमीरों के विश्वास को पूर्णत: नष्ट कर दिया। प्रान्तीय क्षत्रपों ने, जिनकी शक्तियाँ सुल्तान ने पूर्णतया नियन्त्रित कर दी थीं— उन्होंने सुल्तान की असफलताओं से व्यक्तिगत लाभ उठाने का प्रयास किया। सुल्तान ने अपने आदर्शवाद के चलते, अपने आप को जिन समस्याओं में उलझा लिया था— उससे व्यक्तिगत लाभ उठाने के लिए तथा सुल्तान के 'दीवान-ए-सियासत, के कोप से बचने के लिए उन्होंने अपने संसाधनों को संचित करके, अपने आप को स्वतन्त्र शासकों के रूप में स्थापित करने की प्रक्रिया प्रारम्भ की सुल्तान एक विद्रोह के उन्मूलन में व्यस्त रहता था तब तक दूसरा-तीसरा विद्रोह शुरू हो जाता था!

यही नहीं, प्रान्तों में 'अमीरे-सादाह' (अफसरशाह अथवा राज्याधिकारी) अपने-अपने प्रान्तों में (जहाँ वे अनिच्छा से नियुक्त अथवा स्थानान्तरित होते थे) राज्य के विरुद्ध असन्तोष व विद्रोह भड़काते थे! जो प्रारम्भिक दो विद्रोहों में क्रूर नीति एवं दंड की अभिव्यक्ति हुई थी (जिसका वर्णन ऊपर किया जा चुका है) उससे गवर्नरों में भय व्याप्त हो गया, कि, समय रहते यदि अपने अस्तित्व को राजकीय कोप-भाज्य से सुरक्षित या संरक्षित रखना है, तो उन्हें आवश्यक कदम (राज्य-विरोधी) उठाने पड़ेंगे। वास्तव में, शान्त विश्लेषण, एक सीमा तक, सुल्तान को इन विद्रोहों से कुछ राहत दिला सकता है, किन्तु, अपनी शक्ति (सैन्य-शक्ति) एवं योग्यता में पूर्ण विश्वास ने उसे कभी भी लचीला दृष्टिकोण नहीं अपनाने दिया।[26] उसके निष्ठावान अमीरों की संख्या में निरन्तर कमी के लिए उसकी प्रशासनिक-राजनीतिक असफलताएँ, अलोकप्रिय योजनाएँ एवं कठोर अनुशासन ही पर्याप्त थे, किन्तु, उसने विदेशी अमीरों को प्रश्रय देकर उसको और गति प्रदान करने के साथ ही, दरबारी राजनीति में गुटबन्दी का नवीन तत्त्व प्रविष्ट करा दिया। वास्तव में पुराने (उसके विचारानुसार अविश्वसनीय)

अमीरों की शक्ति को सन्तुलित करने के लिए उसने यह कदम उठाया, किन्तु इससे पुराने 'ग्यासी' अमीरों का रोष (सुल्तान के प्रति) व असन्तोष और अधिक बढ़ गया। इन पुराने ('गयासी') अमीरों की स्थानीय जड़ें अथवा स्थानीय प्रभाव अत्यधिक था, अत: वे जन-साधारण, स्थानीय अधिकारियों व ज़मींदारों के साथ-साथ, स्थानीय हिन्दू राजाओं व सरदारों का समर्थन प्राप्त करके, सुल्तान के विरुद्ध विद्रोह एवं एक संघर्षशील सैन्य-संगठन निर्मित कर लेते थे। विदेशी अमीरों के साथ ऐसा कुछ भी नहीं था तथा, साथ ही, उनका अस्तित्व, प्रतिष्ठा एवं पद सब-कुछ सुल्तान द्वारा प्रदान किया हुआ था। अत: सुल्तान से प्राप्त प्रश्रय एवं स्थानीय प्रभाव से वंचित तथा, साथ ही, पुराने अमीरों की ईर्ष्या के पात्र ये विदेशी अमीर, स्वाभाविक रूप से, सुल्तान के प्रति पूर्णत: निष्ठावान थे! भले ही पुराने अमीर इनसे ईर्ष्या करते हों, किन्तु, उनके प्रत्यक्ष विरोध का साहस उनमें नहीं था।

समकालीन उमरा को अपने सुल्तान से यह अपेक्षा तो थी, कि, जैसे वह अपना शासन, राजतन्त्रीय प्रणाली एवं दैवीय सिद्धान्त पर आधारित निरंकुशता को वैधता पर आधारित मानता था, तो उसकी तर्क से उसे पुराने अमीरों की पद-प्रतिष्ठा को भी वैध आधार-सम्मत मानना चाहिए। अत: वे जब भी अपने वैध पद-प्रतिष्ठा को इन विदेशियों से एवं सुल्तान के चापलूस मित्रों-अधिकारियों से असुरिक्षत मानते थे, तब वे विद्रोह कर देते थे।[27]

इस पूरे मन्तव्य को सुस्पष्ट एवं प्रमाणित करने के लिए एक ही प्रकरण पर्याप्त होगा। गज़नवी के शिहाबुद्दीन को उसने 'मलिक-उल-तुज्जर' का विरुद एवं खम्बायत का इक्ता प्रदान किया तथा उसे वज़ीर के पद पर नियुक्त करने या पदोन्नत करने का आश्वासन भी दे दिया था। इससे वज़ीर खान-ए-जहाँ अहमद अयाज़ उससे ईर्ष्या करने लगा, वस्तुत: खम्बायत का इक्ता उसका स्वामित्व का क्षेत्र था एवं अत्यधिक आय का स्रोत था अत: जब शिहाबुद्दीन गज़नवी खम्बायत से दरबार की ओर आ रहा था, तब वज़ीर ने उसकी हत्या करवा दी।[28] इसी प्रकार, इब्नबतूता, अजीज़ खम्मार तथा अमरोहा में नियुक्त अमीर शम्सुद्दीन बदक्खशनी के मध्य ईर्ष्या से उत्पन्न मतभेदों पर भी प्रकाश डालते हुए इसे और स्पष्ट कर देता है।[29]

इब्नबतूता अनेक विशिष्ट विदेशियों की एक सूची प्रस्तुत करता है, जिन्हें सुल्तान मुहम्मद के दरबार से धन, यश एवं उच्च पदों की प्राप्ति हुई थी। खोरासानी अमीरों में सर्वप्रमुख थे मलिक अलाउलमुल्क फ़सीहुद्दीन खोरासानी अन्य प्रमुख विदेशी अमीर थे अज्दुद्दीन शवन्करी; शेखज़ादा इस्फ़ानी, शेखज़ादा दमिश्की,

शेखज़ादा निहावन्दी; शेखज़ादा बिस्तामी; एवं, मलिक संजर बदक्शनी। वे सुल्तान मुहम्मद के दरबार में महत्त्वपूर्ण गुट के सदस्य अथवा तत्त्व हो चुके थे तथा, सुल्तान से उनकी निकटता का प्रमाण था, कि, वह उन्हें अज़ीज़ (करीबी/रिश्तेदार) कहकर सम्बोधित करता था। यही नहीं, सुल्तान ने तीन विदेशी अमीरों से अपनी बहनों का विवाह करके, उनके साथ सम्बन्धों को और प्रगाढ़ किया था—मलिक सैफ़ुद्दीन, जो अरब था एवं उसका विरुद 'अमीर घद्दा' था; शराफ़ुल-मुल्क अमीर बख्त, एवं, शेखज़ादा बिस्तामी, जिसका 'मलिक मुघीस इब्न मलिकुल मुल्क' पद था। इसी प्रकार, वज़ीर ख्वाजा-ए-जहाँ अहमद अयाज़ की दो पुत्रियों का भी विवाह तिर्मिज़ के काज़ी खुदावन्दज़ादा किवामुद्दीन के दो पुत्रों से करवाया था।[30] यहाँ यह ध्यातव्य है, कि, क्या सुल्तान 'ग्यासी' अथवा' पुराने अमीरों एवं विदेशी अमीरों के मध्य कोई कूटनीतिक बन्धन स्थापित करवाकर उनके अन्तर्विरोधों एवं मतभेदों एवं पारस्परिक प्रतिद्वन्दिता व ईर्ष्या को समाप्त करने का प्रयास कर रहा था? हालाँकि, समकालीन स्रोत एवं आधुनिक इतिहासकार—दोनों ही इस विषय की ओर संकेत नहीं देते हैं, फिर भी, इसकी सम्भावना से इनकार नहीं किया जा सकता है।

सुल्तान मुहम्मद के रिश्तेदारों (वैवाहिक सम्बन्धों की स्थापना के फलस्वरूप जो बने थे) के अतिरिक्त जिन अन्य विदेशी अमीरों को सुल्तनत में महत्त्वपूर्ण इक्ते प्रदान किए गए थे—वे थे अमरोहा का मुक्ति (गवर्नर) शम्सुद्दीन बदक्शी एवं मलिक अलाउलमुल्क खुरासानी, जो लाहरी का मुक्ति नियुक्त किया गया था। ऐनुलमुल्क मुल्तानी के विद्रोह के दमन में शाही सेना में सम्मिलित खुरासानी सैनिकों व सेनापतियों की भूमिका ने ही सक्रिय एवं महत्त्वपूर्ण भूमिका निभाई।

इन मध्येशियाई अमीरों के अतिरिक्त, सुल्तान मुहम्मद बिन तुगलक ने मंगोलों को भी बड़ी संख्या में प्रश्रय प्रदान किया। उसके मंगोल अमीरों के साथ सद्व्यवहार एवं मैत्रीपूर्ण नीति के ही परिणामस्वरूप तरमीशीरीन के अतिरिक्त कोई अन्य मंगोल अभियान भी उसके शासन-काल में नहीं हुआ।[31] हालाँकि, उसके शासन-काल के अन्तिम वर्षों में तो उन्होंने सुल्तान के लिए राजनीतिक समस्याएँ उत्पन्न कीं, किन्तु उससे पूर्व वे स्वामिभक्त बने रहे थे—सम्भवतः अन्तिम वर्षों तक आते-आते वे भी शेष उमरा के रंग में रँग चुके थे एवं उन्होंने जो कुछ किया परिस्थितिजन्य रहा होगा। सुल्तान मुहम्मद बिन तुगलक का शासन-काल भारतीय राजनीति में अफ़गानों के उदय के लिए महत्त्वपूर्ण माना जाता है। हालाँकि, दरबारी राजनीति में उनकी कोई बड़ी भूमिका नहीं थी, फिर भी,

अनेक अफ़गान अमीरों की पदोन्नतियाँ उसी काल में हुईं और उनका निश्चित उत्कर्ष भी हुआ।[32]

विदेशी अमीरों को दिए गए प्रभुत्व के कारण, पुराने अमीर रुष्ट होने लगे। हालाँकि, दरबारी राजनीति में वे इन नवीन अमीरों के प्रतिद्वन्द्वी रहे, किन्तु, प्रान्तों अथवा इक्ताओं में, उन्होंने अपनी पद-प्रतिष्ठा एवं महत्त्व को अक्षुण्ण बनाए रखा (ऊपर वर्णित किया गया है) अन्ततः प्रान्तों में उनके महत्त्व एवं शासन से असन्तोष एवं रोष ने उन्हें लखनौती, माबार एवं देवगिरी में स्वतन्त्र राज्यों की स्थापना के लिए विवश कर दिया। वस्तुतः इन प्रान्तों के स्वतन्त्र होने का अभिप्राय था, सुल्तान का विद्रोह-उन्मूलन के प्रयास में असफलता। इन असफलताओं का यह दुष्प्रभाव रहा, कि, इससे सैन्य बल एवं उमरा में हतोत्साह फैल गया। किन्तु, दूसरी ओर असन्तुष्ट, क्षुब्ध व रुष्ट अमीरों को एक अनुकरणीय उदाहरण भी मिल गया और वे भी स्वतन्त्रता के इच्छुक हो गए—ताकि, केन्द्रीय सत्ता के नियन्त्रण एवं सुल्तान के कोप से अपने अस्तित्त्व की रक्षा कर सकें। अतः पूर्ण साम्राज्य में हर ओर एवं लगभग सभी प्रान्तों में उमरा विद्रोह पर अमादा होता चला गया। किन्तु, सुल्तान मुहम्मद ने परिस्थितियों के वास्तविक आंकलन से मुँह मोड़ लिया। जैसे-जैसे विद्रोह बढ़ने लगे व प्रशासन पंगु होने लगा तो सुल्तान का क्रोध भी उसी अनुपात में बढ़ने लगा तथा, विद्रोहियों एवं असन्तुष्टों के साथ क्रूर एवं अमानवीय व्यवहार एक आम बात हो गई! सम्भवतः वह एक मौलिक तथ्य नहीं समझ पाया था, कि, प्रत्येक स्थायी सरकार[33] /शासन का आधार भय नहीं आस्था या विश्वास होता है—वह विरोधियों को आतंकित करता रहा, ताकि, शेष लोग उससे सबक लेकर विद्रोह के मार्ग का अनुसरण न करें। उसकी दृष्टि में विद्रोह या स्वामी (राज्य) द्रोह से बड़ा कोई और जघन्य अपराध है ही नहीं वह कहने लगा था, 'मेरा राज्य बीमारीग्रस्त (या रुग्ण) है एवं किसी भी चिकित्सा से यह स्वस्थ नहीं हो सकता अर्थात् उसके विचारानुसार विद्रोहों से प्रभावित उसका साम्राज्य लाइलाज था![34] वह दृढ़-प्रतीत एवं पहाड़ की भाँति अविचल था अब—उसने जन-चुनौती का एक सुल्तान के रूप में राजत्व की प्रतिष्ठा के लिए सामना (संघर्ष) किया। अतः निरंकुशता के मध्ययुगीन परिवेश में चुनौती का सामना तलवार से ही किया जा सकता था, वही उसने किया।[35]

एक तथ्य इस पूरे परिदृश्य में, फिर भी, महत्त्वपूर्ण है—उसके पूर्ण साम्राज्य में ही विद्रोहों की शृंखला प्रारम्भ हुई थी एवं उसके शासन-काल के अन्तिम दो दशकों विद्रोहों ने पूरे साम्राज्य को अस्थिरता प्रदान की थी, फिर भी, आश्चर्यजनक है, कि, केन्द्र अथवा दरबार या राजमहल पूर्णतया इन विप्लवों

से अप्रभावित बना रहा। जबकि, प्रारम्भिक तुर्कों एवं खलजियों के काल में राजदरबार एवं राजप्रासाद भी उससे सदैव प्रभावित होते रहे, किन्तु, सुल्तान मुहम्मद बिन तुगलक के काल में ऐसा कुछ भी नहीं हुआ! जहाँ तक उसकी सेना एवं दरबारी अमीरों का प्रश्न है, वे स्वामिभक्त, निष्ठा एवं नि:स्वार्थ सेवा की प्रतिमूर्ति बने रहे। वास्तव में सुल्तान दूरस्थ प्रान्तों के विद्रोहों से चिन्तित व विचारमग्न रहता था, किन्तु, वह अपने सिद्धान्तों से कभी भी समझौता नहीं कर सका और यही उसकी सबसे बड़ी कमजोरी साबित हुई। न ही वह उन अमीरों को बर्दाश्त कर पाया, जो उसकी नीतियों का विरोध करके अपनी स्थिति को सुदृढ़ करते प्रतीत हो रहे थे।[36]

वैसे सुल्तान मुहम्मद के विश्वसनीय अमीरों एवं कृपापात्र अधिकारियों की भी भूमिका निन्दनीय थी—इनमें वज़ीर खानेजहाँ अहमद अयाज़ अग्रणी था—उसे तो अमीरों ने 'गुरु कसाई' का सम्बोधन ही दे रखा था। बरनी तो उल्लेख करता ही है, कि, वज़ीर के हाथों ढेरों बेकसूर लोग मारे गए थे। ऐसा प्रतीत होता है, कि, अपने विश्वास व कृपापात्र भीतरी वृत्त के अमीरों को उसने विशेषाधिकार दे रखे थे (सम्भवत: वे दीवान-ए-सियासत के अंग रहे हों!—उसकी अनुपस्थिति में भी उसके नायब समस्त कार्य सम्पादित करते थे। बरनी उसके सर्वप्रमुख अमीरों में तीन का विशेष उल्लेख करता है—एक तो ऊपर वर्णित वज़ीर अहमद अयाज़ था; दूसरा, मलिक कबूल खलीफ़ाती एवं तृतीय मलिक फ़िरोज़ (खास हाजिब) था।[37]

अफ़ीफ़ एक विचित्र मृत्युदंड का उल्लेख करता है, जो उपर्युक्त विश्लेषण की पुष्टि करता है। मलिक मंजीर अबु रिज़ा दिल्ली के सम्बद्ध प्रदेशों का मुक्ति था जब सुल्तान भट्टा में था तभी 'नायब' मलिक कबीर ने उसे मृत्युदंड दे दिया। सुल्तान ने बाद में इस दंड की पुष्टि कर दी। इसी प्रकार अज़ीज़ खम्मार ने अपने अधीनस्थ अधिकारियों व कर्मचारियों की समूह हत्या (मृत्युदंड प्रदान करवा दी एवं उस पर कुकृत्य के बाद सुल्तान की संस्तुति करवा ली।[38] अत: दीवान-ए-सियासत को नियन्त्रित करनेवाले अमीरों ने आतंक का परिवेश निर्मित कर दिया था। वस्तुत: सुल्तान के कोप के परिणामस्वरूप सहज मृत्युदंड से बचने के लिए भी दूरस्थ प्रान्तों के प्रान्तपतियों, मुक्तियों अथवा इक्तादारों ने खुले विद्रोह को अपनाया, कि, शायद इस विकल्प से वह अपना अस्तित्व बचाए रखने में सफल हो सकें— अन्यथा मरना तो था अर्थात् 'मरता क्या न करता' की तर्ज़ पर अमीरों ने विद्रोह किए! विरोधी, षड्यन्त्रकारी एवं विद्रोही अमीरों से सत्य कबुलवाने के लिए जो अत्याचार किए जाते थे, वे अमीरों को भयाक्रान्त करने के साथ ही उनमें

रोष व असन्तोष को जन्म देते थे— इनकी अलोकप्रियता देखते हुए, सुल्तान बनते ही फ़िरोज़शाह ने तत्काल प्रभाव से इसे समाप्त कर दिया!

यदि मुहम्मद बिन के शासन-काल का अध्ययन किया जाए तो एक आश्चर्यजनक तथ्य सामने आता है—वह है हरम के प्रभाव का पूर्णतया अभाव, जबकि, उसका प्रभाव प्रारम्भिक तुर्क एवं खलजियों के काल में स्पष्टत: विदित है। सुल्तान के चार छोटे भाई जीवित थे और उसकी चारों बहनें राज्य के प्रतिष्ठित अमीरों से ब्याही गई थीं यदि उसके सौतेले भाई मसूद के प्रकरण को अपवाद मान लें, जिसे सुल्तान के विरुद्ध षड्यन्त्र करने के आधार पर मृत्युदंड प्रदान किया गया था तो अन्य किसी ने न तो उसका विरोध किया और न ही सुल्तान ने उनके साथ क्रूरता की और न ही अपने सिंहासन की सुरक्षा के लिए उनकी हत्या करवाई, जैसे कई अन्य सुल्तानों ने पूर्व में किया था।[39]

मुहम्मद के शासन-काल में उमरा की भूमिका के विषय में एक-दो महत्त्वपूर्ण तथ्य और हैं—जिनकी चर्चा बिना यह कार्य अपूर्ण रहेगा। उसके दरबार में दासों के प्रभाव का भी पूर्णतया अभाव स्पष्टत: दृष्टिगोचर होता है। सम्भवत: उसने पूर्ववर्ती इतिहास से सही सबक सीख लिया था, विशेषरूप से खलजियों के काल में मलिक क़ाफ़ूर एवं खुसरो खाँ के चरित्र एवं राजनीतिक भूमिका से शिक्षा ग्रहण करके, उन्हें कोई प्रश्रय व प्रोत्साहन नहीं दिया। सम्भवत: सुल्तान मुहम्मद इस निष्कर्ष पर पहुँचा था, कि, सम्प्रभुता एवं प्रशासन का सुदृढ़ आधार-दास-व्यवस्था कदापि नहीं हो सकती है।

किन्तु सुल्तान मुहम्मद के केन्द्रीय निरंकुश सत्ता एवं उसके सफल प्रशासन की इच्छा ने एक पूर्णतया केद्रीकृत, वृहद (साम्राज्य भर में विस्तृत) अफसरशाही को पनपने का अवसर प्रदान किया। इसे 'अमीर-ए-सादाँ' कहा गया है—इसे निम्न उमरा के रूप में देखा जा सकता है—वे भले ही निम्न पदों पर एवं शक्तिहीन रहे हों, किन्तु, उनके स्थानीय प्रभाव एवं एकीकृत शक्ति का आभास इसी से होता है, कि, सुल्तान के प्रशासकीय नियन्त्रणों, सुधारों एवं योजनाओं की असफलता के चलते, वे उसके विरुद्ध जन-साधारण तक को प्रभावित करने में कामयाब रहे थे। सम्भवत: राज्य की माँगों/अपेक्षाओं की पूर्ति उनके लिए असम्भव थी, अत: वे असंतुष्ट हुए। सुल्तान भी उनसे रुष्ट व असन्तुष्ट था[40] वे राज्य की माँग (निर्धारित राजस्व दरों) से अधिक की वसूली करके, उसको अपनी जेब के हवाले करते थे—वे अतिरिक्त धन अपने लिए हस्तगत कर रहे थे। जब सुल्तान अज़ीज़ खम्भार नामक अमीर को मालवा का मुक्ति नियुक्त कर रहा था तब उसने अमीर को स्पष्ट निर्देश दिए थे, कि, वह अपने क्षेत्र (मालवा)

के 'अमीरान-ए-सादाँ' के साथ सख्ती का व्यवहार करें। अमीर ने उनके साथ और भी सख्त व्यवहार किया। अत: समस्त प्रान्तों अर्थात् इक्ताओं में जहाँ-जहाँ मुक्तियों ने विद्रोह किए, वहाँ-वहाँ उनके अधीन अफसरशाह अर्थात् 'अमीर-ए-सादाँ' पहले से ही पूर्ण सहायता के लिए तत्पर थे! वे दिल्ली से स्वतन्त्रता दिलानेवाले के साथ पूरी तरह देने को तैयार थे![41] सुल्तान मुहम्मद की संहिता में विरोध का न्यूनतम दंड मृत्युदंड था वह अपनी अवज्ञा को राजद्रोह मानता था (सामान्य मध्ययुगीन सुल्तानों की भाँति!)—जबकि, साम्राज्य की विशालता के लिए सुप्रबन्धन का आधार अमीरों के साथ कूटनीति एवं उदारता के साथ व्यवहार ही हो सकता था। उसे विश्वास था, कि, उसकी योजनाओं की असफलताओं में अमीरों एवं अमीर-ए-सादाँ की अवज्ञाकारी एवं विलम्बकारी (कार्य संस्कृति का अभाव) उत्तरदायी है। कोई भी उसके प्रशासनिक उच्च आदर्शों एवं विजय व साम्राज्य-विस्तार की प्रज्वलनशील महत्त्वाकांक्षाओं को नहीं छू सकता था—वह जिस युग में रह रहा था—उस युग में उसके आदर्शों की प्राप्ति असम्भव थी। वह वस्तुत: अपने सही युग में नहीं जी रहा था!

वस्तुत: सुल्तान-मुहम्मद के अमीर व अमीर-ए-सादाँ उसके 'युग-भाव' को नहीं समझ सके। समकालीन इतिहासकारों ने परम्परागत एवं पुरातन आभिजात्य की अनदेखी करने का आरोप सुल्तान पर लगाया है।[42] वे आभिजात्य को ही राजत्व का संरक्षक मानते थे, भले ही वे सुल्तान के विचारों की क्रियान्वयन की योग्यता एवं क्षमता रखते हों या न रखते हों—क्योंकि, उस समय उसी से सम्बद्ध वर्ग के सदस्य थे—उलमा एवं उमरा एक ही थैली के चट्टे-बट्टे थे। इस युग तक पुराना आभिजात्य निरंकुश वर्ग में परिवर्तित हो चुका था। उच्च आदर्श एवं उत्कृष्ट कार्य, जो वास्तविक अभिजातीय संस्कृति के आधार थे वे इस विशिष्ट वर्ग से कोसों दूर हो गए थे। अत: वह नाममात्र के आभिजात्य रह गए थे, जिनकी अनदेखी तो सुल्तान करता था, किन्तु, उनको पूर्णतया समाप्त नहीं कर पा रहा था। वह इस शक्तिहीन आभिजात्य से अपने आदर्शों की पूर्ति नहीं करा सकने से हताश था![43]

सम्भवत: इसीलिए उसने एक ओर तो अमीरों के नए गुटों यथा—मंगोल, मध्येशियाई, अफ़गान एवं भारतीय मूल के मुसलमानों व अन्य गैर-तुर्क गुटों को प्रश्रय व प्रोत्साहन प्रदान किया, ताकि, उसे ऐसे योग्य व आज्ञाकारी अमीर मिल जाएँ, ताकि, वे उसके परीक्षणों एवं आदर्शों को अक्षरश: क्रियान्वित कर सकें! वस्तुत: वह इन अमीरों को पूर्व-प्रतिष्ठित परिवारों के सदस्य होने के नाते पद प्रदान नहीं कर रहा था, अपितु, उन्हें योग्यता के आधार पर चयनित कर रहा था।

अन्ततः वे तो अधिक योग्य व आज्ञाकारी होते ही थे। किन्तु, उस संकीर्ण युग के लिए यह एक मौलिक परिवर्तन अथवा क्रान्तिकारी बदलाव था किन्तु, उसने प्रतिक्रियास्वरूप (पुराने अमीरों के रोष, असन्तोष एवं ईर्ष्या के चलते) समाज में ऐसी शक्तियों को प्रवाहित किया, जिसने राज्य के आधार को ही कमजोर कर दिया। वस्तुतः पुराने और नवीन उमरा का सम्मिश्रण उसके राज्य के लिए एक सुखद व सकारात्मक विचार नहीं प्रमाणित हुआ।[44]

जब थट्टा अभियान के समय सुल्तान मुहम्मद की अचानक एवं असमय मृत्यु हुई, तब सब ओर अफरा-तफरी फैल गई। शिविर में उपस्थित अमीरों ने सुल्तान के चचेरे भाई व अमीर-ए-हाजिब, मलिक फ़िरोज़ के नेतृत्व में दिल्ली की ओर सुरक्षित वापस होने का निर्णय लिया। क्योंकि चारों तरफ से असुरक्षा का वातावरण था अतः सैन्य सुरक्षा व स्थायित्व प्रदान करने हेतु उन्होंने फ़िरोज़ के सिंहासनारोहण का निर्णय लिया। गयासुद्दीन तुगलक की पुत्री ने अपने पुत्र दावर मलिक का दावा प्रस्तुत किया, किन्तु उसकी अयोग्यता एवं विषम परिस्थितियों से पार लगा सकने में फ़िरोज़ की योग्यता ने अन्ततः निर्णय फ़िरोज़ के पक्ष में ही रखा। यहाँ यह भी ध्यातव्य है, कि, अन्ततोगत्वा, उलमा ने भी अपना समर्थन फ़िरोज़ को ही प्रदान करके, उसके पक्ष में निर्णय करवा दिया। शिविर के अमीरों ने अपना मंतव्य मलिक सैफ़ुद्दीन खुजा से कहलवाया फ़िरोज़ ने स्वयं भी इस पद पर बैठने में अपनी अरुचि दिखाई थी। किन्तु, मंगोलों के दो आक्रमणों; एवं, थट्टा के सैनिकों द्वारा भी शाही-शिविर की लूट के प्रयास के चलते उसे अन्ततः यह जिम्मेदारी उठानी पड़ी (मार्च 24, 1351 ई.)

जब फ़िरोज़ शाह की सेना भक्कर एवं उच्छ होते हुए दिल्ली की ओर प्रस्थान कर रही थी, तब उसे वज़ीर ख्वाजा-ए-जहाँ अहमद अयाज़ के षड्यन्त्र का समाचार मिला, जिसने 1 अप्रैल, 1351 ई. को एक छह वर्षीय बालक को सुल्तान मुहम्मद का पुत्र घोषित करते हुए गयासुद्दीन (ताकि ग्यासी अमीरों को भ्रमित किया जा सके) मुहम्मद (ताकि, मृत सुल्तान के विश्वासपात्रों का भी समर्थन प्राप्त किया जा सके) के विरुद के साथ सिंहासनारूढ़ कर दिया। फ़िरोज़ ने मुल्तान पहुँचने तक इस समाचार को गुप्त रखा। अस्तु यह कहा जा सकता है, कि, शिविर में तो फ़िरोज़ के सिंहासनारोहण का विरोध नहीं हुआ, किन्तु, दिल्ली में वज़ीर ने उक्त सिंहासनारोहण को अस्वीकार कर दिया। अफ़ीफ़ (जो बाद का इतिहासकार है) हमें सूचित करता है, कि, वज़ीर ने एक सूचना के आधार पर ऐसा किया था, जिससे उसे ज्ञात हुआ था, कि, फ़िरोज़ एवं तातर खाँ भी मंगोल आक्रमण में मारे गए हैं अन्यथा फ़िरोज़ के साथ उसके बहुत आत्मीय सम्बन्ध

थे, किन्तु, शाही सेना के दिल्ली के निकट पहुँचने पर वज़ीर ने युद्धपरक तैयारी प्रारम्भ कर दी, किन्तु अपने उप-वज़ीर अर्थात् नायब वज़ीर मलिक मक़बूल क़वामुल-मुल्क के साथ अन्य अमीरों के सुल्तान के साथ (अमरोहा के निकट) मिल जाने से रक्त-रंजित गृह-युद्ध टल गया।[45]

जिन अमीरों ने वृद्ध वज़ीर के अविवेकपूर्ण व अव्यावहारिक निर्णय के चलते नायब वज़ीर के नेतृत्व में नए सुल्तान फ़िरोज़ के प्रति अपनी निष्ठा व्यक्त की थी—उनमें प्रमुख थे— मलिक कब्तघा, अमीर मेहन, सुनम एवं समाना का मुक्ति मलिक महमूद बक्र, शेखज़ादा बिस्तामी, नाथू सोंघवल, हसन, हुसम अधंग इत्यादि। अन्ततः वज़ीर को भी अपनी गलती का एहसास हुआ और उसने फ़िरोज़ के समक्ष समर्पण करके इस प्रकरण का रक्तहीन पटाक्षेप कर दिया। उसे वज़ीर पद से हटाकर समाना स्थानान्तरित कर दिया गया, जहाँ जाते समय मार्ग में ही मलिक महमूद बंग शेर खाँ द्वारा उसकी हत्या करवा दी गई। वस्तुतः यह उमरा की माँग थी, जिसे उन्होंने बशीर (फ़िरोज़ का पुराना व विश्वासपात्र दास) के माध्यम से सुल्तान के समक्ष रखी। सुल्तान ने विकल्पहीनता की स्थिति समझते हुए, इसे स्वीकार करना अपनी विवशता माना! इस पूरे प्रकरण से यह सुस्पष्ट रूप से प्रमाणित हो जाता है, कि, दिल्ली सुल्तनत में आधिकारिक उमरा को उत्तराधिकार के सम्बन्ध में बोलने अथवा सक्रिय हस्तक्षेप का अधिकार पुनः स्वतः ही (परिस्थितिजन्य कारणों के चलते) प्राप्त हो गया। साथ ही, पूर्व वज़ीर के प्रति उमरा का असन्तोष (जैसा ऊपर वर्णित है, वे उसे 'गुरु कसाई' पुकारते थे) ही कारण बना, कि, सुल्तान मुहम्मद के मृत्यूपरान्त वज़ीर द्वारा षड्यन्त्र के बावजूद राजनीतिक अस्थिरता एवं अराजकता सम्भव नहीं हो सकी।[46]

अतः शान्तिपूर्ण एवं रक्तहीन सिंहासनारोहण सुल्तान फ़िरोज़ के शासन-काल की एक अद्वितीय विशेषता थी, क्योंकि, उससे पूर्व सुल्तनत-काल में कोई भी सुल्तान विरोधों, विद्रोहों और यहाँ तक कि रक्त प्रवाह के बिना सिंहासनारूढ़ नहीं हो पाया था। इस रक्त विहीन परिवर्तन का ही परिणाम था, कि, उसने उदारता एवं सह-अस्तित्व के आधार पर एक उदार प्रशासनिक नीति का श्रीगणेश किया। अपने प्रशासनिक-अधिकारियों के दल के चयन में पूर्ववर्ती सुल्तान ने नस्लीय श्रेष्ठता एवं बन्धुत्व के आदर्शों एवं अवधारणाओं को नकार दिया। उसके दरबारी-अधिकारी विभिन्न नस्लों/वर्गों के सम्मिश्रण थे, जिनमें मंगोल, अफ़गान, दास नवीन-हिन्दू पूर्ववर्ती आदि सभी सम्मिलित थे—वस्तुतः वे सभी लोग, जिन्होंने सुल्तान मुहम्मद के अधीन राज्य को अपनी बहुमूल्य सेवाएँ अर्पित की थीं। अतः वज़ीर खाने जहाँ अहमद अयाज़ का साथ छोड़कर सुल्तान

फ़िरोज़ की ओर आए मलिक क़िवामुल मुल्क को वज़ीर का पद प्रदान किया गया। सुल्तान के ज्येष्ठतम पुत्र राजकुमार फ़िरोज़ को बारवक का पद, दूसरे पुत्र शादी खाँ को वकीले दर; सुल्तान के भाई मलिक इब्राहीम को नायब बारबक, एक अन्य भाई कुतुबुद्दीन को मलिकुल-उमरा का विरुद एवं सिपहसालार का पद, मलिक निज़ामुलमुल्क को 'नायब वज़ीर-ए-ममालिक; सुल्तान के भान्जे मलिक अली को राठ का मुक्ति; मलिक राज़ी को आरिज़-ए-ममालिक, मलिक सैफ़ुलमुल्क को 'अमीरे-शिकारे मैमना' एवं मलिक दहलन को 'अमीरे-शिकारे मैसरा' नियुक्त किया गया।[47]

उसके काल के सम्मिश्रित उमरा की प्रकृति अथवा सांरचनिक स्वभाव के चलते अमीरों को कोई एक गुट राज़नीति पर अधिक हावी नहीं हो सका। इसी के परिणामस्वरूप फ़िरोज़ ने दीर्घकालीन व समृद्ध विद्रोह मुक्त चालीस वर्षीय शासन किया। उसके शासन- काल में ऐसा कोई गम्भीर विद्रोह नहीं हुआ, जिसने उसके ताज अथवा सिंहासन को असुरक्षित कर दिया हो। ऐसा एक ही विद्रोह 1380-81 ई. में अपवादस्वरूप हुआ था, जब गुजरात के मुक्ति ज़फ़र खाँ के सम्बन्धी मलिक शम्सुद्दीन दमघानी ने विद्रोह कर दिया था— किन्तु, गुजरात के अमीराँ-ए-सादा ने उसे बन्दी बनाकर मौत के घाट उतारकर, विद्रोह का अन्त कर दिया था।[48]

विभिन्न नस्लों के सम्मिश्रणवाले उमरा को सुल्तान ने भी अपने निहितार्थों की पूर्ति की पूर्ण स्वतन्त्रता प्रदान कर दी थी जब तक कि उनके अपने हित राज्य एवं सुल्तान के हित से न टकराएँ—सम्भवत: अमीर भी इसे समझ गए थे, अत: उन्होंने भी ऐसा कोई कार्य नहीं किया, जिससे राज्य अथवा सुल्तान की पद प्रतिष्ठा को कोई क्षति होती। अफ़ीफ़ अपनी तारीखे फ़िरोज़शाही में बताता है, कि, थट्टा अभियान के दौरान बने सुल्तान फ़िरोज़ ने अपने शासन-काल के प्रारम्भिक वर्ष (सात वर्ष) अभियान में लगाए और, इस सप्तवर्षीय अवधि में वह मात्र तेरह (13) दिन राजधानी में एक साथ अधिकतम रुका था। किन्तु इस दीर्घ अवधि में क़िवामुल मुल्क ख्वाजा-ए-जहाँ मकबूल (वज़ीर) ने पूर्ण स्वामिनिष्ठा एवं योग्यता से प्रशासनिक दायित्वों का निर्वहन किया, जिसके परिणामस्वरूप वहाँ स्थायित्व एवं समृद्धि का ही राज्य रहा! इसी प्रकार, वह राज्य के मुस्तौफ़-ए-मुमालिक, मलिक ऐनुलमुल्क मुल्तानी की योग्यता एवं निष्ठा की प्रशंसा करता है। यही नहीं, बरनी एवं अफ़ीफ़ राज्य के अनेक प्रमुख अधिकारियों, अमीरों की भूरि-भूरि प्रशंसा करते हैं, जिन्होंने निष्ठा एवं योग्यता से राज्य की अभूतपूर्व सेवा की एवं ईमानदारी से अपने कर्तव्यों व दायित्वों का निर्वहन

किया।[49] वस्तुत: इन तमाम प्रमुख अधिकारियों एवं अमीरों के क्रमश: देहावसान के फलस्वरूप उसके शासन-काल के अन्त में अनुशासनहीनता एवं अव्यवस्था की शक्तियाँ प्रवाहित हो गईं, विशेषत: कनिष्ठ उमरा में, जिससे अन्तत: तुगलक साम्राज्य का विखंडन/ विभाजन एवं वंशीय सत्ता का पतन अपरिहार्य हो गया।[50]

फ़िरोज़ के सिंहासनारोहण से अमीरों के सामाजिक, प्रशासनिक व राजनीतिक स्तर में बहुत सुधार हुआ था— उन्हें पूर्ववर्ती सुल्तान के कठोर नियन्त्रण से मुक्ति मिल गई थी—फ़िरोज़ ने उन्हें अपनी योग्यतानुसार कार्य करने की स्वतन्त्रता दे रखी थी। इस प्रकार की प्रशासनिक स्वतन्त्रता के परिवेश ने केन्द्रीय अधिकारियों को अपने स्तर के दुरुपयोग के भी अनेक अवसर प्रदान किए तथा भ्रष्टाचार एवं भाई-भतीजेवाद को भी प्रोत्साहित किया—विशेष रूप से अपने अमीरों की बड़ी गलतियों एवं भयंकर भूलों पर भी वह उनकी अनदेखी करके, उदारतापूर्वक उनको क्षमा करता रहा। कालान्तर में, इससे अमीरों की निष्ठा एवं योग्यता में कमी होना अवश्यसम्भावी था, क्योंकि, अपने निहितार्थों की पूर्ति के लिए वे राज्य के हितों को भी त्याज्य मानने लगे थे। इसका कुप्रभाव प्रशासन के साथ सैन्य-प्रबन्धन पर भी पड़ा, जहाँ पर प्रवेश अब अधिक आसान हो गया था। अब सैनिकों का हुलिया लिखना भी बन्द हो गया था इसीलिए, ऐवजी की प्रथा पुन: प्रारम्भ हो गई—अपने सेवक, परिचर आदि भेजकर, सैनिक अपने भू-अनुदान सुरक्षित रखने में कामयाब रहे। इन्हीं सब का दुष्परिणाम हुआ, कि, दूरस्थ प्रदेशों पर सैन्य अभियानों पर लगभग प्रतिबन्ध-सा लग गया, अत: 'उमरा' जिसे कि सैन्य-अभियानों से ही ठोस एवं कार्यकुशल अनुभव प्राप्त होता था—वे उससे वंचित रहने लगे, जिसके परिणामस्वरूप उनकी सतर्कता, योग्यता एवं राज्य के प्रति निष्ठा सभी में कमी आना स्वाभाविक था।[51]

सुल्तान फ़िरोज़ शाह ने जीवन-यापन हेतु भूमिकर के अधिन्यास प्रदान करने शुरू कर दिए। सम्पूर्ण सेना को ही वेतन भूमिकर अधिन्यास अथवा 'वजेह' द्वारा दिया जाने लगा। (इनको उन गाँवों का प्रशासनिक अधिकार नहीं दिया जाता था)। इसी प्रकार, उसने एक अन्य नियम द्वारा सैन्य एवं प्रशासनिक पदों पर नियुक्त रहते मृत्यु को प्राप्त करनेवालो (असहाबे शुगल) के लिए उत्तराधिकार का नियम बना दिया—उनको वही पद-प्रतिष्ठा प्राप्त होने लगी जो उनके पिता, अथवा स्वामी अथवा श्वसुर को प्राप्त थे।[52]

फ़िरोज़ ने राजनीति के कुप्रभावों को निष्प्रभावी करने एवं जन-कल्याण में अशोक के सिद्धान्तों एवं आदर्शों को अपनाया। राज्य के आधार को मानवीय किया गया। उसने निरंकुश अधिकारों को ही समाप्त कर दिया—वैसे भी

निरंकुशता अथवा राजतन्त्रीय प्रणाली ही गैर-इस्लामी व इस्लाम विरोधी थी, अत: उसको नियन्त्रित अथवा सीमित करने के प्रभाव एवं राज्य पर उलमा के बढ़ते हुए प्रभाव को इतिहासकारों ने इस्लामीकरण का सम्बोधन भी दिया है। किन्तु, उसके इस्लामी कानून भी जन-कल्याण की ही भावना से प्रेरित थे।[53]

जिस उदारता एवं शन्तभाव से फ़िरोज़ अपना प्रशासन चला रहा था वह इस बात का प्रमाण तो निश्चित नहीं था, कि, प्रशासनिक स्तर पर सब-कुछ सामान्य एवं दुरुस्त था। दरबारी अमीरों में प्रतिद्वन्द्विता एवं पारस्परिक संघर्ष एक आम बात थी—जब भी उनके स्वार्थ टकराते थे, वे मुक्त रूप से झगड़ते थे। छोटे-मोटे मामलों में तो वह हस्तक्षेप भी नहीं करता था तथा इनके निस्तारण के लिए वज़ीर को ही अधिकृत कर दिया था। वस्तुत: जब बड़े एवं महत्त्वपूर्ण अमीरों के मध्य हितों का टकराव होता था, तब वह अधिक शक्तिशाली के पक्ष में निर्णय देता था। उसके काल का सर्वाधिक चर्चा का विषय था, मुशरिफ़-ए-ममालिक ऐनुलमुल्क एवं वज़ीर खानेजहाँ का पारस्परिक विवाद, जिसके चलते वज़ीर ने अपने अधीनस्थ को अपदस्थ करवाने में सफलता प्राप्त की, किन्तु, उसकी योग्यता, राज्य को अर्पित सेवाएँ एवं ईमानदारी (जो फ़िरोज़ के काल में अमीरों एवं राज्याधिकारियों में अत्यधिक अल्प मात्रा में थी) के चलते उसे मुल्तान का इक्ता प्रदान किया गया, किन्तु, मलिक ऐनुलमुल्क ने उसे इस शर्त पर स्वीकार किया, कि, उसे वज़ीर के नियन्त्रण से मुक्त रखा जाए तथा, वह प्रत्यक्षत: सुल्तान के प्रति उत्तरदायी रहे।[54]

अमीरों को उक्त प्रकरण से एक बात सुस्पष्ट हो गई थी, कि, उन्हें अपना अस्तित्व बचाए रखने हेतु वज़ीर की इच्छा पर निर्भर रहना पड़ेगा। अत: उन्होंने वज़ीर के विरुद्ध संगठित होकर सुल्तान से शिकायतें कीं, किन्तु, सुल्तान पर कुछ भी प्रभाव न पड़ा। (वह सम्भवत: इसे अपनी सुरक्षा मान रहा था—अत: जान-बूझकर कुछ प्रभाव प्रकट ही नहीं किया—वह और कर भी क्या सकता था?)। उसने दोनों के मध्य सद्भावना स्थापित करने का प्रयास करके, यह सन्देश निश्चित ही दे दिया, कि, वह उदार एवं क्षीण है, अत: पारस्परिक ईर्ष्या, द्वेष एवं विवाद बढ़ते ही गए। अत: जब खानेजहाँ मकबूल की अट्ठारह वर्ष तक वज़ीर के पद पर कार्य करते हुए, 1368-69 ई. में अस्सी वर्ष की आयु में मृत्यु हुई, तो उसके पुत्र (जिसे सुल्तान मुहम्मद ने जौना नाम दिया था) को खाने जहाँ का विरुद एवं वज़ीर का पद प्रदान कर दिया गया। अब दरबारी उमरा दो पृथक् खेमों/गुटों में विभक्त हो गए—एक वज़ीर के पक्षधर एवं द्वितीय, राजकुमार मुहम्मद के पक्षधर।[55]

अमीरों का यह अन्तर्विरोध, पारस्परिक ईर्ष्या, द्वेष, प्रतिद्वन्द्विता एवं षड्यन्त्र, प्रति षड्यन्त्र हत्याएँ एवं पारस्परिक विनाश की प्रवृत्ति ने ऐसी स्थिति ला दी, कि, अमीर अपनी इच्छा के सुल्तान के सिंहासनारोहण के लिए प्रयासरत एवं संघर्षरत रहने लगे। लगभग एक दशक तक इन्हीं प्रवृत्तियों के चलते तुगलक (?) वंश का पतन अपरिहार्य हो गया। फ़िरोज़ के उत्तराधिकारी सुल्तान अपने केन्द्रीय प्रशासन को सम्भालने में पूर्णतया अक्षम थे, जो साम्राज्य की धुरी थी। वस्तुत: उमरा ने यथासम्भव फ़िरोज़ को सहयोग दिया था, ताकि, साम्राज्यीय संरचना दुरुस्त बनी रह सके, जबकि, फ़िरोज़ ने उन्हें पूर्ण विश्वास दिया था एवं यथासम्भव उनके परामर्श से शासन करने का प्रयास किया। उन्हें यह भली-भाँति ज्ञात था, कि, यदि राज्य का ही अस्तित्व समाप्त हो जाएगा तो उनकी समृद्धि भी समाप्तप्राय होगी, किन्तु, फ़िरोज़ के उत्तराधिकारियों के काल में न तो सुल्तान ने उमरा के इस महत्त्व को समझा और न ही अमीरों ने अपने हितों के चलते राज्य को कोई महत्त्व प्रदान किया, जबकि, दोनों ही एक-दूसरे के पूरक थे, जैसा कि प्रारम्भ से ही स्पष्ट हो चुका था।[56]

सुल्तान फ़िरोज़ के शासन-काल में उमरा का आनुवांशिकी अथवा वंशानुगत स्वभाव उसके काल में राजनीतिक स्थायित्व का एक प्रबल कारक था, किन्तु, उसका एक और पहलू था और यह दीर्घ काल में राजनीतिक पतन के लिए उत्तरदायी था। उमरा अपने उत्तराधिकारियों, पुत्रों एवं आश्रितों के लिए एकाधिक पद एवं अनुदान आदि की प्राप्ति की प्रतिस्पर्धा में लग गए। अत: प्रशासन में नवीन रक्त अथवा योग्यता या स्वामिनिष्ठता का घनघोर अभाव दृष्टिगोचर होने लगा। उदाहरण के लिए खानेजहाँ मकबूल के पुत्रों को महत्त्वपूर्ण पदों व अनुदानों की प्राप्ति। इससे भाई-भतीजावाद, बन्धुत्व के साथ-साथ उमरा के अन्दर भ्रष्टाचार व अयोग्यता व्याप्त हो गई—जो उमरा साम्राज्य की संरचना का आधार था—वही क्षीण होने लगा!

यह तो पहले ही स्पष्ट हो चुका है, कि, सुल्तान फ़िरोज़कालीन उमरा एक सम्मिश्रित स्वभाव लिए हुए था— इसका एक निश्चित लाभ था, कि, यह उमरा के विभिन्न गुटों के चलते, एक-दूसरे को सन्तुलित एवं नियन्त्रित किए रहा, इसने उमरा को एकीकृत होकर सुल्तान के समानान्तर शक्ति/सत्ता के केन्द्र के रूप में उभरने का अवसर नहीं प्रदान किया। किन्तु, यह सकारात्मक तत्त्व भी अन्ततोगत्वा तुगलक वंश के लिए नकारात्मक प्रकृति का हो गया। एक सांगठनिक एवं स्थायी एकीकृत 'उमरा' के अभाव में अनेक छोटे-छोटे गुट अलग-अलग अमीरों के नेतृत्व में उभरने लगे तथा, अपनी गुटीय शक्ति को

समृद्ध करने के लिए प्रयासरत हो गए, ये शक्तिहीन गुट साम्राज्य को तो शक्ति या स्थायित्व प्रदान कर नहीं सके, किन्तु, उसके विकेन्द्रीकरण एवं विघटन में उनका निश्चित ही योगदान रहा—उन्होंने इसके पतन को अपरिहार्य अवश्य बना दिया।[58]

तुगलक साम्राज्य के पतन में एक और महत्त्वपूर्ण कारक तत्त्व था दास-वर्ग। सुल्तान फ़िरोज़ का दास-प्रेम साम्राज्य के लिए नकारात्मक ही नहीं, घातक प्रमाणित हुआ। उसे दासों की बढ़ती संख्या (लगभग एक लाख सत्तर हज़ार) हेतु एक पृथक् 'दीवान-ए-आरिज़े-बन्दगान' या दास विभाग निर्मित करना पड़ा। ये दास सैन्य अभियानों में पकड़े गए थे अथवा अनेक अवसरों पर अमीरों द्वारा सुल्तान को भेंट किए गए थे। इनको वार्षिक वृत्ति (वजीफ़े) प्राप्त होते थे तथा, इन्हें फ़िरोज़ के जीवन-काल में मुक्तिपत्र भी प्राप्त हो गए थे, अत: इन्होंने तुगलक वंश के पतन में एक महत्त्वपूर्ण भूमिका अदा की। भले ही मलिक काफ़ूर अथवा खुसरो खाँ के समान योग्य न रहे हों, किन्तु महत्त्वाकांक्षी वे इन्हीं दोनों के समान थे! अत: उनकी महत्त्वाकांक्षाओं ने उन्हें षड्यन्त्रकारी बना दिया। वे सम्मानजनक पदों एवं प्रतिष्ठित महत्त्वपूर्ण स्थानों (प्रान्तों में नियुक्तियों) के लिए उमरा एवं अमीर-ए-सादाँ से सदैव संघर्षरत रहे। उमरा एवं अमीर-ए-सादाँ (प्रान्तीय अफसरशाह/नौकरशाह) में तो पहले से ही प्रतिद्वन्द्विता चलती थी अब एक और तत्त्व-दास वर्ग उस प्रतिद्वन्द्विता में और सम्मिलित हो गया, जिससे वह पूरा समीकरण और जटिल एवं समस्यायुक्त हो गया।

वस्तुत: जो दास वर्ग के रूप में एक नया शक्तिशाली एवं बड़ी संख्यावाला वर्ग फ़िरोज़ के शासन-काल में उभरकर आया उसने, एक ओर, अमीरों को हतप्रभ कर दिया, कि, वे संख्या में कैसे इनकी बराबरी कर पाएँ तथा, इन्होंने उमरा को अपने षड्यन्त्रकारी कार्यों से और शक्तिहीन कर दिया। ये ही तुगलक वंश को विघटन व पतन के द्वार तक ले गए।

इस नवीन वर्ग के लिए वृहद् राजनीतिक क्षितिज में अपने लिए सम्मानजनक स्थान बना पाना सम्भव नहीं था, क्योंकि, उसके ऊपर वंशानुगत उमरा पूर्ववत् उपस्थित था, अत: अपने अस्तित्व को सुरक्षित रखने एवं सशक्त करने के लिए 'उमरा' का शक्तिहीन होना आवश्यक था, अत: अपने स्वार्थ में इन्होंने अमीरों के नाश के लिए षड्यन्त्रों का ऐसा क्रम प्रारम्भ किया, कि, फ़िरोज़ के अयोग्य उत्तराधिकारी उसे विराम नहीं दे सके, अत: प्रतिपल क्षीण होते उमरा को एक बाहरी धक्का गिराने में सक्षम था— ऐसा तैमूर के आक्रमण ने प्रमाणित भी कर दिया।

सन्दर्भ

1. डॉ. ईश्वरी प्रसाद उन्हें करौनाह तुर्क मानते हैं (देखें उनकी कृति, 'ए हिस्ट्री ऑफ़ करौनाह टर्क्स। इब्नबतूता इन्हें तुर्किस्तान एवं सिन्ध के मध्यवर्ती पहाड़ी क्षेत्र में बसनेवाले कबीले मानता है (रेहला, II, पृ. 31) वस्तुत: सर वूलस्ले हेग ने सही लिखा है, कि, तुगलक उसका व्यक्तिगत नाम था इसे जातीय/जनजातीय संकेत नहीं माना जा सकता है । अत: वंश तो करौना तुर्क वंश है न कि तुगलक वंश!
2. आगा मेंहदी हुसैन कृत 'द राइज़ एंड फ़ॉल ऑफ़ मुहम्मद बिन तुगलक,' दिल्ली 1972- पृ. 53-54.
3. निगम, पृ. 75, एवं ईश्वर टोपा, 'पॉलिटिक्स इन प्री-मुगल टाइम्स' दिल्ली, 1976, पृ.178-183.
4. निगम, पृ. 75, व पाद-टिप्पणी 3, पृ. 75 विशेष रूप से।
5. निगम, पृ. 76.
6. ईश्वर टोपा, पृ. 188.
7. वही, पृ. 190.
8. इसे आगा मेंहदी हुसैन ने 'मलिक बएदा द खलजी' लिखा है, पूर्व, पृ. 88.
9. वही, पृ. 89, पाद-टिप्पणी।
10. वही, पृ. 89-90.
11. ईश्वरीप्रसाद प्रसाद, पूर्व, पृ. 56-57.
12. निगम, पूर्व, पृ. 76-77.
13. वही, तथा, ईश्वर टोपा, पूर्व, पृ. 191.
14. निगम, पृ. 77, एवं, ईश्वर टोपा, पृ. 191-197.
15. निगम, पृ. 78-79.
16. आगा मेंहदी हुसैन, पूर्व, 143-144.
17. वही, पृ. 141, पाद-टिप्पणी 2.
18. वही।
19. वही, पृ. 142-144.
20. बरनी कहता है, कि, उसने ऐबा के परिवार को भी दौलताबाद आने का आदेश दिया और यही उसके विद्रोह का कारण बना—तारीखे फ़िरोज़शाही, पृ. 478.
21. फ़ुतूह-उस-सलातीन, पृ. 433-443
22. आगा मेंहदी हुसैन, 146.
23. निगम, पृ. 79-80.
24. आगा मेंहदी हुसैन, पृ. 146.
25. ईश्वरी प्रसाद, 'हिस्ट्री ऑफ़ द करौनाह टर्क्स', पृ. 140-141.
26. वही।
27. निगम, पृ. 80-81.
28. इब्बतूता 'ट्रैवेल्स', पृ. 244-247.

29. पूं. 439-440.
30. निगम, पृ. 82.
31. वही।
32. वही।
33. वही, पृ. 83.
34. ईश्वर टोपा पूर्ण पृ. 221.
35. वही, पृ. 222-223.
36. निगम, पृ. 83.
37. 'तारीख फ़िरोज़शाही', पृ. 504 व 531-532.
38. निगम 84.
39. निगम, पृ. 84-85.
40. निगम, पृ. 85.
41. वही।
42. वही।
43. ईश्वर टोपा, पृ. 200-201.
44. वही, पृ. 201-202.
45. निगम, पृ. 87 एवं हबीब व निज़ामी सं. 'दिल्ली सुल्तान पृ. 478-482.
46. निगम, पृ. 87.
47. 'तारीखे फ़िरोज़शाही', पृ. 575-578; 'तारीखे मुबारकशाही', पृ. 119-120.
48. निगम, पृ. 88.
49. 'तारीखे-फ़िरोज़शाही', पृ. 578-586; एवं अफ़ीफ़, पृ. 389-492.
50. निगम, पृ. 88.
51. निगम, पृ. 89.
52. हबीब एवं निज़ामी, पृ. 485-486.
53. ईश्वर टोपा, पूर्व, पृ. 235-247.
54. निगम, पृ. 90, पाद-टिप्पणी 451.
55. निगम, पृ. 90.
56. निगम, पृ. 91
57. निगम, पृ. 91-92.
58. निगम, पृ. 92.

8

अफ़गानकालीन उमरा

लोदीकालीन उमरा

लोदीकोलीन उमरा के विषय में चर्चा करने से पूर्व हम सैय्यदों का उल्लेख कर लें, जो तैमूर के आक्रमण के पश्चात् पतनशील तुगलकवंश के पश्चात् दिल्ली के सुल्तान बनें। खिज्र खाँ इस वंश का संस्थापक था, जिसने जून, 1414 जनवरी, 1421 ई. तक शासन किया। इस वंश ने मात्र सैंतीस (37) वर्ष शासन किया था। इस काल में भी विभाजन, विकेन्द्रीकरण एवं क्षेत्रीयता अथवा प्रान्तीयता का ही वर्चस्व रहा। इस काल में अनेक अत्यन्त उत्तेजनापूर्ण राजनीतिक गतिविधियाँ (भी हुई), किन्तु सभी अत्यन्त निम्नकोटि की थीं जिससे उसकी (राज्य की) शक्ति, नगण्य सरदारों एवं विद्रोहों से निपटने में नष्ट हुई।[1] क्षेत्रिय विस्तार दिल्ली सुल्तनत के पूर्व-वर्णित काल की तुलना में अत्यन्त संकुचित एवं सीमित हो गई एवं उसके सुल्तान अपनी नीतियाँ अत्यन्त सीमित सन्दर्भ में प्रतिपादित करने से ही सन्तुष्ट थे। उनकी राजनीतिक दृष्टि दिल्ली के चारों ओर लगभग दो सौ मील के घेरे तक सीमित थी। इस काल की यह विशेषता थी, कि असंख्य निरुत्साही दंडात्मक अभियान हठीले सरदारों के विरुद्ध केन्द्रीय शक्ति द्वारा चलाए गए, जिनसे किसी ठोस राजनीतिक उद्‌देश्य की प्राप्ति भी नहीं हुई। यदि किसी हठीले सरदार ने कुछ राजस्व दे दिया एवं/अथवा भविष्य में देने का सन्दिग्ध आश्वासन दे दिया तो ये अभियान मात्र इसलिए समाप्त हो जाते थे।

लोदीवंश (1451-1526 ई.) का काल वस्तुतः पचहत्तर वर्षीय संघर्ष की कहानी है। इन अफ़गान शासकों को एक ओर तो विकेन्द्रीकरण की विध्वंसात्मक प्रवृत्तियों के विरुद्ध एवं दूसरी ओर, अफ़गान चरित्र की कबीलाई विशेषताओं के विरुद्ध निरन्तर मोर्चा सम्हालना था। उन्हें अफ़गानों के अत्यधिक निर्भीक, आक्रामक प्रवृत्तियों एवं मिथ्याभिमान का पोषण करना था एवं समता, समानता

व बन्धुत्व जैसी कबीलाई भावनाओं का आदर भी करना था। अफ़गानों की कुछ विशेषताओं को रेखांकित कर लिया जाए, तो उनका अध्ययन सरल व सुलभ हो सकेगा। भले ही उन्होंने प्रारम्भिक तुर्क सुल्तानों के काल से राजकीय सेवा की हो एवं राजनीतिक परम्पराओं को सीखा एवं उनका अनुसरण भी किया हो, किन्तु, सत्ताधिकारी बनते ही, चूँकि, अफ़गान प्रवासियों की नई पीढ़ियों ने देश में प्रवेश किया, तो उनके साथ ही मध्ययुगीन भारतीय राजतन्त्रीय परम्पराओं में नवीन प्रकार के अफ़गानी क़बीलाई आदर्शों का भी प्रवेश हुआ! समता, समानता एवं बन्धुत्व के सिद्धान्तों के आधार पर कबीलाई राजनीति व सामाजिक जीवन संचालित करनेवाले अफ़गानों का इस क़बीलाई राजनीतिक संरचना से राजतन्त्रीय विधा में संक्रमण वस्तुत: एक दिलचस्प अध्ययन है। सौभाग्य है, कि, इस वंश का संस्थापक वृद्ध व परिपक्व बहलोल लोदी था, जिसने दोनों विरोधी प्रवृत्तियों के मध्य एक अभूतपूर्व सन्तुलन स्थापित किया व उसका निर्विरोध अड़तीस वर्षीय लम्बा शासन ही उसकी सबसे बड़ी उपलब्धि है, क्योंकि, यह अवधि किसी भी दिल्ली सुल्तान की कार्यावधि से अधिक थी।

अफ़गान कबीलों की लोकतान्त्रिक मनोवृत्ति एवं दिल्ली के राजतन्त्रीय प्रशासन के सम्मिश्रण के परिणामस्वरूप ही अफ़गानों ने नित नए राजनीतिक आदर्शों को भी जन्म दिया। उत्तराधिकार के मामले में वे बड़े ही उदार थे— उन्होंने सदैव उपयुक्त अथवा योग्यता को ही प्राथमिकता दी, उनके शासन-काल (1451-1526 ई.) में 'राज्य या राजा की सेवा', ने अन्ततः 'कबीलाई नागरिक सेवा' का स्वरूप ग्रहण कर लिया। साथ ही, इस काल में लोकतान्त्रिक मनोवृत्ति के ही कारण दिल्ली सुल्तनत के अनेक राजसी चिह्न अथवा प्रतीकों पर अमीरों का अधिकार हो गया। उदाहरण के लिए, हाथी एक राजसी चिह्न था, जिसे रखने का अधिकार मात्र सुल्तान को था, किन्तु, अफ़गान राजत्व के काबीलाई स्वरूप ने सरदारों को बड़ी संख्या में हाथी रखने की उदार अनुमति प्रदान कर दी। अकेले आज़म हुमायूँ सरवानी (इब्राहीम लोदी का समकालीन) के पास सौ से अधिक हाथी थे।[2]

वस्तुत: बहलोल द्वारा स्थापित व पल्लवित नवीन राजनीतिक आदर्श एवं राजत्व के सिद्धान्त को अनेक आधुनिक इतिहासकार मूल्यांकित करते हैं, कि, दोषपूर्ण होते हुए भी बहलोल लोदी का यह प्रयोग रोचक है। इसकी तात्कालिक उपयोगिता तो इसके द्वारा अफ़गान कबलाई सरदारों में स्वामिभक्ति की भावना उत्पन्न करने से सिद्ध हो गई थी, जो 'उसके लिए युद्ध करते समय यह अनुभव करते थे, कि, वास्तव में वे अपने उद्‌देश्य के लिए ही युद्ध कर रहे थे। राजत्व

की निरंकुश धारणा की उग्रता घटाकर बहलोल लोदी ने उसे अभिजात वर्ग की इच्छाओं के अधीन लाने की ओर एक ठोस पग उठाया था। अभिजात वर्ग एवं कुलीनों के प्रति उत्तरदायित्वपूर्ण एकतन्त्र तथा संवैधानिक राजत्व के मध्य एक महत्त्वपूर्ण कड़ी रही है। मुस्लिम राजतन्त्र का अधिक उत्तम परिवर्तन करने तथा उसे वैधानिक रूप देने के लिए यह एक अच्छा अवसर था...।'[3]

जिस समय (19 अप्रैल, 1451 ई. को) बहलोल लोदी का सिंहासनारोहण हुआ, उस समय उसको सहायता प्रदान करने हेतु उसके अपने नौ पुत्र थे—ख्वाजा बायज़ीद, निज़ाम खाँ (भावी सिकन्दर लोदी), मुबारक खाँ (भावी बारबक शाह), आलम खाँ (भावी सुल्तान अलाउद्दीन), जमाल खाँ, मियाँ याकूब, फ़तेह खाँ, मियाँ मूसा एवं जलाल खाँ। इसके अतिरिक्त निज़ामुद्दीन अहमद कृत तबक़ाते अक़बरी में हमें उसके चौंतीस अफ़गान सरदारों एवं सम्बन्धियों की भी सूची मिलती है, जो निश्चित ही उसकी सत्ता-स्थापना के आधार निर्मित करने के भागीदार थे। उनकी नस्लीय पृष्ठभूमि से स्पष्ट होता है, कि, इनमें लोदी, लोहानी, यूसुफ़खेल, सरवानी, मेवाती, जिलवानी, तुर्क-बच्चा, फ़रमूली प्रमुख थे। उसे अनेक हिन्दू शासकों का भी समर्थन प्राप्त था यथा रायप्रताप, राय किलान, रायवीर सिंह, राय त्रिलोकचन्द्र, राय धन्धू एवं रायकरन।[6] इनके अतिरिक्त अनेक हिन्दू ज़मींदार एवं जागीरदारों का भी उसे विश्वास प्राप्त था और उन्हें उसने उच्च प्रशासनिक पद भी प्रदान किए।[5]

जैसा कि ऊपर ज़िक्र किया जा चुका है, बहलोल लोदी के लिए कार्य करना बड़ा कठिन था, क्योंकि, अफ़गान राजनीतिक परम्पराएँ सत्ता के विस्तार एवं विकेन्द्रीकरण की ओर अधिक झुकती थीं जबकि, देश की राजनीतिक परम्पराएँ एवं सामान्य राजनीतिक वातावरण में किसी अपकेन्द्रीय प्रवृत्ति को सहज नितान्त असम्भव बना दिया था (अन्यथा अपना ही अस्तित्व संकटग्रस्त हो जाता) अत: अफ़गानों की जो युद्धप्रियता एवं आक्रामक स्वभाव था उसका सैन्य उपयोग उसने अपने (राज्य के) विरोधियों से निपटने में सफलतापूर्वक किया—परन्तु उन्हें कभी अपनी शाही सत्ता समर्पित नहीं की यद्यपि उसने अफ़गान (कबीलाई) भावनाओं के प्रति गहरे सम्मान का प्रदर्शन भी (अफ़गान अमीरों को, सन्तुष्ट रखने हेतु) किया।

तारीख-दाऊदी के विवरणों के आधार पर डॉ. अब्दुल हलीम हमें बताते हैं, कि उसकी निरंकुशता एवं राजतन्त्रीय आदर्श कबीलाई समानता एवं बन्धुत्व की अफ़गान परम्पराओं से सन्तुलित होती थी। वह एक उदार, सरल एवं आडम्बरहीन सुल्तान था। वह कभी दरबारे आम से सिंहासनारूढ़ नहीं हुआ।

'मजलिस' में भी कभी सिंहासन पर नहीं बैठा। वह बैठने के लिए एक छोटा कालीन उपयोग में लाता था। अपने फ़रमानों में वह अपने अमीरों को 'मसनदे आली' कहकर सम्बोधित करता था। वह उनके प्रतिबन्धुत्व के भाव का ही प्रदर्शन करता था—अपने आप को सुल्तान न मानकर 'मसनद-ए-आला' मानता था। कबीलाई परम्पराओं का पालन करते हुए, वह अपने आप को दिल्ली के तुर्क सुल्तानों की भाँति निरंकुश शासक न मानते हुए, कबीले के समान सरदारों के मध्य एक निर्वाचित सरदार ही मानता रहा। यदि कोई अमीर उससे किसी बात पर रुष्ट हो जाता था, तो वह उसके घर जाता था अपनी कमरबन्द (म्यान) में से तलवार निकालकर उसके सामने रखकर याचना करता था कि, यदि, 'तुम मुझे राजपद के योग्य नहीं समझते तो किसी अन्य को इस कार्य के लिए नियुक्त (निर्वाचित) करो एवं मुझे कोई अन्य दायित्व सौंप दो।' अर्थात् सभी पद एवं कार्य समान हैं। जो भी जिस कार्य/पद के दायित्वों का निर्वहन कर रहा है, वह वस्तुत: 'हक़्क़-ए-बिरादरी' (अफ़गान बिरादरी अथवा कबीले का हक़्क़) अदा कर रहा है—कार्य/ पद छोटा-बड़ा नहीं है।[6] सम्भवत: वह जानता था कि, अमीर इस प्रकार के भावुक प्रदर्शन की ही प्रत्याशा में थे। वे मात्र इतने से ही सन्तुष्ट हो जाएँगे, क्योंकि, इतनी विषम परिस्थितियों में बहलोल, कम-से-कम अफ़गानों की प्रतिष्ठा तो बनाए रखने में सफल है फिर क्या पता, कि, उसके स्थान पर कौन सुल्तान बने और उसका व्यवहार कैसा हो? यह वस्तुत: एक अनिश्चित प्रश्न तो था ही। फिर, ऐसा सुल्तान कौन होगा जो अमीर के घर आकर इस प्रकार याचना करके उसे महत्त्व एवं उसकी भावनाओं के प्रति सम्मान रखे प्रदर्शित करे? यह भी सत्य था, बहलोल ने युद्ध एवं प्रशासन दोनों में ही अपनी योग्यता प्रमाणित कर दी थी एवं अपनी निष्ठापूर्ण राजकीय सेवा से सभी की प्रशंसा भी प्राप्त की थी, अत: कबीलाई सिद्धान्तों/परम्पराओं के अनुकूल भी वह सरदार पद की अर्हताओं को पूर्ण करता था। उसका सर्वोच्च पद पर बने रहना तार्किक एवं न्यायोचित था!

उसका भोजन तक उसके महल में नहीं तैयार होता था, अपितु क्रमबद्धता के नियमानुसार अमीरों के घर से आता था। इससे दो स्पष्ट लाभ थे—एक तो अमीरों का विश्वासप्राप्त करने का इससे निश्चल और क्या उपाय होगा, कि, यदि कोई अमीर उसे अनुपयुक्त समझे तो विषाक्त भोजन द्वारा हत्या करके अपने मार्ग से हटा दे। द्वितीय, इससे यह लाभ भी था, कि, वह अमीरों को यह एहसास कराता था, कि, अप्रत्यक्ष ही सही, उनकी भागीदारी प्रशासन में (उसे भोजन कराके) हो ही रही है। वे बारी-बारी से सुल्तान के हैं, न कि, सुल्तान उन सभी का

अन्नदाता है—वस्तुत: बन्धुत्व एवं समानता को पुष्ट करनेवाली तरकीब थी और यह सफल भी रही! इसी प्रकार, उसने कभी शाही अस्तबल के घोड़े की सवारी नहीं की, उसकी घुड़सवारी के लिए अमीर जैसे भोजन उपलब्ध कराते थे, वैसे ही क्रमबद्धता से उसकी घुड़सवारी के लिए घोड़े भी उपलब्ध कराते थे, अत: सुल्तान-अमीरों की पारस्परिक विश्वनीयता प्रगाढ़ होती गई। सुल्तान बहलोल लोदी ने कभी भी न तो व्यक्तिगत अंगरक्षक रखे और न ही कोष। जब उसका खाना परोस दिया जाता था, तब तो अंगरक्षक भी हटा लिए जाते थे और कोई भी आगन्तुक सुल्तान के साथ बैठकर भोजन प्राप्त कर सकता था। वह सदैव अपने अमीरों को अपने समान समझा था—उसने कभी उन्हें अपने समक्ष खड़ा नहीं रहने दिया। जब कभी कोई अमीर अस्वस्थ हो जाता था, तब भी हाल-चाल पूछने अवश्य जाता था एवं यथासम्भव उसकी सहायता करता था। अत: राज्य में उसकी स्थिति निरंकुश सुल्तान की न होकर 'एक नागरिक शासक' की थी। वह स्वयं कहता था, कि मेरे लिए यही पर्याप्त सन्तोष का विषय है, कि, मेरा नाम राज्य के साथ सम्बद्ध है।[7]

वह सुल्तान की भाँति कार्य व्यवहार करने से अधिक एक कबीलाई सरदार की भाँति व्यवहार करता था। वह युद्ध में लूट की सम्पत्ति 'खुम्स' के रूप में अपने सैनिकों में समान रूप से वितरित करता था एवं पवित्र (प्रारम्भिक) खलीफ़ाओं की भाँति, उसी में से, सैनिकों के समान अपना भी एक भाग (हिस्सा) लेता था।[8] उसने प्रशासन में कोई नवीन प्रयोग न करके रिक्त पदों पर अपने अमीरों को नियुक्त कर दिया। उसने अपने पूर्ववर्ती सुल्तानों की व्यवस्था से कोई मौलिक परिवर्तन नहीं किया, किन्तु, जो एक कदम अमीरों को सन्तुष्ट रखने एवं उत्तराधिकारियों के पारस्परिक वैमनस्य को नियन्त्रित रखने के लिए उठाया उसके दुष्परिणाम उसके उत्तराधिकारियों को झेलने पड़े। उसने अपने राज्य को सैन्य जागीरदारों, (ये अधिकांशत: पठान थे) में विभक्त कर दिया। इसी प्रकार, राज्य को अपने उत्तराधिकारियों, पुत्रों एवं पौत्रों में विभक्त करके, रक्त-रंजित गृहयुद्धों एवं विकेन्द्रीकरण की प्रवृत्तियों को फैलने का अवसर प्रदान किया।[9]

सुल्तान बहलोल के इस विभाजन का कुप्रभाव उसके राज्य को उसकी मृत्यु के साथ ही झेलना पड़ा। उसकी मृत्यु (12 जुलाई, 1489 ई.) के एक दिन पश्चात् उसके अमीरों ने सभा का आयोजन किया, ताकि, वे मृत सुल्तान का उत्तराधिकारी चुन सकें। थे अमीर मृत सुल्तान के पुत्रों—निज़ाम खाँ, बारबक शाह एवं आज़म हुमायूँ के अलग-अलग समर्थन में बैठे हुए थे—वे अपने-अपने प्रत्याशी को नया सुल्तान बनवाना चाहते थे अत: निहितार्थों की वेदी पर मतैक्य

की बलि चढ़ा दी गई! चूँकि, सुल्तान के साथ, उसकी पत्नी (पन्नी अथवा ज़ेबन, जो हिन्दू सुनार की पुत्री होने के कारण बीबी सोनारी भी कहलाती थी) निज़ाम की माँ थी। अत: उसने पर्दे के पीछे से अमीरों को अपने पुत्र के सिंहासनारोहण के पश्चात् सद्व्यवहार का आश्वासन दिया। इस वक्तव्य के परिणामस्वरूप, निज़ाम खाँ के पक्षधर (अमीर) 'खानेखाना फ़रमाली एवं बारबक शाह के समर्थक ईशा खाँ लोदी के मध्य गहन विवाद हो गया, जिसके परिणामस्वरूप, खानेखाना फ़रमाली क्रुद्ध होकर राजकुमार निज़ाम खाँ के प्रति निष्ठा की शपथ लेकर अपने समर्थकों को साथ लेकर सभा से उठकर चला गया। अत: निज़ाम खाँ के विरोधी, चूँकि, दो प्रत्याशियों—बारबक शाह एवं आज़म हुमायूँ में विभक्त थे, अत: वे अपने नियुक्त स्थानों पर इस प्रतिज्ञा के साथ लौट गए, कि, वे (निज़ाम खाँ के सुल्तान बनने पर) नए सुल्तान के प्रति निष्ठा की शपथ नहीं लेंगे। (उसे स्वीकृति नहीं प्रदान करेंगे। वस्तुत: बिना बैय्यद् (त्) के विधिक सुल्तान की क्या मान्यता थी?

इसी बीच वज़ीर उमर खाँ शेरवानी के बुलाने पर, निज़ाम खाँ ने दिल्ली में राजकुमार जमाल खाँ को प्रतिनिधि नियुक्त किया एवं वह गति से शाही शिविर पहुँच गया। उसने खाँजहाँ लोदी, खानेखानाँ फ़रमाली एवं अन्य अमीरों की मन्त्रणा के फलस्वरूप 16 जुलाई, 1489 ई. में अपना सिंहासनारोहण कर लिया।

अपने राज्य को सुदृढ़ करने एवं अपनी स्थिति स्थायी करने हेतु सर्वप्रथम उसने अपने भाई आलम खाँ लोदी के विरुद्ध अभियान का निर्णय लिया, क्योंकि, वह राजकुमार आज़म हुमायूँ से मिलकर सुल्तान का विरोध कर रहा था। रापरी एवं चान्दवार में घेरेबन्दी से घबड़ाकर वह ईसा खाँ लोदी के पास पटियाली पलायन कर गया। रापरी विजित करके खानेखानाँ नोहानी को प्रदान किया गया। सुल्तान के इटावा-प्रवास में आलम खाँ लोदी ने आत्मसमर्पण कर दिया—सुल्तान ने उसे क्षमा करते हुए, इटावा का कार्यभार सौंप दिया। तत्पश्चात् वह अपने सिंहासनारोहण के सबसे प्रबल विरोधी ईसा खाँ लोदी की ओर 1490 ई. में पलटा उसे पटियाली में पराजित करके, समर्पण के लिए बाध्य किया गया, किन्तु, वह शीघ्र ही घाव लगने के कारण मर गया। बारबक शाह का प्रबल समर्थक अब नहीं रहा। पटियाली रायगणेश नामक हिन्दू अमीर (सरदार) को सौंप दी गई, जिसने बारबक एवं ईशा खाँ का साथ छोड़, सुल्तान का पक्षधर होना स्वीकार किया था।

अब बारबक को समर्पण के लिए बाध्य करने हेतु सुल्तान सिकन्दर ने इस्माईल खाँ नूरानी को भेजा। अन्ततोगत्वा दो युद्धों में वह निरन्तर पराजित

हुआ—उसका पुत्र मुबारक खाँ लोदी बन्दी भी बना लिया गया, तब बदायूँ में घिरने के पश्चात् उसने समर्पण किया, सुल्तान ने अपने भाई को जौनपुर का कठपुतली शासक नियुक्त करके अपने विश्वासपात्र समस्त अधिकारियों की नियुक्ति वहाँ पर कर दी।[10]

अब सुल्तान ने एक अन्यत्र भाई व दावेदार आज़म हुमायूँ के उन्मूलन हेतु कोटला एवं कालपी की ओर प्रस्थान किया। उसे पराजित करके कालपी अपने भतीजे (सुल्तान बहलोल के पौत्र एवं सुल्तान सिकन्दर के भाई मुबारक खाँ का पुत्र) महमूद खाँ लोदी को प्रदान कर दी। तत्पश्चात् विद्रोही अमीर (जाथरा के मुक्ति) तातर खाँ लोदी को पराजित कर उसे क्षमा करके जाथरा का ही गवर्नर पुनः बना दिया।[11] इसी प्रकार, बयाना विजित करके 1491 ई. से उसे खानेखानाँ फ़रमाली को इक्ता के रूप में प्रदान कर दिया। तत्पश्चात् दिल्ली पहुँचते ही उसे जौनपुर के विद्रोह के साथ बारबक शाह की अकर्मण्यता की सूचना मिली, जिसने इस विद्रोह को उन्मूलित करने में नितान्त असफल होते हुए, जौनपुर से पलायन करके, दरियाबाद से मुहम्मद कुर्बान फ़रमाली अथवा 'काला पहाड़' की शरण ली। सुल्तान ने नवीन भर्ती करके, जौनपुर के विरुद्ध कूच किया—मार्ग में डलमऊ पर, बारबक शाह उससे आ मिला—उसने दोनों युद्धों में शर्की सेनाओं को अन्ततः पराजित किया एवं आज़म हुमायूँ शेरवानी को अवध के शर्की क्षेत्रों को विजित करने का उत्तरदायित्व सौंपा-बारबक को पुनः जौनपुर में स्थापित किया। एक माह के भीतर जब वह अवध क्षेत्र में ही था, उसे जौनपुर में ज़मींदारों के हाथों बारबक की पराजय की सूचना मिली। वह बारबक की अयोग्यता से अत्यधिक असन्तुष्ट एवं क्षुब्ध था। उसने तत्काल मुहम्मद कुर्बान फ़रमाली, (काला पहाड़) एवं आज़म हुमायूँ शेरवानी को जौनपुर में व्यवस्था स्थापित करने एवं बारबक शाह को बन्दी बनाने के लिए भेजा। सुल्तान सिकन्दर ने अन्ततः हुसैन शाह शर्की को 1474 ई. में पूर्णतया पराजित करके, बिहार पर अपना आधिपत्य स्थापित कर लिया।

सुल्तान सिकन्दर लोदी ने सुल्तान की स्थिति सुदृढ़ करने एवं उसके पद-प्रतिष्ठा में अभिवृद्धि करने हेतु अमीरों की स्वातन्त्र्य-भावना पर अंकुश लगाए। उसने यह नियम बना दिया था, कि, जब भी किसी अमीर के नाम से शाही फ़रमान प्रेषित किया जाए, उस व्यक्ति को 2-3 कोस आगे बढ़कर सन्देशवाहक से पूरी श्रद्धा के साथ सर-माथे पर लगाकर प्राप्त करना चाहिए। यदि, यह सार्वजनिक प्रवृत्ति का फ़रमान हो तो उसे किसी मस्जिद में सार्वजनिक रूप से पढ़ा जाना चाहिए, किन्तु, यदि व्यक्तिगत है, तब स्वयं पढ़ लेना चाहिए।[12]

इस प्रकार, उसने भारत में अफ़गान राजतन्त्र में एक नवीन युग का सृजन किया, जिसमें अफ़गान कबीलाई भावनाओं के साथ तुर्की निरंकुशता के तत्त्व भी समन्वित किए गए। इस प्रकार, उसने सुल्तान के पद का स्तर एवं प्रतिष्ठा पुनर्स्थापित की, जो बहलोल लोदी के काल से अपना महत्त्व खो बैठी थी। उसके नियमों व प्रशासनिक सुधारों के परिणामस्वरूप, अफ़ग़ान कुलीन वर्ग को अपनी अफ़गानी लोकतन्त्रीय परम्पराओं से आसक्त होते हुए भी, सुल्तान की श्रेष्ठ स्थिति स्वीकार करने पर विवश होना पड़ा। उसने बहलोल की परम्परा का परित्याग करके, सिंहासन पर बैठना प्रारम्भ कर दिया उक्त सिंहासन में किसी अन्य सरदार एवं अमीर के हिस्सा बँटाने अथवा भागीदारी का कोई प्रश्न ही नहीं था। सुल्तान अब समतुल्य कबीलाई लोगों में सर्वप्रथम अथवा निर्वाचित सरदार न होकर—उनका सर्वोच्च 'सुल्तान' था!

उसने अफ़गान अमीरों व सरदारों को यह अनुभव करा दिया था, कि, वे राज्य अथवा सुल्तान के सेवक थे तथापि, उनका पद एवं अधिकार पूर्णत: उसी की स्वेच्छा पर निर्भर थे। जिन अमीरों व सरदारों को उसने जागीरें प्रदान की थीं, उन्हें नियमित रूप से 'दीवाने विज़ारत' में हिसाब देना पड़ता था एवं भ्रष्टाचार, कुप्रबन्धन, दुर्व्यवहार तथा घूसखोरी के सभी मामले कठोरता के साथ निपटाए जाते थे।[13] इसका प्रमाण है जौनपुर का राज्यपाल, मुबारक खाँ लोदी मूज़ीखेल जिसको गबन तथा कोष के कुप्रबन्धन के अपराध में दंड दिया गया—उसका व्यवहार अथवा दंड इतना कठोर था, कि, कुछ सरदार इससे अप्रसन्न भी हुए।

उसने अमीरों पर नियन्त्रण रखने के लिए उनकी समस्त गतिविधियों की जानकारी प्राप्त करने की दृष्टि से बलबनकालीन गुप्तचर-व्यवस्था अपनायी। इन गुप्तचरों ने सुल्तान सिकन्दर लोदी को राज्य की सभी घटनाओं एवं अमीरों की समस्त गतिविधियों से सूचित रखा। जब उसने जौनपुर में सुप्रशासन स्थापित करके सम्भल में चारवर्षीय प्रवास किया था (1499-1503 ई.) तब कुछ असन्तुष्ट तत्त्वों ने एकत्रित होकर आकस्मिक राजविप्लव की योजना बनाई थी—राज्य के विभिन्न भागों के बाईस सरदारों ने उसे अपदस्थ करके, राजकुमार फ़तेह खाँ को 'सिंहासनारूढ़ करने की योजना बनाई, किन्तु, इससे पूर्व कि, वे इसे क्रियान्वित कर पाते, सुल्तान को इसकी सूचना मिल गई, जिसके परिणामस्वरूप, असगर खाँ, दिल्ली का राज्यपाल, सैय्यद खाँ सरवानी, तातर खाँ, महमूद शाह एवं अन्य को षड्यन्त्र में सम्मिलित होने के अभियोग में या तो मृत्युदंड दे दिया गया अथवा उन्हें निर्वासित कर दिया गया। कुछ असन्तुष्ट सरदार ग्वालियर एवं वहाँ से अन्तत: गुजरात पलायन करने के लिए बाध्य हुए।[14]

सिकन्दर लोदी के मृत्यूपरान्त उसका ज्येष्ठ पुत्र इब्राहीम 22 नवम्बर, 1517 ई. को सिंहासनारूढ़ हुआ, किन्तु, चूँकि, दरबारी अमीरों ने पूर्व सुल्तान के शासनकाल में अनेक अवसरों पर अपने साथ हुए कठोर व्यवहार के कारण, अब निर्णय लिया कि, राजनीतिक सत्ता एक व्यक्ति के हाथों में न केन्द्रित हो। अन्ततः अमीरों ने साम्राज्य को दो भागों में विभक्त करने की योजना बनाई, ताकि, सत्ता के दो समानान्तर केन्द्र एक-दूसरे को सन्तुलित करते रहें। एक केन्द्र आगरा में इब्राहीम।

दोनों भाइयों के मध्य के इस समझौते को राज्य में शान्तिपूर्ण व्यवस्था स्थापित करने की योजना भी माना जा सकता है, जिसने अमीरों की गुटीय राजनीति के परिणामस्वरूप, सम्भावित गृह-युद्ध को टाल दिया था किन्तु, अमीरों की ही अतिमहत्त्वाकांक्षा ने इस समझौते को समाप्तप्राय करवा दिया। रापरी के इक्तादार खानेजहाँ लोदी के आगमन से दरबार में स्थापित योजना सफल हो गई। उसने सुल्तान को इसे तत्काल प्रभाव से भंग करने की सलाह दी एवं अमीरों को भी इसके विरुद्ध कर दिया। उसने अमीरों को समझाया कि, यह साम्राज्य-विभाजन की योजना व्यापक अफ़गान हित में नहीं है। सुल्तान इब्राहीम को तो यह बात अधिक पसन्द आई, क्योंकि, यह उसकी महत्त्वाकांक्षा के अनुरूप थी।

अतः इससे पूर्व कि, जलाल खाँ जौनपुर में अपनी स्थिति सुदृढ़ करता, एक अफ़गान अमीर हैबत खाँ गुर्ग अन्दाज़, जैसे चतुर कूटनीतिज्ञ को, उसके पास इस आशय से भेजा गया, कि जलाल को एक आवश्यक राजनीतिक परामर्श के लिए दिल्ली लाया जा सके। किन्तु, समय पर सतर्क हो जाने के कारण, जलाल खाँ ने अमीरों के षड्यन्त्र का शिकार बनने से इनकार कर आगरा जाने पर भी स्पष्ट इनकार कर दिया। तब एक पूर्ण शिष्टमंडल भेजा गया, जिसमें शेखज़ादा सुल्तान मुहम्मद (शेख सईद फ़रमाली का पुत्र), मलिक इस्माईल (मलिक अलाउद्दीन जिलवानी का पुत्र) तथा काज़ी हमीदुद्दीन सम्मिलित थे—भेजा गया, किन्तु, यह भी असफल हो गया।[15]

अब सुल्तान इब्राहीम ने निश्चयात्मक कार्यवाही का निर्णय किया। उसने जलाल के 'अमीरों को उपहारों एवं भविष्य में पदों व अन्य प्रलोभनोंवाले फ़रमान व्यक्तिगत रूप से विश्वस्त अधिकारियों द्वारा प्रेषित किए। वस्तुतः वे अमीर जो कालपी से ही जलाल के विलासी स्वभाव से परिचित हो गए थे, उससे असन्तुष्ट थे एवं यह उनके लिए एक सुअवसर था, जिसे अनेकों ने नहीं चूका। अतः बिहार के राज्यपाल दरिया खाँ नोहानी, ग़ाज़ीपुर का जागीरदार नसीर खाँ एवं शेखज़ादा

के साथ लखनऊ-अवध के राज्यपाल ने अपने स्वामी का साथ छोड़ने का निर्णय लिया एवं इब्राहीम से मिल गए।

इस अवसर पर, इब्राहीम ने 29 दिसम्बर, 1517 ई. को अपना द्वितीय राज्याभिषेक इस उद्देश्य से किया, ताकि, वह अपने पिता के वास्तविक व पूर्ण उत्तराधिकारी होने की सार्वजनिक घोषणा करके, अपने भाई जलाल खाँ के साथ किए गए समझौते को समाप्त घोषित कर सके। उधर जलाल ने भी सुल्तान जलालुद्दीन का विरुद धारण किया व अपने नाम का खुत्बा पढ़ा एवं सिक्के टंकित करवाए—कालपी में अपनी स्थिति सुदृढ़ करके वह ग्वालियर की ओर बढ़ा, इब्राहीम की ओर से आज़म हुमायूँ दुर्ग की घेरेबन्दी कर रहा था—वह इस प्रतिष्ठित अमीर को सुल्तान के विरुद्ध एवं अपने पक्ष में करने में सफल रहा—दोनों ने अवध पर आक्रमण कर वहाँ के राज्यपाल को लखनऊ पलायन करने के लिए बाध्य किया।

किसी भी संकटकालीन परिस्थिति में भी अपनी स्थिति को सुरक्षित रखने के लिए उसने अपने सिंहासनारोहण के उपरान्त बन्दी बनाए गए भाइयों—इस्माईल खाँ, हुसैन खाँ एवं शेख दौलत खाँ को हाँसी के दुर्ग भेजकर, उन्हें सामान्य सुविधाएँ प्रदान किए जाने का सन्देश भी दिया। इस बीच उसे अच्छी व बुरी दोनों प्रकार की एक-एक सूचना मिली—जो भविष्य के राजनीतिक घटनाचक्र का एक द्योतक एवं पथ-प्रदर्शिका मानी जा सकती है। जब वह कन्नौज पर आक्रमण की योजना बना रहा था तभी उसे सूचना मिली, कि, आज़म हुमायूँ सरवानी एवं उसके पुत्र फ़तेह खाँ ने जलाल खाँ का साथ छोड़ दिया है एवं सुल्तान के पुन: पक्षधर होकर, उससे मिलने आ रहे हैं। जौनपुर के अन्य अमीरों यथा सईद खाँ एवं शेखज़ादा फ़रमूली ने भी जलाल का साथ छोड़ दिया एवं वे भी इब्राहीम से आ मिले। दूसरी ओर, उसे कोई के अधीनस्थ जरतौली के ज़मींदारों के विद्रोह की सूचना मिली, जिसे शीघ्र कुचल दिया गया। ये ज़मींदार, वस्तुत:, अपनी उद्दंडता के लिए कुख्यात थे।

अत: अब उसने आज़म हुमायूँ सरवानी, आज़म हुमायूँ लोदी एवं नसीर खाँ नोहानी के नेतृत्व में जलाल (कालपी) के विरुद्ध सेना भेजी, किन्तु, जलाल इसी बीच आगरा घेरने जा चुका था, अत: कालपी पर शाही सेनाओं को विजय मिल गई। सम्भवत: इस सूचना से जलाल हतोत्साहित हुआ एवं शाही सेनापति मलिक अदम काक़र द्वारा प्रस्तावित सन्धि, जिसमें उससे शाही चिह्न छोड़ने का आग्रह था— स्वीकार कर लिया, किन्तु, सुल्तान पूर्ण समर्पण चाहता था, अत: उसने इस सन्धि से भी इनकार किया। अत: जलाल

ग्वालियर भाग गया। आज़म हुमायूँ जो ग्वालियर के दुर्ग की घेरेबन्दी कर रहा था—उसे वहाँ के शासक की मृत्यूपरान्त सफलता मिल गई। जलाल मालवा एवं वहाँ से गढ़-कटंगा भागा, जहाँ जनजातियों ने उसे बन्दी बनाकर सुल्तान के पास भेजा, जिसने उसे अन्य भाइयों के साथ हाँसी के दुर्ग में बन्दी बना दिया किन्तु, कुछ अमीरों की सलाह पर भविष्य सुरक्षित करने की दृष्टि से उसे मार दिया गया।[16]

उपर्युक्त विवरण से यह सुस्पष्ट है, कि, वह निरन्तर अपने अमीरों व अफ़गान सरदारों के व्यवहार को सन्देहास्पद दृष्टि से देख रहा था। वे प्राय: ही पथ बदल रहे थे। अकेले आज़म हुमायूँ सरवानी एवं उसके पुत्र ने दो बार अपनी पक्षधरता बदली थी। दूसरे, अपने द्वितीय सिंहासनारोहण के उपरान्त वह सुल्तान सिकन्दर की भाँति अमीरों को नियन्त्रित भी रखने लगा था— वह उनके अनिश्चित चरित्र एवं व्यवहार से बहुत सन्तुष्ट नहीं रहा होगा, अत: उसके सम्बन्ध अपने अमीरों से बहुत अच्छे नहीं रह सके। जिस अमीर (मलिक अदम काकर) को जलाल के विरुद्ध सेनापतित्व सौंपा था वह स्वयं निर्णय लेकर उसके साथ सन्धि वार्ता करने लगे तो सुल्तान को दुविधा तो अवश्य होगी, जब अमीर अत्यधिक राजनीतिक हस्तक्षेप कर रहे हों—तो सुल्तान की प्रतिष्ठा के साथ तो समझौता हो ही रहा था!

साथ ही, सुल्तान का अपना कठोर व्यवहार भी एक सीमा तक उत्तरदायी था, कि, उसने अमीरों के मन में उसके मन्तव्यों के प्रति शंका भर दी। उसने पूर्व सुल्तान सिकन्दर के विश्वासपात्र व न्याय-विभाग के अध्यक्ष वयोवृद्ध मियाँ भुवा लोदी को अक्षमता या कार्यकुशलता के अभाव के आरोप में बन्दीगृह में डाल दिया—भले ही जागीर आदि उसी के पुत्र को स्थानान्तरित कर दी, किन्तु, एक सम्मानित व वृद्ध अमीर के प्रति यह व्यवहार, निश्चित रूप से अव्यवहारिकता का परिचायक था। धीरे-धीरे पुराने अमीरों को जो अब अपनी अवस्था के कारण अपने दायित्वों का निर्वहन नहीं कर पाते थे उन्हें इसी आधार पर बन्दीगृह में डालना प्रारम्भ कर दिया। आज़म हुमायूँ सरवानी जो लगभग ग्वालियर पर विजय प्राप्त करने की कगार पर था उसे अकस्मात् आगरा वापस बुलाकर बन्दीगृह में डाला गया।[17]

जब आज़म हुमायूँ के पुत्र इस्लाम खाँ (जो कड़ा-मानिकपुर का इक्तादार था) को यह ज्ञात हुआ, तो उसने स्वाभाविक ही विद्रोह कर दिया तथा, अपने पिता के स्थान पर नियुक्त अहमद खाँ को पराजित कर खदेड़ दिया। अब आज़म हुमायूँ लोदी एवं सैय्यद खाँ लोदी भी आगरा से अपनी जागीर लखनऊ भाग गए

एवं विद्रोही इस्लाम खाँ से उन्होंने पत्र-व्यवहार प्रारम्भ करके, सुल्तान इब्राहीम के विरुद्ध सामूहिक कार्यवाही की योजना बनाई।

इस सामूहिक विद्रोह से निबटने के लिए, सुल्तान ने अहमद खाँ (आज़म हुमायूँ लोदी का भाई), हुसैन खाँ फ़रमूली के पुत्रों मजलिसे आली शेखज़ादा महमूद फ़रमूली, अली खाँ अली खानेखानाँ फ़रमूली, मसनदी आली बुखारी खाँ फ़रमूली, दिलावर खाँ सारंगरदानी, कुत्ब खाँ (गाज़ी खाँ पुलोदी का पुत्र) तथा अन्य सेनापतियों के नेतृत्व में एक विशाल सेना भेजी, किन्तु, यह आज़म हुमायूँ लोदी के खासारवेल इकबाल खाँ द्वारा पराजित एवं अस्तव्यस्त कर दी गई।

इस पराजय को इब्राहीम ने अपनी व्यक्तिगत प्रतिष्ठा पर एक दाग़ एवं प्रहार मानकर यह घोषणा की थी, कि, ये पराजित सेना व अमीर तब तक निन्दनीय रहेंगे जब तक शत्रुओं को मैं पराजित करके अपनी प्रतिष्ठा पुनर्स्थापित नहीं कर लेते। अन्ततः शाही सेनाओं ने विद्रोहियों पर विजय प्राप्त करने में सफलता पाई। इस्लाम खाँ रण-क्षेत्र में मारा गया तथा, सैय्यद खाँ लोदी को बन्दी बना लिया गया।

दुर्भाग्यवश इसी समय पूर्व बन्दी आज़म हुमायूँ सरवानी एवं मियाँ भुवा की बन्दीगृह में मृत्यु हो गई। इसके फलस्वरूप बिहार के राज्यपाल दरिया खाँ नूरानी, अमीरुल उमरा जहाँ लोदी एवं हुसैन फ़रमूली का वध कर दिया गया। इससे अमीर और भड़क गए। वे पहले से ही आज़म हुमायूँ सरवानी एवं मियाँ भुवा के मृत्यूपरान्त भयभीत हो चुके थे। उन्होंने अनुभव किया, कि, सुल्तान येन-केन-प्रकारेण उनको समाप्त करने पर तुला है।[18]

बिहार के राज्यपाल की इसी समय मृत्यु हो गई, किन्तु, उसके पुत्र बहादुर खाँ ने विद्रोह का दायित्व अपने ऊपर ले लिया। उसने सुल्तान मुहम्मद का विरुद धारण करके, अपनी स्वतन्त्रता घोषित कर दी। इसी बीच शाही सेनाओं से पराजित होकर, गाज़ीपुर का राज्यपाल नसीर खाँ नूहानी भी बिहार की ओर पलायन करके, बहादुर से आ मिला। इससे बहादुर की स्थिति और दृढ़ हो गई।

वस्तुतः सुल्तान ने अपनी नीति एवं व्यवहार से अमीरों को भयाक्रान्त कर दिया था। जैसे मुईज़्ज़ुद्दीन बहराम शाह से उसके अमीर सशंकित रहते थे, कि, सुल्तान कब षड्यन्त्र करके उन्हें मौत के घाट उतार दें, वैसे स्थिति अमीरों की इब्राहीम लोदी के काल में गई। लाहौर के राज्यपाल दौलत खाँ लोदी का पुत्र दिलावर खाँ, जो सुल्तान के पास सेवार्थ अपने पिता द्वारा भेजा गया था, सुल्तान का अमीरों के प्रति क्रूर व्यवहार देखकर चकित हो गया। उसे भी सुल्तान ने भयाक्रान्त किया, कि, यदि उसका पिता दौलत खाँ शीघ्र नहीं आता तो दिलावर

व उसके पिता दोनों को ही दंडित किया जाएगा।[19] सुल्तान के भय से बचने के लिए दिलावर दिल्ली से भागा तथा, छह दिन में लाहौर पहुँचकर अपने पिता को सचेत किया तथा, यह भी सूचित किया, कि, सुल्तान सभी अमीरों के विरुद्ध कार्यवाही करने जा रहा है।

अब पंजाब के राज्यपाल दौलत खाँ ने भी इब्राहीम के विरुद्ध विरोधी संगठन का निर्माण प्रारम्भ किया। उसे पंजाब के सभी अमीरों एवं जागीरदारों का समर्थन प्राप्त हो गया। उसने अपनी स्थिति सुदृढ़ करने के लिए, पूर्व सुल्तान सिकन्दर के पुत्र आलम खाँ लोदी को भी गुजरात (जहाँ वह शरणार्थी के रूप में रह रहा था) से बुलवा लिया। अब उसने समस्त अमीरों को सुल्तान की क्रूरता से मुक्ति दिलवाने हेतु बाबर के पास एक प्रार्थना-पत्र भेजा।[29] सिकन्दर पुत्र आलम खाँ एवं दौलत पुत्र दिलावर खाँ दोनों बाबर के पास काबुल गए ताकि, वह अफ़गान अमीरों को इब्राहीम की क्रूरता से मुक्ति दिला सके। इसी का परिणाम पानीपत का युद्ध एवं प्रथम अफ़गान राज्य की समाप्ति थी। वस्तुतः अफ़गान अमीरों को यह विश्वास था, कि, बाबर अपने पूर्ववर्ती तैमूर की भाँति भारत पर आक्रमण व लूट-पाट करके एक राजनीतिक शून्य को जन्म देकर वापस काबुल लौट जाएगा। अफ़गान, अमीर इब्राहीम से 'मुक्ति पाकर स्वयं अपना शासक चुनकर, इस राजनीतिक रिक्ति की पूर्ति कर लेंगे, किन्तु बाबर के प्रथम भारतीय अभियान (1504 ई.) से ही उसके भारत विजय का संकल्प न समझ पाने के कारण वे राजसत्ता ही गँवा बैठे भारत में वा न केवल मुगल साम्राज्य की स्थापना ही हुई, अपितु, अफ़गानों को सत्ता हेतु निरन्तर संघर्ष भी करना पड़ा।

सूरकालीन उमरा

'उमरा' के व्यापक असन्तोष एवं विद्रोह के चलते तथा बाबर को निमन्त्रण देने के परिणामस्वरूप, जब बाबर ने अन्ततः पानीपत के मैदान में इब्राहीम लोदी को पराजित कर दिया, तब अफ़गान सरदारों को यह बात भलीभाँति समझ में आ गई, कि, उन्होंने काबुल के बादशाह को निमन्त्रण देकर, अपने ही राज्य का समापन कर दिया था। अफ़गानों के प्रथम साम्राज्य निर्माण का प्रयास, उन्हीं के छुद्र स्वार्थों एवं संकीर्ण मानसिकता के कारण बलि चढ़ गया। 'दूध का जला, छाछ भी फूँक-फूँककर पीता है' अफ़गानों ने हुमायूँ के शासन-काल से पूर्व एवं पश्चिम अर्थात् बिहार एवं गुजरात से निरन्तर अपनी सत्ता की पुनर्व्यवस्था के युद्ध किए और अन्ततः, शेरशाह सूरी को द्वितीय अफ़गान राज्य की स्थापना में सफलता भी मिल गई, तब वे अपनी आक्रामकता, निर्भीकता, स्वतन्त्रता

एवं समानता के सिद्धान्तों, आदर्शों एवं संवेदनाओं का पूर्णतया परित्याग करने को तत्पर हो गए। उन्हें लगा कि, यदि उनका राज्य रहेगा, तभी अफ़गानों का राजनीतिक प्रभुत्व एवं महत्त्व भी स्थापित रह सकेगा, अत: राज्य को सुरक्षित एवं संरक्षित रखना उनका गुरुतर दायित्व हो गया, जिसके लिए वे अपनी कबीलाई भावनाओं एवं आदर्शों के साथ समझौते करने को भी तैयार थे। वे तुर्कों के राजत्व-सिद्धान्त के आधार पर शासन करने को परिस्थितिजन्य विवशता मानने लगे। अत: जब शेरशाह सूरी ने बलबनी निरंकुशता के आधार पर ही राजत्व को दैवीय संस्था एवं सुल्तान को 'ज़िल्लूअल्लाह' (ईश्वर का प्रतिरूप) मानकर प्रशासकीय दायित्वों का निर्वहन प्रारम्भ किया, तब अफ़ग़ान कबीलाई आदर्शों के प्रतिकूल इस आधार का विरोध किसी ने नहीं किया। विरोध के अभाव से ही अगले शासक इस्लाम शाह को अग्रिम तार्किक क़दम उठाने के लिए लालायित किया एवं उमरा की पूर्ण आज्ञाकारिता ने पूरे तन्त्र का ही मज़ाक बना दिया (जैसे कि हम आगे पढ़ेंगे), जिससे उमरा वस्तुत: कमजोर एवं शक्तिहीन ही हुआ एवं सूर वंश का नामोनिशान, पानीपत के द्वितीय युद्ध में उसी प्रकार मिट गया जैसे कि, 'प्रथम युद्ध के पश्चात् लोदी वंश का अन्त हुआ था।' इस प्रकार, अफ़गानों के दोनों प्रयासों 'ने पानीपत के रण-क्षेत्र में अपनी अन्तिम साँसें गिनीं—प्रथम में अफ़गानों की असीम स्वतन्त्र महत्त्वाकांक्षाओं के चलते, तो द्वितीय में अत्यधिक समर्पण एवं दास्य भाव के चलते।'

वस्तुत: यह इतिहास का एक विरोधाभास है, जो प्राय: 'प्राकृतिक प्रतिशोध' (Nature's nemesis) कहा गया है। लोदी (बहलोल) अफ़गानों में सूरों को सर्वाधिक हेय मानते थे, अन्ततोगत्वा उसके वंश के द्वारा स्थापित प्रथम अफ़गान साम्राज्य का तो पतन हुआ ही, अन्तत: उन्हीं 'सूरों' में से एक शेरशाह सूर ने सूर वंश के नेतृत्व में द्वितीय अफ़गान साम्राज्य की नींव रखकर, अफ़गानों की खोई गरिमा पुन: स्थापित की।

शेरशाह के काल पर अधिकाधिक एवं आधुनिक शोध करनेवाले विद्वान प्रोफेसर कालिकारंजन कानूनगो का अभिमत है, कि, शेरशाह द्वारा मुगल साम्राज्य का विघटन सिन्धु के पूर्वी क्षेत्रों से भी अधिक पश्चिमी क्षेत्रों के अफ़गानों के लिए विजयोल्लास का कारण था। सिन्धु के पूर्वी क्षेत्रों— हिन्दुस्तान में तो अफ़गान सत्ता मुगलों द्वारा छीने हुए मात्र चौदह ही वर्ष हुए थे जबकि सिन्धु के पश्चिम में तो एक सौ चालीस वर्ष हो गए थे।[21] अत: वे अधिक उल्लास में थे तथा, शेरशाह अफ़गान सत्ता एवं गरिमा (को पुनर्स्थापित करने के कारण) का प्रतीक बन गया और वे उसे 'अफ़गान नायक' मानने लगे एवं इस बात का अनुभव उनसे अधिक

कौन कर सकता था, कि, यदि केन्द्रीय सत्ता के शीर्ष पर बैठा निरंकुश शासक राज्य को सुरक्षित एवं अक्षुण्ण बनाए रख सकता है तब उन्हें इस शासक के समक्ष अपने विशेषाधिकार एवं संवेदनाओं को बलिदान करने से कोई हिचक नहीं होनी) चाहिए सिन्धु के उस (पश्चिमी) पारवाले अफ़गानों के परिणाम से बचने के लिए इस पार (भारत) के अफ़ग़ानों ने अपने आदर्शों एवं अतिशय स्वतन्त्रता का भाव समाप्त करने में कोई कोताही नहीं की 'मरता क्या न करता!'

बाबर के संस्मरणों (तुज़ुके बाबरी) से ही सुस्पष्ट हो जाता है, कि, उसके काबुल के शासन में मुगल अधिकारियों द्वारा सर्वाधिक कोई प्रताड़ित हुए थे तो वे थे बंगाश एवं गर्देज़ के अफ़गान कबीलाई लोग। इन्हीं क़बीलाई लोगों का यह दायित्व होता था, कि, वे मुगल सेनाओं के लिए ख़ैबर एवं कोहत के दर्रों को (बर्फ साफ करके) खुला रखें! जो भी मुगल आदेशों की अवहेलना करता था उसकी नृशंस हत्या कर दी जाती थी, अत: वहाँ के ईसाखेल नियाज़ी तो वहाँ से प्रवसन (प्रवजन) तक करने को बाध्य हो गए थे।[22] डॉ. कानूनगो के मतानुसार, पठानों की यह दुर्दशा इसीलिए सम्भव हो सकी, क्योंकि, वे एकीकृत नहीं तथा एकीकरण का कोई नारा भी कभी नहीं गूँजा ताकि वे 'शरम-ए अफ़गानी' के लिए एकजुट हो सकें। ऐसा इस वज़ह से हुआ, क्योंकि, अफ़गानों का एक वर्ग अथवा नस्ल सदैव दूसरे का सरकलम या गला काटने के लिए तत्पर रहता था! इस पारस्परिक प्रतिद्वन्द्विता का लाभ तो मुगलों को ही मिलना था अत: मिला!

शेरशाह ने जब सत्ता सम्हाली तो उसे एक बात का ध्यान रहा, कि, जिन अफ़गान कबीलों ने लोदी शासकों के लिए समस्या उत्पन्न की थी, उन्हें किसी प्रकार का प्रश्रय न प्रदान किया जाए, अत: सूरकाल में ईसारवेल नियाज़ियों के अतिरिक्त घिलजाई नस्ल के किसी अन्य अफ़ग़ान को भारत में प्रवसन हेतु प्रोत्साहित एवं प्रश्रय नहीं प्रदान किया गया। उसकी सेनाओं में बंगाश क्षेत्र के क़र्रानी (किर्रानी), क्राकर, पानी, तरन एवं शेरवानियों के प्रवेश के उल्लेख तो मिलते हैं, किन्तु वह उस पार के अफ़गानों के निरन्तर भारत प्रवसन के लिए न तो इच्छुक था और न ही तैयार![24] चाहे सिन्धु के इस (पूर्व) पार में या उस (पश्चिम) पार उसकी अफ़गानों के प्रति नीति का मूल्यांकन, डॉ. कानूनगो ने उचित ही किया है, कि प्रथम, शेरशाह ने अफ़गानों के गृहदेश में कोई आक्रामक नीति नहीं अपनायी। उसने उस क्षेत्र में न तो किलों व दुर्गों का निर्माण किया और न ही सामरिक महत्त्ववाले स्थानों पर अपने सशस्त्र सैन्य टुकड़ियाँ ही तैनात कीं, द्वितीय, उसने भारत में तथा विदेश (अफ़गानिस्तान के समस्त क्षेत्रों में भी मुगलों के विरुद्ध अफ़गान राष्ट्रवाद को प्रोत्साहित किया। उसने यह भलीभाँति

समझ लिया था, कि, भारत में उसके शासन या राज्य के संरक्षण के लिए पख्तून राष्ट्र की अवधारणा मूल देश से सशक्त होना आवश्यक ही नहीं अपरिहार्य है! उनके भावी लक्ष्य काबुल एवं कान्धार होने चाहिए, दिल्ली व लाहौर नहीं—ऐसा उसका मानना था। उसने मुगलों के विरुद्ध अपनी विजय से अफ़गानों को उत्साहित होकर मुगलों को अपने प्रदेश से खदेड़ने का उदाहरण एवं प्रेरणा दोनों प्रस्तुत की, ताकि, यदि, मुगल उस प्रदेश से भी निर्वासित हो जाते हैं, तो उसकी व्यक्तिगत एवं वंशीय सत्ता सुनिश्चित हो सकेगी! किन्तु, यह भी सत्य है, कि, नस्लीय प्रतिद्वन्द्विताओं एवं संघर्षों में रत अफ़गानों को रातोंरात राष्ट्रवाद का पाठ नहीं पढ़ाया जा सकता था![25]

शेरशाह अपने 10 जून, 1540 ई. के राज्याभिषेक के पश्चात् से 22 मई, 1545 ई. अर्थात् अपनी मृत्यु तक, जो कालिंजर विजय (अभियान) के साथ हुई थी, निरन्तर सैन्य गतिविधियों में अत्यधिक व्यस्त रहा। वस्तुत: अपने अफ़गान अमीरों (समर्थकों व अनुयायियों) को जागीरें एवं पद प्रदान करने के लिए आवश्यक हो गया, कि, विजय एवं साम्राज्य विस्तार का सिलसिला जारी रखा जाए। वास्तव में, उसे अफ़गानों की आकांक्षाओं को सही दिशा प्रदान करनी थी ताकि, ये उसके व उसके राज्य के लिए समस्या न उत्पन्न कर दें।

हुमायूँ को भारत से खदेड़ने के उपरान्त, मुगलों को सदैव बाहर ही रखने तथा मिर्ज़ा कामरान के राज्य (काबुल) से सुरक्षित होने के लिए उसने सर्वप्रथम अपना ध्यान पश्चिमोत्तर सीमा की ओर केन्द्रित किया। यहाँ के गक्खर जनजाति लोग मुगलों के प्रति मैत्री भाव रखते थे। अत: उनका क्रूरता से नरसंहार किया गया। अन्तत: वे मुगलों को तो कोई सहायता नहीं प्रदान कर सके, किन्तु, उन्होंने अफ़गानों की भी अधीनता नहीं स्वीकारी। इस क्षेत्र की समुचित सुरक्षा हेतु उसने रोहतास दुर्ग (हैबत खाँ एवं टोडरमल की देखरेख में) का निर्माण करवाया (जो इस्लाम शाह के काल में पूर्ण हो सका)। हैबत खाँ नियाज़ी ही यहाँ का सैन्य-गवर्नर नियुक्त हुआ। उत्तर-पश्चिम के दक्षिणी भाग में बलूचियों को नियन्त्रित करने हेतु उसने अपने भतीजे मुबारक खाँ को भेजा, जिसे बलूचियों ने मार डाला। तब हैबत खाँ ने बलूचियों के विद्रोह को कुचला (1543 ई.) एवं मुल्तान पर अधिकार होने के बाद फ़तह खाँ को वहीं का गवर्नर नियुक्त किया गया।

इसी प्रकार बंगाल के गवर्नर खिज्र खाँ ने भी विद्रोह कर स्वतन्त्रता घोषित कर दी। शेरशाह ने खिज्र खाँ को न केवल पराजित किया, अपितु, बन्दीगृह में डलवा दिया। उसने बंगाल का प्रशासनिक पुनर्गठन इस प्रकार से किया, ताकि

भविष्य में विद्रोह न हो सके। उसने बंगाल को परगनों में विभक्त करके अपने अमीरों को वहाँ नियुक्त कर दिया तथा काज़ी फ़जीलत को वहाँ का अमीन नियुक्त कर दिया, जो अपने क्रूर एवं कुशासन के कारण 'काज़ी फ़जीहत' कहलाया।

शेरशाह ने बंगाल के ही मानक (मॉडल) एवं उदाहरण पर मालवा में भी प्रशासनिक पुनर्गठन कर अपने अधिकाधिक अमीरों को नियुक्त किया। अत: हाँड़िया एवं सत्वास में शुजात खाँ; मांडू में राज़ी खाँ तथा धार में जुनैद खाँ को क्रमश: नियुक्त किया। इस प्रकार, मालवा में रायसीन के अतिरिक्त सभी क्षेत्र शेरशाह सूरी के अधिकार में आ गए। वस्तुत: यदि उपर्युक्त विवरण का विश्लेषणात्मक अध्ययन किया जाए तो स्पष्ट होता है, कि, उक्त प्रशासनिक पुनर्गठन से शेरशाह को दोहरा लाभ हुआ। प्रथम, वह अधिकाधिक अमीरों को प्रशासनिक पदों पर आसीन करके सन्तुष्ट रखना चाहता था एवं, द्वितीय, वह किसी को भी सीमित शक्ति एवं अधिकार से अधिक शक्ति प्रदान करने का पक्षधर नहीं था, ताकि, कोई उसकी सत्ता को चुनौती प्रस्तुत करने की शक्ति न अर्जित कर सके। अत: छोटी (सरकारों/परगनों के स्तर की) राजनीतिक इकाइयों में प्रशासनिक पुनर्गठन उसकी निरंकुशता को बचाए रखने का एक दूरदर्शी प्रयोग था!

जैसा कि, ऊपर उल्लेख किया गया है, मालवा से अब मात्र रायसीन ही विजय करने के लिए शेष था अत: शेरशाह ने 1543 ई. में उस पर आक्रमण करके विजय प्राप्त कर ली, तब वहाँ शहबाज़ खाँ को नियुक्त किया। इसी प्रकार, 1544 ई. में मारवाड़ विजय के पश्चात् वहाँ की व्यवस्था का दायित्व ख्वास खाँ एवं ईसा खाँ नियाज़ी को प्रदान किया, जिन्होंने नागौर, अजमेर तथा मारवाड़ के समस्त क्षेत्रों पर अफ़गान आधिपत्य की स्थापना की। इसी प्रकार, चित्तौड़ के बालक राजा उदय सिंह ने समर्पण कर दिया तब वहाँ की प्रशासनिक व्यवस्था हेतु उसने चित्तौड़ सरकार का गठन किया एवं शमशेर खाँ, मियाँ अहमद सरवानी तथा हुसैन खाँ गुल्ज़ई को नियुक्त किया!

अपने चुस्त-दुरुस्त प्रशासन, व्यक्तिगत निरीक्षण एवं परगनों व सरकारों में केन्द्रीकृत व्यवस्था के चलते शेरशाह सूरी न केवल अपने राज्य को सुदृढ़ व समृद्ध करने में सफल रहा था, अपितु, वह अमीरों को पूर्णतया नियन्त्रित भी रख सका निरन्तर युद्धों में फँसे अफ़गानों की आक्रामकता का सदुपयोग वह साम्राज्य विस्तार में ही करता रहा तथा अफ़गान साम्राज्य की पुनर्स्थापना के अफ़गान स्वप्न को साकार करनेवाला वह सबसे चमकता हुआ सितारा था। अत:

अफ़गानों ने स्वतन्त्रता एवं व्यक्तिगत महत्त्वाकांक्षों के परित्याग को 'अफ़गानी राज्य' के लिए अपरिहार्य माना!

जैसे ही कालिंजर विजय के समय शेरशाह की मृत्यु हुई और उसके दोनों ही पुत्र शाही शिविर में अनुपस्थित थे— ज्येष्ठ पुत्र आदिल खाँ रणथम्भौर में व छोटा पुत्र जलाल खाँ रीवा के निकट था। दोनों को सन्देश भेजा, किन्तु, निकट होने के कारण जलाल शीघ्र ही (पाँच दिनों में) कालिंजर पहुँच गया एवं 25 मई, 1545 ई. में इस्लाम शाह के विरुद के साथ उसका सिंहासनारोहण हो गया। यह सत्य है, कि, शेरशाह ने ज्येष्ठ पुत्र आदिल को अपना उत्तराधिकारी नियुक्त किया था, किन्तु, अमीरों ने विलासी व आलसी होने के कारण उसे नापसन्द किया!

इस्लाम शाह ने सिंहासनारोहण के साथ ही अपने विश्वास-पात्र ईसा खाँ हाजिब को तम्बूलदार (पान-दान अधीक्षक) के पद पर नियुक्त करके, उसके पुत्रों को भी पदोन्नत किया,) किन्तु, इसी के साथ गुप्तचरों की व्यापक नियुक्ति ने नए सुल्तान के प्रति लोगों को सशंकित कर दिया। वस्तुत: उसे अमीरों से भय था, कि, कहीं वे वैध उत्तराधिकारी के पक्षधर न हो जाएँ, अत: उनकी गुप्तचरी हेतु वह चिन्तित रहता था। आदिल के पुत्र महमूद खाँ ने अपने पिता के वैध अधिकार (सुल्तान के पद) हेतु उच्च उमरा एवं प्रान्तपतियों से अनुरोध भी किया। अत: जोधपुर का ख्वास खाँ, नागौर का ईसा खाँ अजमेर का ब्रह्मजीत गौड़ तथा जलाल खाँ बिन जालू उसके प्रति सहानुभूतिपूर्वक विचार करने लगे, किन्तु, जब उन्हें ज्ञात हुआ, कि, लाहौर के प्रान्तपति हैबत खाँ नियाज़ी ने भी नए सुल्तान के प्रति निष्ठा व्यक्त कर दी है, तब उन्होंने भी निर्णय लिया, कि वे आदिल खाँ को समर्थन देकर द्वितीय अफ़गान के साम्राज्य को गृहयुद्ध में ढकेल देंगे, जो साम्राज्य के हितों के प्रतिकूल होगा।

इस्लाम शाह ने आदिल शाह को रणथम्भौर से आगरा आने को कहा, किन्तु आदिल ने इस शर्त पर आना स्वीकार किया, कि, उनके पिता के विश्वसनीय एवं ज्येष्ठ अमीर यथा, ख्वास खाँ, कुत्ब खाँ नायब, ईसा खाँ नियाज़ी तथा जलाल खाँ बिन खाँ जालू उसे लेने आने एवं उसकी सुरक्षा का आश्वासन दें। जलाल जालू को इस्लाम शाह पर सन्देह था अत: उसने नए सुल्तान से स्पष्ट कहा, कि, वह रणथम्भौर पर आक्रमण करके आदिल प्रकरण का समापन करे न कि, वरिष्ठ एवं प्रतिष्ठित अमीरों की प्रतिष्ठा झूठे आश्वासनों पर दाँव लगाए! अन्तत: आदिल खाँ राज्य के इन चार प्रमुख अमीरों के साथ आगरा के लिए रवाना हुआ। आगरा में उसकी हत्या का प्रयास/ योजना इन अमीरों के समर्थकों की उपस्थिति के कारण क्रियान्वित नहीं की जा सकी। इस्लाम खाँ ने अपने

बड़े भाई को सिंहासन पर बैठाया, किन्तु, अन्ततः वह बयाना की सरकार से सन्तुष्ट हो, इस्लाम को सुल्तान के सिंहासन पर बैठाकर समझौता करके सन्तुष्ट हो गया। सशंकित स्वभाववाले इस्लाम शाह ने विचार बदलकर गाज़ी मुहल्ली (हरम के मुख्य हिजड़े) को स्वर्ण-जंजीर में बाँधकर, आदिल को प्रस्तुत करने हेतु आदेश दे दिया। अतः दो प्रतिष्ठित एवं प्रभावशाली अमीरों-ख्वास खाँ एवं ईसा खाँ नियाज़ी ने इस्लाम शाह का साथ छोड़ दिया एवं वे खुले रूप से आदिल के पक्षधर हो गए। इधर जलाल खाँ बिन जालू एवं ब्रह्मजीत गौड़ भी आदिल शाह के साथ हो गए वे इस्लाम शाह के व्यवहार से भयभीत व क्षुब्ध थे। उन्होंने उसे अपदस्थ करने की योजना बनानी शुरू कर दी। इस्लाम शाह की सेवा भी इस असन्तोष से प्रभावित हुए बिना नहीं रह सकी तथा, यह बात आम हो गई, कि, सुल्तान अब चुनार अथवा रोहतास के दुर्ग में शरणागत हो जाएगा। ऐसी योजना बनाई गई थी, कि, आदिल शाह की सेनाएँ आगरा के निकट अर्ध-रात्रि के लगभग पहुँचेगी, जिस समय इस्लाम शाह की सेना में से सैनिक व सेनापति उसका साथ छोड़ आदिल से आ मिलेंगे।

दुर्भाग्यवश, आदिल की सेनाओं के साथ ख्वास खाँ मेवात की सीमा से आगरा के लिए निकला, किन्तु जब सेनाएँ फ़तेहपुर सीकरी पहुँचीं तब शब्बे-बारात की पूजा का मोह ख्वास खाँ नहीं छोड़ पाया। उसके ऊपर सूफ़ी प्रभाव पर्याप्त था। अतः वह शेख सलीम चिश्ती के साथ इबादत हेतु चला गया। इससे दो हानि हुई—एक तो उसकी प्रतीक्षा करते हुए, शेष अमीरों का धैर्य जवाब दे गया और जलाल खाँ बिन जालू व ब्रह्मजीत गौड़ इस्लाम शाह से जा मिले, दूसरी ओर शब्बे-बारात की प्रार्थना के कारण पूरी योजना ही धरी-की-धरी रह गई, क्योंकि, जब आदिल की सेनाएँ आगरा के निकट पहुँचीं तब मध्यरात्रि कब की निकल गई थी एवं भोर होनेवाली थी, अतः इस्लाम शाह के वे सैनिक जो आदिल की ओर आने को उत्सुक थे, उनके मंसूबों पर भोर ने पानी फेर दिया। ख्वास खाँ की भक्ति व श्रद्धा मात्र ने शक्ति की तराजू का पल्ला एक बार पुनः इस्लाम शाह की ओर मोड़ दिया अतः युद्ध में पराजय का सामना करते हुए, ख्वास खाँ तथा ईसा खाँ नियाजी मेवात होते हुए सरहिन्द की ओर पलायन कर गए एवं आदिल शाह चन्दवार होते हुए बुदेलखंड भाग गया! पलायन करते हुए ख्वास खाँ एवं आदिल शाह ने मेवात में फ़िरोज़पुर झिरका में इस्लाम शाह की पीछा करती सेनाओं से एक युद्ध और किया तथा वे पराजित हुए!

इस प्रकरण से एक वर्ष पश्चात् अम्बाला के निकट इस्लाम शाह ने हैबत खाँ के नेतृत्व में नियाज़ियों को निर्णायक युद्ध में पराजित किया। इसी समय

कुमायूँ में शरणागत ख्वास खाँ, नियाज़ियों की सहायता से इस्लाम को पराजित करके आदिल को सुल्तान बनाने की योजना बनाने लगा, किन्तु, नियाज़ी, सूरी वंश का अन्त करके, सम्पूर्ण हिन्दुस्तान पर अपना भी राज्य स्थापित करने के इच्छुक थे। अत: ख्वास खाँ ने युद्ध से एक रात्रि पूर्व नियाजियों से उनके इरादों के विषय में स्पष्ट प्रश्न किया। उनके यह कहने पर, कि, राज्य पर वंशीय अधिकार नहीं होता, ख्वास खाँ ने अपने पूर्व स्वामी शेरशाह के परिवार के प्रति अपनी निष्ठा पर ही अमल करने का महत्त्वपूर्ण निर्णय ले डाला। यदि वह नियाज़ियों की सहायता से आदिल को सुल्तान नहीं बनवा सकता तो कम-से-कम, इस्लाम शाह का मुकुट/सिंहासन तो बचा सकने में सक्षम था। अत: अगली सुबह, नियाज़ियों ने आक्रमण करके, इस्लाम की सेनाओं के केन्द्र को तितर-बितर करके, युद्ध को निर्णायक मोड़ पर ले आए, तो ख्वास खाँ ने निर्णायक भूमिका निभाते हुए, अपने आप को (अपनी सेनाओं सहित) युद्ध से पृथक् कर लिया, जिससे हतोत्साहित नियाज़ियों ने पलायन किया एवं उनके हताहतों की संख्या काफी अधिक हो गई।

इस्लाम शाह ने हैबत खाँ नियाज़ी का पीछा करने हेतु ख्वाजा वाईस सरवानी के नेतृत्व में एक सेना भेजी, जो अन्तत: गक्खर की मैत्री के चलते बच गया! वहाँ इस्लाम शाह को दोनों की संयुक्त सेनाओं से जूझने में दो वर्ष रुकना पड़ा! अन्तत: वह नियाज़ियों को वहाँ (पंजाब) से सिन्धु के पार भगाने में सफल रहा! उधर, ख्वास खाँ को बन्दी के रूप में प्राप्त करने हेतु इस्लाम शाह ने कुमायूँ के शासक (जहाँ वह शरण लिए हुए था) पर दबाव बनाया। ख्वास खाँ को अपने कारण शासक की परेशानी नहीं पसन्द आई, अत: वह युद्ध के लिए के निकल पड़ा, पराजित हुआ एवं उसका वध दिल्ली में सार्वजनिक रूप से किया गया। तीन दिनों तक उसका शव तक छूने की किसी को आज्ञा नहीं थी!

इस्लाम शाह ने शेष अमीरों को भी अनेक अवसरों पर उनके द्वारा आदिल शाह की पक्षधरता के चलते, एक-एक करके, मार्ग से हटाना प्रारम्भ कर दिया यथा, जलाल खाँ बिन जालू, कुत्ब खाँ नायब तथा अन्य क्रूरता से मारे गए! मालवा का शुजात खाँ भयभीत होकर पहले गुजरात और वहाँ के शासक पर दबाव पड़ने पर, बागलाना पलायन करने को विवश हुआ, जहाँ के राजपूत शासक ने उसे शरण दी! शेरशाह सूरी का मात्र एक ही साथी इस्लाम शाह की क्रूरता का शिकार होने से बच गया—वह था हबीब खाँ कक्कर अथवा सर्मस्त खाँ । वह सूरी वंश के तीन शासकों शेरशाह, इस्लाम शाह एवं आदिल शाह के कालों में 'बार-बेगी' (दरबार-ए-आम का अधीक्षक) के पद पर रहा।

इस प्रकार हम पाते हैं, कि, इस्लाम शाह ने अफ़गानों पर कठोर नियन्त्रण के साथ शासन किया था। बदायूँनी, जो संकीर्ण विचारोंवाला अकबरकालीन इतिहासकार है, यहाँ तक कहता है, कि इस्लाम शाह के काल में हिन्दू दफ्तरियों का प्रभाव बहुत बढ़ गया था। प्रान्तीय अफसरशाही/लालफीताशाही सर्वाधिक हमें इस्लाम शाह के काल में दृष्टिगोचर होती है। यदि टोडरमल शेरशाह की खोज था तो हेमू इस्लाम शाह की।[26] उसके शासन-काल में किसी भी अमीर को हाथी रखने तथा लाल शिविर (खेमे) के प्रयोग की अनुमति नहीं थी—यह शासक/सुल्तान का विशेषाधिकार घोषित कर दिया गया था। यही नहीं, उसके साम्राज्य में प्रत्येक शुक्रवार को प्रत्येक 'सरकार' के समस्त अधिकारियों को केन्द्र मुख्यालय पर उपस्थित होकर चन्दवा (छतरी) के नीचे इस्लाम शाह के जूते तथा तरकस रखकर उसका अभिवादन करना पड़ता था।[27] ऐसा पूरे साम्राज्य में ही होता था— दूरस्थ कोने में यही नीति अपनायी जाती थी। कुर्सी पर उसके जूते रखकर, वे उसके समक्ष जाकर आदर से सर झुकाते थे फिर अपने नियत स्थान पर जा बैठते थे, सर्वप्रथम 'पंज-हजारी, दह-हज़ारी एवं बिस्त-हजारी सैन्याधिकारी, तत्पश्चात् मुन्सिफ़ (अमीन) एवं अन्य अमीर इसी क्रम में कुर्सी पर जूते की ओर आदर प्रकट करने को बढ़ते थे। तब दबीर (सचिव) 'हुक्मनामा' (शाही आदेश) पढ़कर सबको सुनाता था।[28]

डॉ. कानूनगो के मतानुसार, बावजूद इसके कि, इस्लाम शाह ने पुरातन आभिजात्य (पूर्ववर्ती सुल्तान अथवा अपने पिता के उमरा) को नष्ट कर दिया था, किन्तु उसके साम्राज्य पर इसका कोई प्रतिकूल प्रभाव नहीं पड़ा। मेवाड़ के फ़ौजदार हाज़ी खाँ बतानी ने मारवाड़ में नियुक्त रहे (आदिल शाह के पक्षधर हो गए) ख्वास खाँ का स्थान सफलतापूर्वक ले लिया था। इस्लाम शाह अपने दासों एवं सूरी नस्ल के अफ़गानों पर, फ़रमूली एवं कर्रानी नस्ल के अफ़ग़ानों पर अधिक निर्भर रहता था। उसने अपने चचेरे भाई व मुबारिज़ खाँ (जो बाद में सुल्तान आदिल शाह बना) को सम्भल की जागीर सौंपी तथा 20,000 सरदारों का सेनापति बनाया, किन्तु, उस पर नियन्त्रण हेतु अपने एक विश्वासपात्र दास परफ़न्दा खजक को उसका नायब या उप अथवा सहायक नियुक्त किया। मालवा में शुजात खाँ के स्थान पर अपने विश्वासपात्र ईसा खाँ सूरी को नियुक्त किया; बयाना में गाज़ी खाँ सूर एवं आगरा में गाज़ी खाँ के पुत्र इब्राहीम को क्रमश: नियुक्त किया गया! अपने बहनोई (बहन के पति) अहमद खाँ सूर को लाहौर का राज्यपाल तथा मोहम्मद खाँ सूर को बंगाल का राज्यपाल नियुक्त किया।[29]

किन्तु, यदि वह इतनी कठोरता एवं इतिहासकार जिसको क्रूरता भी कहते हैं प्रदर्शित न करता तो सम्भवत: अफ़गानों को नियन्त्रण में रखना कदापि सम्भव नहीं था, जैसा कि, उसके मृत्यूपरान्त की घटनाओं एवं गतिशील होती विघटनकारी शक्तियों से स्पष्ट ही हो जाता है। वस्तुत: उसने अफ़गान स्वातन्त्र्य, निर्भीक गौरव को ही अनुशासन के नाम पर बलिदान कर दिया था। डॉ. कानूनगो के मतानुसार यह अफ़गानों के राजनीतिक भविष्य के लिए एक भयंकर, दूरगामी प्रतिकूल प्रभाववाली भूल थी! नस्लीय एवं राष्ट्रीय भावना का स्थान सैन्य अनुशासन कभी नहीं ले सकता। यही भावना अफ़गानों को प्रतिकूल परिस्थितियों का सामना करने का साहस व प्रेरणा प्रदान करती, जिसका अन्त कठोर अनुशासन व निरंकुशता के चलते इस्लाम शाह ने कर दिया।[30]

इसके अतिरिक्त, इस्लाम शाह अफ़ग़ानों पर विश्वास नहीं करता था, जिसके कारण मुख्य स्थानों पर उसने विदेशियों को नियुक्त कर दिया था। पंजाब में रोहतास का हाकिम एक ईरानी बनाया गया था, जिसका नाम तातार खाँ था। उसने अहमद सूरी को राजचिह्न धारण करने के लिए उकसाया किन्तु, फिर लालच के चलते वह मुगलों से जा मिला। इस्लाम शाह ने मुबारिज़ खाँ को उच्च सैन्याधिकारी का पद प्रदान किया था। उसे यह आशा थी, कि, मुबारिज़ उस (इस्लाम) के बालक पुत्र के प्रतिनिधि के रूप में शासन करते हुए सन्तुष्ट रहेगा एवं साम्राज्य भी विघटन से सुरक्षित रहेगा। परन्तु मुबारिज़ की महत्त्वाकांक्षा ने उससे बालक सुल्तान की हत्या करवा दी एवं ग्वालियर में सुल्तान आदिलशाह की उपाधि धारण करके उसने साम्राज्य पर अपना अधिकार कर लिया। अब अन्य सूर सरदारों ने असन्तुष्ट होते हुए उत्पात मचा दिया। प्रत्येक सरदार इसी प्रकार, स्वतन्त्र शासक बनने पर उतारू हो गया। सिंहासन के वैध उत्तराधिकारी की हत्या करके मुबारिज़ खाँ ने अत्यन्त मूर्खता का काम किया।[31] उसके इस कुकृत्य ने विकेन्द्रीकरण की शक्तियों को ही प्रवाहित एवं प्रोत्साहित किया। शेष अमीरों को भी लगा, कि, तो मुबारिज़ खाँ के मार्ग का अनुसरण करके निहितार्थों के लिए श्रेयस्कर होगा। पहले मुबारिज़ सारे साम्राज्य का वास्तविक सुल्तान बना हुआ था, किन्तु इस कुकृत्य से वह इस अवसर से भी वंचित रह गया। उसके चरित्र में इतना बल नहीं था, कि, वह अफ़गानों को एकीकृत रख पाता अत: सबसे पहले फ़रमूलियों एवं करनानियों ने उसका साथ छोड़ दिया। अफ़गान इतिहासकारों के अनुसार अब किसी के भी हृदय में राज्य के प्रति न आदर रहा और न ही भय![32]

उधर इब्राहीम सूर आगरा में सुल्तान की उपाधि धारण कर चुका था। उसने

आदिलशाह के अनुयायी अफ़गानों को युद्धों में बार-बार पराजित किया एवं उसकी शक्ति कुचल डालने की चेतावनी दी। हालाँकि, आदिल के समर्थकों ने उसकी सत्ता बनाए रखने का प्रयास किया, परन्तु वे असफल ही रहे। अन्ततः आदिलशाह ने हेमू को अपना वज़ीर नियुक्त करके, समस्त सत्ता उसके ही हाथों में सौंप दी। हेमू के आदिलशाह के पक्ष में होने से स्थिति परिवर्तित हो गई। उसकी प्रशासनिक व सैन्य योग्यताओं एवं उपलब्धियों की बराबरी कोई अफ़गान नहीं कर सकता था। दूरदर्शिता की दृष्टि से उसने नाम के लिए आदिलशाह की राजसत्ता बनाए रखी और उसके विरोधियों से युद्ध भी किए, जबकि, उसने (अबुल फ़ज़ल के अनुसार) राजा विक्रमाजीत का विरुद स्वयं धारण कर लिया था। अपनी वीरता, सामरिक समझ व साहस के चलते उसे विजय प्राप्त हुई। विदेशी मुगलों के विरुद्ध अफ़गानों को हेमू के नेतृत्व में पानीपत का द्वितीय युद्ध लड़ने में कोई व्यवधान नहीं हुआ और अन्ततः सत्ता पुनः मुगलों के हाथ में आ गई!

सन्दर्भ

1. हबीब एवं निज़ामी, पूर्व पृ. 539.
2. वही पृ. 568-569.
3. डॉ. आर. पी. त्रिपाठी, 'सम ऐस्पैक्ट्स ऑफ़ मुस्लिम एडमिनिस्ट्रेशन', पृ. 84.
4. हबीब व निज़ामी, पृ. 575.
5. अब्दुल हलीम, 'हिस्ट्री ऑफ़ द लोदीज़', पृ. 52.
6. वही, पृ. 52-53.
7. अब्दुल हलीम पूर्व, पृ. 53.
8. वही, पृ. 50.
9. वही, पृ. 56-57.
10. वही, पृ. 61-63.
11. वही, पृ. 63.
12. अब्दुल हलीम, पूर्व, पृ. 121-122.
13. हबीब व निज़ामी, पूर्व, पृ. 594.
14. वहीं पृ. 591.
15. हवीब व निज़ामी, पूर्व, पृ. 596-597.
16. वही, पृ. 599.
17. वही
18. हबीब व निज़ामी, पूर्व, पृ. 600.
19. अब्दुल हलीम, 'हिस्ट्री ऑफ़ द लोदी सुल्तान्स ऑफ़ दिल्ली आगरा', पृ. 161-162.

20. वही
21. कालिकारंजन कानूनगो, 'शेरशाह एंड हिज़ टाइम्स', पृ. 27.
22. वही, पृ. 271-272.
23. वही, पृ. 272.
24. वही, पृ. 274.
25. वही, पृ. 275.
26. कालिकारंजन कानूनगो, पूर्व, पृ. 443.
27. वही, पृ. 444 तथा, डॉ. हरिशंकर श्रीवास्तव, 'मुगल शासन प्रणाली', पृ. 10-11.
28. कानूनगो, पृ. 445.
29. वही, पृ. 445-446.
30. वही, पृ. 447.
31. वही।
32. वही।

9

मुगलकालीन उमरा : संरचना एवं प्रकृति

मुगल राजनीति का सांगठनिक आधार

मुगल उमरा सिद्धान्ततः मुगल बादशाह की रचना थी। वह ही इन्हें मनसब प्रदान करके, पदोन्नति देकर, अपदस्थ करके, अपना नियन्त्रण उन पर बनाए रखते थे। वस्तुतः यह मानना भी सही नहीं होगा, कि, मुगल उमरा एक ऐसा वर्ग था,. जिसमें प्रवेश सीमित अथवा प्रतिबन्धरहित था। साधारण-जन निश्चित ही योग्यता के बावजूद इस वर्ग में प्रविष्ट नहीं हो सकते थे। वस्तुतः मुगल उमरा, जो मनसबदार थे—वे न केवल मुगल कार्यकारी के सदस्य अपितु साम्राज्य के धनाढ्य वर्ग के सदस्य थे।

मनसबदार अथवा मनसब के सभी स्वामी को स्वतः अमीर नहीं माना जाता था। मुगलकाल में 'उमरा' शब्द साधारणतया अथवा सामान्यतः इन समस्त अधिकारियों के लिए प्रयुक्त होता था, जो एक हज़ार अथवा उससे अधिक के मनसबदार थे। वैसे परिभाषा के लिए माना जा सकता है, कि, मुगल बादशाह के अधीन अधिकारी होने के साथ-साथ राजनीतिक पदक्रम माने जाते थे।

वस्तुतः संस्थागत रूप में मुगल उमरा की उत्पत्ति को उसकी पूर्ण पृष्ठभूमि में समझने की आवश्यकता है। इसमें सुल्तनतकालीन परीक्षण का काल सर्वाधिक महत्त्वपूर्ण है—इस काल में जो कुछ घटा उससे बाबर ने निश्चित ही सबक भी लिया, जैसा कि उसकी आत्मकथा, 'तुज़ुक-ए-बाबरी' से सुस्पष्ट है। बाबर व हुमायूँ की प्रारम्भिक परिस्थितियाँ, अफ़गानों के साथ चल रहा अनवरत संघर्ष एवं तत्पश्चात् पानीपत के द्वितीय युद्ध के पश्चात् की परिस्थितियों ने अकबर के अधीन उमरा को एक विकसित एवं परिपक्त रूप प्रदान करने में महत्त्वपूर्ण कारक की भूमिका निभाई! बाबर अपने साथ जिस उमरा की अवधारणा को लाया उसमें उसके वंश चगताइयों के बीच उसका विकास हुआ था एवं काबुल

के प्रशासन एवं परिस्थितियों में उसमें आवश्यक संशोधन हुए थे तथा, काबुल के परीक्षण-काल के पश्चात् उक्त 'उमरा' की विशेषताओं को समकालीन भारतीय परम्पराओं में समन्वित करने का सुन्दर प्रयास था। अत: भारत में बराबर के साथ जो 'उमरा' उभरा था उसमें मंगोल-चगताई (तुर्क)-अफ़गान- स्थानीय विशेषताओं का समन्वय अथवा सम्मिश्रण था!

हालाँकि, मुगल उमरा का क्रमिक विकास हुआ, जैसा कि, ऊपर संकेत दिया गया है, किन्तु जे. एफ. रिचड्र्स मुगल उमरा के विकास का सारा श्रेय अकबर को ही देते हैं। उनके विचारानुसार अकबर द्वारा इस वर्ग में (किए गए सांगठनिक सुधारों ने)[2] न केवल 'नृजातीय एवं गुटबन्दीवाले हितों में' सन्तुलन स्थापित किया गया अपितु अमीरों को भी एक अलग व्यक्तिगत एवं वर्गीय पहचान (Individual and group Identity) प्राप्त हुई। जो लोग मुगल मनसबदार बने, उनकी राजनीतिक पहचान, मान्यताओं एवं आकांक्षाओं में आए परिवर्तनों की ओर रिचड्र्स ध्यानाकर्षित करते हैं एवं स्थापित करते हैं, कि, इस प्रकार अकबर के अधीन अमीर अपनी प्रतिष्ठा एवं अभिप्रेरणा, मुगल साम्राज्य में अपनी भागीदारी से प्राप्त करते थे, न कि अपनी वंश परम्परा अथवा अपने साम्प्रदायिक (Sectarian) सम्बद्धता से !

सिद्धान्तत: तो मुगल 'उमरा' उन सभी लोगों के लिए खुला था, जो बादशाह को सन्तुष्ट करते हुए अपनी योग्यता एवं प्रशिक्षण से भी अपनी स्थिति दृढ़ करते हों वस्तुत: चाहे भारतीय हों या विदेशी, अभिजात कुल के ही लोगों को बादशाह का ध्यानाकर्षण का लाभ मिल पाता था। उदाहरण के लिए हम राजपूत उपवर्ग को विश्लेषित कर सकते हैं। इनके वे ही सदस्य उमरा सम्मिलित हो सके, जो या तो वंश परम्परा से राजा होते थे अथवा (राजपरिवार से सम्बद्ध राजपूत आभिजात्य परिवारों के सदस्य होते थे। किन्तु, इसके बावजूद, अमीर वर्ग अथवा उमरा में पदोन्नति तथा महत्त्वपूर्ण पदों पर पहुँचने के मार्ग साधारण वंश के अनेक व्यक्तियों के लिए भी खुले रहे हालाँकि, उन्हें अधिक परिश्रम के साथ अपनी निष्ठा व योग्यता निरन्तर प्रमाणित करते रहना पड़ता होगा।

बाबर के काल में तो इन अमीरों को 'बेग' कहा जाता था, किन्तु, बाद के शासन-काल में वे 'अमीर' ही कहलाए। वे बुद्धिजीवी वर्ग के सदस्य माने जाते थे, जिनमें से सदस्यों को सरकारी पदों पर आसीन भी किया जाता था।[3] मुगल-काल विश्वास एवं दायित्वपूर्ण पदों पर मुगल नस्ल का कोई विशेषाधिकार नहीं था, अपितु, मुगल बादशाहों ने अमीर पद उन सभी वर्गों से भरे, जो इसके पात्र थे। उनकी नीति इस दृष्टिकोण से नितान्त उदार एवं समतामूलक थी। अत: भारत

के बाहर (विदेशों) से भी लोग अपना भाग्य आज़माने हेतु इसमें आकर सम्मिलित हुए। उमरा में सम्मिलित होने की उपर्युक्त प्रक्रिया के स्वाभाविक परिणामस्वरूप, मुगल उमरा एक मिश्रित वर्ग के रूप में उभरा न कि, एक एकीकृत वर्ग के रूप में, जिसमें तुर्क, तूरानी, ईरानी, भारतीय हिन्दू एवं मुस्लिम सभी का सम्मिश्रण था! बाद के कालों में तो यूरोपीय अमीरों के उल्लेख मिलते हैं, जिसमें हॉकिन्स एवं एम. बुशी के उदाहरण महत्त्वपूर्ण हैं। 'फ्रान्सिस खाँ' तथा 'फ़रंगी खाँ' जैसे विरुदों से भी यह बात सुस्पष्ट होती है।[4]

इससे पूर्व कि हम आगे बढ़ें, हमें उस आधार को एक बार फिर देख लेना चाहिए, जो मुगल अमीरों के चयन में महत्त्वपूर्ण भूमिका निभाता था। वंशीय परम्परा के कुछ बीज, लक्षण एवं स्वर इसमें स्वत: दृष्टिगोचर होते हैं। वस्तुत: अमीर पद के सबसे प्रबल दावेदार खानाज़ाद' अथवा पूर्व मनसबदारों/मनसबदारों के पुत्रों एवं वंशजों को माना जाता था। वैसे डॉ. अतहर अली ने इस पूरे 'प्रश्न' की विस्तृत व्याख्या की है एवं ऐसा माना जा सकता है, कि, 'खानाज़ादों' (पूर्व अमीरों के वंशजों) पर समकालीन इतिहासकारों ने भी अपने दरबार व राजनीति केन्द्रित विवरणों में अधिक प्रकाश डाला है।[5]

यदि हम ध्यान से देखें, तो पाएँगे, कि, खानाज़ादों से बड़ा अनुपात उन अमीरों का है, जो 'ज़मींदार वर्ग से अपनी योग्यता एवं स्वामिभक्ति के आधार पर शनै:-शनै: पदोन्नति प्राप्त करके 'अमीर' के पद पर पहुँचे थे। अत: मुगल साम्राज्य में भू-राजस्व प्रबन्धन से सम्बद्ध स्थानीय सरदारों को अमीर बनने के सर्वाधिक अवसर थे, जैसा कि, अकबर के काल के अध्ययन से स्पष्टत: प्रमाणित भी होता है। इन स्थानीय सरदारों एवं भू-राजस्व अधिकारियों को उनकी ज़मींदारियाँ या राज्य तो 'वतन-जागीर' के रूप में प्रदान ही की जाती थीं, जिनका प्रबन्धन वे पहले से कर रहे थे, किन्तु, साथ ही, उन्हें साम्राज्य के अन्य भागों में साधारण जागीरें प्रदान की जाती थीं।[6]

इसी प्रकार, अन्य राज्यों से भी अमीर मुगल सेवाओं में प्रविष्ट होते थे। उन्हें उनके स्तर, प्रभाव, प्रशिक्षण एवं अनुभव के आधार पर मुगल उमरा के अन्तर्गत पद प्रदान किया जाता था। प्राय: उनके क्षेत्राधिकार एवं कितने सैनिकों के वे सेनापति हैं, इस पर भी पद का निर्धारण होता था। ईरानी, चगताई एवं उज़बेक अमीरों का तो सहर्ष स्वागत भारत में होता ही रहा। दक्खन में सैन्य आवश्यकता ने मुगलों को विवश किया, कि, वे युद्ध अथवा शान्ति दोनों ही परिस्थितियों में वहाँ के अमीरों को अपना पक्षधर बनाएँ, अत: उन्हें प्रलोभन स्वरूप भी उच्च पद प्रदान किए जाते थे ताकि वे स्वामिनिष्ठता का परित्याग करके मुगलों से मिल

जाएँ! अत: बड़ी संख्या में बीजापुरी, गोलकुंडावासी व मराठा आदि मुगल उमरा के उपवर्ग के सदस्य के रूप में सम्मिलित हुए।

इसी प्रकार, मुगल उमरा का छोटा-सा अंश ऐसे अमीरों से भी निर्मित होता था जो पूर्णतया प्रशासनिक अथवा वित्त विभाग से सम्बद्ध थे। उदाहरण के लिए खत्री एवं कायस्थ अमीरों का विवरण देखा जा सकता है। इसी प्रकार, कुछ विद्वानों, धर्माधिकारियों, सन्तों एवं साहित्यकारों को भी पद प्रदान किए जाते थे[7] — हालाँकि, इनका प्रतिशत अथवा उमरा में अनुपात निश्चित ही काफी कम था।

इतिहासकार डब्लू. एच. मोरलैंड ने आईन-ए-अकबरी के विशद अध्ययन से यह निष्कर्ष निकाला था, कि, ''मुगल उमरा में विदेशी तत्त्वों (जिसमें विदेश से आए पहली पीढ़ी एवं विदेशियों के वंशज दोनों सम्मिलित थे) का अनुपात या प्रतिशत, कुल उमरा का सत्तर प्रतिशत था! बर्नियर भी तो औरंगज़ेब के काल के उमरा के सांगठनिक चरित्र के विषय में ऐसा ही विवरण देता है 'वो उज़बेकों, फ्रांसीसियों, अरबों एवं तुर्कों अथवा उनके वंशज का सम्मिश्रण था।''[8]

आइए हम नस्ल के आधार पर मुगल उमरा का निरूपण करके, एक सजीव, वास्तविक चित्र तैयार कर लें। जहाँ तक तथाकथित (?) विदेशी उमरा का प्रश्न है, तो उसमें सर्वाधिक संख्या एवं प्रतिशत में तूरानी एवं ईरानी अमीर सम्मिलित थे। वस्तुत: 'तूरानी' शब्द का प्रयोग उन लोगों के लिए किया गया है, जो मध्येशिया के उन भागों से आते थे, जहाँ तुर्की भाषा प्रयुक्त होती है। चूँकि, मुगल शासन वर्ग/ परिवार तूरानी था, अत: इस तथ्य की प्रबल सम्भावना थी, कि, उमरा एवं प्रशासन में भी तूरानी अमीरों का वर्चस्व होता, किन्तु, ऐसा हुआ नहीं। तूरानी आक्रामक एवं लड़ाकू तो था, किन्तु सुसंस्कृत नहीं माना जाता था। तूरानियों के कम प्रभाव के लिए उसे उज़बेक शक्ति के ह्रास से सम्बद्ध करना भारत के सन्दर्भ में दूर की कौड़ी है। भले ही ईरान के सफ़ाविदों से काफी पूर्व वे पतनशील हो गए थे[9], किन्तु भारत के तूरानी शासकों पर उसका प्रतिकूल प्रभाव पड़ना था— वे अब तूरानियों के इकलौते प्रश्रयदाता की स्थिति में जो आ रहे थे?

दूसरा प्रमुख उमरा उपवर्ग ईरानियों का था, जिसमें खुरासानी एवं इराक़ी सम्मिलित थे अर्थात हेरात से लेकर बगदाद तक के क्षेत्र के निवासी थे अर्थात् आज के ईरान तथा फ़ारसी भाषी इराक़ व अफ़गानिस्तान के निवासी! अत: सदैव ईरानी व तूरानी उपवर्गों में प्रतिद्वन्दित रही पर, चूँकि, ईरानी प्राय: शिया तथा, तूरानी सुन्नी होते थे, अत: इनके मध्य का विवाद 'कभी-कभी धार्मिक रंग ले लेता था। ईरानियों का महत्त्व मुगल काल में किसी-न-किसी कारण से बना ही

रहा—बाद में दक्खन के राज्यों यथा बीजापुर एवं गोलकुंडा से आनेवाले ईरानियों ने भी उनकी स्थिति सुदृढ़ ही की।

मुगल उमरा का तीसरा प्रमुख उपवर्ग अफ़गान अमीरों का था। वे एक प्रकार से स्थानीय अमीर थे, क्योंकि, एक, उनके मूल निवास-स्थान मुगल-साम्राज्य के अन्तर्गत आते थे एवं, द्वितीय, वे तो मुईज़्ज़ुद्दीन मोहम्मद गोरी की सेनाओं के साथ ही भारतवर्ष आए थे (जैसा कि, पूर्व के अध्यायों में हमने देखा है)। यही नहीं, मध्यकालीन भारत में दो बार अफ़गान साम्राज्य की भी स्थापना हुई थी लोदी एवं सूर वंश के शासन-कालों में! बाबर के काल में अफ़गानों ने मुगलों से शान्ति स्थापित करके उनके शासन-प्रशासन, सैन्य-व्यवस्था/तकनीकी को पास से समझा-परखा एवं हुमायूँ के काल में संघर्ष प्रारम्भ करके उसको भारत से पलायन के लिए बाध्य किया था, अत: अकबर ने उन पर विश्वास नहीं किया, किन्तु, जहाँगीर के काल से वे पुन: मुगल बादशाहों का विश्वास अर्जित करने में सफल रहे। शाहजहाँ के काल में भी उन पर विश्वास कम किया गया, अत: हम कह सकते हैं कि, पूरे मुगल काल में अफ़गान अमीरों का प्रभाव उतार-चढ़ाव लिए हुए था। इनका प्रभाव औरंगज़ेब के दक्षिण प्रस्थान के बाद बढ़ गया एवं गैर-अमीर अफ़गानों ने अपनी व्यक्तिगत सेनाएँ निर्मित कर ली थीं। वस्तुत: अफ़गान अमीरों की संख्या एवं प्रभाव औरंगज़ेब-उत्तर काल में बढ़ा, मुगल साम्राज्य पर जिसका प्रतिकूल प्रभाव पड़ा तथा, उन्होंने केन्द्रीय सरकार एवं प्रशासन की कमजोरी का भरपूर लाभ उठाया![10] वे जनजातीय लोग ‘थे, जिन्होंने अपनी जनजातीय सम्बद्धता नहीं त्यागी एवं सदैव अपने अधीन अपने कबीले के ही सदस्यों को सम्मिलित किया।

मुगल उमरा के अगले प्रमुख उपवर्ग के रूप में हम ‘भारतीय मुस्लिमों, का अध्ययन कर सकते हैं। इन्हें साधारणतया, ‘शेखज़ादे' सम्बोधित किया जाता था। सुल्तनत काल में रेहान तथा खुसरो खाँ के उदाहरण हमने देखे थे। खलजी क्रान्ति के बाद भारतीय मूल के मुस्लिमों की सामाजिक-राजनीतिक स्थिति में निश्चित सुधार आया था। अकबर के काल से ही बारहा एवं कम्बूस के सैय्यदों के राजनीतिक प्रभाव में वृद्धि होती है, किन्तु, दाराशिकोह के पक्षधर होने के कारण औरंगज़ेब का विश्वास अर्जित करने में वे नितान्त असफल रहते हैं। उसके काल में दक्खन के स्थानीय मुस्लिमों को विशेष राज्याश्रय प्राप्त हुआ।

मुगल उमरा का एक विशिष्ट एवं महत्त्वपूर्ण व प्रभावशाली उपवर्ग राजपूतों का था। राजपूत अमीर तो मुगल उमरा में एक सुनिश्चित साम्राज्यी नीति के परिणामस्वरूप प्रविष्ट हुए थे तथा अपनी उत्कृष्ट सेवा तथा निष्ठा से राजनीतिक

प्रभाव का विस्तार करने में सफल रहे। वे पूरे मुगल-काल में एक प्रभावशाली उमरा उपवर्ग के रूप में सक्रिय रहते हैं। जैसे-जैसे मुगल शासकों का ध्यान दक्खन एवं दक्षिण भारत की ओर केन्द्रित होने लगता है, वैसे ही एक नवीन तत्त्व प्रभावशाली होने लगता है और वह है मराठा उपवर्ग। दक्खन की राजनीतिक विवशताएँ, मुगल बादशाहों से इन्हें पद प्रदान करवा रही थीं तथा, औरंगज़ेब के शासन का उत्तरार्द्ध तो दक्षिण में ही व्यतीत हुआ, अत: इस अवधि में मुगल उमरा में इनका प्रतिशत एवं प्रतिशत की वृद्धि के अनुपात में प्रभाव भी बढ़ा! अत: राजपूत तथा मराठे सम्मिलित रूप से मुगल उमरा में 'हिन्दू' उपवर्ग की संरचना करते थे।

अत: विभिन्न उपवर्गों, क्षेत्रों, कार्यों, सम्प्रदायों, नस्लों में विभक्त होने कारण मुगल उमरा एक एकीकृत संगठन के रूप में कभी भी दृष्टिगोचर नहीं होता है। समस्त अमीरों में बस दो विशेषताएँ समान थीं; एक, साम्राज्य अथवा बादशाह के प्रति सेवा/समर्पण भाव तथा व्यक्तिगत महत्त्वाकांक्षा की पूर्ति!'[11] वे बादशाह की तलवार तथा साम्राज्य के स्तम्भ थे। वे बड़े भू-स्वामी थे, जिनको विस्तृत भू-भाग साम्राज्य के प्रति सेवा स्वरूप प्रदान किए गए थे।

मनसबदारी व्यवस्था : संक्षिप्त परिचय

अकबर ने मुगल उमरा अथवा साम्राज्यी सेवा (इम्पीरियल सर्विस) को एक सांगठनिक रूप प्रदान करते हुए मनसबदारी व्यवस्था लागू की। 'मनसब' का अर्थ था स्थान व पद स्तर अत: मनसब किसी अमीर की स्थिति/स्तर/पद का द्योतक था। प्रत्येक मनसबदार को दो पद प्रदान किए जाते थे, जिन्हें क्रमश: ज़ात एवं सवार कहते थे। 'ज़ात' पद मनसबदार की स्थिति या उमरा के अन्तर्गत वरिष्ठता क्रम एवं वेतन का निर्धारण करता था, जबकि, 'सवार' पद इस बात का द्योतक था, कि, उक्त मनसबदार को कितने घोड़े व सेना रखनी होगी। साथ ही, इसी से, जहाँ उसके भत्ते निर्धारित होते थे, वहीं यह भी निर्धारित होता था, कि, उसे कितने रिसाले (घोड़े) व साजो-सामान का रख-रखाव का दायित्व निभाना पड़ेगा। इन पदों के आधार पर मनसबदारों का तीन श्रेणियों में विभाजन होता था : यदि ज़ात एवं सवार पद समान है तब वह प्रथम; यदि सवार ज़ात से कम किन्तु, उसके आधे से अधिक है तो द्वितीय; एवं, आधे से कम होने पर तृतीय श्रेणी होती थी!

मनसबदार का वेतन यदि नगद में होता था, तब उन्हें स्वाभाविक रूप से 'नगदी' मनसबदार कहते थे, किन्तु, अधिकांशत: अपना वेतन 'जागीर' के रूप

में पाते थे, अत: 'जागीरदार' कहलाते थे। ऐसे भी अमीरों के उदाहरण मिलते हैं, जिनका वेतन आंशिक रूप से नगद तथा आंशिक रूप से जागीर के रूप में प्राप्त होता था। वेतन के अतिरिक्त ये पदवियाँ, सनद, पोशाकें व इनाम अथवा भेंट भी प्राप्त करते थे। कभी-कभी, किसी विशेष नियुक्ति हेतु बादशाह इन मनसबदारों को 'मशरूत' पद भी प्रदान करते थे, जो उतनी अवधि के लिए ही थे, जितनी अवधि के लिए उक्त पद पर आसीन रहते थे। तत्पश्चात् उनका उक्त पद एवं उक्त पद के समतुल्य जागीर वापस ले ली जाती थी।

जहाँगीर के काल तक कुछ समस्याएँ इस व्यवस्था में प्रकट होने लगी थीं, अत: उसने उनसे मुक्ति के लिए 'दू-अस्पाह् सिह-अस्पाह्' पद सृजित किया, ताकि, सवारों की संख्या बिना 'सवार' पद में वृद्धि के बढ़ाई जा सके। जिस प्रकार 'सवार' पद 'ज़ात' से अधिक नहीं हो सकता था, उसी प्रकार 'दु-अस्पाह् सीह अस्पाह्' सवार पद से अधिक नहीं हो सकता था! वैसे तो अकबर के ही काल से मनसबदार) (जागीरदार) इस आशय की शिकायत करने लगे थे, कि, जिस मूल्य की जागीर उन्हें प्रदान की गई थी उतना भू-राजस्व वे उससे प्राप्त नहीं कर रहे थे, किन्तु बाद में स्थिति और बिगड़ती गई। शाहजहाँ को अन्तत: मासिक वेतनक्रम ('मन्थली स्केल') हेतु बाध्य होना पड़ा! जागीर क्षेत्र बढ़ नहीं रहे थे—नए अमीरों को वेतन हेतु जागीरों का संकट बढ़ता गया, जिसने अन्तत: मुगल साम्राज्य के पतन का मार्ग प्रशस्त कर दिया।

सोलहवीं शताब्दी में मुगल उमरा

अमीरों पर नियन्त्रण एवं सन्तुलन

वैसे तो, चूँकि, 'मुगल, उमरा, संगठित नहीं था एवं अनेक गुटों/उपवर्गों में विभक्त था। अत: ये एक-दूसरे की प्रतिद्वन्द्विता के चलते, मुगल बादशाहों के लिए प्रत्यक्ष प्रभावशाली चुनौती कभी नहीं बने जैसा कि, सुल्तनत-काल में प्राय: देखा गया था! किन्तु, मुगल बादशाहों ने अनेक प्रशासनिक उपायों द्वारा उन पर नियन्त्रण व कार्यकुशलता को सुनिश्चित किया। सैन्य दायित्वों के निर्वहन में कोई अपवंचन न हो इसके लिए अकबर ने घोड़ों को दागने एवं सैनिकों की हुलिया (चेहरा) रखने की प्रथा को अनिवार्य कर दिया। 'जागीरदारों' पर नियन्त्रण हेतु परगना स्तर के राजस्व अधिकारी यथा 'कानूनगो' एवं 'चौधरी' तथा, 'फौज़दार' या सैन्याधिकारी नियुक्त होते थे, जो कानून-व्यवस्था बनाए रखने के लिए उत्तरदायी होते थे! न्यायिक मामलों के लिए काज़ी नियुक्त रहते ही थे। साथ ही, अमीरों के निरन्तर स्थानान्तरण की नीति, जिसका श्रीगणेश

मध्यकाल में इल्तुतमिश ने ही कर दिया था—वह भी इस नियन्त्रण-विधि का एक कारगर तरीका था।

फिर भी, अधिक नियन्त्रण हेतु मुगल बादशाहों ने राजगामिता विधि (Law of Escheat) भी स्थापित किया था। वस्तुत: मनसबदारों को जो जागीर प्रदान की जाती थी वह सेवा कार्य हेतु थी, अत: सेवा-कार्य की अवधि तक ही उसके पास रह सकती थी। अत: उसकी मृत्यु या अपदस्थीकरण की अवस्था में उसे जब्त करना अनुचित नहीं माना जा सकता है। इसमें इस बात का प्रावधान रहता था, कि, परिवार को वित्तीय संकट का सामना न करना पड़े, अत: जब तक मृत या अपदस्थ अमीर को देनदारी का समायोजन नहीं हो जाता था, उन्हें एक निश्चित राशि उपलब्ध कराई जाती थी। तत्पश्चात् अमीर के उत्तराधिकारियों को शेष वैध सम्पत्ति वापस सौंप दी जाती थी। किन्तु यह सत्य है, कि, राजगामिता कानून उमरा पर नियन्त्रण का एक सफल उपकरण था।

मुगल बादशाहों द्वारा नियुक्तियों के आधार पर 'उमरा' को दो वर्गों में विभाजित किया जा सकता है। प्रथम वे अमीर जो केन्द्र अथवा दरबार में नियुक्त होते थे, वे 'तैनात-ए-रकाब' कहलाते थे। वे एक प्रकार से केन्द्र के आरक्षित बल का निर्माण करते थे एवं आवश्यकतानुसार उन्हें सैन्य अभियानों पर भेजा जाता था। दूसरा वर्ग अथवा समूह 'तैनात-ए-सूबाजात' कहलाता था, क्योंकि, वह प्रान्तों या सूबों में नियुक्त होते थे। चूँकि, सूबों के अमीर कभी केन्द्र में या केन्द्रवाले सूबों में स्थानान्तरित होते रहते थे, अत: यह कोई स्थायी विभाजन नहीं था। इन अमीरों को शिष्टाचार का पालन करना पड़ता था एवं नियमानुसार 'पेशकश' या भेंट आदि सम्राट को देनी पड़ती थी। इससे अमीरों को दोनों बातें स्पष्ट हो जाती थीं— एक, कि, उनका पद, शान-शौकत व प्रभाव बादशाह की तुलना में कुछ भी नहीं थी तथा, दूसरा, कि, ये सब उसी बादशाह की इच्छा पर निर्भर थी, अत: वे उसकी तुलना में कुछ भी नहीं थे, अर्थात् राजत्व की दैवीय अवधारणा ही सुदृढ़ होती थी, जिससे कि बादशाहों के व्यक्तिगत एवं वंशीय सत्ता को चुनौती देने के अवसर भी समाप्तप्राय हो जाते थे।

प्रत्येक मुगल अमीर की अपनी ही (शाही नियन्त्रण के अधीन ही सही) एक स्वायत्त सरकार होती थी। उसके आश्रितों की संख्या पर्याप्त होती थी। पाँच हजारी अमीर को तीस हज़ार रुपये; तीन हजारी को सत्रह हजार एवं एक हजारी को आठ हजार रुपये मासिक वेतन प्राप्त होता। अपने प्रशासकीय व अन्य दायित्वों के निर्वहन में व्यय के उपरान्त वह पर्याप्त बचत कर लेता था एवं विलासिता का जीवन व्यतीत करता था। वस्तुत: वह राजगामिता सिद्धान्त

के परिणाम को देखते हुए ही उपभोक्तावादी व्यवहार करता था। कुछ अमीरों ने विभिन्न उद्यमों में अपना निवेश भी किया— कुछ ने कारखाने लगाकर उत्पादन किया, तो कुछ ने व्यापार में; कुछ ने उद्यान लगाए, कुछ ने फल के बगीचे लगवाए तथा फलों की अनेक नई नस्लों को लोकप्रियता प्रदान की। इन्होंने अनेक कलाकारों, चित्रकारों, साहित्यकारों, विद्वानों एवं कारीगरों को भी प्रश्रय प्रदान करके समकालीन समाज के सांस्कृतिक विकास में बड़ा योगदान दिया। मूलत: वे राज्य-प्रशासन के मूल स्तम्भ थे, अत: हमें उनकी राजनीतिक भूमिका का विस्तृत अध्ययन करना होगा, कि, मुगल राजनीति में उनका क्या योगदान था एवं इस योगदान ने मुगल राज्य एवं राजनीति के स्वरूप की दशा एवं दिशा किस प्रकार से निर्धारित की!

सन्दर्भ

1. अतहर अली, 'द मुगल नोबिल्टी अंडर औरंगज़ेब', पृ. 11.
2. कोष्ठक का अभिमत वर्तमान लेखक का है, न कि, जे. एफ. रिचड्र्स का।
3. आर. पी. खोसला,' मुगल किंगशिप ऐंड नोबिल्टी, पृ. 226.
4. वही, पृ. 227.
5. अतहर अली, 'द मुगल नोबिल्टी अंडर औरंगज़ेब', पृ. 11-12.
6. वही, पृ. 12-13.
7. वही, पृ. 13-14.
8. वही, पृ. 16.
9. वही, पृ. 18.
10. वही, पृ. 21.
11. आर. पी. खोसला, पूर्व, पृ. 229.

10

महान मुगलों के अधीन उमरा

(1526-1658 ई.)

बाबर व हुमायूँकालीन उमरा

बाबर द्वारा भारत में मुगल साम्राज्य की नींव रखने से ही यहाँ पर उस मुगल उमरा परम्परा का बीजारोपण हुआ, जो वस्तुत: 'चगताई (तुर्क) परम्परा' के नाम से जानी जाती है। इसकी दो प्रमुख विशेषताएँ प्रारम्भ से ही दृष्टिगोचर होती हैं—एक, उसका विदेशी तत्त्व (ईरानी, तूरानी एवं अफ़गान उपवर्ग), दूसरा, तैमूर वंश के प्रति निष्ठा का भाव, जिससे स्पष्ट था, कि, वह तैमूर-चंगेज़ की महान खान की परम्परा लेकर भारत आया। महान खान की परम्परा में विश्व-विजय की अवधारणा, इस बात की द्योतक थी, कि, महान खान अपने आप को ईश्वर के प्रतिनिधि के रूप में समस्त धरा का शासक होने की महत्त्वाकांक्षा रखता था। अत: बाबर के अमीर जो 'बेग' कहलाते थे, वे महान ख़ान के मात्र साधारण सेवक थे—वे न तो बाबर के समक्ष चुनौती ही प्रस्तुत कर सकते थे और न ही राज्य करने की महत्त्वाकांक्षा पाल सकते थे। अत: जब बाबर को ज्ञात हुआ कि, बंगाल में वंशीय सत्ता के अभाव में, कोई भी शासक को मारकर, सिंहासनारूढ़ हो सकता है तो उसे बड़ा आश्चर्य हुआ। महान खान एवं बेगों के मध्य के अन्तर दरबारी शिष्टाचार से भी सुस्पष्ट हो जाते हैं। अत: समस्त बेगों को बादशाह (1507 ई. के पश्चात्) के समक्ष खड़े ही रहना पड़ता था— भले ही उनका अनुभव, स्तर व उम्र कुछ भी हो।

बाबर ने अपने बेगों के साथ सदैव अच्छा व्यवहार किया तथा प्रमुख बेगों से परामर्श करके ही वह नीतिगत निर्णय लेता था। दरबार में अनुशासन व शिष्टाचार का आग्रही बाबर इन्हीं बेगों के साथ मद्यपान की गोष्ठियों में समानता एवं मित्रता का व्यवहार करता था। वह उनके साथ घुड़सवारी का खेल भी खेलता

था। किन्तु, जो बेग युद्धों में अपनी योग्यतानुसार कार्य नहीं करते थे, उन्हें पद व परगनों से मुक्त करने में भी वह कोई संकोच नहीं करता था। अधिक रुष्ट होने पर वह सार्वजनिक रूप से उनकी दाढ़ी तक मुँड़वा देता था![1]

बाबर ने विजय के साथ-साथ प्रशासनिक पुनर्गठन पर भी ध्यान दिया, ताकि, नवनिर्मित साम्राज्य सुदृढ़ रूप से स्थापित हो सके, वहाँ न्याय एवं राजस्व व्यवस्था हो सके तथा, बेगों को प्रशासनिक एवं सैन्य पद व दायित्व भी प्राप्त हो सके—उनकी भी महत्त्वाकांक्षा की पूर्ति का पूरा ध्यान इस पुनर्गठन में रखा गया। सर्वाधिक महत्त्व का पद वकील का था, जो एक साथ प्रधानमन्त्री व वित्तमन्त्री के दायित्वों का पंजाब का प्रशासनिक कार्यभार सौंपा गया। कन्नौज से पूर्व बिहार तक के प्रदेश में 'वज़हदारों को नियुक्त किया था, जो वस्तुत: जागीरदार' थे—बस बाबर ने यह नामकरण कर दिया था, किन्तु परम्पराएँ स्थायी होती हैं, अन्तत: अकबर के काल से ये पुन: जागीरदार ही कहलाए! इस क्षेत्र को विजित करके पुन: स्थानीय अफ़गान सरदारों को ही सौंप दिया गया, क्योंकि, यहाँ और कोई वैकल्पिक व्यवस्था नहीं हो सकती थी—कारण, कि, उसके बेगों ने अफ़गान-बाहुल्य शत्रुतापूर्ण क्षेत्रों में नियुक्तियों से इनकार कर दिया था। इन वज़हदारों पर पर्याप्त केन्द्रीय नियन्त्रण रखने के लिए शिक़दारों, हाक़िमों तथा अन्य अधिकारियों की भी नियुक्ति की थी।[2]

इसी प्रकार, बाबर ने अकबर की राजपूत नीति के बीज बोते हुए, स्थानीय राजाओं व राजपूत ज़मींदारों को अपने-अपने क्षेत्रों में प्रशासन की काफी स्वतन्त्रता प्रदान की थी। उसकी सहृदयता का प्रत्युत्तर देते हुए इन ज़मीदारों ने उसकी अधीनता भी स्वीकारी एवं भू-राजस्व प्रबन्धन में सक्रिय भूमिका निभाई तथा युद्धों में भी उसे सहायता प्रदान की।

बाबर के उमरा के प्रति दृष्टिकोण को उसके दैवी राजत्व-सिद्धान्त के साथ संयुक्त रूप से देखना प्रासंगिक होगा। सर्वप्रथम, तो वह भारत में एक सफल विजेता था, अत: तैमूर व चंगेज़ का वास्तविक उत्तराधिकारी अत: सफलता, विजेता अथवा सफल-विजेता की विशेषताओं के साथ-साथ, व अमीर तैमूर के प्रतिनिधि के रूप में उसके प्रति अभिव्यक्त अन्ध भक्ति व श्रद्धा का सुपात्र उत्तराधिकारी था।[3] अपने अमीरों के प्रति मुगल बादशाह का क्या व्यवहार होना चाहिए, इसके संकेत हमें बाबर के उस पत्र से मिलते हैं, जो 1528 ई. के अन्त में उसने अपने ज्येष्ठ पुत्र हुमायूँ को उसके ज्येष्ठ पुत्र अल-अमन के जन्मोत्सव पर लिखा था। प्रारम्भिक बधाई व प्रसन्नता अ़भिव्यक्त करने के बाद वह प्रशासनिक आदर्शों एवं उचित व्यवहार के विषय में हुमायूँ को आवश्यक दिशा-निर्देश देता

है, जिसके अन्तर्गत वह कहता है, कि, ''अपने (छोटे) भाइयों एवं बेगों को (राजनीतिक) स्वतन्त्रता प्राप्त करने का अवसर न देते हुए, तुम उन्हें अपने समक्ष दिन में दो बार उपस्थित होने की आज्ञा दो, ताकि प्रत्येक कार्य (घटित) में उनसे परमर्श लो!''[4] अर्थात् दिन में दो बार, अमीर अथवा बेग, बादशाह के समक्ष उपस्थित होकर दोनों के पारस्परिक अन्तर को भी समझ सकेंगे तथा, प्रशासन में परामर्श एवं भागीदारिता से उन्हें आत्मतोष (सन्तोष) भी होगा एवं आज्ञाकारी भी बने रहेंगे।[4]

बाबर ने हुमायूँ को ही अपना उत्तराधिकारी चुना था, इसमें कोई दुविधा है ही नहीं। सारे ऐतिहासिक तथ्य इसी ओर इंगित करते हैं। उसने हुमायूँ की माँ महम से यह स्पष्ट भी कहा था, कि, तुम्हारे पुत्र के अतिरिक्त मेरा और कौन उत्तराधिकारी हो ही सकता, ईश्वर करे वह दीर्घजीवी हो एवं एक अवसर पर हुमायूँ से बादशाह होने के उपरान्त अपने छोटे भाइयों को स्नेह करने के लिए निर्देश दिया था। यही कारण है कि, हुमायूँ अपने भाइयों के प्रति जीवनपर्यन्त सहृदय बना रहा।[5]

मुगल काल की स्थापना के साथ, जो अधिकार व पद 'वकील' खलीफ़ा निज़ामुद्दीन को प्राप्त थे, उनसे उसका सत्ता से मदान्ध होना स्वाभाविक था, अत: उसने हुमायूँ जैसे उत्तराधिकारी के स्थान पर बाबर के बहनोई मेंहदी ख्वाजा को सिंहासनारूढ़ करने की योजना बनाई। वास्तव में खानवा के युद्ध के पश्चात् उसे 'हज़रत सुल्तान के मित्र एवं खान के 'साम्राज्य के मुख्य स्तम्भ' का विरुद प्रदान किया गया था। यह प्रकरण इसलिए भी महत्त्वपूर्ण है, क्योंकि, खलीफ़ा एक प्रतिष्ठित अमीर था। उसके छोटे भाई जुनैद बर्लास का विवाह बाबर की एक बहन से हुआ था, उसकी अपनी पुत्री का विवाह सिन्ध के शासक शाह हुसैन अर्घून से हुआ था, उसके पुत्र का विवाह भी अर्घून परिवार में हुआ था। बाबर का बहनोई मीर मोहम्मद मेंहदी ख्वाजा, जो पानीपत एवं खानवा के युद्ध में बाबर के लिए लड़ा था, इस समय इटावा का 'जागीरदार' था। इस प्रकरण में डॉ. ईश्वरी प्रसाद का स्पष्ट उपसंहार हैं, कि, इस षड्यन्त्र में खलीफ़ा ने अन्य अमीरों को सम्मिलित नहीं किया था—वह अकेले ही था, किन्तु, क्या तैमूरियों ने मेंहदी ख्वाजा को तैमूर के सिंहासन पर स्वीकारा किया होता; क्या बाबर के बेग उसके उत्तराधिकार (हुमायूँ) को जानते हुए उसे एक षड्यन्त्र द्वारा परिवर्तित होने देते? सम्भवत: नहीं, अत: यही कारण है, कि, न तो खलीफ़ा अन्य अमीरों को विश्वास में लेकर इस षड्यन्त्र में सम्मिलित करने का साहस कर सका और न ही इसे मूर्त रूप (क्रियान्वित) दे सका! मेंहदी ख्वाजा तैमूर का वंशज होता तो

स्थिति बदल सकती थी।

निज़ामुद्दीन अहमद ने अपनी रचना तबक़ाते-अकबरी में लिखा है, कि, उसके (लेखक के) पिता ने मेंहदी ख्वाजा को यह कहते सुन लिया था, कि, ''अरे विश्वासघाती (खलीफ़ा) मैं सिंहासनारूढ़ होने के पश्चात् सर्वप्रथम तुम्हें दंडित करूँगा!' जैसे निज़ामुद्दीन अहमद के पिता मोहम्मद मुक़ीम हर्वी ने खलीफ़ा को यह बात बताई, खलीफ़ा ने इस षड्यन्त्र को क्रियान्वित न करने का निर्णय लिया। हमें यहाँ यह बात ध्यान में रखनी चाहिए, कि निज़ामुद्दीन ने उक्त पुस्तक की रचना बाबर की मृत्यु के तिरसठ (63) वर्ष बाद की थी, और यह विवरण कितना विश्वसनीय है? यह सन्देहास्पद है। किन्तु, खलीफ़ा षड्यन्त्रकारी था, इसमें सन्देह नहीं है, क्योंकि, इतने महत्त्वपूर्ण अधिकारी का हुमायूँ के काल में कोई उल्लेख न मिलना स्थापित करता है, कि, उसे अवश्य ही हुमायूँ के सिंहासनारोहण के साथ मृत्युदंड दे दिया गया होगा।[6]

हुमायूँ ने अपने सिंहासनारोहण के पश्चात् मिर्ज़ा कामरान को काबुल एवं कान्धार मिर्ज़ा अस्करी को अपनी (हुमायूँ की) पुरानी जागीर सम्भल, मिर्ज़ा हिन्दाल को अलवर (मेवात) एवं मिर्ज़ा सुलेमान को प्रदान किए।

डॉ. रमाशंकर अवस्थी का मत है, कि, हुमायूँ ने खलीफ़ा को बकौल पद पर बने रहने दिया, किन्तु, शीघ्र ही, उसकी मृत्यु हो गई। उसने मेंहदी ख्वाजा को भी इटावा का जागीरदार बना रहने दिया, किन्तु, वह शीघ्र राजनीति में एक चुकी हुई शक्ति हो गया। इसी प्रकार, ख्वाजा मुकीम को भी शाही सेवा में ही रहने दिया गया। कुछ नवीन अमीरों को भी उसने शाही सेवा में प्रवेश दिया, इनमें मौलाना मोहम्मद परधरी थे, जो उसके मुख्य परामर्शदाताओं में से एक हुए, इसी तरह, बैरम खाँ (बाद में खाने-खानाँ) जो मुगल बादशाह की मुहर का अधीक्षक नियुक्त हुआ; ख्वाजा मिर्ज़ा बेग, ख्वाजा अब्दुल मजीद, ख्वाजा सुल्तान अली एवं ख्वाजा अताउल्ला मुख्य थे— इन सभी को प्रारम्भ में वज़ारत, सामान्य प्रशासन एवं वित्त विभाग में गौण पदों पर नियुक्त किया गया था।[7]

हुमायूँ के सिंहासनारोहण की सूचना मिलते ही मिर्ज़ा मोहम्मद ज़मन ने विद्रोह करके सिंहासन पर अपना दावा प्रस्तुत कर दिया, मिर्ज़ा कामरान ने लम्घान व पेशावर पर अधिकार कर लिया; तथा, मिर्ज़ा सुलेमान ने अपने आप को बदख्शाँ में स्वतन्त्र घोषित कर दिया। मोहम्मद ज़माँ मिर्ज़ा खुरासानी मिर्ज़ा था, जिसने उज़्बेको द्वारा खुरासान विजय के बाद बाबर के पास काबुल में शरण ली थी। बाबर ने अपनी पुत्री मासूमा सुल्तान बेगम से उसका विवाह किया। अपने गृह-राज्य से पलायन करनेवाले मिर्ज़ा, बाबर के राज्य में अपनी राजनीतिक

महत्त्वाकांक्षा की पूर्ति के इच्छुक थे।[8] मोहम्मद ज़माँ इस समय जौनपुर के गवर्नर के पद पर नियुक्त था। हुमायूँ ने उसके विद्रोह का दमन किया किन्तु स्वामिनिष्ठा की शपथ लेने के कारण उसे क्षमा करके फर्रूखाबाद में नियुक्त कर दिया, जहाँ उसने अपने चचेरे भाई मोहम्मद सुल्तान मिर्ज़ा के साथ मिलकर विद्रोह कर दिया।

हुमायूँ को कामरान के सन्दर्भ में अपने पिता को दिया हुआ वचन याद आया, अत: उसने कामरान को पंजाब व मुल्तान भी प्रदान करके, सन्तुष्ट करने का प्रयास किया। वस्तुत: इसके बाद कामरान सीमावर्ती प्रान्तों के प्रशासन एवं सुरक्षा उपायों में ही उलझा रहा व उससे हुमायूँ को कोई खतरा नहीं हुआ! अपितु, शेष दोनों भाइयों मिर्ज़ा अस्करी ने गुजरात अभियान के समय अपने आपको स्वतन्त्र बादशाह घोषित करके एवं मिर्ज़ा हिन्दाल ने ऐसा ही कार्य बंगाल-अभियान के दौरान करके, बादशाह हुमायूँ को संकट में डाल दिया था। वे सहज भाव से मुगल अमीरों के हाथों शतरंज के मोहरे के रूप में प्रयुक्त होकर अपने भाई के लिए समय-समय पर संकट खड़ा करते रहे।[9] यदि, उन्हें भी हुमायूँ ने सीमावर्ती प्रान्त प्रदान कर दिए होते, तो वे भी कामरान की तरह अपने प्रशासनिक दायित्वों की पूर्वि में लगे रहते, किन्तु, यह भी सत्य है, कि, इन अपवादस्वरूप प्रकरणों के अतिरिक्त हिन्दाल एवं अस्करी उसके प्रति निष्ठावान बने रहे। इसी प्रकार, चौसा की पराजय के पश्चात् शेरशाह के विरुद्ध अभियान हेतु कामरान भी हुमायूँ के पास आगरा में उपस्थित था तथा, जब हुमायूँ भारतवर्ष के बाहर भाग्य परिवर्तन हेतु गया तो बालक अकबर एवं मुगल स्त्रियों को भी कामरान के पास ही सुरक्षित छोड़ गया था। कामरान का मनमुटाव मात्र निज़ाम के दरबार में उपस्थित न होने से हुआ था—वह तैमूरी वंशज, कैसे निज़ाम के आधे दिन की बादशाहत में दरबार में उपस्थित होता?

हुमायूँ का काल अफ़गान उमरा की भूमिका के कारण महत्त्वपूर्ण है, क्योंकि, अन्तत: हुमायूँ का मुगल साम्राज्य समाप्त हुआ एवं द्वितीय अफ़गान साम्राज्य की स्थापना में शेरशाह सफल रहा था। वस्तुत: डॉ. अवस्थी ठीक ही करते हैं, कि, बाबर के शासन-काल में अफ़गानों की भूमिका तो महत्त्वपूर्ण थी किन्तु, वे कभी बाबर तो कभी सुल्तान मोहम्मद नूहानी अथवा सुल्तान नुसरत शाह अथवा सुल्तान महमूद लोदी, सुल्तन बहादुरशाह एवं राणा साँगा के समय-समय पर पक्षधर होकर शक्ति सन्तुलन प्रभावित करते रहते थे। किन्तु हुमायूँ काल में अफ़गान प्रश्न और भी महत्त्वपूर्ण हो गया, क्योंकि, अब मुगल बादशाह एवं गुजरात के बहादुरशाह ही शेष रह गए थे। अत: वे कभी मुगलों की

ओर तो कभी बहादुरशाह की ओर, अपने स्वार्थ-सिद्धि हेतु प्रवसन करते रहते थे। इसी बीच, मोहम्मद ज़माँ मिर्ज़ा ने दुबारा विद्रोह कर दिया एवं वह गुजरात के सुल्तान की शरण में पहुँच गया। इसी समय तक शनैः-शनैः मुगल सेना के लगभग 10,000 सैनिकों को भी बहादुर अपनी ओर करने में सफल रहा था। अफ़गानों तथा सैनिकों का प्रश्न निश्चित ही दूसरा था— किन्तु, मोहम्मद ज़माँ मिर्ज़ा हेतु हुमायूँ ने बहादुरशाह से पत्र-व्यवहार प्रारम्भ किया। इसकी असफलता के पश्चात् हुमायूँ ने गुजरात अभियान के द्वारा गुजरात विजित कर लिया तथा, मिर्ज़ा अस्करी को वहाँ का वायसराय नियुक्त किया एवं अहमदाबाद को उसकी राजधानी बनाई। पूर्ण गुजरात को पाँच भागों में विक्त करके, यादगार नासिर मिर्ज़ा को पट्टन (नहरवाला) का गवर्नर, मीर बुचाका को महमूदाबाद का, दोस्त बेग इशाक आका को खम्बात एवं बड़ौदा का, तथा, तार्दी बेग की नियुक्ति चम्पानेर में पुष्ट कर दी गई। पूरी व्यवस्था को सुदृढ़ करने की दृष्टि से उसने मीर हिन्दू बेग को गुजरात का मुख्य सेनानायक नियुक्त कर अहमदाबाद में स्थित कर दिया। इसी प्रकार खाँन-ए-जहाँ शिराज़ी को हिन्दू बेग के सहायक के रूप में सूरत में नियुक्त किया, ताकि, मुगल सेनाएँ आवश्यकतानुसार गुजरात के प्रत्येक दिशा व क्षेत्र में गति से कूच कर सकें।[10] इसी शिराज़ी के पुनः बहादुरशाह से मिल जाने के चलते, मुगलों के हाथ से गुजरात जाना और सरल हो गया। इसी प्रकार, अस्करी के द्वारा रुष्ट एवं बन्दी बना लिया गया उसका सौतेला भाई गजनफ़र (जो क़ासिम हुसैन सुल्तान का भाई था एवं उसने अस्करी द्वारा अपने आप को बादशाह कहने का विरोध करके, उसका क्रोध भड़काया था)। अपने तीन सौ साथियों के साथ गजनफ़र बन्दीगृह से भागकर दियू में बहादुरशाह से जा मिला। मुगलों की पराजय में उनके एक अमीर ने इस प्रकार योगदान दिया। इसी समय हिन्दू बेग की सलाह पर अस्करी ने अपने आप को बादशाह घोषित करके, अपनी सेना को एकीकृत रखने का प्रयास किया। तार्दी बेग द्वारा मिर्ज़ा अस्करी की वित्तीय सहायता न करना और अन्ततः चम्पानेर में प्रवेश भी न करने देने के चलते, उसके पास एक ही विकल्प शेष था—वह आगरा वापस चल दिया!

जुलाई-अगस्त, 1536 ई. में मोहम्मद सुल्तान मिर्ज़ा जो बयाना के बन्दीगृह से भागने में सफल हुआ था पुनः सक्रिय हुआ एवं बिलग्राम व कन्नौज पर अधिकार कर लिया। अपने पुत्रों उलुघ मिर्ज़ा एवं शाह मिर्ज़ा को सेनाओं के साथ जौनपुर एवं कड़ा-मानिकपुर की ओर क्रमशः रवाना कर दिया। शीघ्र ही मिर्ज़ा हिन्दाल की सेनाओं से मोहम्मद सुल्तान मिर्ज़ा बिलग्राम में पराजित हुआ एवं पलायन करके अपने पुत्र उलुघ मिर्ज़ा से अवध में जा मिला। किन्तु हिन्दाल के

नेतृत्व में शाही सेनाएँ फिर विजयी रहीं व मिर्ज़ा सम्भल और वहाँ से बहारकुंडा की पहाड़ियों की ओर पलायन कर गया।

उपर्युक्त दोनों प्रकरणों से सुस्पष्ट है, कि, हुमायूँ के ये दोनों छोटे भाई उसके प्रति निष्ठावान बने रहे। अस्करी ने भी गुजरात से आगरा आकर हुमायूँ से क्षमा माँगी—हुमायूँ भी जानता था, कि, विकल्पविहीनता में ही मिर्ज़ा अस्करी ने अपने आप को स्वतन्त्र घोषित किया था उसका मन्तव्य विद्रोह करना अथवा स्वतन्त्र सत्ता की स्थापना कदापि नहीं था। अन्यथा वह आगरा क्यों लौटता? जब मिर्ज़ा कामरान ने अपने क्षेत्र काबुल, गज़नी, कान्धार व बदख्शाँ बचाने के लिए हुमायूँ से सम्बन्ध-विच्छेद कर लिए थे, तब ही अस्करी अपने सगे भाई कामरान के साथ रहा (जिसने उसे कान्धार का प्रशासन सौंपा) अन्यथा उसकी कोमल भावनाएँ एवं समर्पण हुमायूँ के प्रति था, तभी उसने फ़ारस पलायन में सहमति व सहायता दी थी एवं बालक अकबर को संरक्षण एवं प्रेम की छाया प्रदान की।[11]

इसी प्रकार, हुमायूँ के सबसे छोटे भाई (सौतेले) मिर्ज़ा हिन्दाल के साथ पारस्परिक सम्बन्धों की विवेचना कर ली जाए। मिर्ज़ा हिन्दाल एक अधकचरा या परिपक्व या अर्द्धमना विद्रोही था। वह वस्तुत: बिना इच्छा के ही एक दुर्भाग्यपूर्ण परिस्थिति का स्वयं शिकार हो गया था। उसको विद्रोही अमीरों ने हुमायूँ बादशाह के विरुद्ध मात्र एक मोहरा बनाया था। हालाँकि, उस कंटकाकीर्ण मोड़ पर उसकी निष्क्रियता के कारण हुमायूँ चौसा के युद्ध में पराजित हुआ। किन्तु, इसका कारण था, कि, वह बिहार से आगरा वापस भाग आने के कारण, बादशाह के कोप एवं दंड से भयाक्रान्त था। हुमायूँ के ईरान निर्वसन पर उसे कामरान का साथ अच्छा नहीं लगा अत: प्रथम सम्भव अवसर पर वह हुमायूँ से पुन: जा मिला। उसके व बादशाह हुमायूँ के सम्बन्ध मधुर एवं स्नेहपूर्ण बने रहे। उसने पूरे मनोयोग एवं निष्ठा से हुमायूँ की सेवा की एवं उसके लिए युद्ध में लड़ते हुए मारा गया।[12]

यदि, बाबर अपने अल्पावधि के शासन-काल में युद्धों में रत रहा तो यही बात हुमायूँ के लिए भी पूर्णतया सत्य है—वह शासन तो अधिक करने का सौभाग्य पाया, किन्तु, पूर्व एवं पश्चिम में अफ़गानों से युद्धों में ही व्यस्त रहा। अधिक प्रतिकूल परिस्थितियों में उमरा की भूमिका स्वाभाविक रूप से अपने निहितार्थों की पूर्ति एवं व्यक्तिगत लाभ की ही हो सकती थी। वे अस्थिर शासक एवं अस्थायी राजनीति में एक खूँटे से बँधे रहते तो कैसे। तार्दी बेग के चम्पानेर प्रकरण से, गुजरात एवं बंगाल प्रकरणों से; चौसा एवं कन्नौज के युद्धों से, मिर्ज़ा बन्धुओं के विद्रोहों से यही बात प्रकट होती है। मुगल 'उमरा' में स्थिरता का सारा श्रेय अकबर को ही दिया जाना चाहिए और दिया भी जाता है।

अकबरकालीन उमरा

हुमायूँ की अकस्मात् दुर्घटना में हुई मृत्यु ने एकत्रित अमीरों को विवश किया, कि, वे बालक (14 वर्षीय-इस आयु में उसका बाबा फ़रगना का शासक बना था!) अकबर का नए बादशाह के रूप में सिंहासनारोहण करें। बैरम खाँ को हुमायूँ द्वारा अकबर का शिक्षक या 'अतालिक' नियुक्त किया गया था—उसे 'वकीले-मुतलक' या 'वकील' का पद प्राप्त हुआ। इस पद को हम प्रधानमन्त्री एवं वित्त-मन्त्री का संयुक्त रूप कह सकते हैं। अर्थात् सामान्य प्रशासन एवं वित्तीय प्रबन्धन दोनों, उसी के हाथों के केन्द्रित हो गए। वास्तव में, अफ़गानों के भय से पलायन कर चुके एवं निरुत्साहित अमीरों ने बैरम की इस वृहद् शक्ति व अधिकार का कोई प्रतिरोध भी नहीं किया। साथ ही उनकी पारस्परिक प्रतिस्पर्धा एवं गुटबाजी ने भी बैरम को निर्विरोध सत्ता अपना नियन्त्रण करने का अवसर प्रदान कर दिया।[13]

बैरम खाँ ने अपने पद एवं शक्ति का दुरुपयोग करके, अपने सम्भावित प्रतिद्वन्द्वियों को मार्ग से हटा दिया एवं अपना नियन्त्रण एवं प्रभाव दोनों को बहुत बढ़ा दिया। सर्वप्रथम तो हुमायूँ के विश्वासपात्र एवं सम्मानित अमीर-अबुल माली को बन्दीगृह में डाल दिया गया। इसी प्रकार, दिल्ली से प्रवसन में तार्दी को दोषी करार करके मृत्युदंड दे दिया एवं इस दंड को तीन माह तक गुप्त भी रखे रहा। अन्य अमीरों को भी तार्दी के साथ दंडित किया गया। इस प्रकार, मुगल साम्राज्य को सुदृढ़ता प्रदान करने के बहाने उसने समकालीन राजनीतिक परिदृश्य से अपने दो सबसे प्रबल प्रतिद्वन्द्वियों को हटा दिया। वस्तुत: यह तथ्य काबुल के तत्कालीन गवर्नर मुनीम खाँ के इस निर्णय से भी पुष्ट होता है, कि, हुमायूँ के इस विश्वासपात्र ने काबुल से हिन्दुस्तान का अपना प्रस्थान जान-बूझकर विलम्बित कर दिया था। वह शाही स्त्रियों को लेकर काबुल से जलालाबाद तक आया, किन्तु, जैसे ही बैरम के कृत्यों की सूचना मिली, वह वहीं से सुरक्षित काबुल वापस लौट गया एवं अनुकूल परिस्थितियों की प्रतीक्षा करने लगा। अत: 1556 ई. के काल में बैरम खाँ की आज्ञा ही राज्याज्ञा थी एवं समस्त अधिकार उसी के हाथों में केन्द्रित थे एवं समस्त निर्णय उसके ही होते थे। हालाँकि, इसी के कारण मुगल सत्ता काबुल से लेकर जौनपुर (पूर्व) एवं अजमेर (पश्चिम) तक विस्तृत हो चुकी थी, किन्तु, उसके द्वारा मुगल उमरा को अपने प्रति आज्ञाकारी बनाने का विचार अथवा संकल्प हानिकारक प्रमाणित हुआ। अत: उसके अतिशय केन्द्रीकरण के कार्यों ने उसके पतन का मार्ग प्रशस्त किया। उसने अपने कार्यों एवं निर्णयों से स्वयं ऐसी प्रतिकूल शक्तियों को प्रवाहित किया, जिससे 1560

ई. में उसका पतन ये अपरिहार्य हो गया था। वह अपने लोगों को ही महत्त्वपूर्ण पद प्रदान कर रहा था तथा वे जो पूर्णतया उसके प्रति निष्ठावान थे उनको लाभ पहुँचाने लगा था, किन्तु, वे भी भयाक्रान्त एवं सशंकित रहते थे, कि, कब बैरम रुष्ट हो जाए! चगताई तुर्कों ने तो उसके विरुद्ध शिया होने तक का आरोप लगाया—वह वास्तव में उदार था और यह उदारता कट्टर सुन्नी चगताई तुर्कों को बहुत रुचिकर न लगती होगी। उसके प्रतिनिधित्व-काल के प्रथम वर्ष में ही शेख ग़दाई साम्राज्य का मुख्य सद्र नियुक्त कर दिया गया था और वह शीघ्र ही बैरम का कृपापात्र बनकर, वित्तीय मामलों में भी हस्तक्षेप करने लगा था। उसने जिस प्रकार प्रसिद्ध समकालीन सन्त शेख मोहम्मद ग़ौस (जिसका शिष्यत्व बाद में अकबर ने भी स्वीकार कर लिया था) को भी अपमानित किया उससे लोग, विशेषकर मुगल उमरा क्षुब्ध हो गया।

अन्तत: मुसाहिब बेग को मृत्युदंड दिया जाना एवं निरन्तर शम्सुद्दीन अत्का से जाँच के बहाने पूछ-ताछ करते रहने की नीति ने तुर्क गुट को उससे पूर्णतया विमुख कर दिया। यदि, बैरम को पूर्व की भाँति अकबर का पूर्ण विश्वास प्राप्त रहता तब तो उसकी स्थिति को कोई खतरा नहीं था अन्यथा जो हुआ वह अपरिहार्य था। इस महत्त्वपूर्ण सन्धि-काल में जब अकबर युवा हो चला था—वह स्वयं अपना स्वामी होकर, राज्य करने का आकांक्षी हो रहा था। एवं अतालिक व वकील बैरम के प्रभाव से मुक्त होने का अभिलाषी हो गया था। सम्भवत: बैरम खाँ ने प्रत्येक दिशा में लोगों को असन्तुष्ट न किया होता, तब भी युवा अकबर बैरम के विरुद्ध षड्यन्त्र का स्वयं केन्द्र न हो जाता। वकील बैरम से अकबर की धाय (ई) माँ महम अनंगा भी रुष्ट व असन्तुष्ट थीं उसने तथा अत्का खैल ने भी अकबर व बैरम के मध्य अन्तर पैदा किए। उनकी स्थिति तब और सुदृढ़ हो गई, जब शेष शाही स्त्रियाँ भी काबुल से आगरा पहुँच गईं। महम अनंगा ने अकबर से स्पष्ट कर दिया, कि, बैरम के रहते वह सम्प्रभु बादशाह कभी नहीं हो सकता, क्योंकि, सारी शक्तियाँ तो वह अपने हाथों में केन्द्रित किए हुए था।[14] इसी समय अकबर ग्वालियर गया तथा शेख मोहम्मद ग़ौस का शिष्यत्व ग्रहण कर लिया, उसे अपने शाही हाथी का बैरम खाँ द्वारा लेना, तथा, उसे राजसी-भत्ता तक न प्रदान करना— ऐसी भयंकर भूलें थीं, जिन्होंने अकबर को अपना स्वामी बनने का तात्कालिक कारण ही नहीं प्रदान किया, अपितु, जो कुछ शाही महिलाएँ बैरम के विरुद्ध कह रही थीं, उसकी भी पुष्टि कर दी।

क़िन्तु, अक़बर को यह भली-भाँति ज्ञात था, कि, अपने वकील से प्रत्यक्ष सम्बन्ध-विच्छेद अव्यावहारिक होगा, अत: वह एक उचित व उपयुक्त अवसर

की प्रतीक्षा करने लगा। सत्ता का मद होता है एवं पूर्ण सत्ता का पूर्ण मद होता है, अतः मदान्ध बैरम को समझ ही न आया, कि, शाहीकालीन उसके पैरों के नीचे से खींचनेवाला स्वयं शाही परिवार का अध्यक्ष अथवा बादशाह ही हो सकता है?

यह अवसर पीर मोहम्मद खाँ गज़नवीं को बैरम द्वारा अपदस्थ एवं निर्वसन के आदेश के कारण उपस्थित हुआ। पीर मोहम्मद, हालाँकि, बैरम खाँ का ही पक्षधर था, किन्तु, अनेक अवसरों पर उसने बैरम के गलत निर्णयों के विरोध का साहस एवं स्वतन्त्रता व्यक्त की थी। तुर्क अथवा 'तूरानी' उमरा उसे अपना नेता मानने लगे थे एवं वे उसके इर्द-गिर्द एकत्रित होने लगे थे—वे निःसन्देह पीर मोहम्मद को बैरम खाँ के विरुद्ध प्रभावी हथियार की भाँति उपयोग कर सकते थे![15] पीर मोहम्मद को अपदस्थ करना एवं एक ईरानी उसके स्थान पर नियुक्त करना, वास्तव में, शाही अधिकार का अनधिकृत प्रयोग करना था, जो अकबर को कदापि स्वीकार्य नहीं था। अकबर शिकार अभियान के बहाने 19 मार्च, 1560 ई. को आगरा से दिल्ली पलायन करने में सफल रहा एवं 27 मार्च, 1560 ई. को दिल्ली पहुँचा जहाँ के गवर्नर शिहाबुद्दीन ने पूरे उत्साह से बादशाह का स्वागत किया—वह इस पूरे षड्यन्त्र के विषय में जानता था!

दिल्ली से बादशाह अकबर ने एक फ़रमान जारी करके, बैरम खाँ को अपदस्थ करके, सभी अमीरों को अपने समक्ष उपस्थित होकर स्वामिभक्ति प्रदर्शित करने का आदेश दिया। जो अमीर बैरम खाँ के निकट थे, वे भी उससे पृथक् होकर, बादशाह की सेवा में उपस्थित हुए। पीर मोहम्मद, जो पश्चिमी राजस्थान क्षेत्र में था, वह भी शीघ्र आमन्त्रण पाकर अकबर से आ मिला। बैरम मदान्ध होकर यह कल्पना ही नहीं कर पाया, कि, बादशाह इस प्रकार के षड्यन्त्र का केन्द्र होगा एवं उसे इसीलिए यह विश्वास था, कि, यदि वह अकबर से स्वयं मिलेगा तो पुनः उसका विश्वास, अर्जित करने में सफल रहेगा; किन्तु, शिष्ट भाषा में कहें, तो उसे साक्षात्कार का अवसर भी प्रदान नहीं किया गया। उसने त्याग-पत्र देकर धमकी देने का प्रयास किया किन्तु, वह भी स्वीकार हो गया। उसने अब उन षड्यन्त्रकारियों के विरुद्ध कार्यवाही करके, विजित होने पर अपनी आशा टिका दी थी, जिसकी पुष्टि इस बात से हो गई, कि, उसकी गतिविधियों पर निगाह रखने के लिए पीर मोहम्मद को नियुक्त किया गया था। उसने एक और भयंकर भूल की, क्योंकि, षड्यन्त्रकारियों के विरोध को कुचलकर वह बादशाह की प्रसन्नता एवं विश्वास कदापि अर्जित नहीं करता, अपितु, वही 'विद्रोही' घोषित होता!

किन्तु, बैरम ने अमीरों को जो अपना गुट निर्मित किया था, उस पर उसे पूर्ण विश्वास था, अत: बीकानेर से पंजाब पहुँचकर उसने विद्रोह कर दिया। पीर मोहम्मद द्वारा निरन्तर सूचित होने पर अकबर प्रत्येक परिस्थिति के लिए तैयार था—उसने शम्सुद्दीन मोहम्मद अत्का को उसके प्रतिरोध के लिए भेजा एवं उसके सहायतार्थ वह स्वयं अगस्त, 1560 ई. में राजधानी से बाहर निकला। शम्सुद्दीन ने गुनाकर (गुनाकुर ?) के निकट उसे पराजित किया, किन्तु, बैरम शिवालिक पलायन कर गया, जहाँ अकबर के नेतृत्व में शाही सेनाओं ने उसे घेरा व दबाव बनाया। इस घेरेबन्दी के दौरान काबुल से मुनीम खाँ भी अपनी सैन्य टुकड़ी के साथ उपस्थित हुआ। अक्टूबर, 1560 ई. में बैरम ने समर्पण किया—अकबर ने उसे गले से लगाया एवं अपने सिंहासन की दाईं ओर स्थान दिया एवं शाही वस्त्र प्रदान किया। इस सहृदयता से बैरम-का अपराध-बोध और सशक्त हुआ। अकबर ने उसके समक्ष तीन विकल्प रखे एक, काल्पी एवं चन्देरी की जागीरदारी, दूसरे, बादशाह के गोपनीय सलाहकार का पद, एवं, तीसरे मक्का जाकर हज करना बैरम ने तीसरा चुना। मार्ग में पाटन (गुजरात) में कुछ अफ़गानों द्वारा 31 जनवरी, 1561 ई. को उसकी हत्या कर दी गई।

डॉ. सतीश चन्द्रा, बैरम खाँ के पतन को तूरानियों के संगठित प्रयास के रूप में विश्लेषित करने के पक्ष में नहीं हैं, जिसके फलस्वरूप, 'ईरानी' गुट का पतन हुआ था, अपितु, वे इसको केन्द्रीयकरण के विरुद्ध भी उमरा का असन्तोष नहीं मानते हैं। उनके मतानुसार, 'उपजाऊ जागीरें' अर्थात् अधिक राजस्ववाली जागीरे अपनों को प्रदान करने की नीति ने उमरा के एक वर्ग को बैरम के विरुद्ध असन्तुष्ट कर दिया।[16]

डॉ. आर. पी. त्रिपाठी का स्पष्ट मत है, कि, बैरम खाँ के प्रभाव से एवं नियन्त्रण से मुक्त हुआ अकबर अब किसी अन्य के प्रभाव में आने को तैयार नहीं था। वे अमीर जो बैरम के विरुद्ध उसका साथ दे रहे थे विशेष पुरस्कार, पद एवं स्तर की प्रत्याशा में ऐसा व्यवहार करने लगे जैसे कि वे बहुत महत्त्वपूर्ण हों। रिक्त हुए 'वकील' के पद हेतु उमरा के दो उपवर्ग हो गए। एक तरफ थी महम अनंगा, जो अपने पुत्र अधम खाँ को यह महत्त्वपूर्ण पद दिलाना चाहती थी तो दूसरा गुट, अकबर के अत्यधिक नजदीकी शम्सुद्दीन अत्का खाँ का पक्षधर था। अकबर ने दोनों गुटों की शक्ति को नियन्त्रित करने हेतु यह पद पहले बहादुर खाँ तथा, फिर मुनीम खाँ को दे दिया। अत: अकबर ने साम्राज्य को सुदृढ़ एवं विस्तृत करने की योजना बनाकर सभी प्रमुख अमीरों को साम्राज्य के विभिन्न क्षेत्रों में भेज दिया। एक गुट तो काबुल की स्थिति, सुदृढ़ करने हेतु भेजा गया तो

दूसरा, अधम खाँ, पीर मोहम्मद खाँ एवं किया खाँ के नेतृत्व में मालवा विजय हेतु भेजा गया। मालवा की विजय शीघ्र हो गई, किन्तु इस सूचना पर कि, अधम खाँ ने लूट की अधिकांश सम्पत्ति स्वयं हड़प ली है, अकबर शिकार के बहाने 27 अप्रैल, 1561 ई. को मालवा (गगरून) पहुँचा तथा उससे हाथी व सम्पत्ति स्वयं प्राप्त कर ली, क्योंकि, राज्य ही उसका वास्तविक अधिकारी भी था।

इसी प्रकार, अली कुली ज़माँ ने पूर्व में अफ़गानों के विरुद्ध अभियान में लूट की सम्पत्ति अपने पास रख ली थी। 17 जुलाई, 1561 ई. को अकबर ने उसके विरुद्ध भी मुनीम खाँ के साथ कूच किया, तब उसने यह सम्पत्ति अकबर को सौंपी (29 अगस्त, 1561 ई.) इन प्रकरणों एवं परिस्थितियों को देखते हुए अकबर ने प्रशासनिक परिवर्तन का मन बनाया एवं जिन विलायतों (बाद में 'सूबे') एवं सरकारों से भू-राजस्व के बकाए नहीं आए उनकी जाँच थे करवाई (1561 ई.) एवं तत्पशात् जागीरदारों के कार्यकारी एवं न्यायिक अधिकारों को पृथक् कर दिया। अली कुली ज़माँ को वकील मुनीम खाँ का समर्थन भी प्राप्त था, अत: नवम्बर, 1561 ई. में अकबर ने उसके स्थान पर शम्सुद्दीन अत्का खाँ (जो महम अनंगा के विरोधी गुट का था) को वक़ील बना दिया। दोनों गुटों की प्रतिद्वन्द्विता खुलकर आ गई। पूर्ण निर्भीकता व निर्दयता से अधम खाँ ने एक रात्रि अत्का खाँ का वध कर दिया एवं अकबर के शयनकक्ष की ओर गया, जिसने उसे एक प्रहार से गिरा दिया एवं प्रासाद की छत (सीढ़ी) से फिकवाकर हत्या कर दी—अमीरों को अपना स्थान समझाने के लिए अकबर के पास इससे अच्छा कोई ढंग अथवा अवसर नहीं हो सकता था। अकबर ने विवशतावश मुनीम खाँ को पुन: वकील बनाया, किन्तु अब वह पूर्ववत् प्रभावी नहीं था, क्योंकि, बादशाह के आर्थिक एवं प्रशासनिक सुधारों का प्रभाव दिखने लगा था एवं अधम खाँ की मृत्यु के चालीस दिनों के अन्दर दुखी माँ महम अनंगा भी गुजर गईं!

अकबर ने अब उज़्बेक उमरा की संगठित शक्ति को नष्ट करने का प्रयास किया। इस गुट के मुख्य अमीर थे अली कुली खाँ (जो पूर्व के अफ़गानों के विरुद्ध वीरता से लड़ा था एवं जौनपुर का गवर्नर नियुक्त हुआ था); बहादुर खाँ (पानीपत के द्वितीय युद्ध का वीर), 'जो बैरम के बाद वकील भी रहा था; सिकन्दर खाँ, इस्कन्दर खाँ एवं अब्दुल्ला खाँ। ये लोग अवध, जौनपुर एवं बनारस के समस्त क्षेत्र के नियन्त्रक थे एवं बादशाह से असन्तुष्ट थे, कि, उसने इनके गुट के महत्त्व को न समझते हुए इन्हें महत्त्वपूर्ण पद नहीं प्रदान किए थे। उन्हें ऐसा लगता था, कि, बादशाह उनके राजनीतिक प्रभाव को कम या समाप्त करना चाहता है तभी तो उन्होंने एक ओर, उज़्बेक, अफ़गान एवं हिन्दुस्तानी

सैनिकों की भर्ती प्रारम्भ की एवं, दूसरी ओर, जैसे ही बादशाह ने अवध के गवर्नर इस्कन्दर खाँ को दरबार में उपस्थित होने का आदेश भेजा—इस उपवर्ग ने खुला विद्रोह करने का निर्णय ले डाला, किन्तु, अकबर की कूटनयिक चालों, सामरिक समझ एवं सैन्य निपुणता के चलते वे पराजित हुए (दो वर्षों के सैन्य अभियानों के उपरान्त) । अन्ततः मुनीम खाँ के कहने पर अकबर ने उज़्बेकों को क्षमा करते हुए उनकी जागीरें उन्हें पुनः प्रदान कर दीं (1566 ई.)।

इसी बीच अकबर के सौतेले भाई ने उसे पूर्व में व्यस्त पाकर लाहौर पर आक्रमण कर दिया, जबकि, मिर्ज़ा सुलेमान (बदख्शाँ) द्वारा काबुल से भगाए जाने पर अकबर ने उसे पंजाब में शरण की आज्ञा दी थी। अतः अकबर ने उसके विरुद्ध कूच किया। मिर्ज़ा स्वय सिन्धु के उस पार पलायन कर गया, फिर उसका समझौता मिर्ज़ा सुलेमान से भी हो गया, जो काबुल उसे सौंपकर वापस बदख्शाँ लौट गया। अकबर को पश्चिमोत्तर में व्यस्त देख पूर्व में उज़्बेकों ने पुनः विद्रोह कर दिया और मिर्ज़ा हाकिम को अपना नया बादशाह भी घोषित कर डाला, जबकि, वह वापस काबुल में पुनर्स्थापित भी हो चुका था। जून, 1567 ई. में कड़ा के निकट हुए युद्ध में ज़माँ खाँ मारा गया, बहादुर खाँ बन्दी बनाया गया एवं उसे मृत्युदंड दे दिया गया। अब उसने समस्त उज़्बेकों को साम्राज्य के चारों ओर जागीरें प्रदान करके, एक-साथ एकत्रित होने का अवसर ही नहीं दिया!

अब अकबर का साम्राज्य पर पूर्ण नियन्त्रण स्थापित हो चुका था, अतः जब सुल्तान हुसैन मिर्ज़ा के पुत्रों ने यह कहकर विद्रोह किया, कि, उनके पिता को प्रदत्त सम्भल की जागीर अपर्याप्त है, तो स्थानीय अधिकारियों द्वारा ही विद्रोह का दमन किया गया। मिर्ज़ा के विद्रोही पुत्र पहले मालवा और वहाँ से गुजरात पलयान कर गए! वस्तुतः मिर्ज़ाओं एवं उज़्बेकों के विद्रोहों एवं उनके उन्मूलन से स्पष्ट हो जाता है, कि, पुराना आभिजात्य, जो केन्द्रीयकरण का विरोध अपने निहितार्थों के लिए कर रहा था, वह अब अपने अस्तित्व की सुरक्षा व संरक्षण के लिए चिन्तित था। गढ़-कटंगा के युद्ध में लूट की सम्पत्ति रखने के लोभ में जब आसफ़ खाँ ने विरोध किया था तब वही विद्रोह एक ईरानी अमीर का था। अन्यथा इस काल के अन्य सभी विद्रोहों का नेतृत्व तूरानी अमीरों ने किया था।[17] अतः अकबर के उमरा में बड़ी संख्या में ईरानियों, भारतीय मुसलमानों (बारहा के सैय्यद) एवं राजपूतों का प्रवेश इसी कारण से सम्भव हो सका—वह इन नवीन वर्गों से तूरानी शक्ति को सन्तुलित करना चाहता था!

आइए, अब राजपूत उपवर्ग के उदय पर प्रकाश डालकर समकालीन राजनीति में उनके प्रभाव व भूमिका की चर्चा अथवा विश्लेषण कर लिया जाए।

हुमायूँ ने अपने निर्वसन के पश्चात् की द्वितीय भारतीय पाली में स्थानीय शासकों व ज़मींदारों को अपने पक्ष में करने की नीति निर्धारित की। हुमायूँ ने जब अपने उस परिवेश को विश्लेषित किया, जिसमें वह भारत से पलायन के लिए बाध्य हुआ था तब उसे ज्ञात हुआ, कि, उसने स्थानीय शासकों से सम्बन्ध स्थापित नहीं किए थे, जो उसकी एक बड़ी भूल थी, अत: अपनी मृत्यु से पूर्व उसने अकबर को नीतिगत राजपूतों से मैत्रीपूर्ण सम्बन्ध स्थापित करने का परामर्श दिया था। उसका स्पष्ट अभिमत था, कि वे आपकी अनुशासनबद्ध सेवा एवं आज्ञाकारिता करेंगे न, कि, अवज्ञाकारिता एवं आपके अधिकार-क्षेत्र में अतिक्रमण।[18] अत: ज़मींदारों को अपना पक्षधर बनाने की इच्छा एवं निष्ठा के साथ सेवा—इन दोनों वे मिलकर मुगल-राजपूत सम्बन्धों का आधार स्थापित किया। 1557 ई. में एक घटना के अकबर ने दिल-दिमाग पर गहरा प्रभाव छोड़ा था— वह एक हाथी की सवारी कर रहा था जो एकाएक अनियन्त्रित हो गया—सभी उपस्थित लोग भयाक्रान्त हो भाग खड़े हुए—बस भारमल (आमेर के शासक) के अधीन मुट्ठीभर राजपूत ही उस प्रतिकूल परिस्थिति में दृढ़ होकर उसे नियन्त्रित करते रहे!

अकबर जब प्रथम बार ख्वाजा मुईनुद्दीन चिश्ती की दरगाह पर ज़ियारत (तीर्थयात्रा) पर जा रहा था, तब आमेर से कुछ मील पर स्थित साँगानेर में चगताई खाँ के माध्यम से, भारमल, अकबर के समक्ष उपस्थित हुआ। भारमल मेवात के गवर्नर मोहम्मद शर्फ़ुद्दीन हुसैन एवं मारवाड़ के राजा के साथ-साथ अपने भतीजे सुजा से व्यथित था—वे सब मिलकर उसे आमेर से निर्वासित करने के प्रयास करते रहते थे। अत: वह अकबर से सहायता प्राप्त करने का अभिलाषी था। चूँकि, उक्त राजा के अधीनस्थ सामन्त भी शक्तिशाली थे, किन्तु पहाड़ी क्षेत्रों के राजपूतों जैसी सुरक्षित स्थिति उनकी नहीं थी, क्योंकि उनके मैदानी क्षेत्र आगरा-दिल्ली की शाही सेनाओं के लिए आसान शिकार थे, अत: वे यहाँ के शासक से भी प्रतिद्वन्द्विता के विषय में नहीं सोच सकते थे। अत: अकबर ने भी राजा की ओर मैत्री का हाथ बढ़ाया तथा उसकी ज्येष्ठ पुत्री बाई हरक़ा (जोधाबाई नहीं) से विवाह कर लिया। इसके परिणामस्वरूप राजा को उसका पुत्र जगन्नाथ एवं दो भतीजे, जो शर्फ़ुद्दीन के यहाँ बन्धक थे वापस मिले, तथा, उसका पुत्र (राजा) भगवानदास एवं पौत्र मानसिंह शाही सेवा में सम्मिलित कर लिए गए। वास्तव में, मुगल शासकों की राजपूत कन्याओं के विवाहों की शृंखला में यह प्रथम विवाह था, जिसने एक दूरगामी प्रभाववाली मुगल राजनीति की आधारशिला रखी व सूत्रपात किया।[19]

हालाँकि, अकबर ने तीर्थयात्रा कर (1563 ई.) व जज़िया (1564 ई.) समाप्त कर दिया था, किन्तु, राजपूतों के साथ उसके सम्बन्ध 1568 ई. में चित्तौड़ के पतन के बाद ही प्रगाढ़ हुए। इसी के तुरन्त बाद रणथम्भौर भी विजित हुआ था। 1570 ई. में बीकानेर के राजा कल्याण मल ने अकबर की अधीनता स्वीकार की व अपनी एक भतीजी का विवाह भी अकबर से किया, जैसलमेर के रावल हर राय ने अधीनता स्वीकार की एवं उसकी एक पुत्री का विवाह अकबर से हुआ। इन राजाओं के राज्य इन्हें पुनर्स्थापित कर दिए गए तथा, कल्याण मल व राय सिंह को मुगल शाही सेवा में प्रविष्ट कर लिया गया! जोधपुर का चन्द्रसेन भी अकबर के समक्ष उपस्थित हुआ एवं उसकी भी एक पुत्री का विवाह मुगल सम्राट से हुआ, वस्तुत: राजपूतों को इस प्रकार के वैवाहिक सम्बन्ध स्थापित करने के लिए बाध्य नहीं किया गया था।[20] ये परिस्थितिजन्य थे एवं दोनों पक्षों के लिए लाभप्रद थे, अत: स्वाभाविक रूप से ही सम्पन्न हुए।

वास्तव में, मुगलों के सम्बन्ध मात्र कछवाहों से ही नहीं थे, अपितु, गुजरात अभियान से पूर्व वह बीकानेर के राय रायसिंह को जोधपुर-सिरोही (राणा प्रताप से सुरक्षा हेतु) का कार्य-भार सौंप गया था, इसी प्रकार, इब्राहीम मिर्ज़ा द्वारा नागौर की घेरेबन्दी के विरुद्ध बीकानेर के राय रायसिंह एवं जोधपुर के रामसिंह ने मुगलों की ओर से घमासान युद्ध किया था। गुजरात अभियान में भी रणथम्भौर के राव सुरजन हाडा एवं शेखावटी के रायसल दरबारी ने भी अकबर के साथ, सक्रिय भूमिका निभाई थी।

डॉ. सतीश चन्द्रा की व्याख्या के अनुसार 1578 ई. के पश्चात् जब अकबर की राजपूत नीति का तृतीय चरण प्रारम्भ होता है तो वे साम्राज्य के सहभागीदार के रूप में उभरकर, तूरानी उमरा को सन्तुलित करनेवाली शक्ति के रूप में स्थापित होते हैं। इस काल में हम राजपूतों को अकबर के दूध-भाई मिर्ज़ा हाक़िम के विरुद्ध अभियान में भी सक्रिय पाते हैं। भगवन्त सिंह को सईद खाँ के साथ लाहौर का सह-गवर्नर नियुक्त किया गया था (1581 ई.) तथा मानसिंह को सिन्धु क्षेत्र का हाकिम नियुक्त किया था। भगवन्त सिंह 1583 ई. में लाहौर का गवर्नर नियुक्त हुआ एवं मिर्ज़ा हाकिम के विद्रोह के दमन के बाद सईद खाँ को दिल्ली बुला लिया गया था। 1583 ई. में ही भगवन्त सिंह की पुत्री का विवाह सलीम से हुआ; इसी समय जोधपुर, चन्द्रसेन के छोटे भाई मोटा राजा उदयसिंह को प्रदान किया गया एवं उसकी पुत्री जगत् गोसाईं का विवाह भी सलीम के साथ सम्पन्न हुआ।

मानसिंह को तो बाद में बिहार व बंगाल का सूबेदार नियुक्त करके 7000 का मनसब प्रदान किया गया। 7000 का मनसब एक दूसरे अमीर मिर्ज़ा अज़ीज़ कोका को ही प्राप्त था। आईन-ए-अकबरी में वर्णित 27 राजपूत अमीरों की सूची में 13 कछवाहे हैं। 1590-91 ई. में बीकानेर के राय रायसिंह को लाहौर का गवर्नर एवं उसके पुत्र सूरजसिंह को गुजरात का प्रभावी गवर्नर नियुक्त किया गया था। यही नहीं, राजपूत राजाओं को मुगल सम्राट ने उनके राज्य तो 'वतन-जागीर' के रूप में प्रदान ही किए, उसके अतिरिक्त भी, उनके मनसबों के अनुरूप उन्हें साम्राज्य के विभिन्न भागों में भी जागीरें प्रदान की गईं। ये जागीरें उनकी अतिरिक्त आय के साथ प्रसिद्धि का कारण भी होती थीं। एक प्रकार से राजपूत उमरा का योगदान मुगल राजनीति में प्रभावशाली व महत्त्वपूर्ण हो गया। चित्तौड़ के राणा के अलावा शेष लगभग सभी राजपूत शासकों ने अकबर की अधीनता स्वीकार कर ली थी, जिनमें उपर्युक्त के अतिरिक्त ईडर, सिरोही, बाँसवाड़ा, डूँगरपुर एवं बूँदी के सरदार (शासक) भी शामिल थे। इन सरदारों की अधीनता स्वीकार करने से ही राणा पूर्णतया पृथक् (अकेला) पड़ गया एवं दक्षिण मेवाड़ के पहाड़ी क्षेत्र में शरण लेने को बाध्य भी हुआ![21]

राजपूतों के प्रवेश से ही मुगल उमरा एक सम्मिश्रित उमरा का स्वरूप ग्रहण कर सका। अकबर ने राजपूत अमीरों को अन्य अमीरों के साथ समानता का स्तर प्रदान किया। उपर्युक्त वर्णित राजपूत अमीरों के अतिरिक्त भी बड़ी संख्या में अन्य हिन्दू भी शाही सेवाओं में सम्मिलित किए गए, जो खत्री एवं कायस्थ जाति के थे। इनमें प्राय: अधिकांश ने राजस्व विभाग में निम्न स्तर से कार्य प्रारम्भ किया था तथा वे अमीरों के यहाँ पेशकार (वित्त सलाहकार) भी रहे थे। इस संवर्ग में प्रमुख अमीर थे टोडरमल, जिसे शेरशाह ने प्रश्रय दिया था; अकबर के काल में वह दीवान तक रहा। बीरबल जो अकबर का विश्वासपात्र था। राय पत्र दास (खत्री) जो बिहार एवं काबुल सूबों का दीवान भी रहा था और जिसे राजा विक्रमाजीत का विरुद एवं 5000 की मनसब प्रदान की गई, राय पुरुषोत्तम (ब्राह्मण) बख्शी के पद पर नियुक्त हुआ था। जब सूबों का गठन हुआ एवं सूबों में दीवान नियुक्त किए गए तो बारह में से आठ सूबों के दीवान खत्री व कायस्थ थे। अत: इस प्रकार से, राजपूत राजाओं व ज़मींदारों के अतिरिक्त, प्रशासनिक शाखा से भी अमीरों का चयन/नियुक्ति होने लगी, जिससे अनेक हिन्दू अमीर मुगल शाही सेवा में प्रविष्ट हुए।[22]

राजपूत व अन्य हिन्दुओं के अतिरिक्त भारतीय मूल के मुस्लिम भी मुगल उमरा के अविभाज्य व महत्त्वपूर्ण अंग हो गए थे। इनमें प्रथम उपवर्ग था 'बारहा

के सैय्यद' जो अपने सैन्य शौर्य के लिए प्रसिद्ध थे। वे सुल्तनत काल में अरब से भारत आए थे। अपने शौर्य एवं बलिदान के लिए विख्यात वे अकबर की सेना के पिछले भाग में सम्मिलित किए गए थे। भारतीय मुस्लिमों का दूसरा उपवर्ग 'शेखज़ादों' का था. ये प्राय: वे शेख थे जो पीढ़ियों से भारतवर्ष में बस गए थे। बैरम खाँ का प्रिय शेख गदाई इसी उपवर्ग का सदस्य था। संकीर्ण व कट्टर बदायूँनी उनकी निन्दा करता है तथा 'मदद-ए-माश, (धार्मिक भू-अनुदानों) पर आश्रित अवसरवादियों की संज्ञा देता है। इनमें से कुछ ज़मींदार भी थे। वास्तव में, उज़्बेकों के साथ मतभेद उभरने के पश्चात् जब अकबर से उनके लगभग सम्बन्ध विच्छेद हो गए, तब अकबर ने विशेष प्रयास किए ताकि उन्हें तुष्ट करके शाही सेवा में सम्मिलित किया जा सके। हिन्दुस्तानी अथवा भारतीय मूल के मुस्लिमों में काम्बोह के अमीर भी सम्मिलित किए जा सकते हैं—वे जनजातीय थे, जिनमें से कुछ सदस्य पंजाब के हिन्दू व सिक्ख भी थे।[33] काम्बोह उपवर्ग के अमीरों में सर्वाधिक विख्यात एवं प्रतिष्ठित शाहबाज़ खाँ था, जिसने अकबरकालीन विभिन्न सैन्य अभियानों में सक्रिय भाग लेकर, अपने सन्तुलित व्यवहार, सामरिक समझ, गति एवं चातुर्य से सबकी प्रशंसा प्राप्त की थी। राणा प्रताप के विरुद्ध मुगल अभियान एवं बंगाल अभियान में उसकी भूमिका महत्त्वपूर्ण एवं सराहनीय थी। अपनी योग्यता एवं उपलब्धियों के चलते, उसे अकबर ने सैन्य मन्त्री या मीरबख्शी नियुक्त किया था एवं उसने जिस प्रकार से कड़ाई से 'दाग' एवं 'हुलिया' की व्यवस्था की थी, उससे सेना में भ्रष्टाचार थम गया एवं उसकी निपुणता बढ़ गई थी।

वैसे उज़्बेकों के विद्रोहों एवं उन्मूलन के तीन स्पष्ट प्रभाव दिखते हैं। 1560 ई. में प्रारम्भ हुए विद्रोहों की श्रृंखला सात वर्षों तक निरन्तर चलती है तथा, सम्राट को अपनी सत्ता एवं प्रतिष्ठा दोनों को सम्पुष्ट करने के लिए प्रयासरत रहना पड़ता है। अपनी कूटनीतिक सूझ-बूझ, धैर्य, साहस, अप्रतिम ऊर्जा, सामरिक समझ एवं दूरदर्शिता व सन्तुलन से वह विरोधी शक्तियों पर विजय प्राप्त करने में सफल रहा। वस्तुत: इस पूरे प्रकरण के अन्तिम दो वर्ष (1565-1567 ई.) अकबर के लिए अत्यधिक उत्सुकता एवं कठोर परीक्षण के रहे। वास्तव में, पानीपत के पश्चात् मुगल साम्राज्य ने इतने संकटपूर्ण दिन नहीं देखे थे।[24] अत: अकबर की पूर्ण सत्ता तथा सम्राज्य में अमीरों की भूमिका स्पष्टत: निर्धारित हो गई थी।

इस पूरे प्रकरण का द्वितीय परिणाम व प्रभाव भी दिखाई देता है। उज़्बेकों के अतिरिक्त अन्य उपवर्गों को तुष्ट करके अपना पक्षधर बनाने की प्रक्रिया में

अकबर ने सुनियोजित (राजपूत व अन्य हिन्दुओं के सन्दर्भ में), परिस्थितिजन्य एवं असुनियोजित ढंग से एक मिश्रित मुगल उमरा के निर्माण का अभूतपूर्व कार्य किया। इस प्रकरण के पश्चात् प्रशासन एवं उमरा में ईरानियों की संख्या एवं प्रभाव के साथ, राजपूतों, अन्य हिन्दुओं, हिन्दुस्तानी मुस्लिमों की संख्या एवं प्रभाव में भी निश्चित वृद्धि होती है। 1575 एवं 1595 ई. के मध्य 500 ज़ात से अधिक के 184 अमीरों में तूरानी 64 (34.78%): ईरानी 47 (25.54%); हिन्दुस्तानी 34 (18.48%) एव राजपूत व अन्य हिन्दू 30 (16.30%) शेष नौ की पृष्ठभूमि नहीं दी गई है[25] सम्भवत: इतने अफ़गान आदि तो अमीर रहे ही होंगे?

तृतीय, अकबर ने पूर्व में एकत्रित उज़्बेक उमरा एवं उनके सैनिकों से निरन्तर संघर्ष से एक ऐसा पाठ सीखा था, कि, उसने उमरा के पुनर्गठन (मनसबदारी व्यवस्था के अन्तर्गत) में उसे क्रियान्वित किया। अकबर ने सुनियोजित एवं सुनिश्चित सुधार किया, जिससे नस्लजातीय-जनतातीय गठबन्धन को तोड़ा जा सका। उसके नियमानुसार प्रत्येक अमीर को अपनी सैन्य-टुकड़ियों में मिश्रित आधार के सैनिकों की भर्ती करनी चाहिए अत: अकबर के अधीन उमरा विभिन्न धार्मिक, साम्प्रदायिक, नस्लीय, जनजातीय तत्त्वों का सम्मिश्रण था। अत: वह अपने आप ही स्वत: सन्तुलित था। इस प्रकार के विभिन्न तत्त्वों से निर्मित उमरा ही एकीकृत मुगल उमरा का स्वरूप धारण का सकता था।[26]

सत्रहवीं शताब्दी के पूर्वार्द्ध में मुगल उमरा

जहाँगीर एवं शाहजहाँकालीन मुगल उमरा (1605-1658 ई.)

जहाँगीरकालीन उमरा

अकबर जब मृत्यु-शय्या पर पड़ा हुआ था, उस समय उसके पुत्र सलीम एवं प्रिय पौत्र खुसरो के समर्थकों के मध्य संकर्ष एकदम से तीव्र हो उठा— उसकी मृत्यु-शय्या के इर्द-गिर्द मृत्यु के साये के साथ-साथ, षड्यन्त्र विश्वासघात, घात व प्रतिघात भी मँडराने लगा था। अकबर की बीमारी के चलते, उसका दूध-भाई व प्रिय मित्र खाने आज़म अजीज़ कोका उसके प्रतिनिधि के रूप में कार्य करते हुए उसकी स्थिति सुदृढ़ करने लगा—वह अपने दामाद खुसरो को नए बादशाह के रूप में सिंहासनारूढ़ करने का इच्छुक था। मानसिंह (खुसरो का मामा) भी उसका समर्थक एवं सह-षड्यन्त्रकारी था। इस षड्यन्त्र के अनुसार यह योजना थी, कि जब सलीम पुन: अकबर से मिलने आएगा तो उसे बन्दीगृह में डाल दिया

जाएगा। किन्तु, अन्तिम समय में सलीम को इसकी सूचना मीर ज़ियाउलमुल्क कज़विनी ने देकर उसकी प्राणरक्षा दी।[27] अब इन दोनों ने खुलकर अमीरों का एक सम्मेलन आयोजित करके, उत्तराधिकार पर निर्णय का प्रयास किया। किन्तु, इस प्रयास का प्रत्यक्ष एवं प्रभावी विरोध सैय्यद खाँ बारहा ने शेख फ़रीद बुखारी के आह्वान पर किया, जिसने सलीम को सत्ताच्युत किए जाने को चगताई विधि एवं परम्परा के विरुद्ध घोषित किया। वह अपने समर्थकों जिनमें मलिक खैर प्रमुख था— के साथ सम्मेलन छोड़कर चला गया। वस्तुत: अजीज़ कोका एवं मानसिंह दोनों ही अकबर तक से इस विषय में सहमति प्राप्त करने में असफल रहे थे तथा, सभी अमीरों के समर्थन के अभाव में यह और भी दुष्कर व असम्भव प्रतीत होने लगा।

आगरा में अफ़वाह का बाजार गर्म था एवं सलीम ने खुसरो के उत्तराधिकारी के मनोनयन को लगभग निश्चित मानते हुए, जल-मार्ग से इलाहाबाद पलायन की योजना तक बना डाली थी और वह सम्भवत: चला ही जाता, यदि रुक्नुद्दीन रोहिल्ला ने उसे उमरा सम्मेलन के अन्तिम समाचार प्राप्त होने तक रुकने को न कहा होता। इसी घड़ी, मिर्ज़ा शरीफ़ ने सलीम को सूचित करके निश्चित किया कि षड्यन्त्र असफल हो गया है एवं बारहा के सैय्यदों का नेतृत्व करते हुए मुर्तज़ा खाँ स्वयं उसके दल में सम्मिलित होने आ रहा है। खाने आज़म उनका समर्थक नहीं था, किन्तु, मानता था, कि प्रतिकूल परिस्थितियों व संकट के काल में वे (सैय्यद) ही साम्राज्य की ढाल बनकर रक्षा करते हैं। अट्ठारहवीं शताब्दी में जो बारहा के सैय्यद बादशाहों को पदासीन एवं अपदस्थ करनेवाली भूमिका में पाए गए, उन्होंने सत्रहवीं शताब्दी में भी भारतीय राजनीति में सक्रिय भूमिका निभाते हुए प्रमाणित किया, कि, भारतीय राजनीति में वे एक महत्त्वपूर्ण तत्त्व थे।[28]

'अब सलीम का विरोध करनेवाले भी उससे आ मिले और उसने सबको क्षमाप्रदान करके सब कुछ विस्मृत करने का निर्णय लिया। खाने आज़म भी उससे आ मिला व सलीम ने पूर्ण आदर व सम्मान से उनका स्वागत किया। राजा मानसिंह ने खुसरो को लेकर बंगाल (जहाँ का वह सूबेदार था) जाने की योजना बनाई हालाँकि क्रियान्वित न हो सकी। 24 अक्टूबर, 1605 ई. को नूरुद्दीन जहाँगीर के रूप में सिंहासनारोहण के बाद उसने एक महत्त्वपूर्ण निर्णय लिया, कि, अकबर के ऐसे प्रमुख अमीर जो खुसरो के स्पष्ट पक्षधर थे उनके हाथों में केन्द्रित असीम शक्ति को उन हाथों में स्थानान्तरित की जाए, जिन पर उसे पूर्ण विश्वास हो।[29]

अत: उपर्युक्त नीति को क्रियान्वयन करते हुए अपने व अपने पिता के मध्य अन्तर बढ़ानेवाले मोहम्मद शरीफ़ खाँ (जो प्रसिद्ध चित्रकार अबदुस्समद का पुत्र

था) को अमीरूल उमरा एवं वकील (वज़ीर) का सर्वोच्च पद प्रदान कर दिया। इस पदोन्नति से दरबार एवं राज्य के अधिकांश अमीर असन्तुष्ट व ईर्ष्यालु हो गए।[30] साथ ही, दीवान (वित्त विभाग) के पद पर संयुक्त रूप से मिर्ज़ा जान बेग एवं मिर्ज़ा गयास बेग को बिठाया। मिर्ज़ा गयास बेग को तो एत्मादुद्दौला का विरुद एवं 1500 का मनसब प्राप्त हुआ।

साम्राज्य का इसके बाद के क्रम का सर्वाधिक महत्त्वपूर्ण मीरबख्शी (प्रतिरक्षा मन्त्री) का पद, शेख़ फ़रीद बोखारी को प्रदान किया गया, जिसने सर्वप्रथम राजा मानसिंह एवं अजीज़ कोका के विरुद्ध विरोध का नेतृत्व किया था। उसे साथ ही, कलम एवं तलवार (दोनों) का पद भी प्रदान किया गया 'साहिब उस सैफ वा इयाकलम' इसी प्रकार, काबुल के मूल निवासी घयूर बेग के पुत्र ज़माना बेग को 1500 का मनसब एवं महाबत खाँ का विरुद प्रदान किया गया। अन्य पुरस्कृत व पदोन्नत अमीरों में रुक्नुद्दीन था, जिसे शेर खाँ का विरुद एवं 3,500 का मनसब, लाल बेग को बाज़ बहादुर का विरुद, 4000 का मनसब एवं बिहार की गवर्नरी; मीर ज़ियाउद्दीन कज़विनी को 1000 का मनसब एवं अस्तबल के लेखाकार का पद, वीरसिंह देव बुन्देला को मात्र 3000 का मनसब प्रदान किया गया।

इसी प्रकार, शेख सलीम चिश्ती के वंशजों को भी नए बादशाह का प्रश्रय प्राप्त हुआ—उसमें से एक अलाउद्दीन को इस्लाम खाँ का विरुद एवं आगे चलकर बंगाल की सूबेदारी भी प्राप्त हुई; उसके पुत्र इक़रम खाँ को 5000 जात/1500 सवार के पद के साथ, मेवात की फ़ौजदारी प्राप्त हुई; शेख कबीर को शजात खाँ के विरुद एवं बंगाल में उच्च प्रशासनिक पद (?); इसी प्रकार, राजकुमार सलीम को उसके शैशव में प्रथम दिन दूध पिलानेवाली धाय माँ के पुत्र शेख बयाज़ीद का भी भाग्योदय प्रारम्भ हो गया।[31]

इस प्रशासनिक पुनर्गठन, पदोन्नतियों से उत्पन्न ईर्ष्या एवं असन्तोष को तुष्ट करने के लिए अधिकारियों, कर्मचारियों व सैनिकों के वेतन में 20 प्रतिशत वृद्धि कर दी—कुछ प्रकरणों में तो यह वृद्धि 300-400 प्रतिशत भी की गई थी।[32] डॉ. त्रिपाठी का अभिमत है, कि, कुछ प्रकरणों को छोड़कर शेष में जहाँगीर की पसन्द अच्छी नहीं थी, सम्भवत: इसलिए, क्योंकि, उसके प्रशंसकों एवं समर्थकों का घेरा मध्यस्तर (साधारण से) के लोगों तक सीमित था, जो उसी के समान सामान्य स्तर के थे।[33]

6 अप्रैल, 1606 ई. की सायं को अपने बाबा अकबर की क़ब्र जाने के बहाने खुसरो 350 घुड़सवारों के साथ पंजाब की ओर निकल पड़ा—मथुरा में

300 घुड़सवार ऐमक़ सैनिकों के साथ हुसैन बेग बदख्शी आ मिला। लाहौर का दीवान अब्दुर रहीम एक लाख रुपये को शाही कोषागार में जमा करने आगरा जा रहा था—वह भी खुसरो से आ मिला। तरण तारण में सिक्ख गुरु अर्जुन से आशीर्वाद प्राप्त कर वह लाहौर पहुँचा, जिसका विरोध वहाँ के सूबेदार दिलावर खाँ ने सफलतापूर्वक किया। उसके नौ दिन के बाद ही जहाँगीर भी सेना के साथ वहाँ पहुँच गया। भैरोवल के युद्ध में पराजित होकर खुसरो पलायन कर गया। हुसैन बेग व अब्दुरहीम के अनुयायियों के अतिरिक्त शेष काफी लोग उसका साथ छोड़ गए: चेनाब नदी पार करते समय वह अन्ततः अबुल कासिम नमकीन द्वारा बन्दी बना लिया गया। लाहौर में सूचना प्राप्त करके जहाँगीर सन्तुष्ट हुआ एवं उसके समक्ष बन्दी के रूप में खुसरो को प्रस्तुत किया गया, जिसके बाईं ओर अब्दुर रहमान एवं दाईं ओर हुसैन बेग बदख्शी था। हुसैन बेग व अब्दुर रहीम दोनों को क्रमशः बैल एवं गधे की खाल में सिल दिया गया। अब्दुर रहीम जीवित बच गया एवं पुनर्स्थापित भी हो गया, किन्तु हुसैन बेग की मृत्यु हो गईं। विद्रोही राजकुमार के अनुयायियों को सार्वजनिक फाँसी दे दी गई।[34] सिक्ख गुरु अर्जुन को भी मृत्युदंड देकर जहाँगीर ने सिक्खों को आहत किया। इसी क्रम में खुसरो से सम्पर्क के संदेह में एत्मादुद्दौला को बन्दीगृह में डाला गया, जहाँ से 2 लाख रुपये के दंड के बाद वह मुक्त हुआ, जबकि उसके ज्येष्ठ पुत्र मोहम्मद शरीफ़ को मृत्युदंड दे दिया गया। डॉ. त्रिपाठी का अभिमत है, कि, खुसरो के विद्रोह ने जहाँगीर के व्यक्तित्व में आक्रामक दंड-दाता (विद्रोहियों की जीवन-लीला समाप्त करनेवाला) एवं असंयमित क्रोधी बना दिया था।[35] अन्ततः खुसरो को अन्धा करने का आदेश दे दिया गया। यदि विद्रोहियों एवं समर्थकों को गम्भीर दंड दिए, तो अपने समर्थकों को भी पुरस्कृत करने में जहाँगीर ने कोई संकोच नहीं किया। शेख फ़रीद बोखारी को मुर्तज़ा खाँ का उच्च विरुद प्रदान किया गया। महाबत खाँ को पदोन्नति देकर 2000 जात/ 1300 सवार का मनसब व दिलावर खाँ को 2000/1400 का मनसब प्रदान करके, भैरोवल का नाम फ़तेहाबाद कर दिया। यहाँ तक कि झेलम व चेनाब नदियों के बीच के चौधरियों एवं जागीरदारों को भी पुरस्कृत किया गया।[36]

खुसरो के विद्रोह ने निकट अतीत में सिंहासनारूढ़ हुए जहाँगीर के विरुद्ध अन्य अमीरों को भी विद्रोह करने की प्रेरणा दी। बीकानेर के राय रायसिंह, जो पंचहजारी मनसबदार था एवं उसके पुत्र दलपत सिंह ने विद्रोह कर दिया। राजा भारमल के पुत्र जगा के साथ बख्शी मुईज़ुलमुल्क द्वितीय सेनानायक के रूप में भेजकर विद्रोह उन्मूलन करवा दिया गया। पराज़ित राय रायसिंह के समर्पण के

उपरान्त उसे क्षमा करके पुनर्स्थापित कर दिया गया। इसी प्रकार, बिहार के एक स्थानीय सरदार संग्राम का विद्रोह भी बिहार के सूबेदार जहाँगीर कुली खाँ द्वारा दबा दिया गया।[37]

जहाँगीर के आधुनिक इतिहासकार डॉ. बेनी प्रसाद के अनुसार, मेहरुन्निसा के विवाह (1611 ई.) के पश्चात् उसका पिता एत्मादुद्दोला एवं भाई आसफ़ खाँ तथा राजकुमार खुर्रम (आसफ़ खाँ का दामाद) का एक प्रगाढ़ गुट बन गया, जिसे नूरजहाँ 'जुन्टा' कहा जा सकता है। वस्तुत: इस तथ्य की पुष्टि मुतामिद खाँ की रचना से होती है (उसने शाहजहाँ के शासन के प्रारम्भिक वर्षों में इसकी रचना थी)। यह 1620 ई. तक राजनीतिक प्रभुत्व में रहा। डॉ. बेनी प्रसाद के मतानुसार खुर्रम को इस गुट से पृथक् होना एवं विद्रोह (1622 ई.) करना ही नूरजहाँ गुट के विलय का संकेत था। वह महत्त्वाकांक्षी शाहजहाँ के स्थान पर अपने दामाद राजकुमार शहरियार (उसकी पहले पति से हुई पुत्री लाडली बेगम की पति) को सिंहासनारूढ़ करना चाहती थी, जो उसके द्वारा पूर्णतया नियन्त्रित एवं निर्देशित होता।[38] प्रो. नुरूल हसन के अनुसार एत्मादुद्दौला के परिवार का सत्तोत्कर्ष 1616 ई. के बाद ही प्रारम्भ हुआ न कि 1611 ई. में। साथ ही, वे यह भी दर्शाते हैं, कि, ऐसे परिवार जिनका प्रत्यक्ष सम्बन्ध नूरजहाँ की जुन्टा से नहीं था, उन्हें भी इस काल में उच्च मनसब प्राप्त न हुए थे यथा, खाने आज़म, मिर्ज़ा अज़ीज़ कोका, अब्दुरहीम खानेखाना, अब्दुल्ला खाँ, फ़िरोज़ जंग आदि। सबसे महत्त्वपूर्ण उदाहरण तो महाबत खाँ का है, जिसका मनसब भी बढ़ा एवं वह जहाँगीर का विश्वासपात्र व प्रतिष्ठित अमीर बना रहा जबकि, वह नूरजहाँ गुट कभी सम्बद्ध नहीं रहा। ऐसे अनेक अमीर हैं, जिन्हें महाबत खाँ की भाँति नूरजहाँ के गुट का समर्थन नहीं प्राप्त था, किन्तु उन्हें पदोन्नतियाँ आदि प्राप्त होती रहीं।[39]

वास्तव में, जहाँगीरकालीन घटनाओं के विश्लेषणात्मक अध्ययन एवं नूरजहाँ के चरित्र के मूल्यांकन से एक ही बात उभर कर आती है, कि, जहाँगीर की स्थिति को सुरक्षित व संरक्षित रखना ही उसका मुख्य उद्देश्य था। शाहजहाँ तो ताज/सिंहासन का एक दावेदार था ही अत: उसके व जहाँगीर के भी हितों में साम्य का अभाव था। खुर्रम ने अपनी स्थिति व स्तर, योग्यता व उपलब्धियों के आधार पर अर्जित की थी मेवाड़ में परवेज़ की असफलता के उपरान्त उसने सफलता प्राप्त कर अपनी प्रतिष्ठा प्राप्त की थी। इसी प्रकार, 1618 ई. में मलिक अम्बर जैसे सेनापति के विरुद्ध दक्खन में सफलता पर उसका मनसब 30,000 कर दिया गया था एवं उसने शाहजहाँ का विरुद भी हासिल किया था। अत: हम कह सकते हैं, कि, 1618 ई. आते-आते अपनी सेवाओं के बल पर

शाहजहाँ ने अपना स्थान सुरक्षित एवं अद्वितीय बना लिया था। अत: 1620 ई. के द्वितीय दक्खन नियुक्ति पर उसने बन्दी बड़े भाई खुसरो को साथ ले जाने पर जोर दिया एवं वहाँ उसने खुसरो का वध भी कर दिया। सम्भवत: शाहजहाँ अब अपनी स्थिति और सुदृढ़ करना चाहता था। सिंहासन तक के उसके मार्ग में बड़ा भाई खुसरो बाधक अथवा अवरोध हो सकता था, अत: उसे हटाना आवश्यक था। उसकी प्रतिष्ठा, पद व मनसब ने निश्चित ही उसके मानसिक सन्तुलन को प्रभावित किया जिसको एक उत्प्रेरक मुगल अमीरों के माध्यम से भी मिला होगा। इसी समय शहरियार एवं लाडली बेगम का विवाह भी सुनिश्चित हुआ था, अत: वह अपनी महत्त्वाकांक्षा को मूर्त रूप प्रदान करने की तैयारी करने में जुट गया था। इसमें नूरजहाँ का क्या योगदान था कहना कठिन है। भले ही मुगल दाम व दिरहम तथा एक चाँदी के रुपये में भी उसका नाम टंकित मिलता है— 'बादशाह बेगम' किन्तु, नूरजहाँ सक्रिय राजनीति में भागीदारी नहीं कर रही थी। उसके माध्यम का प्रयोग अमीर बादशाह तक पहुँचने में करते थे, किन्तु, वह स्वयं राजनीति कर रही हो ऐसा इस पूरी अवधि (1611-1622 ई.) में साक्ष्य के अभाव में निश्चित नहीं कहा जा सकता।

यह सत्य है, कि, 1622 ई. आते-आते, बादशाह का स्वास्थ्य गिरने लगा, एवं शाहजहाँ ने प्रत्यक्ष विद्रोह का निर्णय लिया। इस समय एत्मादुद्दौला की भी मृत्यु हो चुकी थी। महाबत खाँ जैसे महत्त्वाकांक्षी अमीर जहाँगीर को कठपुतली बनाकर अपने राजनीतिक ध्येय की पूर्ति में जुट गए, तभी नूरजहाँ ने राजनीति में भी सक्रियता का प्रमाण दिया अन्यथा नहीं। अत: नूरजहाँ के जुन्टा के अस्तित्व एवं प्रभाव को स्वीकार करना बहुत कठिन है।[40] जब शाहजहाँ अन्तत: सिंहासनारूढ़ हो गया एवं उसका शासन बहुत लोकप्रिय नहीं था, तब भी नूरजहाँ ने सत्ता का समानान्तर केन्द्र विकसित न करके (जो अत्यन्त सरल था) हरम में सेवानिवृत्ति का-सा जीवनयापन किया।—

जहाँ तक नूरजहाँ के परिवार एवं उस परिवार के राजनीतिक प्रभुत्व का प्रश्न है, डॉ. इरफ़ान हबीब ने एक शोध लेख में स्थापित कर दिया है, कि, उसके परिवार एवं विस्तृत परिजनों के पास साम्राज्य के सर्वाधिक महत्त्वपूर्ण पद एवं जागीरें थीं। अत: 1611-22 ई. के मध्य एत्मादुद्दौला वज़ीर होने के साथ-साथ, लाहौर का सूबेदार भी था। उसका पुत्र आसफ़ खाँ कुछ अवधि तक वकील के पद पर भी रहा। एत्मादुद्दौला की मृत्यु के समय उसके विस्तृत परिजनों के पास सूबेदारों के पद कश्मीर, लाहौर, बंगाल, उड़ीसा एवं अवध सूबों के थे। उसके मृत्यूपरान्त भी उक्त परिवार की प्रतिष्ठा एवं प्रभाव में कोई कमी नहीं आई

आसफ़ खाँ अधिकांश समय में वकील पद पर नियुक्त रहा; मीरबख्शी का पद भी नूरजहाँ के एक रिश्तेदार इरादत खाँ के पास था। तथा, इस काल में इस परिवार के सदस्य सात सूबों में सूबेदार थे—लाहौर, कश्मीर, मुल्तान, थट्टा, आगरा, गुजरात एवं उड़ीसा। किन्तु 'फिर भी, मुगल उमरा नूरजहाँ एवं उसके विरोधी दो गुटों में कदापि विभक्त नहीं था। अपितु, उस काल में जब महाबत खाँ के हाथ में सम्पूर्ण सत्ता थी तब भी इस परिवारवाले ईरानी अमीरों को कोई क्षति नहीं उठानी पड़ी—उनके पद एवं प्रतिष्ठा सुरक्षित थीं दूसरी ओर, हमें इस बात के भी प्रमाण नहीं प्राप्त होते हैं, कि, पूर्ण ईरानी उपवर्ग नूरजहाँ के नेतृत्व में कोई एकीकृत गुट का आकार ग्रहण कर सका था।[41] अत: मुगल उमरा अपने मिश्रित स्वरूप में ही इस काल में भी सक्रिय दिखाई देता है।

शाहजहाँ अथवा खुर्रम के विद्रोह में भी अमीरों की कोई सुनिश्चित भूमिका नहीं दिखाई देती है। मेवाड़ एवं दक्खन अभियानों का सफल सेनानायक का पद (मनसब) एवं सूबेदारी दोनों ही सदैव महत्त्वपूर्ण रहीं, अत: उसके चारों ओर अमीरों का आभामंडल स्थापित होना कोई आश्चर्य की बात नहीं थी। जिस प्रकार से खुसरो को उसने स्वयं अपने मार्ग से हटाया (फरवरी, 1621 ई.) एवं परवेज़ अपनी असफलताओं के चलते राजनीतिक परिदृश्य की पृष्ठभूमि में चला गया भले ही उसकी स्थिति सन्तुलित करने हेतु उसे 20,000 का मनसब प्रदान किया गया हो एवं राजकुमार शहरियार का विवाह नूरजहाँ के पूर्व पति की पुत्री लाडली बेगम से निश्चित हो, नूरजहाँ एवं उसके परिजनों के पास सर्वाधिक महत्त्वपूर्ण पद एवं सूबेदारियाँ थीं; महाबत खाँ की महत्त्वाकांक्षाएँ—इन सभी तत्त्वों ने अमीरों के एक बड़े वर्ग को विवश किया, कि, वे अपने निहितार्थों की पूर्ति के लिए राजकुमार शाहजहाँ के पक्षधर हो जाएँ। इस काल की उमरा राजनीति एवं उसके प्रभाव पर प्रो. नुरुल हसन की टिप्पणी महत्त्वपूर्ण है, कि, उमरा के ढेरों वर्ग अथवा गुट थे जो सदैव एक-दूसरे के विरुद्ध षड्यन्त्र करते रहते थे, किन्तु, कोई भी एक गुट दूसरे को महत्त्व एवं सत्ता के पदों से हटवाने में सफल नहीं रहा।''[42]

इसी बीच 1621 ई. के प्रारम्भ में कान्धार के पुराने अनुभवी गवर्नर बहादुर खाँ के स्थान पर काँगड़ा अभियान के सफल नायक अब्दुल अज़ीज़ खाँ को नियुक्त किया गया था। सम्भवत: ईरान के शाह को ऐसे ही उपयुक्त अवसर की तलाश थी। उसने मुगलों के पास चौथा दूत जम्बिल बेग भेंट-उपहार के साथ उनके सन्देहों को दूर करने के लिए भेजा। इनका लाभ उठाते हुए ईरान के शाह ने मार्च, 1622 ई. के प्रारम्भ में कान्धार पर आक्रमण कर दिया। उधर 1622

ई. के प्रारम्भ में ही योग्य वज़ीर एत्मादुद्दौला की मृत्यु ने अमीरों के पारस्परिक राजनीतिक प्रतिद्वन्द्विता को और बल प्रदान कर दिया।[43]

सफ़ावी शाह अब्बास के कान्धार घेरते ही जहाँगीर ने दक्खन में उपस्थित शाहजहाँ को कान्धार के विरुद्ध अभियान की कमान सम्हालने का सन्देश प्रेषित किया। शाहजहाँ को भय था, कि, कान्धार-अभियान लम्बा एव दुष्कर होगा तथा दरबार से उसकी अनुपस्थिति में उसके विरुद्ध षड्यन्त्र की सम्भावना भी अधिक होगी। अत: उसने सम्राट के समक्ष अपनी अनेक माँगे रखी जिनमें उसको व उसके परिवार को वर्षाऋतु में मांडू में रहने की आज्ञा, कान्धार-अभियान पर मुख्य सेनापति का दायित्व, ताकि, कोई और उसकी प्रतिष्ठा को क्षति पहुँचाने हेतु कोई षड्यन्त्र न कर दे; कान्धार-अभियान के समय पंजाब की सूबेदारी के साथ, रणथम्भौर के दुर्ग में परिवार को सुरक्षित रखने की अनुमति सम्मिलित थी। जहाँगीर ने इसे विलम्ब करने एवं संकट की घड़ी में अवज्ञाकारिता ही माना। वस्तुत: शाहजहाँ की योग्यता, महत्त्वाकांक्षा एवं गर्व सर्वविदित थे। उसकी बढ़ती शक्ति राज्य के स्थायित्व के लिए खतरा थी।[44] अत: जहाँगीर ने उसे तत्काल प्रभाव से सर्वश्रेष्ठ मुगल सेनापतियों को भेजने का आदेश दे दिया—विशेषरूप से बारहा एवं बुखारा के सैय्यदों, शेखज़ादों को, अफ़गानों एवं राजपूतों को, ताकि, कम-से-कम वे कान्धार-अभियान पर जाकर साम्राज्य को बाह्य आक्रमण से सुरक्षित कर सकें।

इसी बीच एक ऐसी घटना घटी, जिसने शाहजहाँ के विद्रोह को एक तात्कालिक कारण प्रदान कर दिया। शाहजहाँ ने काफी पूर्व जागीर के रूप में धौलपुर के परगने का आवेदन दे दिया था। अत: उसने दरिया खाँ अफ़गान के नेतृत्व में एक सैन्य-दल को उसका नियन्त्रण लेने हेतु भेज दिया, किन्तु, नूरजहाँ ने आगरा के इतने करीब की जागीर अपने दामाद शहरियार को आवंटित करवाकर, शरीफ़ुल्मुल्क को वहाँ का फ़ौजदार नियुक्त कर दिया। अत: दोनों की सैन्य-टुकड़ियों में संघर्ष अपरिहार्य था, जिसमें शरीफ़ को आँख में तीर भी लग गया। अत: जहाँगीर का रुष्ट होना स्वाभाविक था। उसने शहरियार का मनसब 12,000 जात एवं 8,000 सवार करके कान्धार-अभियान का नेतृत्व सौंप दिया, मिर्ज़ा रुस्तम को राजकुमार के संरक्षक के रूप में नियुक्त किया गया। रुस्तम खाँ एवं एतिक़ाद खाँ को पहले ही एक लाख रुपये के साथ लाहौर भेजा जा चुका था।

शाहजहाँ ने क्षमा माँगते हुए अपना एक पत्र अपने विश्वसनीय दीवान एवं कूटनीति अधिकारी अफ़ज़ुल खाँ के हाथों प्रेषित किया। उत्तर भारत की उसकी

तमाम जागीरें भी शहरियार को प्रदान कर दी गईं एवं शाहजहाँ को उतनी कीमत की जागीरें दक्खन में प्रदान करने की बात कह दी गई। इधर हिसार-फ़िरोज़ा की जागीर जो उत्तराधिकारी के लिए चिह्नित थी, वह भी शाहजहाँ से लेकर शहरियार को प्रदान कर दी गई। साथ ही, शाहजहाँ को अनुशासनबद्धता एवं आज्ञाकारिता की सीख भी दी गई। इस पूरे प्रकरण में आसफ़ खाँ असाधारण रूप से शान्त रहा।

इधर समस्या का वास्तविक विकराल रूप से कल्पना करके ही, नूरजहाँ बेगम ने उस सेनापति को गुहार लगाई, जिसकी आक्रामकता एवं विरोध उसके व उसके परिवार के प्रति कोई गुप्त बात नहीं थी। इस विरोध के चलते ही महाबत खाँ अफ़गानिस्तान में नियुक्त होकर साम्राज्य के कार्य-कलापों में भी सक्रिय हस्तक्षेप नहीं कर सका था। अन्तत: वह भी तो भारत में शौर्य व प्रतिष्ठा अर्जित करने का इच्छुक था, अत: उसको 6000 ज़ात/5000 सवार का मनसब प्रदान करके दरबार में उपस्थित होने का फ़रमान नूरजहाँ ने भेजा।[45]

नूरजहाँ के विरुद्ध अपने दृष्टिकोण में दक्खन, गुजरात एवं मालवा में नियुक्त अमीरों ने शाहजहाँ को पूर्ण समर्थन प्रदान किया। इनमें प्रमुख थे—खानेखाना एवं उसका पुत्र दरब खाँ, हिम्मत खाँ, सर्बुलन्द खाँ, शारजा खाँ, आबिद खाँ, जादो राय, उदय राय, अताश खाँ, रुस्तम खाँ, बैरम बेग, दरिया खाँ। तक्रि एवं मंसूर खाँ ये सभी प्रतिष्ठित सैन्याधिकारी थे। इसी प्रकार, मेवाड़ के राणा करण का पुत्र कुँवर भीम एवं मेवाड़, काँगड़ा व दक्षिण के अभियानों का वीर सेनानी राय रयान राजा विक्रमाजीत भी शाहजहाँ के समर्थक थे। जहाँ तक शाही दरबार का प्रश्न है, वहाँ भी आसफ़ खाँ एवं अब्दुल्ला खाँ फ़िरोज़ जंग तो थे, ही, इतिहासकार मुतामिद खाँ, मुहर्रिम खाँ, खलील बेग एवं फ़िदाई खाँ उसके सूचना के स्रोत थे।[46]

इधर अफ़ज़ुल खाँ, ने जहाँगीर के पास से लौटकर, शाहजहाँ को दरबार की राजनीति से अभिज्ञ कराया तथा, सुस्पष्ट कर दिया, कि, जहाँगीर, नूरजहाँ के अतिरिक्त किसी के भी प्रभाव में नहीं है, अत: उसकी सुरक्षा तत्काल क्रियाशीलता से ही सम्भव हो सकती है। उधर, नूरजहाँ ने राजकुमार परवेज़ को बिहार से बुलवा लिया एवं आमेर, मारवाड़, कोटा व बूँदी के शासकों को भी बुला लिया। वीरसिंह देव भी शीघ्र उपस्थित हुआ। खाने आज़म को तुष्ट करने के लिए उसे 7000 जात/5000 सवार का प्रदान किया गया। अन्य अमीरों को भी पदोन्नतियाँ प्रदान करके, तुष्ट किया गया, कहीं वे विद्रोही राजकुमार के पक्षधर न हो जाएँ। अपनी तैयारियों के लिए थोड़ा अतिरिक्त समय प्राप्त करने की नीति

के तहत मूसबी खाँ को वार्ता से सन्धि/समाधान करने हेतु शाहजहाँ के पास और शाहजहाँ द्वारा काज़ी अब्दुल अज़ीज़ को बादशाह के पास माँगों की सूची के साथ भेजा गया। क्रुद्ध बादशाह ने काज़ी को बन्दीगृह में डाल दिया। शान्तिपूर्ण समाधान की प्रत्येक सम्भावना अब समाप्त हो चुकी थी।

बिलोचपुर के युद्ध में, अब्दुल्ला खाँ के शाहजहाँ की ओर मिल जाने के बावजूद उसकी पराजय हुई और वह मांडू भाग गया। किन्तु, अब्दुल्ला की घटना से आसफ़ खाँ, अबुल हसन व अन्य अमीर सन्दिग्ध प्रतीत होने लगे, अत: शाहजहाँ का पीछा करने हेतु, राजकुमार परवेज़ के आगमन की प्रतीक्षा की जाने लगी तथा, परवेज़ को शाहजहाँ से ऊँचा मनसब (40,000 जात/30,000 सवार) प्रदान करके साम्राज्यी सेना के औपचारिक सेनापति के रूप में भेजा—वास्तविक सेनापति तो महाबत खाँ ही था। इस सेना में खाने आलम, महाराज गजसिंह, राशिद खाँ, राजा गिरीधर, राजा रामदास कछवाहा, ख्वाजा मीर अब्दुल अज़ीज़ अज़ीज़ुल्लाह, असद खाँ, परवरिश खाँ, इकरम खाँ, सैय्यद हिज़्हर खाँ, लुत्फ़ुल्लाह खाँ एवं नारायण दास जैसे सेनापति सम्मिलित थे। फ़ाज़िल खाँ बख्शी भी उक्त सेना के साथ भेजा गया।[47]

इसी के साथ मृत खुसरो के पुत्र राजकुमार दावर बख्श को 8000 जात/3000 सवार के मनसब के साथ गुजरात का औपचारिक सूबेदार नियुक्त किया एवं पूर्व-वर्णित खाने-आज़म, जो इस राजकुमार का नाना था, उसे वास्तविक सूबेदर बनाया गया ताकि, अपने संरक्षणत्व में वह कामबख्श की सूबेदारी सम्हाल सके एवं अब सन्तुष्ट हो जाए तथा साम्राज्य के लिए शाहजहाँ से गुजरात सुरक्षित रख सके। अपने आप को घटनास्थल के निकट रखने हेतु, जहाँगीर भी 9 मई, 1623 ई. को अजमेर जा पहुँचा।[48]

मांडू से बाहर निकलकर, कालियादाह में युद्ध करने की शाहजहाँ की योजना को महाबत खाँ ने रुस्तम खाँ, बाकन्दज़ खाँ जैसे सेनापति एवं मोहम्मद मुराद बख्शी जैसे सैन्याधिकारियों से विश्वासघात करवाकर ध्वस्त कर दिया। अब विद्रोही राजकुमार नर्मदा के उस पार भाग निकला। किन्तु शाहजहाँ के शिविर से वापस बादशाह की ओर लौटने का क्रम लगा रहा। ज़ाहिद खाँ को विश्वासघात हेतु जो पत्रोत्तर महाबत खाँ ने लिखा था, वह पकड़ा गया एवं बन्दीगृह में डाला गया। ताक़ि खाँ ने इसी प्रकार, खाने-खाना के दूत को महाबत खाँ तक पत्र ले जाते पकड़ लिया उसे भी सुरक्षा में रखा गया। अब अपनी स्थिति नाजुक होती देख, शाहजहाँ ने असीरगढ़ के दुर्ग में शरण लेने का निर्णय किया तथा बैरम बेग को नर्मदा तट पर ही सुरक्षा हेतु नियुक्त रखा। असीरगढ़ का फौज़दार मीर

गयासुद्दीन (मीर जमालुद्दीन का पुत्र) नूरजहाँ की भतीजी का पति था, जिसने नूरजहाँ की अनिच्छा के बावजूद दुर्ग बेदौलत शाहजहाँ को सौंप दिया।

दूसरी ओर, उसके साढ़ू दीवान सफ़ी ने अहमदाबाद में उसका साथ छोड़कर जहाँगीर के प्रति विश्वास प्रकट कर दिया। अन्ततः अहमदाबाद शाही अमीरों के साथ आ गया। शाहजहाँ द्वारा औपचारिक रूप से नियुक्त गुजरात के सूबेदार अब्दुल्ला खाँ के सहायक वफ़ादार व दीवान मोहम्मद तकी एवं बख्शी हुसैन बेग को बन्दी बना लिया गया। अब्दुल्ला खाँ अहमदाबाद पुनर्विजित करने हेतु हिम्मत खाँ, शार्जा खाँ, सरफ़राज खाँ, काबिल बेग, रुस्तम बहादुर एवं सालिह बदख्शी के साथ कनकरिया तालाब के तट पर पहुँचा किन्तु, सफ़ी के सेनाओं के साथ उपस्थित होने की सूचना से आश्चर्यचकित रह गया। अतः सर्खेज जाने हेतु नरंजना तक पहुँचा था, जब शाही सेनाओं के साथ युद्ध करने को बाध्य होना पड़ा, जिनके सेनापति नाहर खाँ, राजा कल्याण (इडर का शासक) थे। इस युद्ध में अब्दुल्ला के साथी सेनापति हिम्मत खाँ एवं सालेह बेग की मृत्यु से वह हतोत्साहित हो गया। ऐसे में शार्जा खाँ, भी सफ़ी से जा मिला। अब्दुल्ला बड़ौदा से भड़ौच भागा, जहाँ हिम्मत खाँ के पुत्रों ने भी उसका साथ देने से इनकार कर दिया। सूरत से वह अन्ततः शाहजहाँ के पास बुरहानपुर चला गया।[49]

बुरहानपुर में विद्रोही राजकुमार ने अफ़ज़ल खाँ की मध्यस्थता से अपने पूर्व प्रतिद्वन्द्वी मलिक अम्बर से सहायता माँगी, किन्तु, उसने मुगल शासक से शत्रुता न लेने के विचार से इनकार कर दिया। अन्ततः शाहजहाँ ने सम्राट से क्षमा माँगने हेतु बूँदी के शासक राय भोज हाड़ा के पुत्र सरबुलन्द राय की मध्यस्थता में महाबत खाँ के साथ वार्ता प्रारम्भ की। बैरम बेग की सक्रियता के चलते अभी भी महाबत खाँ नर्मदा के उत्तरी तट पर ही रहने को विवश था। महाबत खाँ ने शाहजहाँ के साथ किसी भी वार्ता के लिए खाने-खाना की मध्यस्थता को ही स्वीकारा। अतः विवश होकर, शाहजहाँ को उसे बन्दीगृह से मुक्त करके शाही शिविर में भेजना पड़ा खाने-खाना भी महाबत से जा मिला। शान्ति के प्रयास प्रारम्भ होने से पूर्व ही समाप्त हो गए। इधर बैरम बेग पर एक रात्रि आक्रमण में भगदड़ मच गई एवं उसके कई अधिकारी भी शाही शिविर में सम्मिलित हो गए। उधर ताप्ती में जल-वृद्धि से उसे पार करना भी दुष्कर था, अतः शाहजहाँ, गोलकोंडा होते हुए उड़ीसा की ओर पलायन करने को बाध्य हुआ। सरबुलन्द खाँ जैसे अफ़गान अमीर ने ताप्ती पार करने से इनकार करके, शाही शिविर में सम्मिलित होने का मन बना लिया। अनेक अन्य अमीरों ने भी शाहजहाँ का साथ छोड़ दिया। जादो राय, उदय राम एवं अतश खाँ भी कुछ दूर अर्थात् अपनी जागीरों तक ही शाहजहाँ के साथ गए।

उड़ीसा का गवर्नर अहमद बेग खाँ था, जो बंगाल के गवर्नर, नूरजहाँ के भाई इब्राहीम फ़तेह जंग का भतीजा था। वह शाहजहाँ की उपस्थिति से भयाक्रान्त इब्राहीम के पास ढाका भाग गया। इब्राहीम विद्रोही राजकुमार से निपटने के लिए अकबरनगर (राजमहल) की ओर, आ गया। इसी बीच बर्दवान के फ़ौजदार सालेह ने अब्दुल्ला के समक्ष युद्ध के बाद समर्पण कर दिया। अकबरनगर के युद्ध में विद्रोही राजकुमार की सेनाएँ विजयी हुई एवं इब्राहीम खाँ अन्ततः शहीद हुआ। अहमद बेग पुनः ढाका की ओर भागा, किन्तु राजकुमार की सेनाओं ने उसका पीछा किया एवं समर्पण को बाध्य किया, बंगाल एवं उड़ीसा विजय से एक बार फिर राजकुमार की सेनाओं में उत्साह का संचार हुआ एवं वे अब बिहार, अवध, इलाहाबाद एवं आगरा विजय की योजनाएँ बनाने लगे।[50] बंगाल खाने-खाना के पुत्र दरब खाँ के अधीन छोड़कर, उसने राजा भीम के साथ इफ़्तिखार खाँ एवं शेर खाँ अफ़गान को पटना विजित करने भेजा। यहाँ के गवर्नर राजकुमार परवेज़ के सहायक दीवान मुखलिस खाँ ने इलाहाबाद पलायन करना श्रयेस्कर समझा इसी प्रकार, सैय्यद मुबारक ने भी शाहजहाँ को रोहतास का दुर्ग सौंप दिया।

दरिया खाँ को बिहार का सूबेदार बनाकर, शाहजहाँ जौनपुर अधिकृत करता हुआ इलाहाबाद पहुँचा, जहाँ उसका सामना करने एक बार पुनः महाबत खाँ आ चुका था। टोन्स के युद्ध में पूर्णतया पराजित राजकुमार के पास बंगाल लौटने के अतिरिक्त कोई विकल्प नहीं था, किन्तु, वहाँ का गवर्नर दरब खाँ शाहजहाँ से विश्वासघात कर पुनः शाही पक्ष की ओर चला गया। शाही सेनाओं ने भी निरन्तर विश्वासघात कर रहे दरब खाँ एवं उसके पुत्र को मौत के घाट उतार दिया हालाँकि, वृद्ध खाने-खाना को बहुत कष्ट हुआ था। इसी समय अफ़ज़ल खाँ ने भी शाही सेवाओं में प्रवेश किया।

इसी बीच शाहजहाँ पुनः बिहार, बंगाल व उड़ीसा होता हुआ दक्खन में प्रविष्ट हुआ, जहाँ अब पुराने शत्रु मलिक अम्बर ने उसका स्वागत किया, क्योंकि, वह भी अब मुगल सत्ता से टकरा रहा था। किन्तु इसी समय जब वह लगभग बुरहानपुर, रावरतन से विजित करने की कगार पर था, राजकुमार परवेज़ एवं महाबत खाँ भी दक्षिण में उपस्थित हो गए। अतः शाहजहाँ जो बीमार भी हो गया था बालाघाट के रोहनगढ़ में शरण लेने को बाध्य हुआ तथा उसका मुख्य सेनानायक अब्दुल्ला खाँ धार्मिक-आध्यात्मिक जीवन जीने के लिए इन्दौर में संन्यास लेकर बस गया।[51] अन्ततः विवश शाहजहाँ ने पिता जहाँगीर को क्षमा हेतु पत्र लिखा, जिसके उत्तर में नूरजहाँ ने मार्च, 1626 ई. को लिखा, कि, जो अभेद्य

दुर्ग रोहतास (बिहार-उत्तर) एवं असीर (खानदेश-दक्षिण) अभी भी शाहजहाँ के पास हैं—वे भी समर्पण कर दिए जाएँ; दो पुत्रों दारा व औरंगज़ेब को दरबार में उपस्थित किया जाए, तब उसे बालाघाट की सरकार प्रदान की जा सकती है। यह सत्य है, कि, पूर्ण साम्राज्य लगभग तीन वर्ष से शाहजहाँ के विद्रोह के कारण, अस्त-व्यस्त था तथा, नूरजहाँ महाबत खाँ के शक्ति संचय से सन्देह भी अधिक कर रही थी तथा, उसे परवेज़ से उसकी बढ़ती निकटता भी खटकने लगी थी, अतः साम्राज्य के लिए हानिकारक गृह-युद्ध को समाप्त करना ही हितकर मानकर, उसने विद्रोही राजकुमार को क्षमा करने का मन बना लिया था। अन्ततः शाहजहाँ के प्रतिनिधि मुज़्फ़र खाँ ने रोहतास एवं हयात खाँ ने असीरगढ़ का दुर्ग सैनिकों/अधिकारियों को सौंप दिया; अपने दस व आठ वर्षीय पुत्रों दारा व औरंगज़ेब को शाही शिविर में लाहौर पहुँचा दिया। (जून, 1626 ई.) जहाँ वे नूरजहाँ के संरक्षण में रखे गए। शाहजहाँ अपनी पत्नी मुमताज़ के साथ नासिक चला गया। साम्राज्य में गृह-युद्ध की विभीषिका का अन्त हुआ।[52]

डॉ. बेनी प्रसाद का अभिमत है, कि, नूरजहाँ एवं महाबत खाँ के मध्य बढ़ते वैमनस्य ने इस गृहयुद्ध का तो अन्त किया,[53] किन्तु, उन्हीं कारणों से अब महाबत खाँ भी उसी मार्ग पर चलनेवाला था। वस्तुतः शाही परिवार के सदस्यों के मध्य के मतभेद जब साम्राज्य को गृहयुद्ध की स्थिति में ठकेल दें तो स्वाभाविक है, कि, महत्त्वाकांक्षी अमीरों को अपनी राजनीतिक स्थिति सुदृढ़ करने, प्रतिष्ठा में वृद्धि करने एवं शक्ति विस्तृत करने के पर्याप्त अवसर प्राप्त होते हैं। इस प्रकार की प्रवृत्ति का द्योतक है महाबत खाँ जैसे सेनानायक का अत्यधिक शक्तिशाली होना, जिसने शाहजहाँ के विरुद्ध शाही सेनाओं का नेतृत्व किया था।

दूसरी ओर, इस प्रकरण के सफल समापन से नूरजहाँ को अपनी कूटनीतिक दक्षता एवं प्रबन्धन क्षमता पर गर्व होना स्वाभाविक था। उसने अन्ततः 'वली-अहद' (उत्तराधिकारी) की राजनीतिक स्थिति नगण्य करके अपने दामाद शहरियार के लिए सिंहासन का मार्ग कुछ अवरोधरहित कर दिया था। इसी बीच 1624 ई. में दावर बख्श (खुसरो का पुत्र) का प्रत्याशी के रूप में समर्थन देनेवाला खाने आज़म भी अहमदाबाद में दम तोड़ चुका था। राजकुमार परवेज़ की स्थिति शाहजहाँ के विद्रोह एवं महाबत खाँ के साथ रहने के कारण काफी सुदृढ़ हो गई थी (1625 ई. में)। 1621 ई. के पूर्व तो वह शक्तिहीन एवं समर्थन हीन था—उमरा का कोई वर्ग उसे आदर नहीं देता था तथा जहाँगीर की दृष्टि में भी वह निरर्थक था। महाबत खाँ भी जानता था कि, यदि परवेज़ सम्राट बनता है तो उसकी पौ बारह अन्यथा उसका स्थान महत्त्वहीन हो जाएगा। जैसा कि, शाहजहाँ

के विद्रोह के पूर्व था। 'नूरजहाँ दल' से उसका विरोध प्रत्यक्ष था।[56] अत: बेगम एवं सेनापति की पुरानी शत्रुता सुदृढ़ रूप में पुनर्जीवित हो गई। नूरजहाँ ने कूटनीति एवं उत्कटता से महाबत खाँ की शक्ति को क्षीण करने की प्रक्रिया प्रारम्भ की; सर्वप्रथम, परवेज़ एवं महाबत खाँ के युग्म को तोड़ने के लिए उसने महाबत खाँ को बंगाल का सूबेदार एवं खाँ जहाँ लोदी को उसके स्थान पर परवेज़ का वकील नियुक्त कर दिया। यह सन्देश फ़रमान के रूप में फ़िदाई खाँ के हाथों बुरहानपुर में राजकुमार को प्रेषित किया गया, किन्तु, चूँकि, परवेज़, महाबत को छोड़ने में हिचकिचाहट प्रकट कर रहा था, अत: नूरजहाँ ने एक कड़ा फ़रमान भेजकर उसे दूसरे शाहजहाँ न बनने की चेतावनी दी, जो परवेज़ को भलीभाँति समझ में आ गई। उसे फ़रमान के अनुसार कार्य करने के अतिरिक्त कोई विकल्प नहीं दिखाई दिया।[55]

इतना ही नहीं, अरब दस्त घेय्ब के अधीन एक सशक्त अहदियों की सैन्य टुकड़ी भी भेजी गई, ताकि, वे शाहजहाँ के विद्रोह के समय अधिकृत किए गए हाथियों एवं धन-सम्पत्ति को वापस लाने के साथ ही, उससे व्यय का लेखा-विवरण प्राप्त कर लें। महाबत खाँ ने होशियारी से कार्य करते हुए राजपूतों के सशक्त दल के साथ उपस्थित होकर एक उपयुक्त अवसर पर काबुल जा रहे जहाँगीर को झेलम पार करते समय, अपना बन्दी बना लिया—मुगल सेनाओं द्वारा बादशाह को छुड़ाने का प्रयास निष्फल कर दिया गया। अत: नूरजहाँ स्वयं बादशाह के साथ रहने लगी एवं छह माह के इस बन्दी प्रवास के पश्चात् नूरजहाँ ने उसके अमीरों को ही महाबत खाँ के विरुद्ध कर दिया, अन्तत: वे महाबत खाँ के नियन्त्रण से मुक्त होने में सफल हो सके, जब वे काबुल से लाहौर लौटते समय रोहतास के दुर्ग से एक दिन की दूरी पर थे। अन्तत: महाबत खाँ का सौ दिन का शासन 'समाप्त हुआ और वह पलायन करने में ही सफल हो पाई, किन्तु अपने जीवन रक्षार्थ वह अपने साथ आसफ़ खाँ एवं उसके पुत्र अबू तालिब, मृत राजकुमार दानियल के पुत्र तहमुरास एवं होशंग तथा मुखलिस खाँ के पुत्र लश्करी को लेता गया । इधर इन बागियों की स्वतन्त्रता के सन्दर्भ में नूरजहाँ ने अफ़ज़ल खाँ की सेनाएँ लीं तथा दानियाल के पुत्र स्वतन्त्र हुए फिर शनै:शनै भट्टा की ओर बढ़ते हुए, पहले आसफ़ खाँ फिर, अबु तालिब को उसने मुक्त किया एवं थट्टा में वह शाहजहाँ से जा मिला।

नूरजहाँ की यह दूसरी विजय थी, किन्तु, यह उसकी प्रत्यक्ष विजय थी। शाहजहाँ के विद्रोह के समय तो वह परोक्ष रूप से निर्देश दे रही थी, किन्तु, महाबत खाँ के विद्रोह में वह सक्रिय रूप से कूटनीति भी कर रही थी एवं 'सम्राट

मुक्ति अभियान' का नेतृत्व भी! किन्तु, नूरजहाँ की यह अभूतपूर्व सफलता दीर्घगामी नहीं प्रमाणित हुई, क्योंकि, इसके एक वर्ष के भीतर ही जहाँगीर लाहौर के निकट परलोक सिधार गया।

लाहौर पहुँचकर एक बार पुन: व्यापक स्तर पर प्रशासनिक पुनर्गठन हुआ। आसफ़ खाँ को 'वकील' नियुक्त करके प्रशासन का सर्वोच्चाधिकारी बनाया गया, साथ ही उसे पंजाब का सूबा भी प्राप्त हुआ, जिसका प्रशासन उसने अपने दीवान अब्दुल हसन के माध्यम से किया। मीर जुमला को 'बख्शी' बनाया गया—उसके रिक्त 'खानसामों' के पद पर विश्वास-पात्र अफ़ज़ल खाँ को नियुक्त किया गया, मुकर्रब खाँ को कूच बिहार से स्थानान्तरित करके बंगाल का सूबेदार बनाया गया, किन्तु कुछ माह बाद उसकी मृत्यु हो जाने से फ़िदाई खाँ को यहाँ का सूबेदार बनाया गया। इसी के कुछ अन्तराल के बाद, मिर्ज़ा रुस्तम सफ़ारी को बिहार का गवर्नर नियुक्त किया गया था।[56]

इसी बीच घटनाचक्र अपनी गति से घूमा एवं 28 अक्टूबर, 1626 ई. को राजकुमार परवेज़ की भी मृत्यु हो गई : शाहजहाँ, महाबत खाँ के विद्रोह का लाभ उठाने में असफल थट्टा से वापस नासिक के पास खैबर में प्रवास करने लगा, जब महाबत खाँ ने उसकी ओर मैत्री का हाथ बढ़ाया। नूरजहाँ का इसमें सशंकित होना अपरिहार्य था। अत: उसने खानेजहाँ को मुख्य सेनापति नियुक्त करके उनके उन्मूलन हेतु भेजा।

इधर बादशाह की तबीयत बिगड़ने लगी—बढ़ती गर्मी से परेशान वह मार्च, 1627 ई. में कश्मीर चला गया। उसके साथ, आसफ़ खाँ, नूरजहाँ, शहरियार, दावर बख्श आदि गए थे। जहाँ सम्राट को श्वास की बीमारी थी, वहीं शहरियार को एक प्रकार का कुष्ठ रोग होने से चेहरे के भी बाल झड़ गए। अत: वह काश्मीर की ठंडक छोड़कर लाहौर लौट आया। थोड़े ही दिनों बाद सम्राट ने भी लाहौर आने का निर्णय लिया—किन्तु, मार्ग में राजौरी-लाहौर मार्ग में, निमभार के निकट चंगेज़ हट्ली में उसकी मृत्यु हो गई। (28 अक्टूबर 1627 ई.)।

सम्राट की मृत्यु पर नूरजहाँ ने तत्काल अमीरों की एक बैठक आयोजित की, किन्तु, आसफ़ खाँ, जो सदैव दिल से शाहजहाँ का पक्षधर था, ने यह बैठक नहीं होने दी, उसने साम्राज्ञी को लगभग बन्दी बना रखा था एवं एक द्रुत गतिवाले सन्देशवाहक को अपनी अँगूठी के साथ आवश्यक निर्देश देकर, शाहजहाँ को बुलाने दक्खन भेजा। आसफ़ खाँ ने दूरदर्शिता एवं सूझ-बूझ से कार्य करते हुए निर्णय लिया, कि, खुसरो पुत्र दावर बख्श को सिंहासनारूढ़ किया जाए, ताकि, सिंहासन भी रिक्त न रहे और शाहजहाँ के आगमन पर स्वेच्छा से दावर बख्श को

बलि का बकरा बनाया जा सके। इससे कम-से-कम शहरियार को तो सिंहासन से दूर करके, नूरजहाँ की महत्त्वाकांक्षा की पूर्ति तो रोकी जा सकी, अन्यथा शाहजहाँ के लिए तब सिंहासनारूढ़ दुष्कर ही नहीं, असभव हो जाता। अत: ऐसी योजना बनाई गई। इस योजना में आसफ़ खाँ को पूरा समर्थन इरादत खाँ से भी प्राप्त हुआ, जो हाल ही में 'खाने आज़म' बना था। शाही शिविर में उपस्थित सभी अमीरों ने इस योजना को स्वीकार किया, साथ ही, इस बात का प्रयास किया गया, कि, शाहजहाँ के पुत्रों को नूरजहाँ के संरक्षणत्व से मुक्त कराया जाए।

उधर, नूरजहाँ ने भी शहरियार को शीघ्र सैनिकों की भर्ती करके, अपने पास बुलाया। शहरियार ने लाहौर में अपने आप को बादशाह घोषित किया। राजकुमार दानियल का पुत्र मिर्ज़ा बेसगर (बैसंधर) उसका समर्थक व सेनापति हो गया, किन्तु, शाही सेनाओं के समक्ष वे पराजित हुए एवं लाहौर पर भी आसफ़ खाँ का आधिपत्य हो गया। इस प्रकार, एक लघु संघर्ष का अन्त हुआ यदि, नूरजहाँ सक्रिय हस्तक्षेप करती तो इस संघर्ष को थोड़ा विस्तृत कर देती, किन्तु अन्त तो यहीं था—उसके गुट की पराजय।[52] दूत बनारसी ने बीस दिनों में ही शाहजहाँ को यह सन्देश दे दिया। शाहजहाँ ने आगरा पहुँचने से पूर्व ही आसफ़ खाँ को फ़रमान भेजकर, शहरियार, दावर बख्श एवं दानियाल के पुत्रों की मृत्यु का आदेश दे दिया (जनवरा, 23, 1628 ई.) शाहजहाँ ने अपने राज्यारोहण के उपरान्त नूरजहाँ को 2 लाख रुपये की वार्षिक पेंशन निर्धारित कर दी एवं वह अठारह वर्ष शान्ति से अपनी विधवा पुत्री (मृत शहरियार की पत्नी) के साथ लाहौर में रही।

जहाँ तक जहाँगीर के शासन-काल में उमरा वर्ग की विशेषता का प्रश्न है, तो हमें स्वीकार करना पड़ेगा, कि, उसने अन्य अनेक राजपूत शासकों को कछवाहों के स्तर पर लाकर खड़ा कर दिया। बीकानेर के राय रायानसिंह, जोधपुर के राजा सूर सिंह एवं उनके 'मृत्यूपरान्त राजा गजसिंह; एवं, मेवाड़ के राव कर्ण सिंह सभी को पंच हजारी मनसबदार नियुक्त किया गया। राजा मानसिंह का मनसब 7000 जात/ 7000 सवार था, किन्तु 1614-1615 ई. में उसके मृत्यूपरान्त उसके पुत्र भाओ सिंह को मिर्ज़ा राजा का विरुद एवं 4000 का मन सब प्रदान किया गया, जिसे शीघ्र ही पाँच हजार कर दिया गया। राजपूतों के अतिरिक्त उसने अफ़गानों को बड़ी संख्या में नियुक्त किया तथा खाँन-ए-जहाँ लोदी जैसे अमीरों को उच्च स्थान/पद प्रदान किए। उसके काल में शाही सेवा में मराठों का प्रवेश प्रारम्भ हुआ एवं अनेक मराठा सरदारों ने यथा खेलो जी, मालो जी एवं उदयराम जी इत्यादि को मनसबें प्रदान की गई। अत: अकबरकालीन मिश्रित उमरा की निरन्तरता जहाँगीरकालीन उमरा की भी, विशेषता बनी रही—

तभी न आसफ़ खाँ, महाबत खाँ, इरादत खाँ, खाने-खाना एवं खाने जहाँ लोदी सभी का महत्त्व व प्रतिष्ठा बनी रही।

शाहजहाँकालीन उमरा

शाहजहाँ ने शासक बनते (19 जनवरी, 1628 ई. में घोषणा तथा सिंहासनारोहण 4 फरवरी, 1628 ई.) ही आसफ़ खाँ को 8000 जात/8000 सवार दु-अस्पाह सिंह-अस्पाह का मनसब एवं वकील का पद व यामीन उद्दौला का विरुद प्रदान किया; महाबत खाँ को 7000/7000 का मनसब एवं खाने-खाना का विरुद एवं अजमेर की गवर्नरी प्रदान की गई। 'आगरा आते समय, शाहजहाँ ने गुजरात, शेर खाँ को सौंप दिया था तथा अपने साढ़ू सैफ़ खाँ को बन्दी बनाए जाने किन्तु (कोई क्षति न पहुँचाने) का आदेश दिया; ईसा खाँ का मनसब बढ़ाकर 5000 करके, उसे का गवर्नर नियुक्त किया गया। मार्ग में ही मेवाड़ के राणा करण ने सादर समर्पण कर दिया। सिंहासनारोहण के समय पर पुरस्कृत हुए अन्य अमीर थे। वज़ीर खाँ, सैय्यद मुजफ़्फ़र बाराह, दिलावर खाँ, बहादुर खाँ, सरदार खाँ, राजा विट्ठलदास एवं ख़िदमत परस्त खाँ—इनमें अन्तिम मीर तुज़ुक के पद पर नियुक्त हुआ था। इसी प्रकार, निष्ठावान प्रान्तीय अमीरों की नियुक्ति तो पुष्ट कर दी गई थी, किन्तु अवज्ञाकारी एवं अविश्वसनीय अधिकारियों के स्थान पर नई नियुक्तियाँ करनी पड़ीं। आसफ़ खाँ, इतिकाद खाँ, खाने जहाँ एवं वक़ार खाँ नज़्म सा'नी को पदोन्नति अथवा पद पर पुष्टि मिली, किन्तु, खाने आलम ने मिर्ज़ा रुस्तम (अपदस्थ) का स्थान बिहार में, बंगाल में फ़िदाई खाँ (अपदस्थ) के स्थान पर कासिम खाँ जुदैनी, गुजरात में सैफ़ खाँ (ऊपर वर्णित—यह शाहजहाँ का साढ़ू था एवं अपदस्थ व बन्दी बनाया गया) के स्थान पर शेर खाँ; मालवा में मुज़्ज़फ़्फ़र खाँ (अपदस्थ) के स्थान पर खाने ज़माँ (पुत्र महाबत खाँ) : इलाहाबाद में जहाँगीर कुली (अपदस्थ) के स्थान पर जान सिपार खाँ एवं, दिल्ली में मुखलिया खाँ (अपदस्थ) के स्थान पर कुलिज खाँ। इसी प्रकार, आसफ़ खाँ के साथ वे अमीर भी उपस्थित हुए, जिन्होंने शहरियार के विरुद्ध युद्ध किया था एवं वे भी पुरस्कृत हुए यथा—शाइस्ता खाँ, सादिक खाँ, शेर ख्वाजा, मीर हुसामुद्दीन,अंजू, शहनवाज़ खाँ, मीर जुमला, मुतामिद खाँ आदि।[58]

जहाँगीर के काल में महाबत खाँ के विद्रोह ने एक ऐसी प्रवृत्ति को जन्म देकर, सशक्त कर दिया, जिससे कि, असन्तुष्ट अमीरों को अनुसरण करने हेतु एक उदाहरण मिल गया, अत: शाहजहाँ के काल में एक नहीं, अपितु तीन अमीरों ने मुगल बादशाह के विरुद्ध विद्रोह किया।[59] पहला विद्रोह बुन्देला राजा जूझर

सिंह का था। वह राजा वीर सिंह देव बुन्देला (जो जहाँगीर का प्रिय एवं अबुल फ़ज़ल का हत्यारा था) का पुत्र था, जो 1627 ई. में अपने पिता के मृत्यूपरान्त शासक बना था। शाहजहाँ के सिंहासनारोहण के समय-वह व्यक्तिगत रूप से आगरा में उपस्थित हुआ था (10 अप्रैल, 1628 ई.) जहाँ उसे 4000 जात/4000 सवार का मनसब प्राप्त हुआ था, किन्तु, शाहजहाँ ने उसके पिता द्वारा अधिकृत अवैध जागीर की जाँच का आदेश दे दिया था, द्वितीय, उसकी अनुपस्थिति में उसका पुत्र विक्रमाजीत क्रूरता से राज्य-प्रशासन चलाने लगा। उसने राज्य के वकील कृपारोम गौड़ (यह नाम डॉ. बी. पी. सक्सेना में प्राप्त होता है, जबकि, डॉ. त्रिपाठी के विवरणानुसार 'वकील' का नाम सीताराम था) वह अपमानित होकर ओरछा से भागकर अन्तत: शाही सेवा में प्रविष्ट हो गया। अन्तत: इस घटनाक्रम के चलते, जूझर सिंह ने दरबार से पलायन करना ही श्रेयस्कर समझा (11 जून, 1628 ई.), किन्तु सम्राट ने इसे विद्रोह माना, जो स्वाभाविक भी था। यह उसके शासन-काल का प्रथम विद्रोह एवं उसके दबाने का प्रयास प्रथम सैन्य अभियान था, अत: इसी पर बादशाह की प्रतिष्ठा निर्भर कर रही थी, अत: उसने चारों ओर से घेरेबन्दी करके अपनी स्थिति सुदृढ़ कर ली। महाबत खाँ को ग्वालियर की ओर से कूच करने, मालवा के गवर्नर खाने जहाँ लोदी को बुन्देला राज्य के प्रतिद्वन्द्वी दावेदार राजा भरत बुन्देला के साथ मालवा की ओर से, अब्दुल्ला खाँ, फ़िरोज़ जंग एवं बहादुर खाँ रोहिल्ला को कालपी की ओर से तथा, सैय्यद मुजफ़्फ़र खाँ बारहा एवं अन्य अमीरों व अधिकारियों को आगरा से रवाना किया। स्वयं इस अभियान को बल प्रदान करने हेतु ग्वालियर में शिविर लगा लिया (3 जनवरी, 1629 ई.), किन्तु ईरज के समर्पण (पराजय) के पश्चात् जूझर सिंह के पास समर्पण करने के अतिरिक्त कोई विकल्प ही नहीं था, अन्तत: शाहजहाँ ने उसे क्षमा प्रदान कर दी एवं पद पुन: प्रदान किए गए तथा दक्खन में सेवा का अवसर भी प्रदान किया गया।[60] उसकी कुछ जागीरें दंड-स्वरूप उससे लेकर, खाँ जहाँ लोदी, अब्दुल्ला ख़ाँ, राशिद खाँ, सैय्यद मुजफ़्फ़र खाँ एवं पहाड़ सिंह जूझर के मध्य वितरित कर दी गई।[61]

शीघ्र हम जूझर सिंह को खाँ जहाँ के विरुद्ध अभियान में आज़म खाँ के नेतृत्व में लड़ते पाते हैं, तथा वह जनवरी, 1630 ई. में पदोन्नति प्राप्त कर 2000 जात/2000 सवार से बढ़कर 5000 जात/5000 सवार का मनसब प्राप्त करता है तथा उसे व उसके भाई पहाड़ सिंह को 'राजा' का विरुद भी प्रदान किया जाता है। आज़म खाँ के पश्चात् जब दक्खन की सूबेदारी आसफ़ खाँ को मिली तब भी जूझर सिंह वहीं 1634 ई. तक रहा तथा, महाबत खाँ के नेतृत्व में दौलताबाद

की घेरेबन्दी में सक्रिय व महत्त्वपूर्ण योगदान दिया, अन्ततः महाबत खाँ से आज्ञा लेकर, अपने पुत्र जगराज को अपने स्थानापन्न के रूप में छोड़कर वह उत्तर भारत लौट आया। उसने अपनी महत्त्वाकांक्षाओं को मूर्त रूप प्रदान करते हुए पुनः प्रसारवादी नीति अपनाते हुए, चौड़ागढ़ के राजा प्रेमनारायण के विरुद्ध अकारण युद्ध छेड़ दिया तथा वार्ता के प्रस्ताव भी ठुकरा दिए। अतः प्रेम नारायण ने मुगल बादशाह शाहजहाँ के पास सहायता एवं संरक्षण का सन्देश भेजा किन्तु, अन्ततः वह बुन्देलों द्वारा विश्वासघात का शिकार हुआ एवं लड़ते हुए मारा गया एवं चौड़ागढ़ पर जूझर सिंह का अधिकार हो गया।

प्रेमनारायण का पुत्र, जो मालवा में खाने-दौराँ के साथ था, उसने भी जूझर सिंह के विरुद्ध शिकायत की, अतः शाहजहाँ जूझर सिंह से रुष्ट हो गया, किन्तु, उसने एक अवसर देते हुए, उससे इस अभियान में प्राप्त धन-सम्पत्ति मुगल बादशाह को सौंपने का आदेश दिया। वस्तुतः प्रो. बनारसी प्रसाद सक्सेना के मतानुसार यह कैसी नैतिकता थी, कि, यदि जूझर सिंह प्रेमनारायण से प्राप्त धन समर्पित कर देता है, तो बादशाह उसके काले कारनामें माफ़ करने को तत्पर था। शाहजहाँ के आदेश को इनकार करने के साथ ही, उसने दक्खन में नियुक्त अपने पुत्र को गुप्त रूप से वापस भाग आने को कहा, बालाघाट के गवर्नर खाँ ज़माँ ने तो कोई कार्यवाही नहीं की, अपितु पाईन्घाट के अधिकारी खाँन-ए-दौराँ ने उसका पीछा किया तथा मालवा में आस्था नामक स्थान पर पराजित होकर वह पुनः धामुनी भागने में सफल हुआ।

अन्ततः अब शाहजहाँ ने एक त्रिकोणीय अभियान की रूपरेखा रची—चन्देरी की ओर से (बिछोरा की ओर) खाँन-ए-दौराँ को आक्रमण करना था उसके साथ बुन्देलखंड का दूसरा दावेदार देवीसिंह भी था (इसको 'राजा' का विरुद एवं 3000/3000 की मनसब भी 'प्रदान की गई थी), अब्दुल्ला खाँ को ईरज विजित करके, भाँडीर में रुकने का आदेश था, एवं सैय्यद खाँन-ए-जहाँ को बदायूँ में वर्षा ऋतु व्यतीत करके, उसके उपरान्त आक्रमण का आदेश दिया गया था। जूझर सिंह शाही तैयारी देखकर भयभीत हो गया एवं आसफ़ खाँ के माध्यम से बातचीत प्रारम्भ की, किन्तु, इसका कोई परिणाम नहीं निकला। वस्तुतः जूझर सिंह इस समय का लाभ उठाकर अपनी तैयारियाँ पूरी कर रहा था। ये तीनों मुगल सेनापति) समान पदवाले थे, अतः समन्वय के दृष्टिकोण से, शाहजहाँ ने उक्त अभियान हेतु औरंगज़ेब को (मनसब 15000/5000) को सर्वोच्च सेनापति नियुक्त किया एवं शाइस्ता खाँ को उसका संरक्षक एवं परामर्शदाता नियुक्त किया, हालाँकि, मुगल सेनापतियों ने शीघ्र ही जूझर सिंह के सुरक्षित ठिकानों को अपने नियन्त्रण में कर

लिया था, फिर भी, शाहजहाँ ऐसे विद्रोही का अन्त चाहता था, अत: चौड़ागढ़ की घेरेबन्दी के उपरान्त, वह शाहपुर होते हुए लंजी होते हुए, दक्खन भाग गया। उसके पुत्र दुर्भान एवं पौत्र दुर्जनशाल बन्दी बना लिए गए थे, किन्तु पलायन किए हुए जूझर व उसके पुत्र जगराज की गोंडों द्वारा हत्या कर दी गई— उनके मृत शरीर प्राप्त करनेवाले खाँन-ए-दौराँ ने उनके सिर काटकर, दरबार को प्रेषित कर दिए![62] ''अत: जहाँगीर द्वारा प्रश्रय प्रदान किए गए बुन्देलखंड राजवंश की समृद्ध शाखा का त्रासदीपूर्ण अन्त उसके पुत्र के हाथों हो गया।'[63]

इससे अधिक महत्त्वपूर्ण है, प्रतिशोधात्मक कार्यवाही, जिसके अन्तर्गत जूझर के जीवित पुत्रों को धर्म-परिवर्तन एवं उसकी महिलाओं का दास-वृत्ति में प्रवेश तथा बुन्देलखंड के मन्दिरों (ओरछा का प्रसिद्ध मन्दिर) का सुनियोजित तुड़वाना। यह इसलिए महत्त्वपूर्ण है, क्योंकि, यह हिन्दू उमरा के चारित्रिक पतन एवं उनके महत्त्व का द्योतक है। डॉ. बनारसी प्रसाद सक्सेना का स्पष्ट मत है, कि, यह नीति औरंगज़ेब द्वारा न तो नियोजित थी न प्रभावित, अपितु ये इस बात की द्योतक थी, कि, शाहजहाँ कालीन हिन्दू मनसबदार यथा, राजा जनसिंह, राजा जगत सिंह, विट्ठल गौड़, नरहरिदास झाला, किशन सिंह भदौरिया एवं अन्य हालाँकि, शूरवीरता में कम नहीं थे, किन्तु, पद में कनिष्ठ एवं संख्या में कम होने के कारण सम्भवत: वे किंकर्तव्यविमूढ़ थे— इनमें राजा देवी सिंह सर्वथा निकृष्ट था, जिसने इन तमाम शाही गतिविधियों में भागीदारी भी की थी, क्योंकि, उसे बुन्देला सिंहासन प्राप्त करने का स्वार्थपरक अवसर दिख रहा था। वह बुन्देलखंड का शासक तो बन गया, किन्तु उसे वीरसिंह देव बुन्देला अथवा जूझर सिंह जैसा आदर नहीं प्राप्त हो सका।[64]

कैसे मुगलकाल में ज़मींदार भी सशक्त होकर, विद्रोह करते थे, इसका एक उदाहरण राजा जगत सिंह है। मऊ नूरपुर का ज़मींदार राजा बसु जहाँगीर का प्रिय था, उसके मृत्यूपरान्त उसका पुत्र सूरजमल विश्वासघात के कारण, अपदस्थ हुआ एवं उसके भाई जगत सिंह को ज़मींदारी सौंपी गई। शाहजहाँ के सिंहासनारोहण पर शाहजहाँ ने जगत सिंह को उसके मनसब 3000 जात/2000 सवार की पुष्टि कर दी। नवम्बर, 1634 ई. उसे मध्य बंगश का थानेदार नियुक्त किया गया; खट्टकों के विद्रोह के दमन (1634-1637 ई.) में उसकी भूमिका के उपरान्त उसे काबुल के सूबे में नियुक्त किया गया; मार्च, 1639 ई. में उसे सम्पूर्ण बंगश का दायित्व सौंप दिया गया। जब जगत् सिंह दरबारी दायित्वों का निर्वहन कर रहा था तब उसका पुत्र राजरूप 'नूरपुर' राज्य का कार्य सँभालता था वह कांगड़ा घाटी का फ़ौजदार भी नियुक्त हो गया था; किन्तु केन्द्रीय कोषागार

को निर्धारित राजस्व नहीं प्रेषित करने के कारण शाही कोप का शिकार हुआ एवं खाँन-जाद-खाँ (साए 'द खाँ ज़फ़र जंग का पुत्र) को काँगड़ा का नया फौज़दार नियुक्त किया गया; किन्तु, इन बारह माहों में जगत सिंह पूर्णतया निष्ठावान बना रहा: किन्तु, अन्ततः उसने भी राजस्व प्रेषित करने में कोताही की, जिसका अभिप्राय विद्रोह था। उसने दरबार में उपस्थित होने के शाही आदेशों की भी अनदेखी की एवं सुन्दर कवि राय जैसे दूत का भी परामर्श नहीं माना, तो शाहजहाँ ने उसके विद्रोह के उन्मूलन हेतु तीन सेनापतियों यथा, सैय्यद खाँ-जहाँ; साए 'द खाँ बहादुर जफ़र जंग एवं असालत खाँ को नियुक्त किया एवं राजकुमार मुराद को औपचारिक सर्वोच्च सेनापति नियुक्त किया गया। अन्ततः अब्दुल्ला खाँ, कुलिज खाँ, बहादुर खाँ, जयसिंह, अल्लाह वर्दी खाँ एवं ज़फ़र खाँ को भी इस अभियान में लगा दिया गया। अन्ततः मऊ एवं नूरपुर के पतनोपरान्त वह तारागढ़ पलायन कर गया, जहाँ की घेरेबन्दी जनवरी, 1642 ई. में प्रारम्भ की गई। अन्ततः 11 मार्च, 1642 ई. में जगत सिंह एवं मुगल बादशाह में सन्धि हो गई व उसका मनसब पुनर्स्थापित कर दिया गया।[65]

शाहजहाँकालीन खुला विद्रोह

(तथाकथित 'उत्तराधिकार का युद्ध')

शाहजहाँ की बीमारी (सितम्बर, 1657 ई.) एवं दारा के प्रति उसकी पक्षधरता का 'भाव, जो कान्धार की द्वितीय घेरेबन्दी (1652 ई.) से ही स्पष्टतः अभिव्यक्त होने लगा था ने अन्ततः मुगल साम्राज्य को एक 'खुले विद्रोह' की विभीषिका की लपेट में ले लिया था। अतः कान्धार की घेरेबन्दी में शाह शुजा को बंगाल से बुलवाया गया किन्तु, वह औरंगज़ेब से मिल न पाए इसके लिए कुत्सित चालें चलना; इसने दोनों राजकुमारों (शुजा एवं औरंगज़ेब) को विवश किया कि वे 24 नवम्बर, 1652 ई. में आगरा में मुलाकात करें (तीन दिन औरंगज़ेब, शाह शुजा के साथ उसी के घर आगरा में रहा तथा दोनों भाइयों के मध्य दारा के विरुद्ध एक द्विगुट का निर्माण हो गया एवं जब औरंगज़ेब दक्खन के मार्ग में दोराहा नामक स्थान पर मुराद से मिला तो 'त्रिगुट सन्धि' हो गई)—तीनों भाइयों ने दारा के विरुद्ध समझौता कर लिया) तथा दारा का विरोध उनके अपने अस्तित्व की रक्षा हेतु आवश्यक हो गया था।

बुरहानपुर के 'बादशाह पसन्द' आम के वृक्ष से कम आम (दरबार को) भेजे जाने पर शाहजहाँ-औरंगज़ेब (पिता-पुत्र व बादशाह सूबेदार के ऐसे सम्बन्ध? विवाद, औरंगज़ेब के पुत्र मोहम्मद सुल्तान की सगाई शुजा की पुत्री से तोड़कर

कहीं और निश्चित करवाने की चाल, औरंगज़ेब से असीरगढ़ का दुर्ग वापस लेना एवं जागीरों में कमी करके, सत्रह लाख रुपये की आर्थिक क्षति (प्रति वर्ष) पहुँचाना आदि से पिता-पुत्र के मध्य कटुता का आभास होता है। दक्खन से लेकर, पश्चिमोत्तर से लेकर मध्येशिया तक में प्रतिष्ठित राजकुमार औरंगज़ेब के प्रति इस सौतेले व्यवहार ने उसे ही नहीं शेष सभी मुगल राजकुमारों को बादशाह, दरबार एवं केन्द्र से विमुख कर दिया। जैसा बुन्देला एवं जगत सिंह के विद्रोहों के सन्दर्भ में ऊपर बात हो ही चुकी है, अमीरों को भी राज्याश्रय की बहुत आशा नहीं थी, जो विभिन्न राजकुमारों की सेवा में थे, वे भी भली-भाँति जानते थे, कि, उनका भविष्य तभी सुनिश्चित एवं सुखमय होगा, जब उनका स्वामी अगला मुगल बादशाह बन जाए। दारा एवं जहाँआरा की नीतियाँ भी संकीर्ण मानसिकता की द्योतक थीं—बीजापुर एवं गोलकुंडा की विजय से मुगल साम्राज्य को ही लाभ होता, किन्तु, दारा की विफलता के ऊपर औरंगज़ेब की सफलता-दूसरे ही संकेत देता, अत: क्षुद्र लाभ व संकीर्णता ने मुगल गौरव को कलंकित कर, औरंगज़ेब को दोनों अवसरों पर विजय से पूर्व ही वापस लौटने का फ़रमान पकड़ा दिया गया।

उपर्युक्त परिदृश्य में शाहजहाँ के तीनों पुत्रों के 'प्रत्यक्ष विद्रोह' के प्रकरण का विश्लेषणात्मक अध्ययन एवं समय-समय पर उमरा की भूमिका पर प्रकाश डाला जाए! इसे 'प्रत्यक्ष विद्रोह' ही कहा जा सकता है, क्योंकि, शाहजहाँ बीमार था, उसकी मृत्यु नहीं हुई थी, जब सिंहासन रिक्त नहीं था, तो 'उत्तराधिकार का प्रश्न ही नहीं था अत: इसे 'उत्तराधिकार का युद्ध', तो नहीं ही कहा जा सकता है। इसी प्रकार, पूरे साम्राज्य में, चूँकि, इसमें आम नागरिकों की कोई भूमिका नहीं थी, अत: इसे 'गृह-युद्ध' भी नहीं कहा/माना जा सकता है।[66] जैसा कि हमने 'राज्य के स्वरूप वाले अध्याय में पढ़ा ही है, कुरान शरीफ़ के मौलिक सिद्धान्तों के अनुसार, राज्य का स्वरूप प्रजातान्त्रिक (जनतान्त्रिक अथवा लोकतान्त्रिक) ही हो सकता था, अत: राजतन्त्र इस्लाम में स्वीकार्य नहीं था, तब, स्वाभाविक है, कि, 'उत्तराधिकार के सिद्धान्त' क्यों निर्मित होंगे—उनका अभाव तो अपरिहार्य था। 'उत्तराधिकार के नियमों' के अभाव में समस्त पुत्र अपने आप को समान दावेदार मानते थे और इसी कारणवश शाहजहाँ की अस्वस्थता में दारा द्वारा सिंहासन पर आधिपत्य स्थापित करने की सम्भावना को समाप्त करने के लिए उन्होंने अपने आप को तैयार कर आगरा की ओर कूच कर दिया।

चूँकि अपने निहितार्थों के चलते, अमीरों का पूरा समर्थन मुगल राजकुमारों को था, अत: हम कह सकते हैं कि, जहाँ उमरा का समर्थन राजकुमार को शाहजहाँ के विरुद्ध 'खुले विद्रोह' में मदद करता, वहीं, अपने राजकुमार को

बादशाह बनवाने में मदद करना, अमीरों के भी लाभ में था। इस पृष्ठभूमि में, मुगल उमरा नस्लीय, साम्प्रदायिक अथवा जातीय आधार पर विभक्त न होकर, व्यक्तिगत कारणों एवं अधिकाधिक लाभ की प्रत्याशा में विभिन्न राजकुमारों के पक्षधर हो गए। अतहर अली ने 'उत्तराधिकार के युद्ध' (वे भी इसे 'उत्तराधिकार का युद्ध' मानते हैं—जब शाहजहाँ जीवित था, अतः उत्तराधिकार का प्रश्न ही नहीं था) के समय चारों राजकुमार भाइयों के समर्थक अमीरों की संरचनात्मक व्याख्या की है, जिसके अनुसार औरंगज़ेब के समर्थक 124 मनसबदारों (1000 जात से अधिक मनसब वाले) में 20 तूरानी, 27 ईरानी, 23 अफ़गान, 33 अन्य मुस्लिम, 9 राजपूत, 10 मराठे तथा दो गैर-राजपूत (अन्य) हिन्दू थे। इसी प्रकार, दारा के 87 समर्थक मनसबदारों में से 16 तूरानी, 23 ईरानी, 1 अफ़गान, 23 अन्य मुस्लिम, 22 राजपूत एवं 2 मराठे थे। शाह शुजा के दस मनसबदार समर्थकों में 3 तूरानी, 1 ईरानी, 1 अफ़गान एवं 5 अन्य मुस्लिम थे। मुराद बख्श के गयारह 1000 के ऊपर पदवाले मनसबदारों में से 1 ईरानी, 1 अफ़ग़ान, 7 अन्य मुस्लिम एवं 2 राजपूत थे।[67]

यही नहीं, अमीरों को सदैव यह लगता था, कि, उन्हें जो भी लाभ प्राप्त होना है, वह तभी सम्भव है, जब वह राजकुमार बादशाह बन सकें, जिसके वे स्वयं पक्षधर हैं, अतः शाहजहाँ की बीमारी के उपरान्त, उन्होंने ही 'खुले विद्रोह' की पृष्ठभूमि निर्मित की थी एवं ऐसी परिस्थितियाँ पैदा कर दी थीं, कि, राजकुमारों को अपने अस्तित्व की सुरक्षा हेतु सिंहासनस्थ होने के लिए संघर्षरत होना पड़ा। एक राजकुमार के उदाहरण से हम यह बात सहजता से समझ सकेंगे। दारा के प्रभाव के चलते, औरंगज़ेब की जागीरें (17 लाख मूल्य की) छीन ली गई थीं असीरगढ़ वापस ले लिया गया; बुरहानपुर में 'बादशाह पसन्द' आम के लिए बादशाह के सेवक नियुक्त हो गए, बीजापुर-गोलकुंडा की विजय से उसे वंचित कर दिया गया। उसके अमीरों व सैनिकों तक को शाही सेवा में वापस बुला लिया गया था, मुराद बख्श एवं शाह शुजा अपने आप को शासक घोषित कर चुके थे। अतः औरंगज़ेब के साथ दक्खन में नियुक्त अमीरों एवं अधीनस्थ अधिकारियों ने उसके ऊपर दबाव डालना प्रारम्भ कर दिया, कि, वह अपनी नीति स्पष्ट करे तथा, उत्तर की ओर कूच करे अन्यथा राज्य व पद के साथ-साथ जान से भी हाथ धो बैठेगा। यदि वह सिंहासन का दावेदार नहीं है, तब वे (अमीर) क्यों उसके पक्षधर बने रहें? (इसमें उन्हें क्या लाभ अर्जित होगा?[68] अतः स्पष्ट था, कि, पूर्व की ही भाँति, मुगल उमरा अपने निहितार्थों की पूर्ति के लिए, मुगल राजकुमारों को शतरंज के प्यादे की भाँति समझ रहा था।

औरंगज़ेब की राजनीतिक चतुराई एवं दूरदर्शिता का प्रमाण है, कि, उसने दक्खन से आगरा (छोटे भाई मुराद अथवा बादशाह मुराद की प्रार्थना एवं दबाव के कारण निर्णय लिया) की ओर प्रस्थान करने से पूर्व काज़ी-ए-लश्कर अब्दुल वहाब से 'फ़तवा-ए-खुरूज़' प्राप्त कर लिया था। शाहजहाँ की इच्छा थी, कि, यदि, मुगल राजकुमार औरंगज़ेब एवं मुराद उसको देखने आ रहे हैं, तो उनका मार्ग न अवरुद्ध किया जाए, किन्तु, दारा की राजनीतिक महत्त्वाकांक्षा ने शाहजहाँ के परामर्श का अनदेखा कर दिया तथा जसवन्त सिंह के नेतृत्व में एक सेना औरंगज़ेब के आगमन के प्रतिरोध के लिए एवं दूसरी मुराद के विरुद्ध भेजी गई। इसी प्रकार, बंगाल में राजकुमार शाह शुजा ने भी अपने आप को बादशाह घोषित करके, आगरा पर चढ़ाई का मन बनाया। वह रोहतास, चुनार एवं बनारस विजित करने में सफल रहा; उसके विरुद्ध दारा ने अपने पुत्र सुलेमान शिकोह के साथ मिर्ज़ा राजा जयसिंह एव दिलेर सिंह को भेजा— बहादुरपुर के युद्ध (14 फरवरी, 1658 ई.) में शाह शुजा शाही सेनाओं से परास्त होकर वापस बंगाल की ओर भाग गया।

इसी बीच, औरंगज़ेब दक्खन से कूच करते हुए, मुराद से दिपालपुर में आ मिला (14 अप्रैल, 1658 ई.) एवं दोनों ने साथ, आगरा की ओर कूच किया। अन्तत: उज्जैन के निकट 'धरमत के युद्ध' में जसवन्त सिंह एवं कासिम खाँ के संयुक्त नेतृत्ववाली शाही सेनाओं को पराजित कर दिया (15 अप्रैल, 1658 ई.)। जसवन्त सिंह घायल होकर अपने राज्य जोधपुर व कासिम खाँ के नेतृत्ववाली सेनाएँ वापस आगरा लौट गईं! औरंगज़ेब एवं का मुराद की संयुक्त विजयी सेनाएँ आगरा की ओर बढ़ीं तथा, 28 मई, 1658 ई. को वे सामूगढ़ पहुँचे, जहाँ शाही सेनाओं का नेतृत्व दारा स्वयं कर रहा था—सम्भवत: स्वयं बादशाह ने नेतृत्व किया होता तो सम्भवत: निर्णय कुछ और होता एवं विद्रोही पुत्रों के अमीरों सैनिकों का नैतिक साहस उतना न होता, द्वितीय, दारा ने उसी दिन आक्रमण कर दिया होता तो कूच से थकी सेनाएँ सर्वोच्च प्रदर्शन न कर पातीं तृतीय, अगले दिन अर्थात् 29 मई, 1658 .ई. के युद्ध में सफल संचालन हेतु, दारा ने हाथी का परित्याग करके, घोड़े का उपयोग न किया होता (उसके सैनिकों ने जब उसके हाथी का हौदा रिक्त देखा तो वे हतोत्साहित हो गए) तो वह सम्भवत: पराजित न होता? सामूगढ़ की पराजय के उपरान्त वह आगरा लौटकर एक दिन रुककर दिल्ली रवाना हो गया। अब औरंगज़ेब व मुराद की विजयी सेनाएँ आगरा पहुँची जहाँ अन्तत: शाहजहाँ को प्रभुता से 8 जून, 1658 ई. को वंचित कर दिया गया बन्दी बना दिया गया एवं अन्तत: समर्पण करने को विवश कर दिया गया! 13

जून, 1658 ई. को दोनों भाई, दारा का पीछा करने दिल्ली की ओर रवाना हुए एवं मार्ग में मथुरा के निकट, औरंगज़ेब ने मुराद को बन्दी बनाकर (25 जून, 1658 ई.) ग्वालियर दुर्ग में बन्दी बना लिया जहाँ दिसम्बर, 1661 ई. में उसका वध कर दिया गया। इस बीच दारा पंजाब की ओर भाग गया।

औरंगज़ेब को दारा का पीछा करते एवं आगरा को रिक्त पाकर, शाहशुजा ने उस पर आधिपत्य का एक प्रयास और किया तथा अक्टूबर, 1658 ई. में उसने बंगाल से प्रस्थान किया, किन्तु, सूचना पाकर औरंगज़ेब शीघ्रता से पलटा। राजा जसवन्त सिंह ने औरंगज़ेब के पक्षधर होने का निर्णय किया, किन्तु, 'खज़वा के युद्ध' (5 जनवरी, 1659 ई') के पूर्व ही शाही शिविर लूटकर वापस आगरा की ओर लौट पड़ा। इस युद्ध में औरंगज़ेब विजयी रहा तथा, शाह शुजा पुन: बंगाल की ओर पलायन कर गया, अत: औरंगज़ेब ने अपने ज्येष्ठ पुत्र सुल्तान मोहम्मद एवं मीर जुमला को उसका पीछा करने हेतु नियुक्त किया। शाह शुजा अराकन की पहाड़ियों की ओर भाग गया जहाँ अन्तत: उसकी मृत्यु हो गई।

इसी बीच, पंजाब व सिन्ध होते हुए, दारा ने गुजरात में प्रवेश किया, जहाँ के सूबेदार ने उसका स्वागत किया। राजा जसवन्त सिंह ने भी सहायता का आश्वासन दिया, अत: द्वारा अजमेर पहुँचा, किन्तु, जसवन्त सिंह ने इनकार कर दिया। अन्तत: अजमेर के निकट 'देवराई के युद्ध' में 13 मार्च, 1659 ई. को वह औरंगज़ेब से पुन: पराजित हुआ तथा पलायन करके दादर के ज़मींदार मलिक जीवन के यहाँ शरणागत हुआ, जिसने उसके साथ विश्वासघात के उपरान्त उसका वध का दिया गया।

सन्दर्भ

1. सतीश चन्द्रा, 'मेडियवल इंडिया', भाग 2, पृ. 42-43.
2. राधेश्याम, 'बाबर', पृ. 415-419.
3. एल. एफ. रशब्रुक विलियम्स, 'ऐन एम्पायर बिल्डर ऑफ़ द सिक्सटीन्थ सेंचुरी, पृ. 160-161
4. वही, पृ. 166-167.
5. डॉ. ईश्वरी प्रसाद, 'लाइफ़ एंड टाइम्स ऑफ़ हुमायूँ', पृ. 377.
6. रशब्रुक विलियम्स, पूर्व, पृ. 177.
7. आर. एस. अवस्थी, 'द मुगल एम्परर हुमायूँ, पृ. 63-64.
8. वही, पृ. 67-68.
9. वही, पृ. 80-82.
10. अवस्थी, पूर्व पृ. 198-200.

11. आर. पी. त्रिपाठी, 'राईज़ एंड फॉल ऑफ़ द मुग़ल एम्पायर', पृ. 108-9.
12. वही, पृ. 109.
13. सतीश चन्द्रा, 'मेडियवल इंडिया', 2, पूर्व, पृ. 94.
14. वही.
15. आर. पी. त्रिपाठी, पूर्व, पृ. 179-80.
16. सतीश चन्द्रा, वही, पृ. 98.
17. सतीश चन्द्रा, वही, पृ. 120.
18. सतीश चन्द्रा, वही, पृ.111.
19. आर. पी. त्रिपाठी, पूर्व, पृ 185-186
20. सतीश चन्द्रा, पूर्व, 113-114.
21. सतीश चन्द्रा, पूर्व. पृ. 121.
22. वही, पृ. 125.
23. वही, पृ. 126.
24. आर. पी. त्रिपाठी, पृ. 200.
25. सतीश चन्द्रा, पृ. 126.
26. वही, पृ. 126-127.
27. डॉ. बेनी प्रसाद, 'हिस्ट्री ऑफ़ जहाँगीर', पृ. 65-66.
28. वही, पृ. 66-67.
29. आर. पी. त्रिपाठी, पूर्व पृ. 348.
30. वही एवं डॉ. बेनी प्रसाद, पूर्व, पृ. 122.
31. डॉ. बेनी प्रसाद, पृ. 125.
32. वही तथा डॉ. आर. पी. त्रिपाठी, पूर्व, पृ. 349.
33. डॉ. आर. पी. त्रिपाठी, पृ. 349.
34. बेनी प्रसाद, पृ. 129-136 एवं आर. पी. त्रिपाठी, पृ. 348-349.
35. डॉ. आर. पी. त्रिपाठी, पृ. 357.
36. बेनी प्रसाद, पृ. 139.
37. वही, पृ. 140.
38. देखें डॉ. बेनी प्रसाद, पृ. 157-304.
39. एस. नूरुल हसन, 'द थ्योरी ऑफ़ द नूरजहाँ जुन्टा, प्रोसीडिंग्स, इंडियन हिस्ट्री कांग्रेस, 1958.
40. वही।
41. प्रो. इरफान हबीब, 'द फ़ैमिली ऑफ़ नूरजहाँ ड्यूरिंग जहाँगीर्स रेन', मेडिवल इंडिया मिस्लेनी, खंड 1, अलीगढ़, 1969.
42. प्रो. नुरुल सहन, पूर्वोक्त
43. डॉ. सतीश चन्द्रा पृ. 242.
44. बेनी प्रसाद, पृ. 321-323.

45. वही, पृ. 327.
46. वही, पृ. 329.
47. बेनी प्रसाद, पृ. 330-333.
48. वही, पृ. 333-334.
49. वही, पृ. 337-339.
50. बेनी प्रसाद, पृ. 343-349.
51. वही, पृ. 359-361.
52. वही, पृ. 361-362.
53. वही, पृ. 364.
54. वही, पृ. 364-366.
55. वही, पृ. 366-367.
56. वही, पृ. 385-386.
57. वही, पृ. 401.
58. बनारसी प्रसाद सक्सेना, 'हिस्ट्री ऑफ़ शाहजहाँ ऑफ़ देहली, पृ. 64-65.
59. डॉ. बी. पी. सक्सेना खाने जहाँ लोदी के विद्रोह को प्रथम विद्रोह मानते हैं (देखें वही, पृ. 66-80, किन्तु, डी. आर. पी. त्रिपाठी, पूर्व, पृ. 423-425 को प्रथम एवं खाने जहाँ लोदी के विद्रोह को द्वितीय विद्रोह मानते हैं देखें पृ. 425-432.
60. बी.पी. सक्सेना, पृ. 79-82 एवं आर.पी. त्रिपाठी, पृ. 423-425.
61. वही, पृ. 82-83.
62. वही, पृ. 85.
63. वही, पृ. 89
64. वही, पृ. 90.
65. वही, पृ. 99-102.
66. एस. एम. अज़ीज़ुद्दीन हुसैन, 'स्ट्रक्चर ऑफ़ पॉलिटिक्स अंडर औरंगज़ेब, नई दिल्ली, 2002, पृ. 331 साथ ही देखें, पृ. 29-30.
67. अतहर अली, 'मुगल नोबिल्टी अन्डर औरंगज़ेब' पृ. 95-97.
68. जहीरुद्दीन फारूकी, 'औरंगज़ेब एंड हिज़ टाइम्स', पृ. 52.
69. वही, पृ. 51-88.

11

औरंगज़ेबकालीन उमरा

औरंगज़ेबकालीन मुगल उमरा का बड़ा विस्तृत एवं विश्लेषणात्मक अध्ययन डॉ. अतहर अली ने किया है, अत: कुछ आँकड़े व आँकड़ों की तालिकाओं का अध्ययन कुछ मौलिक प्रस्तावनाओं एवं अवधारणाओं को समझने के लिए आवश्यक ही नहीं, अपरिहार्य हो जाता है। यदि, हम 500 से अधिक पदवाले मनसबदारों का तुलनात्मक अध्ययन करें तो निम्न आँकड़े प्राप्त करते हैं[1]—

अकबर	शाहजहाँ	औरंगज़ेब	
1595 ई.	1628-1658 ई.	1658-78 ई.	1679-1707 ई.
कुल : 98 हिन्दू : 22	कुल; 437 हिन्दू; 98 (22.4%)	कुल : 486 हिन्दू : 105	कुल : 575 हिन्दू : 182
हिन्दू % (22.5%)	(22.4%)	(21.6%)	(31.6%)

इसी प्रकार, औरंगज़ेब के शासन के प्रथम काल में कुल 486 मनसबदारों के नस्लीय एवं जातीय अध्ययन के उपरान्त, अतहर अली बताते हैं, कि, इनमें 136 ईरानी, 67 तूरानी; 43 अफ़गान, 65 भारतीय मुस्लिम; 70 अन्य मुस्लिम (कुल मुस्लिम मनसबदारों की संख्या 381); 71 राजपूत, 27 मराठे; 7 अन्य हिन्दू (गैर-राजपूत) - (कुल हिन्दू मनसबदारों की संख्या बराबर 105)।[2] औरंगज़ेब के शासन-काल में हमें ध्यान रखना होगा, कि, अपने शासन-काल के उत्तरार्द्ध में वह दक्खन में ही रहा (वहीं मरा भी तथा दफ़नाया गया) अत: इस काल में उत्तर भारतीय हिन्दुओं (जिनमें अधिकांशत: राजपूत थे) का स्थान दक्खन भारतीय हिन्दुओं (जिनमें अधिकांशत: मराठे थे) ने ले लिया, जिसके परिणामस्वरूप उनकी संख्या (व प्रतिशत) में भी वृद्धि होती है। इस काल के

कुल 575 मनसबदारों में से 126 ईरानी; 72 तूरानी; 94 अफ़गान, 69 भारतीय मुस्लिम, 92 अन्य मुस्लिम (कुल मुस्लिम मनसबदारों की संख्या बराबर 393); 73 राजपूत; 96 मराठे; 13 अन्य हिन्दू (कुल हिन्दू मनसबदारों की संख्या बराबर 182) थे।[3]

उपर्युक्त आँकड़ों से यह तो स्पष्टत: स्थापित हो जाता है, कि, बावजूद इस्लाम के प्रति व्यक्तिगत रूझान एवं मुस्लिमों के तुष्टिकरण की नीति के चलते, वह हिन्दू उमरा, राजाओं एवं ज़मींदारों को भी नज़रन्दाज़ नहीं कर सकता था, क्योंकि, मुगल साम्राज्य में यह व्यावहारिक नहीं था। अत: वह भी इस राजनीतिक वास्तविकता से अनभिज्ञ था एवं हिन्दू उमरा के प्रति उसकी नीति इसी आकलन पर आधारित थी।[4] कुछ इतिहासकार, इस पूरी नीति को 'जज़िया' के पुन: वसूले जाने से (सिंहासनारोहण के बाईस वर्षों बाद अर्थात् महाराजा जसवन्त सिंह एवं मिर्ज़ा राजा जयसिंह के मृत्यूपरान्त) सम्बद्ध करके देखने का प्रयास करते हैं, किन्तु, शासन के उत्तरार्द्ध में औरंगज़ेब को बीजापुर व गोलकुंडा के विजयोपरान्त नई परिस्थिति का सामना करना पड़ा था—उसे तेलंगाना एवं कर्नाटक के शक्तिशाली शासकों, नायकों एवं देशमुखों को विजित करना अथवा मैत्रीपूर्ण व्यवहार से अपनी ओर मिलाना था, अत: राजनीतिक प्रतिद्वन्द्विता में मन्दिर विध्वंस की नीति का परित्याग करना पड़ा। समकालीन इतिहासकार, भीमसेन दक्षिणभारत के मन्दिरों के सन्दर्भ में लिखता है, कि, "बीजापुरी एवं हैदराबादी कर्नाटक में असंख्य मन्दिर है तथा प्रत्येक मन्दिर परेन्दा एवं शोलापुर के दुर्ग के समान हैं। पूरे विश्व में, कहीं पर भी इतने मन्दिर नहीं हैं।" यही नहीं, वह आगे लिखता है, कि, "अदोनी व कांची तथा जिंजी के राज्य से लेकर समुद्र तट तक, एक भी गाँव ऐसा नहीं है, जिसमें मन्दिर न हो—छोटा अथवा बड़ा।" कुछ अपवादों को छोड़कर औरंगज़ेब ने (विरोध के भय से) इनके विध्वंस की कोई नीति न तो नियोजित की और न ही क्रियान्वित की।[5]

अतहर अली के मतानुसार, औरंगज़ेब की नीति में सिंहासनारोहण के पश्चात कोई परिवर्तन दृष्टिगोचर नहीं होता है। वह सिंहासन के लिए हुए युद्ध के समय की उसकी नीति के ही समान रही। वह इसी तर्क पर सत्ता में आया था, जैसा कि, काज़ी-ए-लश्कर, अब्दुल वहाब ने दिया था—शाहजहाँ की अयोग्यता के कारण, कोई सकारात्मक कार्य नहीं हो रहा था, चूँकि, वह अपने पिता से अधिक योग्य व क्रियाशील था, अत: इस पद पर अधिकार करना तार्किक व न्यायोचित था। अपने विद्रोह के उपरान्त सिंहासनारोहण का औचित्य स्थापित करने के लिए वह निरन्तर प्रयासरत रहा। साथ उक्त औचित्य का आधार सम्पुष्ट

करने के लिए, वह निरन्तर क्रियाशील अथवा सक्रिय दिखने के लिए, सैन्य विजयों/अभियानों में रत रहा—अत: 1660 ई. में शाइस्ता खाँ मराठों के विरुद्ध सैन्य अभियानों का श्रीगणेश करता है; 1661 ई. में बिहार में पालामऊ, मीर जुमला द्वारा विजित कर मुगल साम्राज्य में विलीन कर लिया जाता है तथा वह कूच-बिहार पर भी आधिपत्य स्थापित करता है; 1662-63 ई. में मीर जुमला आसाम में प्रसिद्ध सैन्य अभियान का नेतृत्व करता है। 1663 ई. गुजरात में नवानगर विजित किया जाता है; 1665 ई. में मिर्ज़ा राजा जयसिंह शिवाजी के विरुद्ध सफल सैन्य अभियान का समापन 'पुरन्धर की सन्धि' से करता है; 1665-66 ई. में बीजापुर के विरुद्ध मुगलों के वृहद सैन्याभियान का प्रारम्भ होता है; 1666 ई. में शाइस्ता खा चटगाँव (चित्तगौंग) पर आधिपत्य स्थापित कर लेता है। सम्पूर्ण सत्रहवीं शताब्दी में शायद ही किसी दशक ने इतनी अधिक व सक्रिय सैन्य गतिशीलता देखी थी।[6]

इस प्रकार की आक्रामक व क्रियाशील सैन्य नीति बिना मुगल उमरा के सक्रिय सहयोग से क्रियान्वित नहीं हो सकती थी, अत: विरोध की सम्भावनाओं तक को समाप्त करना था। साथ ही, 1666 ई. तक शाहजहाँ भी जीवित था, अत: यह भय सदैव रहा, कि, यदि, पूर्ववर्ती मुगल नीति में कोई मौलिक परिवर्तन किया जाता, तो सम्भव था, कि मुगल उमरा के हित प्रतिकूल रूप से प्रभावित होते और असन्तुष्ट होकर जीवित शाहजहाँ के इर्द-गिर्द एकत्रित होकर, औरंगज़ेब को अपदस्थ एवं शाहजहाँ को बादशाह के रूप में पुनर्स्थापित करने का प्रयास करते।[7] अत: पूर्ववर्ती मुगल नीति में कोई परिवर्तन, कम-से-कम, 1666 ई. तक तो नहीं ही, दृष्टिगोचर होता है।

यही नहीं, इन्हीं कारणों के चलते, औरंगज़ेब ने जिन भाइयों के विरुद्ध क्रूर व्यवहार किया था, उन्हीं के स्थानों की तुष्टि का भी सुनियोजित प्रयास किया गया। जहाँआरा बेगम की पहल पर दारा के पुत्र सिफ़र शिकोह को 1671 ई. में बन्दीगृह से मुक्त किया गया तथा मनसब प्रदान करके, उसका विवाह बादशाह (औरंगज़ेब) की एक पुत्री से कर दिया गया। इसी प्रकार, मुराद के पुत्र इज़्ज़त बख्श को भी मुक्ति व मनसब प्रदान करके, उसका विवाह औरंगज़ेब की एक अन्य पुत्री से कर दिया गया, इससे पूर्व ही 1669 ई. में दारा की पुत्री जानी बेगम (जिसे जहाँआरा ने अपनी पुत्री की भाँति पाला था) का विवाह औरंगज़ेब के तृतीय पुत्र मोहम्मद आज़म के साथ कर दिया गया। इस प्रकार के अनेकों अन्तर्पारिवारिक विवाह इस काल में हुए जिनके परिणामस्वरूप, तीसरी पीढ़ी आते-आते, औरंगज़ेब एवं उसके तीनों पराजित भाइयों के परिवार एक हो गए।[8]

डॉ. अतहर अली मानते हैं, कि, 1666 ई. पश्चात् औरंगज़ेब ने पूर्ववर्ती मुगल नीति को परिवर्तित करना प्रारम्भ किया, इसके अनेकानेक कारण थे। सर्वप्रथम तो शाहजहाँ के मृत्यूपरान्त, वह निश्चिन्त हो गया, कि, अब उसका कोई सशक्त विकल्प नहीं रहा, अत: उमरा से उत्पन्त विरोध का उसका भय भी समाप्त हो गया। द्वितीय, 1659 ई. से प्रारम्भ की गई आक्रामक सैन्य नीति को बहुत सफलता नहीं मिली, मीर जुमला असफल हो आसाम से वापस लौटने को बाध्य हुआ; कूच-बिहार का विलय, शून्य में विलीन हो गया; शाइस्ता खाँ अपने अभियान में असफल हो, अपना शिविर भी लुटने से नहीं बचा सका; शिवाजी के विरुद्ध मिर्ज़ा राजा जयसिंह, बीजापुर के सैन्याभियान में बुरी तरह असफल रहे तथा, ग्लानि-बोध के साथ 1667 ई. में मृत्यु को प्राप्त हुए।[9]

इन असफलताओं के साथ ही, विद्रोहों का काल प्रारम्भ हो गया था, 1667 ई. में, गोकुला के नेतृत्व में बृज (मथुरा) क्षेत्र में जाट विद्रोह; 1672 ई. में नरनौल में सतनामियों का विद्रोह 1667 ई. में भागू के नेतृत्व में युसुफ़ज़ाई (अफ़गान) विद्रोह, 1672 ई. में अकमल खाँ के नेतृत्व में अफ़रीदी (अफ़गान) विद्रोह) अन्तत: 1674 ई. में मुगल अमीर (अधिकारी) शुज़ात खाँ की खैबर की पराजय के पश्चात् स्वयं औरंगज़ेब को हसन अब्दल (पेशावर-क्षेत्र) जाने को बाध्य होना पड़ता है, जहाँ वह 1675 ई. के अन्त तक रहता है; यही नहीं, इसी बीच; 1670 ई. में शिवाजी-मुगल संघर्ष प्रारम्भ हो जाता है एवं शिवाजी सूरत की दूसरी लूट करते हैं।[10]

मुगल उमरा के अपने विश्लेषणात्मक अध्ययन के अनुसार, डॉ. अतहर अली का स्पष्ट अभिमत है, कि, चूँकि, 1658-59 ई. के विद्रोहोपरान्त सत्ता हासिल करने का औचित्य सैन्य असफलता के चलते समाप्तप्राय: हो गया, अत: अब नए सिरे से उक्त औचित्य की स्थापना का प्रयास करना था।[11] अपने धर्मभीरु स्वभाव के अनुसार, औरंगज़ेब ने 1670 ई. के दशकवाले काल में साम्राज्य के इस्लामी स्वरूप पर जोर देना शुरू किया, ताकि, मुस्लिम समुदाय एवं संकीर्णवादी उलमा तो साम्राज्य के यथासम्भव निकट आ सकें, जिसका स्वागत, अन्तत: महाबत खाँ जैसे अमीरों ने किया भी, इसी के कुछ बाद, उसने 1679 ई. में 'जज़िया' कर की वसूली भी पुन: प्रारम्भ कर दी। मनूची के वर्णनानुसार, दरबार के समस्त उच्च-पदस्थ अमीरों एवं अधिकारियों ने इसका विरोध किया तथा, बादशाह से जज़िया के विषय में निर्णय टालने का अनुरोध किया।[12]

जब तक मुगल साम्राज्य का विस्तार हो रहा था, उमरा आशावान था, कि, उसके निहितार्थों की पूर्ति की पर्याप्त सम्भावनाएँ हैं, किन्तु, जैसा कि, उपर्युक्त

वर्णन से स्पष्ट है— एक ओर, साम्राज्य विस्तार के प्रयास निष्फल रहे एवं, दूसरी ओर, साम्राज्य के अन्दर ही विद्रोह प्रारम्भ हो गए, तब उनके लाभ एवं पदोन्नतियों (अर्थात् अधिक मनसब एवं उसी वृद्धि के अनुपात में अधिक जागीर) के अवसर समाप्तप्राय प्रतीत होने लगे, अत: औरंगज़ेब को सुनियोजित तरीके से, सीमित जागीरों के चलते, अमीरों को सन्तुष्ट रखने के लिए, नीति परिवर्तन के लिए बाध्य होना पड़ा।[13] राजनीतिक कारणों से, अकबर शक्ति-सन्तुलन के उसे सिद्धान्त के चलते राजपूतों को मनसब प्रदान करने की नीति का प्रवर्तक था, तो लगभग वैसे ही कारणों के चलते, औरंगज़ेब उनकी राजनीतिक भूमिका को सीमित कर रहा था। 1658-59 ई. के 'खुले विद्रोह' में राजपूत शासकों-महाराज जसवन्त सिंह एवं मिर्ज़ा राजा जयसिंह की भूमिकाएँ सन्दिग्ध थीं— ऊपर, हम लोग राजपूत उमरा की भूमिका व चरित्र की विस्तृत व्याख्या कर ही चुके हैं, अत: औरंगज़ेब की राजपूत-नीति की पृष्ठभूमि सरलता से समझी जा सकती है।

हालाँकि, राजपूत उमरा को पूर्ववत् 'वतन-जागीरों' की तो पुष्टि होती गई, किन्तु, साम्राज्य की सेवा के अनुपात में साम्राज्य के अन्य भागों में प्राप्त जागीरें निश्चित रूप से कम हुई, किन्तु, फिर भी, 1679-80 ई. के राठौर विद्रोह (राजपूत-विद्रोह) को नवीन साक्ष्य 'वाक्याते अजमेर' के आलोक में विश्लेषित करने में यह एक घराने/राज्य तक ही सीमित रहा, हालाँकि, इसके दीर्घ-गामी प्रतिकूल प्रभाव, साम्राज्य पर पड़े। महाराज जसवन्त सिंह के मृत्यूपरान्त, जोधपुर में उत्तराधिकार का संकट उत्पन्न हुआ, दावेदार इन्दर सिंह के दावे को मान्यता प्रदान करते हुए, दो परगनों के अतिरिक्त, जोधपुर सहित समस्त मारवाड़ राज्य को 'खालसा' में परिवर्तित करने की आज्ञा, औरंगज़ेब ने दी। राठौरों को जोधपुर का 'खालसा' में विलय स्वीकार्य नहीं था। इससे पूर्व 'वतन-जागीर' को कभी भी 'खालसा' में सम्मिलित/विलय नहीं किया गया था, अत: राठौरों का विद्रोह तार्किक प्रतीत होता है। इसी बीच, यह भी ज्ञात हुआ, कि, स्वर्गीय महाराज जसन्वत सिंह की दो रानियाँ गर्भावस्था में हैं एवं दोनों को पुत्रों की प्राप्ति हुई। रानी हादी के पुत्र अजीतसिंह को नए शासक की मान्यता प्रदान करने की माँग उठने लगी, क्योंकि, पूरे मारवाड़ में ही इन्दर सिंह बहुत अलोकप्रिय था।[14]

अत: इन परिस्थितियों में मारवाड़ के राठौरों का मुगल सत्ता के साथ संघर्ष अपरिहार्य था, किन्तु, डॉ. अतहर अली ने अपने विस्तृत विश्लेषणात्मक अध्ययन के उपरान्त, यह स्थापित किया है, कि, यह 'राजपूत विद्रोह' न होकर मात्र 'राठौरों व सिसोदियों' का विद्रोह है। 'राजपूत विद्रोह' का अभिप्राय, अधिकांश राजपूत वंशों/राज्यों का विद्रोह था, किन्तु, इस पूरे प्रकरण में मात्र राठौर व

सिसोदिया राजपूतों ने विद्रोह किया। कछवाहे, हाड़ा, भाटी, बीकानेर के राठौर आदि ऐसे राजपूत थे, जो मुगल सत्ता के प्रति निष्ठावान बने रहे। 'वाक्याते-अजमेर' के विवरणों से स्पष्ट होता है, कि, 'विद्रोह' के बढ़ने पर, राजपूत सैन्य टुकड़ियाँ निरन्तर मुगल शाही सेनाओं को सशक्त करती रहीं।[15]

इस पूरे प्रकरण से यदि, एक ओर यह स्पष्ट होता है, कि, यह 'राठौर (जोधपुर के)— सिसोदिया विद्रोह, था न कि 'राजपूत विद्रोह' तो इससे यह भी स्थापित होता है, कि, यह मात्र जोधपुर एवं राजपुताने तक ही सीमित न रह सका। औरंगज़ेब के पुत्र अकबर ने विद्रोहियों का साथ देना ही नहीं, उन्हें समर्थन प्रदान करना भी स्वीकार किया—इससे यह स्पष्ट है, कि, राठौरों के भी मित्र, मुगल उमरा में मौजूद थे! विद्रोही राजकुमार का मुख्य समर्थक तहव्वुर खाँ एक प्रभावशाली एवं प्रतिष्ठित अमीर था। वास्तव में, औरंगज़ेब के श्रेष्ठ अमीरों में से एक बहादुर खाँ कोकलताश, जो दक्खन का वाइसरॉय था, ने तो औरंगज़ेब को परामर्श दिया था, कि, वह अजीतसिंह को जोधपुर का शासक स्वीकार कर ले! जब विद्रोही राजकुमार अकबर दक्खन भागा, तब भी माना जाता है, कि, वहाँ के वाइसरॉय ने अनदेखी करके, उसे निर्विरोध शम्भाजी के दरबार में जाने दिया था।[16] अन्ततः शेष राजपूतों की उदासीनता अथवा मुगलों के प्रति निष्ठा एवं राजकुमार अकबर के विद्रोह की असफलता ने अन्ततः सिसोदिया राजपूतों को सन्धि के लिए विवश किया एवं मुस्लिम उमरा का पूर्ण समर्थन बादशाह औरंगज़ेब के साथ था।

औरंगज़ेबकालीन मुगल उमरा की भूमिका को समझने के लिए, हमें यह ध्यान रखना चाहिए, कि, उत्तर भारत तो पूर्णतया विजित था ही, अकबर ने दक्खन के प्रति आक्रामक व प्रसारवादी नीति का नियोजन तथा क्रियान्वयन करके, मुगल उमरा की उपलब्धियों, सैन्य विजयों एवं प्रशासनिक क्षमताओं के परीक्षण का एक रण-क्षेत्र प्रदान कर दिया था। अतः विदेशी यात्री बर्नियर के मतानुसार तो 'दक्खन तो हिन्दुस्तानी सैनिक की रोटी एवं रोज़ी का आधार था।'[17] अतः औरंगज़ेब के शासन-काल में जब नामदार खाँ ने शाइस्ता खाँ को शिवाजी पर प्रत्यक्ष आक्रमण करने का परामर्श दिया तो उसने यही तार्किक उत्तर दिया था, कि, यदि, दक्खन अभियान शीघ्र समाप्त हो गया तो कान्धार की घेरेबन्दी का आदेश हो जाएगा और यदि, वहाँ भी सफलता मिली, तो सैनिकों को कार्य एवं वेतन दोनों से हाथ धोना पड़ेगा।[18] किन्तु, यह भी एकमात्र सत्य नहीं है, कि मुगल उमरा की सुनियोजित ही दक्खन में युद्ध के विस्तृत होने के लिए उत्तरदायी थी। संसाधनों की कमी, युद्धों के चलते बढ़ती ही चली गई, अतः दक्खन में

मुगल सेनानायकों के लिए दक्खन सेनाओं से तुलनात्मक रूप से बेहतर प्रदर्शन करना सम्भव नहीं गया।[19] दक्खन की प्रायद्वीपीय भू-राजनीति का संरचना को भी समझना आवश्यक होगा, क्योंकि, इन्हीं पहाड़ी क्षेत्रों में मुगल सेनाओं के छक्के मराठा सैनिकों ने प्राय: छुड़ाए!

अत: उपर्युक्त परिस्थितियों में, मुगल सेनापतियों एवं 'दक्खनी' अमीरों के मिलीभगत के अनेक प्रकरण एवं आरोप सामने आते हैं। औरंगज़ेबकालीन प्रारम्भिक वर्षों में राजकुमार शाह आलम से लेकर बाद के अनेक सूबेदारों, फ़ौज़दारों, सेनानायकों एवं अमीरों के विरुद्ध इस बात के साक्ष्य मिलते हैं, कि, वे दक्खन में मुगलों की विस्तारवादी नीति के समर्थक नहीं थे। अत: शाह आलम को ध्यान न देने के आरोप में वहाँ से हटाकर, मिर्ज़ा राजा जयसिंह को दक्खन का वाइसरॉय नियुक्त किया गया। किन्तु, 1667 ई. में महाराजा जसवन्त सिंह एवं राजकुमार शाह आलम के ही परामर्श पर शिवाजी को क्षमा एवं उसके पुत्र शम्भाजी को 5000/5000 का मनसब प्रदान किया गया था। इसी प्रकार, 1682-83 ई. में शाह आलम के साथ-साथ, सैय्यद अब्दुल्ला खाँ, मौमिन खाँ, नज़्म साईनी एवं सादिक खाँ पर आरोप लगा, कि, वे बीजापुर शासक के साथ गुप्त सन्धि किए हुए थे, जिसके फलस्वरूप राजकुमार को फटकार मिली, सैय्यद अब्दुल्ला बन्दी बनाया गया एवं अन्य अमीरों को अपदस्थ कर दिया गया। बाद में, पुन: औरंगज़ेब ने शाह आलम को गोलकुंडा के शासक अबुल हसन के प्रति उदार दृष्टिकोण अपनाने के लिए, बहादुर खाँ कोकलताश के साथ-साथ फटकारा था।[20]

बहादुर खाँ कोकलताश अर्थात् खाँने-ए-जहाँ बहादुर ज़फ़र जंग कोकलताश को सदैव ही दक्खन के शासकों के साथ मैत्री के लिए उत्तरदायी माना जाता था। उसे 1672 ई. में दक्खन का वाइसरॉय नियुक्त किया गया था। मुगल अमीर दिलेर खाँ एवं बीजापुर के अफ़गान अमीरों के प्रमुख अब्दुल करीम ने उसके ऊपर शिवाजी के प्रति सहानुभूति का आरोप लगाया। बहादुर खाँ, दक्खन में मुगल प्रसारवादी नीति का विरोधी था, अत: वह मराठों एवं आदिलशाही शासकों के साथ सदैव साठ-गाँठ का दोषी माना गया था। अत: अकबराबाद के निकट जाटों के विद्रोह के दमन के बहाने उसे दक्खन से वापस बुला लिया गया। इसी प्रकार, जसवन्त सिंह दो बार दक्खन में नियुक्त हुआ था एवं दोनों बार ही मराठों के विरुद्ध आक्रामक न होने के आरोप उस पर लगे थे। 1663 ई. में शिवाजी द्वारा शाइस्ता खाँ के शिविर पर रात्रि आक्रमण में उनके हाथ होने का सन्देह तो था ही, अन्य द्वितीय नियुक्ति में तो दिलेर खाँ ने उन्हें शिवाजी के विरुद्ध उदार व्यवहार

का दोषी माना था। महाबत खाँ भी इन आरोपों से मुक्त नहीं रहा था, अत: 1671 ई. में इसी आधार पर, उसके स्थान पर बहादुर खाँ कोकलताश को नियुक्त किया गया था, क्योंकि, वह मराठों के प्रति आक्रामक नहीं था। समकालीन इतिहासकार काफ़ी खाँ के मतानुसार, उमरा के विभिन्न उपवर्गों के सदस्यों की सहानुभूति दक्खन राज्यों के विभिन्न वर्गों एवं विभिन राज्यों के प्रति सुस्पष्ट थी— उदाहरण के लिए स्वाभाविक रूप से, राजपूत मनसबदारों की सहानुभूति मराठों के प्रति थी।[21] इसी प्रकार, दाऊद खाँ कुरैशी, आदिल शाह के विरुद्ध मिर्ज़ा राजा जयसिंह के नेतृत्ववाले मुगल प्रसारवादी अभियान का विरोधी था एवं उसने सैनिकों से कुरान शरीफ़ के सिद्धान्तों के विरुद्ध इस युद्ध में भागीदारी से हतोत्साहित किया।

दक्खन में नियुक्त मुगल उमरा के अफ़गान उपवर्गीय सदस्य अथवा मनसबदारों का न बीजापुर के प्रति अनाक्रमक एवं मैत्रीपूर्ण भाव मात्र इसलिए था, क्योंकि, बीजापुर के दरबार में अफ़गान अमीरों की अधिक संख्या थी एवं वे अपने स्वदेशी लोगों के प्रति शत्रुता प्रदर्शित करने से कतराते थे, अत: जब बहादुर खाँ कोकलताश ने बीजापुर के अभियान की तैयारियाँ कर लीं, तब शाही सेना के अफ़गान अमीरों ने बीजापुर के अफ़गान अमीरों के नेता अब्दुल करीम को शान्ति की सन्धि के प्रस्ताव के लिए परामर्श दिया, क्योंकि, उनको विश्वास था, कि, पूर्ण मुगल सेना के आक्रमण का प्रतिरोध करने की क्षमता बीजापुर में नहीं थी। दिलेर खाँ, जो अफ़गान उमरा के उपवर्ग का नेता था—उसकी इस कृत्य की सूचना औरंगज़ेब को भी प्राप्त हुई तथा, वह दक्खन में उसकी भूमिका से सन्तुष्ट नहीं था, अन्तत: उसने 1678 ई. में असद खाँ को दक्खन का वाइसरॉय नियुक्त कर दिया।

गोलकुंडा के मामले में मुगल उमरा के ईरानी उपवर्ग की निष्ठा इसलिए सदैव सशंकित रही, क्योंकि, उनकी सहानुभूति शिया धर्मावलम्बी कुतुबशाह के प्रति सहधर्मी होने के नाते थी। अत: वें पूरे मनोवेग से गोलकुंडा की घेरेबन्दी नहीं करते थे, ऐसा मामूरी एवं बर्नियर के वर्णनों पर आधारित डॉ. अतहर अली का मत है। किन्तु, गोलकुंडा के प्रकरण में मात्र ईरानी अमीर दोषी हों ऐसा नहीं था— जब औरंगज़ेब ने प्रमुख काज़ी शेखुल इस्लाम से गोलकुंडा एवं बीजापुर के विरुद्ध 'जेहाद' की उद्घोषणा का विचार रखा, तब उसने इससे स्पष्टत: इनकार कर दिया— मुस्लिम राज्यों के विरुद्ध 'जेहाद' कैसे सम्भव था (भले ही वे शिया राज्य हों!), अत: औरंगज़ेब ने उसे अपदस्थ करने हेतु हज पर भेज दिया। नव नियुक्त शेखुल इस्लाम, काज़ी अब्दुल्ला ने भी ऐसा करने से इनकार किया, तो क्रोधित औरंगज़ेब ने उसकी दरबार में उपस्थिति प्रतिबन्धित कर दी

तथा मात्र न्यायिक कार्यों तक उसके अधिकार क्षेत्र को सीमित कर दिया। काज़ी अब्दुल्ला का परामर्श था, कि, मुस्लिम रक्त बहाने से अच्छा है, कि, गोलकुंडा के शासक अबुल हसन, जिसने मित्रता व शान्ति का प्रस्ताव प्रेषित किया है, उसे औरंगज़ेब द्वारा स्वीकार कर लिया जाए।[24]

सभी उपवर्गों के सदस्यों के ऊपर भी उपर्युक्त विश्लेषण प्रभावी नहीं होता है, क्योंकि, मिर्ज़ा राजा जयसिंह दक्खन में मुगल प्रसारवादी नीति का समर्थक था। शाइस्ता खाँ की असफलता के उपरान्त उसे ही दक्खन का कार्यभार सौंपा गया। उसने सर्वप्रथम, शिवाजी के विरुद्ध ध्यान केन्द्रित किया एवं उसे पराजित करके, 'पुरन्धर की सन्धि' पर हस्ताक्षर के लिए विवश कर दिया। अपनी भावी योजना के अन्तर्गत वह मराठा राज्य को मुगल साम्राज्य के अधीनस्थ सहभागीदारी के रूप में प्रयोग करके, बीजापुर को विजित करना चाहता था। किन्तु, ऐसा प्रतीत होता है, कि, औरंगज़ेब दक्खन में इतनी विशाल सेना बीजापुर विजय अभियान में लगाने के पक्ष में नहीं था। नुस्काए दिलकुशा के इतिहासकार भीमसेन के अनुसार, औरंगज़ेब, जयसिंह की इस योजना से भी सहमत नहीं हुआ, जिसके अनुसार बीजापुर के आदिलशाही राज्य के अमीरों को व्यापक स्तर पर अपनी ओर मिलाने की योजना क्रियान्वित की जाए।[25]

यह सत्य है, कि, जहाँगीर के ही शासन-काल से मराठा अमीरों में मतभेद उत्पन्न करने हेतु व उन्हें अपनी ओर मिलाने के लिए व्यापक स्तर पर मनसब दिए जाने लगे, किन्तु, उनसे बीजापुर की विजय में सहायक के रूप में प्रयोग करना, यह भी औरंगज़ेब को स्वीकार न था। दक्खन में जयसिंह का पूर्ववर्ती शइस्ता खाँ तो मराठा को सन्दिग्ध मानकर, उनका कोई सैन्य उपयोग भी नहीं करता था। जब औरंगज़ेब आगरा पहुँचा तो जसवन्त सिंह के नेतृत्व में मुगल उमरा के एक बड़े वर्ग ने साधारण 'या निम्न बूमिया' कहकर उसे कोई सम्मान प्रदान न करने की बात कही। इसी प्रकार, मुगल अमीर जफ़र खाँ एवं रा'द अन्दाज़ खाँ शिवाजी को कोई भी लाभ/कृपा/उदारता प्रदान करने के विरुद्ध थे। दूसरी ओर, जयसिंह की शिवाजी को मुगल मनसबदार एवं कृपा प्रदान करवाने की नीति का समर्थन अमीर खाँ, सैय्यद मुर्तज़ा खाँ एवं आकिल खाँ कर रहे थे। अतः मुगल बादशाह अनिश्चितता की स्थिति में रहा, तभी शिवाजी न सहयोगी बनाए जा सके और न ही उनका दमन सम्भव हुआ।[26] अन्ततः परिस्थितिवश, औरंगज़ेब कोई एक निश्चित मराठा नीति क्रियान्वित न कर सका और उसे एक ही समय में समानान्तर रूप से दक्खन के तीनों राज्यों यथा, मराठा, बीजापुर एवं गोलकुंडा के विरुद्ध सैन्य-अभियान चलाना पड़ा। इस व्यापक अभियान

में संसाधनों की अपरिहार्यता थी, जिसने मुगल साम्राज्य को आर्थिक क्षेत्र में, निश्चित रूप से दुष्प्रभावित किया था।

1682 ई. से लेकर 1707 ई. अर्थात् अपनी मृत्यु तक (और मृत्यूपरान्त भी!) पच्चीस वर्ष से अधिक औरंगज़ेब दक्खन में ही रहा। इन पच्चीस वर्षों की दीर्ष अवधि के प्रथम चरण में, वह दक्खन के तीनों सत्ता केन्द्रों को ध्वस्त करने में सफल रहा था। 1686 ई. में बीजापुर, 1687 ई. में गोलकुंडा विजित कर लिए एवं 1689 ई. में मराठा शासक शम्भाजी को बन्दी बनाकर मौत के घाट उतार दिया। किन्तु, इसी के साथ मराठा प्रतिरोध व संघर्ष का एक दीर्घकालीन प्रदर्शन प्रारम्भ हो गया, जो 1699 ई. में उसके द्वारा 'जेहाद' घोषित करने एवं भारी संसाधनों के उपयोग के पश्चात भी उन्मूलित नहीं हो सका। स्वयं बादशाह की उपस्थिति के बावजूद, पुरातन परिवारों के अमीर सदस्य अथवा 'खानाज़ाद नवागन्तुक दक्खनी अमीरों को सहन नहीं कर पा रहे थे एवं न ही उन्हें समानता के भाव से देखा पा रहे थे—वे अपने पूर्ववर्ती प्रभुत्ववाले स्तर की पुनर्प्राप्ति के लिए आतुर थे। वे यथाशीघ्र एकच्छत्र राजनीतिक लाभ के आकांक्षी थे तथा दक्खनियों को दिए जा रहे महत्त्व से खिन्न थे। समकालीन इतिहासकार भीमसेन के मतानुसार, अमीरों का एक वर्ग, मराठा के साथ चल रहे अनवरत युद्ध से उकता गया था। इस युद्ध को अनिर्णायक अथवा निष्फल मानते हुए, वे मराठों के साथ शान्ति स्थापना के पक्षधर थे, ताकि, दोनों पक्ष दक्खन में शन्तिपूर्ण सह-अस्तित्व के आधार पर रह सकें अथवा, मुगल सेनाएँ इस शान्ति स्थापना के पश्चात् उत्तर भारत वापस लौट सकें, क्योंकि, दक्खन के इस अविरल युद्ध में मुगल सेनाएँ दीन स्थिति में पहुँच गईं थीं। यही नहीं, मुगल वज़ीर असद खाँ का भी यही दृष्टिकोण था, कि, चूँकि, मुगल बादशाह की प्रतिष्ठा इस युद्ध से सम्बद्ध थी, अत: यदि, वह उत्तर भारत लौट जाए, तो मुगल-मराठा समझौता सम्भव है, किन्तु, उसे बादशाह ने डपटकर शान्त कर दिया।[27] मुगल अमीर आर्थिक-दंड वहन करके, भी उत्तर भारत लौटने के इच्छुक थे। बहरमन्द खाँ ने तो एक वर्ष के दिल्ली प्रवास हेतु एक लाख रुपये की पेशकश बादशाह से की थी। वास्तविकता यह थी, कि, अधिकांश अमीरों ने इसी में भलाई समझी, कि, वे आधे-मन (बेमन) से मुगल बादशाह की आज्ञाओं का अनुपालन करें एवं वे मराठों के साथ गुप्त समझौते के साथ युद्धरत रहें। समकालीन विदेशी यात्री मनूची तो दाऊद खाँ पन्नी का उदाहरण भी देता है, जिसकी मराठों के साथ गुप्त सन्धि थी। औरंगज़ेब तो स्वयं कहता था, कि, दक्खन में उसकी उपस्थिति अपरिहार्य है, अन्यथा उसके अमीर आज्ञापालन करते हुए, युद्ध नहीं करेंगे।

वह इस बात से क्षुब्ध रहता था, कि, उसकी आज्ञाओं के पालन हेतु अमीरों व सेनानायकों को स्मरण कराना पड़ता था।[28]

दक्खन में मुगल नीति, जो जहाँगीर के काल से वहाँ के अमीरों को अपनी ओर मिलाने की थी— उसके परिणामस्वरूप, एक बड़ी संख्या में दक्खनी अमीर मुगल सैन्य-व्यवस्था के अन्तर्गत मनसबदार थे। एक ओर तो 'खानाज़ादों' एवं 'दक्खनी' अमीरों के मध्य अन्तर एवं अन्तर्विरोध तथा दूसरी ओर, मुगल बादशाह के प्रति निष्ठा का अस्थाई भाव! 1689 ई में हैदराबादी अमीरों—जिन्हें हाल में मुगल सेवा में सम्मिलित किया गया था— ने खुलेरूप से विद्रोह कर दिया एवं साम्राज्य की प्रतिष्ठा को प्रतिकूल रूप से प्रभावित किया। जब 1691 ई. में जुल्फ़िकार खाँ, जिंजी की घेराबन्दी कर रहा था, तब भी उसके साथ सैन्य अभियान में सम्मिलित दक्खनी अमीरों ने मुगलों का साथ छोड़कर, राजाराम से मिल जाने का निर्णय लिया, जिससे मुगल सैन्य प्रयास को धक्का लगा! 1700 ई. से पूर्ववाले दशक का वर्णन करते हुए, भीमसेन बताता है, कि, दक्खन के मनसबदार बड़ी संख्या में सदैव मराठों से मिलते रहे एवं मुगलों से एवं उनके ध्येय से विश्वासघात करते रहे। ऐसी परिस्थितियों में (मुगल दरबार में भी सन्देह, षड्यन्त्र एवं पारस्परिक ईर्ष्या द्वेष प्रत्यक्ष रूप से अभिव्यक होता रहा। तर्बियत खाँ, मोहम्मद मुराद खाँ से ईर्ष्या का भाव रखता था, तो ढेरों मुगल अमीर फ़तुल्लाह खाँ से ईर्ष्या करते थे। अन्य अमीरों की ईर्ष्यावश (अत: विरोधवश) शम्भाजी को बन्धक बनानेवाले मुकर्रब खाँ को औरंगज़ेब पुरस्कृत नहीं कर सका। एक उदाहरण और सैय्यद खाँने-ए-जहाँ बारहा के पुत्र सैय्यद लश्कर खाँ बारहा सदैव जुल्फ़िकार खाँ नुसरत जंग को अपनी प्रतिद्वन्द्वी मानता था एवं दोनों एक-दूसरे की राह में अवरोध उत्पन्न करते एवं अहित करने की चालें चलते थे।[29]

1686 ई. में गोलकुंडा की घेरेबन्दी के दौरान कुछ अमीरों ने ईर्ष्यावश, किवामुद्दीन खाँ के पुत्र सफ़ शिकन खाँ पर पूर्ण निष्ठा एवं शक्ति से सैन्य-अभियान न चलाने का आरोप लगा दिया, जिसके फलस्वरूप, औरंगज़ेब ने उसे अपदस्थ करके, उसकी सम्पत्ति तक जब्त कर ली, किन्तु, जाँच के पश्चात् जब ये आरोप निराधार प्रमाणित हुए, तो उसे अपना मनसब एवं पद पुन: प्राप्त हुए। इसी प्रकार, 1699 ई. में जब इरादत खाँ को तर्बियत खाँ के सैन्यदल में स्थानान्तरित कर दिया, तो उसने बादशाह को प्रत्यावेदन दिया, कि, उसे तर्बियत खाँ के स्थान पर किसी अन्य के साथ नियुक्त कर दिया जाए तो ठीक है अन्यथा, वह तर्बियत खाँ के अधीन कार्य नहीं करेगा। इस प्रकार के प्रकरणों में दक्खन युद्धों के दौरान निरन्तर वृद्धि होती चली गई।

ऊपर सन्दर्भित सफ़ शिकन खाँ एवं फ़िरोज़ जंग की प्रतिद्वन्द्विता सर्वविदित थी। इसी प्रकार की प्रतिद्वन्द्विता एवं पारस्परिक ईर्ष्या-भाव हमें खुदाबन्द खाँ एवं जुल्फ़िकार खाँ, अली मर्दान खाँ एवं जुल्फ़िकार खाँ के मध्य दिखाई देती है। इस प्रकार के सैकड़ों उदाहरण प्रस्तुत किए जा सकते हैं। अतः ऐसी परिस्थिति में उमरा के मध्य वर्गों/उपवर्गों का निर्माण तथा पारस्परिक गुटबन्दी अपरिहार्य हो गया। चूँकि, यह सुनिश्चित था, कि, मुगल-मराठा युद्ध में मुगलों की विजय असम्भव है, तो मुगल अमीरों ने व्यक्तिगत स्वार्थों एवं निहितार्थों के लिए कार्य करना शुरू कर दिया।[30]

अन्ततः, मुगल उमरा परम्परागत 'ईरानी' एवं 'तूरानी' गुटों में भी स्पष्टतः विभक्त हो गया। ईरानी गुट का नेतृत्व असद खाँ एवं उसका पुत्र जुल्फ़िकार खाँ करते थे, तो तूरानी गुट का नेतृत्व गाज़ीउद्दीन खाँ फ़िरोज़ जंग एवं उसका पुत्र चिनकिलिज़ (च) खाँ करते थे। किन्तु, ये पूर्णतया नस्लीय गुट भी नहीं थे, अपितु, पारिवारिक बन्धनों के एवं निष्ठा के चलते, इनमें अन्य तत्त्व भी सम्मिलित होते थे, अतः 'ईरानी' गुट में असद खाँ, जुल्फ़िकार खाँ के अतिरिक्त, हमें दाऊद खाँ पन्नी, दलपत राव बुन्देला एवं राज सिंह हाड़ा भी सम्मिलित दिखते हैं। इसी प्रकार, गाज़ीउद्दीन फ़िरोज़ जंग के 'तूरानी' गुट में उसके अतिरिक्त चिन किलिच खाँ, मोहम्मद अमीन खाँ, हामिद खाँ एवं रहीमुद्दीन खाँ प्रमुख तूरानी अमीर थे। इन दोनों गुटों के शीर्ष राजनीतिक नेतृत्व की ही दक्खन में दीर्घकालीन सैन्य सेवा की थी, अतः वे दोनों ही औरंगज़ेब की मृत्यु के पश्चात् राजकुमार आज़म के साथ उत्तर भारत तक जाने के कत्तई इच्छुक नहीं थे। दक्खन में दोनों गुटों की दिलचस्पी पर ही दोनों गुटों की समानता समाप्त हो जाती है, क्योंकि, दक्खन में दोनों की ही नीतियाँ पृथक् एवं विरोधी हैं। जहाँ असद खाँ एवं जुल्फ़िकार खाँ मराठों के साथ सन्धि के पक्षधर थे, अतः जुल्फ़िकार द्वारा 1698 ई. में जिंजी पर अधिकार करके, राजाराम को बच निकलने दिया गया। इसी से एक वर्ष पूर्व जुल्फ़िकार ने राजाराम का शान्ति प्रस्ताव औरंगज़ेब को प्रस्तुत किया था, जिसे उसने अस्वीकार कर दिया था। इसी प्रकार, वकिन्खेरा की घेरेबन्दी में औरंगज़ेब ने जुल्फ़िकार को बुलवा भेजा, जिसके आगमन के साथ ही दुर्ग विजित हो गया (1705 ई.) किन्तु, उसे सन्देह हुआ, कि, जुल्फ़िकार एवं दलपत राव के षड्यन्त्र के चलते मराठे सुरक्षित भाग निकले। जब औरंगज़ेब स्वयं मराठों में फूट डालने का इच्छुक था, तो उसने शाहू को जुल्फ़िकार खाँ के हवाले कर दिया, ताकि, वह मराठा सरदारों से उचित सौदा/समझौता कर सके। अन्ततः शाहू को 7000/7000 का मनसब व राजा की पदवी प्रदान की गई थी।

जुल्फ़िकार खाँ ने मराठा सरदारों को शाहू के समर्थन हेतु पत्र भी लिखे, किन्तु, वे निष्प्रभावी रहे। वास्तव में, जुल्फ़िकार खाँ मराठों के साथ अपने व्यक्तिगत सम्बन्ध, अपनी राजनीतिक स्थिति की सुदृढ़ता के लिए रखता था। इसी प्रकार, उसके दल का सदस्य करीबी मित्र दाऊद खाँ पन्नी भी मराठों के साथ गुप्त समझौता किए हुए था तथा कर्नाटक के गवर्नर के रूप में कार्य करते हुए (1705 ई. में) उसने मराठों के उन्मूलन का कोई प्रयास नहीं किया।[31]

इसके ठीक विपरीत, तूरानी गुट मराठों के साथ किसी प्रकार के समझौते व उदार व्यवहार का पक्षघर नहीं था। इस गुट के नेता गाज़ीउद्दीन खाँ फ़िरोज़ जंग ने उनके प्रति दृढ़ एवं शत्रुपूर्ण दृष्टिकोण रखा। किन्तु, उसके विषय में सन्देह व्यक्त किया जाता है, कि, दक्खन में उसकी राजनीतिक महत्त्वाकांक्षाएँ थीं। वह औरंगज़ेब के मृत्यूपरान्त दक्खन में अपनी सैन्य उपलब्धियों के आधार पर, एक स्वतन्त्र राज्य की स्थापना की योजना बना रहा था। औरंगज़ेब स्वयं उस पर सन्देह करने लगा था तथा, समकालीन इतिहासकार ईश्वरदास नागर के विचारानुसार, औरंगज़ेब ने इसी कारणवश उसको दृष्टिहीन करवा दिया था।[32]

उमरा वर्ग की ये पारस्परिक प्रतिद्वन्द्विता, ईर्ष्याएँ एवं गुटबन्दियाँ वस्तुतः भविष्य की राजनीतिक संकट के संकेत थे। कुछ इतिहासकारों का मानना है कि, यदि, मुगल उमरा ने एकता प्रकट की होती, तो सम्भवतः औरंगज़ेब की नीति सफल हो जाती, किन्तु उनकी अनेकता ने इसका भी अभाव कर दिया, कि, उमरा एक एकीकृत ढंग से सोचे एवं कार्य करे। वस्तुतः यह गुटबन्दी इस बात की भी द्योतक है, कि, उमरा को न तो मुगल बादशाह के प्रति विश्वास था और न ही शाही नीति पर!

सन्दर्भ

1. अतहर अली, पूर्वोक्त पृ. 31.
2. वही, पृ. 35 तालिका 2.
3. वही, पृ. 35, तालिका 2
4. सतीश चन्द्रा, 'मेडियवल इंडिया', भाग 2, पृ. 274
5. वही, पृ. 284.
6. अतहर अली, पूर्व, पृ. 97.
7. वही।
8. सतीश चन्द्रा, पूर्व पृ. 273.
9. अतहर अली, पूर्व, पृ. 98.
10. वही
11. अतहर अली, पृ. 98-99.

13. मनूची, 11, पृ. 288.
14. अतहर अली, पृ. 99-100.
15. वही पृ. 100-101.
16. वही, पृ. 101.
17. वही पृ. 101.
18. बर्नियर, पृ. 196-197, साथ ही देखें, मनूची, III पृ. 271.
19. अतहर अली, पृ. 102.
20. अतहर अली, पृ. 102-103.
21. वही, पृ. 103.
22. काफी खाँ कृत 'मुन्तखाबुल लुबाब' सं. हेग एवं के. डी. अहमद 'बिबलियोथिका इंडिका' 11 पृ. 229.
23. देखिए, सर जदुनाथ सरकार, IV, पृ. 149.
24. अतहर अली, पृ. 105.
25. वही।
26. वही, पृ. 105-106.
27. वही, पृ. 106.
28. वही, पृ. 107.
29. वही, पृ. 108.
30. वही।
31. वही, पृ. 108-109
32. वही, पृ. 110.
33. देखें 'फ़ुतुहाते-आलमगीरी' उद्धृत अतहर अली, पृ. 111, पाद टिप्पणी

12

उत्तर मुगलकालीन उमरा

(1707-1748 ई.)

बहादुरशाह प्रथम (1707-1712 ई.)

औरंगज़ेब की मृत्यु (अहमदनगर, 1707 ई.) के उपरान्त उसके पुत्रों के मध्य उत्तराधिकार का युद्ध अपरिहार्य था। प्रमुख प्रतिद्वन्द्वी तो ज्येष्ठ पुत्र मुअज़्ज़म (पदवी शाह आलम) एवं उसका छोटा भाई, आज़म थे, किन्तु, तृतीय काम बख्श भी त्रिकोणीय संघर्ष बना रहा था। शाह आलम को दक्खन राज्यों के साथ षड्यन्त्र में 1687 ई. बन्दीगृह में डाल दिया गया 1695 में उसे मुक्ति प्रदान करके, काबुल के गवर्नर के रूप में विद्रोही राजकुमार अकबर की गतिविधियों पर दृष्टि रखने हेतु नियुक्त किया गया। (राजकुमार अकबर ने फ़ारस के शाह के दरबार में शरण प्राप्त की थी) उत्तराधिकार के आसन्न युद्ध की तैयारी में, आज़म ने प्रमुख अमीरों को अपनी ओर मिलाने का प्रयास किया। किन्तु, उसकी तुलना में शाह आलम की स्थिति बहुत सुदृढ़ थी। वह स्वयं काबुल व लाहौर का गवर्नर था। इसका एक पुत्र मुल्तान एवं द्वितीय बंगाल का गवर्नर था, अत: ये समस्त संसाधन उसे सहज उपलब्ध वह पश्चिमोत्तर प्रान्त में नियुक्त होने के कारण आगरा से भी अधिक निकट था, बनिस्बत आज़म के, जिसे दक्खन से आगरा पहुँचना था।

यही नहीं, बावजूद प्रमुख अमीरों एवं दक्खन के अनुभवी सेनापतियों के, उसका अपना दम्भी स्वभाव एवं दक्खन के अमीरों के स्वार्थ एवं स्वतन्त्र राजनीतिक महत्त्वाकांक्षाओं ने उनका उत्तर भारत जाना असम्भव कर दिया था, अत: गाज़ीउद्दीन खाँ फ़िरोज़ जंग दौलताबाद में ही स्थित रहा अत: उसे मित्र बनाए रखने में लाभ मानकर, आज़म ने उसे दक्खन का वाइसरॉय (एवं औरंगाबाद का गवर्नर) नियुक्त कर दिया, चिन कुलिच खाँ, जो खाँदेश का गवर्नर नियुक्त हुआ-औरंगाबाद के आगे नहीं बढ़ा। इसी प्रकार, मोहम्मद अमीन

खाँ ने भी उत्तर भारत की ओर कूच करने में कोई दिलचस्पी नहीं दिखाई।

फिर भी, ग्वालियर तक पहुँचने पर ही आज़म को मुअज़्ज़म अथवा शाह आलम के आगरा आधिपत्य की सूचना मिल गई थी, फिर भी, आगरा के निकट लड़ा गया 'जाजू का युद्ध' (जून, 1707 ई.) एक जुए के अतिरिक्त कुछ नहीं प्रमाणित हुआ। शाह आलम, बहादुरशाह प्रथम के विरुद्ध के साथ सिंहासनारूढ़ हुआ। उसका पंचवर्षीय संक्षिप्त शासन-काल भावी मुगल राजनीति का पूर्वाभास था। उसके काल में गतिशील होता मुगल उमरा संघर्ष ही अन्तत: मुगलों के पतन व नीतियों की असफलता में एक महत्त्वपूर्ण एवं निर्णायक भूमिका अदा करता है। जहाँ तक औरंगज़ेब का प्रश्न है, उसकी राय अपने पुत्रों के विषय में कदापि सकारात्मक नहीं थी, अत: उसने असद खाँ (ईरानी) को 1676 ई. में 'वज़ीर' नियुक्त कर दिया था, जिस पद पर वह 1707 ई. तक रहा तथा, उसके पुत्र जुल्फ़िकार खाँ को (जिसका विवाह औरंगज़ेब के मामा अमीरूल उमरा शाइस्ता खाँ की पुत्री से हुआ था) जिंजी अभियान की सफलता के उपरान्त 1702 ई. में 'मीरबख्शी' नियुक्त कर दिया गया था। वस्तुत: दोनों सर्वाधिक महत्त्वपूर्ण पद एक ही परिवार में एक अनहोनी-सी उपलब्धि थी, जिसे तूरानी गुट ने अप्रसन्नता से लिया था। औरंगज़ेब ने अपनी वसीयत में लिखा था, कि, चाहे कोई भी पुत्र बादशाह बने वह असद खाँ को वज़ीर के पद पर ही रखे, क्योंकि, वह सफलतापूर्वक शासन-प्रबन्ध चला सकेगा। जैसा कि, सुल्तनत काल में स्पष्ट ही हुआ था (विशेषतया, इल्तुतमिश के उत्तराधिकारियों के काल में यह एक घातक विकास था, कि, शासक व वज़ीर एक ही सत्ता के भागीदार हों!

बहादुरशाह ने सिंहासनारोहण के साथ ही उमरा के प्रति विवेकपूर्ण नीति का अनुसरण किया—उसने आज़म को समर्थन देनेवाले अमीरों को क्षमाप्रदान करते हुए मनसब प्रदान कर डाले, जो तत्काल उसके पक्ष में आ जाएँ! इसी क्रम में असद खाँ एवं जुल्फ़िकार उससे आ मिले, किन्तु बहादुरशाह के समक्ष एक समस्या थी वह वज़ीर के पद का आश्वासन पहले ही मुनीम खाँ को दे चुका था, अत: उसने असद खाँ को आसफ़ुदौल्ल का पद एवं 8000/8000 का मनसब प्रदान करते हुए, 'वकील-ए-मुत्लक नियुक्त कर दिया (उसे प्रान्तों से तथा राज्य से नियुक्तियों एवं पदोन्नतियों के सभी आदेश पत्रों को देखने का अधिकार था) किन्तु, मुनीम खाँ की यह भी नागवार गुजरा, तब असद खाँ को दिल्ली में नियुक्त कर दिया गया। असद के पुत्र जुल्फ़िकार को 6000/6000 का मनसब एवं 'मीरबख्शी' के पद पर पुष्टि प्राप्त हो गई। उनके प्रतिद्वन्दी गुट के चिन कुलिच एवं मोहम्मद अमीन खाँ को भी दक्खन से वापस बुला लिया गया।

चिन कुलिच को खाँने ए-दौराँ का विरुद, किन्तु, सामान्य पद ही प्राप्त हुआ, अत: उसने सेवानिवृत्ति प्राप्त कर, उपयुक्त अवसर की प्रतीक्षा प्रारम्भ कर दी। गाज़ीउद्दीन खाँ को गुजरात का गवर्नर नियुक्त कर सीधे अहमदाबाद पहुँचने का आदेश दिया गया, जहाँ 1710 ई. में उसके मृत्यूपरान्त उक्त 'तूरानी' गुट की स्थिति और भी क्षीण हो गई एवं उमरा उपवर्गों के मध्य सत्ता-संघर्ष अब मुनीम खाँ एवं जुल्फ़िकार खाँ के गुटों के मध्य सिमट गया—'चिन' गुट तो पृष्ठभूमि में चला गया।

आइए एक दृष्टि राजपूतों पर भी डालें, कि, उत्तर-औरंगज़ेब काल में वे कैसे एवं कितने सक्रिय तथा प्रभावशाली थे? राजकुमार आज़म ने दक्खन से आगरा कूच के दौरान, जुल्फ़िकार खाँ की सलाह पर, 7000/7000 के मनसब एवं मिर्ज़ा राजा तथा महाराजा के पद, क्रमश: जयसिंह एवं अजीतसिंह को प्रदान किए थे। शासक बनने के पश्चात् काम बख्श से निबटने के लिए, दक्खन प्रस्थान करते समय, बहादुरशाह ने अजमेर की ओर से जाने का निर्णय लिया। अजमेर के निकट शाही सेना के पहुँचते ही, राणा ने समर्पण किया; अजीतसिंह ने भी क्षमा-याचना की, जिसे स्वीकार कर लिया गया (वह जोधपुर के मुगल फ़ौज़दार-नियुक्त मेहराब खाँ से युद्ध में पराजित हो चुका था) उसको पूर्व मनसब 3500/3000 तथा महाराजा का विरुन्द प्रदान किया गया, किन्तु, उसकी राजधानी मुगल-नियन्त्रण में रही। जहाँ तक आमेर का प्रश्न था, वहाँ भी जय सिंह एवं विजयसिंह के मध्य उत्तराधिकार का विवाद था। विजयसिंह ने बहादुरशाह की 'जाजू के युद्ध' में सहायता की थी, अत: आमेर के अपनी तीन दिवसीय प्रवास में, बहादुरशाह ने जयसिंह की सम्पत्ति जब्त करके, राज्य विजय सिंह को सौंप दी, किन्तु, मुगल फ़ौज़दार की नियुक्ति आमेर में भी कर दी।

जयसिंह एवं अजीतसिंह ने आशा नहीं त्यागी तथा बहादुरशाह की सेना के साथ महाबालेश्वर (नर्मदा-तट) तक गए, फिर, वहाँ से पलायन करके, उदयपुर पहुँचे तथा मेवाड़ के राणा के साथ 'राजपूत विद्रोह' की सन्धि कर ली। शीघ्र ही महाराणा ने जज़िया के रूप में छीने गए पुर, मंडल एवं बिदनौर के परगने (औरंगज़ेब के काल में अधिगृहीत) वापस प्राप्त कर लिए: जय सिंह ने आमेर विजित किया तथा, अजीतसिंह ने जोधपुर से मुगल फ़ौज़दार को निष्कासित कर दिया। राजपूतों ने दिद्वना विजित किया एवं साम्भर के फ़ौज़दार सैय्यद हुसेन खाँ बारहा पर महत्त्वपूर्ण विजय प्राप्त की। वर्षा ऋतु के बाद, जब अजीतसिंह ने अजमेर की घेरेबन्दी की तो महाराणा एवं जयसिंह ने कोई सहायता नहीं की। अत: 'राजपूत संघ' अपने प्रारम्भिक उद्देश्यों की प्राप्ति के पश्चात् असंगठित

होने लगा। उधर, बहादुरशाह काम बख्श के विरुद्ध सफल होकर, दक्खन से उत्तर भारत लौटने को हुआ तो स्पष्टत: उसका ध्यान राजपूत समस्या की ओर था, अत: राजपूतों ने पुराने मित्र असद खाँ एवं राजकुमार अज़ीमुशशान से मध्यस्थता का आग्रह किया, अत: अजीतसिंह व जयसिंह को पुन: क्षमा प्रदान की गई। वास्तव में, असद खाँ (जो अब लाहौर, दिल्ली एवं अजमेर सूबों का सर्वेसर्वा था एवं जिसने दिद्वना एवं साम्भर से राजपूत नियन्त्रण को पुन: समाप्त कर दिया था) एवं जुल्फ़िकार खाँ, राजपूतों से परम्परागत मैत्रीपूर्ण सम्बन्धों की सलाह दे रहे थे, जबकि बहादुरशाह एवं मुनीम खाँ, दोनों राजपूतों को नियन्त्रित रखने के पक्षधर थे। जून 1710 ई. में उत्तर भारत लौटने में बादशाह के शिविर में ही जयसिंह एवं अजीतसिंह को उपस्थित होने का आदेश दिया गया एवं उनके राज्य क्रमश: आमेर एवं जोधपुर उन्हें पुन: सौंप दिए गए तथा, छह माह के अन्दर मुगल दरबार में उपस्थित होकर, जहाँ की भी नियुक्ति प्राप्त हो, वहाँ जाने का आश्वासन भी उनसे प्राप्त कर लिया गया।

अन्तत: जब पर्याप्त दबाव के बाद, ये राजपूत राजा, मुगल दरबार में अक्टूबर 1711 ई. में पन्द्रह माह बाद उपस्थित हुए, उन्हें सधौरा में बन्दा बहादुर के विरुद्ध अभियान में नियुक्त किया गया। अब तक मुनीम खाँ की मृत्यु हो चुकी थी एवं सम्पूर्ण सत्ता, राजपूतों के मित्र अज़ीमुशशान के हाथों में आ गई थी। किन्तु, मुनीम खाँ के मृत्यूपरान्त अब राजकुमार व जुल्फ़िकार खाँ में अनबन हो चुकी थी तथा, राजकुमार पुराने 'आलमगीरी' (औरंगज़ेब द्वारा नियुक्त) अमीरों को अपनी ओर करने का प्रयास करने लगा, ताकि, सम्भावित 'गृह-युद्ध' (उत्तराधिकार के युद्ध) में उसकी स्थिति मजबूत हो सके। ये आलमगीरी अमीर, राजपूतों के साथ मैत्रीपूर्ण सम्बन्धों के पक्षधर नहीं थे। अन्तत: जयसिंह को चित्रकूट का फ़ौजदार एवं अजीतसिंह को सोरथ (गुजरात) का फ़ौज़दार नियुक्त किया गया, किन्तु, वे इसे अपनी प्रतिष्ठा के अनुकूल न पाते हुए, वापस अपने राज्य लौटने या प्रत्यावेदन देने को विवश हुए।

इसी प्रकार मराठों के प्रति भी बहादुरशाह की नीति का आकलन आवश्यक है। ताराबाई को युद्ध में पराजित करके, सतारा में सिंहासनारोहण कर चुके शाहूजी ने बहादुरशाह के सिंहासनारोहण पर उसे बधाई प्रेषित की एवं क्षमा-याचना की। उसे मुगल सम्राट ने 7000/7000 का मनसब एवं कामबख्श के विरुद्ध सहायता करने को कहा। उसने नीमाजी सिंधिया को मुगल सहायता के लिए नियुक्त किया, जिसने कामबख्श के विरुद्ध बहादुरशाह की सहायता में महत्त्वपूर्ण भूमिका निभाई (जनवरी 1709 ई.)। इस समय, बहादुरशाह ने दक्खन के वाइसरॉय का पद

जुल्फ़िकार खाँ को सौंपा तथा, 'मीर' का पद भी पूर्ववत् बना रहा। जुल्फ़िकार खाँ ने दाऊद खाँ पन्नी का अपने सहायक के रूप में बीजापुर, बेरार एवं औरंगाबाद की गवर्नरी दिलाई (7000/5000 दुअस्पाह/सिहअस्पाह मनसब के साथ) तथा, उसका मुख्यालय औरंगाबाद निर्धारित किया गया।

कामबख्श के ऊपर विजयोपरान्त, जुल्फ़िकार ने शाहू के वकील को बादशाह के समक्ष प्रस्तुत किया, जो दक्खन के राज्यों की समृद्धि के बदले वहाँ की 'सरदेशमुखी' व 'चौथ' का फ़रमान चाहता था; किन्तु, मुनीम खाँ ने ताराबाई के वकील को प्रस्तुत किया जो मात्र 'सरदेशमुखी' पर तैयार था। बादशाह ने अपने दोनों प्रमुख अमीरों को तुष्ट करने के लिए, दोनों मराठा वकीलों को यह अधिकार प्रदान कर दिया, जिससे उन दोनों को मुगल शाही क्षेत्रों में लूट करने अथवा बल प्रयोग द्वारा इसकी वसूली का औचित्य प्रदान करके, मुगल साम्राज्य का बहुत अहित किया—मराठों की शक्ति का प्रसार एवं मुगल शक्ति का पतन वस्तुत: यहीं से प्रारम्भ हो गया! शाहू ने तो बुरहानपुर की लूट एवं खान्देश के गवर्नर मीर अहमद खाँ की हत्या तक कर डाली, ताकि, मुगल बादशाह भयाक्रान्त होकर 'चौथ' वसूली का भी अधिकार प्रदान कर दे। दाऊद खाँ पन्नी ने साहस से काम लेते हुए मराठों /का प्रतिरोध किया, किन्तु, मराठे आक्रमण समाप्त न हुए।

अन्ततः दाऊद खाँ पन्नी ने शाहू से समझौता कर लिया, जिसके अनुसार दक्खन का 'चौथ' व 'सरदेशमुखी' उन्हें दाऊद के सहायक हीरामणि से प्राप्त करना था—जो मराठों के स्थान पर स्वयं ये वसूल कर उन्हें सौंप देगा—हालाँकि, इस समझौते का लिखित प्रमाण नहीं था, किन्तु, जुल्फ़िकार खाँ के सक्रिय सहयोग से यह सम्भव हो पाया होगा एवं बादशाह ने स्वीकृति प्रदान की होगी, क्योंकि, अब तक मुनीम खाँ की मृत्यु हो चुकी थी एवं जुल्फ़िकार खाँ का विरोध करनेवाला मुगल दरबार में कोई नहीं था।[3]

चूँकि, बादशाह अज़ीमुश्शान को दक्खन का वाइसरॉय नियुक्त करना चाहता था, किन्तु, राजकुमार यहाँ के आक्रामक वातावरण से पूर्वी प्रान्तों की शान्ति व समृद्धि (तथा सुरक्षित परिवेश) पसन्द करता था, अत: उसे बिहार, बंगाल व उड़ीसा का अनुपस्थित गवर्नर नियुक्त कर दिया गया था। बहादुरशाह 1710 ई. के मध्य से फरवरी, 1712 ई. तक विद्रोह से निबटने में लगा रहा—बन्दा बहादुर ने लाहौर से दिल्ली की कुछ दूरी तक के क्षेत्र पर अधिकार कर लिया (1708 ई.)। फरवरी, 1711 ई. में थोड़ी अस्वस्थता के बाद मुनीम खाँ की मृत्यु हो गई— जुल्फ़िकार खाँ ने वज़ीर के पद की माँग की। किन्तु, राजकुमार

अज़ीमुश्शान ने इसे इस शर्त पर स्वीकार करने की बाल की यदि वह 'मीरबख्शी' के पद के साथ दक्खन का भी पद परित्याग कर दे और ये पद मुनीम खाँ के पुत्रों को प्राप्त हो जाएँ। बहादुरशाह जानता था कि, मुनीम खाँ के पुत्रों में इन पदों के अनुकूल योग्यता का अभाव है, अन्त: उसने इसे नहीं स्वीकारा; ज़ुल्फ़िकार खाँ भी अपने शेष दोनों पद नहीं छोड़ना चाहता था, अत: राजकुमार का उसने भी पुरजोर विरोध किया। अत: उसने यह पद पुन: असद खाँ को (औरंगज़ेब की वसीयत के आधार पर) दिए जाने की माँग रखी। बादशाह एवं राजकुमार को यह स्वीकार नहीं था, कि, वज़ीर, मीरबख्शी के साथ दक्खन का वाइसरॉय सब कुछ एक ही परिवार में सीमित हो जाए। अन्तत: किसी को वज़ीर नहीं नियुक्त किया गया। सादुल्लाह खाँ को प्रमुख दीवान नियुक्त किया गया, ज़िसे राजकुमार अज़ीमुश'शान के निर्देशन/पर्यवेक्षण में कार्य करना था।

अत: सर्वयोग्य एवं ऊर्जावान मुगल राजकुमार एवं सर्वशक्तिशाली तथा महत्त्वाकांक्षी अमीर दोनों समकालीन राजनीतिक रंगमंच पर प्रमुख प्रतिद्वन्द्वियों की भाँति कार्य व्यवहार कर रहे थे—उनके मध्य संघर्ष को अवश्यसम्भावी माना जाने लगा।[4]

विज़ारत का संघर्ष

बहादुरशाह की मृत्यु के बाद विज़ारत के संघर्ष ने सत्ता-संघर्ष का वास्तविक रूप धारण कर लिया। इस संघर्ष में एक ओर, सर्वाधिक ऊर्जावान एवं संसाधनों से युक्त मुगल राजकुमार अज़ीमुश'शान था तो, दूसरी ओर, सर्वाधिक शक्तिशाली एवं महत्त्वाकांक्षी अमीर ज़ुल्फ़िकार खाँ था। अज़ीमुश'शान को इस संघर्ष में पराजित करने हेतु, उसने शेष तीन मुगल राजकुमारों में एक समझौता करवाकर, साम्राज्य विभाजन की योजना बनाई; सिक्का व खुत्बा इनमें से ज्येष्ठतम जहाँदारशाह के नाम का तय हुआ। इसी प्रकार, ज़ुल्फ़िकार, तीनों का संयुक्त वज़ीर होगा। वह स्वयं जहाँदारशाह के दरबार में उपस्थित रहेगा, शेष दोनों दरबारों में उसके सहायक कार्यभार देखेंगे, किन्तु, अजीमुश'शान की पराजय के पश्चात् ज़ुल्फ़िकार खाँ ने शेष दोनों भाइयों को साम्राज्य में हिस्सा देना तो दूर उन्हें पराजित कर दिया।

लाहौर में जहाँदारशाह के सिंहासनारोहण के साथ ही, ज़ुल्फ़िकार को वज़ीर का पद अन्तत: प्राप्त हो गया। वह दक्खन का वाइसरॉय का कार्य पूर्ववत् अपने उप-वाइसरॉय दाऊद खाँ के माध्यम से सम्पन्न करता रहा। उसे 10,000/10,000 दु-अस्पाह-सिह-अस्पाह का अभूतपूर्व पद प्राप्त हुआ एवं 'यार-वफ़ादार' का

विरुद भी उसके पिता असद खाँ को पूर्ववर्ती पद 'वकीले मुत्लक़ पर बने रहने दिया गया, किन्तु, उसकी मनसब 12,000/12000 करके उसे गुजरात का अनुपस्थित गवर्नर भी नियुक्त किया गया। जुल्फ़िकार खाँ ने अपनी स्थिति सुदृढ़ करने के लिए ही, सिंहासनारोहण के दसवें दिन जज़िया' कर समाप्त कर दिया तथा, जयसिंह एवं अजीतसिंह को 7000/7000 के मनसब व क्रमश: मिर्ज़ा राजा सवाई तथा महाराजा के विरुद के थोड़े दिन बाद ही उन्हें क्रमश: मालवा एवं गुजरात की सूबेदारी भी प्रदान कर दी (क्योंकि, असद खाँ सार्वजनिक जीवन से पूर्णतया अलग रहने लगा था)। किन्तु, अपना कार्यभार ग्रहण करने से पूर्व ही फ़र्रूखसियर (अज़ीमुशशान के पुत्र व बंगाल के सूबेदार) के विद्रोह की सूचना प्राप्त हुई, अत: वे रुक गए। इसी प्रकार, शिवाजी के स्वराज्य का भी विभाजन करते हुए, उसने शिवाजी द्वितीय को मान्यता एवं 3000/2000 का मनसब प्रदान करके, हैदराबाद की सरदेखमुखी का अधिकार उसे भी दे दिया।

पराजित राजकुमारों यथा अज़ीमुश'शान, रफ़ी उश'शान एवं जहाँशान के अमीरों व अधीनस्थ अधिकारियों को शाही सेवा में सम्मिलित न करने का अभूतपूर्व निर्णय ले डाला, जिसके परिणामस्वरूप, लगभग 2-3,000 पुराने सेवक पदमुक्त हो गए। इन राजकुमारों के कुछ प्रमुख समर्थकों की सम्पत्तियाँ तक ज़ब्त कर ली गई। इरादत खाँ एक ऐसा ही उदाहरण है, जो ज़ुल्फ़िकार के ऊपर भ्रष्टाचार एवं मनमाने रवैये का आरोप भी मढ़ता है। राजस्व प्रबन्धन का कार्य पूर्व दीवान सभाचन्द (कायस्थ) के ही हाथों में रहा। उसने पुराने 'आलमगीरी' एवं 'बहादुरशाही' अमीरों को अपनी ओर मिलाने की नीयत से उन्हें पूर्ववत केन्द्र व प्रान्तों में नियुक्त रहने दिया।

जहाँदारशाह के शासन के प्रारम्भ में, जुल्फ़िकार, पुराने शत्रु चिनकुलिच से छुटकारा पाने की योजना बनाने लगा, किन्तु उसके एक तूरानी समर्थक अब्दुस समद खाँ ने उसे ऐसा नहीं करने दिया। वस्तुत: चिनकुलिच को अज़ीमुशशान ने सत्ता-संघर्ष में अपनी ओर कर लिया था। अब्दुस समद खाँ, ज़ुल्फ़िकार खाँ के तोप विभाग का अधीक्षक था एवं सत्ता-संघर्ष में उसकी तरफ़ से लड़ा भी था, किन्तु, उसका विवाह चिन परिवार में हुआ था, अत: उसका कहना ज़ुल्फ़िकार टाल न सका। अब्दुस समद खाँ को 7000 के मनसब के साथ सद्र का पद भी प्राप्त हुआ।

जब जहाँदारशाह लाहौर से दिल्ली पहुँचा तो चिनकुलिच उससे शहर के बाहर ही मिल गया, अत: उसे 5000 का मनसब एवं मालवा की सूबेदारी प्रदान की गई (जहाँ वह नहीं गया)। वह असन्तुष्ट रहा और अन्तत: उसने पद त्याग दिया।

वस्तुत: वह शेष पुराने अमीरों की भाँति, 'खानाज़ाद' के स्थान पर नवीन अमीरों के प्रश्रय से अप्रसन्न था। उनकी अप्रसन्नता का एक और कारण था— ज़ुल्फ़िकार के हाथों में समस्त शक्तियों के एकत्रीकरण के चलते, उसके प्रति ईर्ष्याभाव!

अत: सर्वशक्तिशाली वज़ीर के विरुद्ध विरोध के एक नहीं दो केन्द्र विकसित हो गए। प्रथम विरोध का केन्द्र था कोकलताश खाँ, जो मीरबख्शी था एवं बादशाह का दूध-भाई था। वह जहाँदारशाह का मुल्तान में सहायक भी था एवं उसको जहाँदार-शाह ने वज़ीर के पद का वादा भी किया था। हालाँकि, उसे मीरबख्शी के पद व 9000/9000 की मनसब सन्तुष्ट रहना पड़ा, किन्तु, वह ज़ुल्फ़िकार खाँ से बैर-भाव/प्रतिद्वन्द्विता रखने लगा। उसे सन्तुष्ट करने हेतु, उसे मुल्तान एवं थट्टा का गवर्नर एवं भक्कर का फ़ौजदार भी नियुक्त कर दिया गया था। उसके एक भाई को आगरा का सूबेदार व 8000 का मनसब, दामाद को 8000 के मनसब के साथ द्वितीय बख्शी का पद। अत: उसके गुट में ये तो सम्मिलित थे ही, सादुल्लाह खाँ काश्मीरी भी सम्मिलित हो गया, क्योंकि उसे भय था, कि, मुनीम खाँ की मृत्यु के बाद ज़ुल्फ़िकार को वज़ारत से पृथक् रखने के लिए उसे बलि का बकरा बनाया गया था, अत: अब सर्वशक्तिशाली ज़ुल्फ़िकार उससे प्रतिरोध ले सकता था। यह गुट जहाँदारशाह एवं उसके वज़ीर के मध्य कटुता व अन्तर पैदा करने के प्रयास में नहीं चूकता था!

वज़ीर ज़ुल्फ़िकार के विरुद्ध दूसरा गुट रानी लाल कुँवर एवं उसके रिश्तेदारों व मित्रों का था। उसका पिता खसूसियत खाँ, गायक तानसेन का वंशज था वह सदैव बादशाह के साथ रहता था, अत: उसका बहुत महत्त्व था। उसके तीन भाइयों को 5000 से 7000 तक के मनसब, जागीरें व पद प्राप्त थे, किन्तु उन्हें सूबेदारी से वंचित रखने में ज़ुल्फ़िकार खाँ इसी आधार पर, सफल रहा, कि, इससे पुराने अमीर रुष्ट हो जाएँगे।

किन्तु, ये दोनों ही गुट समकालीन सर्वशक्तिशाली वज़ीर के समक्ष प्रभावहीन प्रमाणित हुए। कोकलताश से तो स्वयं बादशाह ने कहा था, कि, वह वज़ीर के समक्ष शक्तिहीन है। वह जो इच्छा हो करता है, न वह (बादशाह) हस्तक्षेप कर सकता है न ही प्रतिरोध। इसी प्रकार, उसने महारानी लाल कुँवर के एक भाई खुशहाल खाँ को एक विवाहित महिला के साथ दुराचार के आरोप में सामूगढ़ के दुर्ग में बन्दी बनाकर, उसकी सम्पत्ति जब्त कर ली थी और कोई प्रतिरोध न कर सका था!

भले ही, सत्ता-संघर्ष में ज़ुल्फ़िकार खाँ, अज़ीमुशशान से जीत गया हो और पुराने अमीरों को सन्तुष्ट भी करने का प्रयास कर रहा हो। किन्तु, उसकी व्यक्तिगत

राजनीतिक महत्त्वाकांक्षाओं ने पुराने अमीरों को बादशाह से दूर ही रखा, जो मात्र तेरह माह बाद के सत्ता-संघर्ष में (जहाँदारशाह बनाम फ़र्रूखसियर) जहाँदारशाह की पराजय का मुख्य कारण बना। हमें यह ध्यान रखना चाहिए, कि, ये समस्त संघर्ष राजनीतिक (उमरा) वर्ग तक ही सीमित थे— इसमें जन-साधारण की कोई भूमिका कभी नहीं रही।

वस्तुत: मई, 1712 ई. में, लाहौर से दिल्ली आते हुए, ही जहाँदारशाह को अज़ीमुश शान के द्वितीय पुत्र फ़रुंखसियर द्वारा पूर्व में विद्रोह एवं आगरा की ओर प्रस्थान की सूचना मिली थी, जिसे बारहा के सैय्यदों यथा सैय्यद अब्दुल्लाह खाँ एवं हुसैन अली का समर्थन भी प्राप्त था। बिना ज़ुल्फ़िकार खाँ से परामर्श किए ही, जहाँदारशाह ने राजकुमार अज़्ज़ुद्दीन के नेतृत्व में एक सैन्य-दल इलाहाबाद की ओर भेजने व फ़र्रुखसियर का प्रतिरोध करने का निर्णय ले लिया तथा, सेना का वास्तविक नियन्त्रण कोकलताश के बहनोई खाने-ए-दौराँ को सौंप दिया। राजकुमार अज़्ज़ुद्दीन वाली सेनाएँ कड़ा के निकट खजुवा तक पहुँचीं, जहाँ वे फ़र्रुखसियर की सेनाओं द्वारा पराजित कर दी गईं। फ़र्रुखसियर के विरोध के लिए, वह सैनिकों को प्रोत्साहित करना चाहता था, अत: सोने-चाँदी के बर्तन तक गलाए गए, ताकि, मुद्रा अथवा इन्हीं बहुमूल्य धातुओं से उनका वेतन बकाया दिया जा सके। अत: जाटों, मराठों एवं अफ़गानों से पूर्व ही, मुगल राजकुमारों द्वारा स्वयं शाही भंडार की लूट की प्रक्रिया प्रारम्भ कर दी गई थी।[6]

ऐसे संकट की घड़ी में चिनकुलिच खाँ की याद न आना असम्भव था, अत: शासन ने, ज़ुल्फ़िकार खाँ के परामर्श पर उसे 7000 का मनसब प्रदान करके, तुष्ट करने का प्रयास किया एवं उसके चचेरे भाई, मोहम्मद अमीन खाँ को पंजाब से वापस बुलाया गया तथा शाही सेना की सहायता हेतु आगरा पहुँचने का आग्रह किया गया।

ज़ुल्फ़िकार खाँ एवं कोकलताश के विरोधी परामर्शो, 'चिन' गुट के तूरानी अमीरों की तटस्थता एवं सैय्यद बन्धुओं के रण-कौशल के चलते, फ़र्रुखसियर जनवरी, 1713 ई. में पूर्णतया सफल हुआ।[7] इस सत्ता-संघर्ष में जहाँदार की असफलता का एक बड़ा कारण, वज़ीर ज़ुल्फ़िकार खाँ का सर्वशक्तिशाली अमीर होना था, क्योंकि, उसकी सम्पूर्ण शक्ति के चलते, वह बादशाह का भी पूर्ण विश्वास कभी प्राप्त न कर सका। बादशाह जहाँदारशाह सदैव उससे सशंकित रहता था एवं बादशाह की दृष्टि में, वज़ीर पूर्णतया विश्वसनीय नहीं था! साथ ही, वज़ीर के सर्वशक्तिशाली होने से उसके प्रति अमीरों का ईर्ष्यालु भाव स्वाभाविक था। ऐसी परिस्थितियों में वज़ीर अपने समर्थक अमीरों का एक

पृथक् गुट निर्मित करके, अपनी शक्ति/सत्ता का आधार भी पुष्ट कर सकता था। एवं यही गुट किसी भी प्रतिद्वन्द्वी से डटकर मुकाबला कर सकता था। दरबार के बाहर (गैर-मुस्लिम) तत्त्वों यथा राजपूतों व मराठों से सहायता प्राप्त करके भी सत्ता-संघर्ष में अपने प्रतिद्वन्दी (फ़र्रूखसियर) की तुलना में अपनी स्थिति सुदृढ़ कर सकता था, किन्तु यहाँ भी हम जैसा जयसिंह व अजीतसिंह के प्रकरण में देखते हैं, कि, पूर्वी क्षेत्रों से फ़र्रूखसियर के कूच करने के लगभग स साथ-साथ ही, इन राजपूतों को अपनी ओर मिलाने का प्रयास विलम्ब से किया गया था, अत: अर्थहीन व अप्रभावी प्रमाणित हुआ। इन तथ्यों के साथ, हमें इस बात पर भी ध्यान देना चाहिए, कि, चूँकि, जहाँदारशाह के शासन-काल में, वज़ीर जुल्फ़िकार खाँ के परामर्श पर औरंगज़ेब कालीन नीतियों का परित्याग कर दिया गया, अत: 'मुस्लिम उमरा' अनिर्णय व अनिश्चय की अवस्था में था, जिसका दुष्परिणाम जहाँदार को भुगतना पड़ा![8]

विज़ारत का संघर्ष : फ़रुर्खसियर का शासन-काल (1713-1719 ई.)

1707 ई. से ही फ़रुर्खसियर, अपने पिता अजीमुश'शान के सहायक के रूप में बंगाल की सूबेदारी का कार्यभार देख रहा था। सत्ता-संघर्ष के समय वह पटना तक पहुँचा, जब उसे बहादुरशाह की मृत्यु की सूचना मिली, उसने तत्काल प्रभाव से अपने पिता को बादशाह घोषित कर दिया। बिहार में अज़ीमुशशान की सूबेदारी का कार्यभार हुसैन अली बारह देख रहा था। उसमें व फ़र्रूखसियर में बड़े मतभेद थे। उसे राजकुमार का यह निर्णय भी जल्दबाजी का लगा तथा, युद्ध से पूर्व अविवेकपूर्ण भी था। हुसैन अली का दृष्टिकोण न्यायिक व तार्किक प्रमाणित हुआ, क्योंकि, (वज़ीर) जुल्फ़िकार से उसकी प्रतिद्वन्द्विता ने उसका पलड़ा हलका कर दिया था, अन्तत: वह लाहौर के युद्ध में पराजित व मृत हुआ। यह सूचना मिलने पर हुसैन अली पीछे हटना चाह रहा था, किन्तु, हरम की महिलाओं, विशेषतया, अज़ीमुशशान की पत्नी के कहने पर वह अब भी इसी ओर बना रहा। उसे ऐसा करने के लिए भावी पुरस्कार एवं पद का लोभ भी दिया गया था (फ़र्रूखसियर के सिंहासनारोहण के पश्चात्)। रोहतास के दुर्ग विजय में जिस प्रकार के विश्वासघात का सहारा फ़र्रूखसियर ने लिया था, हुसैन अली कभी उसे विश्वसनीय नहीं मान पाया।

इन दोनों—फ़र्रूखसियर व हुसैन अली की संयुक्त सेनाओं के इलाहाबाद पहुँचने के पश्चात् (नवम्बर, 1712 ई.) स्थिति निश्चित ही बदल गई क्योंकि, यहाँ पर हुसैन का बड़ा भाई अब्दुल्लाह खाँ, अज़ीमुशशान के सहायक के रूप

में कार्यरत था। उसने फ़र्रूखसियर व अपने भाई के मध्य अन्तरों/मतभेदों को समाप्त करवा दिया। अन्तत: आगरा में इस सेना की विजय (जनवरी, 1713 ई.) सैय्यद बन्धुओं के कारण सम्भव हुई थी। उनके सक्रिय योगदान के चलते, नए बादशाह फ़र्रूखसियर के पास और कोई विकल्प ही नहीं था, कि, वह बड़े भाई अब्दुल्लाह खाँ को वज़ीर एवं छोटे हुसैन अली को मीरबख्शी नियुक करके, दोनों को ही 7000/7000 के मनसब भी प्रदान करे एवं उन्हें क्रमश: मुल्तान एवं बिहार के सूबे सशर्त प्रदान किए गए, ताकि, वे अपनी सहायकों के माध्यम से इन दायित्वों की पूर्ति कर सकें। सैय्यद बन्धुओं के मामा, सैय्यद मुजफ़्फ़र-खाँ बारहा को अजमेर का सूबेदार नियुक्त किया गया एवं कुछ अन्य रिश्तेदारों को भी मनसब एवं साधारण पद प्रदान किए गए।[9]

सैय्यद बन्धुओं ने अब पुराने आलमगीरी एवं बहादुरशाही अमीरों को सन्तुष्ट करने का नीतिगत निर्णय लिया। अत: उन्हें उनके पूर्ववर्ती पदों पर पुष्ट कर दिया गया। राजनीतिक निर्वसन का जीवन जी रहे चिनकुलिच खाँ को 7000/7000 का मनसब, दक्खन के वाइसरॉय का पद तथा, दक्खन के मनसबदारों (मराठों आदि) की संस्तुति प्रदान करने के अधिकार के साथ, 'निज़ामुलमुल्क'का विरुद भी प्रदान किया गया। इसी प्रकार, उसके चचेरे भाई, मोहम्मद अमीन खाँ को साम्राज्य का द्वितीय बख्शी एवं 'एत्मादुद्दौला' का विरुद प्रदान किया गया। लाहौर के सत्ता-संघर्ष में प्रतिद्वन्द्वी ज़ुल्फ़िकार खाँ के मुख्य सहायक (डिप्टी) रहे अब्दुस समद खाँ को भी 7000/7000 का मनसब एवं लाहौर की सूबेदारी प्रदान की गई! किन्तु, इन प्रयासों के बावजूद कुछ पुराने अमीर अभी भी सैय्यदों से रुष्ट ही रहे तथा, ये अमीर सदैव बारहा के सैय्यदों की हिन्दुस्तानी नवोदित गुट के अमीरों में गणना करते थे, अत: उनको अपने से हेय या निम्न मानते थे।

पुराने अमीरों के साथ, उन्होंने राजपूतों को भी अपनी ओर मिलाने का प्रयास किया। अत: राणा संग्राम सिंह द्वितीय को भी 7000/7000 का मनसब व इनाम के रूप में आठ करोड़ दाम की राशि प्रदान की गई। जयसिंह व अजीतसिंह को भी 7000/7000 के मनसब व क्रमश: मालवा एवं थट्टा (ताकि, दोनों को अलग-अलग रखा जा सके) की सूबेदारी प्रदान की गई। चूँकि, अजीतसिंह ने थट्टा जाने से इनकार कर दिया, अत: मीरबख्शी हुसैन अली को उसके विरुद्ध सैन्य अभियान पर भेजा गया (जनवरी, 1714 ई.)। इस समय तक बादशाह फ़र्रुखसियर एवं सैय्यद बन्धुओं के सम्बन्ध इस सीमा तक बिगड़ गए थे, कि, बादशाह ने अजीतसिंह को गुप्त पत्र भेजकर, मीरबख्शी को पराजित कर मृत्यु के घाट उतारने पर पुरस्कृत करने का आश्वसन तक दे डाला, किन्तु, कुछ माह

के अभियान के पश्चात्, सारी परिस्थितियों को समझते हुए, महाराणा संग्राम सिंह द्वितीय की मध्यस्थता से हुसैन अली ने अजीतसिंह के साथ सन्धि कर ली। इस सन्धि की शर्तों के अनुसार उसने अपने पुत्री का हाथ बादशाह को विवाह में देना; अपने पुत्र अभयसिंह को मीरबख्शी के साथ मुगल दरबार में उपस्थित होने; 'पेशकश' देने एवं थट्टा जाकर सूबेदारी सम्हालना स्वीकार कर लिया। वस्तुत: थट्टा जाने का आशय अपनी निष्ठा व्यक्त करना था, क्योंकि, अन्तत: उसे गुजरात भेजने का लिखित आश्वासन मीबख्शी ने प्रदान कर दिया था।[10]

सत्ता का आन्तरिक संघर्ष : सैय्यद बन्धुओं की विजय

छोटे भाई मीरबख्शी हुसैन अली की मारवाड़-अभियान के चलते दरबार से अनुपस्थिति का दुष्प्रभाव, अब्दुल्ला खाँ को झेलना पड़ा, क्योंकि, बादशाह के कृपापात्र मीर जुमला एवं खाने दौराँ का संयुक्त विरोध उसे ही भुगतना पड़ा। ज़ुल्फ़िकार खाँ की भाँति ही, सैय्यद बन्धु भी सत्ता के समस्त अधिकार अपने हाथों में केन्द्रित रखना चाहते थे तथा वे नहीं चाहते थे, कि, उनके इशारे के बिना साम्राज्य में कोई पत्ता भी हिले वे समस्त नियुक्तियों, मनसब न प्रदान करने में, पदोन्नतियों व स्थानान्तरण में अपनी इच्छा चाहते थे। जबकि, मीर जुमला एवं खाने दौराँ आदि अमीर चाहते थे, कि, वे अपनी सीमाएँ पहचानें तथा, बादशाह की अनुमति अथवा संस्तुति के बिना कुछ भी न करें। अत: दोनों पक्षों के मध्य संघर्ष असम्भावी था— एक, वज़ारत को सीमित करने का प्रयास कर रहा था तो, दूसरा पेशवा की भाँति, वज़ीर को सम्प्रभुता दिलाने के पक्ष में था— ये दोनों प्रवृत्तियाँ— एक ही काल में हिन्दुस्तान में दृष्टिगोचर होती हैं—मराठा एवं मुगल राज्यों में!

अन्तत: बादशाह के कृपापात्रों द्वारा वज़ीर के अधिकार-क्षेत्र को सीमित करने व उसमें अतिक्रमण करने का प्रयास, इस नवीन 'आन्तरिक संघर्ष' का तात्कालिक कारण बन गया! फ़र्रूखसियर ने मीर जुमला को अपने प्रतिनिधि के रूप में समस्त कागज़ों/दस्तावेज़ों पर हस्ताक्षर करने के असीमित अधिकार प्रदान करके, वज़ीर के अधिकारों को सीमित अथवा सन्तुलित करने का प्रयास (वज़ीर के दृष्टिकोण से दुस्साहस किया)। अत: वह मनसब व पदोन्नतियाँ प्रदान करने लगा, जो वस्तुत: पूर्ववर्ती मुगल प्रशासनिक प्रक्रिया एवं परम्पराओं का प्रत्यक्ष उल्लंघन था और दीवाने-विज़ारत व मीरबख्शी के कार्यालयों व कार्य क्षेत्रों-में अप्रत्याशित अतिक्रमण था![12]

अब्दुल्लाह खाँ मूलत: एक सैनिक था, अत: समस्त वित्तीय मामलों को उसका नायब रतन चन्द्र ही देखता था, जिसके ऊपर भ्रष्टाचार एवं इज़ारादारी

बढ़ाने के आरोप थे, अतः समस्या और जटिल हो गई तथा इस आधार पर बादशाह समर्थित अमीरों को अब्दुल्लाह खाँ के विरुद्ध एक अवसर/बिन्दु और प्राप्त हो गया! ज़मींदारों ने केन्द्रीय कोषागार में भू-राजस्व प्रेषित करना बन्द कर दिया तथा फ़र्रूखसियर के शासन-काल के प्रारम्भ में ही, अकाल का भी दुर्भाग्य बन गया था, जिससे दिल्ली व उसके निकटवर्ती प्रदेश प्रभावित हुए थे। अतः साम्राज्य में आर्थिक संकट जटिल व गहन हो रहा था।

प्रतिकूल परिस्थितियाँ, षड्यन्त्र व विद्रोह के लिए अनुकूल पृष्ठभूमि का निर्माण करती हैं, अतः मीर जुमला ने इस अवसर का लाभ उठाते हुए मुगल बादशाह फ़रुर्खसियर को विश्वास दिलाया, कि, ये संकट 'सैय्यद बन्धुओं' के कारण हैं, जो शासन करने में पूर्णतया अयोग्य हैं। उनके ऊपर बादशाह की प्रतिष्ठा व छवि धूमिल करके, व्यक्तिगत सत्ता/अधिकार ग्रहण करने के भी आरोप लगाए जाने लगे। अतः उनके विरुद्ध अमीरों का एक सशक्त गुट निर्मित करने की नीयत से बादशाह ने मीर जुमला एवं खाने दौराँ के रिश्तेदारों तक को प्रोत्साहित एवं पदोम्नत किया— अन्ततः इस गुट के प्रत्येक प्रभावशाली व प्रमुख अमीर एक हजार सैनिक की व्यक्तिगत टुकड़ी रखने के अधिकारी होकर, सैन्य रूप से प्रतिद्वन्द्विता के लिए तैयार हो गए।[11]

इस प्रकार परिवर्तित होते राजनीतिक परिदृश्य में कनिष्ठ सैय्यद बन्धु हुसैन अली राजपूताने (मारवाड़) से वापस दरबार में लौटा। इस प्रतिकूल परिस्थिति से निबटने के लिए, दोनों भाइयों ने परामर्श करके, निर्णय लिया, कि, सर्वप्रथम, उन्हें अपनी स्थिति और सुदृढ़ करने व संसाधनों में वृद्धि के लिए किसी बड़े क्षेत्र की सूबेदारी भी प्राप्त करनी चाहिए, अतः हुसैन अली ने माँगकर, अपने लिए दक्खन के वाइसरॉय का पद जो निज़ामुलमुल्क के पास था, प्राप्त कर लिया। वह भी जुल्फ़िक़ार खाँ की भाँति अपने सहायक (डिप्टी) के माध्यम से दक्खऩ के प्रशासनिक दायित्वों का निर्वहन तथा स्वयं दरबार में उपस्थित रहना चाहता था। फ़र्रुखसियर एवं उसके समर्थक अमीरों ने एक ही परिवार में तीनों सर्वाधिक महत्त्वपूर्ण पदों यथा—वज़ारत, मीरबख्शी एवं दक्खन का वाइसरॉय के पद पर अधिकार का विरोध किया। उनके मतानुसार यह राज्य के लिए न्यायोचित नहीं था, अपितुए, घातक भी प्रमाणित हो सकता था। अतः सम्राट फ़र्रूखसियर ने हुसैन अली को व्यक्तिगत रूप से दक्खन के वाइसरॉय के पद का कार्यभार ग्रहण करने का आदेश दे दिया। साथ ही, हुसैन अली के अनुरोध के बावजूद अजीतसिंह को गुजरात की सूबेदारी का आदेश-पत्र भी विलम्बित करता रहे, ताकि, इन दोनों प्रमुख अमीरों में कोई समझौता न हो जाए,

अपितु आदेश न मिलने से, दूसरी ओर, अजीतसिंह, हुसैन अली से ही असन्तुष्ट होता!

बादशाह के आदेशोपरान्त, अपने ऊपर उसके आदमियों द्वारा आक्रमण से सशंकित सैय्यद बन्धु अपने निवासों को चले गए तथा, दोनों ओर से सैन्य तैयारियाँ जोर-शोर से प्रारम्भ कर दी गईं; किन्तु, मीर जुमला व खाने दौरों दरबारी षड्यन्त्रकारी थे योद्धा नहीं, अत: उन्होंने निज़ामुलमुल्क के चचेरे भाई मोहम्मद अमीन खाँ को सैय्यद बन्धुओं के विरुद्ध सैन्य संघर्ष हेतु तैयार कर लिया, किन्तु, उसने सेवा के फलस्वरूप वज़ारत की माँग करके, बादशाह को नई मुसीबत में डाल दिया, क्योंकि फ़र्रुखसियर एवं उसके समर्थक मीर जुमला व खानेदौराँ भली-भाँति जानते थे, कि, सैय्यद बन्धुओं के बाद, उनके लिए मोहम्मद अमीन खाँ को हटाना और भी दुष्कर हो जाएगा।

ऐसी परिस्थिति में बादशाह की माता के हस्तक्षेप से एक समझौता हुआ, जिसके फलस्वरूप, हुसैन अली ने व्यक्तिगत रूप से दक्खन के वाइसरॉय के पदभार ग्रहण करने के लिए वहाँ जाना इस शर्त पर तैयार किया, कि, मीर जुमला, जो बिहार व बंगाल का सूबेदार था, वह भी व्यक्तिगत रूप से वहाँ जाएगा। साथ ही, सैय्यद बन्दुओं ने यह भी स्वीकार किया, कि, बादशाह का विश्वसनीय खाने दौराँ अस्थायी रूप से मीरख्शी का कार्य देखेगा। अत: इस समझौते को क्रियान्वित करने व साम्राज्य को एक तात्कालिक राजनीतिक व आतिरिक संकट व संघर्ष से बचाने के उद्देश्य से मध्य मई, 1714 ई. को हुसैन अली दक्खन की ओर चल पड़ा। उसे दक्खन के जागीरदारों की नियुक्ति व स्थानान्तरण के भी अधिकार प्राप्त थे (जो परम्परागत रूप से मुगल बादशाहों का विशेषाधिकार होता था)।

इसी बीच, रोहतास को विश्वासघात से विजित करनेवाले (और इसी कारण हुसैन अली की दृष्टि में अधम व अविश्वसनीय) फ़रूखसियर ने दक्खन के उप-वाइसरॉय व ज़ुल्फ़िकार खाँ के करीबी रहे दाऊद खाँ पन्नी को हुसैन अली के प्रतिरोध का आदेश दे दिया। दाऊद खाँ, गुजरात का गवर्नर (सूबेदार) था तथा, वह द्रुत गति से बुरहानपुर पहुँचा, किन्तु रणक्षेत्र में हुसैन अली से पराजित हो गया। इस युद्ध में विजय के साथ, उसे दोहरी विजय इस सन्दर्भ में प्राप्त हुई, कि, बादशाह द्वारा दाऊद खाँ पन्नी को हुसैन अली के विरुद्ध सैन्य कार्यवाही के आदेश वाला पत्र भी प्राप्त हो गया। अब बादशाह के विश्वासघात (समझौते के बावजूद) का साक्ष्य उसके हाथ लग गया था।

इधर बादशाह ने अपनी सापेक्ष स्थिति सुदृढ़ करने हेतु अनेक समझदारीपूर्ण कदम उठाए उसने निज़ामुलमुल्क, मोहम्मद अमीन खाँ के साथ ही, राजपूत

शासकों—अजीतसिंह व जयसिंह को अपनी ओर मिलाने के बाद, जयसिंह के परामर्श पर राणा संग्राम सिंह द्वितीय के अधीन बाँसवाड़ा व डूँगरपुर का क्षेत्र पुन: सौंप दिया; जयसिंह कोटा-बूँदी राज्य में अपने दामाद बुद्धसिंह को शासक के रूप में चाहता था, किन्तु, सैय्यद बन्धुओं ने भीमसिंह को बैठा दिया था, अत: बादशाह ने यह कार्य भी शीघ्र सम्पन्न किया। इसी प्रकार, यही नहीं, सैय्यदों ने चूरामन जाट को आमेर के निकटवर्ती क्षेत्रों में स्वतन्त्र राज्य स्थापित करने में प्रोत्साहन दिया था, अत: जयसिंह के इस असन्तोष को भी भुनाने के लिए फ़र्रूखसियर ने जयसिंह को जाटों के विरुद्ध अभियान की कमान सौंप दी। वह 1714 ई. में नर्मदा के तट पर मराठों को भी पराजित करके, वापस ढकेलने में सफल रहा था, अत: उसकी महत्त्वाकांक्षा भी बढ़ीं हुई थी। मुगल बादशाह सैय्यद बन्धुओं से अनेकानेक कारणों से अप्रसन्न इस राजपूत शासक का अपने पक्ष में करने का प्रयास करने लगा। वस्तुत: मुगल-कछवाहा सम्बन्धों की परम्परा के अनुसार, जयसिंह भी मुगल बादशाह से प्रत्यक्ष सम्बन्ध/व्यवहार का आग्रही था—वज़ीर की मध्यस्थता उसे गवारा नहीं थी और विशेष रूप से तब, जब वज़ीर सैय्यद अब्दुल्लाह खाँ हो तो और भी नहीं! अत: जयसिंह के परामर्श पर किए गए कार्यों के क्रियान्वयन में बादशाह ने वज़ीर से परामर्श भी नहीं किया!

फ़र्रूखसियर के शासन-काल के प्रारम्भ में, अपने पुत्र सादुल्लाह खाँ के मृत्युदंड के उपरान्त, औरंगज़ेबकालीन अमीर इनायतुल्लाह खाँ कश्मीरी मक्का चला गया था। वह अब वापस आया, जब फ़र्रूखसियर पुराने अमीरों को आकृष्ट कर रहा था, अत: ईनायतुल्लाह खाँ कश्मीरी को दीवान-ए-तन व खालिसा नियुक्त कर दिया। उसी के परामर्श पर, बिना अब्दुल्ला खाँ से परामर्श के, पुन: जज़िया कर लगा दिया गया। उसने अपने पद का लाभ उठाते हुए पुराने खानाज़ादों की जागीरों के निरीक्षण के बहाने नई जागीरों की जाँच शुरू कर दी, किन्तु, रतन चन्द्र के विरोध के चलते, वज़ीर अब्दुल्ला खाँ ने नए सुधारों को क्रियान्वित नहीं होने दिया।

इसी बीच लगभग चौदह मास बीत जाने पर भी जब जयसिंह जाटों के विरुद्ध सफल न हुआ तो अब्दुल्ला खाँ ने चुरामन जाट-मुगल समझौता कर दिया, जो जयसिंह को कदापि रास न आया (इसके चलते जयसिंह-सैय्यद बन्धुओं में जो मतभेद उत्पन्न हुए, उसके दीर्घगामी परिणाम निकले)

उधर, मराठों के साथ संघर्ष में हुसैन अली को जब ठोस सकारात्मक लाभ न मिला तो उसने शिवाजी व राजाराम के सचिव रहे (अब बनारस में निवास

व हुसैन अली का पक्षधर) शंकरजी मल्हार के माध्यम से 1717 ई. के मध्य में मराठों से वार्ता प्रारम्भ की, जिसके परिणामस्वरूप, फरवरी, 1718 ई. में उनके साथ समझौता सम्पन्न हो गया। शाहू को दक्खन के 'चौथ' व 'सरदेशमुखी' व अपने प्रतिनिधियों से उसे वसूलने के अधिकार प्राप्त हो गई। इसके बदले में शाहू ने दस लाख रुपये 'पेशकश' देना स्वीकार किया; किन्तु, फ़र्रुखसियर ने यह समझौता मानने से स्पष्टत: इनकार कर दिया। हुसैन अली का धैर्य जवाब दे गया, क्योंकि इससे पूर्व ही बादशाह ने शाहू, दक्खन के दीवानों, ज़मींदारों व जागीरदारों को गुप्त पत्र लिखकर, हुसैन अली के विरुद्ध कर दिया था। इसके फलस्वरूप, बीजापुर, हैदराबाद व कर्नाटक में हुसैन अली का आधिपत्य था ही नहीं।[19]

फ़र्रूखसियर को समझ में आ रहा था, कि, उसकी चालों के परिणामस्वरूप हुसैन अली अब कोई अन्य विकल्प के अभाव में सैन्य विरोध (आक्रमण) करेगा, अत: उसके प्रतिरोध की नीयत से, उसने निज़ामुलमुल्क के चचेरे भाई मोहम्मद अमीन खाँ, जो तूरानी' अमीरों का स्वयं एक प्रमुख नेता था— को मालवा का सूबेदार नियुक्त किया, ताकि, वह वहाँ शक्ति स्थापित कर सके। इस नियुक्ति का वास्तविक उद्देश्य जयसिंह के साथ संयुक्त रूप से वह (अमीन खाँ) हुसैन अली के दिल्ली-अभियान का प्रतिरोध कर सके। इसी के साथ, उसने निज़ामुल मुल्क, अजीतसिंह, अपने चचेरे नाना सरबुलन्द खाँ (जिन्हें बिहार का सूबेदार नियुक्त कर दिया था) को दरबार में बुला लिया (इसके आगमन से बादशाह का कुल सैन्य बल 70,000-80,000 घुड़सवारों का हो गया था, जबकि, अब्दुल्ला खाँ के पास 15-30,000 घुड़सवार ही थे)।

मुगल बादशाह फ़र्रूखसियर का यह दुर्भाग्य था, कि, वह इस महत्त्वपूर्ण मोड़ पर भी अनिर्णय का शिकार ही रहा। वह अब भी चिन्तित था, कि, सैय्यद बन्धुओं से छुटकारा पाने के लिए, वह जिन पुराने अमीरों का उपयोग कर रहा है, उनसे छुटकारा पाना तो और भी दुष्कर हो जाएगा। इस अनिर्णय एवं अदूरदर्शिता के फलस्वरूप ही, उसने ऐसे निर्णय लिए, जिससे उसे अन्तत: न 'खुदा ही मिला न विसाले सनम', उसने अब्दुल्लाह खाँ के स्थान पर वज़ीर के पद के लिए पुराने अमीरों (यथा, निज़ामुलमुल्क, इनायतुल्लाह, मोहम्मद अमीन खाँ, सर्बुलन्द खाँ आदि) में से किसी एक का इसी कारणवश चयन न करते हुए, एक नवीन कृपापात्र मोहम्मद मुराद कश्मीरी को 7000/7000 का मनसब प्रदान करते हुए वज़ीर का पद भी प्रदान किया। उसका पुराना विश्वास व कृपापात्र मीर जुमला बिहार के सूबेदार के रूप में पूर्णतया असफल होकर, बादशाह का विश्वास खो

चुका था तथा, चूँकि, बिना बादशाह की आज्ञा से दरबार में भी उपस्थित हो गया था, अत: उसकी जागीर व मनसब जब्त कर ली गई। बाद में, अब्दुल्ला खाँ के हस्तक्षेप से उसे लाहौर के सद्र का पद प्राप्त हो सका था। इसी प्रकार, खानेदौराँ पर भी सैय्यद बन्धुओं से गुप्त समझौते का आरोप लगाया था, जिसके माध्यम से उन्हें शाही-चालें ज्ञात हो जाती थीं। ऐसे में स्वाभाविक था, कि, मोहम्मद मुराद को वज़ीर पद दिए जाने से, पुराने अमीर नाराज हो गए व फ़रूखसियर का साथ देने का अपना इरादा उन्होंने परिवर्तित कर दिया। ऐसे में, अब्दुल्लाह खाँ ने निज़ामुलमुल्क व सर्बुलन्द खाँ को उच्च पद प्रदान करने की अनुशंसा करके, उन्हें अपनी ओर मिला लिया। फ़रुंखसियर से अजीतसिंह भी नाराज़ हो गया था, क्योंकि, उत्पीड़न (करने के आरोप) के चलते उसे गुजरात की सूबेदारी से हटा दिया गया था, अत: दरबार में आकर, वह वज़ीर अब्दुल्लाह खाँ का पक्षधर हो गया बनिस्बत बादशाह के![14]

अत: जब 1718 ई. के अन्त में हुसैन अली ने दिल्ली प्रस्थान करने हेतु औरंगाबाद से प्रस्थान किया, तब बादशाह फ़रुंखसियर अपने ही अविवेकपूर्ण अनिर्णयों व अनिश्चितताओं के चलते, पूर्णतया अलग-थलग पड़ गया था। हुसैन अली के साथ, अपनी सेनाओं के साथ अतिरिक्त पेशवा बालाजी विश्वनाथ के नेतृत्व में 10,000 मराठों की सहायक सैन्य-टुकड़ी भी थी। यहीं से दिल्ली के आन्तरिक सत्ता-संघर्ष में मराठों की सक्रिय व बाद में निर्णायक भूमिका का श्रीगणेश भी होता है। अन्तत: फरवरी, 1719 ई. में फ़रुंखसियर का अपदस्थीकरण मात्र एक औपचारिकता रह गई थी। इस अपदस्थीकरण में मोहम्मद अमीन खाँ व अजीतसिंह का समर्थन हुसैन अली को प्राप्त था। खानेदौराँ ने भी उसी का पक्ष लिया। अब्दुल्लाह खाँ इस औपचारिकता के विरुद्ध था, क्योंकि, सत्ता तो उसके व उसके समर्थकों के हाथों में केन्द्रित थी ही। समझौते के लिए सैय्यद बन्धुओं के समर्थकों को उनके द्वारा माँगे गए पद देने में अनिर्णय और उससे उपजे विलम्ब के परिणामस्वरूप बेचैनी व आशंका ने फ़रुखसियर की हत्या अपरिहार्य कर दी। डॉ. सतीश चन्द्र के मतानुसार, सैय्यद बन्धुओं ने फ़रूखसियर के अपदस्थीकरण एवं हत्या करके गलती एवं अपराध दोनों ही कर डाले, जिससे वे कभी भी उबर न सके। वीर व्यक्तियों के रूप में मूल्यांकित सैय्यद बन्धुओं को एक कृती बादशाह के विरुद्ध अपने जीवन एवं प्रतिष्ठा की रक्षा हेतु लड़ता हुआ मानकर, लोग उनसे सहानुभूति करते थे, किन्तु, फ़रुंखसियर के अपदस्थीकरण एवं हत्या के उपरान्त, वे विश्वासघाती एवं क्रूर राजनीतिक के रूप में चर्चित हो गए। वस्तुत: इसी कारणवश तैमूरी राजवंश,

के रक्षक के रूप में तूरानी उमरा का 'चिन' (निज़ामुलमुल्क) गुट सर्वमान्य व प्रतिष्ठित हो गया![15]

विज़ारत का सैय्यदी प्रयोग एवं उसकी विफलता (1719-1720 ई.)

फ़र्रूखसियर की हत्या के उपरान्त सैय्यदों ने बीस वर्षीय रफ़ीउद-दार्जात एवं चार माह के बाद उसके भाई रफ़ी-उद-दौला, जो स्वयं तीन माह में ही अस्वस्थ हो, स्वर्ग सिधार गया—कोई भी मुगल राजकुमार शीघ्र बादशाह बनने व सैय्यदों के बली के बकरे बनने को तत्पर न हुए। अन्ततः बहादुरशाह के पौत्र मोहम्मदशाह को नया मुगल बादशाह बनाया गया। सैय्यदों ने मुगल बादशाहों की स्वतन्त्रता पूरी तरह से छीन ली थी। वे दीवान-ए-खास व गुसलखाने के दारोगा तक के पदों पर अपने लोगों को नियुक्त कर रहे थे। हरम का अधीक्षक भी उनका व्यक्ति था। बादशाह तक जाने/पहुँचानेवाले पदों पर अपने समर्थकों/ 'विश्वासपात्रों की नियुक्ति के अतिरिक्त, सैय्यद बन्धुओं ने कम-से-कम परिवर्तन किए। मोहम्मद मुराद कश्मीरी व उसके समर्थकों को तो दंडित किया गया किन्तु, शेष लोगों, जिनमें, खाने-दौराँ व मीर जुमला सम्मिलित थे, उनके मनसब व जागीर पुनः स्थापित कर दी गई। मोहम्मद अमीन खाँ को (चिन का चचेरा भाई) द्वितीय बख्शी के पूर्ववर्ती पद पर बना रहने दिया: एक अन्य तूरानी अमीर, रोशनुद्दौलाह ज़फ़र खाँ को तृतीय बख्शी नियुक्त किया गया तथा इनायतुल्लाह खाँ, जिसके राजस्व सुधारों से अब्दुल्लाह खाँ रूष्ट हुआ था, उसे भी खाने सामाँ के पद पर पूर्ववत् बने रहने दिया गया। बारहा के अन्य सैय्यदों को आगरा व इलाहाबाद की सूबेदारी तथा, मुरादाबाद की फ़ौज़दारी के अतिरिक्त और कुछ विशेष प्राप्त नहीं हुआ।

किन्तु, आगरा में मित्रसेन व उसके समर्थकों ने एक विरोधी मुगल राजकुमार नेकूसियर को बादशाह घोषित कर दिया व इलाहाबाद में छबीला राम ने विद्रोह कर दिया। आगरा के विद्रोह का शीघ्र दमन हो गया किन्तु, इलाहाबाद में चौदह माह बाद ही शान्ति स्थापित हो सकी, जब छबीला राम के भतीजे गिरधर बहादुर ने अवध की गवर्नरी प्राप्त कर, इलाहाबाद का दुर्ग सैय्यदों को सौंप दिया।

सैय्यद बन्धुओं ने हिन्दुओं यथा राजपूतों व मराठों के प्रति मैत्रीपूर्ण सम्बन्धों को जारी रखते हुए, जज़िया पुनः समाप्त कर दिया। महाराज अजीतसिंह (मारवाड़) के माध्यम से राणा संग्राम सिंह द्वितीय व आमेर के जयसिंह से सम्बन्ध सुधारने के प्रयास तेज हुए। जयसिंह को सोरथ (गुजरात) की फ़ौज़दारी प्रदान की गई। अजीतसिंह को गुजरात व अजमेर की सूबेदारी मिली। मराठों

के साथ समझौता करते हुए, पेशवा बालाजी विश्वनाथ को समस्त दक्खन के 'चौथ व सरदेशमुखी' का अधिकार प्रदान कर दिया गया। दक्खन के वाइसरॉय के दायित्वों का निर्वहन हुसैन अली अपने सहायक आलम अली के माध्यम से करता रहा। आलम को प्रत्येक मामले में शंकरजी मल्हार के परामर्श पर चलने का निर्देश था, क्योंकि, उसके शाहू से घनिष्ठ सम्बन्ध थे। चूरामन जाट को दिल्ली-आगरा राजमार्ग का दायित्व सौंपा गया, ताकि, वह सैय्यदों के साथ बना रहे। अन्ततः आगरा की घेरेबन्दी में उसने सैय्यदों का साथ दिया भी था।

अधिकांश अमीरों की उदासीनता एवं तूरानी अमीरों के अप्रत्यक्ष विरोध के बावजूद सैय्यद बन्धु अपनी स्थिति सुदृढ़ कर सकते थे, किन्तु, दोनों भाइयों के मध्य प्रमुख निर्णयों, नीतियों एवं दृष्टिकोणों में अन्तर था। अब तो दोनों के मध्य विवाद कोष के बँटवारे तक पर होने लगा। रतन चन्द्र की मध्यस्थता व उसके द्वारा 'तूरानी' खतरे की ओर इंगित करने पर समझौता तो हुआ, दोनों ओर असन्तोष स्पष्टतः व्याप्त था। हुसैन अली अधिक ऊर्जावान, किन्तु, अब्दुल्लाह अधिक धैर्यवान था। अतः अब्दुल्लाह खाँ तूरानी घटक के प्रमुख नेता निज़ामुलमुल्क को 'बड़ा भाई' कहकर प्रसन्न रखता था तथा, वह अधिक शक्तिशाली न हो बजाए, इसलिए वह उसे शान्त बिहार की सूबेदारी में उलझाए रखना चाहता था, जो वस्तुतः उचित व तार्किक निर्णय था, किन्तु अपने दक्खन के सहायक आलम अली की स्थिति से विश्वस्त तथा उत्तर भारत में निज़ाम की उपस्थिति को अपने लिए घातक समझते हुए, हुसैन अली ने निज़ाम को मालवा में नियुक्त करने का निर्णय लिया। निज़ाम इस शर्त पर तैयार हो गया, कि, उसे शीघ्र वहाँ से स्थानान्तरित न किया जाए, वह अपने 'वकील' के रूप में अपने पुत्र को भी दरबार में छोड़ने को तत्पर नहीं था, उसके साथ लगभग 1,000 (एक हजार) मनसबदार सपरिवार मालवा चले गए। अतः सैय्यदों एवं चिन गुट के मध्य संघर्ष अवश्यसम्भावी प्रतीत होने लगा, क्योंकि, हुसैन अली ने आश्वासन के बावजूद निज़ाम की—इच्छानुसार उसका स्थानान्तरण आगरा अथवा इलाहाबाद अथवा बुरहानपुर अथवा मुल्तान कर दिया—वह जहाँ चाहे चला जाए, किन्तु, निज़ाम की दृष्टि तो दक्खन में टिकी थी, अतः उसने इस आज्ञा के पालन से इनकार कर दिया।[16]

निज़ाम ने मराठा आक्रमणो के सफलतापूर्वक प्रतिरोध के आधार पर सैन्य-बल भी बढ़ाना प्रारम्भ कर दिया। हुसैन अली ने अपने बख्शी दिलावर अली को कोटा-बूँदी के विवाद में वहाँ नियुक्त करके, मालवा में नियुक्त निज़ाम पर नज़र रखने का निर्देश दे दिया; इसी प्रकार, अपने दक्खन के सहायक आलम अली को

भी सतर्क रहने को कहा था। इतना करके, उसने निज़ाम को नया दायित्व ग्रहण करने से पूर्व दरबार में उपस्थित होने के लिए दूत भेज दिया।

निज़ाम को उसके चचेरे भाई मोहम्मद अमीन खाँ ने पहले ही सतर्क कर दिया था, कि इलाहाबाद में शान्ति स्थापना के उपरान्त, सैय्यद बन्धु उसके विरुद्ध अभियान की योजना बना रहे हैं। उसे बादशाह मोहम्मद शाह व उसकी माँ का भी सन्देश प्राप्त हुआ, जो सैय्यद बन्धुओं से उसके द्वारा मुक्ति की आशा कर रहे थे। अत: निज़ाम ने दरबार में उपस्थित होने की आशा का उल्लंघन करते हुए, नर्मदा पार करके, दक्खन में प्रवेश कर लिया, जहाँ तत्काल खानदेश व बरार के गवर्नर उससे आ मिले। अन्य अमीरों ने भी निज़ाम को समर्थन प्रदान किया। उसने यही प्रचारित किया, कि, वह जो कुछ कर रहा है व्यक्तिगत स्वार्थ से परे है। वह तैमूरी वंश; ईरानी व तूरानी परिवारों की प्रतिष्ठा; हिन्दुओं से इस्लाम की रक्षा व साम्राज्य की सुरक्षा हेतु बलिदान देने को तैयार हैं! सैय्यदों के लिए बादशाह, साम्राज्य, धर्म एवं नस्ल की रक्षा के नारों का सामना करना दुष्कर प्रतीत होने लगा।[17] अब भी आसन्न संघर्ष को टालने की नीयत से अब्दुल्लाह खाँ ने निज़ाम को दक्खन के वाइसरॉय का पद प्रदान करने की विवेकपूर्ण पेशकश की, ताकि, निज़ाम भी सन्तुष्ट हो जाए, किन्तु, हुसैन अली ने इसे सिरे से अस्वीकार करके, संघर्ष को आमन्त्रण दे दिया। इससे अधिक घातक निर्णय सैय्यद बन्धुओं ने अपनी सेनाओं को दोनों भाइयों के मध्य पृथक्/विभाजित करके लिया!

निज़ाम इस बीच बालाजी विश्वनाथ के नेतृत्व में 15,000 मराठों की सहायता प्राप्त, दक्खन में हुसैन अली के प्रतिनिधि आलम अली की सेनाओं को पराजित करके, उत्तर की ओर घूमा तथा, हुसैन अली के बख्शी दिलावर अली खाँ को भी पराजित कर दिया। इससे पूर्व कि हुसैन अली निज़ाम का युद्ध में सामना कर पाता, मीरे आतिश, हैदर कुली खाँ ने एक षड्यन्त्र रचकर, मोहम्मद अमीन खाँ आदि की सहायता व समर्थन से उसकी हत्या कर दी। सम्भवत: अपने साथ मुगल बादशाह व उसके समर्थकों को निज़ाम के विरुद्ध युद्ध में ले जाने का मूल्य उसने चुका दिया! अन्तत: दिल्ली के निकट मोहम्मद अमीन खाँ व बादशाह मोहम्मद शाह की सेनाओं से अब्दुल्लाह खाँ भी नवम्बर, 1720 ई. को पराजित हो गया।

सैय्यदों ने अकबर के उदार युग की पुनर्स्थापना का तो प्रयास किया था, किन्तु, उनका संकीर्ण सामाजिक आधार; उमरा में गहन नस्लीय अन्तर व अन्तर्विरोध; जागीरदारी व ज़मींदारी के संकट के साथ, जब दोनों भाइयों के पारस्परिक मतभेद भी उभरकर सामने आए तो उनका पतन अपरिहार्य हो गया![18]

विज़ारत एवं मुगल साम्राज्य का पतन :

मोहम्मद अमीन खाँ एवं निज़ाम (1720-1724 ई.)

सैय्यदों के पतन के उपरान्त, मोहम्मद अमीन खाँ को एत्मादुद्दौला के विरुद एवं रु 8000/8000 दुअस्पाह-सिहअस्पाह के मनसब के साथ वज़ीर बनाया गया। साथ ही, उसे मुल्तान का अनुपस्थित सूबेदार बनाया गया। उसके पुत्र कमरुद्दीन खाँ को द्वितीय बख्शी, 7000 का मनसब, मुरादाबाद की फ़ौज़दारी, गुस्लखाना का दरोगा (जो बादशाह के समक्ष, आगन्तुकों को उपस्थित करने के लिए उत्तरदायी होता था) एवं अहदियों का दारोगा के पदों से नवाज़ा गया। सैय्यदों की भाँति, वह भी अपने परिवार में अधिकाधिक शक्ति केन्द्रित करने का पक्षधर था। खाने दौराँ को मुख्य (मीर) बख्शी का पद तथा हुसैन अली के विरुद्ध षड्यन्त्र करनेवाले सादात खाँ को अवध की गवर्नरी प्राप्त हुई; अब्दुस समद खाँ को लाहौर पूर्ववत् मिला तथा उसके पुत्र के नाम पर उसे कश्मीर अतिरिक्त रूप से प्राप्त हो गया।

मोहम्मद अमीन खाँ ने सैय्यदों की वज़ारत को राजनीतिक केन्द्र बनाए रखने की नीति के साथ राजपूतों, मराठों व अन्य हिन्दुओं के साथ मैत्रीपूर्ण सम्बन्धों की भी नीति का अनुसरण करना समीचीन माना। बादशाह के ऊपर वज़ीर का पूर्ण नियन्त्रण पूर्ववत् चलता रहा—उसमें कोई शिथिलता नहीं आई; मराठों के दक्खन में चौथ व सरदेशमुखी वसूलने के अधिकार की पुष्टि नई 'सनद' से कर दी गई। अजीतसिंह को गुजरात को कुप्रशासन के चलते अपदस्थ किया गया, किन्तु, वज़ीर उसकी पुनर्स्थापना (अजमेर अथवा गुजरात) में इच्छुक था!

एक वर्ष व तीन माह की वज़ारत के उपरान्त जनवरी, 1721 ई. में अमीन खाँ की मृत्यु हो गई। अब निज़ाम का वज़ीर पद पर नियुक्त होना निर्विवाद हो गया था। उसने कोई उत्साह नहीं प्रदर्शित किया। वह पहले कर्नाटक व्यवस्थित करने गया तथा एक वर्ष बाद फरवरी, 1722 ई. में दिल्ली पहुँचा। वह विज़ारत का उपयोग भी नर्मदा के दक्षिण समस्त क्षेत्र पर स्वतन्त्र आधिपत्य की स्थापना के लिए ही करना चाहता था, जैसा कि, परवर्ती घटनाओं से प्रमाणित हो जाता है। वह दक्खन के साथ मालवा तो रखने का इच्छुक था ही, साथ ही, यथासम्भव, उसमें गुजरात भी संयुक्त करके, एक विशाल दक्षिण-पश्चिम स्वतन्त्र राज्य गुजरात प्राप्त की कल्पना कर रहा था। अत: अपने पुत्र गाज़ीउद्दीन खाँ को गुजरात का सूबेदार नियुक्त कराके, एक बड़ी सेना के साथ, समकालीन गवर्नर

हैदर कुली खाँ गुजरात के लिए चल पड़ा। वहाँ व्यवस्था स्थापित करके ही वह दिल्ली वापस लौटा।

निज़ाम ने प्रशासनिक सुधारों का एक कार्यक्रम प्रस्तावित किया, जिसमें नियुक्ति का आधार योग्यता ही माना गया। उसने पुराने अमीरों का भी समर्थन प्राप्त करने का प्रयास किया, किन्तु वे प्रशासनिक सुधारों के प्रस्ताव के चलते उसको समर्थन देने में असमर्थ थे, क्योंकि, इन सुधारों से उनके निहित स्वार्थों की पूर्ति सम्भव नहीं थी वह दरबार में उमरा की बढ़ती गुटबन्दी से भी क्षुब्ध था, अत: 1723 ई. के अन्त में मुरादाबाद की अपनी जागीर में 'जलवायु परिवर्तन' के उद्देश्य से बढ़ा, किन्तु, मालवा में मराठों के उपद्रव की सूचना पाकर मालवा की ओर चल पड़ा और मार्ग में ही उसे सूचना मिली कि, दक्खन में उसके स्थान पर उसके सहायक (डिप्टी) मुबारिज़ खाँ को वहाँ का वाइसरॉय नियुक्त कर दिया गया है। मुगल बादशाह ने वज़ीर से मुक्ति हेतु शाहू तथा अन्य मराठा सरदारों के समर्थन का भी प्रयास किया। वह सम्भवत: अपने साम्राज्य को निज़ामुलमुल्क के विभाजन के प्रयास से अक्षुण्ण बनाए रखना चाहता था। अन्तत: अक्टूबर, 1724 ई. को मराठा पेशवा बाजीराव प्रथम की सहायता से निज़ाम, मुबारिज़ खाँ को 'शकरखेड़ा के युद्ध में पराजित करने में सफल हो गया। इसी तिथि से स्वतन्त्र हैदराबाद राज्य की औपचारिक नींव पड़ गई।[19]

मुगलों का पतन (1725-1748 ई.) : स्वतन्त्र राज्यों की स्थापना

1703 ई. से ही मुर्शिद कुली खाँ बंगाल का गवर्नर था, 1710 ई. से उसके अधीन उड़ीसा भी था तथा, कुछ बाद में, बिहार भी उसमें जुड़ गया। 1727 ई. में उसका दामाद शुजात खाँ उसका उत्तराधिकारी बना। अवध में सादात खाँ 1723 ई. में गवर्नर नियुक्त हुआ तथा 1726 ई. में स्वतन्त्र शासक हो गया, जब मालवा स्थानान्तरित होने पर उसने वहाँ जाने से स्पष्टत: इनकार कर दिया। उसके बाद उसका दामाद सफ़दर जंग शासक बना। 1713 ई. में पंजाब की सूबेदारी अब्दुस समद खाँ को प्राप्त हुई। उसके बाद उसके पुत्र को इसकी गवर्नरी प्राप्त हुई।

वस्तुत, उपर्युक्त वर्णित अमीर ही निज़ाम की भाँति योग्य अमीर थे तथा, दरबार में अयोग्य अमीरों की प्रतिद्वन्द्विता से कहीं श्रेयस्कर अपने स्वतन्त्र राज्य की स्थापना को मानते थे। वे साम्राज्य एवं बादशाहत की प्रतिष्ठा को सैद्धान्तिक रूप से स्वीकारते थे एवं उसका पूरा दिखावा भी करते थे। उत्तराधिकार के समय उससे संस्तुति प्राप्त करते एवं उसे उपहार भेंट करते थे।

दरबारी राजनीति, फिर भी, गुटीय, वर्गीय व उपवर्गीय बनी रही तथा, बढ़ते आर्थिक संकट (जागीरदारी व ज़मींदारी संकट) के चलते, उनके स्वार्थ और अधिक क्षुद्र एवं मानसिकता और भी संकीर्ण होती चली गई। निज़ाम के दक्खन प्रयाण के परिणामस्वरूप, मोहम्मद शाह सर्वशक्तिशाली वज़ीर के नियन्त्रण से तो मुक्त हो गया, किन्तु, इससे मुगल साम्राज्य का सर्वथा अहित हुआ, क्योंकि, प्रशासनिक सुधार की सर्वाधिक आवश्यकता के समय ही, सुधार क्रियान्वित कर सकने वाले वज़ीर को जाना पड़ा। वही योग्य व्यक्ति था, जिसके जाने के पश्चात् मुगल साम्राज्य की एकता एवं सुरक्षा के ऊपर संकट के बादल आसन्न होना अपरिहार्य था, क्योंकि, मोहम्मदशाह में न तो वह योग्यता/क्षमता थी कि शासन व प्रशासन दुरुस्त कर पाता और न ही वह कर पाया।

निज़ाम के स्थान पर चयनित वज़ीर कमरूद्दीन खाँ नशा करनेवाला तथा, मीरबख्शी खाने दौराँ, एक हिन्दुस्तानी अमीर था, जिसने किसी सैन्य अभियान का कभी नेतृत्व ही नहीं किया था। अत: 'एक विवेकहीन' अनिर्णयवाले निठल्ले स्वामी के सिंहासनस्थ होने के कारण, अमीरों ने भी स्वार्थपरकता की समस्त सीमाएँ तोड़ दीं[20] भ्रष्टाचार सर्वव्यापी एवं आम हो गया; जागीरों की बिक्री आम हो गई व इज़ारादारी व्यवस्था ने कृषि-व्यवस्था की रीढ़ तोड़ दी। बढ़ती अव्यवस्था एवं अराजकता में सामान्य मनसबदारों के लिए अपने जागीरों से राजस्व की वसूली भी असम्भव हो गई। बादशाह एवं अमीरों के मध्य बढ़ते अन्तर तथा सेना तक को वेतन देने में साम्राज्य की असमर्थता एवं संसाधनों की कमी ने साम्राज्य को दुर्बल व शक्तिहीन कर दिया। ऐसी परिस्थितियों में जब मुगल साम्राज्य जैसी वृहद् संरचना को अन्दर से कुप्रबन्धन, अव्यवस्था एवं अराजकता की दीमक ने खोखला कर दिया हो, तो एक बाह्य धक्का या झटका या आक्रमण पर्याप्त होता है और सम्पूर्ण ढाँचा भरभराकर गिर जाता है। यह बाह्य आक्रमण पश्चिमोत्तर में नादिरशाह के रूप में आकार ग्रहण कर रहा था।[21]

औरंगज़ेब के शासन-काल से ही काबुल के गवर्नर को बारह लाख रुपये इसलिए प्रेषित किए जाते थे, कि, कुछ भाग अफ़गान कबीलाइयों को शान्त रखने के लिए एवं कुछ भाग पहाड़ी दुर्गों के रख-रखाव पर खर्च किए जा सकें, ताकि, पश्चिमोत्तर की सुरक्षा व्यवस्था दुरुस्त रखी जा सके। मोहम्मदशाह के शासन-काल में यह धन काबुल के सूबेदार नासिर खाँ (जो एक योग्य प्रशासक था) को भेजने का दायित्व तृतीय बख्शी रोशनुद्दौला ज़फ़र खाँ का था, जो इसमें से आधा भाग स्वयं रख लेता था— अर्थात् अपने व्यक्तिगत लाभ के लिए साम्राज्य की सुरक्षा का भी ख्याल न करनेवाले केन्द्रीय अधिकारी जिस साम्राज्य में हों,

उसका परिणाम तो अपरिहार्य था ऐसी परिस्थितियों में ज़फ़र खाँ तो अपदस्थ हो गया (1732-33 ई.) किन्तु, खानेदौराँ, नासिर खाँ ईरानी को जफ़र खाँ का ही समर्थक तथा, नादिरशाह से मिला हुआ मानता था। जब बाज़ार तक में नादिरशाह के आक्रमण की अफ़वाह एक आम बात थी, तब भी मीरबख्शी खानेदौराँ इसे असम्भव मानकर, सामान्य व्यवहार करता रहा। नासिर खाँ के इस आधार पर धन की माँग करने पर, कि, सैनिकों को, जो पाँच वर्षों का वेतन नहीं मिला है, कम-से-कम एक वर्ष का तो मिल जाए, ताकि, वे प्रतिरोध कर सकें, खानेदौराँ ने अत्यधिक धन वसूलने का बहाना बताया तथा, पहाड़ों पर बसे होने के कारण, ईरानी-अफ़गान सेनाओं को देखते ही उसके भयभीत हो जाने पर मजाक भी किया, किन्तु, नियमित धन प्रेषित करने के दायित्व से बचता रहा, जिससे योग्यता के बावजूद नासिर खाँ पश्चिमोत्तर की उचित सुरक्षा व्यवस्था करने में असमर्थ हो गया! खैबर दर्रे पर नादिरशाह के मार्ग को पूर्णतया अवरुद्ध करने की नासिर खाँ की योजना अन्ततः असफल हुई। नादिर ने उसे पराजित करके, लाहौर घेर लिया, जहाँ के गवर्नर ज़करिया खाँ की दिल्ली से सहायता की गुहार अनुत्तरित रही। लाहौर के समर्पण के बाद दिल्ली का मार्ग सहज निर्विघ्न रूप से खुल गया।

मुगल दरबार की अयोग्यता, अनिर्णय की स्थिति एवं स्वार्थपरकता इस संकट की घड़ी में भी स्पष्टतः दृष्टिगोचर होती है। बावजूद मोहम्मद शाह के अपने प्रति विश्वासघाती व्यवहार के, मुगल साम्राज्य को संकट में देख, निज़ाम भी दक्खन से आ गया था, किन्तु, मुगल बादशाह यह निर्णय नहीं ले पा रहा था, कि, नादिरशाह के विरुद्ध सैन्य नेतृत्व कौन करें? कोई शाही राजकुमार अथवा निज़ामुलमुल्क अथवा वज़ीर अथवा मीरबख्शी अथवा स्वयं 'मुगल बादशाह! अन्ततः करनाल में मुगल सेनाओं की पराजय, मीरबख्शी खानेदौराँ का युद्ध में मारा जाना, निज़ामुलमुल्क व सादात खाँ (अवध) का बन्दी बनाया जाना; मुगल बादशाह का आत्म-समर्पण, दिल्ली की लूट व नरसंहार ने पतनशील मुगल साम्राज्य को पूर्णतया खोखला करके, उसके पतन को सार्वजनिक कर दिया! इसके परिणामस्वरूप, प्रान्तीय गवर्नरों, स्थानीय शासकों व ज़मींदारों ने भी अतिशीघ्र अपनी व्यक्तिगत राजनीतिक महत्त्वाकांक्षा की पूर्ति करना प्रारम्भ किया तथा, विकेन्द्रीकरण की प्रक्रिया गतिशील हो गई। इसी प्रकार, काबुल व थट्टा के नादिरशाह राज्य के अंग बनने से, भारतीय सुरक्षा निरर्थक हो गई और अहमदशाह अब्दाली का मार्ग प्रशस्त हो गया।

नादिरशाह के आक्रमण के ही परिणामस्वरूप, मुगल दरबार से उमरा के पुराने गुट/ वर्ग/उपवर्ग अदृश्य हो गए। खानेदौराँ एवं सादात खाँ की मृत्यु

निज़ामुलमुल्क के अन्ततः दक्खन प्रयाण एवं वज़ीर कमरूद्दीन के अप्रतिष्ठित होते ही, दरबार में एक राजनीतिक-शून्य का जन्म हुआ! मोहम्मदशाह में यदि योग्यता एवं इच्छाशक्ति होती तो वह योग्य अमीरों, अधिकारियों व परामर्शदाताओं के चयन से मुगल साम्राज्य (या राज्य के नाम पर जो भी उत्तर भारत में शेष रह गया था) को सुदृढ़ करके, कुशल प्रबन्धन का प्रयास तो करता, किन्तु, ऐसा हो न सका। प्रत्येक ज़मींदार अपने आप को एक राजा तथा, राजा स्वयं को स्वतन्त्र महाराजा मानने लगा। अन्ततः जिस विकेन्द्रीकरण व सामन्तवाद से 1206 ई. में तुर्की सुल्तनत की स्थापना के पश्चात् मुक्ति मिली थी, वही विकेन्द्रीकरण व सामन्तवाद 1748 ई. के पश्चात् यहाँ का मुख्य राजनीतिक प्रवाह-क्रम बन गया!

फिर भी, मुगल व्यवस्था की प्रशंसा करनी होगी, कि, इस हाल में भी उसकी सेनाएँ 1748 ई. में 'मानपुर के युद्ध' में अहमदशाह अब्दाली की सेनाओं को पराजित कर ले रही थीं तो निश्चित ही कमरूद्दीन खाँ के पुत्र मुइनुलमुल्क एवं सादात खाँ के दामाद व उत्तराधिकारी सफ़दरजंग की भी योग्यता की मिसाल थी। 1747 ई. में नादिरशाह की हत्या के पश्चात् सिंहासन पर आए अहमद शाह अब्दाली के समक्ष, 'पानीपत के तृतीय युद्ध (1761 ई.), में भी 1748 ई. की पुनरावृत्ति हो सकती थी, यदि, अब भी मुइनुलमुल्क एवं सफ़दरजंग जैसे योग्य अमीरों को योग्यतानुसार अथवा क्षमतानुरूप पद प्राप्त होता रहता। अयोग्य अमीरों एवं षड्यन्त्रकारी अधिकारियों ने ही मुगल साम्राज्य के आधार को शक्तिहीन बनाने में मुगल बादशाह के साथ मिलकर, योगदान दिया। स्वार्थलिप्सा ने साम्राज्य हित के प्रति सबको दृष्टिहीन कर दिया था।

सन्दर्भ

1. सतीश चन्द्रा, मेडियवल इंडिया'II पृ. 456.
2. वही, पृ. 458-460.
3. वही, पृ. 462-463.
4. वही, पृ. 463-464.
5. वही, पृ. 468.
6. वही, पृ. 470.
7. वही, पृ. 471.
8. वही.
9. वही, पृ. 471- 47.
10. वहीr, पृ. 473- 474.
11. वही, पृ. 474-475.

12. वही, पृ. 475-476.
13. वही, पृ. 477-479.
14. वही, पृ. 480.
15. वही, पृ. 481.
16. वही, पृ. 483-485.
17. वही, पृ. 486.
18. वही, पृ. 486.
19. वही, पृ. 488.
20. सर जदुनाथ सरकार उद्धत सतीश चन्द्रा, वही, पृ. 490.
21. वही।

13

मुगल उमरा : एक विश्लेषणात्मक सर्वेक्षण

मुगल बादशाह एक गरिमामय परम्परा के अनुसार रहते थे एवं दरबार सुसज्जित करते थे। फ़ारस की पूर्व-इस्लामी परम्पराओं ने पवित्र धार्मिक निर्देशों का प्रत्यक्ष उल्लंघन किया, जो प्रदर्शन के पूर्णतया विरुद्ध थे।[1] वस्तुत: मुगल दरबार के यश व चकाचौंध की अभिवृद्धि की थी मुगल अमीरों ने, जिन्होंने मुगल बादशाहों की जीवन-शैली का अनुसरण करते हुए, पूरे साम्राज्य में ही ऐश्वर्य का एक परिवेश निर्मित कर दिया। अन्तत: विदेशों में इसके ऐश्वर्य की कीर्ति फैलते समय न लगा। विदेशों, यहाँ तक कि, पाश्चात्य देशों में भी समकालीन आभिजात्य इस प्रकार के वैभव का प्रदर्शन नहीं कर पाता था, क्योंकि, उनके वेतन-भत्ते अपने समकालीन सभी आभिजात्य से कहीं अधिक एवं, उससे भी महत्त्वपूर्ण-पारगामिता सिद्धान्त के चलते—उनके खर्चे और भी अधिक अर्थात् असीमित थे। वस्तुत: इस्लाम के, समता, समानता व बन्धुत्व के मौलिक सिद्धान्तों के चलते, आनुवांशिक आभिजात्य अथवा 'उमरा' में कदापि विश्वास नहीं करता था। अत: अमीर का पद उस व्यक्ति के जीवन-काल तक ही रहता था—सम्भवत: 'पारगामिता का सिद्धान्त' इसी तर्क पर आधारित रहा होगा।

ये अमीर बाबर के काल में 'बेग' तथा बाद के मुगल बादशाहों के शासन-काल में 'अमीर' कहलाए। वे प्रबुद्ध अर्थात 'शिक्षित आभिजात्य' (इंटैलिजे़न्सिया) का गठन करते थे, जिससे शासन-प्रशासन के सदस्यों का चयन होता था। अनेक विदेशी सुरक्षित व समुन्नत भविष्य एवं योग्यता के आधार पर उपलब्धियों से श्रेष्ठ पद एवं पदोन्नति प्राप्त करने की इच्छा से विदेशों से (पश्चिम व मध्येशिया से विशेषत:) बाबर के दरबार में आने लगे। वे 'मुगल' नस्ल के ही नहीं थे, अपितु, विभिन्न नस्लों व क्षेत्रों से आए थे, अत: इसी कारणवश, मुगल उमरा मिश्रित अथवा विषमरागी (हेट्रोजे़नस) था जिसमें 'तुर्क, तातर, फ़ारसी भारतीय, मुस्लिम एवं हिन्दू' सभी प्रकार के तत्त्व सम्मिलित थे। इसी प्रकार,

हमें आगे चलकर, यूरोपीय अमीर उदाहरणार्थ, फ्रान्सिस खाँ, फ़िरंगी खाँ के सन्दर्भ भी प्राप्त होते थे।[2] इसी प्रकार, हॉकिन्स के विवरण से ज्ञात होता है, कि, उसे 400 का मनसब एवं इंग्लिश खाँ का विरुद प्रदान किया गया था।[3] प्रसिद्ध फ्रान्सीसी एम. बुस्सी को 'सैफ़ुदौल्ला' एवं 'उम्दतुल मुल्क' के विरुद प्रदान किए गए थे। ये 'ईरानी' व 'तूरानी' जैसे 'अमीरों से पृथक् थे, जैसा कि, स्वतः स्पष्ट है।[4]

अतः नस्लीय विभिन्नताओं ने मुगल उमरा को कभी एक एकीकृत संगठन के रूप में कार्य नहीं करने दिया, अतः बादशाह भी एक गुट से दूसरे की शक्ति-सन्तुलित करते रहते थे। मुगल अमीरों में दो समानताएँ थीं—राज्य के प्रति दायित्व का बोध तथा व्यक्तिगत लाभ की अदम्य इच्छा अथवा महत्त्वाकांक्षा। वे ही साम्राज्य की तलवार तथा स्तम्भ-शक्ति एवं आधार थे।[4]

इन अमीरों में सर्वप्रमुख एवं महत्त्वपूर्ण तैमूरी अमीर थे, जो बाबर, हुमायूँ एवं अकबर के साथ भारत आए थे। इनमें से प्रत्येक अपने आप को समकालीन बादशाह के बराबर ही मानता था एवं सम्प्रभुता का भी समान भागीदार होने की आकांक्षा रखता था। ये 'मिर्ज़ा' कहलाते थे एवं मध्येशियाई परम्परानुसार, भारत में मुगल साम्राज्य के बँटवारे के इच्छुक थे, किन्तु, बाबर ने अपनी निरंकुशता एवं दूरदर्शिता के चलते, व्यक्तिगत एवं वंशीय सत्ता को सुदृढ़ करके, उनकी महत्त्वाकांक्षाओं को भी नियन्त्रित करके, एक महत्त्वपूर्ण एवं सकारात्मक कदम उठाया। इन मिर्ज़ाओं को अपने परिवार व नस्लीय आधार पर अकबर के शासन-काल में अल्पायु में ही अमीर के पद प्राप्त हो गए थे, उदाहरण के लिए, मोहम्मद हुसैन मिर्ज़ा, इब्राहीम मिर्ज़ा, हुसैन मिर्ज़ा एवं अकिल मिर्ज़ा।[5] सम्भवतः अवयस्क होकर भी महत्त्वपूर्ण पद, मनसब व जागीर प्राप्त करने के कारण ही, वे महत्त्वाकांक्षी तथा अन्ततः अवज्ञाकारी हो गए थे। वे 'सामन्तवाद' के पक्षधर थे न कि, 'अफसरशाही' के! अतः केन्द्रीकृत सत्ता के स्थान पर वे एक ऐसी प्रशासनिक व्यवस्था के आग्रही थे, जिसमें बादशाह की सीमा, आगरा व दिल्ली तक ही सीमित रहे-प्रान्तों में जागीरदारों व क्षेत्रपों की भाँति, वे सम्पूर्ण निरंकुशता से शासन करें![6] तब तक तो सम्भव नहीं हो सका, जब तक अनेकानेक कारणों के चलते, मुगल साम्राज्य की शक्ति क्षीण नहीं हुई एवं मुगल बादशाह इन प्रवृत्तियों को नियन्त्रित रखने में सक्षम व सफल रहे, अर्थात् 1707 ई. तक जब तक मुगल बादशाह शक्तिशाली रहे तब तक विकेन्द्रीकरण की प्रवृत्ति एवं प्रक्रिया पर अंकुश लगा रहा और बावजूद महत्त्वाकांक्षाओं के, इन अमीरों के दरबार, मुगल बादशाह के दरबार के अधीनस्थ बने रहे।

प्रत्येक मुगल अमीर एक सैन्याधिकारी होता था, जैसा कि, अकबर के शासन-काल से व्यवस्थित मनसबदारी व्यवस्था, से सुस्पष्ट भी हो जाता है। निम्नतम पद बीस सैनिकों का सेनानायक होता था। जिन मनसबदारों के 'ज़ात' व 'सवार' पद समान होते थे, वे प्रथम श्रेणी के, जिनका 'सवार' पद 'ज़ात' पद के आधे अथवा उससे अधिक होता था, द्वितीय श्रेणी, एवं जिनका 'सवार' पद, 'ज़ात' के आधे से भी कम होता था, वह तृतीय श्रेणी का अमीर माना जाता था। वस्तुत:, अकबर के काल में 200 घुड़सवारों के सेनापति को 'अमीर' कहा जाता था, शाहजहाँ के काल आते तक, 500 घुड़सवारोंवाले अधिकारी को 'अमीर' सम्बोधन मिला।[7]

बाबर के काल में, चूँकि, अमीर 'बेग' कहलाते थे अत: सर्वोच्च अमीर को 'बेगलुर बेग' का सम्बोधन प्राप्त था जो बाद में, हुमायूँ के काल में 'अमीरुल उमरा' (सर्वोच्च अमीर) हो गया। हुमायूँ ने यह विरुद सर्वप्रथम मीर हिन्दू बेग को प्रदान किया था, जिसे जौनपुर की 'सरकार' का दायित्व सौंपा गया था।

प्राय: 'अमीरुल उमरा' का विरुद साम्राज्य के 'मीरबख्शी' (प्रतिरक्षा मन्त्री) को प्रदान किया जाता था। वास्तव में, मुगल राजकुमारों के पश्चात् अमीरों के मध्य यह सर्वोच्च सैद्धान्तिक पद माना जा सकता है। अकबर ने एक विरुद का सृजन किया था और यह था 'दौल्लाह', जब उसने फ़तेहुल्लाह शिराज़ी को 'अज़दूद दौल्लाह' का विरुद प्रदान किया था। अकबर के उत्तराधिकारियों के काल में यह सामान्य रूप से प्रदत्त होने लगा था। राजकुमार आज़म शाह ने (उत्तरमुगल काल में) असद खाँ को उसकी सहायता के कारण उसे 'अमीरुल उमरा' का विरुद प्रदान किया था। मोहम्मदशाह के अधीन खानेदौराँ अमीरुल उमरा' था। नादिरशाह के आक्रमण व खानेदौराँ की मृत्यु के परिणामस्वरूप, यह पद निज़ामुलमुल्क के पुत्र फ़िरोज़ जंग को प्रदान किया गया था। इसी के फलस्वरूप अवध का गवर्नर रुष्ट व असन्तुष्ट हो गया था[8] और, अन्तत: निष्ठा का परित्याग कर, स्वतन्त्र शासक की महत्त्वाकांक्षा की पूर्ति की।

मुगल काल में एक अन्य विरुद जो 'अमीरुल उमरा' के समान महत्त्व का था, वह 'खाने-खाना' था। सर्वप्रथम, अफ़गानों को पराजित करने हेतु, हुमायूँ ने बैरम खाँ को यह विरुद प्रदान किया था। जब भी मुगल बादशाह किसी साधारण व्यक्ति को 'अमीर' का स्तर प्रदान करता था, तो हिन्दू होने पर उसे 'राय' अथवा 'राजा' का विरुद एवं मुस्लिम होने पर 'खाँ' का विरुद प्रदान करता था। अत: 'खाने-खाना' का वही अभिप्राय एवं महत्त्व था, जो 'अमीरुल उमरा' का था।'[9]

जैसा कि ज्ञात ही है, मुगल उमरा आनुवांशिक नहीं था अर्थात् अमीर राज्य अथवा बादशाह के ऐसे अधिकारी कदापि नहीं थे, जिन्हें वंशीय उत्तराधिकार प्राप्त हो। अमीर के मूत्यूपरान्त उसके पुत्र उसके मनसब व जागीर के स्वत: उत्तराधिकारी नहीं हो जाते थे। उक्त अमीर की सम्पत्ति को भी अधिकारिक (अत: राज्य की) माना जाता था, न कि व्यक्तिगत अत: उस पर पारगामिता का सिद्धान्त स्वाभाविक था। मृत अमीरों के पुत्रों/उत्तराधिकारियों को प्रशासनिक सीढ़ी के निम्नतम पायदान से अपना जीवन प्रारम्भ करना पड़ता था। अपनी कर्तव्यनिष्ठा, कर्मपरायणता, क्षमताओं व उपलब्धियों के आधार पर, बादशाह की कृपा प्राप्त करके, वह शनै:-शनै: पदोन्नतियाँ प्राप्त करके, उच्चतम पदों पर आसीन हो सकता था।

हालाँकि, मुगल राजतन्त्रीय व्यवस्था में, बादशाह निरंकुश सत्ताधारी था, फिर भी, उसे नियुक्तियों अथवा पदोन्नतियों के समय, अमीरों की वरिष्ठता-सूची का पूरा ध्यान रखना पड़ता था। औरंगज़ेब योग्यता एवं निष्ठा के बल पर, चाहकर भी असद खाँ को वज़ीर नियुक्त नहीं कर पाया था, क्योंकि, उसे भय था, कि, पुराने एवं वरिष्ठ 'शाहजहाँनी' अमीरों के रहते, यदि वह ऐसा करेगा, तो उनका रुष्ट होना स्वाभाविक ही होगा। अत: उसे अपने कृपा एवं विश्वासपात्र असद खाँ को वज़ीर बनाने के लिए, पूरे छह वर्ष प्रतीक्षा करनी पड़ी थी। वह 1676 ई. में ही उक्त पद पर नियुक्त हो सका था।[10]

'मनसब' एवं उसी व्यवस्था के अनुपात में 'जागीर-व्यवस्था' के चलते ही, अमीरों की दिलचस्पी जागीरों में स्थायी नहीं हो पाती थी। स्थानान्तरण के चलते, जागीरों का स्वामित्व परिवर्तनीय होता था, अत: अपने जीवन-काल भर भी अमीर किसी 'जागीर' को पितृ-तुल्य व्यवहार नहीं प्रदान कर पाते थे। अत: एक भू-स्वामी वर्ग के अभाव ने मध्यकालीन राजनीतिक/ प्रशासनिक व्यवस्था को ही पूरी तरह से स्थायी भाव नहीं प्राप्त करने दिया। साथ ही, ये मनसबदार अथवा जागीरदार स्थायित्व (स्थायी भू-स्वामित्व) के अभाव में अपनी स्वतन्त्रता खो बैठे तथा सम्राट पर परजीवी हो बैठे। साथ ही, इसने एक दूसरी प्रकार की प्रवृत्ति को भी पनपने का अवसर दिया— येन-केन-प्रकारेण, वे चल-सम्पत्तियों एवं अप्रत्यक्ष निवेश से अपने व अपने आश्रितों की स्थिति (आर्थिक स्थिति) सुदृढ़ करने के प्रयासों में लग गए।[11]

औरंगज़ेब ने तो विधिवत पेंशन की व्यवस्था की, अथवा जब तक सम्पत्ति पर अन्तिम निर्णय न हो, तो अनुदान देने का प्रावधान कर दिया था, ताकि, मृतक अमीर के आश्रितों को प्रतिकूल-परिस्थितियों का सामना करने में सहायता प्राप्त

हो सके। सम्पूर्ण जीवन तो वह राज्य की सेवा करता रहा, अतः समानुपातिक रूप से राज्य के भी अपने दायित्व होते हैं। अतः मृतक के पुत्रों को प्रायः मुगल बादशाह अपनी कृपा प्रदान करते थे।[12] शाहनवाज़ खाँ के मृत्यूपरान्त उसके छोटे भाई को तो जहाँगीर ने 5000 का मनसब प्रदान कर दिया था, किन्तु यह अपवाद था, नियम अथवा परम्परा नहीं। इसी प्रकार, 'मासीरूल उमरा' में हमें एस. ज़हीद के. कोका का सन्दर्भ भी प्राप्त होता है, जो अपने पिता की मृत्यु के समय मात्र दस वर्ष का था, किन्तु, उसके स्वर्गीय पिता की सेवाओं, उपलब्धियों, निष्ठा एवं कर्तव्य परायणता को देखते हुए, शाहजहाँ ने उसे 1000/400 का मनसब प्रदान कर दिया था।[14] मुगल राजकुमारों को तो प्रायः ग्यारह अथवा ब्रारह वर्ष की आयु पर मनसब प्रदान कर दिए जाते थे।

मुगल प्रबन्धन तन्त्र एवं उसमें उमरा की संरचना व भूमिका से यह तो स्थापित हो जाता है, कि, राज्य सेवा में श्रेष्ठ, योग्य एवं निष्ठावान लोग ही आ सकते थे एवं अर्हताओं की पूर्ति करनेवाले अमीरों को पदोन्नति प्राप्त करने से भी कोई नहीं रोक सकता था। मध्ययुगीन परिवेश के चलते, किसी भी अमीर से यह अपेक्षा तो रहती ही थी, कि, भले ही वह स्वयं षड्यन्त्रकारी न हो, किन्तु, षड्यन्त्रों को निष्फल व निष्प्रभावी करने की क्षमता तो उसमें होनी चाहिए। वीरता तो अमीरों के लिए अपरिहार्य गुण था, क्योंकि, सर्वाधिक गति से उन्नति तो रण-क्षेत्रों में प्राप्त विजयों के द्वारा ही प्राप्त होती थी।[15] दरबार में उपस्थिति व सक्रिय जीवन के कारण, वे दरबारी कायदे-कानून, रीति-रिवाज, परम्पराओं में पूर्णतया अभ्यस्त हो जाते थे।

वस्तुतः यह व्यवस्था, एक दृष्टिकोण से तो बहुत ही लाभप्रद थी, कि, इसने प्रत्येक व्यक्ति को अपनी क्षमतानुरूप विकसित होने के पर्याप्त अवसर प्रदान किए। इसके परिणामस्वरूप, अमीरों के मध्य एक प्रतिद्वन्द्विता का भाव सदैव रहा, जिसने ईर्ष्या या कलुषता को जन्म तो दिया, लेकिन, दूसरे से श्रेष्ठ प्रदर्शन के भाव ने साम्राज्य का भी हित किया, किन्तु, जब केन्द्र क्षीण व शक्तिहीन होने लगा, तब ईर्ष्या व प्रतिद्विन्द्विता की यही प्रवृत्ति मुगल साम्राज्य के लिए अहितकर प्रमाणित हुई, क्योंकि स्वतन्त्र राज्यों की स्थापना व विकेन्द्रीकरण रोके न रुका। औरंगज़ेब के शासन-काल तक तो मुगलों को अपने अमीरों से कोई विशेष/गम्भीर भय कभी नहीं रहा। अतः मुगल राजतन्त्र, अस्थिर उमरा के प्रतिकूल प्रभाव से सुरक्षित रहा। पारगामिता के सिद्धान्त के चलते, मुगल अमीर भी बादशाहों के दरबारी संस्कृति का अनुसरण करते एवं पूर्णतया सज्जा व वैभव से जीवन-यापन करते थे। व्यय करना उनका उद्देश्य हो गया न कि संचय

करना। वस्तुतः पारगामिता का पूर्णतया परित्याग, आज़मशाह के शासन-काल में हुआ, जो इसे क्रूर एवं समता के सिद्धान्त का उल्लंघन मानता था।[16] इसका अनुसरण, मोहम्मदशाह ने अपने शासन-काल भी किया तथा, वज़ीर मोहम्मद अमीन खाँ के मृत्यूपरान्त उसकी समस्त सम्पत्ति उसके प्राकृतिक उत्तराधिकारियों को स्थानान्तरित कर दी। पारगामिता का सिद्धान्त, हिन्दू अमीरों व राजपूत शासकों पर लागू नहीं होता था।

बाबर ने अपने संस्मरणों में लिखा है, कि, यह हिन्दुस्तान का आम रिवाज़ है, कि, अमीरों को ऊँचे-ऊँचे विरुद प्रदान करके उन्हें प्रतिष्ठित किया जाता है—उसे यह उचित, ही प्रतीत हुआ, अतः उसने व उसके उत्तराधिकारियों ने दिल्ली सुल्तानों से प्राप्त इस परम्परा को जारी रखा तथा, खानेदौराँ, खानेखाना, खानेजहाँ के अतिरिक्त कुछ अन्य विरुद भी प्रदान करने शुरू किए यथा, 'रुक्न-उद्-दौल्लाह, सैफ़-उद्-दौल्लाह, नासर जंग, शुजात खाँ, सर्दार खाँ, रुस्तम अली खाँ, इज़्ज़त-उद्-दौल्लाह, मुज्जफ़्फ़र खाँ आदि। अधिकांश तो प्राप्तकर्ता के गुणों/ विशेषताओं के अनुरूप थे।

समकालीन विदेशी यात्रियों के विवरणों से स्पष्ट होता है, कि, अनेक अमीर व्यापारिक गतिविधियों में संलग्न थे एवं इसके फलस्वरूप उन्होंने खूब धनार्जन भी किया।[17] अमीरों को वैभवशाली ढंग से न केवल रहने का शौक था, अपितु, प्रदर्शन का भी था, अतः प्रत्येक अमीर के पास सैकड़ों नौकर-चाकर व आश्रित रहते थे। हाथी-घोड़ों, अस्त्र-शस्त्रों के अतिरिक्त उनकी सम्पत्ति का एक बड़ा भाग बहुमूल्य आभूषण के क्रय में खर्च होता, वे स्वर्ण, चाँदी एवं बहुमूल्य रत्नों के क्रय में खूब दिलचस्पी लेते थे। बाबर के काल से ही मुगल अमीरों ने भवन-निर्माण में भी शासकों ने अनुसरण का प्रयास किया। उमरा के सदस्य अपने वैभव के लिए प्रसाधनों व वस्त्राभूषणों पर भी मुक्त हाथों से खर्च करते थे। अतः मुगल दरबार अपने- शिष्टाचार, अनुशासन एवं वैभव के चलते ही विश्व प्रसिद्ध हो गया था।

उमरा का रहन-सहन पर व्यय जितना दरबार में आता था, उससे कहीं अधिक शिविर जीवन में आता था। अबुल फ़ज़ल के अनुसार, अमीरों के शिविर देखते ही बनते थे—वे अत्यधिक सज्जावाले व महँगे होते थे तथा, मुगल बादशाहों की जीवन-शैली का अनुसरण करते हुए, शान-शौकत से यात्रा करते थे—न सुविधाओं में कमी होती थी और न ही जीवन-शैली में! घर के बाहर पाँव रखते ही, अमीर परिचरों से घिरा, हाथी, घोड़े अथवा पालकी की सवारी में अच्छे वस्त्रों में, पूरी साज-सज्जा के साथ ही निकलता था।[18]

बर्नियर ने तो अपने पत्रों में भारतीय अर्थव्यवस्था और विशेष रूप से कृषक-क्षेत्र में कुप्रबन्धन के लिए, भू-स्वामित्व के अभाव को ही उत्तरदायी माना है। भू-स्वामित्व के अधिकार के अभाव में साम्राज्य में भू-व्यवस्था की सर्वाधिक अनदेखी हुई। भू-स्वामित्व के अभाव में सर्वाधिक वैभव प्रदर्शित करनेवाले अमीर का सर्वाधिक प्रभाव समाज पर पड़ता था। भू-स्वामित्व के अधिकार के अभाव में, वैभव-प्रदर्शन के चलते; पारस्परिक प्रतिद्वन्द्विता व ईर्ष्या के चलते, उनके ध्येय एवं दृष्टिकोण, दोनों ही संकीर्ण हो गए थे।

अत: शिष्टाचार तो था, किन्तु, अमीरों की भाषा में प्रतिबद्धता की निश्चित कमी दिखाई देती है—वे बादशाहों के प्रति नहीं, अपितु, सिंहासन केन्द्रित थे—जो भी सिंहासन पर बैठे वे बस उसी को देखते थे। यही कारण है, कि, जब औरंगज़ेब ने शाहजहाँ को बन्दी बनाकर, सिंहासन पर आधिपत्य स्थापित कर लिया, तो उसके समर्थन में किसी अमीर ने विद्रोह तो दूर—विरोध भी नहीं जताया। उन्हें मनसब व जागीरें अपने जीवन-काल के लिए प्राप्त होती थी—स्थायी रूप से नहीं, उसी प्रकार, वे भी स्वयं को सिंहासन से सम्बद्ध मानते थे—किसी बादशाह के प्रति स्थायी अथवा व्यक्तिगत निष्ठा का निश्चित अभाव था। मनूची मात्र दो अपवादों की चर्चा करता है, जिन्होंने औरंगज़ेब के अन्तर्गत राज्य की सेवा न करने का निर्णय लिया था—ये थे उस काल का प्रसिद्ध विद्वान (दारा का पक्षधर) दानिशमन्द खाँ एवं शाहजहाँ का चिकित्सक तकर्रब खाँ। जिस प्रकार का व्यवहार शाहजहाँ के कृपापात्र अमीर खलीलुल्लाह खाँ ने दारा के साथ एवं अलीवर्दी खाँ ने शाहशुजा के साथ किया, वह विश्वासघात कहा जाता है। वे अपने स्वामियों के साथ क्रमश: विश्वासघात थोड़े से लाभ के लिए कर रहे थे, ताकि, उनको व्यक्तिगत हानि न उठानी पड़ जाए! यही कारण था, कि, शेरशाह से पराजित होकर जब हुमायूँ भारत से पलायन कर रहा था, तब अधिकांश अमीरों ने उसका साथ छोड़ दिया था।[19]

औरंगज़ेब के शासन-काल के पश्चात् तो बादशाहों के चरित्र में गिरावट का स्पष्ट प्रभाव अमीरों के चारित्रिक पतन में होने लगा। वे निष्ठा को तो महत्त्वहीन एवं अप्रासंगिक मानने मिलगे थे। निष्ठा एवं स्वामिभक्ति का अभाव ही अवध के स्वतन्त्र राज्य की स्थापना का आधार था। ये अमीर क्षुद्र स्वार्थों एवं संकीर्ण मानसिकता से प्रेरित थे। अनैतिक चतुराई से शीघ्र स्वार्थों की पूर्ति व पदोन्नति को गलत मानना इस काल में समाप्त हो गया था। सभी अमीरों को कार्य से मतलब था, उसकी पूर्ति/सिद्धि का माध्यम चिन्ता का विषय कदापि नहीं था।. अत: खोसला भले ही कड़े शब्दों का प्रयोग करते हैं, किन्तु, ठीक ही करते हैं,

जब वे इन उत्तर-मुगलकालीन अमीरों की तुलना राहजनों एवं डकैतों से करते हैं, जो आम जन को लूटकर, अव्यवस्था एवं अवज्ञाकारिता का प्रमाण देते थे। वे सम्राट को तब तक बख्शते थे, जब तक वह इनके अवज्ञाकारी व्यवहार में हस्तक्षेप न करें।[20]

उत्तरमुगल काल में अमीरों को अपनी ओर मिलाने के दृष्टिकोण से ऊँचे मनसब व पद प्रदान किए जाते थे। मोहम्मदशाह के शासन-काल में सैय्यद (बन्धुओंवाले) हुसैन अली की हत्या करके, उससे बादशाह को मुक्ति प्रदान करने पर, बादशाह ने मोहम्मद अमीन खाँ एवं खानेदौराँ को 8000 के मनसब प्रदान किए थे। जैसा ऊपर कहा गया है, महान मुगलों के काल में पदवी उक्त अमीर की योग्यता के अनुरूप दी जाती थी, किन्तु, अब तो उन्हें सन्तुष्ट कर उनका समर्थन प्राप्त करना, बादशाहों का ध्येय रह गया था, अत: पदवियाँ महत्त्वहीन हो गईं। एक ही पदवी या विरुद तीन-तीन लोगों को प्रदान कर दिया जाता था।

अत: ऐसा प्रतीत होता है, कि, विरुद, मनसब व जागीर प्रदान करने की प्रक्रिया का जो कुशल प्रबन्धन पूर्व में देखने को मिलता, वह बहादुरशाह के शासन-काल में पूर्णतया समाप्त-सा होने लगता है। वास्तव में, औरंगज़ेब के पश्चात्, मुगल बादशाह अपने ही साम्राज्य में राजनीतिक शून्य की स्थिति में आ गए थे। ज़ुल्फ़िकार खाँ तथा सैय्यद बन्धुओं जैसे अमीरों के बढ़ते प्रभाव के चलते, शेष अमीरों में ईर्ष्या भाव व्याप्त होना स्वाभाविक ही था। मोहम्मद शाह के शासन-काल आते-आते तो परिस्थितियाँ इतनी बिगड़ गई थीं, कि, शाही सत्ता कमजोर, किन्तु, अमीर बहुत शक्तिशाली हो गए थे, कि, मुजफ़्फ़र खाँ एवं बुरहानुलमुल्क जैसे वरिष्ठ अमीरों को बादशाह के दरबारे आम में लड़ाई करने में संकोच या पश्चात्ताप नहीं हुआ।[21]

जागीर संकट के बढ़ने के परिणामस्वरूप, अमीरों ने ठेके पर भू-राजस्व की वसूली प्रथा अथवा 'इज़ारादारी' से अपनी आय तो बढ़ाई ही, उन्होंने खालसा भूमि पर भी बलात आधिपत्य स्थापित करना शुरू कर दिया था। इस धन-संचय से वे बड़ी सेनाओं व (अस्त्र शस्त्र रख सकते थे) संसाधनों की सहायता से वे अवज्ञाकारी हो सकते थे। बादशाह, चूँकि, उन पर निर्भर था, अत: उन्हें दंडित भी नहीं कर पाता था। अत: औरंगज़ेब के अयोग्य उत्तराधिकारियों के शासन-काल में मुगल अमीरों ने अवैध रूप से प्राप्त अपनी शक्ति व स्वायत्त-शासी राज्य को और भी सुदृढ़ किया, जब तक वे स्वतन्त्र राज्यों के निर्माण में सफल नहीं हो गए।[22]

उत्तर मुगलकालीन भारत में अमीरों के हितों व स्वार्थों के यह ही अनुकूल था, कि, वे सम्राट को विवश एवं असहाय रखें। अत: वे अपने व्यक्तियों से उन्हें घिरा हुआ रखते थे, ताकि उन पर नज़र भी रख सकें। इस प्रकार, वे शक्तिशाली मुगल बादशाह की शक्तियों शनै:-शनै: हस्तगत करते चले गए। मुगल बादशाहों के अपने अमीरों के साथ व्यक्तिगत सम्बन्ध होते थे—उसका स्थान अब मात्र औपचारिक सम्बन्धों एवं कृत्रिमता ने ले लिया। वे अमीर जो शक्तिशाली हो गए थे, वे तो अवज्ञाकारिता प्रत्यक्ष रूप से करते ही थे। शेष भी येन-केन-प्रकारेण उसकी शक्ति को क्षीण करने में ही रत रहते थे। यदा-कदा जब मुगल बादशाह क्रोध की अभिव्यक्ति करता भी था, तो वह असहायता एवं क्षोभ की ही अभिव्यक्ति अधिक होती थी। उमरा के विभिन्न वर्गों/उपवर्गों की प्रतिद्वन्द्विता एवं अमीरों की व्यक्तिगत महत्त्वाकांक्षाओं की पूर्ति के रूप में स्वतन्त्र राज्यों की स्थापना के परिवेश में और कर भी क्या सकता था?

नई पीढ़ी के अमीर, न केवल उम्र में कम थे, अपितु, उनमें परिपक्वता, दूरदर्शिता, नैतिकता व निष्ठा का अभाव भी स्पष्ट था। प्रत्येक पीढ़ी के अमीर अपने पूर्ववर्ती से बदतर साबित हुए। शासकों ने अयोग्य लोगों (नई पीढ़ी के अमीरों पर) ही विश्वास जताया, क्योंकि, जैसा रत्न वैसा जौहरी तथा, जैसा जौहरी वैसा ही रत्न—मुगल बादशाह एवं उसके अमीर दोनों ही एक-दूसरे के पूरक एवं समरूप थे, किन्तु, इससे 'पुरातन उमरा' मुगल बादशाह से और दूर होता चला गया। अन्तत: इस व्यवस्था का पतन अपरिहार्य हो गया तथा, प्रशासनिक अराजकता की परिस्थिति पूर्ण मुगल साम्राज्य में ही निर्मित हो गई।[23]

अमीरों ने अपने व्यक्तिगत स्वार्थों एवं निहितार्थों के आगे न तो उस साम्राज्य का और नही उस देश का ख्याल रखा, जिसके कारण उनका अस्तित्व था। चूँकि, वज़ीर अब्दुल मंसूर अधिक शक्तिशाली स्थिति को प्राप्त करता जा रहा था, अत: अन्य अमीरों की सहायता से जावेद (ज्वायद) खाँ ने विश्वासघात करके, मुगल बादशाह एवं अहमदशाह अब्दाली के मध्य सन्धि में पंजाब व मुल्तान उसे (अब्दाली को) प्रदान करने में कोई हिचक नहीं की थी।[24]

वस्तुत: महान मुगलों के अन्तर्गत शक्तिशाली बादशाहों व योग्य उमरा के मध्य प्रत्यक्ष प्रतिद्वन्द्विता कभी नहीं उभरी। इस मुगल-काल में अमीरों की अवज्ञाकारिता एवं प्रत्यक्ष विद्रोह का एक ही प्रकरण मिलता है और वह है सत्रहवीं शताब्दी में महाबत खाँ का विद्रोह। किन्तु, महाबत खाँ भी अपने स्वतन्त्र राज्य की स्थापना के लिए कभी भी प्रयासरत नहीं रहा। वह इतना शक्तिशाली था, कि, विद्रोह करके, बादशाह को ही बन्दी बना लेता है, किन्तु, उसका बन्दी

बादशाह से व्यवहार एक आज्ञाकारी सेवक का ही रहता है, जो अपने बादशाह की सेवा में सदैव व्यक्तिगत रूप से उपस्थित रहता था। जब जहाँगीर ने नूरजहाँ के बिना रहने में असन्तोष की अभिव्यक्ति की, तो उसने नूरजहाँ को अपने पति के पास आकर रहने देने में कोई हिचक नहीं की, अपितु, राजाज्ञा व बादशाह की इच्छा के अनुसार वह अब भी कार्य कर रहा था। उसके अनुसार वह शक्तिहीन/इच्छाहीन बादशाह से ताज अथवा बादशाहत को सुरक्षित करने का प्रयास मात्र कर रहा था।[25]

जहाँ तक मुगल अमीरों की राजनीतिक भूमिका का प्रश्न है, तो हमने अभी तक यही विश्लेषित किया है, कि, प्राप्त साक्ष्यों के आधार पर यही माना जा सकता है, कि, वे जो कुछ भी करते थे वह स्वार्थ/निहितार्थ से ही प्रेरित होता था, अत: उन्हें कभी जनसाधारण का समर्थन प्राप्त नहीं हुआ। यही कारण है, कि, हमें 'गृह-युद्ध' के स्थान पर खुले विद्रोह, उत्तराधिकार के युद्ध, रक्त-रंजित क्रान्तियाँ आदि के दृष्टान्त ही मिलते हैं। यही कारण है कि, सैय्यद बन्धु जैसे भी सर्वशक्तिशाली अमीर सत्ता में दीर्घ अवधि तक नहीं बने रहते हैं। एक निश्चित अवधि में वे सर्वशक्तिशाली होकर, बादशाह के ऊपर भी प्रभावी हो जाते हैं—वे नियुक्तियाँ, पदोन्नतियाँ, स्थानान्तरण एवं अपदस्थीकरण भी करते हैं। हुसैन अली दिल्ली के निकट पहुँचकर, फ़िरोज़ की लाट के निकट 'शिविर' लगाकर, तब 'नौबत' बजवाकर परम्परा के विरोध को अभिव्यक्ति देकर, अपने विद्रोह का ऐलान करता है। वस्तुत: डॉ. आर. पी. खोसला का विश्लेषण पूर्णतया तार्किक व न्यायोचित है, कि, यदि, सैय्यद बन्धुओं ने अमीरों की कोई समिति अथवा परिषद् निर्मित कर दी होती तो वे सम्भवत: दीर्घकालीन सफलता अर्जित करते।[26] तत्कालीन परिवेश व उमरा की पारस्परिक प्रतिद्वन्द्विता में ऐसी किसी संस्था का निर्माण न तो सम्भव ही था और न ही, इसलिए, सैय्यद बन्धुओं के मस्तिष्क में यह विचार कौंधा। अन्तत: सहकर्मी अमीरों की ईर्ष्या का वे शिकार भी बने। पुरातन अमीर तो नवीन अमीरों के सत्तोत्कर्ष को पचा भी नहीं सकते थे एवं राजतन्त्रवादी भी थे, अत: उनका पतन तो अपरिहार्य था। 'यदि बादशाह की कमजोरी के कारण, सैय्यद बन्धुओं का उत्कर्ष हुआ, तो राजतन्त्र (ताज अथवा सिंहासन) की अन्तर्निहित शक्ति के कारण उनका पतन हुआ।[27]

सन्दर्भ

1. खोसला, आर. पी., 'मुगल किंगिशप ऐंड नोबिल्टी', पृ. 225.
2. वही, पृ. 227.
3. पर्चास, 'हिज़ पिल्ग्रिम्स', III , पृ. 14.

4. खोसला पृ. 227.
5. वही, पृ. 230.
6. वही, पृ. 230-231.
7. 'आईन-ए-अकबरी', ब्लॉक मैन का अनुवाद, 1 पृ. 239.
8. खोसला, पूर्व, पृ. 233-234.
9. वही, पृ. 234.
10. वही, पृ. 235.
11. ट्रैवर्नियर के अनुसार प्राय: इतना सोना पत्नी व बच्चों को सौंप जाते थे, कि, उसकी कोई सूचना प्रबन्ध तन्त्र को कदापि न हो पाती थी, देखें, देवर्नियर, 'ट्रेटैल्स इन इंडिया',1, पृ. 18.
12. देखिए इलियट एंड डाउसन VII पृ. 160-161 में बख्तावर खाँ कृत 'मीरात-ए-आलम तथा खोसला, पूर्व, पृ. 239-241.
13. तुज़ुक-ए-जहाँगीरी', अनुवाद रौजर्स, II, पृ. 88.
14. शाहनवाज़ खाँ कृत 'मासीरूल उमरा', (बेवरिज का अनुवाद), पृ. 512.
15. खोसला, पृ. 239.
16. वही, पृ. 241-242.
17. वही, पृ. 244.
18. वही, पृ. 247, पृ. 250-251.
19. वही, पृ. 251-252.
20. वही, 254-255.
21. वही, पृ. 255-257.
22. वही, पृ. 257.
23. वही, पृ. 259-260.
24. देखिये, गुलाम हुसैन खाँ कृत 'सैर-ए-मुताखेरेन', III पृ. 327.
25 . खोसला, पूर्व, पृ. 263-265.
26. वही, पृ. 266-267 .
27. वही, पृ. 267.

शब्दावली

अर्ज़-ए-ममालिक	:	समूचे देश की सेना का प्रभारी मन्त्री (इसे आरिज़-ए-मुमालिक कहा जाता था)।
अमीरुल-मोमिनीन	:	मुसलमानों का नेता; खलीफ़ा।
अमीर-ए-आखुर	:	शाही घोड़ों का प्रभारी अमीर या अधिकारी।
अमीर-ए-हाजिब	:	शाही दरबार का प्रभारी अधिकारी।
अमीर-ए-दाद	:	सुल्तान की अनुपस्थिति में 'दीवान-ए-मजलिस, का अध्यक्ष। इसे दादबक्र भी कहा जाता है।
आमिल	:	राजस्व अधिकारी।
अतालिक	:	अभिभावक।
अबवाब	:	ज़मींदारों और सरकारी मुलाजिमों द्वारा वसूल किए जानेवाले विविध शुल्क।
अमलगुजार	:	मालगुज़ारी निर्धारित करनेवाला।
अर्राबा	:	डिब्बानुमा गाड़ी।
अशरफ़	:	अभिजात, भद्रजन।
अहदी	:	भद्र सवार।
अहल-ए-क़लम	:	शिक्षित व्यक्ति, लिपिक।
आफाक़ी	:	दकन में विदेशी।
आमिल	:	मालगुजारी इकट्ठा करनेवाला।
आमू दरिया	:	ऑक्सस नदी।
इमाम	:	सर्वोच्च नेता, ऐसा व्यक्ति जो सामूहिक मुस्लिम नमाज़ों का नेतृत्व करता हो।
इनाम	:	उपहार, पुरस्कार।
इक्ता		गवर्नर-पद, अथवा एक भूभाग के राजस्व का अनुदान।
इक्तादार	:	गवर्नर अथवा कोई ऐसा व्यक्ति जिसे कोई इक्ता दिया गया हो।
इजारा	:	भूराजस्व की ठेकेदारी।

इज़ारादार	: किसी भी राजस्व लेकिन मुख्यत: भूराजस्व का ठेकेदार।
इनाम	: दान, पुरस्कार, राजस्वमुक्त या कम राजस्व पर धारित भूमि।
इमाम	: सर्वोच्च नेता ऐसा व्यक्ति जो सामूहिक नमाज़ का नेतृत्व करता हो।
उमरा	अमीर का बहुवचन; अमीर का अर्थ है शासक अथवा सेनानायक।
उलमा	: धार्मिक ज्ञानवाले मुसलमान, आलिम का बहुवचन।
उपरी	: किसी दूसरे गाँव का बसा किसान, अस्थायी किसान जो बेदखल किया जा सकता है।
ऊसर	: बंजर भूमि।
कलन्दर	: मुस्लिम फ़कीरों का एक वर्ग, जो प्राय: अशिक्षित होते थे, निजी सम्पत्ति में विश्वास नहीं करते थे, एक स्थान से दूसरे स्थान को भ्रमण करते रहते थे एवं सिर्फ भिक्षाटन के जरिये अपना गुजर-बसर करते थे।
कस्बा	: छोटा शहर।
काज़ी	: मुस्लिम न्यायाधीश।
काफ़िर	: गैर-मुसलमान (शाब्दिक अर्थ है : जो व्यक्ति ईश्वर के प्रति कृतध्न है।)
कारखाना	: राज्य के लिए आवश्यक वस्तुओं को उत्पादित अथवा एकत्रित करने के लिए शाही कारखाने अथवा प्रतिष्ठान।
कुफ्र	: अविश्वास।
कोतवाल	: नगर की देख-भाल करनेवाला अधिकारी; किलों के अधिकारी को भी कोतवाल कहते थे।
कनकूत	: भू-राजस्व का अनुमान लगाने की प्रक्रिया।
करोड़ी	: राजस्व अधिकारी।
काफ़िर	: गैर-मुसलमान (शब्दार्थ: वह जो अल्ला के प्रति नाशुक्रगुजार हो)।
कुनबी	: महाराष्ट्र में किसानों की एक जाति।
कुफ्र	: खुदा में अविश्वास।
कारताज़	: पुर्तगालियों द्वारा व्यापारियों को दिया जानेवाला अनुमति पत्र।
कुलकर्णी	: पटवारी।

खराज : भू-राजस्व; साथ ही, एक अधीनस्थ शासक द्वारा पेश किया जानेवाला नज़राना।

खरीफ़ : भारत में वर्षा ऋतु की फसल।

खलीफ़ा : मुसलमानों का सर्वोच्च नेता, अथवा किसी सूफी का उत्तराधिकारी।

खान : मध्ययुग में अफसर/अधिकारी को खान कहते थे।

खानकाह : सूफियों का निवास-स्थान किन्तु जमातुखाना से अधिक बड़ा।

खालिसा : जो आय सीधे सुल्तान के हाथों में जाती थी।

खिलअत : सम्मानसूचक पोशक।

खिलाफ़त : खलीफ़ा का शासन या पद।

खुत्बा : वह व्याख्यान जो ईद या जुमे की जमाज के समय पढ़ा जाता था, इसमें खुदा की स्तुति, पैगम्बर की प्रशंसा तत्पश्चात् वर्तमान शासक का वर्णन होता था।

खूत : ग्राम-प्रधानों का वर्ण।

खलीफ़ा : पैगम्बर का उत्तराधिकारी, मुसलमानों का सेनाध्यक्ष या किसी सूफी का उत्तराधिकारी।

खानाज़ाद : अपने ही घर में जन्मा, पुराना (तुर्क) अमीर।

खालिसा भूमि : सीधे राज्य की मिल्कियत और इन्तजाम में आनेवाली जमीन।

खुद-काश्त : जमीन का मालिक, जो अपने हल-बैलों और कुछ उजरती-मजदूरों की सहायता से खेती करता है, स्थानिक किसान।

गज़्ज़-ए-सिकन्दरी : सुल्तान सिकन्दर लोदी द्वारा चालू किया गया गज।

गुमाश्ता : एजेंट अथवा प्रतिनिधि।

गंज : बाजार।

गजनाल : हाथी पर रखकर इस्तेमाल की जानेवाली तोप।

गढ़ी : पहाड़ी किला मिट्टी का बना कोट।

गरीब : दकन में विदेशी।

गल्ला-बख्शी : बटाई की एक पद्धति।

गाज़ी : वीर, नायक, विधर्मी के खिलाफ लड़नेवाला योद्धा।

गुसलखाना : गुसलखाने के पासवाला खानगी मुलाकात कक्ष।

चराई : मवेशी पर लगाया जानेवाला एक कर।

चौधरी : परगना का मुख्य अधिकारी।

चाचर : वह जमीन जिसमें 3-4 साल से खेती नहीं हुई है।

चेट्टी या चेट्टियार : दक्षिण भारत की एक व्यापारिक जाति।

चौथ या चौथाई : भू-राजस्व का चौथाई हिस्सा जो मूलत: गुजरात में ज़मींदारों द्वारा लिया जाता था लेकिन जिसकी माँग शिवाजी ने ज़मींदारी अधिकारी के रूप में की।

छत्र : शाही छतरी।

ज़कात : मुस्लिमों पर लगाया जानेवाला वार्षिक कर।

जज़िया : दो अर्थ हैं—(क) दिल्ली सुल्तनत के साहित्य में कोई भी ऐसा कर जो खराज अथवा भूमि-कर नहीं है; (ख) शरीयत मै : गैर-मुसलमानों पर व्यक्तिगत एवं वार्षिक कर।

जमात खाना : सूफ़ियों का निवास-स्थान।

ज़वाबित : राजकीय कानून।

जागीर : राज्य द्वारा एक सरकारी अधिकारी को दिया गया भूभाग।

ज़िम्मी : रक्षित गैर-मुसलमान।

जीतल : दिल्ली सुल्तनत का ताँबे का सिक्का।

जंगला : मिश्रित नस्ल के घोड़े।

ज़ब्त/ज़ब्ती : पैमाइश पर आधारित भू-राजस्व निर्धारण पद्धति।

जमा : कुल योग; किसी भू-सम्पत्ति या देश के किसी हिस्से पर आरोपित कुल भू-राजस्व।

जमा-ए-कामिल : अधिकतम राजस्व-निर्धारण।

जमादानी : दाम (रुपये का 1/40) में निर्धारित आय।

जमाबन्दी : किसी भूसम्पत्ति या जिले के लिए भूराजस्व की राशि का निर्धारण

जमीअत : सैनिक अनुगामियों का समूह।

ज़रीब : एक माप, भूमि माप या सर्वेक्षण।

जिहात : अतिरिक्त महसूल।

जिहाद : धर्म-युद्ध।

ज़ोर-तलब : ऐसा क्षेत्र जिस पर काबू पाना कठिन हैं ऐसे क्षेत्र आम तौर पर शक्तिशाली ज़मींदारों के नियन्त्रण में होते थे।

झरोखा दर्शन : राजमहल से सम्राट द्वारा प्रजा को दिया जानेवाला दर्शन।

टंका : दिल्ली सुल्तनत का चाँदी का सिक्का।

टप्पा : छोटी भूसम्पदा या गाँवों का समूह।

तौहीद : ईश्वर का एकत्व।

तकलीद : पाखंड।

तकावी : बुवाई आदि या कृषि-विस्तार के लिए दी गई अग्रिम राशि।

तसव्वुफ़ : रहस्यवाद।

दबीर : शादी पत्र-व्यवहार विभाग का अधिकारी।

दल्लाल : दलाल, आढ़तिया, बिचौलिया।

दरोगा : एक स्थानीय कार्यालय का प्रभारी/छोटा अधिकारी।

दारुल अदल : इसका शब्दिक अर्थ है—न्याय-स्थान, कपड़े एवं अन्य वस्तुओं के लिए दिल्ली का बाजार।

दारुल मुल्क : राजधानी।

दोआब : यमुना एवं गंगा नदियों के बीच की भूमि।

दस्तूर : नियम, राजस्व निर्धारण।

दस्तूर-अल-अमल : नियम-पुस्तिका।

दहसाला : दस साल के राजस्व के अनुमान पर आधारित राजस्व दर।

दाग : घोड़ों और पशुओं को दागने की प्रणाली।

दादनी : व्यापारियों द्वारा कारीगरों को दी जानेवाली अग्रिम राशि।

दाम : ताँबे का सिक्का, जो सरकारी प्रयोजनों से चाँदी के रुपये का चालीसवाँ हिस्सा माना जाता है।

दार-उल-हर्ब : वह देश जो मुलसमानी शासन के प्रति वफादार न हो, शत्रु देश।

दीवान : प्रधानमन्त्री, विभाग, काव्य-पुस्तक।

दु-अस्पा-सीह-अस्पा : एक पारिभाषित शब्द जिसका अर्थ था वस्तुत: रखे जानेवाले सवारों का दो गुना।

धिम्मी : गैर-मुसलमान प्रजा।

नबूवत : पैगम्बरी।

नवीसन्दा : लिपिक।

नायब : डिप्टी, सहायक, एजेंट, प्रतिनिधि।

नज़राना : आम तौर पर अवर द्वारा प्रवर को स्वेच्छा से दो जानेवाली भेंट।

नरनाल : मनुष्य द्वारा उठाकर इस्तेमाल की जानेवाली तोप।

नसक : राजस्व निर्धारण की एक पद्धति।

नाबूत : प्राकृति आपदाओं के कारण भूराजस्व की माफी।

पाबोस : पाँव चूमना; एक ऐसी औपचारिकता जो केवल ईश्वर के प्रति निभाई जाती है।

पीर : धार्मिक गुरु।

पटेल : गाँव का प्रधान।

पै-बाकी : जागीर में देने के लिए सुरक्षित भूमि।

पातर : रखैल जिसे आम तौर पर पत्नी समझी जाती थी।

पाही : गैर-स्थानीय या अस्थायी किसान।

पेशकार : वित्त प्रबन्धक अभियर्ता, एजेंट

पोलज : वह जमीन जिसमें लगातार खेती की जाए।

फ़रमान : शादी आदेश।

फ़िकह : इस्लामी धर्मनीति का ज्ञान।

बंजारा : अनाज व्यापारी।

बरीद : सूचनाएँ एकत्र करने के लिए राज्य द्वारा नियुक्त गुप्तचर अधिकारी

बलाहार : निम्नतम श्रेणी के कृषि मजदूर।

बंजर : ऐसी परती जमीन खेती की जा सकती हो।

बंजारा : अनाजों और पशुओं का व्यापारी, एक घुमक्कड़ जाति।

बक्काल : व्यापारी, अनाज विक्रेता।

बयूतात : गृहस्थी और खास तौर से सरकारी कारखानों के खर्चे।

बरगी : सहायक सैनिक लुटेरे।

बरावर्दी : तदर्थ वेतन पर काम करनेवाला रँगरूट।

बारगीर : सहायक सैनिक, जुटेरे।

बिदअत : धर्म-विरुद्ध आचरण।

बेग : सरदार।

मदद-ए-माश : धार्मिक अथवा सुपात्र व्यक्तियों को भूमि अथवा पेंशन का अनुदान।

मदरसा : महाविद्यालय स्तर की शैक्षिक संस्था।

ममलूक : दास अधिकारी।

मलिकुत-जुज्जार : शाब्दिक अर्थः व्यापारियों का प्रधान; राज्य के सर्वोच्च अधिकारियों मे से एक को दी जानेवाली उपाधि।

मसाहत : भूमि की पैमाइश।

मोहल्ला : शहर का एक भाग।

मुहतसिब : किसी नगरपालिका में विनियमों को लागू कराने के लिए नियुक्त अधिकारी।

मुकद्दम : ग्राम-प्रधान; शाब्दिक अर्थः पहला अथवा वरिष्ठ व्यक्ति।

मुल्ला : मुसलमानों के धार्मिक नेता होने का दावा करनेवाले व्यक्ति।

मुशरिफ़-ए-ममालिक: सभी प्रान्तों का लेखाकार (राज्य का मुख्य लेखाकार)।

मनसब : मुगल सरकार द्वारा प्रदत्त सैनिक दर्जा।

मनसबदार : मनसब का धारक।

मलिक-उत-तुज्जार : शब्दार्थ है तिजारतियों का प्रधान; वैसे किसी उच्च पदाधिकारी को भी यह उपाधि दी जा सकती थी।

महज़र : उलमा द्वारा हस्ताक्षरित घोषणा।

महाजन : व्यापारी, साहूकार।

महाल : भू-राजस्व के प्रयोजनों के एक इकाई मानी जानेवाली जमीनें।

मोपिल्ला : केरल में एक मुस्लिम समुदाय।

मालिकाना : ज़मींदारों को दिया जानेवाला मालगुजारी का भाड़ा।

मिम्बर : वह ऊँचा स्थान जहाँ न इमाम प्रवचन देता है।

मीरास : वंशानुगत अधिकार।

मीरासदार : वंशानुगत अधिकार का धारक।

मुकद्दम : ग्राम-प्रधान, शब्दार्थ की दृष्टि से आदमियों में सबसे श्रेष्ठ।

मुकातेआ : किसी भूमि के लिए ठेके पर सबसे अधिक कर अदा करनेवाले।

मुतजहिद : वह व्यक्ति जिसे शरीअत की व्याख्या का अधिकार है।

मुजचस : अरबी और इराकी घोड़ों से तैयार घोड़ों की एक संकर नस्ल।

मुतसद्दी : लिपिक।

मुरीद : शिष्य।

मुलहिद : अपने धर्म से विमुख व्यक्ति।

मुस्तौफ़ी : लेखा-परीक्षक, खास तौर से राजस्व संग्राहकों के लेखों का परीक्षक।

मोकासा : सैनिक सेवा के लिए भूमि अनुदान, राजस्व-मुक्त भूमि।

मौजा : राजस्व के सन्दर्भ में गाँव के लिए इस्तेमाल शब्द।

यस्सा : चंगेज की नियमावली।

रबी : भारत में शरद ऋतु की फसल।

राय : एक हिन्दू सरदार जिसके पास प्राय: अपना भूक्षेत्र एवं अपनी सेना होती थी।

राय रायान : रायों का राय; अलाउद्दीन खलजी ने देवगिरि के रामचन्द्र देव को यह उपाधि प्रदान की थी।

रैयत : प्रजा।

राय (इ) : सूची।

राहदारी	: यात्रियों द्वारा अदा किया जानेवाला सुरक्षा शुल्क।
रियायती	: वे लोग जिनसे राजस्व रियायती दरों से लिया जाता है।
रेख	: राजस्थान में निर्धारित भू-जस्व।
रैयत	: वह क्षेत्र जिसमें कोई ज़मींदार नहीं था या जहाँ भू-राजस्व वसूल करना अधिक आसान और लाभप्रद था।
लिवान	: बैठक, बाहरी कमरा।
वज़हदार	: वेतनभोगी अधिकारी।
वली	: हाकिम।
वली-अहद	: उत्तराधिकारी माना जानेवाला व्यक्ति।
वज़ीर-ए-मुतलक	: सर्वशक्तिमान वज़ीर, जो सम्राट के हस्तक्षेप के बिना काम कर सकता था।
वतन	: मौरूसी जमीन।
वली	: उत्तराधिकारी।
वली	: गवर्नर, अभिभावक।
वली-अहद	: युवराज। नामित उत्तराधिकारी।
वली	: प्रान्तपति; सुल्तान के प्रतिनिधि के रूप में प्रान्त के समस्त कार्यों का अधिकारी होता है।
विलायत	: राज्य के विभाजन में प्रान्त को विलायत कहते हैं।
वहदत-अल-वजूद	: खुदा और बन्दे की एकता।
शरीयत	: मुस्लिम धार्मिक कानून।
शहना	: पुलिस प्रधान।
शहना-ए-मंडी	: अनाज मंडी का प्रभारी अधिकारी।
शिकदार	: 'शिक' नामक एक भूक्षेत्र का प्रभारी अधिकारी।
शिक	: प्रान्त का छोटा भाग वर्तमान सम्भाग के बराबर।
शाहबन्दर	: बंन्दरगाह का प्रभारी अधिकारी।
सदा	: शाब्दिक अर्थ—एक सौ; 'सदा अमीर' (अमीर-ए-सादाँ) पद का अर्थ था ऐसा अधिकारी जो लगभग एक सौ गावोंवाले भूक्षेत्र का नियन्त्रण करता था।
सद्र-ए-जहाँ	: दिल्ली सुल्तनत के एक ऐसे केन्द्रीय अधिकारी की उपाधि जो धार्मिक एवं पुण्यार्थ दोनों का प्रभारी था।
समा	: सूफियों का विशिष्टि संगीत।

सराय-अदल : कपड़े एवं अन्य विशिष्ट वस्तुओं के विक्रम हेतु दिल्ली में अलाउद्दीन खलजी के बाजार को दिया गया नाम।

सर्राफ़ : मुद्रा विनियम कर्ता, महाजन।

सयूरगाल (घाल) : लगान-मुक्त जमीन।

सरंजाम : सैनिक सेवा के लिए आबंटित भूमि।

सरदेशमुखी : निर्धारित आय आ दशांश।

हदीस : अरबी पैगम्बर के कार्य या शब्द।

हम्माद : ठंडे और गरम जल की सुविधा से युक्त स्नान-कक्ष।

हरम : रनिवास स्थान जहाँ स्त्रियाँ रहती थीं।

हासिल : भू-राजस्व की वास्तविक प्राप्ति।

हूण : सोने का सिक्का।

हुलिया : सैनिक का पूर्ण विवरण।

SELECT BIBLIOGRAPHY

Primary Sources :

1. Akbar Namah of Abul Fazl Tr. H. Beveridge, 3 vols., Bibliotheca Indica, Vols. 1 & 2 (1922), 3 (1973).
2. Ain-i-Akbari of Abul Fazl, Vol. I Tr. H. Blochman, N. Delhi, 1965.,Vol. II & III Tr. H.S. Jarrett, Calcutta, 1942 & 1948.
3. Babar Nama Tr. A.S. Beveridge, New Delhi, 1970 (Reprint).
4. Babar Nama Hindi Tr. by Yugjeet Navalpuri, N. Delhi, 1974.
5. Elliot & Dowson—The History of India as told by its own Historians, 8 vols., 1964 (Reprint).
6. Humayun Nama or Qanun-i-Humayuni of khwandamir Tr. by Baini Prasad, Calcutta, 1940.
7. Humayun Namah Tr. A.S. Beveridge, London, 1902.
8. Rizvi, S.A.A.—Aadi Turk-kaleen Bharat, Aligarh, 1965.
9. Rizvi, S.A.A.—Khalji-kaleen Bharat, Aligarh, 1955.
10. Rizvi, S.A.A.—Tughlaq-kaleen Bharat, I, Aligarh, 1957.
11. Rizvi, S.A.A.—Tughlaq-kaleen Bharat, II, Aligarh, 1957.
12. Rizvi, S.A.A.—Uttar-Taimur-kaleen Bharat, I, Aligarh.
13. Rizvi, S.A.A.—Uttar-Taimur-kaleen Bharat, II, Aligarh.
14. Rizvi, S.A.A.—Mughal-kaleen Bharat, vols. I & II, Aligarh.
15. Tarikh-i-Firishta, Tr. J. Briggs, London, 1829.
16. Tarikh-i-Sal a tin-i-Afghana of Ahmad Yadgar, Ed. Hidayat Hussain, Bib. Ind., Calcutta, 1939.
17. Tarikh-i-Ras h idi of Mirza Hyder Doglat, Tr. E. Denison Ross, London, 1895.
18. Tazkirat-ul-Waqiat of Jauhar Aftabchi, Tr. Charles Stewart, London,1832.

Secondary Sources:

1. Ahmad, Aziz Mohammad : Political Theory & Institutions of the Early Tukish Empire in India, Lahore, 1949.
2. Ahmad, Aziz Mohammad : Studies in Islamic Culture in the Indian Environment, Oxford, 1961.
3. Ahmad, M. : Sultan Firuz Shah Tughlaq, Delhi, 1967.
4. Ahmad, M.S. : The Administration of Justice in Medieval India, Delhi, 1984.
5. Al-Beruni : India, Ed. Q. Ahmad, New Delhi, 1983.
6. Ameer Ali, Syed : The Spirit of Islam, London, 1923.
7. Ansari, Mohd. Azhar : European Travellers under the Mughals, Delhi, 1975.
8. Ansari, Mohd. Azhar : Administrative Documents of Mughal India, Delhi, 1984.
9. Arnold, Thomas : The Caliphate, Oxford, 1924.
10. Ashraf, K.M. : Life & conditions of the People of Hindustan During the 13th Century, New Delhi, 1970 (2nd Ed.)
11. Athar Ali, M. : The Mughal nobility under Aurangzeb, Bombay, 1966.
12. Awasthi, R.S. : The Mughal Emperor Humayun, Allahabad, 1967.
13. Aziz, Abdul : The Mansabdari System & The Mughal Army, Lahore, 1945.
14. Banerjee, J.M. : History of Firuz Shah Tughlaq, Delhi, 1967.
15. Banerjee, S.K. : Humayun Badshah, I, Oxford, 1938, II, Lucknow, 1941.
16. Bottomore, T. B. : Elites and Society, Pelican, 1964.

17. Chandra Satish : Parties & Politics at the Mughal Court, N. Delhi, 1979 (3rd Ed.).

18. Chandra Satish : The 18th Century in India, Calcutta, 1986.

19. Chandra Satish : Medieval India, Society, The Jagirdari crisis & The village, Bombay, 1982.

20. Chandra Satish : Mughal Religious policies, The Rajputs & The Deccan, N. Delhi, 1993.

21. Chandra Satish : Medieval India, vols. 2, 2002 (Reprint).

22. Chopra, P.N. : Society & Cuture during The Mughal Age, Delhi, 1988.

23. Day, U.N. : The Government of the Sultanate, N. Delhi, 1972.

24. Day, U.N. : The Mughal Government, N. Delhi, 1970.

25. Day, U.N. : Some Aspects of Medieval Indian History, N.Delhi, 1971.

26. Elliot & Dowson : History of India as told by Its own Historians, 8 volumes.

27. Faruki, Zahiruddin : Aurangzeb & his times, Delhi, 1980 (Reprint).

28. Habib, Irfan : The Agrarian system of Mughal India, Bombay, 1963.

29. Habib, Irfan : An Atlas of The Mughal Empire, OUP, 1982.

30. Habib, Irfan : Cambridge Economic History of India, Hyderabad, 1984.

31. Habib, M. & K.A.Nizami : A Comprehensive history of India, vol. V, The Delhi Sultanate, N. Delhi, 1970.

32. Habibullah, A.B.M : The Foundation of Muslim rule in India, Allahabad, 1976.

33. Halim, Abdul : History of The Lodi Sultans of Delhi & Agra, Delhi, 1974.

34. Hameed, MA (Ed) : Islam the A Glance, N. Delhi, 1981.
35. Hasan, Ibn : The Central Structure of the Mughal Empire, N. Delhi, 1970 (Reprint).
36. Hasan, Syed Nurul : Thoughts on Agrarian Relations in Mughal India, PPH, Delhi, 1983 (Reprint).
37. Hodivala, S.N. : Studies in Indo-Muslim History, Bombay, 1959.
38. Hughes, T.P : A Dictionary of Islam, Londan, 1885.
39. Hussain, A.M. : The Rise & Fall of Mohammad Bin Tughlaq,Delhi, 1972
40. Hussain, S.M Azizuddin : Structure of Politics under Auragzeb, N. Delhi, 2002.
41. Hussain, Yusuf : Glimpses of Medieval Indian Culture, Bombay, 1975 (Reprint).
42. Joshi, Rekha : Facets of Delhi Sultanate, Allahabad, 1978
43. Joshi, Rekha : Aurangzeb-Attitudes & Inclinations, N. Delhi, 1979.
44. Khosla, R.P : Mughal kingship & nobility, Delhi, 1976.
45. Lal, K.S. : History of the khaljis, Bombay, 1920.
46. Lal, K.S. : Studies in Medieval Indian History, Delhi, 1966.
47. Lane-Poole, S. : Delhi, 1971.
48. Latif, S.A. : The Concept of society in Islam, Hyderabad (Reprint).
49. Levy, R. : An Introduction to the sociology of Islam, 2, vols., London, 1907.
50. Majumdar, R.C. (ed.) : The Delhi sultanate, BVB, Bombay, 1960.
51. Majumdar, R.C. (ed.) : The Mughal Empire, BVB, Bombay, 1974.

52. Misra, Rekha : Women in Mughal India, Delhi, 1967.

53. Moreland, W.H. : The Agrarian System of Moslem India, Delhi, 1968.

54. Moreland, W.H. : From Akbar to Aurangzeb, N.Delhi, 1972.

55. Moreland, W.H. : India At the death of Akbar, N. Delhi, 1983.

56. Moreland, W.H. : Jahangir's India, Delhi, 1972.

57. Moosvi, Shireen : Episodes in the life of Akbar, N. Delhi, 1994.

58. Mukhia, Harbans : Perspectives on Medieval History, N. Delhi, 1996.

59. Nigam, S.B.P. : Nobility under The Sultans of Delhi, Delhi, 1968.

60. Nizami, K.A. : Studies in Medieval Indian History & Culture, Allahabad, 1956.

61. Oaten, E.F. : European Travellers in Indian during the 15th,16th & 17th centuries, London, 1909.

62. Pandey, A.B. : The First Afghan Empire in India, Calcutta,1956.

63. Prasad, Beni : History of Jahangir, Allahabad, 1973.

64. Prasad, Ishwari : The Qaraunah Turks, Allahabad, 1974.

65. Prasad, Ishwari : The Life & Times of Humayun, Allahabad, 1976.

66. Qanungo, K.R. : Sher Shah & his times, Calcutta, 1965.

67. Qureshi, I.H : The Administration of the Sultanate of Delhi, N. Delhi, 1971.

68. Qureshi, I.H. : The Administration of the Mughal Empire, Karachi, 1966.

69. Rahim, M.A. : History of the Afghans in India, Karachi, 1961.

70. Ranade, M.G. : Rise of the Maratha Power, N. Delhi, 1974 (3rd Edu.).

71. Saxena, B.P. : History of Shahjahan of Dihli, Allahabad,1958.

72. Saran, P. : The Provincial Government of the Mughals, Allahabad, 1941.

73. Sarkar, Sir. J.N. : Short History of Aurangzeb, Calcutta, 1961 (3rd Edn.).

74. Sarkar, Sir. J.N. : Fall of the Mughal Empire, IV volumes, N. Delhi, 1971 (Reprint).

75. Sarkar, Sir. J.N. : Studies in Mughal India, Calcutta, 1919.

76. Sarkar, Sir. J.N. : Mughal Administration, Calcutta, 1952

●●●